合格のための **入試レーダー** **東京都**

2024年度入試はどう行われたか

受検者のみなさんへ

東京都内ではおよそ約200校の都立高校が入学者を募集し，現在約
います。各校は公立高校としての共通の基盤に立って一方向にかたよ
がら，教育目標や指導の重点を定めて特色ある教育を展開しています。私立高校と
立であるため学費が安い，特定の宗教に基づいた教育はしない，などの違いがあげられます。

都立高校にはいろいろな種類の学校があります。それぞれの学校の特色を理解し，志望校選びをしましょう。なお，現在は学区制度がなく，どの学校にも同じ条件で出願できるようになっています。

全日制課程

普通科 普通教科(おおよそ中学校の９教科と考えてよい)の学習を中心とする。国公立や難関私立大への進学実績の向上を目指した進学指導重点校・社会生活を送る上で必要な基礎的，基本的学力をしっかり身につけるためのエンカレッジスクールなどもある。単位制の学校では，多様な選択科目が準備され，自分の興味・関心のある分野を重点的に学ぶことができる。また，コース制では，外国語や芸術など学習内容の重点化を図っている。

専門学科 普通教科に加え，専門的な教科(農業・工業・科学技術・商業・ビジネスコミュニケーション・海洋国際・家庭・福祉・理数・芸術・体育・国際・産業)の学習を行う。進学型商業高校(大田桜台高校・千早高校)，先端技術分野の学習と大学進学を目指す科学技術高校(科学技術高校・多摩科学技術高校)，生産から流通まで一貫して学べる産業科高校(橘高校・八王子桑志高校)などがある。

総合学科 普通教科から，工業や商業・情報や美術などの専門教科まで，自分の興味・関心や進路希望に応じて履修科目を選択し，幅広く学べる。現在，晴海総合高校・つばさ総合高校・杉並総合高校・若葉総合高校・青梅総合高校・葛飾総合高校・東久留米総合高校・世田谷総合高校・町田総合高校や王子総合高校がある。

定時制課程

総合学科 チャレンジスクール：午前・午後・夜間の各部からなる三部制で，普通科の科目以外にも福祉や商業や美術などに関する専門的な学習ができる。

普通科・専門学科 夜間などの時間を利用して授業を行うもので，都内に勤務先がある者でも出願できる。単位制普通科の学校には午前・午後・夜間の各部からなる三部制の昼夜間定時制高校もある。専門学科には農業・工業・商業・産業・情報がある。

その他，**通信制課程** **中高一貫教育校** **高等専門学校** がある。

英語リスニングテストの音声について ※コードの使用期限以降は音声が予告なく削除される場合がございます。あらかじめご了承ください。

リスニングテストの音声は、下記アクセスコード(ユーザー名／パスワード)により当社ホームページ(https://www.koenokyoikusha.co.jp/pages/cddata/listening)で聞くことができます。(当社による録音です)

〈アクセスコード〉ユーザー名：koe　パスワード：04191　使用期限：2025年3月末日

●全日制課程
学力検査に基づく選抜の実施要綱

●第一次募集

1 応募資格

(1)2024年３月に中学校を卒業する見込みの者，中学校を卒業した者，など。
(2)原則として，都内に保護者とともに在住し，入学後も引き続き都内から通学することが確実な者，または応募資格審査を受け，承認を得た者。

2 出　願

インターネット出願を実施。出願は１校１コースまたは１科（１分野）に限る。ただし，志望する同一の都立高校内にある同一の学科内に２科（２分野）以上ある場合（芸術に関する学科を除く）は，志望順位をつけて出願することができる（立川高校と科学技術高校の理数科については別に定める）。

出願情報入力期間　12月20日（水）～２月６日（火）
書類提出期間　１月31日（水）～２月６日（火）

変更は他学科か他校へ１回のみ

3 志願変更

願書提出後，１回に限り志願変更をすることができる。ただし，同校同一学科内の志望の順位を変更することはできない。

願書取下げ　２月13日（火）　願書再提出　２月14日（水）

原則５教科入試

4 学力検査等

学力検査教科は５教科を原則とし，５～３教科の中で各校が定める。ただし，エンカレッジスクール（蒲田，足立東，東村山，秋留台，中野工科，練馬工科）は学力検査を実施しない。また，傾斜配点の実施や，面接，実技検査，小論文または作文を行う学校もある。

学力検査日　２月21日（水）

9:00～9:50	10:10～11:00	11:20～12:10	昼食	13:10～14:00	14:20～15:10
国　語	数　学	英　語		社　会	理　科

※英語学力検査時間の最初の10分間にリスニングテストを実施する。

日比谷，戸山，青山，西，八王子東，立川，国立，新宿，墨田川，国分寺は，自校で作成した国語，数学，英語の問題（社会，理科は都の共通問題）を使用する。国際高校では英語のみ自校作成問題を使用する。

5 選　考

選考は，調査書，学力検査の成績（面接などを実施する学校はそれらも含む），スピーキングテストの結果（英語の学力検査実施校のみ）の総合成績と入学願書による志望，都立高校長が必要とする資料に基づいて行う。なお，自己PRカードは点数化せず面接資料として活用する。

原則
学力検査：調査書＝７：３

総合成績の算出

学力検査と調査書の合計を1000点満点とする。各校は学力検査と調査書の比率を７：３に定め，それぞれの得点を比率換算し得点を算出する。ただし，体育科（駒場，野津田）および芸術科（総合芸術）は学力検査と調査書の比率を６：４とする。それらの得点に，スピーキングテスト・面接・実技検査・小論文・作文（それぞれ実施した場合）の得点を加えて総合成績とする。

6 合格発表

合格者の発表　３月１日（金）　８時30分（ウェブサイト），９時30分（校内掲示）
手続き　３月１日（金），４日（月）

●**全日制課程第二次募集**

第二次募集は3教科
原則
学力検査：調査書＝6：4

1 出　願

出願日　3月6日(水)　インターネット出願は実施しない。

志願変更日　取下げ　3月7日(木)　再提出　3月8日(金)

2 選抜日程等

学力検査　　3月9日(土)　　国語，数学，英語（各50分）

※面接・実技検査等・傾斜配点を行う学校がある。また，学力検査と調査書の比率は6：4となる。

合格者の発表　　3月14日(木)

※「インフルエンザ等学校感染症罹患(りかん)者等に対する追検査」は同じ日程で行う。ただし，分割募集実施校は追検査を実施しない。

●**分割募集**

全日制都立高校は，第一次募集期間における募集＝分割前期と第二次募集期間における募集＝分割後期の2回に分けて募集を行うことができる。日程，出願方法などは，第一次募集，第二次募集の規定による。

※2024年度実施校…日本橋，八潮，田園調布，深沢，竹台，大山，田柄，青井，足立新田，淵江，南葛飾，府中東，山崎，羽村，蒲田，足立東，東村山，秋留台，中野工科，練馬工科，野津田(体育)

●**海外帰国生徒等入学者選抜**
(帰国生徒対象/4月入学生徒)

1 実施校

三田，竹早，日野台，国際

2 出　願

出願情報入力期間　　12月20日(水)～2月7日(水)

書類提出期間　　1月31日(水)～2月7日(水)　インターネット出願を実施する。

3 志願変更

願書取下げ　2月13日(火)　　　願書再提出　2月14日(水)

4 検　査

検査日　　2月15日(木)　国語(作文を含む)，数学，英語，面接

※国際高校：現地校出身者は日本語または英語による作文，面接

5 合格発表

合格者の発表　　2月19日(月)

※国際高校の国際バカロレアコースなどの募集に関しては，別に定められている。

都立 西(にし) 高等学校

普 工 商 農 家 他

【所在地】 〒168-0081 杉並区宮前４－21－32 ☎03(3333)7771(代) FAX03(3247)1340
【交 通】 井の頭線「久我山駅」より徒歩10分，JR中央線「荻窪駅」「西荻窪駅」よりバス
【生徒数】 955名(男子485名，女子470名) 【登校時間】 8：30

施設ほか（空欄はなしまたは不明）

食堂

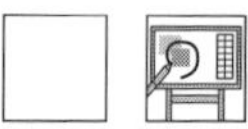
購買部(売店)　電子黒板

プール

照明つき運動場

携帯電話持ち込み

自転車通学(条件付き)

アルバイト

カウンセラー

制服

図書館は40,000冊の蔵書を有し，閲覧室は天井がドーム型で天窓もあり，明るく開放的。ほかに視聴覚ホール，西高会館，武道場，体育館など。

在校生からのメッセージ

自主自律の精神のもとで，西高生一人ひとりが勉強・部活・行事・生徒会の４つに全力で取り組んでいます。受け身になるのではなく，物事に対して主体的に考え，取り組むことによって，勉強面以外にもたくさんの経験や大切な友人，思い出と感動を得ることができます。(杉並区立向陽中出身　T・T)

学校からのメッセージ

西高校は全人教育をめざしています。文武二道のもと，あなたの能力・適性を最大限発揮してもらいます。部活動や行事，生徒会活動，そして教科学習とそれを超えた英知を涵養(かんよう)するプログラムを通して，人間として豊かに育つことを何よりも願っています。非常に厳しいですが，楽しい学校です。

◎授業

３学期制・50分×６時限(月・水・木曜は７時限)　習国数英　講放課後・長期休業　朝ー

自分の能力・適性を多面的に判断して進路が選べるよう，多くの教科・科目が学べるカリキュラムを組んでいる。“授業で勝負”を合言葉に，質の高い授業を実践するとともに，主要３教科では習熟度別授業を実施。１・２年は芸術選択以外は共通履修で，各教科をバランスよく学ぶ。なお，２年には自由選択としてドイツ語・フランス語・中国語を設置。３年は文系・理系に分け，選択科目も設けて各自の受験パターンに柔軟に対応する。探究活動に力を入れるほか，土曜特別講座や夏期講習，添削指導など支援体制も万全。

◇３年間の主な流れと主要５教科の週授業数(2024年度)

１年 → ２年 → ３年（文系／理系）

	１年	２年	３年 文	３年 理
国	5	5	7～	3
社	5	4	9～	0～
数	5	6	0～	7
理	5	5	0～	9
英	5	5	6	6

※基本的に必修授業。

行事＆海外研修

西高の二大イベントは５月の運動会と９月の記念祭。運動会は半年間の準備期間をもつ壮大な行事で，４団の旗のもと，競技に応援に熱く燃えあがる。記念祭は舞台・研究発表・模擬店など企画満載で，３日目の慰労祭は校長先生のダイブや学友歌の斉唱が恒例。ほかにクラスマッチ(年２回)，１年林間学校，文化講演会，芸術鑑賞教室などがあり，２年修学旅行は秋に関西方面を訪れる。なお，海外リーダーシッププログラムとしてアメリカへ生徒を派遣する。

←三鷹　西荻窪駅　新宿→
中央線
宮前三丁目　宮前四丁目
五日市街道
西高前
井の頭通り
都立西高校
西宮中裏　西宮中
←吉祥寺　井の頭線　渋谷→
久我山駅

部活動

運動系では全国大会準優勝の陸上競技部をはじめ，アメフト部，硬式テニス部，ハンドボール部などが都大会で上位に進出。文化系では全国総文祭参加の囲碁将棋部，関東大会準優勝のディベート同好会のほか，吹奏楽部，茶道部，管弦楽部などもさかん。

プロフィール

1937年，府立第十中学校として創立。1939年，現在地に移転。1950年，都立西高等学校と改称。

「自主自律」の精神のもと，生徒は自由な校風の中で，明るくたくましく学校生活を送っている。また，卒業生の多くは各界のリーダー的存在で，著名人も多い。同窓会組織のバックアップ体制も充実。

●色別対抗で盛りあがる運動会

▶土曜の扱い…毎週休み。ただし，土曜特別講座(教養・補習)・模試・部活などに活用する。

入試ガイド

入試概況

※2024年度より男女合同定員。

年度	募集定員	推薦入試				一般入試					
		定員	志願者数	合格者数	実質倍率	定員	締切時志願者数	確定志願者数	受検者数	合格者数	実質倍率
2024	316	64	189	64	2.95	252	431	428	368	260	1.42
2023	男165　女151	33　30	101　174	33　30	3.06　5.80	132　121	235　239	233　230	196　211	134　128	1.46　1.65
2022	男164　女152	32　30	99　137	32　30	3.09　4.57	132　122	231　210	233　209	194　199	126　136	1.54　1.46

選抜方法(2024年春)

推薦入試		一般入試	
推薦枠	20%	試験科目	5科
特別推薦	—	学力検査	700点
調査書	360点	調査書	300点
個人面接 集団討論	240点	スピーキング	20点
作文	300点	自校作成問題	国・数・英

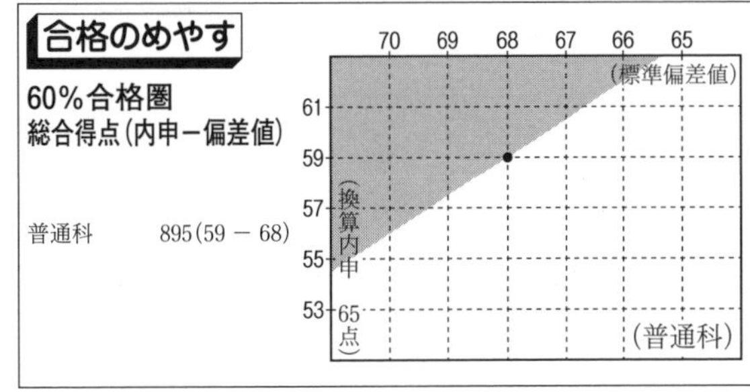

ワンポイント・アドバイス

☆推薦は集団討論を再開。　☆一般は男女合同選抜を警戒してか，総受検者数が減少し，やや低めの倍率に終わった。　☆来春は反動と日比谷高の動向に注意。得点力強化を。

併願校リスト

※Bは本校とほぼ同レベルを，Aは上位，Cは下位レベルを示す。

	国公立	私立
A	東京学芸大附	◆開成 ◇慶應義塾女子　早稲田実業
B	日比谷 西 戸山 青山	◆慶應義塾　◆早大高等学院 国際基督教大 淑徳(S) ◆桐朋　桐蔭学園(プ)
C	立川 新宿	錦城(特)　桜美林(国) 国学院大久我山　宝仙学園(理)

◆は男子募集，◇は女子募集，無印は共学または別学募集。

主な併願校　早大高等学院，早稲田実業，国際基督教大

ミニ情報

▷学食があり，名物は天玉丼。放課後は自習室となり，夜8時まで利用できる。
▷放課後，卒業生のチューターが進路室に常駐し，質問に応じてくれる。
▷同窓会では経済的支援が必要な生徒約25名に，年額20万円(3年は25万円)の奨学金を給付する。
▷土曜講習では油絵講座なども開講。
▷卒業生には日本語学者の金田一秀穂さん，数学者の藤原正彦さん，TBSアナウンサーの土井敏之さん，医師の鎌田實さんらがいる。

卒業後の進路

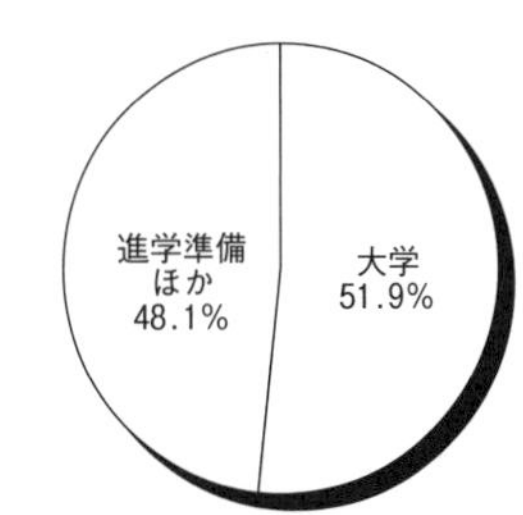

卒業生数…　312名
大学…　162名
短期大学…　0名
専門学校…　0名
留学…　0名
進学準備ほか…　150名
(2023年3月卒業生)

〔大学進学率の推移〕　52%(23年)←63%(22年)←55%(21年)

〈大学合格実績〉　※( )は現役で内数。　(2023年春)

大学名	人数	大学名	人数	大学名	人数
東京大	17(8)	京都大	18(8)	早稲田大	144(81)
東京医歯大	1(1)	東京工業大	10(6)	慶應義塾大	86(52)
一橋大	20(15)	大阪大	2(2)	上智大	50(29)
名古屋大	1(0)	東北大	6(3)	国際基督教大	3(1)
北海道大	14(7)	筑波大	5(5)	東京理科大	122(56)
東京都立大	6(5)	お茶の水大	4(4)	明治大	152(74)
東京外語大	7(6)	九州大	1(1)	青山学院大	21(11)
千葉大	11(8)	電気通信大	2(1)	立教大	55(21)
東京農工大	9(3)	横浜国立大	8(6)	中央大	54(29)

指定校推薦　早稲田大，慶應義塾大など。

進路指導

全員が大学進学を希望しているため，補習を積極的に実施し，学力養成に努めている。また，実力考査を年に2回行い，各自の到達度を確認するほか，進路ノートや個人面談を通して主体的な志望校選択を支援する。「進路のしおり」「進路部便り」など情報提供にも力を入れ，卒業生による進路ガイダンスや訪問講義，パネルディスカッションなども実施。

▶**通学区域トップ5**…杉並区17%，世田谷区15%，練馬区9%，三鷹市9%，武蔵野市7%

出題傾向と今後への対策

出題内容

	2024	2023	2022
大問数	4	4	4
小問数	35	34	32
リスニング	○	○	○

◎大問４題の出題で，構成は長文読解問題３題，都立共通の放送問題１題となっている。

2024年度の出題状況

1 放送問題
2 長文読解総合―会話文
3 長文読解総合―説明文
4 長文読解総合―説明文

解答形式

2024年度	記　述／マーク／併　用

出題傾向

全体を通して，読解力を問うものがほとんどを占める。思考力，表現力を総合的に試す，自分の言葉で答える記述式の問題も見受けられる。長文の課題文は長く高度であり，単語・熟語の知識，文法・語法などを暗記しているだけでは不十分である。英語の学習のみならず，ふだんから多角的に物を見て自分の言葉で表現する姿勢が必要。

今後への対策

教科書本文を何度も音読することが，速読を養う重要な第一歩である。長文に慣れてきたら，長文読解の問題集を１冊決めて何度も解くこと。英作文は既習の表現を利用して，身近な事柄を書く練習をするとよい。リスニングはラジオやテレビの講座を利用して毎日英語を聞くようにしよう。

◆◆◆◆◆ 英語出題分野一覧表 ◆◆◆◆◆

分野			2022	2023	2024	2025予想※
音声	放送問題		●	●	●	◎
	単語の発音・アクセント					
	文の区切り・強勢・抑揚					
語彙・文法	単語の意味・綴り・関連知識					
	適語(句)選択・補充					
	書き換え・同意文完成					
	語形変化					
	用法選択					
	正誤問題・誤文訂正					
	その他					
作文	整序結合		●	●	●	◎
	日本語英訳	適語(句)・適文選択				
		部分・完全記述				
	条件作文					
	テーマ作文		●	●	●	◎
会話文	適文選択					
	適語(句)選択・補充					
	その他					
長文読解	内容把握	主題・表題				
		内容真偽	●	■	■	◎
		内容一致・要約文完成	●	●	●	◎
		文脈・要旨把握	●			△
		英問英答	●			△
	適語(句)選択・補充		■	●	●	◎
	適文選択・補充		■	■	■	◎
	文(章)整序		●	●		◎
	英文・語句解釈(指示語など)			●		△
	その他(適所選択)		●	●	●	◎

●印：１～５問出題，■印：６～10問出題，★印：11問以上出題。
※予想欄　◎印：出題されると思われるもの。　△印：出題されるかもしれないもの。

出題傾向と今後への対策

出題内容

2024年度 作 証 グ

大問４題，14問の出題。①は小問集合で，５問。数の計算，二次方程式，確率，データの活用，平面図形の出題。平面図形は作図問題。②は関数で，放物線と直線に関するもの。③は平面図形で，平行四辺形を利用した問題。２つの三角形が合同であることを示す証明問題も出題されている。④は特殊・新傾向問題。勘違いによる計算でも正しい結果が得られるときについて考えるもの。文字式を利用して説明する問題もある。

2023年度 作 証 グ

大問４題，14問の出題。①は小問集合で，５問。数の計算，方程式，確率，データの活用，平面図形の出題。平面図形は作図問題。②は関数で，放物線と直線に関するもの。座標を文字を使って表すなど，文字式を扱う力も求められている。③は平面図形で，円と，４つの頂点が円周上にある四角形を利用した問題。証明問題も出題されている。④は特殊・新傾向問題で，ある数に対して，一番左の数が１になるまで操作を繰り返す問題。

作…作図問題　証…証明問題　グ…グラフ作成問題

解答形式

2024年度	記　述／マーク／併　用

出題傾向

例年，大問４題で，うち３題は小問集合，関数，図形，残り１題は年度により異なるが，数の性質や図形の移動に関する問題になることが多い。図形分野からは証明，作図が必出。その他，関数などで途中の計算を書かせる問題もあり，表現する力なども問われている。レベルの高い問題も含まれるので，時間配分には注意したい。

今後への対策

応用力をつけるには，とにかく問題を解くことである。標準～発展レベルの問題集を用いて，いろいろな問題にあたり，いろいろな解法を身につけるようにしよう。図形，関数，数の性質あたりを重点的に対策するとよいだろう。途中の計算が複雑になることもあるので，速やかにできるよう，日頃から計算練習もしておくこと。

◆◆◆◆◆ 数学出題分野一覧表 ◆◆◆◆◆

分野		2022	2023	2024	2025 予想※
数と式	計算，因数分解	★	●	●	◎
	数の性質，数の表し方				
	文字式の利用，等式変形				
	方程式の解法，解の利用	●	●	●	◎
	方程式の応用	●			△
関　数	比例・反比例，一次関数				
	関数$y=ax^2$とその他の関数	★	★	★	◎
	関数の利用，図形の移動と関数				
図　形	（平面）計　量	■	■	■	◎
	（平面）証明，作図	■	■	■	◎
	（平面）その他				
	（空間）計　量				
	（空間）頂点・辺・面，展開図				
	（空間）その他				
データの活用	場合の数，確率	●	●	●	◎
	データの分析・活用，標本調査	●	●	●	◎
その他	不等式				
	特殊・新傾向問題など		★	★	
	融合問題				

●印：１問出題，■印：２問出題，★印：３問以上出題。
※予想欄　◎印：出題されると思われるもの。　△印：出題されるかもしれないもの。

出題傾向と今後への対策

出題内容

2024年度

一 漢字　二 漢字　三 小説　四 論説文　五 説明文

課題文

三上野　歩『お菓子の船』
四松村圭一郎『旋回する人類学』
五揖斐　高『江戸漢詩の情景』

2023年度

一 漢字　二 漢字　三 小説　四 論説文　五 論説文

課題文

三碧野　圭『凜として弓を引く』
四千葉　眞『資本主義・デモクラシー・エコロジー』
五縄田雄二『モノと媒体の人文学』

2022年度

一 漢字　二 漢字　三 小説　四 論説文　五 論説文

課題文

三鈴村ふみ『櫓太鼓がきこえる』
四佐倉　統『科学とはなにか』
五松原　朗『漢詩の流儀』

解答形式

2024年度　記　述／マーク／併　用

出題傾向

課題文の分量は，一般の私立校入試と同程度であり，内容も平均的なものと考えてよい。出題のねらいは，しっかりとした基礎学力をベースにやや高度な内容を理解する応用力を見ることにあるようである。これは，読解力のみならず，表現力・思考力についてもいえることである。

今後への対策

あらゆる分野の文章が課題文となっているのだから，偏りのない総合的な学習が必要である。読解力養成には，問題集をできるだけたくさんやるのがよい。解答が，記述式のものが望ましい。また，古文や韻文についても，現代文の中で問われる可能性があるので，基礎知識は確認しておこう。作文も，いくつか自分で書いてみるとよい。

◆◆◆◆◆ 国語出題分野一覧表 ◆◆◆◆◆

分野			2022	2023	2024	2025予想※
現代文	論説文説明文	主題・要旨		●	●	◎
		文脈・接続語・指示語・段落関係				
		文章内容	●	●	●	◎
		表現	●			△
	随筆日記手紙	主題・要旨				
		文脈・接続語・指示語・段落関係				
		文章内容				
		表現				
		心情				
	小説	主題・要旨				
		文脈・接続語・指示語・段落関係				
		文章内容	●	●	●	◎
		表現	●	●	●	◎
		心情	●	●	●	◎
		状況・情景				
韻文	詩	内容理解				
		形式・技法				
	俳句和歌短歌	内容理解			●	△
		技法				
古典	古文	古語・内容理解・現代語訳				
		古典の知識・古典文法				
	漢文	(漢詩を含む)	●		●	◎
国語の知識	漢字語句	漢字	●	●	●	◎
		語句・四字熟語		●		△
		慣用句・ことわざ・故事成語				
		熟語の構成・漢字の知識				
	文法	品詞	●			△
		ことばの単位・文の組み立て				
		敬語・表現技法				
	文学史					
作文・文章の構成・資料			●	●	●	◎
その他						

※予想欄　◎印：出題されると思われるもの。　△印：出題されるかもしれないもの。

● 出題傾向と対策

東京都立高等学校

【社会・理科】

共 通 問 題

社会 出題傾向と対策

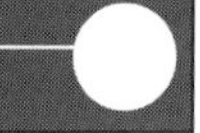

●出題のねらい

地理，歴史，公民の各分野とも基礎知識を中心に幅広い出題がなされている。ほとんど全ての問題が地図，統計，図表などを利用して出題されており，単に知識を問うだけでなく，資料を読み取り，総合的に考察する力を見ようとしている。

出題形態にも工夫がなされており，地理，歴史，公民の各分野が融合問題や総合問題の形式をとっているなど，社会科の学力を総合的に試そうとする意図が感じられる。個々の知識を互いに関連させて問題をとらえる力が求められている。

●何が出題されたか

2024年度は昨年同様，大問が全６題出題された。構成は，三分野の小問集合問題が１題と地理が２題，歴史が１題，公民が１題，三分野総合問題が１題となっている。また，小問数は昨年までと同様20問で，文章記述の解答は昨年より１問増えて３問であった。配点は全問５点で，三分野の出題のバランスはとれている。

1は三分野の基礎事項からなる問題で，地図の読み取りを含む小問形式である。2は世界地理で，各国の気候や産業などに関する問題。3は日本地理で，各県の自然環境や，産業などに関する問題。4は歴史で，古代から現代までの海上交通に関する歴史をテーマにした問題。5は公民で，社会集団をテーマにした問題。6は三分野総合問題で，国際社会とグローバル化をテーマに，地図，グラフを用いた問題となっている。

〈社会出題分野一覧表〉

	分野＼年度	2021	2022	2023	2024	2025予想※
地理的分野	地形図	●	●	●	●	◎
	アジア		地産 総	産		◎
	アフリカ				総	△
	オセアニア	総				△
	ヨーロッパ・ロシア	地産		総	総	◎
	北アメリカ		総			△
	中・南アメリカ					△
	世界全般	総	総	総	産 総	◎
	九州・四国					△
	中国・近畿					△
	中部・関東		産		産 総	◎
	東北・北海道					△
	日本全般	総	総	産人総	総	◎
歴史的分野	旧石器～平安	●	●	●	●	◎
	鎌倉	●	●		●	◎
	室町～安土桃山	●	●	●	●	◎
	江戸	●	●	●	●	◎
	明治		●	●	●	◎
	大正～第二次世界大戦終結	●	●	●	●	◎
	第二次世界大戦後	●	●	●	●	◎
公民的分野	生活と文化		●			△
	人権と憲法	●	●	●	●	◎
	政治	●	●		●	◎
	経済	●		●	●	◎
	労働と福祉	●				△
	国際社会と環境問題			●	●	◎
	時事問題					△

注）地理的分野については，各地域ごとに出題内容を以下の記号で分類しました。
地…地形・気候・時差，産…産業・貿易・交通，人…人口・文化・歴史・環境，総…総合
※予想欄　◎印：出題されると思われるもの。　△印：出題されるかもしれないもの。

●はたして来年は何が出るか

形式は本年のように全６題程度の大問構成となる可能性が高く，地理，歴史，公民の各分野だけでなく，総合問題などを含んだバランスのよい出題となろう。内容も基礎事項を中心としながらも，資料分析力や総合的考察力などさまざまな力を試そうとする傾向には変化がないと思われる。地理では地図や統計を用いて自然や産業を問うもの，歴史では１つのテーマを取り上げて展開していくもの，公民では政治や経済，国際社会など，その他各分野にわたる総合問題など例年どおりの出題傾向が続くと考えられる。また，資料の読み取りを伴う文章記述の問題を重視する傾向にあることに注意しておきたい。

●どんな準備をすればよいか

基本的な設問から応用力が求められる問題まで確実に対応するためには，基本的知識を確実に理解していることが重要である。そのためには教科書を十分に活用して基礎知識をしっかり定着させることから始めたい。その際，知識を個別に覚え込むだけでなく，地図帳や年表，資料集などを積極的に利用して，個々の事項がどのように関連しているか，体系的にまとめていくとよい。地図や図表は例年出題されているので，日頃の学習の中で十分慣れておきたいし，統計も最新のものを確認しておきたい。また，地理，歴史，公民といった分野の枠を越えた総合的な学習も心がけたい。そのためにはニュースなどを通じて現代の社会の課題や国際問題などに対する関心を深めておこう。最後にそれまでの学習の成果を確認し，弱点を補強するためにも過去の問題を解いておこう。問題演習に慣れるとともに出題の意図や傾向を知り，その後の学習に生かしていくことが望ましい。

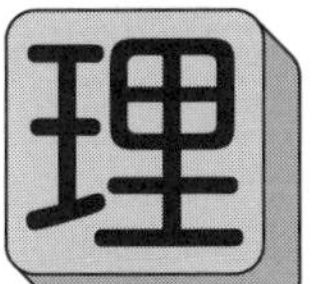

出題傾向と対策

●出題のねらい

理科の出題のねらいは，中学校で学習する範囲内の各単元について，基礎的な理解度を見ることにある。基本的な知識を問うとともに，実験や観察を題材として，その手順と方法，結果，考察に関わる事柄にも重点が置かれている。出題単元についても，特定のものにかたよることなく，それぞれの分野の各単元間のバランスがはかられており，出題形式についても，記号選択式だけでなく記述式の出題を加える工夫が見られ，受検者の学力が適切に評価される内容となるように配慮されている。

●何が出題されたか

1は物理・化学・生物・地学の４つの分野から１，２問，合計６問の出題で，いずれも基礎的な知識を確認するための問題。2は岩石についての自由研究のレポートから，岩石に含まれる化石，金属を取り出せる岩石，石英，生物由来の岩石について，示準化石・示相化石，酸化銅の還元，光の屈折，生物どうしのつながりに関する４問。3は地球と宇宙から，太陽と地球の動きについて，知識や理解を問う問題。4は植物の体のつくりとはたらきから，光合成と呼吸について，知識や考察力を問う問題。5は水溶液に関する問題。電解質・非電解質，溶解度について，知識と理解が問われた。6は運動とエネルギーから，力学的エネルギーについて，仕事や作用・反作用，速さ，分力，エネルギーなどの知識や理解が問われた。

〈理科出題分野一覧表〉

分野	年度	2021	2022	2023	2024	2025予想※
身近な物理現象	光と音	●	●	●	●	◎
	力のはたらき(力のつり合い)	●	●			◎
物質のすがた	気体の発生と性質					△
	物質の性質と状態変化	●	●	●		◎
	水溶液			●	●	◎
電流とその利用	電流と回路	●	●	●	●	◎
	電流と磁界(電流の正体)	●				◎
化学変化と原子・分子	いろいろな化学変化(化学反応式)	●		●	●	◎
	化学変化と物質の質量	●	●		●	◎
運動とエネルギー	力の合成と分解(浮力・水圧)				●	△
	物体の運動	●	●	●	●	◎
	仕事とエネルギー		●		●	◎
化学変化とイオン	水溶液とイオン(電池)		●	●	●	◎
	酸・アルカリとイオン	●	●			◎
生物の世界	植物のなかま		●	●		◎
	動物のなかま	●			●	◎
大地の変化	火山・地震	●	●	●		◎
	地層・大地の変動(自然の恵み)		●		●	◎
生物の体のつくりとはたらき	生物をつくる細胞					△
	植物の体のつくりとはたらき	●	●		●	◎
	動物の体のつくりとはたらき	●	●	●	●	◎
気象と天気の変化	気象観察・気圧と風(圧力)	●			●	◎
	天気の変化・日本の気象	●	●	●		◎
生命・自然界のつながり	生物の成長とふえ方		●	●		◎
	遺伝の規則性と遺伝子(進化)	●	●			◎
	生物どうしのつながり			●	●	◎
地球と宇宙	天体の動き	●	●	●	●	◎
	宇宙の中の地球					△
自然環境・科学技術と人間						
総合	実験の操作と実験器具の使い方	●		●	●	◎

※予想欄　◎印：出題されると思われるもの。　△印：出題されるかもしれないもの。
分野のカッコ内は主な小項目

●はたして来年は何が出るか

例年どおり，特定の分野にかたよることなく，物理・化学・生物・地学の各分野からバランスよく出題されており，来年もこの傾向が続くのは確実である。その中で，「化学変化」，「電流とその利用」など，理解度の差が表れやすい化学や物理の分野の重要単元については，連続して出題されることが多い。地学や生物の分野でも，「火山・地震」，「動物の体のつくりとはたらき」，「天体の動き」などは同様である。いずれの分野も実験の経緯や観察結果の考察が問われるのは間違いない。年によって論述式解答問題や作図問題が出題されている。この傾向は今後も続くことが予想される。

●どんな準備をすればよいか

まず，教科書で扱われている内容については，しっかり理解できるようにしておくことが何よりも重要である。出題範囲の点でも，難易度の点でも，教科書レベルを超えることはないのだから，教科書のマスターを最重要課題とすべきである。知識的な項目を覚えていくことも必要だが，実験や観察を通して求められる理科的な思考力を身につけていくことが大切である。それには，教科書をただ読んでいくだけでは不十分で，自分なりの「理科ノート」をつくっていくのがよいだろう。特に実験や観察については，その目的，手順，使用する器具，操作の注意点，結果，考察のそれぞれについて，図やグラフも含めて丹念に書きすすめていくこと。この過程であいまいな点が出てきたら，学校の授業ノートや参考書で確認しておくとよい。この一連の作業をすすめていくことができれば，自然に重要なポイントを押さえることができるはずだ。テストや問題集で自分が間違えたところをノートにフィードバックさせていけば，さらに有益だろう。

Memo

中学校英語
スピーキングテスト（ESAT-J）

- スピーキングテストについて
- スピーキングテストの準備と対策
- 問題と解答例

2023年度　11月27日実施

2023年度　12月18日実施（予備日テスト）

2022年度　11月27日実施

2022年度　12月18日実施（予備日テスト）

中学校英語スピーキングテストについて

※中学校英語スピーキングテスト（テスト名称：ESAT-J）は，東京都教育委員会が英語の「話すこと」の能力を測るアチーブメントテストとして実施しており，都立高等学校入学者選抜学力検査とは異なるテストです。

1 実施方法

タブレット端末等を用いて，解答音声を録音する方法で実施し，試験時間は準備時間を含み，65分程度とする。

2 出題方針

⑴ 出題の範囲は，実施年度の中学校学習指導要領における英語「話すこと」に準拠した内容とする。
⑵ 問題は，中学校検定教科書や東京都教育委員会が指定する教材に基づく。
⑶ 基礎的・基本的な知識及び技能の定着や，思考力・判断力・表現力などをみる。

3 問題構成及び評価の観点

※評価の観点 ①コミュニケーションの達成度 ②言語使用 ③音声

Part	ねらい	出題数	評価の観点		
			①	②	③
A	英文を読み上げる形式の問題で英語音声の特徴を踏まえ音読ができる力をみる。	2			○
B	図示された情報を読み取り，それに関する質問を聞き取った上で，適切に応答する力や，図示された情報をもとに「質問する」，「考えや意図を伝える」，「相手の行動を促す」など，やり取りする力をみる。	4	○		
C	日常的な出来事について，話の流れを踏まえて相手に伝わるように状況を説明する力をみる。	1	○	○	○
D	身近なテーマに関して聞いたことについて，自分の意見とその意見を支える理由を伝える力をみる。	1	○	○	○

4 評価の観点の内容

① コミュニケーションの達成度（２段階）：コミュニケーションの目的の成立

	Part B	Part C	Part D（意見）	Part D（理由）
○	・各設問の問いかけに応じた内容を伝えることができている。 ・相手に適切な行動を促すことができている。 ★１	・各コマのイラストの内容（事実）を伝えることができている。 ★２	・意見（自分の考え）を伝えることができている。	・意見（自分の考え）をサポートする理由を伝えることができている。
×	・各設問の問いかけに応じた内容を伝えることができていない。 ・相手に適切な行動を促すことができていない。	・各コマのイラストの内容（事実）を伝えることができていない。	・意見（自分の考え）を伝えることができていない。	・意見（自分の考え）をサポートする理由を伝えることができていない。

★１ 問題趣旨に沿って解答できていれば，解答は単語・センテンスのどちらでもよいとする。
★２ 各コマのイラストについて判断する。

② 言語使用（５段階）：語彙・文構造・文法の適切さ及び正しさ，内容の適切さ（一貫性・論理構成）

	Part C，Part D
◎◎	・豊富で幅広い語彙・表現や文法を，柔軟に使用することができる。 ・アイデア間の関係性を整理して伝えることができる。 ・語彙や文構造及び文法の使い方が適切であり，誤解を生むような文法の誤りや，コミュニケーションを阻害するような語彙の誤りもない。
◎	・複雑な内容を説明するときに誤りが生じるが，幅広い語彙・表現や文法を使用し，アイデアを伝えることができる。 ・簡単なアイデアを順序立ててつなげることができる。 ・語彙や文構造及び文法の使い方が概ね適切である。
○	・使用している語彙・表現や文法の幅が限られているが，簡単な接続詞を使って，アイデアをつなげたりすることができる。 ・簡単な描写を羅列することができる。 ・語彙や文構造及び文法の使い方に誤りが多い。
△	・使用している語彙や表現の幅が限られているが，簡単な接続詞を使って，単語や語句をつなげることができる。 ・簡単な事柄なら言い表すことができる。 ・語彙や文構造及び文法の使い方に誤りが非常に多い。
×	・求められている解答内容から明らかに外れている。 ・英語ではない，あるいは，英語として通じない。 ・力を測るための十分な量の発話がない。

③ 音声（４段階）：発音，強勢，イントネーション，区切り

	Part A，Part C，Part D
◎	・発音は概ね正しく，強勢，リズムや抑揚が，聞き手の理解の支障となることはない。 ・言葉や言い回しを考えたり，言い直したりするために，間（ま）を取ることがあるが，発話中の間（ま）は，概ね自然なところにあり，不自然に長くない。
○	・発音は概ね理解できるが，強勢，リズムや抑揚が，聞き手の理解の支障となることがある。 ・不自然なところで区切っていたり，言葉や言い回しを考えたり言い直したりするための間（ま）が不自然に長かったりすることがあるが，話についていくことには可能な程度である。
△	・簡単な単語や語句の強勢は適切であるが，全体を通して発音の誤りが生じ，抑揚がほとんどない。 ・不自然なところで区切っていたり，言葉や言い回しを考えたり言い直したりするための間（ま）が多い，もしくは不自然に長かったりすることがあり，話についていくことが難しい。
×	・求められている解答内容から明らかに外れている。 ・英語ではない，あるいは，英語として通じない。 ・力を測るための十分な量の発話がない。

5 テスト結果の評価と留意点

●テスト結果は，都教委によるESAT-J GRADE（６段階評価）で評価する。

※IRT（項目応答理論）により，採点結果を統計的に処理し算出。

スピーキングテスト(ESAT-J)の準備と対策
～試験までにできること～

★ESAT-J全体の特徴

◆これまでの傾向

➡2022年度・2023年度に実施された計４回のテストからわかる傾向を見てみよう。

☞ 形式：自分の声をタブレット端末に吹き込んで行う。

☞ 構成：４つのパート，計８問(下表参照)で構成される。これはGTEC®(Coreタイプ)*とほぼ同じ。

*民間の英語試験。学校を通じて申し込める。できれば事前に一度受けておきたい。
*「GTEC(Coreタイプ)」は，株式会社ベネッセコーポレーションの登録商標です。

◆ESAT-Jの構成とパートごとの特徴

Part	No.	概要	準備時間	解答時間	類似問題
A	1, 2	40語程度の英文を音読する	30秒	30秒	英検®３級[1]
B	1, 2	与えられた情報を読み取り，それに関する質問に答える	10秒	10秒	英検®準２級[2]
	3, 4	与えられた情報について，自分の考えを伝える，自分から質問する	10秒	10秒	なし
C		４コマのイラストを見て，ストーリーを英語で話す	30秒	40秒	英検®２級[3]
D		身近なテーマに関する音声を聞き，その内容について自分の意見と，その意見をサポートする理由を述べる	１分	40秒	英検®２級[4]

[1] ３級は30語程度。準２級になると50語程度になる。ESAT-Jはその中間といえるが英検®のように英文に関する質問はない。
[2] 準２級のNo.２とNo.３は，やや異なる形式ではあるが，単文解答式でという点で類似している。
[3] ２級の問題は３コマ。英検®の場合はイラストの中に文字情報があるが，ESAT-Jにはない。
[4] ２級のNo.３とNo.４は，やや異なる形式ではあるが，あるテーマについて自分の意見と理由を述べるという点で類似している。
* 英検®は，公益財団法人 日本英語検定協会の登録商標です。

★ESAT-Jの対策

➡スピーキングは一朝一夕では身につかない。大切なのは積み重ね。日頃から次のことを心がけよう。

☞ 教科書などを音読する。音読する際は，区切りや抑揚，それに英文の意味を意識して読む。

☞ いろいろな質問に英語で答える習慣をつける。聞かれた内容を理解し，それに応じた返答をする。

☞ 日常の生活で目にする光景や状況を日本語から英語の順でよいので，言葉にする習慣をつける。

☞ 身の回りのさまざまな問題やテーマについて考え，自分の意見を言えるようにしておく。日本語からでよい。日本語で言えないことは英語でも言えない。まず日本語で自分の考え・意見を持つことが大切。その後英語にする。

⇨Part Dの自分の意見とそう考える理由を問う形式は，高校入試の英作文問題でもよく出題されている。作文とスピーキングの違いはあるが，やること自体は変わらない。こうした作文問題に数多く取り組むことで，さまざまなテーマについて自分の意見を考え，養うことができるようになると同時に，その解答を英語で準備することで使える語彙や表現が増える。さらにそれを音読して覚えていくことで，即座に答える瞬発力を上げていくことができる。

◆対策のまとめ

Part	対策
A	・単語を正しく発音する。 ・適切な場所で区切って読む。不適切な場所で区切ると，聞く人の理解が妨げられる。 ・強く読むところや，語尾を上げて読むところなどを意識し，抑揚をつけて読む。 ⇨読む英文にネイティブスピーカーの音声がついている場合は，その音声の真似をして読むとよい。
B	・聞かれたことに対してしっかり答える。 ・情報から読み取れないことなどについて，自分から質問したり，自分の考えを伝えたりする習慣をつける。
C	・日常の場面を英語で表現する習慣をつける。 ・ストーリーはいきなり英語にしなくてよい，まず日本語で考え，それから英語にする。 ・必要に応じて接続詞などを効果的に使いながら文を膨らませ，伝える内容を発展させる。
D	・まず流れる音声を正確に聞き取る。リスニング力も求められている。 ・日頃から身の回りのさまざまな問題やテーマについて考え自分の意見を述べ，それを英語で表現する習慣をつけておく。 ⇨あるテーマについて意見を述べさせる形式は，高校入試の英作文問題でもよく出題されている。こうした問題に多く取り組むことが対策になる。書いた英文は先生などにチェックしてもらい，完成した英文を繰り返し音読し覚える。 ・表現の幅を広げるために，学習した語彙や表現を日頃から文単位で書きとめ，蓄積し，それを繰り返し音読して使えるようにしておく。
全体	・機械に吹き込むことに慣れておく。 ・毎日少しでも英語を声に出す習慣をつける。その際，ただ声に出すだけでなく，英文の意味を理解しながら読む。 ・解答までの準備時間があるので，まず日本語で考えてからそれを英語にした方がよい。 ・解答する時間には制限があるので，時間を意識しながら時間内に答えられるように練習する。 ・試験当日は，肩の力を抜いてできるだけリラックスする。 ・最初から完璧に話そうとする必要はない。途中で間違えても言い直せばよい。相手にきかれたこと，自分の言いたいことを，相手に伝えることが何よりも大事である。 ・Practice makes perfect.「習うより慣れよ」

★ESAT-Jの今後の予測

➡2023年度のテストは2022年度のテストと形式や構成，難度の面で変化は見られなかった。2024年度も同様の構成，難度で実施されることが予想される。

★参考

■東京都教育委員会のウェブサイトには，ESAT-Jの特設ページが用意されており，採点例や英語力アップのためのアドバイスなども掲載されている。

■英検®のウェブサイトには，各級の試験の内容と過去問１年分が公開されている(二次試験のスピーキングはサンプル問題)。

取材協力：星昭徳氏(日本大学高等学校)

2023年度　中学校英語スピーキングテスト（ESAT-J）（11月27日実施）

Part A

Part A は、全部で２問あります。聞いている人に、意味や内容が伝わるように、英文を声に出して読んでください。はじめに準備時間が３０秒あります。録音開始の音が鳴ってから解答を始めてください。解答時間は３０秒です。

【No.1】

あなたは留学先の学校で、昼休みの時間に放送を使って、新しくできたクラブについて案内することになりました。次の英文を声に出して読んでください。録音開始の音が鳴ってから解答を始めてください。
（準備時間３０秒／解答時間３０秒）

▸ **No. 1**

Have you heard about the new math club? It will start next week. Club members will meet every Tuesday afternoon at four o'clock in the computer room. They'll study together and play math games. If you want to join, please talk to Mr. Harris.

【No.2】

留学中のあなたは、ホームステイ先の子供に、物語を読み聞かせることになりました。次の英文を声に出して読んでください。録音開始の音が鳴ってから解答を始めてください。
（準備時間３０秒／解答時間３０秒）

▸ **No. 2**

A woman lived in a large house. She liked singing and writing songs. One night, her friends came to her house for dinner. After dinner, she sang her new song for them. What did her friends think? They loved it, and they wanted to learn the song, too.

Part B

Part B は、全部で４問あります。質問に答える問題が３問と、あなたから問いかける問題が１問あります。与えられた情報をもとに、英語で話してください。準備時間は１０秒です。録音開始の音が鳴ってから解答を始めてください。解答時間は１０秒です。

No. 1とNo. 2では、与えられた情報をもとに英語で適切に答えてください。

【No.1】

留学中のあなたは、友達と学校の掲示板に貼ってある、来年開催される地域のイベントのポスターを見ています。友達からの質問に対して、与えられたポスターの情報をもとに、英語で答えてください。録音開始の音が鳴ってから解答を始めてください。

（準備時間１０秒／解答時間１０秒）

Question: What are all of the events in September?

【No.2】

留学中のあなたは、友達とコンサートに行くために、あなたのいる場所から会場までの行き方を、あなたの携帯電話で調べています。友達からの質問に対して、与えられた情報をもとに、英語で答えてください。録音開始の音が鳴ってから解答を始めてください。

（準備時間１０秒／解答時間１０秒）

Question: What is the fastest way to get to the concert hall?

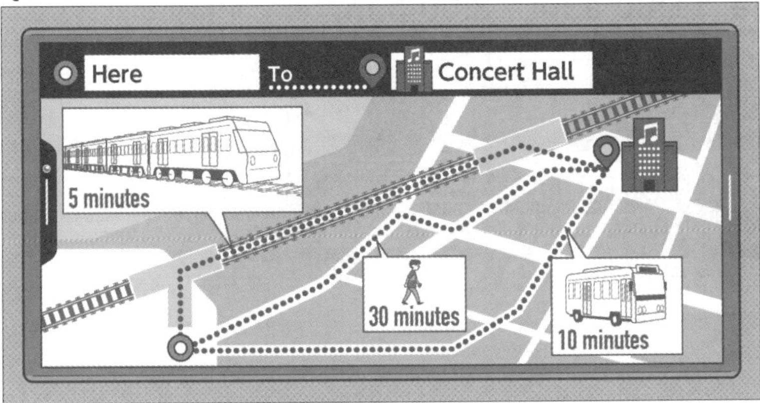

No. 3とNo. 4は、同じ場面での問題です。

No. 3では、質問に対するあなた自身の答えを英語で述べてください。No. 4では、あなたから相手に英語で問いかけてください。

【No.3】

留学中のあなたは、2日間で行われるサマーキャンプに参加していて、初日の活動の案内を見ています。キャンプ担当者からの質問に対して、与えられた活動の情報をもとに、あなた自身の回答を英語で述べてください。録音開始の音が鳴ってから解答を始めてください。

（準備時間１０秒／解答時間１０秒）

Question: Which activity do you want to do?

【No.4】

次に、あなたはキャンプ２日目に行われるイベントについての案内を受け取りました。あなたはその内容について、案内に書かれていないことで、さらに知りたいことがあります。知りたいことをキャンプ担当者に英語で尋ねてください。録音開始の音が鳴ってから解答を始めてください。

（準備時間１０秒／解答時間１０秒）

We're going to have a walking event.

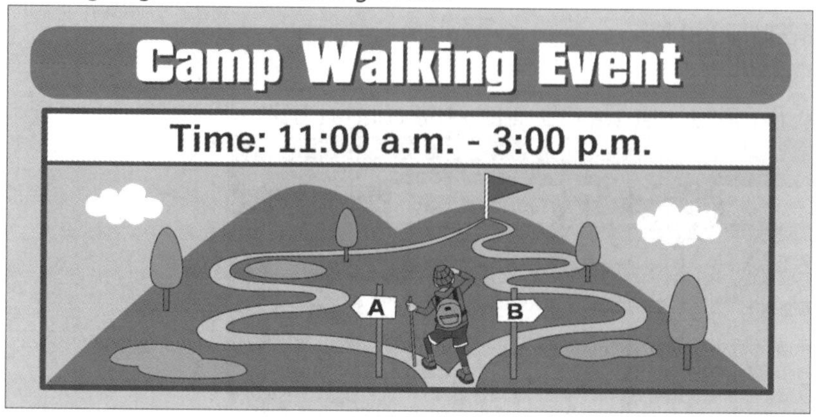

Part C

Part C は、4コマイラストの問題です。これから画面に表示される1から4の全てのイラストについて、ストーリーを英語で話してください。はじめに準備時間が30秒あります。録音開始の音が鳴ってから解答を始めてください。解答時間は40秒です。この Part には例題はありません。

あなたは、昨日あなたに起こった出来事を留学生の友達に話すことになりました。1のイラストに描かれた人物になったつもりで、相手に伝わるように英語で話してください。
（準備時間30秒／解答時間40秒）

Part D

Part D は、英語で話される音声を聞いたうえで、質問に対する自分の考えとそう考える理由を英語で述べる問題です。英語の音声は2回流れます。そのあと準備時間が1分あります。録音開始の音が鳴ってから解答を始めてください。解答時間は40秒です。この Part には例題はありません。

海外姉妹校の生徒であるマイクから、ビデオレターで質問が届きました。そこで、あなたは、英語で回答を録音して送ることにしました。ビデオレターの音声を聞き、あなたの**意見**を述べ、そう考える**理由**を詳しく話してください。日本の地名や人名などを使う場合には、それを知らない人に分かるように説明してください。
（準備時間1分／解答時間40秒）

【英語音声のみ・画面表示なし】
Hello. At my school, the students are going to choose a place for this year's one-day school trip. We can go to a mountain or an art museum. In your opinion, which is better for students, a trip to a mountain or a trip to an art museum? Tell me why you think so, too. I'm waiting to hear from you.

2023年度　中学校英語スピーキングテスト（ESAT-J）（11月27日実施）　解答例

○　本テストでは、「コミュニケーションの達成度」、「言語使用」、「音声」の各観点により話すことの力を総合的に判定します。なお、各パートで評価する観点を設定しています。

○　各パートにおける評価の観点の表記
- コミュニケーションの達成度…**【コミュニケーション】**
- 言語使用…**【言語】**
- 音声…**【音声】**

Part A **【音声】**

No.1（省略）

No.2（省略）

Part B **【コミュニケーション】**

No.1（例）(They are) a fishing event and a music event. / Fishing and music.

No.2（例）The fastest way (to get there) is by train. / By train.

No.3（例）I want to [cook / dance / ride a bike [[bicycle]]].

No.4（例）Which way is shorter, A or B? / What should I take (on the walk)?

Part C **【コミュニケーション】【言語】【音声】**

I was running at a school event. Then, I dropped my cap. There was a boy behind me. He got my cap and gave it to me. After that, we finished running together.

Part D **【コミュニケーション】【言語】【音声】**

○生徒は遠足で山に行くべきという意見の例

I think it's good for students to go to a mountain. The students can spend time together in nature on the mountain. So, they experience nature and enjoy time with friends.

○生徒は遠足で美術館に行くべきという意見の例

In my opinion, it's better for students to go to an art museum because they can learn about many kinds of art at the museum. Then, they can find their favorite picture.

2023年度　中学校英語スピーキングテスト（ESAT-J）（予備日テスト）　（12月18日実施）

Part A

Part A は、全部で２問あります。聞いている人に、意味や内容が伝わるように、英文を声に出して読んでください。はじめに準備時間が３０秒あります。録音開始の音が鳴ってから解答を始めてください。解答時間は３０秒です。

【No.1】

留学中のあなたは、ホームステイ先の子供に、物語を読み聞かせることになりました。次の英文を声に出して読んでください。録音開始の音が鳴ってから解答を始めてください。

（準備時間３０秒／解答時間３０秒）

▸ **No. 1**

A boy lived in a house near a forest. In his free time, he liked to walk in his family's garden. One day, he saw a rabbit in the garden. What was it doing? It was sleeping in the flowers because it was warm there.

【No.2】

あなたは留学先の学校で、昼休みの時間に放送を使って、来週の校外活動について案内することになりました。次の英文を声に出して読んでください。録音開始の音が鳴ってから解答を始めてください。

（準備時間３０秒／解答時間３０秒）

▸ **No. 2**

We're going to go to the city library on Saturday. Are you excited? Let's meet in front of the school at nine o'clock. You can find many kinds of English books at the library. After visiting the library, we're going to have lunch in a park. You're going to love this trip!

Part B

Part B は、全部で４問あります。質問に答える問題が３問と、あなたから問いかける問題が１問あります。与えられた情報をもとに、英語で話してください。準備時間は１０秒です。録音開始の音が鳴ってから解答を始めてください。解答時間は１０秒です。

No. １と No. ２では、与えられた情報をもとに英語で適切に答えてください。

【No.1】

留学中のあなたは、友達とテニススクールの体験レッスンの案内を見ています。友達からの質問に対して、与えられた案内の情報をもとに、英語で答えてください。録音開始の音が鳴ってから解答を始めてください。

（準備時間１０秒／解答時間１０秒）

Question: What do you need to take to the lesson?

【No.2】

留学中のあなたは、友達と季節ごとの果物について調べるためにウェブサイトを見ています。友達からの質問に対して、与えられたウェブサイトの情報をもとに、英語で答えてください。録音開始の音が鳴ってから解答を始めてください。

（準備時間１０秒／解答時間１０秒）

Question: What is the best month to get cherries?

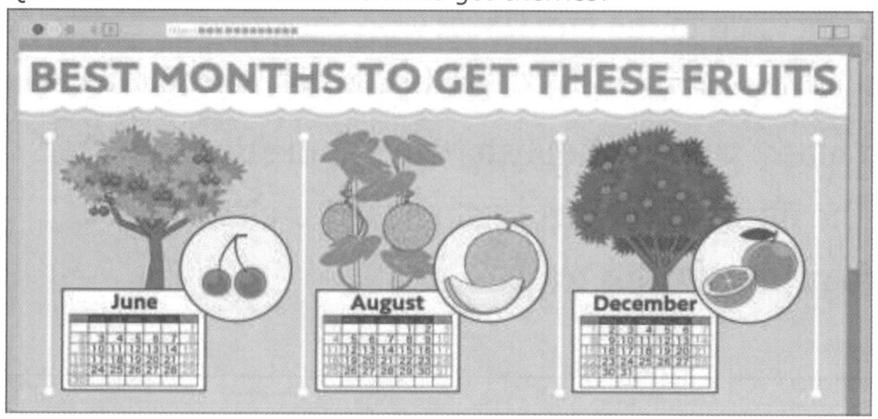

No. 3とNo. 4は、同じ場面での問題です。

No. 3では、質問に対するあなた自身の答えを英語で述べてください。No. 4では、あなたから相手に英語で問いかけてください。

【No.3】

留学中のあなたは、学校で開催される職業紹介イベントの案内を見ています。先生からの質問に対して、与えられた案内の情報をもとに、あなた自身の回答を英語で述べてください。録音開始の音が鳴ってから解答を始めてください。

（準備時間１０秒／解答時間１０秒）

Question: Which job do you want to learn about?

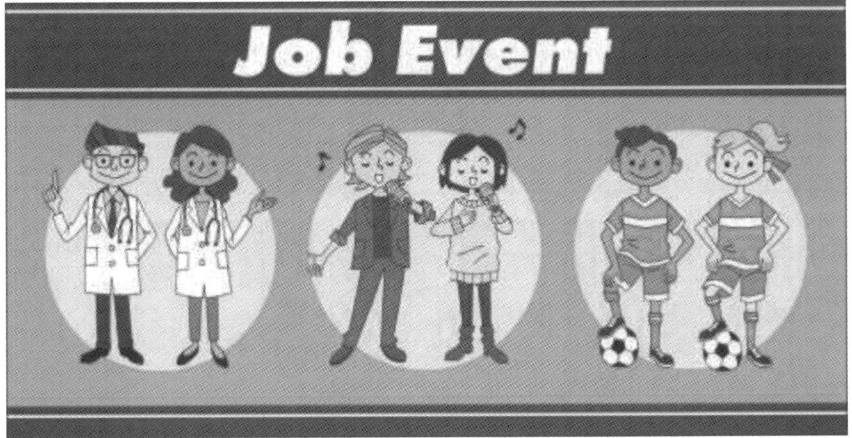

【No.4】

次に、職業紹介イベントで行われるスピーチに関する案内を受け取りました。あなたはその内容について、案内に書かれていないことで、さらに知りたいことがあります。知りたいことを先生に英語で尋ねてください。録音開始の音が鳴ってから解答を始めてください。

（準備時間１０秒／解答時間１０秒）

We're going to have a special guest.

Part C

Part C は、４コマイラストの問題です。これから画面に表示される１から４の全てのイラストについて、ストーリーを英語で話してください。はじめに準備時間が３０秒あります。録音開始の音が鳴ってから解答を始めてください。解答時間は４０秒です。この Part には例題はありません。

あなたは、昨日あなたに起こった出来事を留学生の友達に話すことになりました。１のイラストに描かれた人物になったつもりで、相手に伝わるように英語で話してください。
（準備時間３０秒／解答時間４０秒）

Part D

Part D は、英語で話される音声を聞いたうえで、質問に対する自分の考えとそう考える理由を英語で述べる問題です。英語の音声は２回流れます。そのあと準備時間が１分あります。録音開始の音が鳴ってから解答を始めてください。解答時間は４０秒です。この Part には例題はありません。

海外姉妹校の生徒であるマイクから、ビデオレターで質問が届きました。そこで、あなたは、英語で回答を録音して送ることにしました。ビデオレターの音声を聞き、あなたの**意見**を述べ、そう考える**理由**を詳しく話してください。日本の地名や人名などを使う場合には、それを知らない人に分かるように説明してください。
（準備時間１分／解答時間４０秒）

【英語音声のみ・画面表示なし】

Hello. I read a book in class yesterday, and I enjoyed the story very much. I told John, one of my friends, about that, and he said, "I enjoyed watching a movie of that story." Now, I know that there are two ways to enjoy a story. In your opinion, which is better for students, reading a book of a story or watching a movie of a story? Tell me why you think so, too. I'm waiting to hear from you.

2023年度　中学校英語スピーキングテスト(ESAT-J)(予備日テスト)　(12月18日実施)　解答例

○　本テストでは、「コミュニケーションの達成度」、「言語使用」、「音声」の各観点により話すことの力を総合的に判定します。なお、各パートで評価する観点を設定しています。

○　各パートにおける評価の観点の表記
- コミュニケーションの達成度…**【コミュニケーション】**
- 言語使用…**【言語】**
- 音声…**【音声】**

Part A **【音声】**

No.1（省略）

No.2（省略）

Part B **【コミュニケーション】**

No.1（例）We need to take a shirt and shoes. / A shirt and shoes.

No.2（例）June is the best month (to get cherries). / June.

No.3（例）I want to learn about [doctors / singers / soccer players].

No.4（例）What will Mary Walker talk about? / How long is the question and answer time?

Part C **【コミュニケーション】【言語】【音声】**

I went to a coffee shop. I looked for a place to sit. Then, I found a chair. But I couldn't sit there because a baby was sleeping on it.

Part D **【コミュニケーション】【言語】【音声】**

○生徒は物語について本を読むべきという意見の例

I think it's better for students to read a book of a story because books often have more information. So, students can understand the story much more.

○生徒は物語について映画をみるべきという意見の例

In my opinion, it's better for students to watch a movie of a story. To understand the story, watching a movie is easier than reading it. And they can also see their favorite characters.

2022年度　中学校英語スピーキングテスト（ESAT-J）　（11月27日実施）

Part A

Part A は、全部で２問あります。聞いている人に、意味や内容が伝わるように、英文を声に出して読んでください。はじめに準備時間が３０秒あります。録音開始の音が鳴ってから解答を始めてください。解答時間は３０秒です。

【No.1】

あなたは留学中です。あなたは近所の図書館で子どもたちに絵本を読んであげることになりました。次の英文を声に出して読んでください。

（準備時間３０秒／解答時間３０秒）

▶ **No. 1**

Tom always had his soccer ball with him. He even took it to bed. One day, he put the ball into his bag and took it with him to school. After lunch, he looked in his bag. The ball wasn't there. Where was it?

【No.2】

あなたは英語の授業で、最近経験した出来事について短いスピーチをすることになりました。次の英文を声に出して読んでください。

（準備時間３０秒／解答時間３０秒）

▶ **No. 2**

Do you drink tea? You may have seen that there's a new tea shop next to our school. It opened last Saturday. Yesterday, I got some tea at the new shop with my family. It was great. You should try the shop, too!

Part B

Part B は、全部で４問あります。質問に答える問題が３問と、あなたから問いかける問題が１問あります。与えられた情報をもとに、英語で話してください。準備時間は１０秒です。録音開始の音が鳴ってから解答を始めてください。解答時間は１０秒です。

No. １と No. ２では、与えられた情報をもとに英語で適切に答えてください。

【No.1】

あなたは、あなたの家にホームステイに来た留学生と一緒に旅行をしていて、泊まっているホテルのフロアガイドを見ています。留学生からの質問に対して、与えられたフロアガイドの情報をもとに、英語で答えてください。

（準備時間１０秒／解答時間１０秒）

Question: Which floor is the restaurant on?

【No.2】

あなたは、留学生の友だちとスポーツを観戦するために、スポーツの種類とその開始時間が書かれたウェブサイトを見ています。友だちからの質問に対して、与えられたウェブサイトの情報をもとに、英語で答えてください。

（準備時間１０秒／解答時間１０秒）

Question: Which event will start the earliest?

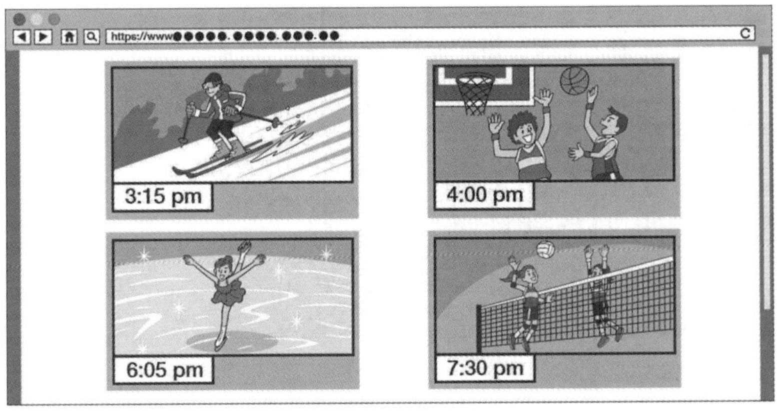

No. 3とNo. 4は、同じ場面での問題です。

No. 3では、質問に対するあなた自身の答えを英語で述べてください。No. 4では、あなたから相手に英語で問いかけてください。

【No.3】

あなたはアメリカに留学中です。所属している生物クラブの活動で、自分たちで資金を集めて校外で活動を行うことになりました。あなたは今、資金集めの活動が掲載されたチラシを見ています。先生からの質問に対して、与えられたチラシの情報をもとに、あなた自身の回答を英語で述べてください。

（準備時間１０秒／解答時間１０秒）

Question: There are three activities. Which one do you want to do?

【No.4】

資金集めを終え、校外活動では動物園に行くことになりました。校外活動の案内を受け取ったあなたは、その内容について、案内に書かれていないことで、さらに知りたいことがあります。知りたいことを先生に英語で尋ねてください。

（準備時間１０秒／解答時間１０秒）

The club is going to visit this zoo.

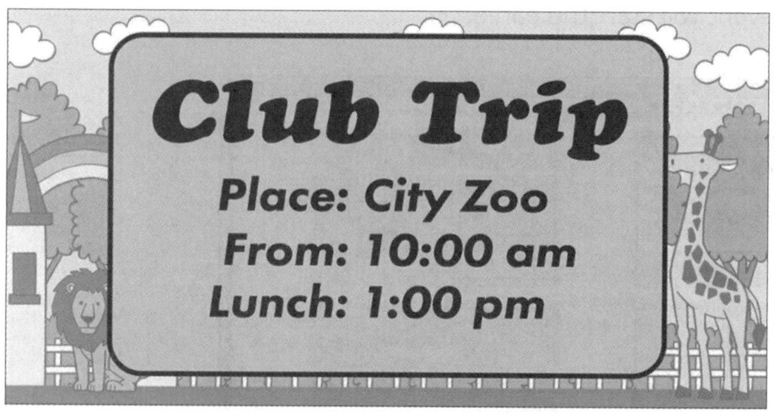

Part C

Part C は、4コマイラストの問題です。これから画面に表示される1コマめから4コマめのすべてのイラストについて、ストーリーを英語で話してください。はじめに準備時間が３０秒あります。録音開始の音が鳴ってから解答を始めてください。解答時間は４０秒です。この Part には例題はありません。

あなたは、昨日あなたに起こった出来事を留学生の友だちに話すことになりました。イラストに登場する人物になったつもりで、相手に伝わるように英語で話してください。
（準備時間３０秒／解答時間４０秒）

Part D

Part D は、英語で話される音声を聞いたうえで、質問に対する自分の考えとそう考える理由を英語で述べる問題です。英語の音声は２回流れます。そのあと準備時間が１分あります。録音開始の音が鳴ってから解答を始めてください。解答時間は４０秒です。この Part には例題はありません。

海外姉妹校の生徒であるマイクから、ビデオレターで質問が届きました。そこで、あなたは、英語で回答を録音して送ることにしました。ビデオレターの音声を聞き、あなたの**意見**を述べ、そう考える**理由**を詳しく話してください。日本のことを知らない人にも伝わるように説明してください。
（準備時間１分／解答時間４０秒）

【英語音声のみ・画面表示なし】

At my school, we can choose different foods for lunch. For example, I had pizza for lunch today, and one of my friends had a hamburger. But I heard that in Japan, students have the same school lunch. In your opinion, which is better for students: eating the same school lunch or choosing different foods for lunch? Tell me why you think so, too. I'm waiting to hear from you!

2022年度　中学校英語スピーキングテスト(ESAT-J)　(11月27日実施)　解答例

○　本テストでは、「コミュニケーションの達成度」、「言語使用」、「音声」の各観点により話すことの力を総合的に判定します。なお、各パートで評価する観点を設定しています。

○　各パートにおける評価の観点の表記
- ・コミュニケーションの達成度…**【コミュニケーション】**
- ・言語使用…**【言語】**
- ・音声…**【音声】**

Part A **【音声】**

No.1（省略）

No.2（省略）

Part B **【コミュニケーション】**

No.1（例）(It’s on) the second floor. / Second.

No.2（例）The skiing event (will start the earliest). / Skiing.

No.3（例）I want to [wash cars / sell cakes / sing (at a mall)].

No.4（例）What animals can we see? / Can I buy lunch at the zoo?

Part C **【コミュニケーション】【言語】【音声】**

I got on a train. Then, a bird came into the train. It had a flower. The bird sat on my hat. It put the flower on the hat and then went away.

Part D **【コミュニケーション】【言語】【音声】**

○生徒は学校が提供する同じ昼食を食べるべきという意見の例

I think students should have the same lunch. School lunches are good for students’ health. Each day, they can have different kinds of food. So, it’s healthy.

○生徒は学校で食べる昼食を自分で選ぶべきという意見の例

I think students should choose their food for lunch because students like many different things. So, it’s good for them to choose their favorite foods. Then, they’ll be happy.

2022年度　中学校英語スピーキングテスト（ESAT-J）（予備日テスト）　（12月18日実施）

Part A

Part A は、全部で２問あります。聞いている人に、意味や内容が伝わるように、英文を声に出して読んでください。はじめに準備時間が３０秒あります。録音開始の音が鳴ってから解答を始めてください。解答時間は３０秒です。

【No.1】

あなたは留学中です。あなたはホームステイ先の小学生に頼まれて、絵本を読んであげることになりました。次の英文を声に出して読んでください。

（準備時間３０秒／解答時間３０秒）

▸ **No. 1**

There were three cats, and they were brothers. One loved to play. Another one loved to sleep. And the youngest one loved to eat. One day, the youngest cat ate his brothers' food when they weren't looking. Do you know what his brothers did next?

【No.2】

あなたは海外の学校を訪問しています。その学校の先生に、あなたが日本でよく利用する交通手段についてクラスで発表するように頼まれました。次の英文を声に出して読んでください。

（準備時間３０秒／解答時間３０秒）

▸ **No. 2**

Do you like trains? There are many trains in my country. My family and I like to take the trains in Tokyo every weekend. We can see many beautiful parks, rivers and tall buildings from the trains.

Part B

Part B は、全部で 4 問あります。質問に答える問題が 3 問と、あなたから問いかける問題が 1 問あります。与えられた情報をもとに、英語で話してください。準備時間は 1 0 秒です。録音開始の音が鳴ってから解答を始めてください。解答時間は 1 0秒です。

No. 1とNo. 2 では、与えられた情報をもとに英語で適切に答えてください。

【No.1】

あなたはカナダに留学中です。あなたは今、学校の図書館で動物に関する新着の本を紹介するポスターを見ながら友だちと話しています。友だちからの質問に対して、与えられたポスターの情報をもとに、英語で答えてください。
（準備時間１０秒／解答時間１０秒）

Question: What will be the new book in July?

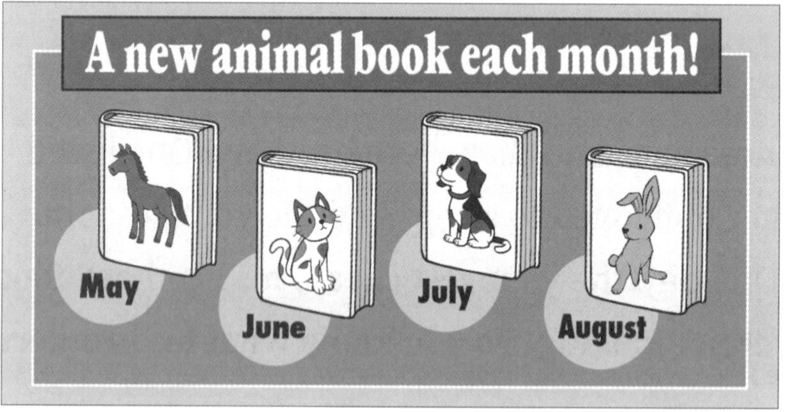

【No.2】

あなたはアメリカでホームステイ中です。ホームステイ先の高校生と、一緒にホームステイ先に飾る絵を買おうとしていて、あなたはカタログで絵を探しています。ホームステイ先の高校生からの質問に対して、与えられたカタログの情報をもとに、英語で答えてください。
（準備時間１０秒／解答時間１０秒）

Question: We have 12 dollars. Which picture can we buy?

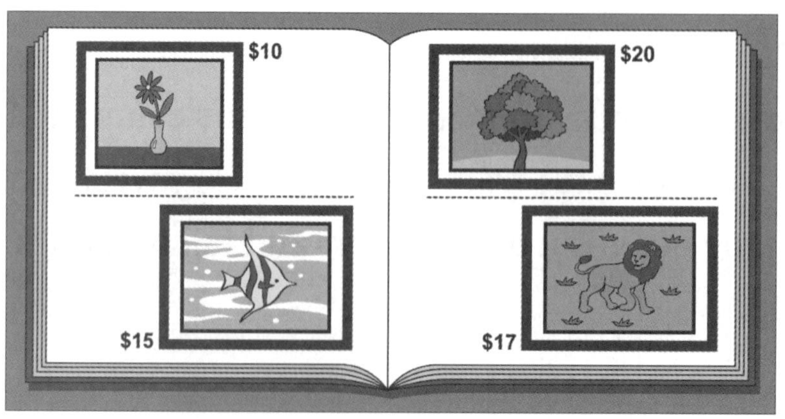

No. 3とNo. 4は、同じ場面での問題です。

No. 3では、質問に対するあなた自身の答えを英語で述べてください。No. 4では、あなたから相手に英語で問いかけてください。

【No.3】

アメリカに留学中のあなたは、スポーツセンターの受付で、スポーツ教室を紹介するポスターを見ながら、スタッフと話しています。スタッフからの質問に対して、与えられたポスターの情報をもとに、あなた自身の回答を英語で述べてください。

（準備時間１０秒／解答時間１０秒）

Question: Which class do you want to take this weekend?

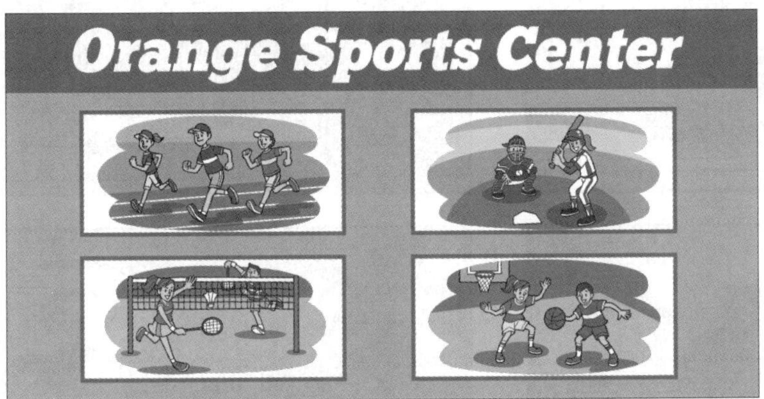

【No.4】

どの教室に参加するか決めたあなたは、スタッフから無料のウェルカムパーティーの案内を受け取りました。あなたはパーティーに参加するために、案内に書かれていないことで、さらに知りたいことがあります。知りたいことをスタッフに英語で尋ねてください。

（準備時間１０秒／解答時間１０秒）

We're going to have a welcome party!

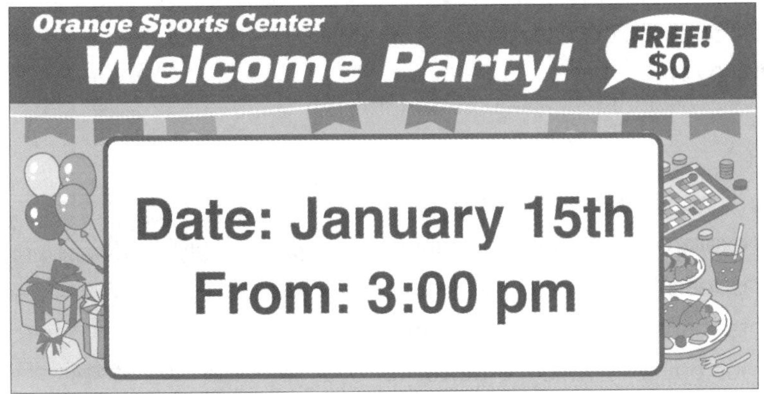

Part C

Part C は、4コマイラストの問題です。これから画面に表示される1コマめから4コマめのすべてのイラストについて、ストーリーを英語で話してください。はじめに準備時間が３０秒あります。録音開始の音が鳴ってから解答を始めてください。解答時間は４０秒です。この Part には例題はありません。

あなたは、昨日あなたに起こった出来事を留学生の友だちに話すことになりました。イラストに登場する人物になったつもりで、相手に伝わるように英語で話してください。
（準備時間３０秒／解答時間４０秒）

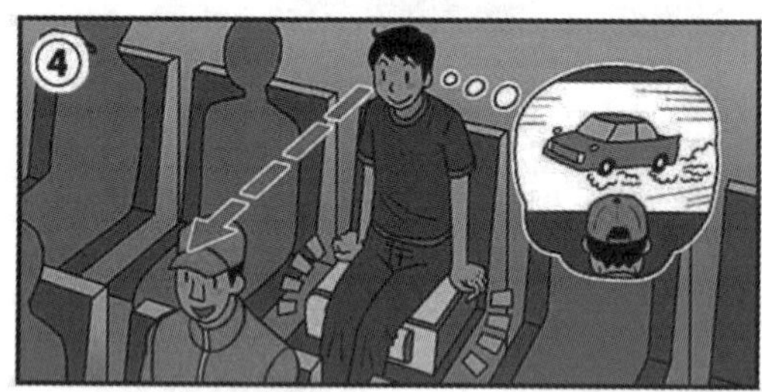

Part D

Part D は、英語で話される音声を聞いたうえで、質問に対する自分の考えとそう考える理由を英語で述べる問題です。英語の音声は２回流れます。そのあと準備時間が１分あります。録音開始の音が鳴ってから解答を始めてください。解答時間は４０秒です。この Part には例題はありません。

海外姉妹校の生徒であるマイクから、ビデオレターで質問が届きました。そこで、あなたは、英語で回答を録音して送ることにしました。ビデオレターの音声を聞き、あなたの**意見**を述べ、そう考える**理由**を詳しく話してください。日本のことを知らない人にも伝わるように説明してください。
（準備時間１分／解答時間４０秒）

【英語音声のみ・画面表示なし】

At my school, we can choose to learn from many foreign languages. For example, I'm learning Chinese, and one of my friends is learning French. But I heard that in Japan, students usually learn English as a foreign language. In your opinion, which is better for students: learning the same foreign language or choosing a different foreign language? Tell me why you think so, too. I'm waiting to hear from you!

2022年度　中学校英語スピーキングテスト(ESAT-J)(予備日テスト)　(12月18日実施)　解答例

○　本テストでは、「コミュニケーションの達成度」、「言語使用」、「音声」の各観点により話すことの力を総合的に判定します。なお、各パートで評価する観点を設定しています。

○　各パートにおける評価の観点の表記
- コミュニケーションの達成度…**【コミュニケーション】**
- 言語使用…**【言語】**
- 音声…**【音声】**

Part A **【音声】**

No.1（省略）

No.2（省略）

Part B **【コミュニケーション】**

No.1（例）(The new book in July will be) about dogs. / A dog book.

No.2（例）(We can buy) the picture with the flower. / The flower picture.

No.3（例）The [running / baseball / badminton / basketball] class.

I want to take the [running / baseball / badminton / basketball] class.

No.4（例）What will we do at the party? / Do I have to bring something to the party?

Part C **【コミュニケーション】【言語】【音声】**

I went to see a movie. A man sat down in front of me. I couldn’t see the movie because he was tall. So, I sat on my bag. Then, I could see the movie.

Part D **【コミュニケーション】【言語】【音声】**

○生徒は同じ言語を学ぶべきという意見の例

I think learning the same language is better for students. They can help each other when they have problems. Then, they can learn the language well.

○生徒は違う言語を学ぶべきという意見の例

I think choosing a language is better for students because it's good for them to learn about their favorite things. Then, they can learn a lot of things about them.

Memo

●2024年度

都立西高等学校

独自問題

【英語・数学・国語】

2024年度 都立西高等学校

【英　語】（50分）〈満点：100点〉

■リスニングテストの音声は，当社ホームページで聴くことができます。（当社による録音です。）
再生に必要なアクセスコードは「合格のための入試レーダー」（巻頭の黄色の紙）の１ページに掲載しています。

1 リスニングテスト（**放送**による**指示**に従って答えなさい。）

〔**問題A**〕 次の**ア**～**エ**の中から適するものをそれぞれ**一つずつ**選びなさい。

＜対話文１＞

ア One dog.　　**イ** Two dogs.

ウ Three dogs.　　**エ** Four dogs.

＜対話文２＞

ア Tomatoes.　　**イ** Onions.

ウ Cheese.　　**エ** Juice.

＜対話文３＞

ア At two.　　**イ** At one thirty.

ウ At twelve.　　**エ** At one.

〔**問題B**〕 ＜Question 1＞では，下の**ア**～**エ**の中から適するものを**一つ**選びなさい。
＜Question 2＞では，質問に対する答えを英語で書きなさい。

＜Question 1＞

ア Two months old.　　**イ** One week old.

ウ Eleven months old.　　**エ** One year old.

＜Question 2＞

（15秒程度，答えを書く時間があります。）

※（編集部注）＜**英語学力検査リスニングテスト台本**＞を英語の問題の終わりに掲載しています。

2 次の対話の文章を読んで，あとの各問に答えなさい。
（＊印の付いている単語・語句には，本文のあとに〔注〕がある。）

*During spring break, two Japanese high school students, Saya and Daisuke are visiting universities in the US. One day they visit a university and meet a university student, Grace. She is going to show them her *laboratory. They have just met in front of her laboratory.*

Grace: Hi! Thank you for coming to our university. How are you today?

Saya: I'm so happy to be here!

Daisuke: Not so bad.

Grace: Great! Today, I'll show you my laboratory. Come in!

Daisuke: Wow! There are so many desks and machines here.

Saya: This is so cool!

Grace: I'm glad you think so.

Saya: I've heard you study *engineering here.

Grace: Yes. Are you interested in engineering?

Saya: Yes! I would love to be an engineer and make robots in the future.

Grace: I study engineering, but I don't make robots. I hope you're not disappointed!

Saya: I'm not. That's still interesting!

Daisuke: So what kind of engineering are you studying here?

Grace: I study *materials engineering. I learn how to develop or *utilize materials in this laboratory.

Saya: Materials? You study materials like plastic, wood…?

Grace: No. In this laboratory, we are studying materials *inspired by living things in the ocean.

Daisuke: [(a)]

Grace: Actually, it's not! We already have many products using such materials around us. For example, there are many products using materials inspired by shark skin like planes, ships and *swimsuits.

Daisuke: I've heard about the swimsuits before. My friend in my swimming club told me about them. We can swim very fast when we wear them.

Saya: I don't think that's possible.

Daisuke: Yes, it is.

Saya: How?

Daisuke: Ah… maybe shark skin gives swimmers the power to do that.

Saya: [(b)] Do you, Grace?

Grace: Maybe this can help. Look at the picture on my computer.

Saya: Wow! There are so many tiny things in the picture. What are they?

Grace: They're shark *scales. When we look at shark skin through an *electron microscope, it looks like this.

Saya: I see.

Grace: Look at these scales carefully. You can see *grooves on each scale. These grooves help reduce water *resistance when sharks swim in the ocean.

Daisuke: So they can swim fast! Swimsuits inspired by shark skin were inspired by shark scales.

Saya: Wow, that makes sense. Now I understand why we can swim fast when we wear them.

Daisuke: I want to wear one in a swimming competition.

Grace: Ah…. You may be disappointed. Now rules about swimsuits are stricter and they are banned in most competitions.

Daisuke: Oh no!

Grace: Sorry, Daisuke. But many companies are still interested in shark skin for other products.

Daisuke: [(c)]

Grace: The *surface of shark skin is always clean thanks to the grooves on the scales.

Saya: What does that mean?

Grace: I mean *barnacles don't *stick to shark skin because of the grooves on the scales, though they stick to living things in the ocean such as whales. So now *coatings inspired by shark skin are used for ships.

Saya: I see. So you're studying sharks.

Grace: I like sharks, but I'm actually studying something else. *Shellfish!

Saya: Shellfish? I can't imagine anything inspired by shellfish.

Grace: We have a lot of things to learn from shellfish! Recently, researchers in Japan and other countries have invented *adhesives inspired by *mussels.

Daisuke: Mussels! How did they invent mussel adhesives? I can't imagine adhesives inspired by them.

Grace: Mussels have a special *protein and they can stick to rocks and other things by using it. The researchers invented adhesives inspired by the protein.

Daisuke: I see.

Grace: Mussel adhesives are different from other kinds of adhesives.

Saya: (d)

Grace: We usually use adhesives in dry conditions. We can't use them in water because they won't stick when they are wet. But mussel adhesives stick in water!

Daisuke: That's amazing!

Grace: Yes! And now researchers are trying to invent medical adhesives inspired by mussels.

Daisuke: Why are they trying to do that?

Grace: Now, one of the problems during operations in hospitals is that we cannot use adhesives in wet conditions, but mussel adhesives can be used in such conditions.

Daisuke: Wow! I never realized that learning about sharks and shellfish was so useful for us.

Grace: Not only that, but doing this is good for the environment, too.

Daisuke: Is it?

Grace: Yes. Do you remember the coatings inspired by shark skin for ships?

Saya: Yes, you talked about them before.

Grace: They are also eco-friendly. People used *organotin compounds for ship coatings before, but they were bad for the ocean. So now, we use ship coatings inspired by shark skin and other eco-friendly ship coatings because they don't include organotin compounds.

Daisuke: Oh! When we learn from living things, we can make things that are good for humans and the environment.

Saya: When I become an engineer, I want to learn from living things, too!

Grace: Great, Saya! There's another important thing to remember.

Saya: (e)

Grace: Working together is important when we invent things. When I started to study materials engineering, I realized that I should know not only about engineering but also about living things in the ocean, environmental issues, and many other things.

Saya: Wow. I didn't know that (2)【ア things イ become ウ to エ many オ to be カ had キ done ク so】an engineer.

Grace: Remember, you don't need to work alone. You can ask other engineers and researchers to help you. They may also ask you for help. When people in different fields work together and help each other, it becomes quicker and easier to think of new *inventions.

Daisuke: Oh! So working together is really important!

Saya: When I create robots, I'll ask other researchers and engineers for help. Maybe I can create robots inspired by animals! I want to learn how they move, and use their abilities for my robots when I become an engineer. It's going to be so exciting!

Daisuke: Maybe I can learn how to swim fast from sharks or other fish!

Saya: Then you'll be a great swimmer.

Grace: I think so too! I'm glad you two are interested in materials engineering. I hope you enjoyed today's visit. Now, it's time for lunch. If you like, why don't we go to the university cafeteria? They have a delicious shellfish pizza.

Daisuke: Sounds good! I want to go.

Saya: Yes! Let's go!

〔注〕 laboratory 研究室　engineering 工学　material 材料
utilize 利用する　inspire 着想を与える　swimsuit 水着
scale うろこ　electron microscope 電子顕微鏡
groove 溝　resistance 抵抗　surface 表面
barnacle フジツボなど固着性甲殻類の総称　stick くっつく
coating コーティング　shellfish 貝　adhesive 接着剤
mussel ムラサキイガイ　protein タンパク質
organotin compound 有機スズ化合物　invention 発明

〔問1〕 本文の流れに合うように，[(a)] ～ [(e)] の中に，英文を入れるとき，最も適切なものを次の中からそれぞれ**一つずつ**選びなさい。ただし，同じものは二度使えません。

ア What is it?
イ Why are they interested in it?
ウ That sounds difficult.
エ How are they different?
オ I don't understand.

〔問2〕 (2)【**ア** things **イ** become **ウ** to **エ** many **オ** to be **カ** had **キ** done **ク** so】とあるが，本文の流れに合うように，【　　　】内の単語・語句を正しく並べかえたとき，**1番目**と**4番目**と**7番目**にくるものは，それぞれ**ア～ク**の中ではどれか。

〔問3〕 次の(A), (B)について，本文の内容に合っている英文を全て選ぶとき，最も適切なものは，それぞれ下のア～コの中ではどれか。

(A)

① Saya found out that Grace did not make robots, and she was so disappointed that she could not ask any more questions after that.

② Grace studies materials engineering and learns how to utilize materials such as plastic or wood.

③ Before Daisuke met Grace at her university, one of his club members told him about swimsuits inspired by shark skin.

④ Sharks have grooves on their scales and always keep their skin clean, so barnacles stick to sharks.

ア	①	イ	②	ウ	③
エ	④	オ	① ②	カ	① ③
キ	① ④	ク	② ③	ケ	② ④
コ	③ ④				

(B)

① Adhesives inspired by mussels are special because only researchers in Japan know how to invent them.

② Researchers are now trying to invent medical adhesives inspired by mussels because mussel adhesives can be used in wet conditions.

③ Ship coatings inspired by shark skin are good for the environment because they include organotin compounds.

④ Saya wants to learn from animals to utilize their abilities when she becomes an engineer and makes robots.

ア	①	イ	②	ウ	③
エ	④	オ	① ②	カ	① ③
キ	① ④	ク	② ③	ケ	② ④
コ	③ ④				

〔問４〕 次の文章は，Daisuke が書いた日記の文章である。対話文の内容に一致するように，（ a ）～（ d ）の中に，それぞれ適切な**英語１語**を入れなさい。

Today, Saya and I visited a university in the US and met Grace. She studies how to develop materials inspired by living things in the ocean. As an (a) of products made from such materials, we talked about swimsuits inspired by shark skin. Then, Grace explained why we could swim fast by (b) the swimsuits. She is now studying materials inspired by shellfish and told us about adhesives inspired by mussels. I realized that (c) from living things is good because we can invent useful and eco-friendly things by doing so. Grace told us that working together and helping each other is important because we can think of new inventions more quickly and (d). Saya and I enjoyed today's visit very much.

3 次の文章を読んで，あとの各問に答えなさい。
（＊印の付いている単語・語句には，本文のあとに〔注〕がある。）

When you were small, what kind of activity was your favorite? Some of you may answer drawing pictures or reading books, and some of you may answer folding paper: origami. Origami is the traditional Japanese art of folding paper. Even small children can create plants, animals, and various other things by just folding a piece of paper. [(1)] However, origami is more than this. It has the power to *innovate technology. Some great examples of this are shown in the field of space science.

You may wonder how origami is connected to space science. Have you ever *unfolded the origami that you created? The beautiful *geometric lines on the paper may be surprising to you. In the past, some people noticed that those lines could be helpful in math and science. In the 1970s, a Japanese scientist studied them to help create rockets and planes, and invented a famous *folding pattern: the Miura-ori. The Miura-ori (2)【 quickly open / to / even a / allows / large / you / and close 】 piece of paper by just pulling and pushing on its *diagonal corners. In Japan, the folding pattern is found in various products such as paper pocket maps that are opened and closed easily.

The Miura-ori was a key to developing space science in Japan. The folding pattern was used for the *solar panels of the Space Flyer Unit (SFU), Japan's *satellite for space experiments and *observations. The SFU was developed to perform many missions, and one important mission was to find out how the solar panels could work well in space. The solar panels needed to have a large *surface area to get a lot of energy from sunlight. [ア] At the same time, however, they needed to become small enough to keep in the SFU for delivery. [イ] You may think scientists and engineers needed to make the impossible possible. [ウ] Thanks to the folding pattern, the solar panels could be folded and unfolded, and this problem was solved. [エ] In 1995, the SFU was *launched and the use of the solar panels in space was successful. [オ]

One example of space science using another folding pattern is the space yacht developed by *JAXA: (4)IKAROS. Please think of yachts with *sails on Earth. How do they move? They are moved by the wind on their sails. Then how about the space yacht? There is no air in space, but IKAROS is moved by the *pressure from sunlight on a large, square, and thin *membrane called a solar sail. IKAROS also has thin *solar cells on its sail. Like the solar panels of the SFU, a [(5)-a] sail is effective to get energy from sunlight, but a [(5)-b] one is also convenient when IKAROS is leaving Earth. To make this possible, a special folding pattern was used for the solar sail. The IKAROS project leader said that there were various main missions of the project and the most difficult mission was to unfold the large, square, and thin solar sail in space. While the project team members were preparing to launch IKAROS, they tried various folding patterns and then decided on the best one. Thanks to these efforts and many others, IKAROS was launched in 2010 and the main missions were all successful. IKAROS became the first space yacht that realized the use of a solar sail in space.

Origami is getting a lot of attention not only in Japan but also around the world. *NASA invented a *prototype of a starshade. Some people use a sunshade or a *parasol, especially during summer. As the name shows, a sunshade provides *shade from sunlight. So a starshade provides shade from starlight, and the shape of the starshade is actually similar to a parasol. However, why is shade from starlight necessary in space? Planets move around stars in space, but it is not possible to see the planets well because of the strong starlight from the stars. One of the ways to solve this problem is to use a starshade. A space *telescope will carry the folded starshade. The starshade will unfold, and at the same time fly to the spot between the space telescope and a star, and *block the starlight from the star. If this plan is realized, it may be possible to get a clear look at [(6)] and study for signs of life there. The starshade uses a folding pattern called the flasher pattern. It is folded into a small size and unfolded into a huge one. The starshade is still a prototype and only one example in the field of space science, so its future may change greatly.

The power of origami is not just for space science. It has been innovating other technology such as medical tools and robots. Scientists and engineers have found ideas to innovate technology from origami. New ideas may come from things you do or use in your daily life. So please take a look at the things around you. They may lead you to great discoveries.

〔注〕

innovate　革新する	unfold　開く	geometric　幾何学の
folding pattern　折り方	diagonal　対角の	solar panel　太陽光パネル
satellite　人工衛星	observation　観測	surface area　表面積
launch　打ち上げる	JAXA　宇宙航空研究開発機構	
sail　帆	pressure　圧力	membrane　膜
solar cell　太陽電池	NASA　米国航空宇宙局	prototype　試作機
parasol　日傘	shade　陰	telescope　望遠鏡
block　遮断する		

〔問1〕 本文の流れに合うように，［ (1) ］の中に英文を入れたとき，最も適切なものは，次の**ア**～**エ**の中ではどれか。

ア So most of you may think that it is simple.

イ So most of you may think that it is difficult.

ウ So most of you may not think that it is for children.

エ So most of you may not think that it is for adults.

〔問2〕 (2)【 quickly open / to / even a / allows / large / you / and close 】とあるが，本文の流れに合うように，【　　　　　　】内の単語・語句を正しく並べかえなさい。

〔問3〕 次の英文は，［ ア ］～［ オ ］のいずれかに入る。この英文を入れるのに最も適切な場所を選びなさい。

However, the Miura-ori has the power to do so.

〔問４〕 (4)IKAROS について，その内容を正しく表した英文の組み合わせとして最も適切なものは，下のア～カの中ではどれか。

① Just like yachts with sails on Earth that are moved by the wind, IKAROS also needs wind energy in space.

② IKAROS has a small, square, and thick membrane called a solar sail and also has thick solar cells on its sail.

③ According to the IKAROS project leader, the most difficult mission was to open the solar sail in space.

④ After the IKAROS project team members tried various folding patterns, they decided on the best one.

ア	①　②	イ	①　③	ウ	①　④
エ	②　③	オ	②　④	カ	③　④

〔問５〕 本文の流れに合うように，［(5)-a］，［(5)-b］の中に単語を入れたとき，その組み合わせとして最も適切なものは，次のア～エの中ではどれか。

	(5)-a	(5)-b
ア	small	small
イ	large	large
ウ	small	large
エ	large	small

〔問６〕 本文の流れに合うように，［(6)］の中に入る**同じ段落中**の適切な**英語１語**を書きなさい。

〔問７〕 次の (A), (B) について，本文の内容に合っている英文を全て選ぶとき，最も適切なものは，それぞれ下の**ア**～**コ**の中ではどれか。

(A)

① Origami is the modern art of folding paper in Japan, and small children can create things like plants and animals with it.

② By studying geometric lines to help create rockets and planes, a Japanese scientist invented a famous folding pattern that is used in various products.

③ The SFU had a lot of missions, and an important one was to find its solar panels in space.

④ The solar panels of the SFU used a different folding pattern from the solar sail of IKAROS.

ア	①	**イ**	②	**ウ**	③
エ	④	**オ**	①　②	**カ**	①　③
キ	①　④	**ク**	②　③	**ケ**	②　④
コ	③　④				

(B)

① JAXA developed IKAROS, and it became the first space yacht that was able to use starlight on its sail.

② NASA invented a prototype of a starshade that provides shade from starlight, and its shape is like a parasol.

③ A space telescope will fly to the spot between the starshade and a star, and block the starlight from the star.

④ There are many great examples using ideas from origami in the field of space science such as the SFU, IKAROS, the sunshade, and the starshade.

ア	①	**イ**	②	**ウ**	③
エ	④	**オ**	①　②	**カ**	①　③
キ	①　④	**ク**	②　③	**ケ**	②　④
コ	③　④				

4 次の文章を読んで，あとの各問に答えなさい。
（＊印の付いている単語・語句には，本文のあとに〔注〕がある。）

When you think of Japanese culture, you may imagine things like Japanese food, gardens, shrines, temples, and anime. However, one of the things that tourists from different countries are surprised to see when they visit Japan is something you often see in your daily life: vending machines. There are a lot of vending machines in Japan, and they sell a variety of things. In reality, now the number of vending machines in Japan is the second largest in the world after the US. However, if you think of the population and area of both countries, you have more chances to see vending machines in Japan than in the US. You may think that the vending machine was invented in Japan. Actually, [(1)].

You will probably be surprised to learn that the first vending machine in the world was invented in ancient Egypt. An engineer invented a *device that sold *holy water in temples. At that time, people washed their face and hands with holy water before entering temples. When a coin was put into the device, it landed on a plate that was connected to a *lever. The *weight of the coin pulled the lever, and then a *valve opened and holy water came out. When the coin fell off the [(2)-a], the [(2)-b] went back to its original spot, and the [(2)-c] closed. Thanks to this device, people could not take more than the amount of holy water that they bought, and almost the same amount was provided to each person. You now know the first vending machine was created a long time ago, so you may think that since then vending machines have developed over the centuries little by little. However, more modern vending machines were not invented for a long time.

*Commercial vending machines first appeared in the late 19th century in the UK. In 1883, vending machines selling stationery such as postcards, paper, and envelopes were *installed at train stations in London. People really liked these machines because they could use them even on Sundays, and they met people's need to communicate with others through writing. In 1888, vending machines selling *chewing gum were introduced at train stations in New York, in the US. By the early 1890s, vending machines were also installed in Germany and sold things like chocolate and chewing gum. In 1897, a company in the US put pictures on chewing gum vending machines to make their products more attractive and draw customers' attention.

Another type of vending machine was introduced in Germany at the end of the 19th century. In 1895, a *coin-operated fast food restaurant called an "automat" appeared. In this restaurant, simple foods and drinks were served through vending machines and there were usually only a few staff members. [ア] In 1902, an automat opened in a city called *Philadelphia on *the East Coast. [イ] A lot of vending machines were installed there, and customers could buy foods such as sandwiches, pies, and soups by putting coins in the machines. [ウ] It was a great *success, so its managers planned to open another automat in a bigger and busier city. In 1912, they met their goal, and a new automat opened in New York. [エ] During their most popular period, in the 1950s, automats were serving about 750,000 customers a day. [オ] However, in the 1960s, fast food chains such as hamburger chains became popular. So, many automats started to close, and finally the last one in New York disappeared in 1991.

You probably see a lot of (4)drink vending machines in your daily life, so let's talk about their history now. The world's first drink vending machine was invented in France in 1891. In 1926, soft drink vending machines appeared in amusement parks in New York. At that time, bottles were not used, and instead drinks were put into paper cups. About 10 years later, in 1937, a company in the US created a new vending machine selling *bottled drinks. In Japan, the first soft drink vending machine was introduced in 1957 and it sold orange juice for 10 yen. For the first few years it was a huge success, but around that time prices rose quickly, so the same orange juice could not be provided for the same price anymore. In 1965, the number of vending machines increased a lot, but there was a problem. The vending machines accepted only coins not paper money. Also, 100-yen coins used at that time were very expensive to make, so they did not *circulate among people. To solve this problem the Japanese government started to make a new 100-yen coin in 1967. This coin was less expensive to make and also very convenient because with this coin people could easily buy drinks from vending machines. In 1976, vending machines that could serve both hot and cold coffee were invented, so people could enjoy hot coffee even on a cold day almost anywhere in Japan. Because of all of these changes, buying drinks from vending machines has become more [(5)] in Japan. Around that time vending machines selling train tickets were also installed, and as a result the number of vending machines in Japan increased quickly in the 1970s and 1980s.

In the 21st century, like other technologies, vending machines developed. One good example is that customers could choose to pay with *cash or *credit card. Around 2006, vending machines that could accept credit cards became *available in the US. Cash is not necessary anymore, so more expensive products are sold now. For example, in Singapore there is a huge vending machine about 45 meters high. In this machine about 60 expensive cars are sold. As you do with other vending machines, if you (6)【ア pushing イ as ウ do エ a オ as simple カ something キ button】, the selected product will be carried down to the ground in about two minutes. Vending machines are still getting smarter and smarter, so these days various kinds of IC cards and even smartphones can be used to buy things from many of the vending machines available in the world.

As we discussed above, vending machines have developed in a variety of ways. With some vending machines, *IoT technology is used, so today the record of your drink *purchases, for example, can be kept on the Internet. If this system is used across Japan in the future, this record may be used for selling drinks. When you buy a drink from a vending machine, you may be asked a question like, "Would you like the one you usually get?"

〔注〕 device　装置　　holy water　聖水　　lever　レバー
weight　重み　　valve　バルブ　　commercial　商業用の
install　設置する　　chewing gum　チューインガム
coin-operated　硬貨で稼動(かどう)する　　Philadelphia　フィラデルフィア
the East Coast　東海岸　　success　成功　　bottled　瓶詰めされた
circulate　流通する　　cash　現金　　credit card　クレジットカード
available　利用できる　　IoT　インターネット化　　purchase　購入

〔問1〕 本文の流れに合うように，[(1)]の中に英語を入れたとき，最も適切なものは，次の**ア**～**エ**の中ではどれか。

ア this will be true　　**イ** this will not be true
ウ this is true　　**エ** this is not true

〔問2〕 本文の流れに合うように，[(2)-a]，[(2)-b]，[(2)-c]の中に単語を入れたとき，その組み合わせとして最も適切なものは，次の**ア**～**カ**の中ではどれか。

	(2)-a	(2)-b	(2)-c
ア	lever	plate	valve
イ	lever	valve	plate
ウ	plate	lever	valve
エ	plate	valve	lever
オ	valve	plate	lever
カ	valve	lever	plate

〔問3〕 次の英文は，[**ア**]～[**オ**]のいずれかに入る。この英文を入れるのに最も適切な場所を選びなさい。

This new business style actually became a big hit in the US.

〔問４〕 (4)drink vending machines について，それに関連した内容を正しく表した英文の組み合わせとして最も適切なものは，下の**ア～コ**の中ではどれか。

① The first drink vending machine in the world was created in the US.
② In 1926, drinks were provided in paper cups in amusement parks in New York.
③ In Japan, a 100-yen coin was necessary to buy orange juice in 1957.
④ The new 100-yen coin was made by the Japanese government in 1967.
⑤ In Japan, hot coffee was sold in vending machines before 1976.

ア	①　②	イ	①　③	ウ	①　④
エ	①　⑤	オ	②　③	カ	②　④
キ	②　⑤	ク	③　④	ケ	③　⑤
コ	④　⑤				

〔問５〕 本文の流れに合うように， (5) の中に入る**同じ段落中**の適切な**英語１語**を書きなさい。

〔問６〕 (6)【**ア** pushing　**イ** as　**ウ** do　**エ** a　**オ** as simple　**カ** something　**キ** button】とあるが，本文の流れに合うように，【　　　　　】内の単語・語句を正しく並べかえたとき，**１番目**と**３番目**と**５番目**にくるものは，それぞれ**ア～キ**の中ではどれか。

〔問７〕 次の (A)，(B) について，本文の内容に合っている英文を全て選ぶとき，最も適切なものは，それぞれあとの**ア～コ**の中ではどれか。

(A)
① Anime is one of the things tourists from different countries are surprised to see when they visit Japan.
② These days, there are more vending machines in the US than in any other country in the world.
③ When people visited temples in ancient Egypt, they bought holy water to wash their arms and legs before entering them.
④ With the world's first vending machine, exactly the same amount of holy water was provided to each person.

ア	①	イ	②	ウ	③
エ	④	オ	①　②	カ	①　③
キ	①　④	ク	②　③	ケ	②　④
コ	③　④				

(B)

① In London, in the late 19th century, vending machines selling stationery such as paper were installed at train stations, and people could use them even on Sundays.

② In the US, in 1897, to make products sold through vending machines more attractive and draw customers' attention, pictures were put on chocolate vending machines.

③ Today, if you have enough electronic money on your IC cards or smartphones, real money is not necessary to buy things from any vending machines in the world.

④ In the future, when you buy a drink from a vending machine, it may ask a question like, "Would you like the one you usually get?" because of the record of your purchases.

ア	①	イ	②	ウ	③
エ	④	オ	①　②	カ	①　③
キ	①　④	ク	②　③	ケ	②　④
コ	③　④				

〔問８〕 下の英文を読み，それに対して，**40 語以上 50 語以内**の英語の文章を **1 つの段落**にまとめて書きなさい。「.」「,」「!」「?」などは，語数に含めません。これらの符号は，解答用紙の下線部と下線部の間に入れなさい。

Choose a product or food that is a unique part of Japanese daily life and culture. Explain what it is and why it is unique. Write the answer to someone who does not know much about the product or food. You cannot write about either vending machines or origami.

2024 年度　英語学力検査リスニングテスト台本

開始時の説明

これから，リスニングテストを行います。

問題用紙の１ページを見なさい。リスニングテストは，全て放送による指示で行います。リスニングテストの問題には，問題Ａと問題Ｂの二つがあります。問題Ａと，問題Ｂの ＜Question 1＞ では，質問に対する答えを選んで，その記号を答えなさい。問題Ｂの ＜Question 2＞ では，質問に対する答えを英語で書きなさい。

英文とそのあとに出題される質問が，それぞれ全体を通して二回ずつ読まれます。問題用紙の余白にメモをとってもかまいません。答えは全て解答用紙に書きなさい。

（２秒の間）

〔問題Ａ〕

問題Ａは，英語による対話文を聞いて，英語の質問に答えるものです。ここで話される対話文は全部で三つあり，それぞれ質問が一つずつ出題されます。質問に対する答えを選んで，その記号を答えなさい。

では，＜対話文１＞を始めます。

（３秒の間）

Tom: Satomi, I heard you love dogs.

Satomi: Yes, Tom. I have one dog. How about you?

Tom: I have two dogs. They make me happy every day.

Satomi: My dog makes me happy, too. Our friend, Rina also has dogs. I think she has three.

Tom: Oh, really?

Satomi: Yes. I have an idea. Let's take a walk with our dogs this Sunday. How about at four p.m.?

Tom: OK. Let's ask Rina, too. I can't wait for next Sunday.

（３秒の間）

Question： How many dogs does Tom have?

（５秒の間）

繰り返します。

（２秒の間）

（対話文１の繰り返し）

（３秒の間）

Question： How many dogs does Tom have?

（10秒の間）

<対話文２>を始めます。

（３秒の間）

John: Our grandfather will be here soon. How about cooking spaghetti for him, Mary?
Mary: That's a nice idea, John.
John: Good. We can use these tomatoes and onions. Do we need to buy anything?
Mary: We have a lot of vegetables. Oh, we don't have cheese.
John: OK. Let's buy some cheese at the supermarket.
Mary: Yes, let's.
John: Should we buy something to drink, too?
Mary: I bought some juice yesterday. So, we don't have to buy anything to drink.

（３秒の間）

Question： What will John and Mary buy at the supermarket?

（５秒の間）

繰り返します。

（２秒の間）

（対話文２の繰り返し）

（３秒の間）

Question： What will John and Mary buy at the supermarket?

（10秒の間）

＜対話文３＞を始めます。
（３秒の間）

Jane: Hi, Bob, what are you going to do this weekend?
Bob: Hi, Jane. I'm going to go to the stadium to watch our school's baseball game on Sunday afternoon.
Jane: Oh, really? I'm going to go to watch it with friends, too. Can we go to the stadium together?
Bob: Sure. Let's meet at Momiji Station. When should we meet?
Jane: The game will start at two p.m. Let's meet at one thirty at the station.
Bob: Well, why don't we eat lunch near the station before then?
Jane: That's good. How about at twelve?
Bob: That's too early.
Jane: OK. Let's meet at the station at one.
Bob: Yes, let's do that.

（３秒の間）
Question： When will Jane and Bob meet at Momiji Station?
（５秒の間）
繰り返します。
（２秒の間）
（対話文３の繰り返し）
（３秒の間）
Question： When will Jane and Bob meet at Momiji Station?
（10秒の間）
これで問題Ａを終わり，問題Ｂに入ります。

〔問題Ｂ〕

（３秒の間）

これから聞く英語は，ある動物園の来園者に向けた説明です。内容に注意して聞きなさい。

あとから，英語による質問が二つ出題されます。＜Question 1＞ では，質問に対する答えを選んで，その記号を答えなさい。＜Question 2＞ では，質問に対する答えを英語で書きなさい。

なお，＜Question 2＞ のあとに，15秒程度，答えを書く時間があります。

では，始めます。（２秒の間）

Good morning everyone. Welcome to Tokyo Chuo Zoo. We have special news for you. We have a new rabbit. It's two months old. It was in a different room before. But one week ago, we moved it. Now you can see it with other rabbits in "Rabbit House." You can see the rabbit from eleven a.m. Some rabbits are over one year old. They eat vegetables, but the new rabbit doesn't.

In our zoo, all the older rabbits have names. But the new one doesn't. We want you to give it a name. If you think of a good one, get some paper at the information center and write the name on it. Then put the paper into the post box there. Thank you.

（３秒の間）

＜Question 1＞ How old is the new rabbit?

（５秒の間）

＜Question 2＞ What does the zoo want people to do for the new rabbit?

（15秒の間）

繰り返します。

（２秒の間）

（問題Ｂの英文の繰り返し）

（３秒の間）

＜Question 1＞ How old is the new rabbit?

（５秒の間）

＜Question 2＞ What does the zoo want people to do for the new rabbit?

（15秒の間）

以上で，リスニングテストを終わります。２ページ以降の問題に答えなさい。

【数　学】（50分）〈満点：100点〉

1　次の各問に答えよ。

〔問1〕　$\frac{27}{\sqrt{3}} \div \left(-\frac{3}{\sqrt{2}}\right)^3 + 9\left(\frac{\sqrt{2}}{3} + \frac{\sqrt{3}}{9}\right)^2$　を計算せよ。

〔問2〕　2次方程式　$2\pi x(x+1) = (\pi x - \pi)(6x+2)$　を解け。
ただし，π は円周率である。

〔問3〕　1から6までの目の出る大小1つずつのさいころを同時に1回投げる。
大きいさいころの出た目の数を a，小さいさいころの出た目の数を b とするとき，$\frac{b}{2a}$ が整数となる確率を求めよ。
ただし，大小2つのさいころはともに，1から6までのどの目が出ることも同様に確からしいものとする。

〔問4〕　右の**図1**は，40人が受けた数学と英語それぞれのテストの得点を箱ひげ図に表したものである。**図1**から読み取れることとして正しく説明しているものを，次の**ア**〜**エ**のうちから**2つ**選び，記号で答えよ。

ア　85点以上の生徒は，数学にはいるが，英語にはいない。

イ　70点以上の生徒は，数学，英語ともに20人よりも多い。

ウ　80点以上85点以下の生徒は，数学，英語ともに必ずいる。

エ　数学の得点の高い方から20番目の生徒の数学の得点は，英語の得点が低い方から10番目の生徒の英語の得点より高い。

図1

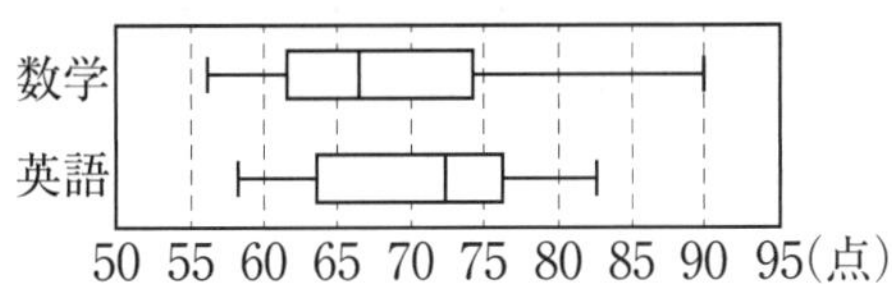

〔問5〕　右の**図2**で，点Pは，線分OAを半径とするおうぎ形OABの$\overset{\frown}{\mathrm{AB}}$上にある点である。

点Pにおけるおうぎ形OABの接線をℓとした場合を考える。

解答欄に示した図をもとにして，点Pで直線ℓに接し，線分OAにも接する円を，定規とコンパスを用いて作図によって求めよ。

ただし，作図に用いた線は消さないでおくこと。

図2

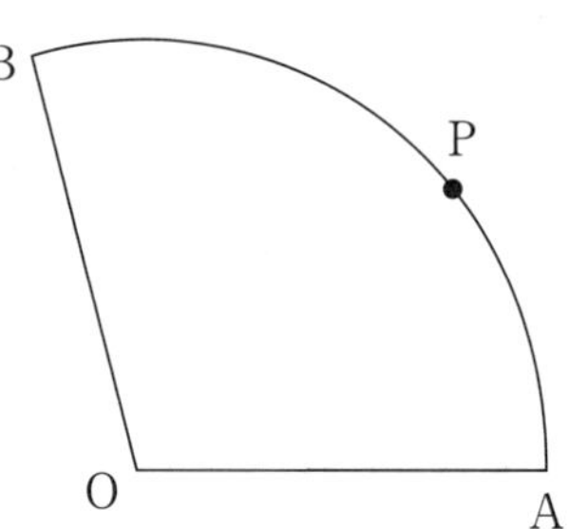

2　右の**図1**で，点Oは原点，曲線fは関数$y=\frac{1}{2}x^2$のグラフ，曲線gは関数$y=-\frac{1}{4}x^2$のグラフを表している。

曲線f上にありx座標がt（$t>0$）である点をA，点Aを通りy軸に平行な直線を引き，曲線gとの交点をB，点Bを通りx軸に平行な直線を引き，曲線gとの交点をCとする。

線分BCとy軸との交点をD，2点A，Cを通る直線をℓ，直線ℓとy軸との交点をEとする。

点Oから点（1，0）までの距離および点Oから点（0，1）までの距離をそれぞれ1cmとして，次の各問に答えよ。

図1

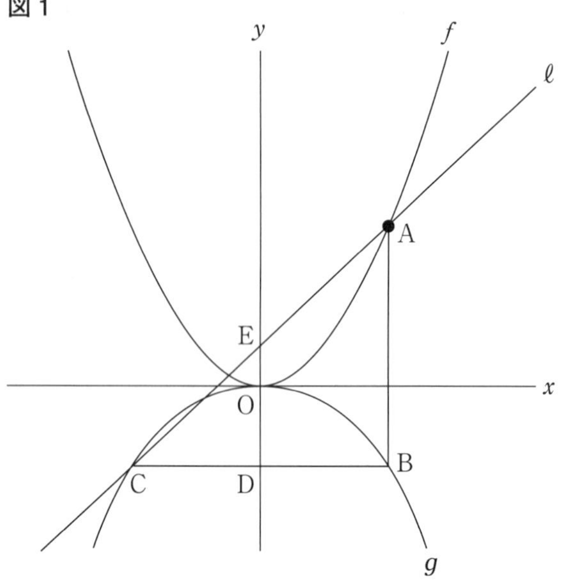

〔問1〕　AB＝3cmのとき，直線ℓの式を求めよ。

〔問2〕 右の**図2**は，**図1**において，直線 ℓ の傾きが1のとき，曲線 f 上にあり x 座標が2である点をFとし，点Aと点F，点Eと点Fをそれぞれ結んだ場合を表している。

△AEFの面積は何 cm^2 か。

ただし，答えだけでなく，答えを求める過程が分かるように，途中の式や計算なども書け。

図2

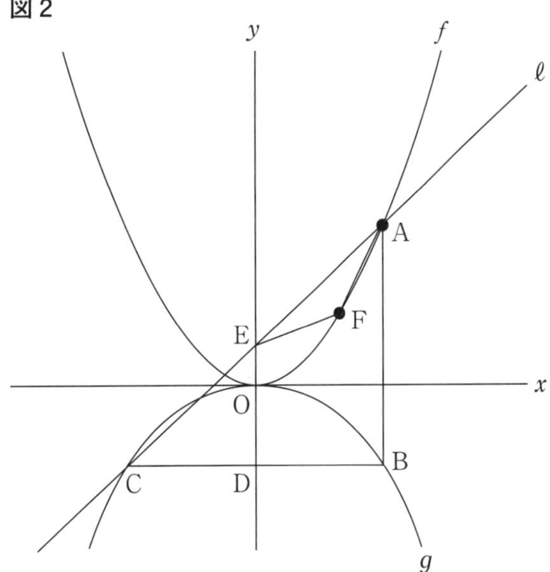

〔問3〕 右の**図3**は，**図1**において，線分AB上にあり，点Aと一致しない点をG，2点E，Gを通る直線を m とした場合を表している。

直線 m が四角形AEDBの面積を2等分するとき，AG：GBを最も簡単な整数の比で表せ。

図3

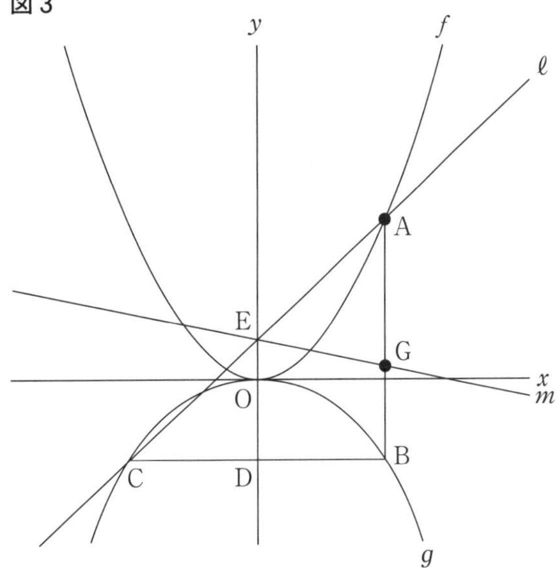

3 右の**図1**で，四角形 ABCD は平行四辺形である。

辺 CD 上にある点を E とし，頂点 B と点 E を結ぶ。頂点 A から線分 BE に垂直な直線を引き，線分 BE との交点を F とする。

次の各問に答えよ。

図1

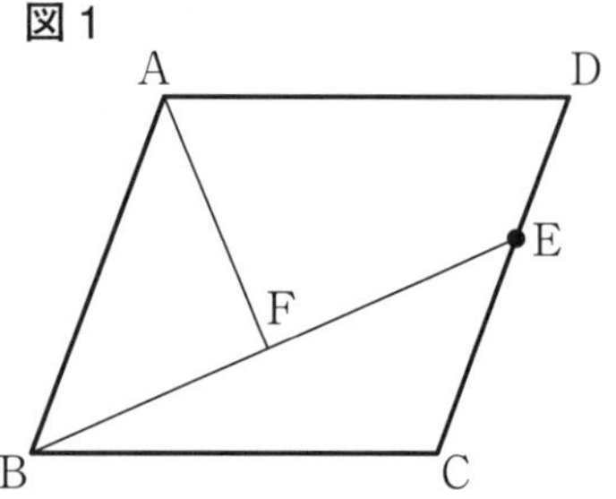

〔問1〕 右の**図2**は，**図1**において，線分 AF を F の方向に延ばした直線と，辺 CD を C の方向に延ばした直線との交点を G とした場合を表している。

次の(1)，(2)に答えよ。

図2

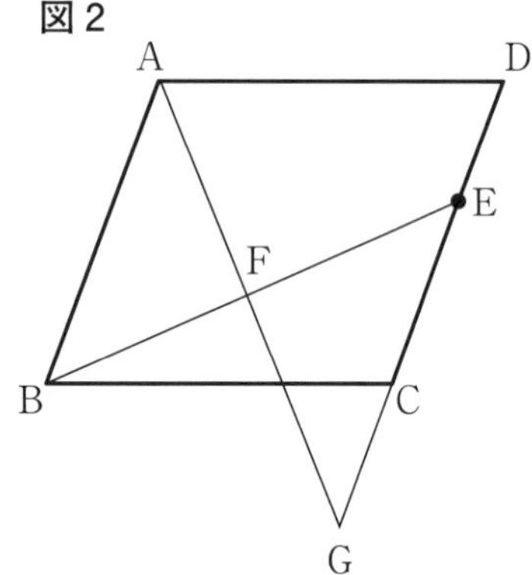

(1) CE：ED ＝ 3：2，CD ＝ CG のとき，BF：FE を最も簡単な整数の比で表せ。

(2) 右の**図3**は，**図2**において，線分 BE を E の方向に延ばした直線と，辺 AD を D の方向に延ばした直線との交点を H とし，点 G と点 H を結んだ場合を表している。

BF ＝ FE のとき，△HAF ≡ △HGF であることを証明せよ。

図3

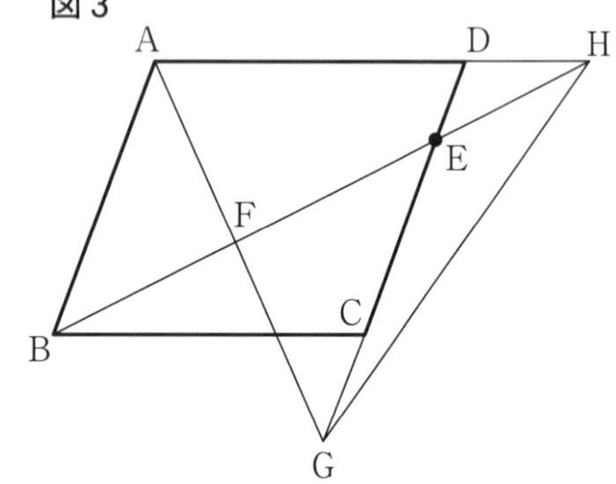

〔問2〕 右の**図4**は，**図1**において，線分 CE 上にある点を P とし，頂点 B と点 P を結び，頂点 A から線分 BP に垂直な直線を引き，線分 BP との交点を I とした場合を表している。

AB ＝ 4 cm，∠EBC ＝ 20°，点 P が線分 CE 上を頂点 C から点 E まで動き，点 E で止まるとき，点 I が動いてできる曲線の長さは何 cm か。

ただし，円周率は π とする。

図4

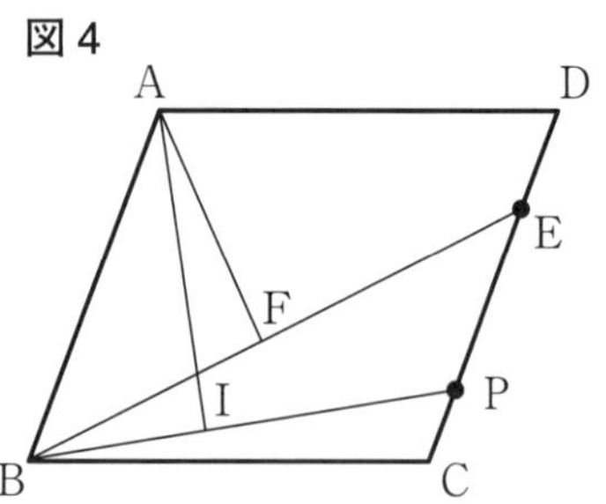

4 高校生のＮさんは，夏休みに母校の中学校で数学の学習補助のボランティア活動に参加した。

Ｎさんは，そこで中学生の太郎さんがノートに次のような計算をしているのを見付けた。Ｎさんは間違っているところに×を書いた。

太郎さんのノート

ア $\sqrt{9+\frac{2}{5}}=\sqrt{3^2+\frac{2}{5}}$		1行目
$=3\sqrt{\frac{2}{5}}$	×	2行目
イ $\sqrt{4+\frac{4}{3}}=\sqrt{2^2+\frac{4}{3}}$		3行目
$=2\sqrt{\frac{4}{3}}$		4行目

太郎さんは，$\sqrt{a^2+b}$ が $a\sqrt{b}$ になると勘違いしており，そのため**ア**の計算には間違ったところがある。Ｎさんは，太郎さんが同様の勘違いで**イ**の計算を行ったと考え，太郎さんのノートの４行目のところで×を付けようと思ったが，正しく計算した答えと同じになるため×を付けることができなかった。Ｎさんは，a が正の整数，b が正の数のとき，太郎さんのノートの３行目から４行目の計算のように $\sqrt{a^2+b}=a\sqrt{b}$ となる例が他にもないか調べてみたところ，Ｎさんは，$a=10$ のとき，$b=$ (あ) となるのを見付けた。

〔問１〕 (あ) に当てはまる値を求めよ。

次に，Ｎさんは中学生の花子さんがノートに次のような式の展開をしているのを見付けた。Ｎさんは，間違っているところに×を書いた。

花子さんのノート

ウ $(x+5)^2-(x+4)(x+2)$	$=(x^2+5^2)-(x^2+4\times2)$	×	1行目
	$=25-8$		2行目
	$=17$		3行目
エ $(x+7)^2-(x+10)(x+4)$	$=(x^2+7^2)-(x^2+10\times4)$		4行目
	$=49-40$		5行目
	$=9$		6行目

花子さんは，x, yがどんな値でも，$(x+y)^2$がx^2+y^2に，$(x+c)(x+d)$ がx^2+cdになると勘違いしており，そのため**ウ**の式の展開には間違ったところがある。Nさんは，花子さんが同様の勘違いで**エ**の式の展開を行ったと考え，花子さんのノートの4行目のところで×を付けようと思ったが，×を付けることができなかった。Nさんは，花子さんの勘違いによる式の展開と，正しく式の展開をしたときの結果が同じになるときは，どんな場合か興味をもった。

e, f, gを自然数として$f>g$，$x \neq 0$とすると，Nさんは，$(x+e)^2-(x+f)(x+g)$ を花子さんの勘違いによる方法で展開したときと，正しく展開したときの結果が同じになるときは，$(x+e)^2-(x+f)(x+g)=A$としたとき，$\sqrt{A}$が必ず自然数になることに気が付いた。

〔問2〕 上記の下線部が正しい理由を，文字x, e, f, g, Aを用いて説明せよ。

ただし，説明の過程が分かるように，途中の式や考え方なども書け。

なお，2つの数X，Yについて，**【表】**で示される関係が成り立ち，**オ**～**ケ**には偶数か奇数のどちらかが入る。説明するときに**【表】**の**オ**～**ケ**に偶数か奇数を正しく当てはめた結果については，証明せずに用いてよい。

【表】

	X, Yともに偶数	X, Yともに奇数	X, Yどちらかが偶数でもう一方が奇数
$X+Y$	偶数	**オ**	**カ**
$X-Y$	**キ**	**ク**	**ケ**

Nさんは，誤った計算方法でも正しい答えが出てくる場合について，他にどのような例があるか調べたところ，hを1以上9以下の整数，i, jをそれぞれ0以上9以下の整数としたとき，$(h+i+j)^3=100h+10i+j$となる場合があることが分かった。

そこでNさんは，kを1以上9以下の整数，ℓ, m, nをそれぞれ0以上9以下の整数として，$(k+\ell+m+n)^4$の値がk, ℓ, m, nを左から順に並べた4桁の数と等しくなる場合があるか考え，そのようなk, ℓ, m, nの組を見付けることができた。

〔問3〕 Nさんが見付けたk, ℓ, m, nについて，$\sqrt{1000k+100\ell+10m+n}$ の値を求めよ。

イ　江戸以外の土地では、その地域に伝わる文学作品に触発されることにより、さまざまな名称が凧につけられたと考えられるから。

ウ　烏賊や章魚を泳がせながら凧揚げに興じるかのように、江戸の人は仰ぎ見た大空を、青い大海原になぞらえたと推測されるから。

エ　俳諧の中心は江戸だったが、畿内においては、江戸時代以前からの漢詩の影響が凧の名称にも色濃く反映していたと言えるから。

〔問2〕(2)なんとも微笑(ほほえ)ましい情景である　とあるが、このように言えるのはなぜか。その説明として最も適切なものを、次のうちから選べ。

ア　子どもたちが揚げていた凧糸が切れて、郊外の山の上を悠然と飛んで行く正月の情景に、心が和んだから。

イ　主人のわずかな隙を好機と捉えた子どもが、急いで外に出て行き凧揚げをする様子に、心が温まったから。

ウ　陸奥国での、大人が読書をして正月を過ごす一方、子どもが凧揚げを楽しむ様子に、心が満たされたから。

エ　うとうととしながら縁側に座っている時に見た、子どもの凧が破れて落ちてきた情景に、心が躍ったから。

〔問3〕(3)同じような　とあるが、どういうことか。その説明として最も適切なものを、次のうちから選べ。

ア　貧しい生活を強いられ手持ち無沙汰にしている如亭と、闘病生活を送る子規が、共に自宅の庭に落ちてきた凧の情景を詠んでいるということ。

イ　子規も如亭も苦難と向き合い、共に庭先に出て冷たい風を受けながら、青空を泳ぎ回っていた凧が落下してくる情景を詠んでいるということ。

ウ　体の故障と老いにより自由がきかない如亭と、病苦に耐える日々を送る子規が、共に人生のはかなさを凧揚げの情景に重ねているということ。

エ　子規も如亭も、新年を迎えた自宅で不如意な生活を送りながらも、偶然見かけた凧揚げをする少年の姿の先に遠い故郷を見ているということ。

〔問4〕(4)頬杖(ほおづえ)をついた　とあるが、本文中の六如の漢詩の中では、どのように表現されているか。漢詩の中から抜き出した場合、最も適切なものを、次のうちから選べ。

ア　淰淰風　イ　老年　ウ　火籠中　エ　揞頤

〔問5〕(5)空に揚がっている凧　とあるが、ここでは何を意味していると言えるか。その説明として最も適切なものを、次のうちから選べ。

ア　正月の青空を泳ぎ回るいくつもの凧の情景から、大人たちは、少年時代を思い出し、現在の自分との差異に改めて気づかされ、現実を再認識させるということ。

イ　凧揚げは、少年時代をなつかしく想起させることにとどまらず、たった一本の糸で地上と繋がっている凧の有り様が、人間の生の実相と通底しているということ。

ウ　凧がゆらめく大空を見ながら、私たちは波にたゆたう舟のような人間存在の不安定さを思い、懸命に生きようとする己を凧に重ね勇気を感じているということ。

エ　江戸の大人たちは、空に揚がる凧を見て懐旧の情にかられ、故郷で過ごした少年時代を思う一方で、凧の様子から、今後の生活に不安を抱いているということ。

揚げが見られないのが、江戸育ちの定信には物足りなかったようだ。

ほぼ同じ頃、幕府の＊小普請方大工棟梁を勤め、江戸の市中に住んでいた柏木如亭は、「春興」と題する次のような七言絶句を詠んでいる。

遇花無酒又無銭　　花に遇ひて　酒無く又た銭無し
坐着南簷尽日眠　　南簷に坐着して尽日眠る
識得群児閙街口　　識り得たり　群児の街口を閙すを
風中紙破落庭鳶　　風中　紙破れて　庭に落つる鳶

為すこともなく南向きの縁側で日がな一日うたた寝をしていた時、表通りで賑やかに凧揚げをしていた子供の紙鳶が風に破られ、我が家の小庭に舞い落ちてきたというのである。凧揚げに興じた無邪気な子供時代は追憶の彼方に去り、今や＊不如意な生活を余儀なくされて＊逼塞している青年詩人は、そこはかとない倦怠感に身を委ねている。明治三十一年、三十二歳の正岡子規も、病床に臥せりがちだった根岸の子規庵で、「忽然と凧落ち来る小庭哉」という、如亭のこの詩と(3)同じような情景の句を詠んでいる。

六如にはまた、みずからの子供時代の凧揚げを追憶する「春寒」と題する七言絶句もある。

花信猶寒淰淰風　　花信　猶ほ寒し　淰淰の風
老年情味火籠中　　老年の情味　火籠の中
搘頤乍憶童時楽　　頤を搘へて乍ち憶ふ　童時の楽しみ
何処鳶箏鳴遠空　　何れの処の鳶箏か　遠空に鳴る

まだ冷たい風が吹いている春先の一日、老いた私には炬燵の暖かさが心地よい。炬燵にあたってぬくぬくしていると、(4)遠くの空に揚がっている凧の唸りが風に運ばれて聞こえてくる。炬燵に頬杖をついたまま、私の思いはたちまちのうちに少年の日の楽しかった凧揚げへと遡っていく。遠空に鳴る鳶箏（凧の唸り）が詩人の郷愁を掻き立てるきっかけになったのである。

(5)空に揚がっている凧には、現在を過去へと牽き戻す力があるのかもしれない。凧揚げが子供の好んだ遊びだったために、六如の詩のように、凧揚げが少年時代の思い出の情景として蘇るというのもその表われの一つであろうが、より根源的な感覚でいえば、一本の糸で地上と繋がって空に漂う凧の寄るべなさが、大きな時の流れのなかでの人間存在の頼りなさというものを感じさせるからかもしれない。

（揖斐高「江戸漢詩の情景」（一部改変）による）

〔注〕一三・等躬・太祇・蓼太 ―― 江戸時代初期から中期にかけての俳人。一三は読み方不明。
日本橋馬喰町 ―― 東京都中央区の地名。
淡島寒月 ―― 明治時代の作家、画家。
纏 ―― 江戸時代の町火消しが用いた旗印の一種。
鳶口 ―― 鳶のくちばし状の鉄製の穂先を長い柄につけた道具。
小普請方大工棟梁 ―― 小普請奉行配下で、江戸城をはじめ、幕府直轄の寺社の建築や修繕を行う大工の束ね役。
不如意 ―― 金銭が乏しくて何もできないこと。
逼塞 ―― 落ちぶれて世間から身を隠していること。

〔問1〕(1)凧は江戸時代には地域によってさまざまな名称で呼ばれていた。とあるが、「いか」や「たこ」と呼ばれたのはなぜか。その説明として最も適切なものを、次のうちから選べ。

ア　江戸期の代表的文学といえる俳諧において、季語である凧には、春を待つ人々の切なる思いが込められていたと認められるから。

五

次の文章を読んで、あとの各問に答えよ。（〔　〕内は現代語訳を補ったものである。＊印の付いている言葉には、本文のあとに〔注〕がある。なお、本文中の○は、江戸時代の辞典の見出し語と説明文を区別する記号である。）

凧が文献に多く登場し、文学作品にも取り上げられるようになるのは江戸時代に入ってからである。(1)凧は江戸時代には地域によってさまざまな名称で呼ばれていた。江戸時代中期の方言辞典『物類称呼』には次のように解説されている。

いかのぼり○畿内にて、いかといふ。関東にて、たこといふ。西国にて、たつ、また、ふうりうといふ。唐津にては、たこといふ。長崎にて、はたといふ。上野および信州にて、たかといふ。越路にて、いか、また、いかこといふ。伊勢にて、はたといふ。奥州にて、てんぐばたといふ。土州にて、たこといふ。

鳶（鵄）や鳳という鳥が空を飛ぶのは自然だが、見立て好きな江戸人は空を海に見立て、そこに烏賊や章魚が泳いでいると見たのであろうか。そうすると、凧と地上を繋ぐ凧糸は、釣糸ということになる。

春風や水なき空に凧　一三＊（俳諧洗濯物）

江戸時代において文学作品として凧が多く詠まれたのは何といっても俳諧においてである。凧は春の季語として、正岡子規の『分類俳句全集』には百五十五首もの凧を詠んだ江戸時代の句が収められている。凧は春の空には欠くことのできない景物だった。

形無き風に目鼻や凧　＊等躬（小弓俳諧集）
山路来て向ふ城下や凧の数　＊太祇（新五子稿）
きれ凧の夕こえ行くやまつち山　＊蓼太（蓼太句集）

江戸の＊日本橋馬喰町で幼少期を過ごしたという＊淡島寒月の「凧の話」には、「その頃、男の子の春の遊びというと、玩具では＊纏や＊鳶口、外の遊びでは竹馬や独楽などであったが、第一は凧である。電線のない時分であるから、初春の江戸の空は狭きまで各種の凧で飾られたものである」と回想されている。ここでは凧揚げは男の子の遊びとして紹介されているが、大凧を揚げることは大人たちも熱中する遊びだった。凧には角形のもののほか、奴凧や鳶凧や扇凧などさまざまな意匠を凝らしたものがあり、形も大小さまざまであったが、ただ空に揚げて楽しむだけではなく、空で唸りが響くように竹片や鯨の髭を付けたり、敵の凧に絡ませて凧糸を切るために「がんぎ」というものを付けたりする競技的な遊び方もあった（大田才次郎『日本児童遊戯集』）。

江戸時代になって凧が俳諧に多く詠まれるようになっても、なぜか和歌に凧が詠まれることはあまりなかった。しかし、漢詩では凧は時折詠まれた。京都に住んでいた詩僧六如に、「春寒、戯れに作る」と題する次のような七言絶句がある。

幾欲尋梅怯剰寒　　幾たびか梅を尋ねんと欲して　剰寒を怯る
残書在手擁爐眠　　残書手に在りて　爐を擁して眠る
侍童伺我齁齁作　　侍童　我が齁齁の作るを伺ひて
走向後園放紙鳶　　走りて後園に向いて紙鳶を放つ

火鉢を抱え込むようにしてうたた寝をし始めた私が、やがて鼾をかくようになったのを幸いに、側使いの小坊主は走って裏庭へ行き、凧揚げに興じているというのである。(2)なんとも微笑ましい情景であるが、白河藩主になったばかりの松平定信が、天明五年（一七八五）に江戸に住む妹に白河から書き送った随想『関の秋風』のなかで、「わらんべのいかのぼりあげぬも又にくし」〔子どもたちが凧揚げをしないのもまた残念なことだ。〕と記しているように、陸奥国白河の地では子供たちの凧

〔問4〕(4)人類学者が異文化を研究することの正当性すらも否定された。とあるが、それはなぜか。その説明として最も適切なものを、次のうちから選べ。

ア 今までの人類学研究は、人類学者が植民地主義的思考によって一方的に現地の人々を研究対象だと決めつけており、自らも研究対象になりうるという中立な視点が欠落していたから。

イ 今までの人類学研究は、西洋の価値観を非西洋社会に押しつけ、西洋による植民地支配を引きずって現地の人々が自由に生きる権利を奪われた状態でのみ調査されたものだったから。

ウ 今までの人類学研究は、近代国家による植民地主義的な支配構造にもとづいた、西洋の人類学者が現地の人々の声を無視して一方的に解釈するという権力の行使に過ぎなかったから。

エ 今までの人類学研究は、現地の人々が植民地としての歴史を強制的に踏襲させられるだけでなく、現地人は自らの声を科学的テクストに翻訳できないという不平等なものだったから。

〔問5〕(5)構築された理解とはどのようなことか。その説明として最も適切なものを、次のうちから選べ。

ア 人類学者が事前にこしらえた解釈に当てはまるのかどうかを判別するだけの、単純な解釈のこと。

イ 表現様式や象徴体系を読み取ることで人類学者が思い描いていた、恣意的で一貫した解釈のこと。

ウ 近代的な西洋社会の論理によって形成される、人類学者の期待を押しつける包括的な解釈のこと。

エ 現地人に感情移入することによって、無意識に人類学者の願望が反映された近代的な解釈のこと。

〔問6〕この文章の論理展開を説明したものとして、最も適切なものを、次のうちから選べ。

ア はじめにギアツの解釈人類学の概要を説明し、次にこの解釈が人類学の根底的な概念になる具体例を紹介し、最後に文化を理解するうえで多様性が重視されるようになったことを指摘している。

イ はじめにギアツの文化に対する捉え方を説明し、次に人類学の解釈が新たな局面をむかえたことにふれ、最後にギアツを中心とした人類学者たちが異文化を解釈しなおした経緯をまとめている。

ウ はじめにギアツの主張する解釈人類学の概要を紹介し、次にギアツと若い世代の人類学者の解釈を比較しながら、最後にこれまでの議論から文化の理解には多声性が必要であると強調している。

エ はじめにギアツの考える人類学について紹介し、次にその考えがどのように否定されていったかを複数の具体例を挙げて説明し、最後に人類学における他者理解のあり方について言及している。

〔問7〕人類学の他者理解はどのように変化したのだろうか？とあるが、現代において「他者理解」を実現するためには、どのようなことが必要か。本文の内容を踏まえ、あなたの考えを、**二百字以内**にまとめて書け。さらに、あなたの書いた文章にふさわしい**題名**を解答用紙の所定の欄に書け。なお、、や。や「などのほか、書き出しや改行の際の空欄も一字と数えよ。

エドワード・サイード
　――パレスチナ系アメリカ人の文学研究者。

ヒエラルキー――上下関係によって序列化された組織。

〔問1〕(1)この「解釈学的転回」ともいわれる潮流は、人類学のあり方を大きく揺るがした。とあるが、「解釈学的転回」とはどういうことか。その説明として最も適切なものを、次のうちから選べ。

ア　人類学が、普遍的法則を追求する科学的学問ではなく、現地人の解釈による行為をさらに解釈する学問だと見なされるが、その捉え方も解釈を相対化するものへ更新されていったということ。

イ　人類学が、普遍的法則の抽出を求める科学の一分野ではなく、現地人の行為をフィールドワークにより実証的に解釈し、行為の具体的意味を探るものだと捉えられるようになったということ。

ウ　人類学が、普遍的法則を探究する実験科学ではなく、現地人の行為という記号の意味を解釈するものだと捉え直されるが、やがて解釈学的研究の中立性の欠如が指摘されていったということ。

エ　人類学が、普遍的法則を見出そうとする科学的研究ではなく、意味を帯びた記号である現地人の行為を、具体的な筋道を明らかにしつつ解釈するものだと見なされるようになったということ。

〔問2〕(2)インドネシアのジャワとバリとあるが、両者の違いの説明として最も適切なものを、次のうちから選べ。

ア　ジャワの人々は、感情による内部世界と言動による外部世界が対立し合っている自己の概念をもつが、バリの人々は、公的演劇性を帯びた内外が不可分な自己の概念をもつということ。

イ　ジャワの人々は、自己を形成する内外の要素のうち瞑想的な内面の部分を重視しているが、バリの人々は、自分自身が他者からどう見られるかという外面の部分を重視するということ。

ウ　ジャワの人々は、内的な感情と外的な言動からなる対比的な自己の概念をもつが、バリの人々は、類型化された公的な自分の役割を演じるという演劇的な自己の概念をもつということ。

エ　ジャワの人々は、自己の内面と外面のそれぞれに二面性のある自分を概念化しているが、バリの人々は、型にはめた性格類型に合わせて演技している自分を概念化しているということ。

〔問3〕(3)従来の人類学が根底から批判され、それを刷新しようとする実験的試みが生まれた。とあるが、「実験的試み」とはどういうことか。その説明として最も適切なものを、次のうちから選べ。

ア　異文化を偏りのない視点から研究するために、調査者が被調査者の原住民ときちんと対話し、なるべく多様な現地の声を紹介しながら文化を記述しようとする学問的潮流のこと。

イ　従来の人類学のあり方を批判するために、被調査者との対話に基づいた原住民の声を矛盾を含んだ部分まで提示することで、極力科学的な他者理解を模索する学問的潮流のこと。

ウ　異文化を中立な立場から記述するために、被調査者の原住民の声を矛盾するものも含めて広く調査することで、従来の人類学者による民族誌を再解釈していく学問的潮流のこと。

エ　従来の人類学のあり方を乗り越えるために、今までの人類学者による民族誌を批判し、非西洋社会の一員である原住民の側からの解釈を明らかにしようとする学問的潮流のこと。

の著作から人類学を学んだ若い世代が議論の中核を担っていただけではない。人類学者が異文化を解釈すべきテクストとして読み解くように、人類学者の民族誌自体が検討すべきテクストとして再解釈されるようになった。もちろん、ギアツの著作も批判の矢面に立たされた。

一九八六年、この時代を象徴する二冊の本がアメリカで出版される。ジョージ・マーカスとマイケル・フィッシャーが書いた『文化批判としての人類学』、ジェイムズ・クリフォードとマーカスが編集した『文化を書く』だ。

『文化批判としての人類学』の冒頭、マーカスらは、人類学が陥った窮地を象徴する二つの論争をとりあげる。エドワード・サイード*が一九七九年に出した『オリエンタリズム』、そしてフリーマンの『マーガレット・ミードとサモア』がもたらした論争だ。前節でとりあげたフリーマンのミード批判は、人類学者が書くものへの信頼を大きく失墜させた。さらに『オリエンタリズム』では、(4)人類学者が異文化を研究することの正当性すらも否定された。

エルサレム生まれのパレスチナ人であるサイードは、西洋人が非西洋を描く「表象」に潜む権力性を告発した。異文化を理解し、表現する特権はもっぱら西洋人にだけある。アラブ人など非西洋社会の人びとは意見を述べる権利を剥奪されている。それは西洋による植民地主義的な「知」の支配がいまも継続していることを意味する。このサイードのオリエンタリズム批判は、西洋の人類学者が非西洋社会を研究し、その文化を書くこと自体が権力の行使に他ならないと断罪するものだった。

もはや異文化についての人類学の他者理解が科学的な正確さをもつ客観的で中立的な知識であると受けとめることは不可能になった。マーカスらは、こうした批判を乗り越えようとする実験的試みを検討し、文化の一貫性という前提が崩れ、多声性が重視されはじめたことを指摘する。

ときに矛盾をはらむような現地の多様な声は、これまで民族誌の作者という権威的な単一の声に従属させられてきた。実験的民族誌では、調査者と被調査者との対話にもとづき、人類学者の一方的解釈だけでなく、さまざまな声が提示されるようになった。

そんな実験的民族誌を書いた一人であるヴィンセント・クラパンザーノは、『文化を書く』で、ギアツのバリの闘鶏についての論文「深い遊び（ディープ・プレイ）」を痛烈に批判している。「『深い遊び』の中には原住民の視点から見た原住民の理解など実は存在しない。あるのはただ、構築された原住民の、構築された視点から見た、(5)構築された理解のみである」。人類学者は住民の後ろに隠れながら、理解のヒエラルキー*の頂点に君臨してきたのだ。

文化を書くことには非対称な力関係が潜んでいる。それは同書でタラル・アサドが提起した「文化の翻訳」の問題でもあった。人類学者と調査対象者のあいだには「言語の力の不平等」が存在する。人類学者だけが異文化を科学的テクストに翻訳できるからだ。その書かれたテクストは、人びとの声よりも権威あるものとして歴史に刻まれる。アサドは、この「文化の翻訳」には避けがたく権力が入り込み、「汚されたものになりうる」と論じた。

（松村圭一郎「旋回する人類学」（一部改変）による）

〔注〕草創 —— 新しく物事を始めること。

ルース・ベネディクトやマーガレット・ミード

—— 共に二〇世紀を代表するアメリカの文化人類学者。

前節で紹介した二つのスキャンダル

—— ミードの研究がずさんだったことと、マリノフスキが現地人を嫌悪していたことが『日記』の出版で明るみに出たこと。

マリノフスキ —— ポーランド出身のイギリスの文化人類学者。

の実験に基づくような権威を与えるのは、単に方法論上のごまかしに過ぎない」。解釈とは、抽象的な規則性や法則をとりだすことではない。人類学者のやるべき仕事は、そこで何が起き、どう受けとめられているのか、具体的な脈絡をたどり、その意味を探る「厚い記述」をすることだ。

ギアツはマリノフスキ*の『日記』にも言及している。『日記』が提起したのは、人類学者の道徳上の問題ではない。それは住民の視点からものを見るときに、無理なく自然に理解できる〈近い＝経験〉と、学問的で専門的な概念という〈遠い＝経験〉をどう使い分けるか、という問題である。ギアツは言う。

〈近い＝経験〉だけに自己限定すれば民族誌学者は身近なものに流されて、卑俗な言葉で足がもつれることになる。〈遠い＝経験〉だけに自己限定すれば抽象の内にさ迷い、難解な専門用語の中で窒息することになる。

ギアツは、自身が研究してきた(2)インドネシアのジャワとバリ、そしてモロッコの例をあげる。焦点は、人びとが自分自身を人としてどう定義するのか、どんな「自己」の概念をもっているのかだ。ギアツはそれぞれの場所で人びとが自分や仲間に対して用いる言葉やイメージ、制度、行動といった「象徴」の形態をもとに、それを分析した。

たとえば、ジャワでは「内（バティン）」と「外（ライール）」、「磨き上げられた（アルース）」と「荒削りな（カサール）」という二つの対比が自己の概念をかたちづくっている。「内」は、経験の感知できる領界のことで感情生活全般を指す。「外」は、人間行動の観察しうる領界のことで目に見える動きや姿勢、会話などを指す。内なる領界では瞑想（めいそう）など宗教的鍛錬によって、外なる領界では事細かに定められた礼儀作法によってそれぞれ「磨き上げられた」状態が達成される。この静止させられた感情の内部世界と型にはめられた行動の外部世界とがはっきりと異なる二領域をなし、その二面性をもった自己が概念化されている。

イスラム化されたジャワが内省的な静かさをもつとしたら、ヒンドゥー教が存続したバリには華麗さや演劇性がある。バリの人びとは複雑な呼び名や称号の体系のなかに位置づけられ、その地位の役を演じている。人は私的な運命をたどる個人ではない。規格化された地位の類型を代表し、演じる存在なのだ。それは、人びとにもっとも〈近い＝経験〉としては「レク」という観念にあらわれる。舞台の上で「緊張する＝あがる」という意味だ。人びとは文化的位置によって要請される公の演技を演じ損ない、仮面の下にある個人性が表に出て、みなが居心地悪くなることをとても恐れている。バリの人びとにとって演劇的自己という感覚は、つねに守られねばならないのだ。

こうした「解釈」を現地の人が明確に意識しているわけではない。ギアツは「解釈」をするときに大切なのは、ローカルな文脈における細部である〈近い＝経験〉と、それを意味づける包括的な概念である〈遠い＝経験〉とのあいだを行きつ戻りつする「解釈学的循環」だと強調する。

マリノフスキの『日記』は、異文化に共感できない人類学者の姿をさらけだした。ギアツは、他者の主観性を理解し説明するために、そうした他者への感情移入や仲間意識はかならずしも必要ないとして、マリノフスキを擁護（ようご）している。むしろ人びとの表現様式や象徴体系を読みとり、解釈する能力こそが重要なのだ。

ギアツの解釈人類学は、人類学に急旋回をもたらした。だがその旋回も、すぐにさらなる大きな渦にのみ込まれた。

一九八〇年代、人類学の歴史上、最大の危機が訪れる。批判と実験の時代の到来だ。(3)従来の人類学が根底から批判され、それを刷新しようとする実験的試みが生まれた。

ギアツの解釈人類学は、この変革を呼び込む予兆でもあった。ギアツ

ウ　テーマから連想できる自然そのものを、どれだけ共感しやすい形で表現できるかに感性が表れると言っていたが、実際には連想されやすい風物を共感されやすいものとみなしている、ということ。

エ　自然の変化を感じる日常の多様な瞬間を、どれだけ具体的に表現できるかで感性が問われると言いながら、実際には単にテーマから想起しやすいものを日常的なものとみなしている、ということ。

〔問6〕　本文の表現や内容について述べたものとして最も適切なのはどれか。次のうちから選べ。

ア　桜の花の様子にワコが感性について考えを深めていく様子が投影されているように、ワコの内面をさまざまな情景によって表現し、視覚的にも理解できるよう表現が工夫されている。

イ　コンテストへの参加を決意した日から表彰までの経過を時系列に沿って具体的、写実的に説明しており、コンテストという特殊な状況に読者が混乱なく入り込めるようになっている。

ウ　「自分の心臓が音を立てているのが聞こえるよう」のように、ワコの視点から物語を描写する表現によって、読者がワコの感覚と同一化して物語の世界を味わえるようになっている。

エ　鶴ヶ島が作った作品に関する細かい説明の描写を入れることで、鶴ヶ島の技術が卓越していることと同時に、それを見て理解できるワコ自身の実力も読み取れるよう配慮されている。

四　次の文章を読んで、あとの各問に答えよ。（＊印の付いている言葉には、本文のあとに〔注〕がある。）

文化人類学は、一九世紀末から少しずつ制度化されてきた「若い」学問分野である。だからこそ草創期＊には、一貫して人類文化を解明する科学としての地位を確立しようとしてきた。自分たちとは異なる他者を科学的に理解すること。それが、進化論者であれ、文化決定論者であれ、人類学の使命であり、学問の正統性の根拠だった。ところが一九六〇年代、人類学が自然科学と同じような科学であることに疑問が呈されるようになった。

その転回を主導したのが、ルース・ベネディクト＊やマーガレット・ミードの次の世代を代表するアメリカの人類学者、クリフォード・ギアツだ。

ギアツは、文化を「意味の網」ととらえた。人間は、その自分自身がはりめぐらした意味の網にかかっている動物であり、人類学者の役割は、その意味を解釈することだ。それは普遍的な法則性を探究する実験科学とは全く異なる。ギアツはそう主張した。

この「解釈学的転回」ともいわれる潮流は、(1)人類学のあり方を大きく揺るがした。人間の行為は意味を帯びた記号である。それはつねに現地の人によっても解釈されている。人類学者は、その人びとが読みとる意味をさらに解釈する。それは科学的な研究というより、文学作品を読み解いていく作業に近い。前節で紹介した二つのスキャンダル＊は、こうして人類学の「科学性」や「実証性」が揺さぶられるなかで起きた。人類学の他者理解はどのように変化したのだろうか？

人類学者が綿密なフィールドワークをもとに描く「民族誌的事実」は科学的に検証されうる「事実」ではない。ギアツは、その解釈は証明されない仮説にとどまり、つねに未完のものだという。それに「自然科学

〔問1〕(1)曽我がワコに目を向ける。とあるが、ここから読み取れる曽我の心情はどのようなものか。その説明として最も適切なものを、次のうちから選べ。

ア　感性に関するワコの説明が今までとは打って変わって独創的なものになっており、コンテストで鶴ヶ島に勝てるような菓子職人に成長する可能性をも感じている。

イ　和菓子作りに必要な感性についてのワコの言葉から、ワコが理解を深めたことを感じとり、どのように感性を和菓子に表現するつもりなのか興味をひかれている。

ウ　感性を突き詰めろと伝えた自分の言葉を、ワコが正確に理解したことを実感し、ワコが見せている和菓子職人として認められようとする姿勢に対して驚いている。

エ　ワコが話した感性の内容から大きな進歩は感じられないが、和菓子作りに対する強い信念が感じられ、ワコの和菓子にどのような影響が出るか関心を抱いている。

〔問2〕(2)ワコは感性を発露させた。とあるが、どういうことか。その説明として最も適切なものを、次のうちから選べ。

ア　「春」と「秋」を具体的に表現するために、職人として和菓子を作り続ける日々を通して感じた喜びや充実感を活用することで、上生菓子作りに重要な感性がどういうものなのか示したということ。

イ　「春」と「秋」にこめられた主催者の意図を、奥山堂で身につけた技術を発揮して具体的な風物に置き換えることで、和菓子をどういうものだと理解したのかの答えを上生菓子にこめたということ。

ウ　「春」と「秋」を表現するために、コンテストの準備期間である二ヵ月を費やして見つけ出すことができた情景を上生菓子に投影することで、正しい感性がどのようなものなのか説明したということ。

エ　「春」と「秋」というテーマに対し、感じたり思い描いたりしたものを職人としての五年間の経験を生かして具体的に表現することで、ワコが抱いたイメージを自分の上生菓子に表したということ。

〔問3〕(3)自分の姿が映った時よりも晴れがましさを感じる。とあるが、なぜか。その理由を六十字以内で説明せよ。

〔問4〕(4)それだけ言うと、鶴ヶ島は立ち去った。とあるが、「鶴ヶ島」の様子から読み取れることは何か。その説明として最も適切なものを、次のうちから選べ。

ア　審査時間中も他の職人を近づけようとしない様子から、他の職人たちに対する強い対抗心と優越感を読み取ることができる。

イ　コンテストに優勝しても喜ぶ素振りもみせず、冷静に結果を受け止める様子から、和菓子作りの技術への自信が感じられる。

ウ　作品の味は審査対象外なのに、妥協せずに味を追求し独創的な技法を用いる様子に、職人としての自尊心が表現されている。

エ　ワコに対して、他の職人に対する態度と同様のそっけなさを見せる様子に、職人技術で劣る他者を見下す心情がうかがえる。

〔問5〕(5)お菓子に表現するやり方が違っている。とあるが、どういうことか。その説明として最も適切なものを、次のうちから選べ。

ア　景色や風物について、感じ取った人の感じ方を具体的にどう表現するかに感性が表れると言っていたが、実際にはテーマを象徴する風物を写実的にお菓子に表現しているに過ぎない、ということ。

イ　情景を直接形作ることなく、自分自身の情景の感じ方をどのように説明するかで感性が問われると言っていたが、実際はテーマから容易に思いつくものを選び作品にしたに過ぎない、ということ。

鶴ヶ島がつくった優勝作品の菓銘は、春が『おぼろ月』、秋が『もみじ』である。春のほうは一見すると普通の蒸し羊羹のようだ。けれど、四角いこし餡の中に杏子のシロップ漬けが沈んでいる。ぼかしという手法で、まさに柔らかくほのかにかすんで見える春の夜の月というたたずまいだった。秋のほうは、求肥餅にすりごまを混ぜてつくった濡れたような石に、紅いもみじの葉が一枚落ちている。それだけで、清らかな冷たい水の流れが見えるのだ。そこには、過ぎ去った夏の思い出さえ感じられる。なにより……とワコは思う。なにより、どちらのお菓子もとてもおいしそうだ。

表彰式の時、鶴ヶ島はワコのほうをちらりとも見なかった。真っ直ぐに前を向いていた。鶴ヶ島がつくった上生菓子も壇上に運ばれていた。ワコは、そのふたつの菓子に視線が釘づけになっていた。

表彰式が終わるとワコは、「おめでとうございます。」夢中で鶴ヶ島に声をかけた。「ツルさんがコンテストに出場されてるなんて、意外でした。」

「俺が出場する理由は、自分の技術の確認のためだ。店の連中が、俺に注意することはないからな。自分の技量が落ちていないかを、客観的に査定する機会が必要だからだ。」

(4)それだけ言うと、鶴ヶ島は立ち去った。よいお菓子をつくりたい、それだけに没頭している人。

「どうした?」

曽我の声に、物思いにふけっていたワコははっとする。

「浮かない顔だな。」

「優勝したツルさんのお菓子とは、たいへんな隔たりがあります。」

曽我が頷いていた。

「ワコ、おまえの上生菓子は技巧的には確かに優れている。しかし、このお菓子におまえが言った感性があるだろうか?」

再び激しいショックを受ける。

「コンテストの前、おまえは感性について自分なりに語ってみせた。それはいいだろう。だが、(5)お菓子に表現するやり方が違っている。蔕のある側の柿をつくるのでは、たとえそれがよくできていても単なる説明だ。これは柿です、という説明をしているに過ぎないんだ。むしろ、花落ち側の頭をつくったらどうだ。そうすることで、柿の木を見上げた時の秋の夕映えの景色が目に浮かんでくる。ウグイスも、姿をそのままつくったならば説明だ。『初音』という菓銘ならば、鳴き声をつくるようにしろ。」

鳴き声!? ワコは絶句した。

（上野歩「お菓子の船」による）

〔注〕練りきり――和菓子の種類の一つ。
求肥――和菓子の材料の一つ。
宮大工――伝統的な木造建築の修理や建築にあたる大工。
飾り職人――金属の細かい装飾品を細工する職人。
仲見世――浅草の雷門から続く商店街。
作務衣――日常の作業や労働をするときに着る和服。
中綿――練りきりの中に入れるあん。
菓銘――菓子につけられた名前。
浅野・浜畑――奥山堂の職人。

り、百貨店の着物売り場で美しい晴れ着の柄を眺めたりした。思わず入ってしまった格式のある呉服屋で、店員に高い帯を勧められて困ったことも……。目にして印象に残ったものは、絵や文で書き留めるように努めてきた。そうした日々のさまざまな積み重ねが、自分を自然と刺激してくれていたらいい。

つまんで伸ばし、粘りを出し、裏ごしし、もみ込んで生地をつくる。できた生地に色素を加えて着色し、形をつくり、角棒で刻みを入れる。制限時間内に、春と秋の上生菓子が十個ずつはつくれるだろう。それぞれ一番よくできたものを提出する。

時間は刻々と経ってゆく。だが、この張り詰めたような空間の中でも、お菓子づくりの喜びと確かな充実がある。そして、(2)ワコは感性を発露させた。

「終了！」

その声を聞いた途端、力尽きてその場にくたりと座り込みそうになる。

審判員によって、出場者はスタジオの外に出るよう促された。味は審査の対象にならない。作業台に残された菓子の姿だけが審査されるのだ。

競技会場から退出した職人たちは、ロビーで手持ち無沙汰の時間を過ごす。顔見知り同士は会釈したり、話し込んでいる姿もある。そうした人たちは笑顔を浮かべてはいるが、どこか虚ろだ。みんなが落ち着かない待ち時間を費やしていた。人々の向こうに、鶴ヶ島の姿が見える。挨拶しに行きたいが、近寄りがたい雰囲気を纏っていた。

審判員の指示で、再び会場に戻る。

「結果発表――。」

審査員長が正面のステージに立ってそう宣告した。会場中が固唾を呑んでいる。もちろんワコも。自分の心臓が音を立てているのが聞こえるようだった。

なんの前触れもなく、ワコの顔がステージ上のスクリーンに大写しになる。その顔は、きょとんとしていた。

「和菓子コンテスト東京大会準優勝は、奥山堂の樋口選手。」

それを聞いた途端、自分の心臓は確かに一度止まったかもしれない。耳にいっさいの音が届かなくなった。

スタッフに案内され、ふわふわした足取りでステージに登壇する。突然、大きな拍手の音が耳の中になだれ込んできた。自分よりも若い振り袖姿の女子が、渋い和皿に載せた上生菓子を運んでくる。ワコがつくったお菓子だ。壇上のテーブルに置かれたそのお菓子が、スクリーンに映し出される。春をテーマにウグイスを、秋をテーマに柿をつくった。それぞれ『初音』、『照り柿』という*菓銘を付けている。自信作だった。(3)自分の姿が映った時よりも晴れがましさを感じる。スクリーンのお菓子と自分に向けて、出場者とギャラリーが拍手を送り続けてくれていた。ワコは胸がいっぱいになる。

しかし審査員長が再びマイクを握ると、ワコの興味はすでにほかに移っていた。

「優勝は、笹野庵の鶴ヶ島選手です。」

ワコは準優勝した上生菓子を、五センチ四方のプラスチックの菓子ケースに入れて奥山堂に持ち帰り、作業場の皆に見せた。コンテストは、店が忙しくなる週末ではなく平日に開催されていた。

「よくできてるよ。ねえ、ハマさん。」

と*浅野が感心したように言う。

「さっすが準優勝の作品。三百人中の二番だろ、大したもんだ。」

*浜畑がそう褒めてくれた。

もちろん嬉しい。けれど、ワコの表情はすぐれない。鶴ヶ島の作品を見た途端、準優勝の喜びは吹っ飛び、敗北感ばかりが募ってきたのだ。

手の創意工夫で自由に表現される。いわば、和菓子の華だ。

「上生菓子をつくるには、感性を磨くことが必要だ。」作業場に出ると、曽我が声をかけてきた。「では、その感性とはなんだと思う?」

ワコは応えられなかった。

「私は以前、みんなに曖昧さを排除しようと言った。〃なぜ、そうするのか〃を具体的、論理的にしろとな。おまえなりに感性を具体的、論理的に突き詰めるんだ。そこからワコの上生菓子が生まれるはずだ。」

——あたしの上生菓子。

出勤の時に眺める桜の蕾がふくらんでいき、やがて花開いた。

「たとえば朝起きて、窓の外を見ると雪が降っていたとします。顔を洗おうと蛇口をひねると、刺すように水が冷たい。見たもの、感じたもので真冬という季節をどう表現するか? その表現力の豊かさだと思います。」

「まだ足らんな。」

曽我に一蹴された。

奥山堂からの帰路、夕暮れの隅田公園でワコはふと立ち止まる。桜吹雪が舞う中、浅草寺の鐘の音が聞こえた。浅草でお菓子の修業ができてよかったとワコは思う。まがい物めいたものもあるけれど、確かな伝統も息づいている。ある日突然、隣の*宮大工のおじいさんが人間国宝になったり、*飾り職人のおじさんが伝統産業功労賞を受賞したりする。ワコは夜の*仲見世を歩くのも好きだった。賑わう昼間とは違い、静かなシャッター通りがライトに照らされた風景は幻想的ですらある。この街は、見る人の目によってさまざまに映るだろう。……そこではっと気づいた。

「雪の朝、顔を洗おうとしたら、あまりに水が冷たかった。それでまた布団に戻り、もぐり込んでしまう人。あるいは顔を洗ったあと、さらに手で冷たい水をすくって飲む人。その水によって身体が浄化されたようで、思わず雪の中に飛び出して駆け回りたい衝動にかられる人。雪の朝をどのような形で表現するかが感性だと思います。」

(1)曽我がワコに目を向ける。

「おまえがそう思うなら、やってみろ。」

その日は来た。日本橋にある和菓子協会東京本部のキッチンスタジオには、三百人の年齢が異なる和菓子職人がコンテストのために集まった。ガラスの向こうでは、大勢のギャラリーが中を覗き込んでいる。

「ほほう、女の職人とは珍しい。」

審判員を務めるベテランの協会員が、作業台に向かって立つワコの前で聞こえよがしに呟く。確かにそのとおりで、出場者の中に女性は自分ひとりきりだった。

「今の自分の実力が知りたいんです。」と曽我には言った。しかし、こうして参加したからには勝ちたい。それになにより、ひとりの人物が混じっていた。

——ツルさん!

おそらく笹野庵の制服なのだろう、鶴ヶ島は紫色の*作務衣を着ていた。長い作業台が横三列、縦十列並んでいる。ひとつの作業台に十人ずつが横並びになってお菓子づくりを行う。鶴ヶ島は前のほうの作業台にいて、ワコは中ほどにいた。離れてはいるが、鶴ヶ島の背中を斜め後方から眺めることになる。気になった。

だが審判員の「始め!」の声が会場に響き渡ると、すべては消し飛ぶ。持ち時間は二時間だ。練り切りの生地をつくるところから始める。餅粉に水を加えてこね、耳たぶくらいの硬さにする。*中綿にするこし餡は、昨日のうちにつくって冷蔵庫で冷ましたものを各自持参していてそれを使う。

この五年間、お菓子づくりに役立つと聞けば、自然とその方向に足が向いた。ほかのお店のお菓子を見て歩いたり、美術館で絵画を鑑賞した

二〇二四年度 都立西高等学校

【国語】（五〇分）〈満点：一〇〇点〉

一 次の各文の——を付けた漢字の読みがなを書け。

(1) 衷心から感謝する。

(2) 笛や琴をかきならし、歌舞吹弾に興じる。

(3) 街灯の光が夜霧に潤む。

(4) 人を操るために策を弄する。

二 次の各文の——を付けたかたかなの部分に当たる漢字を楷書で書け。

(1) 堅実な捜査によって、事実のショウサをとらえた。

(2) 状況から判断すると、この裁定はシットウである。

(3) 時がたち、来訪もマドオになった。

(4) 昆虫をテンガンキョウで観察する。

三 次の文章を読んで、あとの各問に答えよ。（＊印の付いている言葉には、本文のあとに〔注〕がある。）

樋口和子（ワコ）は、浅草にある和菓子の老舗「奥山堂」の職人となった。奥山堂では、工場長の曽我のもと、鶴ヶ島という職人が、職人としての心構えを後輩に教えていたが、笹野庵からの誘いを受けて退職してしまう。鶴ヶ島が去った後も腕を磨き続け、自分の実力を試したいと思うようになったワコは、コンテストへの出場を決意した。

「どうした、まさかおまえまで辞めると言い出すんじゃないだろうな？」

初出社した日、〝石の上にも三年ではなく五年と思え〟と曽我に言われた、その五年が過ぎたのだった。

「あたし、コンテストに出たいんです。」

和菓子協会が主催するコンテストの東京大会が五月にある。それに出場して力を試すのが、自分の店を持つことへの第一歩と考えたのだ。だが口にしたあと、すぐにワコは顔が熱く火照る。

「まったく身のほど知らずだとは思うのですが……。」

「コンテストに出場するのはいいとして、五月まで準備期間が二ヵ月しかないぞ。」

「今の自分の実力が知りたいんです。」

「分かった。この五年間で身に付けた技術を出し切れ。」

通勤途中に通り抜ける隅田公園の桜並木が、ほんの少し色づき始めていた。

コンテストの課題は、春と秋をテーマにした上生菓子をひとつずつつくること。上生菓子の代表格は、白あんを着色して四季折々の風物に題材を取った、＊練りきりだろう。ほかにも羊羹、＊求肥などを使い、つくり

英語解答

1　A　＜対話文1＞　イ
　　＜対話文2＞　ウ
　　＜対話文3＞　エ
B　Q1　ア
　　Q2　To give it a name.

2　〔問1〕　(a)…ウ　(b)…オ　(c)…イ
　　(d)…エ　(e)…ア
〔問2〕　1番目…ク　4番目…カ
　　7番目…ウ
〔問3〕　(A)…ウ　(B)…ケ
〔問4〕　a　example　b　wearing
　　c　learning　d　easily

3　〔問1〕　ア
〔問2〕　allows you to quickly open and close even a large
〔問3〕　ウ　〔問4〕　カ
〔問5〕　エ　〔問6〕　planets
〔問7〕　(A)…ケ　(B)…イ

4　〔問1〕　エ　〔問2〕　ウ
〔問3〕　ア　〔問4〕　カ
〔問5〕　convenient
〔問6〕　1番目…ウ　3番目…オ
　　5番目…ア
〔問7〕　(A)…イ　(B)…キ
〔問8〕　(例) Ramen is a noodle that is served in many kinds of soups often made from soy sauce, miso, or salt with vegetables and meat. Though it came from China, ramen has developed in a unique way in Japan. Today, many ramen shops can be seen even in different countries. (49語)

1　〔放送問題〕

〔問題A〕＜対話文1＞≪全訳≫トム(T)：サトミ，君は犬が大好きなんだってね。／サトミ(S)：ええ，トム。犬を1匹飼ってるの。あなたは？／T：僕は犬を2匹飼ってるよ。その子たちのおかげで僕は毎日幸せなんだ。／S：私も，うちの犬のおかげで幸せよ。私たちの友達のリナも犬を飼ってるのよ。3匹飼ってると思う。／T：へえ，そうなの？／S：ええ。いいことを思いついたわ。今度の日曜日に一緒に犬を散歩させましょう。午後4時はどうかしら？／T：いいよ。リナにもきいてみよう。次の日曜日が待ちきれないよ。

Q：「トムは何匹の犬を飼っているか」―イ．「2匹の犬」

＜対話文2＞≪全訳≫ジョン(J)：もうすぐおじいちゃんがうちに来るね。彼のためにスパゲッティをつくるのはどうかな，メアリー？／メアリー(M)：それはいい考えね，ジョン。／J：よかった。このトマトと玉ねぎが使えるよ。何か買う必要はあるかな？／M：野菜はたくさんあるわ。あっ，チーズがないんだった。／J：わかった。スーパーでチーズを買おう。／M：ええ，そうしましょう。／J：飲み物も買った方がいいかな？／M：ジュースは昨日買ったわ。だから，飲み物は買わなくていいわよ。

Q：「ジョンとメアリーはスーパーで何を買うつもりか」―ウ．「チーズ」

＜対話文3＞≪全訳≫ジェーン(J)：こんにちは，ボブ，今週末は何をする予定？／ボブ(B)：やあ，ジェーン。僕は日曜の午後に学校の野球の試合を見に球場へ行く予定なんだ。／J：まあ，ほんとに？　私も友達と一緒にそれを見に行くつもりなの。一緒に球場に行かない？／B：もちろんいいよ。モミジ駅で待ち合わせよう。いつ集まったらいいかな？／J：その試合は午後2時に始まるのよね。1時半に駅に集合しましょう。／B：じゃあ，その前に駅の近くでお昼ご飯を食べない？／J：いいわね。12時でどう？／B：それは早すぎるな。／J：わかったわ。1時に駅に集まりましょう。／B：うん，そうしよう。

Q.「ジェーンとボブはいつモミジ駅で待ち合わせるか」―エ.「1時」

〔問題B〕≪全訳≫皆様，おはようございます。東京中央動物園にようこそ。皆様に特別なお知らせがございます。新しいウサギが生まれました。生後2か月になります。このウサギは，以前は別の部屋にいました。しかし1週間前，ウサギを移しました。現在，「ウサギのおうち」で，このウサギを他のウサギたちと一緒にご覧いただけます。このウサギは午前11時よりご覧になれます。1歳を過ぎたウサギもいます。このウサギたちは野菜を食べますが，新しいウサギは食べません。／当園では，年長のウサギにはみんな名前がついています。ですが，この新しいウサギには名前がありません。私たちは，皆様にこのウサギに名前をつけていただきたいと考えております。よい名前を思いつきましたら，インフォメーションセンターにて用紙を受け取り，その名前をお書きください。そして，その用紙をそこにあるポストにお入れください。ありがとうございました。

Q1：「新しいウサギは何歳か」―ア.「生後2か月」

Q2：「動物園は新しいウサギのために人々に何をしてほしいのか」―「それに名前をつけること」

2〔長文読解総合―会話文〕

≪全訳≫❶春休み中に，2人の日本の高校生，サヤとダイスケはアメリカの大学を訪れている。ある日，彼らはある大学を訪れ，大学生のグレースと出会う。彼女は彼らに自分の研究室を見せようとしている。彼らは彼女の研究室の前で会ったところだ。❷グレース(G)：こんにちは！　私たちの大学に来てくれてありがとう。今日は元気？❸サヤ(S)：ここに来られてとてもうれしいです！❹ダイスケ(D)：まあまあです。❺G：それはよかった！　今日は私の研究室を紹介するわ。どうぞ入って！❻D：わあ！　ここには机と機械がたくさんありますね。❼S：とてもかっこいいですね！❽G：そう思ってくれてうれしいわ。❾S：ここで工学を研究しているそうですね。❿G：ええ。工学に興味はある？⓫S：はい！　将来，エンジニアになってロボットをつくりたいと思っています。⓬G：私は工学を研究しているけれど，ロボットはつくっていないの。がっかりしないでね！⓭S：しませんよ。それでも興味があります！⓮D：では，どんな種類の工学をここで研究しているのですか？⓯G：私は材料工学を研究しているの。この研究室で，材料の開発や利用方法を学んでいるわ。⓰S：材料？　プラスチックや木材といった材料を研究しているのですか？⓱G：いいえ。この研究室で，私たちは海の生物に着想を得た材料を研究しているの。⓲D：(a)それは難しそうですね。⓳G：実際はそうではないのよ！　すでに私たちの身の回りには，そのような材料を使った製品がたくさんあるの。例えば，飛行機や船，水着など，サメの皮から着想を得た材料を使用した製品はたくさんあるのよ。⓴D：水着の話は聞いたことがあります。僕の水泳クラブの友達がそれについて教えてくれました。それを着るととても速く泳ぐことができるんです。㉑S：それは無理だと思うわ。㉒D：いや，できるんだ。㉓S：どうやって？㉔D：ああ…もしかしたらサメの皮が泳ぐ人にその力を与えてくれるのかもしれない。㉕S：(b)私には理解できないわ。あなたはわかりますか，グレース？㉖G：これが役に立つかもしれないわ。私のコンピューターの写真を見て。㉗S：うわっ！　写真には小さなものがとてもたくさんあります。これは何ですか？㉘G：サメのうろこよ。サメの皮を電子顕微鏡で見るとこんな感じに見えるの。㉙S：なるほど。㉚G：このうろこをよく見て。それぞれのうろこに溝が見えるでしょう。この溝は，サメが海を泳ぐときに水の抵抗を減らすのに役立つの。㉛D：だからサメは速く泳げるんだ！　サメの皮から着想を得た水着というのはサメのうろこから着想を得たんですね。㉜S：わあ，そういうことなんだ。これを着るとなぜ速く泳げるのかがわかりました。㉝D：水泳大会でこれを着たいな。㉞G：ああ…。がっかりするかも。今は，水着に関するルールが厳しくなって，ほとんどの大会でそれは禁止されているの。35D：えっ，そんな！36G：お気の毒ね，ダイスケ。でも他の製品のためにサメの皮に興味を持っている会社はまだたくさんあるのよ。37D：(c)なぜ企業はそれに興味があるのですか？38G：サメの皮の表面は，うろこの溝のおかげで常にきれいなの。39S：どういうことですか？40G：フジツボは，クジラなどの海の生き物にくっつくんだけれど，うろこに溝があるためサメの皮にはくっつかないの。そこで現在，サメの皮から着想を得た塗装が船舶に使われているわ。41S：なるほど。それでサメを研究しているんですね。42G：私はサメが好きだけれど，実際は別のものを研究しているの。貝よ！43S：貝？　貝から着想を得たものは想像できません。44G：貝から学ぶことはたくさんあるのよ！最近，日本と他の国の研究者が，ムラサキイガイから着想を得た接着剤を発明したの。45D：ムラサキイガイ！　どうやってムラサキイガイの接着剤を発明したんですか？　ムラサキイガイから着想を得た接着剤なんて想像できません。46G：ムラサキイガイには特別なタンパク質があって，それを使って岩などにくっつくことができるの。研究者たちはこのタンパク質にヒントを得て接着剤を発明したのよ。47D：なるほど。48G：ムラサキイガイの接着剤は他の種類の接着剤とは違うの。49S：(d)どんなふうに違うのですか？50G：私たちは普通，接着剤を乾燥した状態で使用するわよね。ぬれているとくっつかないから水中での使用はできない。でも，ムラサキイガイの接着剤は水中でくっつくのよ！51D：それはすごい！52G：そうなの！　そして今，研究者たちはムラサキイガイから着想を得た医療用の接着剤を発明しようとしているのよ。53D：どうして彼らはそんなことをしようとしているのですか？54G：今ね，病院での手術中の問題の１つは，ぬれた状態では接着剤を使用できないことなんだけれど，ムラサキイガイの接着剤はそうした状況でも使用できるの。55D：すごい！　サメや貝について学ぶことが僕たちにとってこれほど役に立つとは思っていませんでした。56G：それだけじゃなく，そうすることは環境にもいいのよ。57D：そうなんですか？58G：ええ。サメの皮に着想を得た船舶の塗装のことを覚えてる？59S：はい，さっきそれについて話してもらいました。60G：それは環境にも優しいの。以前は船舶の塗装に有機スズ化合物を使用していたんだけれど，それは海洋に悪影響を及ぼしたのよ。だから今では，サメの皮に着想を得た船舶用塗料やその他の環境に優しい船舶用塗料が使用されているのよ，有機スズ化合物を含まないから。61D：へえ！　生き物から学ぶことで，人にも環境にもいいものがつくれるんですね。62S：エンジニアになったら，私も生き物から学びたいです！63G：すばらしいわ，サヤ！　覚えておくべき重要なことがもう１つあるの。64S：(e)それは何ですか？65G：何かを発明するときは協力することが重要なの。私は材料工学を学び始めたとき，工学だけでなく，海の生き物や環境問題など他にもさまざまなことを知っておく必要があることに気づいたの。66S：わあ。エンジニア(2)になるためにそんなにたくさんやることがあるとは知りませんでした。67G：覚えておいて，１人で研究する必要はないの。他のエンジニアや研究者に手伝ってくれるよう頼むことができるのよ。彼らもあなたに助けを求めるかもしれない。異なる分野の人々が協力し，お互いに助け合うと，新しい発明をより早く簡単に思いつくことができるのよ。68D：へえ！　だから，協力することが本当に重要なんですね！69S：私がロボットをつくるときは，他の研究者やエンジニアに協力を求めます。動物から着想を得たロボットをつくれるかも！　エンジニアになったら，動物がどうやって動くのかを学んで，その能力をロボットに生かしたいです。それはわくわくするでしょう！70D：僕はサメや他の魚から速く泳ぐ方法を学べるかもしれないな！71S：そうしたら，すごい水泳選手になれるわね。72G：私もそう思うわ！　２人が材料工学に興味を持ってくれてうれしいわ。今日の訪問を楽しんでくれていたらいいな。さて，そろそろ昼食の時間よ。よかったら，大学の食堂に行ってみない？　おいしい貝のピザがあるの。73D：いいですね！　行きたいです。74S：はい！　行きましょう！

〔問１〕<適文選択>(a)グレースが，海の生物に着想を得た材料を研究していると言った直後のダイスケの発言。直後のグレースの発言 Actually, it's not の後に省略されている語を考える。　(b)これに続くDo youの後に省略されている語を考える。　(c)直前の「サメの皮に興味を持っている会社はまだたくさんある」という言葉を受けて，その理由を尋ねたのである。　(d)直前の「ムラサキイガイの接着剤は他の種類の接着剤とは違う」という言葉を受けて，どう違うのかを尋ねたのである。　(e)直前の「重要なことがもう1つある」という言葉を受けて，それは何かと尋ねたのである。

〔問2〕＜整序結合＞I didn't know に続く that節の中('主語＋動詞…')を組み立てる。語群からは so many things, to be done というまとまりができる。主語に so many things を置き，動詞は had to ～ の形で had to be done「行われなければならない」とする(had が過去形なのは時制の一致による)。残りは最後の an engineer に続くように，to be an engineer「エンジニアになるために」とする(to不定詞の副詞的用法)。　I didn't know that so many things had to be done to become an engineer.

〔問3〕＜内容真偽＞(A)①「サヤはグレースがロボットをつくっていないと知り，とてもがっかりしたのでその後何も質問ができなかった」…×　②「グレースは材料工学を研究し，プラスチックや木材のような材料の利用法を学んでいる」…×　第15～17段落参照。海の生物に着想を得た材料を研究している。　③「ダイスケがグレースの大学で彼女に会う前に，彼のクラブの部員の1人が彼にサメの皮に着想を得た水着について話した」…○　第20段落の内容に一致する。　④「サメはうろこに溝があり，常に皮をきれいに保っているので，フジツボがサメにくっつく」…×　第40段落参照。うろこに溝があるのでフジツボがつかず，皮をきれいに保つことができる。　(B)①「ムラサキイガイから着想を得た接着剤は特別だが，それは日本の研究者だけがそれを発明する方法を知っているからだ」…×　第44段落参照。日本と他の国の研究者が発明した。　②「現在，研究者たちはムラサキイガイから着想を得た医療用の接着剤を発明しようとしているが，それはムラサキイガイの接着剤がぬれた状態でも使えるからである」…○　第52～54段落に一致する。
③「サメの皮から着想を得た船舶の塗装は，有機スズ化合物を含むので環境に良い」…×　第60段落参照。有機スズ化合物を含まないので環境に良い。　④「サヤは，エンジニアになってロボットをつくるときに，動物の能力を利用するために動物から学びたいと思っている」…○　第69段落に一致する。

〔問4〕＜内容一致＞≪全訳≫今日，サヤと僕はアメリカの大学を訪れ，グレースに会った。彼女は海の生き物に着想を得た材料の開発方法を研究している。そうした材料からつくられた製品の1つの(a)例として，僕たちはサメの皮に着想を得た水着について話した。そのときグレースは，どうしてその水着を(b)着ることで速く泳げるのか説明してくれた。彼女は今，貝から着想を得た材料について研究していて，ムラサキイガイから着想を得た接着剤のことを話してくれた。僕は，生き物から(c)学ぶことは，そうすることによって有用で環境に優しいものを発明できるので，良いことだと気づいた。グレースは，新しい発明をより早く(d)簡単に思いつくことができるので，協力し互いに助け合うことが重要だと話した。サヤと僕は今日の訪問をとても楽しんだ。

＜解説＞a．第19，20段落参照。as an example of ～ で「～の一例として」。　b．第20，32段落参照。by の後なので動名詞(～ing)にする。　by ～ing「～することによって」　c．第61段落参照。that節の主語となるので，動名詞 learning とする。　d．第67段落参照。ここでは quickly と並列される副詞なので easily となる。

3〔長文読解総合―説明文〕

≪全訳≫**1**小さい頃，あなたはどんな遊びが好きだっただろうか。絵を描くこと，本を読むことと答える人もいるだろうし，紙を折ること，つまり折り紙と答える人もいるだろう。折り紙は，紙を折る日本の伝統的な芸術である。小さい子どもでも，１枚の紙を折るだけで植物や動物やさまざまなものをつくることができる。(1)だから，たいていの人はそれが単純だと思うだろう。しかし，折り紙はそれだけではない。それにはテクノロジーを革新する力があるのだ。そのすばらしい例が宇宙科学の分野でいくつか示されている。❷折り紙が宇宙科学とどんな関係があるのか疑問に思うかもしれない。あなたは自分でつくった折り紙を広げたことがあるだろうか。紙の上の幾何学的な美しい線はあなたを驚かせるかもしれない。過去に，これらの線が数学や科学に役立つ可能性があると気づいた人たちがいた。1970年代，ある日本人科学者がロケットや飛行機の製造に役立てるためにその線を研究し，有名な折りたたみパターンであるミウラ折りを発明した。ミウラ折りによって，対角部分を引っ張ったり押したりするだけで，(2)大きな紙でもすばやく開いたり閉じたりすることができる。日本では，開閉しやすい紙製のポケット版地図など，さまざまな製品にこの折りたたみパターンが見られる。❸ミウラ折りは日本の宇宙科学発展の鍵となった。その折りたたみパターンは日本の宇宙実験観測衛星である宇宙実験・観測フリーフライヤー(SFU)のソーラーパネルに使用された。SFUは多くのミッションを実行するために開発されたが，重要なミッションの１つは，ソーラーパネルが宇宙でいかにうまく機能するかを調べることだった。ソーラーパネルは，太陽光から多くのエネルギーを得るために大きな表面積が必要だった。しかし同時に，それは運搬のためにSFU内で保管できるほど小さくする必要があった。あなたは，科学者やエンジニアたちは不可能を可能にする必要があったと思うかもしれない。ゥしかし，ミウラ折りにはそれをする力があるのだ。この折りたたみパターンのおかげで，ソーラーパネルを折りたたんだり広げたりすることができ，この問題は解決した。1995年にSFUが打ち上げられ，宇宙でのソーラーパネルの利用は成功した。❹別の折りたたみパターンを使用した宇宙科学の一例として，JAXAが開発した宇宙ヨット，イカロスがある。地球上にある，帆のついたヨットを考えてみよう。それらはどうやって動くだろうか。帆に風を受けて動く。では宇宙ヨットはどうだろうか。宇宙には空気がないが，イカロスはソーラーセイル(太陽帆)と呼ばれる，大きくて四角い薄い膜にかかる，太陽光からの圧力によって動く。イカロスの帆にも薄い太陽電池がついている。SFUのソーラーパネルと同様，(5)-a大きい帆は太陽光からエネルギーを得るのに効果的だが，(5)-b小さい帆もイカロスが地球を出発するときに便利である。これを可能にするために，ソーラーセイルに特殊な折りたたみパターンが使用された。イカロスプロジェクトのリーダーは，プロジェクトにはさまざまな主要ミッションがあったが，最も困難なミッションは，大きく四角く薄いソーラーセイルを宇宙で展開することだったと述べた。プロジェクトチームのメンバーは，イカロスの打ち上げ準備中にさまざまな折り方を試し，最適なものを決定した。これらの努力やその他多くの努力のおかげで，イカロスは2010年に打ち上げられ，主要ミッションは全て成功した。イカロスは宇宙でソーラーセイルの使用を実現した最初の宇宙ヨットとなった。❺折り紙は日本のみならず世界中で多くの注目を集めている。NASAはスターシェードの試作機を発明した。人々の中には，特に夏に，日よけや日傘を使う人がいる。名前が示すように，日よけ(sunshade)は日光(sunlight)からの陰(shade)を提供する。したがって，スターシェード(starshade)が提供するのは星の光(starlight)からの陰で，スターシェードの形は実際に日傘に似ている。しかし，なぜ宇宙で星の光からの陰が必要なのだろう。惑星は宇宙の星の周りを回るが，星からの強い光のせいで惑星をよく見ることは不可能だ。これを解決する方法の１つがスターシェードを使うことだ。宇宙望遠鏡が折りたたまれたスターシェードを運ぶ。スターシェードは展開すると同時に宇宙望遠鏡と星の間の地点まで飛んでいき，星からの光を遮断する。この計画が実現すれば，惑星がはっきり見えてそこに生命のしるしを探すことができるかもしれない。スターシェードはフラッシャーパターンと呼ばれる折り方を採用している。それは小さく折りたたまれ，広げると巨大になる。スターシェードはまだ試作機で宇宙科学の分野での一例にすぎないため，その将来は大きく変わる可能性がある。❻折り紙の力は宇宙科学だけのためのものではない。それは医療用のツールやロボットなどの他のテクノロジーも革新し続けている。科学者やエンジニアは，折り紙からテクノロジーを革新するアイデアを見つけてきた。あなたが日常生活で行っていることや使用しているものから，新しいアイデアが生まれるかもしれない。だから，ぜひあなたの身の回りのものを観察してみてほしい。それらはあなたをすばらしい発見に導くかもしれない。

〔問1〕<適文選択>折り紙について説明した部分。各選択肢の文頭に So「だから」があるので，「小さい子どもでもさまざまなものがつくれる」という前文の内容の結果となる内容を選ぶ。直後の文も含めると，「子どもでもつくれる」→「だから単純なものだと考えられる」→「しかし折り紙はそれだけではない」という流れになる。

〔問2〕<整序結合>主語 The Miura-ori が3人称単数なので，続く動詞は allows に決まる。allow は 'allow＋人＋to 〜'「〈人〉に〜することを許す〔可能にする〕」の形をとるのでこの形を考える。to の後ろにくるのは quickly open and close。open と close の目的語が even a large piece of paper となる。

〔問3〕<適所選択>挿入文の意味は「しかし，ミウラ折りにはそれをする力がある」。空所ウの直後の Thanks to the folding pattern「この折りたたみパターンのおかげで」の the folding pattern「この折りたたみパターン」が「ミウラ折り」を指すと考えられる。do so は直前の make the impossible possible を受けている。

〔問4〕<内容真偽>イカロスについて書かれている第4段落の内容に合致するものを選ぶ。　①「地球上の，帆があって風で動くヨットのように，イカロスも宇宙で風のエネルギーを必要とする」…×　第6文参照。風ではなく太陽光からの圧力を使う。　②「イカロスはソーラーセイルと呼ばれる，小さくて四角く，厚い膜を持ち，帆には厚い太陽電池もついている」…×　第6，7文参照。ソーラーセイルは大きくて薄い膜で，ついている太陽電池も薄い。　③「イカロスプロジェクトのリーダーによると，最も難しいミッションはソーラーセイルを宇宙に展開することだった」…○　最後から4文目に一致する。　④「イカロスプロジェクトのチームメンバーは，いろいろ折りたたみパターンを試した後で，最適なものを決めた」…○　最後から3文目に一致する。

〔問5〕<適語選択>空所の前の Like the solar panels of the SFU「SFUのソーラーパネルと同様」に注目する。SFUのソーラーパネルについては，第3段落の空所アを挟んだ2文で，太陽光から多くのエネルギーを得るために大きな表面積が必要だったが，運搬のためにはSFUに保管できるほど小さくする必要があったことが説明されている。イカロスの帆についてもこれと同様に考える。

〔問6〕<適語補充>同じ第5段落第6〜8文参照。スターシェードの目的は「惑星」をよく見ることである。また，空所の後にある there が何を指すかを考える。

〔問7〕<内容真偽>(A)①「折り紙は，紙を折る日本の現代芸術で，小さな子どもがそれで植物や動物などのものをつくることができる」…×　第1段落第3文参照。伝統的な芸術である。　②「ロケットや飛行機を製造するのに役立てるために幾何学的な線を研究することによって，ある日本人科学者がさまざまな製品に使われている有名な折りたたみパターンを発明した」…○　第2段落第5〜7文に一致する。　③「SFUには多くのミッションがあって，重要なものの1つはソーラーパネルを宇宙で発見することだった」…×　第3段落第3文参照。ソーラーパネルが宇宙でうまく機能するかを調べることだった。　④「SFUのソーラーパネルは，イカロスのソーラーセイルとは異なる折りたたみパターンを使っていた」…○　第4段落第1文参照。イカロスのソーラーセイルは，前の段落のSFUのソーラーパネルとは別の折りたたみパターンを使用した宇宙科学の一例である。　(B)①「JAXAはイカロスを開発し，それは帆で星の光を使うことができる最初の宇宙ヨットになった」…×　第4段落第6文参照。星の光ではなく太陽光からの圧力を使う。　②

「NASAは星の光からの陰を提供するスターシェードの試作機を発明し，その形は日傘に似ている」…○　第5段落第2，5文に一致する。　③「宇宙望遠鏡はスターシェードと星の間に飛んでいき，星からの光を遮断する」…×　第5段落最後から5文目参照。光を遮断するのは宇宙望遠鏡と星の間に入るスターシェード。　④「宇宙科学の分野では，例えばSFUやイカロス，日傘，スターシェードのような，折り紙のアイデアを使ったすばらしい例がたくさんある」…×　日傘は当てはまらない。

4〔長文読解総合―説明文〕

≪全訳≫❶日本文化について考えるとき，日本食や庭園，神社仏閣，アニメなどを想像するかもしれない。しかし，さまざまな国の旅行者が日本を訪れた際に見て驚くものの1つは，日常生活でもよく目にするもの，自動販売機である。日本にはたくさんの自動販売機があり，さまざまなものを売っている。実際，現在日本国内の自動販売機の数はアメリカに次いで世界で2番目に多い。しかし，両国の人口や面積を考えると，アメリカよりも日本の方が自動販売機を目にする機会が多い。あなたは自動販売機が日本で発明されたと思うかもしれない。実は，(1)これは本当ではない。❷世界初の自動販売機は古代エジプトで発明されたと知ったら，あなたはきっと驚くだろう。ある技術者が寺院で聖水を販売する装置を発明したのだ。当時，人々は寺院に入る前に聖水で顔と手を洗っていた。コインを装置の中に入れると，レバーに接続されたプレートの上にコインが落ちた。コインの重みでレバーが引かれてバルブが開き，聖水が出てきた。(2)-aプレートからコインが落ちると，(2)-bレバーはもとの位置に戻り，(2)-cバルブが閉じる。この装置のおかげで，人々は購入した量以上の聖水を取ることはできず，ほぼ同量が一人ひとりに提供された。さて，これで最初の自動販売機がずっと昔につくられたことがわかったので，それ以来，自動販売機は何世紀にもわたって少しずつ発展してきたと考えるかもしれない。しかし，より近代的な自動販売機は長い間発明されなかった。❸商業用自動販売機は，19世紀後半にイギリスで初めて登場した。1883年，ロンドンの駅に，ポストカードや紙，封筒などの文具を販売する自動販売機が設置された。これらの機械は日曜日でも使用でき，手紙を書くことで他の人とコミュニケーションを取りたいという人々のニーズに応えたため，人々に大変気に入られた。1888年には，アメリカのニューヨークの駅にチューインガムを販売する自動販売機が導入された。1890年代初頭までにドイツにも自動販売機が設置され，チョコレートやチューインガムなどが販売された。1897年，アメリカの会社が自社製品をより魅力的にし，客の注意を引くために，チューインガムの自動販売機に絵をつけた。❹19世紀末には別のタイプの自動販売機がドイツに導入された。1895年，「オートマット」と呼ばれる，硬貨で稼働するファストフード店が登場した。この店では，簡単な食べ物や飲み物が自動販売機で提供され，店員は通常数人しかいなかった。アこの新しいビジネススタイルは，実際のところアメリカで大ヒットした。1902年，東海岸のフィラデルフィアという都市にオートマットがオープンした。そこには自動販売機がたくさん設置され，客は機械にコインを入れることでサンドイッチやパイ，スープといった食べ物を買うことができた。それが大成功だったので，その経営者は，より大きく人の多い都市に別のオートマットをオープンする計画を立てた。1912年に彼らは目標を達成し，新しいオートマットがニューヨークにオープンした。最も人気のあった1950年代には，オートマットは1日当たり約75万人の客にサービスを提供していた。しかし，1960年代になるとハンバーガーチェーンなどのファストフードチェーンが人気になった。そのため，多くのオートマットが閉店し始め，そしてとうとう，1991年にニューヨークにあった最後のオートマットが姿を消した。❺おそらく日常生活において飲料の自動販売機をたくさん見かけるだろうから，その歴史について話そう。世界初の飲み物の自動販売機は，1891年にフランスで発明された。1926年にはニューヨークの遊園地にソフトドリンクの自動販売機が登場した。当時，瓶は使われず，飲み物は紙コップに入れられていた。約10年後の1937年に，アメリカの会社が瓶入り飲料を販売する新しい自動販売機をつくった。日本では1957年に最初のソフトドリンクの自動販売機が導入され，オレンジジュースが10円で販売された。最初の数年間は大成功だったが，その頃から物価が急騰し，同じオレンジジュースを同じ価格で提供することはもはやできなくなった。1965年，自動販売機の数は大幅に増加したが，1つ問題があった。自動販売機は硬貨しか受けつけず，紙幣を受けつけなかったのだ。また，当時使われていた100円玉は製造コストが非常に高かったため，人々の間で流通していなかった。この問題を解決するために，日本政府は1967年に新しい100円硬貨の製造を開始した。この硬貨は製造コストがより低く，また，この硬貨があれば人々は自動販売機で簡単に飲み物を買うことができるため，非常に便利だった。1976年には温かいコーヒーと冷たいコーヒーの両方を提供できる自動販売機が発明され，寒い日でも日本全国どこでも温かいコーヒーを楽しめるようになった。これらの全ての変化により，日本では自動販売機で飲み物を買うことはますます便利になった。この頃から乗車券を販売する自動販売機も設置され，その結果，1970年代から1980年代にかけて日本国内の自動販売機の数は急速に増加した。❻21世紀には，他のテクノロジーと同様に自動販売機も進化した。その良い例の1つは，客が現金で支払うかクレジットカードで支払うかを選択できることだ。2006年頃，アメリカではクレジットカードを使える自動販売機が利用できるようになった。現金はもはや必要なくなったため，今ではより高価な製品が販売されている。例えば，シンガポールには高さ約45メートルの巨大な自動販売機がある。この機械では約60台の高級車が販売されている。他の自動販売機と同様に，(6)<u>ボタンを押すのと同程度の簡単なことをすれば</u>，選択した商品が約2分で地上に運ばれる。自動販売機は今もどんどん賢くなっており，昨今では，世界中の多くの自動販売機で買い物をするのに各種ICカード，さらにはスマートフォンも使うことができる。❼上述したように，自動販売機はさまざまな形で発展してきた。一部の自動販売機ではIoT技術が使われているので，今日では，例えば飲み物の購入記録をインターネット上に保存できる。将来的にこのシステムが日本全国で利用されれば，この記録は飲み物の販売に使用されるかもしれない。あなたが自動販売機で飲み物を買うとき，このように尋ねられるかもしれない，「いつもお買い上げのものでいいですか？」と。

〔問1〕**＜適文選択＞**選択肢の主語 this は，前の文の「自動販売機は日本で発明された」という内容を指す。直後に「世界初の自動販売機は古代エジプトで発明された」とあるので，この内容は事実ではない。

〔問2〕**＜適語選択＞**聖水を売る装置の仕組みを説明した部分。空所を含む文では聖水が止まる仕組みを述べている。前の2文より，プレートに落ちたコインの重みでレバーが引かれ，バルブが開くことで水が出ることが説明されており，止まる際の仕組みはここから推測できる。

〔問3〕**＜適所選択＞**挿入文の意味は，「この新しいビジネススタイルは，実際はアメリカで大ヒットした」。「この新しいビジネススタイル」とは第4段落第2文で紹介された「オートマット」のことだと考えられる。アの後では，オートマットがアメリカ国内で成功を収めていく過程が具体的に説明されている。

〔問4〕**＜内容真偽＞**飲料の自動販売機について書かれている第5段落の内容に合致するものを選ぶ。
①「世界で最初の飲料の自動販売機はアメリカでつくられた」…×　第2文参照。フランスでつくられた。　②「1926年，ニューヨークの遊園地では飲み物は紙コップに入れて提供された」…○　第3，4文に一致する。　③「日本では，1957年にオレンジジュースを買うのに100円硬貨が必要だった」…×　第6文参照。10円で買えた。　④「新しい100円硬貨は日本政府によって1967年に製造された」…○　中盤の内容に一致する。　⑤「日本では1976年よりも前に温かいコーヒーが自動販売機で売られていた」…×　最後から3文目参照。「1976年より前」ではなく「1976年」である。

〔問５〕＜適語補充＞空所を含む文の these changes とはこの前までで述べられた，新しい100円硬貨の登場や，温かいコーヒーの自動販売機での販売といった変化を指す。これらの変化によって，自動販売機で飲み物を買うことがどうなったかを考える。２文前に convenient「便利な，都合のよい」がある。 ‘become＋形容詞’「～の状態になる」

〔問６〕＜整序結合＞高さ45メートルの自動販売機での購入の仕方を示す if節を組み立てる。直前に As you do with other vending machines「他の自動販売機でするのと同様に」とあるので「ボタンを押す」に近い内容になると推測できる。主語 you の後には動詞 do を置き，その目的語として something を置く。残りは‘as＋形容詞＋as ～’「～と同じぐらい…」の形にして，something の後ろに置く(-thing を修飾する形容詞は後置されることに注意)。‘～’は pushing a button「ボタンを押すこと」という動名詞句になる。 …, if you do something as simple as pushing a button.

〔問７〕＜内容真偽＞Ⓐ①「アニメは，さまざまな国の旅行者が日本に来たときに見て驚くものの１つである」…× 第１段落第１，２文参照。外国人旅行者がアニメを見て驚くことを示す記述はない。 ②「最近では，世界の他のどの国よりも多くの自動販売機がアメリカにある」…○ 第１段落第４文の内容に一致する。一番多いのがアメリカで，その次が日本。 ③「人々が古代エジプトの寺院を訪れたとき，彼らはそこに入る前に腕と脚を洗うために聖水を購入した」…× 第２段落第３文参照。聖水で洗うのは顔と手。 ④「世界初の自動販売機では，全く同じ分量の聖水が各人に提供された」…× 第２段落第７文参照。almost the same amount「ほぼ同量」が提供された。exactly「きっかり，正確に」 Ⓑ①「ロンドンでは，19世紀後半に，紙などの文具を販売する自動販売機が鉄道の駅に設置され，人々は日曜日でもそれを使えた」…○ 第３段落第２，３文に一致する。 ②「アメリカでは，1897年に，自動販売機で販売される商品をより魅力的にして客の注意を引くために，チョコレートの自動販売機に絵がつけられた」…× 第３段落最終文参照。絵がつけられたのはチューインガムの自動販売機。 ③「現在，もし十分な電子マネーがICカードやスマートフォンにあれば，世界中のどの自動販売機でものを買うときでも本物のお金は必要ない」…× 第６段落最終文参照。「世界中の多くの自動販売機で」とはあるが，全てではない。 ④「将来，自動販売機で飲み物を買うとき，自分の購買記録があるため，自動販売機に『いつもお買い上げのものでいいですか？』ときかれるかもしれない」…○ 第７段落終わりの２文に一致する。

〔問８〕＜テーマ作文＞「日本の日常生活や文化の独特な部分である製品や食べ物を選択しなさい。それが何か，そしてなぜそれが独特なのかを説明しなさい。その製品や食べ物についてあまり詳しくない人に向けた答えを書くこと。自動販売機と折り紙のことは書いてはならない」 日本独特だと思う製品か食べ物を１つ挙げて，それがどんなものか，どのような点が独特かを書く。とりわけ難しい表現を使う必要はない。正確な表現で，設問の要件にしっかり沿うようにわかりやすく書くことを意識すること。解答例の訳は「ラーメンはしょうゆやみそや塩などからつくられたさまざまなスープに入って，野菜や肉とともに提供される麺だ。ラーメンは中国からきたものだが，日本で独自の発展を遂げた。現在，多くのラーメン店がさまざまな国でも見られる」。

数学解答

1 〔問１〕 $\frac{7}{3}$ 〔問２〕 $x=\frac{3\pm\sqrt{17}}{4}$

〔問３〕 $\frac{5}{36}$ 〔問４〕 ア，エ

〔問５〕 右下図

2 〔問１〕 $y=\frac{3}{4}x+\frac{1}{2}$ 〔問２〕 $\frac{32}{27}\text{cm}^2$

〔問３〕 3：1

3 〔問１〕

(1) 5：8

(2) (例)△ABFと△GEFにおいて，仮定より，BF＝EF……① 対頂角は等しいから，∠AFB＝∠GFE……② 四角形ABCDは平行四辺形だから，AB∥DC よって，AB∥EG 平行線の錯角は等しいから，∠ABF＝∠GEF……③ ①，②，③より，1組の辺とその両端の角がそれぞれ等しいから，△ABF≡△GEF……④ 次に，△HAFと△HGFにおいて，HFは共通……⑤ AF⊥BEだから，∠AFH＝∠GFH＝90°……⑥ ④より，合同な三角形の対応する辺は等しいから，AF＝GF……⑦ ⑤，⑥，⑦より，2組の辺とその間の角がそれぞれ等しいから，△HAF≡△HGF

〔問２〕 $\frac{4}{9}\pi$ cm

4 〔問１〕 $\frac{100}{99}$

〔問２〕 (例)$(x+e)^2-(x+f)(x+g)=(x^2+2ex+e^2)-(x^2+gx+fx+fg)=(2e-f-g)x+(e^2-fg)$ 花子さんの計算で正しい答えが出てくるときには，$x\neq0$ だから，$2e-f-g=0$……① このとき，$(x+e)^2-(x+f)(x+g)=e^2-fg$ となる。また，①より，$e=\frac{f+g}{2}$ これを e^2-fg に代入すると，$e^2-fg=\left(\frac{f+g}{2}\right)^2-fg=\frac{f^2+2fg+g^2-4fg}{4}=\frac{f^2-2fg+g^2}{4}=\left(\frac{f-g}{2}\right)^2$ $f>g$ より，$f-g$ は正の数である。したがって，$\sqrt{A}=\sqrt{\left(\frac{f-g}{2}\right)^2}=\frac{f-g}{2}$ また，①から，$2e=f+g$ となり，e は自然数より $2e$ が偶数だから，$f+g$ は偶数である。ゆえに，【表】の結果を用いて，f と g はともに偶数か，ともに奇数のいずれかである。f と g がともに偶数のときは $f-g$ は偶数となり，f と g がともに奇数のときも $f-g$ は偶数となる。したがって，$f-g$ は2の倍数であるから，$\frac{f-g}{2}$ は自然数となる。

〔問３〕 49

(例)

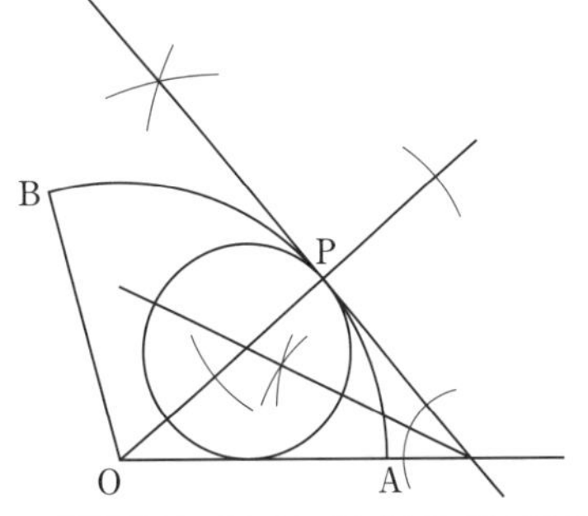

1 〔独立小問集合題〕

〔問１〕<数の計算>与式 $=\frac{27}{\sqrt{3}}\div\left(-\frac{27}{2\sqrt{2}}\right)+9\left(\frac{2}{9}+\frac{2\sqrt{6}}{27}+\frac{3}{81}\right)=\frac{27}{\sqrt{3}}\times\left(-\frac{2\sqrt{2}}{27}\right)+9\left(\frac{6}{27}+\frac{2\sqrt{6}}{27}+\frac{1}{27}\right)=-\frac{2\sqrt{2}}{\sqrt{3}}+9\left(\frac{7}{27}+\frac{2\sqrt{6}}{27}\right)=-\frac{2\sqrt{2}\times\sqrt{3}}{\sqrt{3}\times\sqrt{3}}+\frac{7}{3}+\frac{2\sqrt{6}}{3}=-\frac{2\sqrt{6}}{3}+\frac{7}{3}+\frac{2\sqrt{6}}{3}=\frac{7}{3}$

〔問２〕<二次方程式>$2\pi x(x+1)=\pi(x-1)\times2(3x+1)$，$x(x+1)=(x-1)(3x+1)$，$x^2+x=3x^2+x-3x-$

1，$-2x^2+3x+1=0$，$2x^2-3x-1=0$となるので，解の公式より，$x=\frac{-(-3)\pm\sqrt{(-3)^2-4\times2\times(-1)}}{2\times2}$ $=\frac{3\pm\sqrt{17}}{4}$である。

〔問３〕＜確率―さいころ＞大小１つずつのさいころを同時に投げるとき，それぞれ６通りの目の出方があるから，目の出方は全部で$6\times6=36$(通り)あり，a，bの組も36通りある。このうち，$\frac{b}{2a}$が整数となるのは，$a=1$のとき，$\frac{b}{2a}=\frac{b}{2\times1}=\frac{b}{2}$だから，$b=2$，4，6の３通りある。$a=2$のとき，$\frac{b}{2a}=\frac{b}{2\times2}=\frac{b}{4}$だから，$b=4$の１通りある。$a=3$のとき，$\frac{b}{2a}=\frac{b}{2\times3}=\frac{b}{6}$だから，$b=6$の１通りある。$a=4$のとき，$\frac{b}{2a}=\frac{b}{2\times4}=\frac{b}{8}$であり，これが整数となる$b$はない。$a=5$，6のときもない。以上より，$\frac{b}{2a}$が整数となる$a$，$b$の組は$3+1+1=5$(通り)だから，求める確率は$\frac{5}{36}$である。

〔問４〕＜データの活用―正誤問題＞ア…正。最大値は，数学が90点で，英語が85点より小さいから，85点以上の生徒は，数学にはいるが，英語にはいない。　イ…誤。40人のテストの得点なので，中央値は高い方から20番目と21番目の得点の平均値となる。これより，高い方から20番目の得点は中央値以上，21番目の得点は中央値以下である。数学の中央値は70点より小さいので，高い方から21番目の得点は70点より小さい。　ウ…誤。数学は，最大値が90点，第３四分位数が70点と75点の間である。第３四分位数は高い方20人の中央値だから，高い方から10番目と11番目の得点の平均値である。よって，高い方から１番目が90点で，２番目以降が80点より小さいことなども考えられる。　エ…正。高い方から20番目の得点は，中央値以上である。数学の中央値は65点と70点の間だから，高い方から20番目の得点は65点より大きい。また，第１四分位数は低い方20人の中央値だから，低い方から10番目と11番目の平均値である。これより，低い方から10番目の得点は第１四分位数以下である。英語の第１四分位数は60点と65点の間だから，低い方から10番目の得点は65点より小さい。

〔問５〕＜平面図形―作図＞右図で，直線lに接し，線分OAにも接する円の中心をQとし，円Qと線分OAの接点をR，直線lと線分OAの延長との交点をSとする。直線lは点Pでおうぎ形OABの$\overset{\frown}{AB}$と円Qに接しているので，$OP\perp l$，$QP\perp l$であり，点Qは直線OP上の点となる。また，線分OAは点Rで円Qと接しているので，QR⊥OAであり，∠QPS＝∠QRS＝90°である。QS＝QS，QP＝QRだから，△QPS≡△QRSとなり，∠PSQ＝∠RSQである。よって，点Qは∠PSOの二等分線上の点でもある。円Qの半径は線分QPの長さである。したがって，作図は，点Pを通る直線OPの垂線lを引き，次に，∠PSOの二等分線を引いて点Qを求め，点Qを中心とする半径QPの円をかけばよい。解答参照。

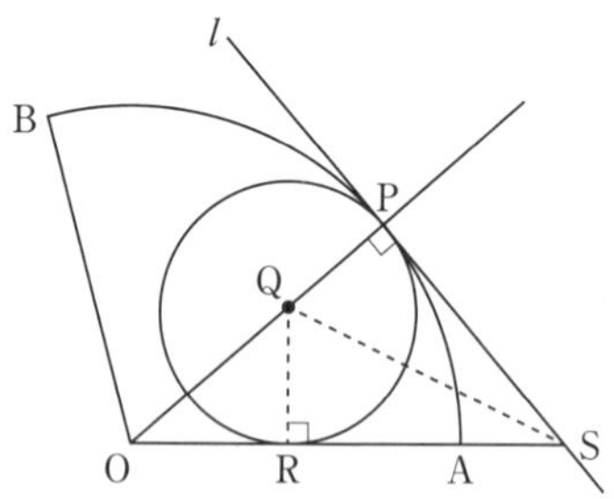

２〔関数―関数$y=ax^2$と一次関数のグラフ〕

≪基本方針の決定≫〔問１〕　線分ABの長さをtを用いて表す。　〔問２〕　AB＝CBである。

〔問１〕＜直線の式＞次ページの図１で，点Aは関数$y=\frac{1}{2}x^2$のグラフ上にあるので，x座標がtより，$y=\frac{1}{2}t^2$となり，$A\left(t,\ \frac{1}{2}t^2\right)$となる。線分ABは$y$軸に平行だから，点Bの$x$座標は$t$である。点Bは関数$y=-\frac{1}{4}x^2$のグラフ上にあるので，$y=-\frac{1}{4}t^2$となり，$B\left(t,\ -\frac{1}{4}t^2\right)$である。よって，AB

$=\frac{1}{2}t^2-\left(-\frac{1}{4}t^2\right)=\frac{3}{4}t^2$と表せるから，AB＝3(cm)のとき，$\frac{3}{4}t^2=3$が成り立つ。これを解くと，$t^2=4$　$\therefore t=\pm2$　$t>0$だから，$t=2$である。これより，$\frac{1}{2}t^2=\frac{1}{2}\times2^2=2$，$-\frac{1}{4}t^2=-\frac{1}{4}\times2^2=-1$となるので，A(2，2)，B(2，−1)である。また，2点B，Cは関数$y=-\frac{1}{4}x^2$のグラフ上にあり，線分BCはx軸に平行だから，2点B，Cはy軸について対称である。したがって，C(−2，−1)である。直線lは2点A，Cを通るので，傾きは$\frac{2-(-1)}{2-(-2)}=\frac{3}{4}$であり，その式は$y=\frac{3}{4}x+b$とおける。これが点Aを通るので，$2=\frac{3}{4}\times2+b$，$b=\frac{1}{2}$となり，直線$l$の式は$y=\frac{3}{4}x+\frac{1}{2}$である。

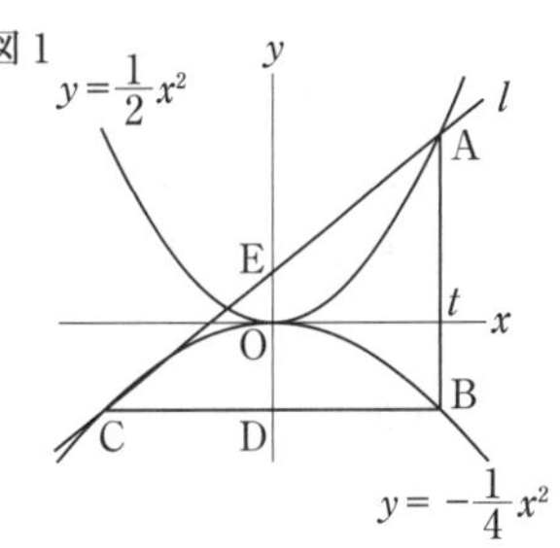

〔問2〕＜面積＞右図2で，直線lの傾きが1のとき，$\frac{AB}{CB}=1$だから，AB＝CBである。〔問1〕より，AB＝$\frac{3}{4}t^2$と表せる。また，$B\left(t,\ -\frac{1}{4}t^2\right)$であり，2点B，Cが$y$軸について対称だから，$C\left(-t,\ -\frac{1}{4}t^2\right)$である。これより，CB＝$t-(-t)=2t$と表せる。よって，$\frac{3}{4}t^2=2t$が成り立ち，$3t^2-8t=0$，$t(3t-8)=0$　$\therefore t=0$，$\frac{8}{3}$　$t>0$だから，$t=\frac{8}{3}$であり，$\frac{1}{2}t^2=\frac{1}{2}\times\left(\frac{8}{3}\right)^2=\frac{32}{9}$となるので，$A\left(\frac{8}{3},\ \frac{32}{9}\right)$である。直線$l$の式を$y=x+c$とおくと，点Aを通ることから，$\frac{32}{9}=\frac{8}{3}+c$，$c=\frac{8}{9}$となり，直線$l$の式は$y=x+\frac{8}{9}$である。次に，点Fを通り$y$軸に平行な直線と直線$l$の交点をF′とする。点Fは関数$y=\frac{1}{2}x^2$のグラフ上にあり，$x$座標が2だから，$y=\frac{1}{2}\times2^2=2$より，F(2，2)である。点F′は直線$y=x+\frac{8}{9}$上にあり，$x$座標が2だから，$y=2+\frac{8}{9}=\frac{26}{9}$より，$F'\left(2,\ \frac{26}{9}\right)$となる。したがって，FF′＝$\frac{26}{9}-2=\frac{8}{9}$である。△AFF′，△EFF′の底辺を辺FF′と見ると，3点A，F，Eのx座標より，△AFF′の高さは$\frac{8}{3}-2=\frac{2}{3}$，△EFF′の高さは2である。以上より，△AEF＝△AFF′＋△EFF′＝$\frac{1}{2}\times\frac{8}{9}\times\frac{2}{3}+\frac{1}{2}\times\frac{8}{9}\times2=\frac{32}{27}$(cm²)となる。

〔問3〕＜長さの比＞右上図2で，2点B，Cがy軸について対称であることより，ED⊥BCだから，∠ABC＝∠EDC＝90°である。∠ACB＝∠ECDだから，△ABC∽△EDCである。また，BD＝CDだから，AB：ED＝CB：CD＝2：1となり，AB＝$2a$，ED＝aとおける。四角形AEDBはAB∥EDの台形で，高さはBD＝tなので，〔四角形AEDB〕＝$\frac{1}{2}\times(AB+ED)\times BD=\frac{1}{2}\times(2a+a)\times t=\frac{3}{2}at$と表せる。直線$m$は四角形AEDBの面積を2等分するので，△AEG＝$\frac{1}{2}$〔四角形AEDB〕＝$\frac{1}{2}\times\frac{3}{2}at=\frac{3}{4}at$となる。△AEGは辺AGを底辺と見ると高さは$t$だから，面積について，$\frac{1}{2}\times AG\times t=\frac{3}{4}at$が成り立ち，AG＝$\frac{3}{2}a$となる。よって，GB＝AB−AG＝$2a-\frac{3}{2}a=\frac{1}{2}a$となるので，

$AG:GB=\frac{3}{2}a:\frac{1}{2}a=3:1$ である。

3〔平面図形―平行四辺形〕

≪基本方針の決定≫〔問1〕(1)　△ABF∽△GEF である。　〔問2〕　∠AIB＝90°に着目する。

〔問1〕＜長さの比，証明＞(1)右図1で，∠AFB＝∠GFE＝90°であり，四角形ABCDが平行四辺形より，AB∥DGだから，∠ABF＝∠GEFである。よって，△ABF∽△GEFとなるので，BF：FE＝AB：GEである。AB＝CD，CD＝CGより，AB＝CGである。また，CE：ED＝3：2より，$CE=\frac{3}{3+2}CD=\frac{3}{5}AB$ となるから，$GE=CG+CE=AB+\frac{3}{5}AB=\frac{8}{5}AB$ となる。したがって，$AB:GE=AB:\frac{8}{5}AB=5:8$ となるから，BF：FE＝5：8である。　(2)右図2の△HAFと△HGFで，辺HFは共通であり，∠AFH＝∠GFH＝90°である。よって，AF＝GFを示せばよい。△ABFと△GEFに着目して，AF＝GFを導く。解答参照。

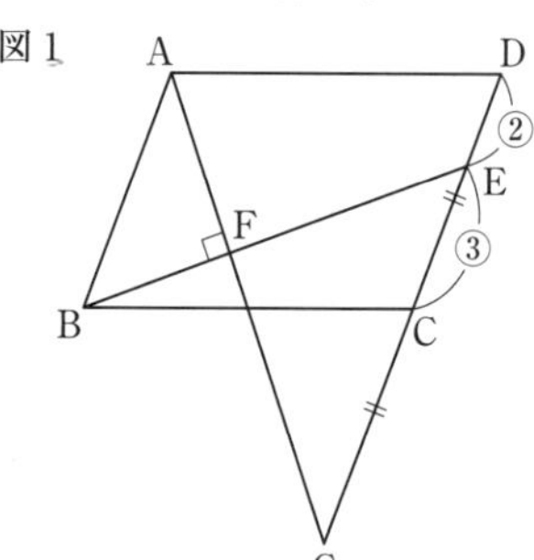

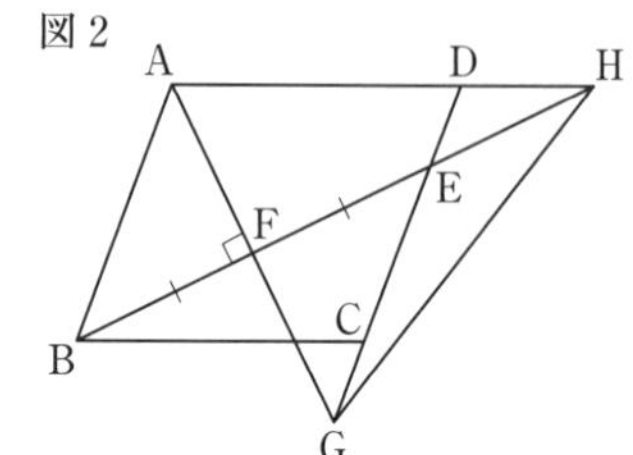

〔問2〕＜長さ＞右下図3で，∠AIB＝90°だから，点Iは線分ABを直径とする円の周上にある。よって，点Pが頂点Cから点Eまで動くとき，点Iは線分ABを直径とする円の周上を動く。∠AFB＝90°より，点Fも線分ABを直径とする円の周上にある。円と辺BCの交点をJとすると，点Iは点Jから点Fまで動くので，点Iが動いてできる曲線の長さは $\overset{\frown}{JF}$ の長さである。線分ABの中点をOとし，点Oと2点J，Fを結ぶと，点Oは線分ABを直径とする円の中心だから，$\overset{\frown}{JF}$ に対する円周角と中心角の関係より，∠JOF＝2∠EBC＝2×20°＝40°となる。また，$OJ=OB=\frac{1}{2}AB=\frac{1}{2}\times4=2$ である。したがって，求める長さは $\overset{\frown}{JF}=2\pi\times2\times\frac{40°}{360°}=\frac{4}{9}\pi$ (cm)である。

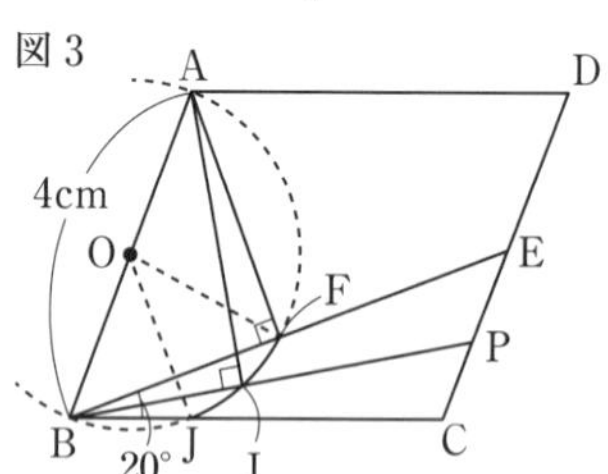

4〔特殊・新傾向問題〕

≪基本方針の決定≫〔問3〕　$(k+l+m+n)^4$ の値が4けたの数となる $k+l+m+n$ の値を考える。

〔問1〕＜bの値＞$\sqrt{a^2+b}=a\sqrt{b}$ となるので，$a=10$ のとき，$\sqrt{10^2+b}=10\sqrt{b}$ が成り立つ。これより，$\sqrt{100+b}=\sqrt{100b}$，$100+b=100b$，$99b=100$，$b=\frac{100}{99}$ である。

〔問2〕＜説明＞花子さんの勘違いによる計算は，$(x+e)^2-(x+f)(x+g)=(x^2+e^2)-(x^2+fg)=e^2-fg$ である。正しい計算は，$(x+e)^2-(x+f)(x+g)=(x^2+2ex+e^2)-(x^2+gx+fx+fg)=x^2+2ex+e^2-x^2-gx-fx-fg=2ex-fx-gx+e^2-fg=(2e-f-g)x+(e^2-fg)$ であり，$x\neq0$ で，勘違いによる計算の結果 e^2-fg と等しくなるので，$2e-f-g=0$ である。このとき，$A=(x+e)^2-(x+f)(x+g)=0\times x+(e^2-fg)=e^2-fg$ となる。また，$2e-f-g=0$ より，$2e=f+g$，$e=\frac{f+g}{2}$ となる。$\sqrt{A}$ が自然数であることを示すので，A が自然数の2乗になることを導く。解答参照。なお，【表】のオは偶数，カは奇数，キは偶数，クは偶数，ケは奇数である。

〔問3〕＜式の値＞$(k+l+m+n)^4$ の値が，k，l，m，n を左から並べた4けたの数と等しくなるので，$(k+l+m+n)^4=1000k+100l+10m+n$ となる。$5^4=625$，$6^4=1296$，$10^4=10000$ より，$k+l+m+$

nの値として考えられるのは6，7，8，9である。$k+l+m+n=6$のとき，$1296=1000k+100l+10m+n$より，$k=1$，$l=2$，$m=9$，$n=6$となるが，$k+l+m+n=1+2+9+6=18$だから，適さない。$k+l+m+n=7$のとき，$7^4=1000k+100l+10m+n$，$2401=1000k+100l+10m+n$より，$k=2$，$l=4$，$m=0$，$n=1$となり，$k+l+m+n=2+4+0+1=7$となるので，適する。$k+l+m+n=8$のとき，$8^4=1000k+100l+10m+n$，$4096=1000k+100l+10m+n$より，$k=4$，$l=0$，$m=9$，$n=6$となるが，$k+l+m+n=4+0+9+6=19$だから，適さない。$k+l+m+n=9$のとき，$9^4=1000k+100l+10m+n$，$6561=1000k+100l+10m+n$より，$k=6$，$l=5$，$m=6$，$n=1$となるが，$k+l+m+n=6+5+6+1=18$だから，適さない。よって，$(k+l+m+n)^4=1000k+100l+10m+n$となるのは，$k+l+m+n=7$のときであり，$1000k+100l+10m+n=7^4=(7^2)^2=49^2$だから，$\sqrt{1000k+100l+10m+n}=\sqrt{49^2}=49$である。なお，$(h+i+j)^3=100h+10i+j$となるのは，$h=5$，$i=1$，$j=2$の場合である。

＝読者へのメッセージ＝

1〔問5〕は作図の問題でした。2点から等距離にある点の集まりはその2点を結ぶ線分の垂直二等分線，2直線から等距離にある点の集まりはその2直線がつくる角の二等分線になります。では，ある1点とある1本の直線から等距離にある点の集まりはどのような図形になると思いますか。これは放物線になります。高校で学習します。

国語解答

一 (1) ちゅうしん　(2) すいだん
(3) うる　(4) ろう

二 (1) 証左　(2) 失当　(3) 間遠
(4) 天眼鏡

三 〔問1〕 イ　〔問2〕 エ
〔問3〕 自信作である和菓子を評価されることは，和菓子職人として認めてほしいワコにとって，自分が評価されるより誇らしいことだから。(60字)
〔問4〕 イ　〔問5〕 ア
〔問6〕 ウ

四 〔問1〕 エ　〔問2〕 ウ
〔問3〕 ア　〔問4〕 ウ
〔問5〕 イ　〔問6〕 エ
〔問7〕 (省略)

五 〔問1〕 ウ　〔問2〕 イ
〔問3〕 ア　〔問4〕 エ
〔問5〕 イ

一 〔漢字〕

(1)「衷心」は，心の底のこと。　(2)「吹弾」は，笛などを吹き，琴などを弾くこと。　(3)音読みは「湿潤」などの「ジュン」。　(4)「弄する」は，もてあそぶ，という意味。

二 〔漢字〕

(1)「証左」は，証拠のこと。　(2)「失当」は，適当でないこと。　(3)「間遠」は，間隔があくこと。(4)「天眼鏡」は，柄のついた大形の凸レンズのこと。また，拡大鏡のこと。

三 〔小説の読解〕出典：上野歩『お菓子の船』。

〔問1〕<心情>曽我ははじめ，上生菓子をつくるために磨くべき感性について「見たもの，感じたもので真冬という季節をどう表現するか？　その表現力の豊かさ」が感性だというワコの答えに，「足らんな」と言った。その後，考えを深めたワコの「雪の朝をどのような形で表現するかが感性」だという答えに，曽我は興味を持ったので，「やってみろ」と背中を押した。

〔問2〕<文章内容>「春」と「秋」というテーマの上生菓子をつくり始めたワコは，この五年間の「さまざまな積み重ね」を発揮できればいいと思いながら，「お菓子づくりの喜びと確かな充実」を味わった。

〔問3〕<文章内容>ワコは，今までの五年間の努力の結晶ともいえるような「自信作」をつくり，準優勝に輝いた。ワコは，和菓子職人として認められたというあかしである作品がスクリーンに映し出されたことが，何よりもうれしかったのである。「晴れがましい」は，晴れやかで誇らしげな様子。

〔問4〕<文章内容>鶴ヶ島は，コンテストに出場するのは「自分の技量が落ちていないかを，客観的に査定する」ためだと言い，優勝しても，様子が変わることはなかった。鶴ヶ島は，よい和菓子をつくることに妥協することなく進んでいるのであり，自分の技量にも自信を持っている。

〔問5〕<文章内容>曽我は，ワコのつくった和菓子は「技巧的には確かに優れている」が，感性を表現できているかときいた。「照り柿」も「初音」も，柿やウグイスの形をそのまま表した「説明」にすぎず，感性を表現できているとはいえないのではないかと，曽我は問うたのである。

〔問６〕<表現>物語は，ワコの視点を中心にして描かれており，特にコンテスト当日の，ワコが集中して上生菓子をつくっている描写や結果発表を待つ場面などは，読者がワコの気持ちに入り込めるように表現されている。

四〔論説文の読解―文化人類学的分野―文化〕出典：松村圭一郎『旋回する人類学』。

≪本文の概要≫文化人類学は，一九世紀末から少しずつ制度化されてきた「若い」学問分野だったので，草創期には，自分たちとは異なる他者を科学的に理解することを使命とした。しかし一九六〇年代，人類学は，自然科学と同じではないとされるようになった。アメリカの人類学者ギアツは，文化を「意味の網」ととらえ，人類学者の役割は，人間がはりめぐらした意味を解釈することだと主張した。ギアツの解釈人類学は人類学に急旋回をもたらすが，一九八〇年代に入ると，従来の人類学が根底から批判され，それを刷新しようとする実験的な試みが生まれた。そして，人類学者の民族誌自体が，検討すべきテクストとして再解釈されるようになった。『オリエンタリズム』で，エルサレム生まれのパレスチナ人である人類学者サイードは，西洋人が非西洋社会を描く「表象」に潜む権力性を告発した。それは，西洋人の人類学者が非西洋社会を研究し，その文化を書くこと自体が，権力の行使であると断罪するものだった。人類学者マーカスらは，こうした批判を乗り越えようと実験的試みを検討した。実験的民族誌では，調査者と被調査者との対話に基づいて，人類学者の一方的な解釈だけでなく，さまざまな声が提示されるようになった。

〔問１〕<文章内容>草創期の人類学は，「自分たちとは異なる他者を科学的に理解すること」を目指していた。しかし，ギアツは，人間の行為は「意味を帯びた記号」であるとした。人類学とは，現地の人が解釈していることを，人類学者の目を通して何が起きてどう受けとめられるのかを「さらに解釈する」ものだと，ギアツはとらえたのである。

〔問２〕<文章内容>ジャワの人々は，「内」と「外」という「二つの対比が自己の概念をかたちづくっている」と考える。つまり，「静止させられた感情の内部世界と型にはめられた行動の外部世界」とが自己を形づくるのである。それに対して，バリの人々は，「複雑な呼び名や称号の体系」の中に自己を位置づけ，「規格化された地位の類型を代表し，演じる存在」という自己の概念を持っている。

〔問３〕<文章内容>解釈人類学によって，「人類学者の民族誌自体」も再解釈されるようになった。そうした中で，従来の人類学は，「西洋人が非西洋を描く『表象』」には「権力性」が潜んでおり，異文化を理解するための「科学的な正確さをもつ客観的で中立的な知識」ではないと批判された。そこで，調査者と被調査者とが対話し，「さまざまな声」を提示しながら文化を解釈しようとする試みが，生まれたのである。

〔問４〕<文章内容>それまでの人類学では，「異文化を理解し，表現する特権はもっぱら西洋人にだけ」あった。これは，「西洋による植民地主義的な『知』の支配」に基づくものである。現地の人々の多様な声は，人類学者の一方的解釈に「従属させられてきた」のである。

〔問５〕<文章内容>ギアツの論文には，人類学者が思い描き理解した範囲での文化の一貫性が構築され，「原住民の視点から見た原住民の理解」が含まれていなかったのである。

〔問６〕<要旨>人類学を草創期の頃から大きく転換させたのは，ギアツの考える解釈学的な人類学である。はじめにギアツの考え方が紹介され，その後一九八〇年代にギアツの人類学が批判にさらされたことが述べられる。マーカスらの『文化批判としての人類学』や，サイードの『オリエンタリズム』が取り上げられ，それまでの人類学が西洋社会の植民地主義的な「知」の支配に基づくものであったことが述べられる。そして，こうした批判を乗り越えるために，現地の人々との対話を通して多様な声を取り上げようとする人類学の方向が示されるとともに，人類学における他者理解には人類学者の権力が入り込んでしまうことが指摘されている。

〔問７〕**<作文>**人類学の最近の傾向は，現地の人々との対話を重視することである。そこから，「他者理解」のためには，どうすればよいかと考えを進めていく。誤字に注意して字数を守って書くこと。

五〔**説明文の読解―芸術・文学・言語学的分野―文学**〕出典：揖斐高『江戸漢詩の情景――風雅と日常』。

〔問１〕**<文章内容>**江戸の人は「見立て」が好きであり，「空を海に」見立てたと思われる。空に揚げる凧を，江戸の人は，海で自由自在に泳ぐ「烏賊」や「章魚」に見立てたのである。

〔問２〕**<文章内容>**六如が，火鉢を抱え込むようにうたた寝を始め，そのうち「鼾」をかくようになった。そのわずかの隙をついて，小坊主が急いで裏庭に走り，凧揚げをして遊んでいるという子どもらしい反応が，「微笑ましい」のである。

〔問３〕**<俳句の内容理解>**如亭は，貧しくて落ちぶれた生活をせざるをえず，一日うたた寝するしかなかったときに，子どもの「紙鳶」すなわち凧が自分の家の「小庭に舞い落ちてきた」ことを漢詩によんでいる。また，病床にあった正岡子規も，自分の家の小庭に落ちてきた凧を俳句によんでいる。

〔問４〕**<漢詩の内容理解>**六如は，手で「頤を搘へて」頬杖をつき，「童時の楽しみ」を思うのである。

〔問５〕**<文章内容>**「空に揚がっている凧」は，凧揚げが子どもの遊びだったために，「少年時代の思い出」を呼び起こすものになる。さらに根源的には「一本の糸で地上と繋がって空に漂う凧の寄るべなさが，大きな時の流れのなかでの人間存在の頼りなさというものを感じさせる」のである。

●2024年度

東京都立高等学校

共　通　問　題

【社会・理科】

2024年度 東京都立高等学校(共通問題)

【社　会】 (50分) 〈満点：100点〉

1 次の各問に答えよ。

〔問1〕 次の地形図は，2017年の「国土地理院発行2万5千分の1地形図(取手(とりで))」の一部を拡大して作成した地形図上に●で示した**A**点から，**B**～**E**点の順に，**F**点まで移動した経路を太線(━━━)で示したものである。次のページの**ア**～**エ**の写真と文は，地形図上の**B**～**E**点の**い**

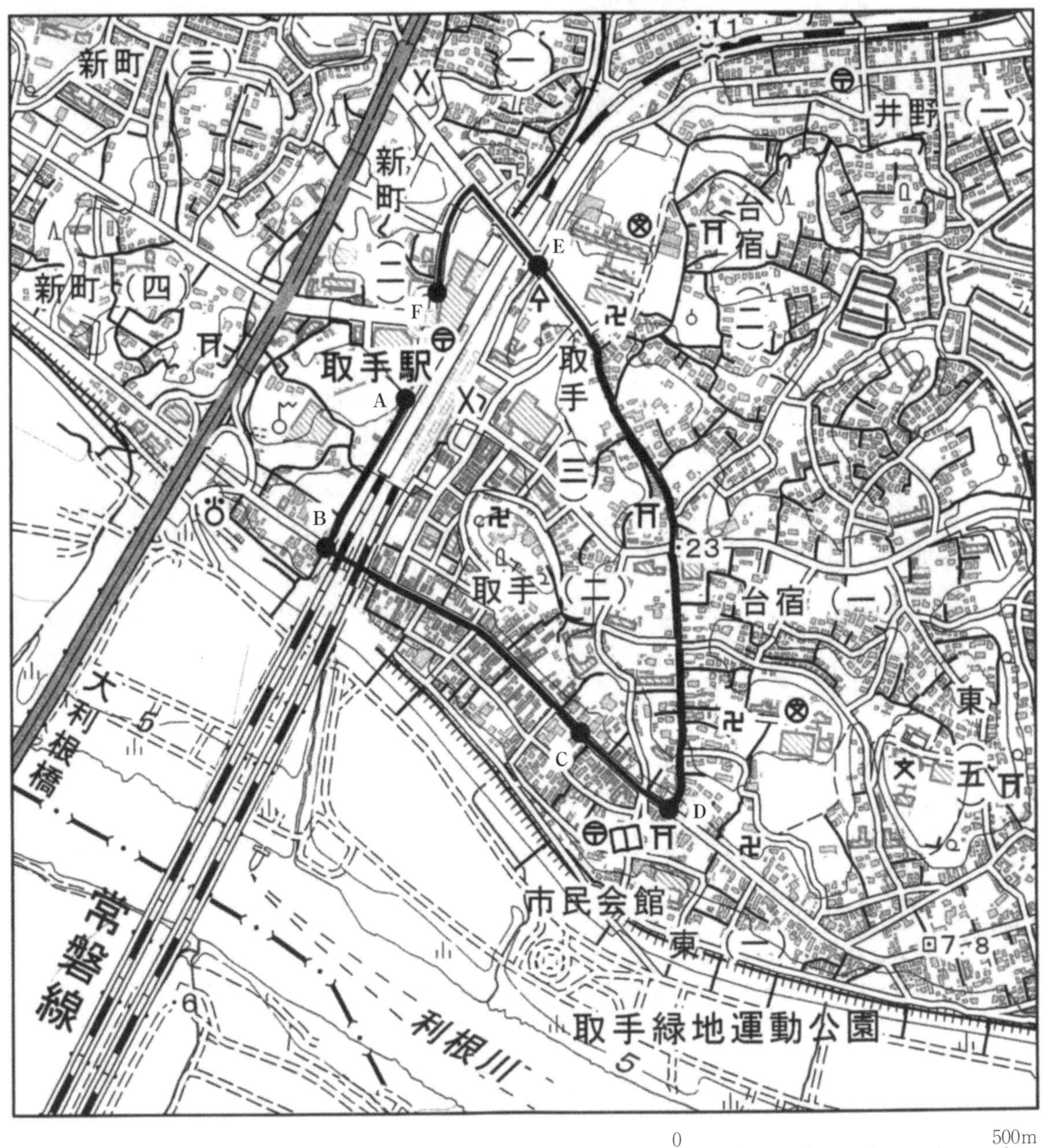

ずれかの地点の様子を示したものである。地形図上の**B**～**E**点のそれぞれに当てはまるのは，次の**ア**～**エ**のうちではどれか。

ア

この地点から進行する方向を見ると，鉄道の線路の上に橋が架けられており，道路と鉄道が立体交差していた。

イ

この地点から進行する方向を見ると，道路の上に鉄道の線路が敷設されており，道路と鉄道が立体交差していた。

ウ

丁字形の交差点であるこの地点に立ち止まり，進行する方向を見ると，登り坂となっている道の両側に住宅が建ち並んでいた。

エ

直前の地点から約470m進んだこの地点に立ち止まり，北東の方向を見ると，宿場の面影を残す旧取手宿本陣表門があった。

〔問２〕 次の文で述べている決まりに当てはまるのは，下の**ア**～**エ**のうちのどれか。

戦国大名が，領国を支配することを目的に定めたもので，家臣が，勝手に他国から嫁や婿を取ることや他国へ娘を嫁に出すこと，国内に城を築くことなどを禁止した。

ア 御成敗式目　**イ** 大宝律令　**ウ** 武家諸法度　**エ** 分国法

〔問3〕 次の文章で述べているものに当てはまるのは，下の**ア**～**エ**のうちのどれか。

> 衆議院の解散による衆議院議員の総選挙後に召集され，召集とともに内閣が総辞職するため，両議院において内閣総理大臣の指名が行われる。会期は，その都度，国会が決定し，2回まで延長することができる。

ア 常会　**イ** 臨時会　**ウ** 特別会　**エ** 参議院の緊急集会

2 次の略地図を見て，あとの各問に答えよ。

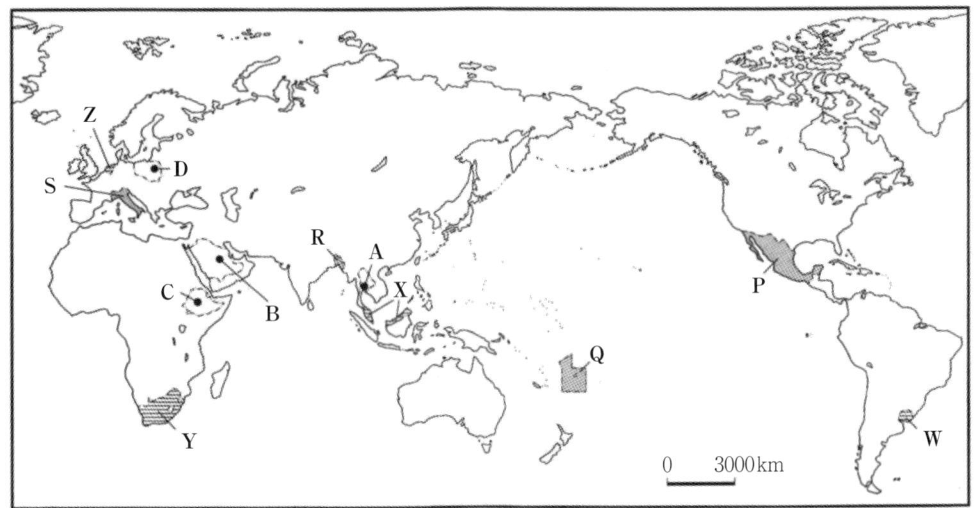

〔問1〕 略地図中の**A**～**D**は，それぞれの国の首都の位置を示したものである。次のⅠの文章は，略地図中の**A**～**D**の**いずれか**の首都を含む国の自然環境と農業についてまとめたものである。Ⅱの**ア**～**エ**のグラフは，略地図中の**A**～**D**の**いずれか**の首都の，年平均気温と年降水量及び各月の平均気温と降水量を示したものである。Ⅰの文章で述べている国の首都に当てはまるのは，略地図中の**A**～**D**のうちのどれか，また，その首都のグラフに当てはまるのは，Ⅱの**ア**～**エ**のうちのどれか。

Ⅰ

> 首都は標高約2350mに位置し，各月の平均気温の変化は年間を通して小さい。コーヒー豆の原産地とされており，2019年におけるコーヒー豆の生産量は世界第5位であり，輸出額に占める割合が高く，主要な収入源となっている。

Ⅱ

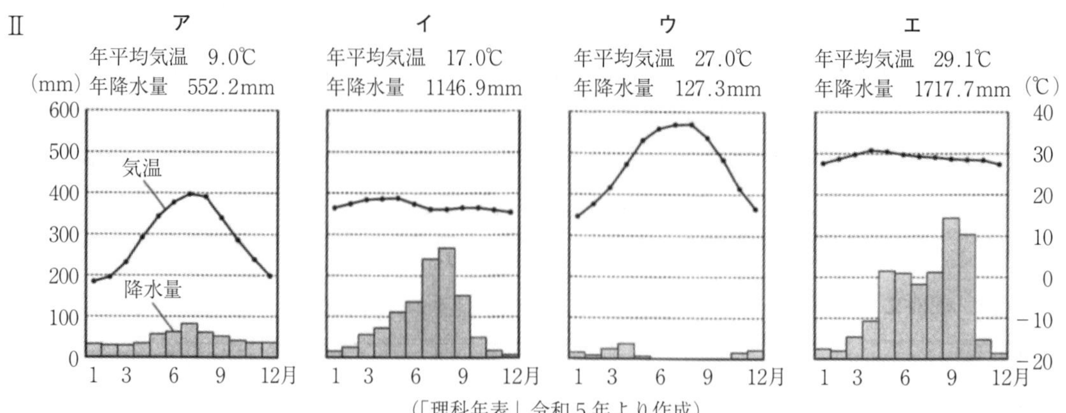

（「理科年表」令和５年より作成）

〔問２〕　次の表の**ア**～**エ**は，略地図中に ▬ で示した**P**～**S**の**いずれか**の国の，2019年における米，小麦，とうもろこしの生産量，農業と食文化の様子についてまとめたものである。略地図中の**P**～**S**のそれぞれの国に当てはまるのは，次の表の**ア**～**エ**のうちではどれか。

	米（万ｔ）	小麦（万ｔ）	とうもろこし（万ｔ）	農業と食文化の様子
ア	25	324	2723	○中央部の高原ではとうもろこしの栽培が行われ，北西部ではかんがい農業や牛の放牧が行われている。 ○とうもろこしが主食であり，とうもろこしの粉から作った生地を焼き，具材を挟んだ料理などが食べられている。
イ	149	674	628	○北部の平野では冬季に小麦の栽培が行われ，沿岸部では柑橘（かんきつ）類やオリーブなどの栽培が行われている。 ○小麦が主食であり，小麦粉から作った麺に様々なソースをあわせた料理などが食べられている。
ウ	0.6	―	0.1	○畑ではタロいもなどの栽培が行われ，海岸沿いの平野ではさとうきびなどの栽培が行われている。 ○タロいもが主食であり，バナナの葉に様々な食材と共にタロいもを包んで蒸した料理などが食べられている。
エ	5459	102	357	○河川が形成した低地では雨季の降水などを利用した稲作が行われ，北東部では茶の栽培が行われている。 ○米が主食であり，鶏やヤギの肉と共に牛乳から採れる油を使って米を炊き込んだ料理などが食べられている。

（注）　―は，生産量が不明であることを示す。

（「データブック オブ・ザ・ワールド」2022年版などより作成）

〔問３〕　次のⅠとⅡの表の**ア**～**エ**は，略地図中に ▤ で示した**W**～**Z**の**いずれか**の国に当てはまる。Ⅰの表は，2001年と2019年における日本の輸入額，農産物の日本の主な輸入品目と輸入額を示したものである。Ⅱの表は，2001年と2019年における輸出額，輸出額が多い上位３位までの貿易相手国を示したものである。Ⅲの文章は，略地図中の**W**～**Z**の**いずれか**の国について述べたものである。Ⅲの文章で述べている国に当てはまるのは，略地図中の**W**～**Z**のうちのどれか，また，ⅠとⅡの表の**ア**～**エ**のうちのどれか。

Ⅰ

		日本の輸入額（百万円）	農産物の日本の主な輸入品目と輸入額（百万円）		
ア	2001年	226492	植物性原材料 18245	ココア 4019	野菜 3722
	2019年	343195	豚肉 17734	チーズ等 12517	植物性原材料 6841
イ	2001年	5538	羊毛 210	米 192	チーズ等 31
	2019年	3017	牛肉 1365	羊毛 400	果実 39
ウ	2001年	338374	とうもろこし 12069	果実 9960	砂糖 5680
	2019年	559098	果実 7904	植物性原材料 2205	野菜 2118
エ	2001年	1561324	パーム油 14952	植物性原材料 2110	天然ゴム 2055
	2019年	1926305	パーム油 36040	植物性原材料 15534	ココア 15390

（財務省「貿易統計」より作成）

Ⅱ

		輸出額（百万ドル）	輸出額が多い上位3位までの貿易相手国		
			1位	2位	3位
ア	2001年	169480	ドイツ	イギリス	ベルギー
	2019年	576785	ドイツ	ベルギー	フランス
イ	2001年	2058	ブラジル	アルゼンチン	アメリカ合衆国
	2019年	7680	中華人民共和国	ブラジル	アメリカ合衆国
ウ	2001年	27928	アメリカ合衆国	イギリス	ドイツ
	2019年	89396	中華人民共和国	ドイツ	アメリカ合衆国
エ	2001年	88005	アメリカ合衆国	シンガポール	日本
	2019年	240212	中華人民共和国	シンガポール	アメリカ合衆国

（国際連合「貿易統計年鑑」2020などより作成）

Ⅲ

この国では農業の機械化が進んでおり，沿岸部の砂丘では花や野菜が栽培され，ポルダーと呼ばれる干拓地では酪農が行われている。

2001年と比べて2019年では，日本の輸入額は２倍に届いてはいないが増加し，輸出額は３倍以上となっている。2019年の輸出額は日本に次ぎ世界第５位となっており，輸出額が多い上位３位までの貿易相手国は全て同じ地域の政治・経済統合体の加盟国となっている。

3　次の略地図を見て，あとの各問に答えよ。

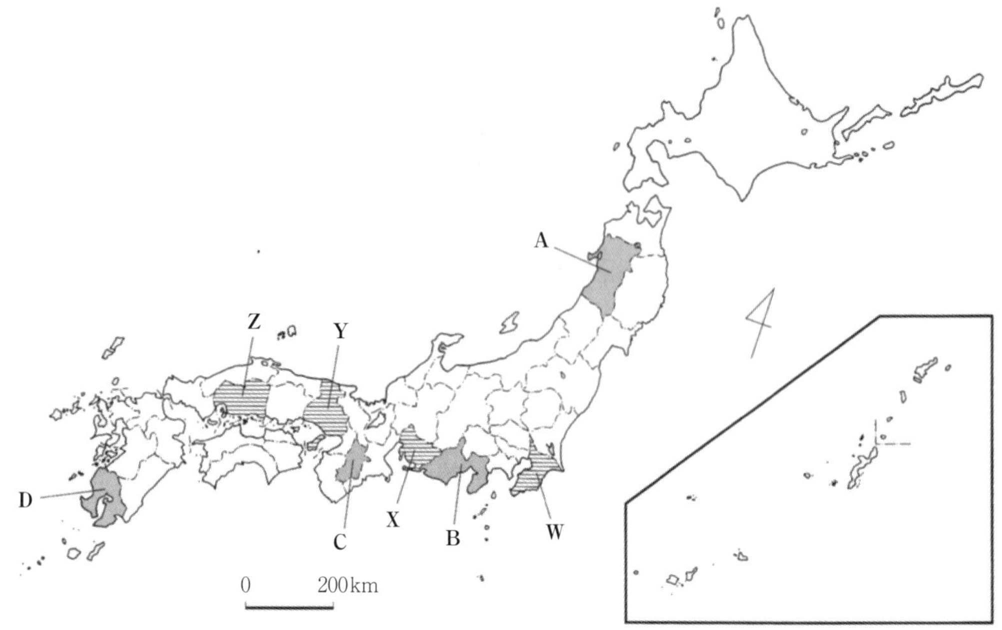

〔問１〕　次の表の**ア**～**エ**の文章は，略地図中に ▒ で示した，**A**～**D**の**いずれか**の県の，自然環境と第一次産業の様子についてまとめたものである。**A**～**D**のそれぞれの県に当てはまるのは，次の表の**ア**～**エ**のうちではどれか。

	自然環境と第一次産業の様子
ア	○南東側の県境付近に位置する山を水源とする河川は，上流部では渓谷を蛇行しながら北西方向に流れた後，流路を大きく変えて西流し，隣接する県を貫流して海に注いでいる。 ○南東部は，季節風の影響などにより国内有数の多雨地域であり，木材の生育に適していることから，古くから林業が営まれ，高品質な杉などが生産されていることが知られている。
イ	○北側の3000m級の山々が連なる山脈は，南北方向に走っており，東部の半島は，複数の火山が見られる山がちな地域であり，入り組んだ海岸線が見られる。 ○中西部にある台地は，明治時代以降に開拓され，日当たりと水はけがよいことから，国内有数の茶の生産量を誇っており，ブランド茶が生産されていることが知られている。
ウ	○南側の県境付近に位置する山を水源とする河川は，上流部や中流部では，南北方向に連なる山脈と山地の間に位置する盆地を貫流し，下流部では平野を形成して海に注いでいる。 ○南東部にある盆地は，夏に吹く北東の冷涼な風による冷害の影響を受けにくい地形の特徴などがあることから，稲作に適しており，銘柄米が生産されていることが知られている。
エ	○二つの半島に挟まれた湾の中に位置する島や北東側の県境に位置する火山などは，現在でも活動中であり，複数の離島があり，海岸線の距離は約2600km となっている。 ○水を通しやすい火山灰などが積もってできた台地が広範囲に分布していることから，牧畜が盛んであり，肉牛などの飼育頭数は国内有数であることが知られている。

〔問２〕　次のⅠの表の**ア**～**エ**は，略地図中に ▤ で示した**W**～**Z**の**いずれか**の県の，2020年における人口，県庁所在地の人口，他の都道府県への従業・通学者数，製造品出荷額等，製造品出荷額等に占める上位３位の品目と製造品出荷額等に占める割合を示したものである。次のⅡの文章は，Ⅰの表の**ア**～**エ**の**いずれか**の県の工業や人口の様子について述べたものである。Ⅱの文章で述べている県に当てはまるのは，Ⅰの**ア**～**エ**のうちのどれか，また，略地図中の**W**～**Z**のうちのどれか。

Ⅰ

	人口（万人）	県庁所在地の人口（万人）	他の都道府県への従業・通学者数（人）	製造品出荷額等（億円）	製造品出荷額等に占める上位３位の品目と製造品出荷額等に占める割合（％）
ア	628	97	797943	119770	石油・石炭製品（23.1），化学（17.2），食料品（13.3）
イ	280	120	26013	89103	輸送用機械（32.8），鉄鋼（11.2），生産用機械（9.7）
ウ	547	153	348388	153303	化学（13.6），鉄鋼（11.0），食料品（10.8）
エ	754	233	88668	441162	輸送用機械（53.0），電気機械（7.7），鉄鋼（4.9）

（2021年経済センサスなどより作成）

Ⅱ

○湾に面した沿岸部は，1950年代から埋め立て地などに，製油所，製鉄所や火力発電所などが建設されており，国内最大規模の石油コンビナートを有する工業地域となっている。

○中央部及び北西部に人口が集中しており，2020年における人口に占める他の都道府県への従業・通学者数の割合は，１割以上となっている。

〔問３〕　次の資料は，2019年に富山市が発表した「富山市都市マスタープラン」に示された，富山市が目指すコンパクトなまちづくりの基本的な考え方の一部をまとめたものである。資料から読み取れる，将来の富山市における日常生活に必要な機能の利用について，現状と比較し，自宅からの移動方法に着目して，簡単に述べよ。

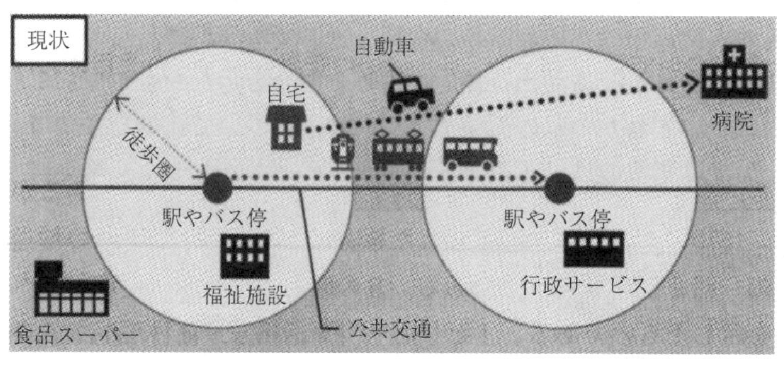

・公共交通のサービス水準が不十分で利用しにくい。
・駅やバス停を中心とした徒歩圏に日常生活に必要な機能がそろっていない。
・自動車を利用しないと生活しづらい。

こう変えたい

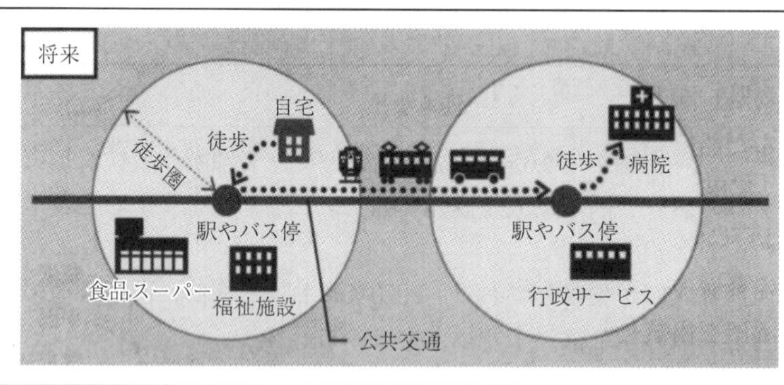

・公共交通のサービス水準が向上して利用しやすい。
・駅やバス停を中心とした徒歩圏に日常生活に必要な機能がそろっている。

（注）
・日常生活に必要な機能とは，行政サービス，福祉施設，病院，食品スーパーである。
・公共交通のサービス水準とは，鉄道・路面電車・バスの運行頻度などである。

（「富山市都市マスタープラン」より作成）

4　次の文章を読み，あとの各問に答えよ。

海上交通は，一度に大量の人や物を輸送することができることから，社会の発展のために重要な役割を果たしてきた。

古代から，各時代の権力者は，(1)周辺の国々へ使節を派遣し，政治制度や文化を取り入れたり，貿易により利益を得たりすることなどを通して，権力の基盤を固めてきた。時代が進むと，商人により，貨幣や多様な物資がもたらされ，堺（さかい）や博多（はかた）などの港が繁栄した。

江戸時代に入り，幕府は海外との貿易を制限するとともに，(2)国内の海上交通を整備し，全国的な規模で物資の輸送を行うようになった。開国後は，(3)諸外国との関わりの中で，産業が発展し，港湾の開発が進められた。

第二次世界大戦後，政府は，経済の復興を掲げ，海上交通の再建を目的に，造船業を支援した。(4)現在でも，外国との貿易の大部分は海上交通が担（にな）い，私たちの生活や産業の発展を支えている。

〔問１〕 (1)周辺の国々へ使節を派遣し，政治制度や文化を取り入れたり，貿易により利益を得たりすることなどを通して，権力の基盤を固めてきた。とあるが，次の**ア**～**エ**は，飛鳥時代から室町時代にかけて，権力者による海外との交流の様子などについて述べたものである。時期の古いものから順に記号を並べよ。

ア　混乱した政治を立て直すことを目的に，都を京都に移し，学問僧として唐へ派遣された最澄が帰国後に開いた密教を許可した。

イ　将軍を補佐する第五代執権として，有力な御家人を退けるとともに，国家が栄えることを願い，宋より来日した禅僧の蘭渓道隆を開山と定め，建長寺を建立した。

ウ　明へ使者を派遣し，明の皇帝から「日本国王」に任命され，勘合を用いて朝貢の形式で行う貿易を開始した。

エ　隋に派遣され，政治制度などについて学んだ留学生を国博士に登用し，大化の改新における政治制度の改革に取り組ませた。

〔問２〕 (2)国内の海上交通を整備し，全国的な規模で物資の輸送を行うようになった。とあるが，次のⅠの文章は，河村瑞賢が，1670年代に幕府に命じられた幕府の領地からの年貢米の輸送について，幕府に提案した内容の一部をまとめたものである。Ⅱの略地図は，Ⅰの文章で述べられている寄港地などの所在地を示したものである。ⅠとⅡの資料を活用し，河村瑞賢が幕府に提案した，幕府の領地からの年貢米の輸送について，輸送経路，寄港地の役割に着目して，簡単に述べよ。

Ⅰ

○陸奥国信夫郡(現在の福島県)などの幕府の領地の年貢米を積んだ船は，荒浜を出航したあと，平潟，那珂湊，銚子，小湊を寄港地とし，江戸に向かう。

○出羽国(現在の山形県)の幕府の領地の年貢米を積んだ船は，酒田を出航したあと，小木，福浦，柴山，温泉津，下関，大阪，大島，方座，安乗，下田を寄港地とし，江戸に向かう。

○寄港地には役人を置き，船の発着の日時や積荷の点検などを行う。

Ⅱ

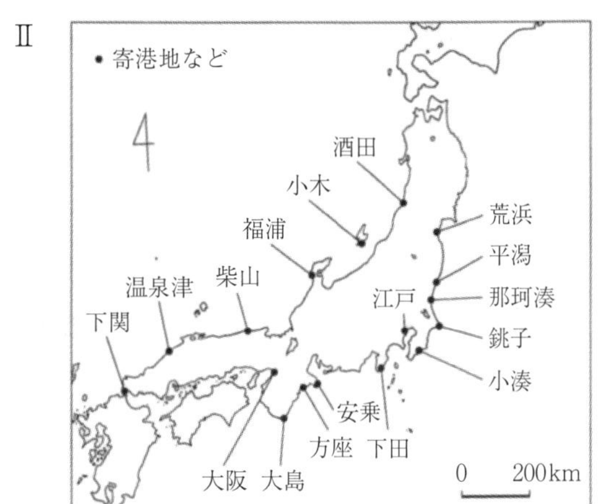

〔問３〕 (3)諸外国との関わりの中で，産業が発展し，港湾の開発が進められた。とあるが，右の略年表は，江戸時代から昭和時代にかけての，外交に関する主な出来事についてまとめたものである。略年表中のＡ～Ｄのそれぞれの時期に当てはまるのは，次のア～エのうちではどれか。

西暦	外交に関する主な出来事	
1842	●幕府が天保の薪水給与令を出し，異国船打ち払い令を緩和した。	
		Ａ
1871	●政府が不平等条約改正の交渉などのために，岩倉使節団を欧米に派遣した。	
		Ｂ
1889	●大日本帝国憲法が制定され，近代的な政治制度が整えられた。	
		Ｃ
1911	●日米新通商航海条約の調印により，関税自主権の回復に成功した。	
		Ｄ
1928	●15か国が参加し，パリ不戦条約が調印された。	

ア　四日市港は，日英通商航海条約の調印により，治外法権が撤廃され，関税率の一部引き上げが可能になる中で，外国との貿易港として開港場に指定された。

イ　東京港は，関東大震災の復旧工事の一環として，関東大震災の２年後に日の出ふ頭が完成したことにより，大型船の接岸が可能となった。

ウ　函館港は，アメリカ合衆国との間に締結した和親条約により，捕鯨船への薪と水，食糧を補給する港として開港された。

エ　三角港は，西南戦争で荒廃した県内の産業を発展させることを目的に，オランダ人技術者の設計により造成され，西南戦争の10年後に開港された。

〔問４〕 (4)現在でも，外国との貿易の大部分は海上交通が担い，私たちの生活や産業の発展を支えている。とあるが，次のグラフは，1950年から2000年までの，日本の海上貿易量（輸出）と海上貿易量（輸入）の推移を示したものである。グラフ中のＡ～Ｄのそれぞれの時期に当てはまるのは，下のア～エのうちではどれか。

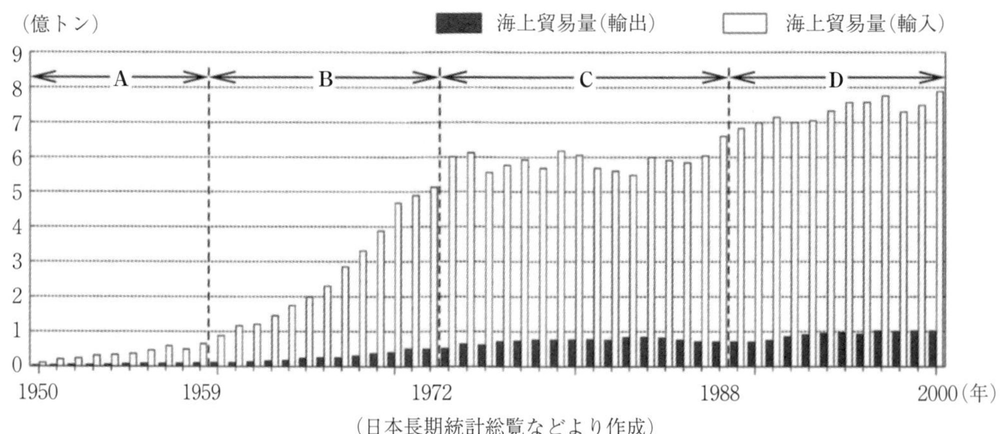

（日本長期統計総覧などより作成）

ア　サンフランシスコ平和条約（講和条約）を結び，国際社会に復帰する中で，海上貿易量は輸出・輸入ともに増加し，特に石油及び鉄鋼原料の需要の増加に伴い，海上貿易量（輸入）の増加が見られた。

イ　エネルギーの供給量において石油が石炭を上回り，海上輸送においてタンカーの大型化が進展する中で，日本初のコンテナ船が就航した他，この時期の最初の年と比較して最後の年では，海上貿易量(輸出)は約４倍に，海上貿易量(輸入)は約６倍に増加した。

ウ　冷たい戦争(冷戦)が終結するとともに，アジアにおいて経済発展を背景にした巨大な海運市場が形成される中で，海上貿易量は輸出・輸入ともに増加傾向にあったが，国内景気の後退や海外生産の増加を要因として，一時的に海上貿易量は輸出・輸入ともに減少が見られた。

エ　この時期の前半は二度にわたる石油価格の急激な上昇が，後半はアメリカ合衆国などとの貿易摩擦の問題がそれぞれ見られる中で，前半は海上貿易量(輸出)が増加し，後半は急速な円高により海上貿易量(輸入)は減少から増加傾向に転じた。

5　次の文章を読み，あとの各問に答えよ。

> 　私たちは，家族，学校など様々な集団を形成しながら生活している。(1)一人一人が集団の中で個人として尊重されることが重要であり，日本国憲法においては，基本的人権が保障されている。
> 　集団の中では，考え方の違いなどにより対立が生じた場合，多様な価値観をもつ人々が互いに受け入れられるよう，合意に至る努力をしている。例えば，国権の最高機関である(2)国会では，国の予算の使途や財源について合意を図るため，予算案が審議され，議決されている。
> 　国際社会においても，(3)世界の国々が共存していくために条約を結ぶなど，合意に基づく国際協調を推進することが大切である。
> 　今後も，よりよい社会の実現のために，(4)私たち一人一人が社会の課題に対して自らの考えをもち，他の人たちと協議するなど，社会に参画し，積極的に合意形成に努めることが求められている。

〔問１〕　(1)一人一人が集団の中で個人として尊重されることが重要であり，日本国憲法においては，基本的人権が保障されている。とあるが，基本的人権のうち，平等権を保障する日本国憲法の条文は，次の**ア**～**エ**のうちではどれか。

ア　すべて国民は，健康で文化的な最低限度の生活を営む権利を有する。

イ　すべて国民は，法の下に平等であつて，人種，信条，性別，社会的身分又は門地により，政治的，経済的又は社会的関係において，差別されない。

ウ　何人も，自己に不利益な供述を強要されない。

エ　何人も，裁判所において裁判を受ける権利を奪はれない。

〔問２〕　(2)国会では，国の予算の使途や財源について合意を図るため，予算案が審議され，議決されている。とあるが，次のⅠのグラフは，1989年度と2021年度における我が国の一般会計歳入額及び歳入項目別の割合を示したものである。Ⅰのグラフ中の**A**～**D**は，法人税，公債金，所得税，消費税の**いずれか**に当てはまる。Ⅱの文章は，Ⅰのグラフ中の**A**～**D**の**いずれか**について述べたものである。Ⅱの文章で述べている歳入項目に当てはまるのは，Ⅰの**A**～**D**のうちのどれか，また，その歳入項目について述べているのは，下の**ア**～**エ**のうちではどれか。

Ⅰ

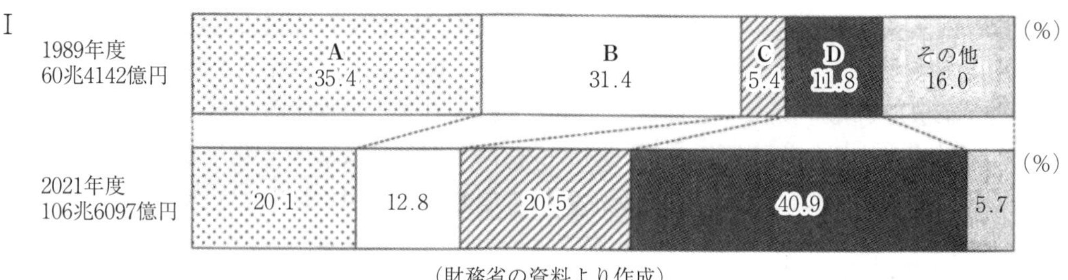

(財務省の資料より作成)

Ⅱ

> 間接税の一つであり，1989年に国民福祉の充実などに必要な歳入構造の安定化を図るために導入され，その後，段階的に税率が引き上げられた。2021年度の歳入額は20兆円を超え，1989年度に比べて6倍以上となっている。

ア　歳入の不足分を賄うため，借金により調達される収入で，元本の返済や利子の支払いなどにより負担が将来の世代に先送りされる。

イ　給料や商売の利益などに対して課され，主に勤労世代が負担し，税収が景気や人口構成の変化に左右されやすく，負担額は負担者の収入に応じて変化する。

ウ　商品の販売やサービスの提供に対して課され，勤労世代など特定の世代に負担が集中せず，税収が景気や人口構成の変化に左右されにくい。

エ　法人の企業活動により得られる所得に対して課され，税率は他の税とのバランスを図りながら，財政事情や経済情勢等を反映して決定される。

〔問3〕 (3)世界の国々が共存していくために条約を結ぶなど，合意に基づく国際協調を推進することが大切である。とあるが，次のⅠの文章は，ある国際的な合意について述べたものである。Ⅱの略年表は，1948年から2019年までの，国際社会における合意に関する主な出来事についてまとめたものである。Ⅰの国際的な合意が結ばれた時期に当てはまるのは，Ⅱの略年表中の**ア**～**エ**のうちではどれか。

Ⅰ

> 地球上の「誰一人取り残さない」ことをスローガンに掲げ，「質の高い教育をみんなに」などの17のゴールと169のターゲットで構成されている。持続可能でよりよい世界を目指し全ての国が取り組むべき国際目標として，国際連合において加盟国の全会一致で採択された。

Ⅱ

西暦	国際社会における合意に関する主な出来事	
1948	●世界人権宣言が採択された。	
		ア
1976	●国際連合において，児童権利宣言の20周年を記念して，1979年を国際児童年とすることが採択された。	
		イ
1990	●「気候変動に関する政府間パネル」により第一次評価報告書が発表された。	
		ウ
2001	●「極度の貧困と飢餓の撲滅」などを掲げたミレニアム開発目標が設定された。	
		エ
2019	●国際連合において，科学者グループによって起草された「持続可能な開発に関するグローバル・レポート2019」が発行された。	

〔問4〕 (4)私たち一人一人が社会の課題に対して自らの考えをもち，他の人たちと協議するなど，社会に参画し，積極的に合意形成に努めることが求められている。とあるが，次のⅠの文章は，2009年に法務省の法制審議会において取りまとめられた「民法の成年年齢の引下げについての最終報告書」の一部を分かりやすく書き改めたものである。Ⅱの表は，2014年から2018年までに改正された18歳，19歳に関する法律の成立年と主な改正点を示したものである。ⅠとⅡの資料を活用し，Ⅱの表で示された一連の法改正における，国の若年者に対する期待について，主な改正点に着目して，簡単に述べよ。

Ⅰ

○民法の成年年齢を20歳から18歳に引き下げることは，18歳，19歳の者を大人として扱い，社会への参加時期を早めることを意味する。

○18歳以上の者を，大人として処遇することは，若年者が将来の国づくりの中心であるという国としての強い決意を示すことにつながる。

Ⅱ

	成立年	主な改正点
憲法改正国民投票法の一部を改正する法律	2014	投票権年齢を満18歳以上とする。
公職選挙法等の一部を改正する法律	2015	選挙権年齢を満18歳以上とする。
民法の一部を改正する法律	2018	一人で有効な契約をすることができ，父母の親権に服さず自分の住む場所や，進学や就職などの進路について，自分の意思で決めることができるようになる成年年齢を満18歳以上とする。

6 次の文章を読み，あとの各問に答えよ。

国際社会では，人，物，お金や情報が，国境を越えて地球規模で移動するグローバル化が進んでいる。例えば，科学や文化などの面では，(1)これまでも多くの日本人が，研究などを目的に海外に移動し，滞在した国や地域，日本の発展に貢献してきた。また，経済の面では，(2)多くの企業が，世界規模で事業を展開するようになり，一企業の活動が世界的に影響を与えるようになってきた。

地球規模の課題は一層複雑になっており，課題解決のためには，(3)国際連合などにおける国際協調の推進が一層求められている。

〔問1〕 (1)これまでも多くの日本人が，研究などを目的に海外に移動し，滞在した国や地域，日本の発展に貢献してきた。とあるが，下の表の**ア**～**エ**は，略地図中に ▒▒ で示した**A**～**D**の**いずれか**の国に滞在した日本人の活動などについて述べたものである。略地図中の**A**～**D**のそれぞれの国に当てはまるのは，下の表の**ア**～**エ**のうちではどれか。

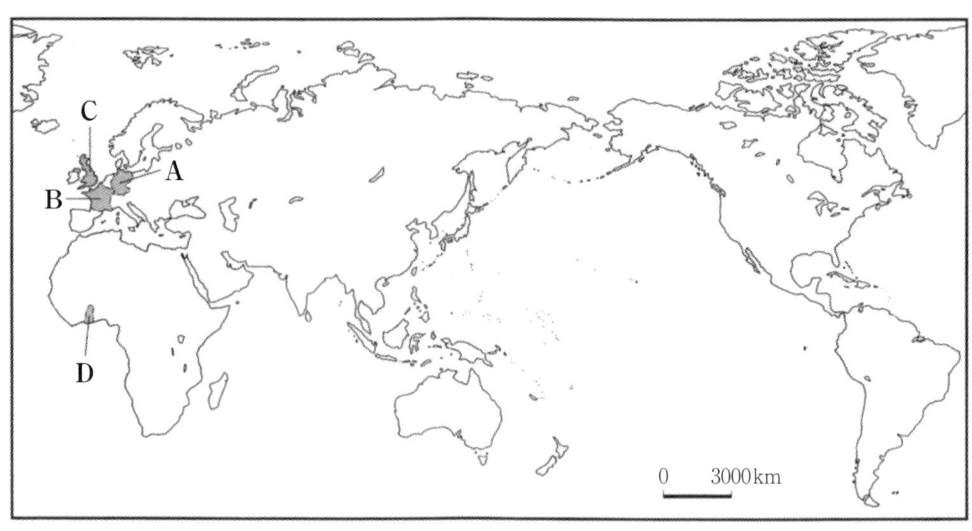

	日本人の活動など
ア	1789年に市民革命が起こったこの国に，1884年から1893年まで留学した黒田清輝（くろだせいき）は，途中から留学目的を洋画研究に変更し，ルーブル美術館で模写をするなどして，絵画の技法を学んだ。帰国後は，展覧会に作品を発表するとともに，後進の育成にも貢献した。
イ	1871年に統一されたこの国に，1884年から1888年まで留学した森鷗外（もりおうがい）は，コレラ菌などを発見したことで知られるコッホ博士などから細菌学を学んだ。帰国後は，この国を舞台とした小説を執筆するなど，文学者としても活躍した。
ウ	1902年に日本と同盟を結んだこの国に，1900年から1903年まで留学した夏目漱石（なつめそうせき）は，シェイクスピアの作品を観劇したり，研究者から英文学の個人指導を受けたりした。帰国後は，作家として多くの作品を発表し，文学者として活躍した。
エ	ギニア湾岸にあるこの国に，1927年から1928年まで滞在した野口英世（のぐちひでよ）は，この国を含めて熱帯地方などに広まっていた黄熱病（おうねつびょう）の原因を調査し，予防法や治療法の研究を行った。功績を記念し，1979年にこの国に野口記念医学研究所が設立された。

〔問２〕 (2)<u>多くの企業が，世界規模で事業を展開するようになり，一企業の活動が世界的に影響を与えるようになってきた。</u>とあるが，次のⅠの略年表は，1976年から2016年までの，国際会議に関する主な出来事についてまとめたものである。Ⅱの文は，Ⅰの略年表中の**ア**～**エ**の**いずれか**の国際会議について述べたものである。Ⅱの文で述べている国際会議に当てはまるのは，Ⅰの略年表中の**ア**～**エ**のうちのどれか。

Ⅰ

西暦	国際会議に関する主な出来事
1976	●東南アジア諸国連合（ASEAN（アセアン））首脳会議がインドネシアで開催された。……………………………ア
1993	●アジア太平洋経済協力（APEC（エイペック））首脳会議がアメリカ合衆国で開催された。……………………イ
1996	●世界貿易機関（WTO）閣僚会議がシンガポールで開催された。
2008	●金融・世界経済に関する首脳会合（G20サミット）がアメリカ合衆国で開催された。…………ウ
2016	●主要国首脳会議（G７サミット）が日本で開催された。……………………………………………………エ

Ⅱ

アメリカ合衆国に本社がある証券会社の経営破綻などを契機に発生した世界金融危機（世界同時不況，世界同時金融危機）と呼ばれる状況に対処するために，初めて参加国の首脳が集まる会議として開催された。

〔問３〕 (3)国際連合などにおける国際協調の推進が一層求められている。とあるが，次のⅠのグラフ中の**ア**～**エ**は，1945年から2020年までのアジア州，アフリカ州，ヨーロッパ州，南北アメリカ州の**いずれか**の州の国際連合加盟国数の推移を示したものである。Ⅱの文章は，Ⅰのグラフ中の**ア**～**エ**の**いずれか**の州について述べたものである。Ⅱの文章で述べている州に当てはまるのは，Ⅰの**ア**～**エ**のうちのどれか。

Ⅰ

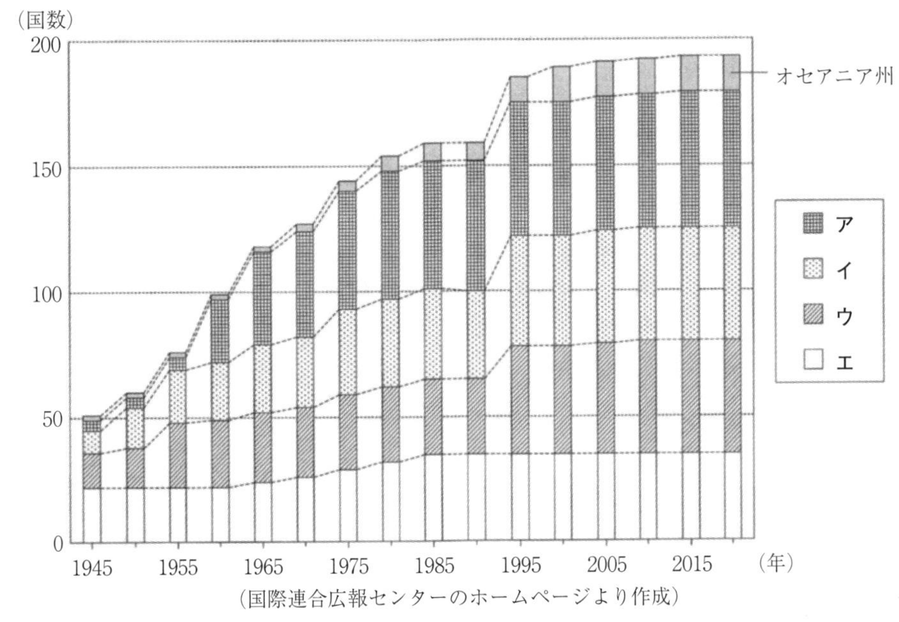

（国際連合広報センターのホームページより作成）

Ⅱ

○国際連合が設立された1945年において，一部の国を除き他国の植民地とされており，民族の分布を考慮しない直線的な境界線が引かれていた。
○国際連合総会で「植民地と人民に独立を付与する宣言」が採択された1960年に，多くの国が独立し，2020年では，50か国を超える国が国際連合に加盟している。

【理　科】 (50分) 〈満点：100点〉

1　次の各問に答えよ。

〔問1〕 水素と酸素が結び付いて水ができるときの化学変化を表したモデルとして適切なのは，下の**ア**～**エ**のうちではどれか。

ただし，矢印の左側は化学変化前の水素と酸素のモデルを表し，矢印の右側は化学変化後の水のモデルをそれぞれ表すものとする。また，●は水素原子１個を，○は酸素原子１個を表すものとする。

ア　●●　＋　○　→　●○●

イ　●　●　＋　○　→　●○●

ウ　●　●　●　●　＋　○○　→　●○●　●○●

エ　●●　●●　＋　○○　→　●○●　●○●

〔問2〕 図１のように，発泡ポリスチレンのコップの中の水に電熱線を入れた。電熱線に６Ｖの電圧を加えたところ，1.5Ａの電流が流れた。このときの電熱線の抵抗の大きさと，電熱線に６Ｖの電圧を加え５分間電流を流したときの電力量とを組み合わせたものとして適切なのは，次の表の**ア**～**エ**のうちではどれか。

	電熱線の抵抗の大きさ〔Ω〕	電熱線に６Ｖの電圧を加え５分間電流を流したときの電力量〔Ｊ〕
ア	4	450
イ	4	2700
ウ	9	450
エ	9	2700

図１

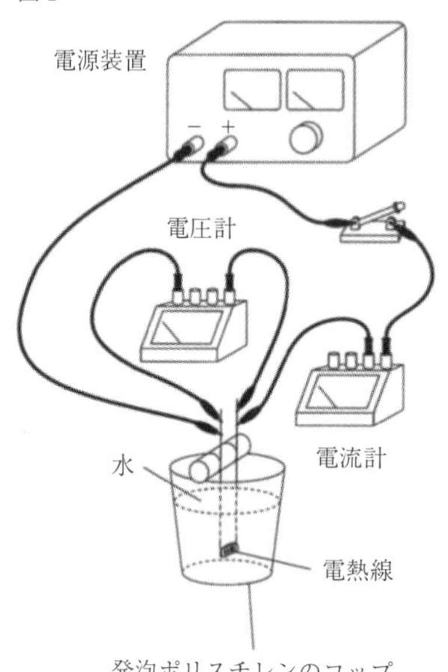

〔問3〕 次のＡ～Ｅの生物の仲間を，脊椎(せきつい)動物と無脊椎動物とに分類したものとして適切なのは，下の表の**ア**～**エ**のうちではどれか。

Ａ　昆虫類　　Ｂ　魚類　　Ｃ　両生類　　Ｄ　甲殻類　　Ｅ　鳥類

	脊椎動物	無脊椎動物
ア	Ａ，Ｃ，Ｄ	Ｂ，Ｅ
イ	Ａ，Ｄ	Ｂ，Ｃ，Ｅ
ウ	Ｂ，Ｃ，Ｅ	Ａ，Ｄ
エ	Ｂ，Ｅ	Ａ，Ｃ，Ｄ

〔問4〕 図２は，ヘリウム原子の構造を模式的に表したものである。原子核の性質と電子の性質について述べたものとして適切なのは，次の**ア**～**エ**のうちではどれか。

図２

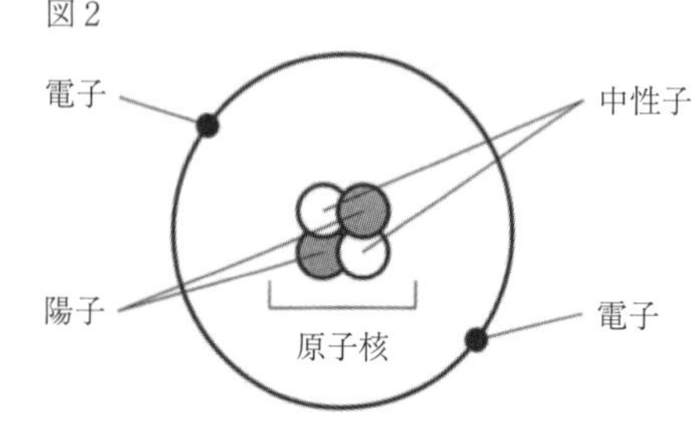

ア　原子核は，プラスの電気をもち，電子は，マイナスの電気をもつ。

イ　原子核は，マイナスの電気をもち，電子は，プラスの電気をもつ。

ウ　原子核と電子は，共にプラスの電気をもつ。

エ　原子核と電子は，共にマイナスの電気をもつ。

〔問５〕 表１は，ある日の午前９時の東京の気象観測の結果を記録したものである。また，表２は，風力と風速の関係を示した表の一部である。表１と表２から，表１の気象観測の結果を天気，風向，風力の記号で表したものとして適切なのは，下の**ア**～**エ**のうちではどれか。

表１

天気	風向	風速〔m/s〕
くもり	北東	3.0

表２

風力	風速〔m/s〕
0	0.3未満
1	0.3以上1.6未満
2	1.6以上3.4未満
3	3.4以上5.5未満
4	5.5以上8.0未満

ア 北

イ 北

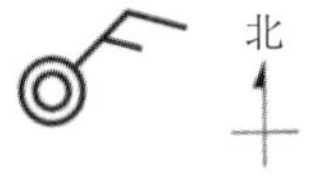

ウ 北

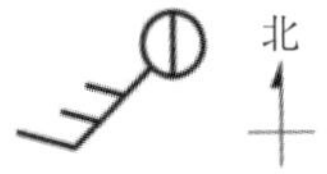

エ 北

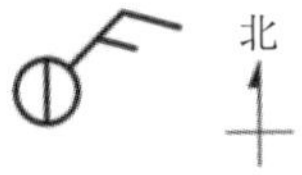

〔問６〕 ヒトのヘモグロビンの性質の説明として適切なのは，次のうちではどれか。

ア ヒトのヘモグロビンは，血液中の白血球に含まれ，酸素の少ないところでは酸素と結び付き，酸素の多いところでは酸素をはなす性質がある。

イ ヒトのヘモグロビンは，血液中の白血球に含まれ，酸素の多いところでは酸素と結び付き，酸素の少ないところでは酸素をはなす性質がある。

ウ ヒトのヘモグロビンは，血液中の赤血球に含まれ，酸素の少ないところでは酸素と結び付き，酸素の多いところでは酸素をはなす性質がある。

エ ヒトのヘモグロビンは，血液中の赤血球に含まれ，酸素の多いところでは酸素と結び付き，酸素の少ないところでは酸素をはなす性質がある。

2 生徒が，岩石に興味をもち，調べたことについて科学的に探究しようと考え，自由研究に取り組んだ。生徒が書いたレポートの一部を読み，次の各問に答えよ。

<レポート１> 身近な岩石に含まれる化石について

河原を歩いているときに様々な色や形の岩石があることに気付き，河原の岩石を観察したところ，貝の化石を見付けた。

身近な化石について興味をもち，調べたところ，建物に使われている石材に化石が含まれるものもあることを知った。そこで，化石が含まれているいくつかの石材を調べ，表１のようにまとめた。

表１

石材	含まれる化石
建物Ａの壁に使われている石材ａ	フズリナ
建物Ｂの壁に使われている石材ｂ	アンモナイト
建物Ｂの床に使われている石材ｃ	サンゴ

〔問１〕 **<レポート１>**から，化石について述べた次の文章の ① と ② にそれぞれ当てはまるものを組み合わせたものとして適切なのは，下の表の**ア**～**エ**のうちではどれか。

表１において，石材ａに含まれるフズリナの化石と石材ｂに含まれるアンモナイトの化石のうち，地質年代の古いものは ① である。また，石材ｃに含まれるサンゴの化石のように，その化石を含む地層が堆積した当時の環境を示す化石を ② という。

	①	②
ア	石材 a に含まれるフズリナの化石	示相化石
イ	石材 a に含まれるフズリナの化石	示準化石
ウ	石材 b に含まれるアンモナイトの化石	示相化石
エ	石材 b に含まれるアンモナイトの化石	示準化石

<レポート２>　金属を取り出せる岩石について

山を歩いているときに見付けた緑色の岩石について調べたところ，クジャク石というもので，この石から銅を得られることを知った。不純物を含まないクジャク石から銅を得る方法に興味をもち，具体的に調べたところ，クジャク石を加熱すると，酸化銅と二酸化炭素と水に分解され，得られた酸化銅に炭素の粉をよく混ぜ，加熱すると銅が得られることが分かった。

クジャク石に含まれる銅の割合を，実験と資料により確認することにした。

図１

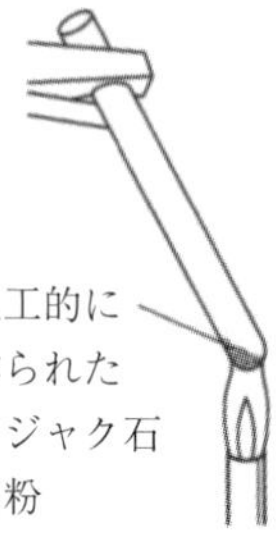

人工的に作られたクジャク石の粉

まず，不純物を含まない人工的に作られたクジャク石の粉0.20ｇを理科室で図１のように加熱し，完全に反応させ，0.13ｇの黒色の固体を得た。次に，銅の質量とその銅を加熱して得られる酸化銅の質量の関係を調べ，表２のような資料にまとめた。

表２

銅の質量〔ｇ〕	0.08	0.12	0.16	0.20	0.24	0.28
加熱して得られる酸化銅の質量〔ｇ〕	0.10	0.15	0.20	0.25	0.30	0.35

〔問２〕　**<レポート２>**から，人工的に作られたクジャク石の粉0.20ｇに含まれる銅の割合として適切なのは，次のうちではどれか。

ア　20％　　**イ**　52％　　**ウ**　65％　　**エ**　80％

<レポート３>　石英について

山を歩いているときに見付けた無色透明な部分を含む岩石について調べたところ，無色透明な部分が石英であり，ガラスの原料として広く使われていることを知った。

ガラスを通る光の性質に興味をもち，調べるために，空気中で図２のように方眼紙の上に置いた直方体のガラスに光源装置から光を当てる実験を行った。光は，物質の境界面Ｑ及び境界面Ｒで折れ曲がり，方眼紙に引いた直線Ｌを通り過ぎた。光の道筋と直線Ｌとの交点を点Ｐとした。なお，図２は真上から見た図であり，光源装置から出ている矢印(―▶―)は光の道筋と進む向きを示したものである。

図２

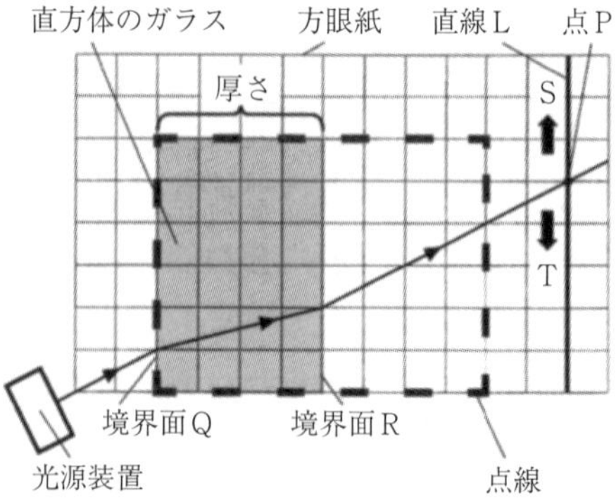

直方体のガラス　方眼紙　直線Ｌ　点Ｐ　厚さ　Ｓ　Ｔ　境界面Ｑ　境界面Ｒ　光源装置　点線

〔問３〕　**<レポート３>**から，図２の境界面Ｑと境界面Ｒのうち光源装置から出た光が通過するとき入射角より屈折角が大きくなる境界面と，厚さを２倍にした直方体のガラスに入れ替えて同じ実験をしたときの直線L上の点Pの位置の変化について述べたものとを組み合わせたものとして適切なのは，下の表の**ア**～**エ**のうちではどれか。

ただし，入れ替えた直方体のガラスは，<**レポート3**>の直方体のガラスの厚さのみを変え，点線（▬ ▬）の枠に合わせて設置するものとする。

	光源装置から出た光が通過するとき入射角より屈折角が大きくなる境界面	厚さを2倍にした直方体のガラスに入れ替えて同じ実験をしたときの直線L上の点Pの位置の変化について述べたもの
ア	境界面Q	点Pの位置は，Sの方向にずれる。
イ	境界面R	点Pの位置は，Sの方向にずれる。
ウ	境界面Q	点Pの位置は，Tの方向にずれる。
エ	境界面R	点Pの位置は，Tの方向にずれる。

<**レポート4**>　**生物由来の岩石について**

河原を歩いているときに見付けた岩石について調べたところ，その岩石は，海中の生物の死がいなどが堆積してできたチャートであることを知った。海中の生物について興味をもち，調べたところ，海中の生態系を構成する生物どうしは，食べたり食べられたりする関係でつながっていることが分かった。また，ある生態系を構成する生物どうしの数量的な関係は，図3のように，ピラミッドのような形で表すことができ，食べられる側の生物の数のほうが，食べる側の生物の数よりも多くなることも分かった。

図3

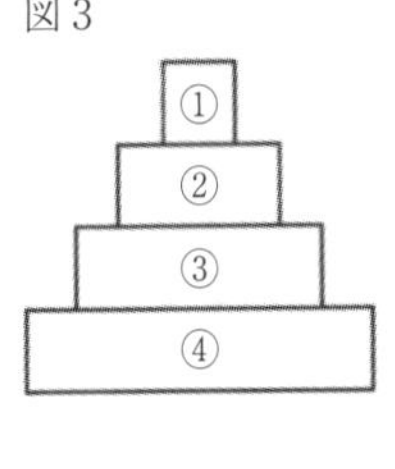

〔問4〕　生物どうしの数量的な関係を図3のように表すことができるモデル化した生態系Vについて，<**資料**>のことが分かっているとき，<**レポート4**>と<**資料**>から，生態系Vにおいて，図3の③に当てはまるものとして適切なのは，下の**ア**～**エ**のうちではどれか。

ただし，生態系Vにおいて，図3の①，②，③，④には，生物w，生物x，生物y，生物zのいずれかが，それぞれ別々に当てはまるものとする。

<**資料**>

生態系Vには，生物w，生物x，生物y，生物zがいる。生態系Vにおいて，生物wは生物xを食べ，生物xは生物yを食べ，生物yは生物zを食べる。

ア　生物w　　**イ**　生物x　　**ウ**　生物y　　**エ**　生物z

3　太陽と地球の動きに関する観察について，次の各問に答えよ。

東京のX地点（北緯35.6°）で，ある年の6月のある日に<**観察1**>を行ったところ，<**結果1**>のようになった。

図1

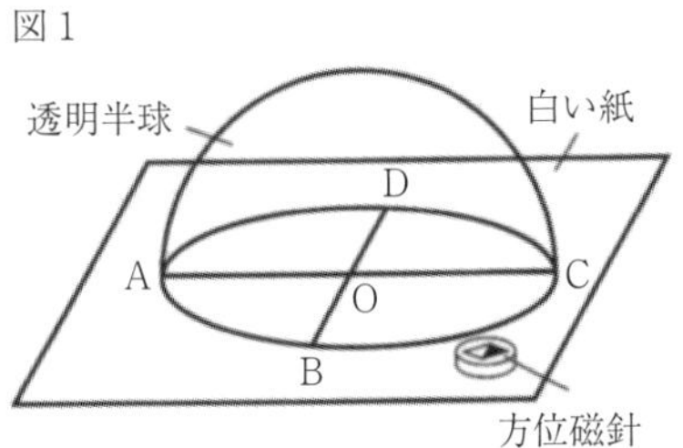

<**観察1**>

(1)　図1のように，白い紙に，透明半球の縁と同じ大きさの円と，円の中心Oで垂直に交わる線分ACと線分BDをかいた。かいた円に合わせて透明半球をセロハンテープで白い紙に固定した。

(2)　N極が黒く塗られた方位磁針を用いて点Cが北の方角に一致するよう線分ACを南北方向

に合わせ，透明半球を日当たりのよい水平な場所に固定した。

(3)　8時から16時までの間，2時間ごとに，油性ペンの先の影が円の中心Oと一致する透明半球上の位置に•印と観察した時刻を記録した。

(4)　(3)で記録した•印を滑らかな線で結び，その線を透明半球の縁まで延ばして，東側で交わる点をE，西側で交わる点をFとした。

(5)　(3)で2時間ごとに記録した透明半球上の•印の間隔をそれぞれ測定した。

<**結果1**>

(1)　<**観察1**>の(3)と(4)の透明半球上の記録は図2のようになった。

(2)　<**観察1**>の(5)では，2時間ごとに記録した透明半球上の•印の間隔はどれも5.2cmであった。

図2

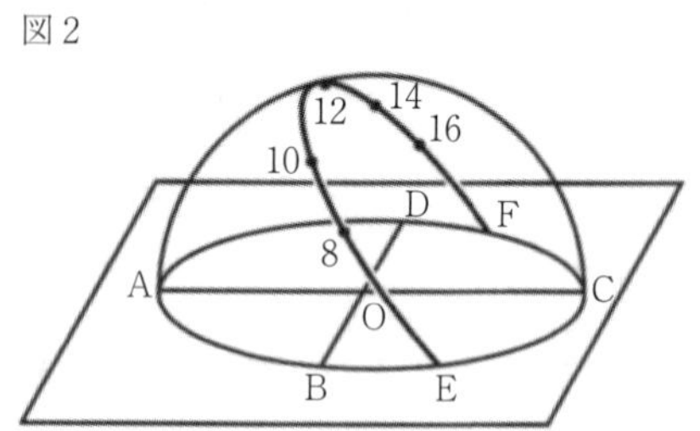

〔問1〕　<**結果1**>の(1)から，<**観察1**>の観測日の南中高度をRとしたとき，Rを示した模式図として適切なのは，下の**ア**～**エ**のうちではどれか。

　ただし，下の**ア**～**エ**の図中の点Pは太陽が南中した時の透明半球上の太陽の位置を示している。

ア

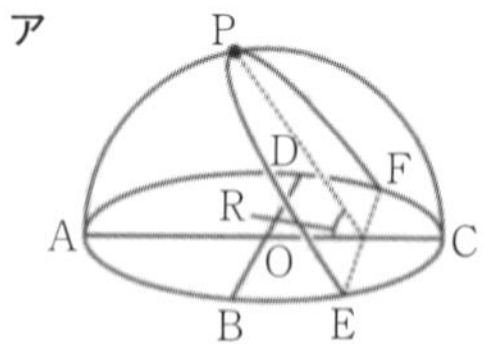

イ

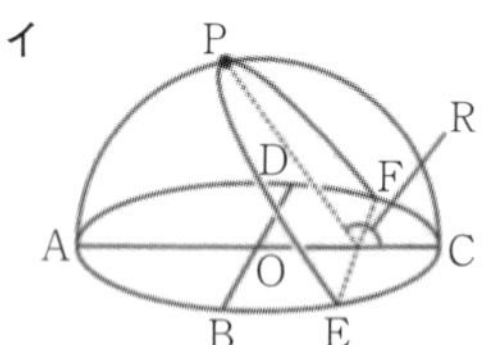

ウ

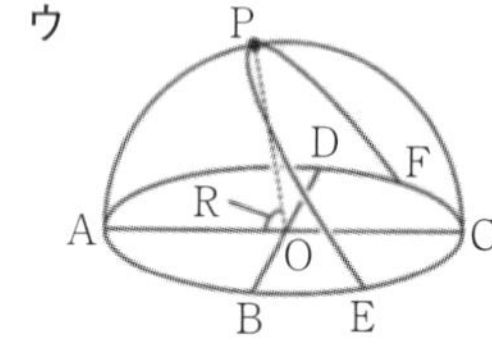

エ

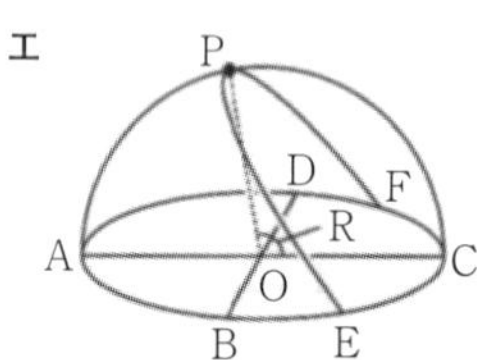

〔問2〕　<**結果1**>の(2)から，地球上での太陽の見かけ上の動く速さについてどのようなことが分かるか。「2時間ごとに記録した透明半球上の•印のそれぞれの間隔は，」に続く形で，理由も含めて簡単に書け。

〔問3〕　図3は，北極点の真上から見た地球を模式的に表したものである。点J，点K，点L，点Mは，それぞれ東京のX地点(北緯35.6°)の6時間ごとの位置を示しており，点Jは南中した太陽が見える位置である。地球の自転の向きについて述べた次の文章の ① ～ ④ に，それぞれ当てはまるものを組み合わせたものとして適切なのは，下の表の**ア**～**エ**のうちではどれか。

図3

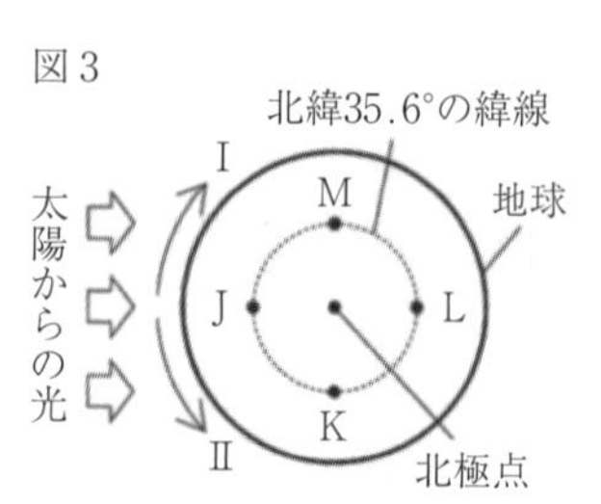

<**結果1**>の(1)から，地球上では太陽は見かけ上， ① に移動して見えることが分かる。また，図3において，東の空に太陽が見えるのは点 ② の位置であり，西の空に太陽が見えるのは点 ③ の位置である。そのため地球は， ④ の方向に自転していると考えられる。

	①	②	③	④
ア	西の空から東の空	K	M	Ⅰ
イ	東の空から西の空	K	M	Ⅱ
ウ	西の空から東の空	M	K	Ⅰ
エ	東の空から西の空	M	K	Ⅱ

次に，東京のX地点(北緯35.6°)で，<**観察1**>を行った日と同じ年の9月のある日に<**観察2**>を行ったところ，<**結果2**>のようになった。

<**観察2**>

(1)　<**観察1**>の(3)と(4)の結果を記録した図2のセロハンテープで白い紙に固定した透明半球を準備した。

(2)　N極が黒く塗られた方位磁針を用いて点Cが北の方角に一致するよう線分ACを南北方向に合わせ，透明半球を日当たりのよい水平な場所に固定した。

(3)　8時から16時までの間，2時間ごとに，油性ペンの先の影が円の中心Oと一致する透明半球上の位置に▲印と観察した時刻を記録した。

(4)　(3)で記録した▲印を滑らかな線で結び，その線を透明半球の縁まで延ばした。

(5)　<**観察1**>と<**観察2**>で透明半球上にかいた曲線の長さをそれぞれ測定した。

図4

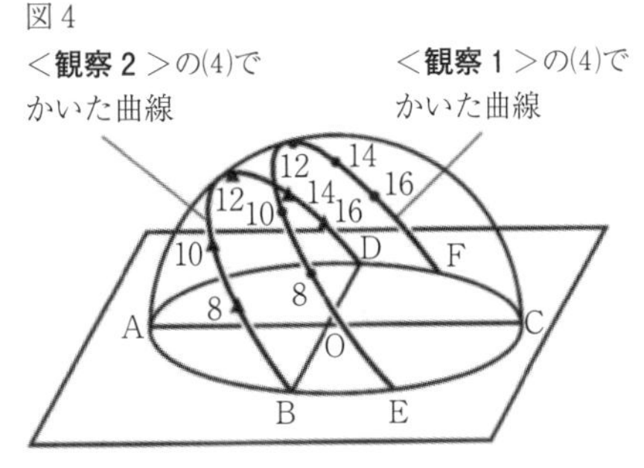

<**結果2**>

(1)　<**観察2**>の(3)と(4)の透明半球上の記録は図4のようになった。

(2)　<**観察2**>の(5)では，<**観察1**>の(4)でかいた曲線の長さは約37.7cmで，<**観察2**>の(4)でかいた曲線の長さは約33.8cmであった。

〔問4〕　図5は，<**観察1**>を行った日の地球を模式的に表したものである。図5のX地点は<**観察1**>を行った地点を示し，図5のY地点は北半球にあり，X地点より高緯度の地点を示している。<**結果2**>から分かることを次の①，②から一つ，図5のX地点とY地点における夜の長さを比較したとき夜の長さが長い地点を下の③，④から一つ，それぞれ選び，組み合わせたものとして適切なのは，下の**ア**～**エ**のうちではどれか。

図5

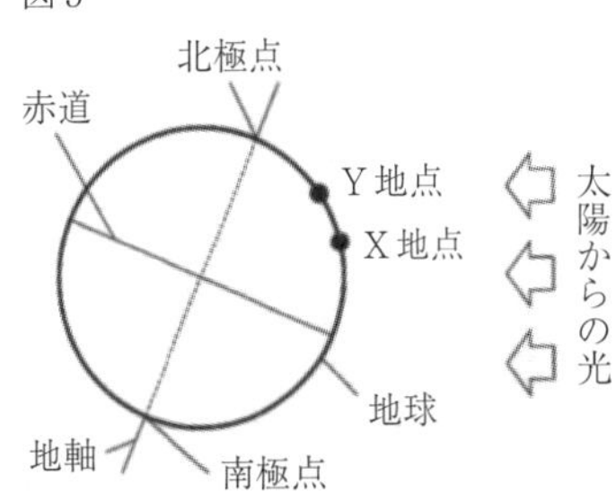

①　日の入りの位置は，<**観察1**>を行った日の方が<**観察2**>を行った日よりも北寄りで，昼の長さは<**観察1**>を行った日の方が<**観察2**>を行った日よりも長い。

②　日の入りの位置は，<**観察1**>を行った日の方が<**観察2**>を行った日よりも南寄りで，昼の長さは<**観察2**>を行った日の方が<**観察1**>を行った日よりも長い。

③　X地点

④　Y地点

ア　①，③　　**イ**　①，④　　**ウ**　②，③　　**エ**　②，④

4 植物の働きに関する実験について，次の各問に答えよ。

＜**実験**＞を行ったところ，＜**結果**＞のようになった。

＜**実験**＞

(1) 図１のように，２枚のペトリ皿に，同じ量の水と，同じ長さに切ったオオカナダモA，オオカナダモBを用意した。

オオカナダモA，オオカナダモBの先端付近の葉をそれぞれ１枚切り取り，プレパラートを作り，顕微鏡で観察し，細胞内の様子を記録した。

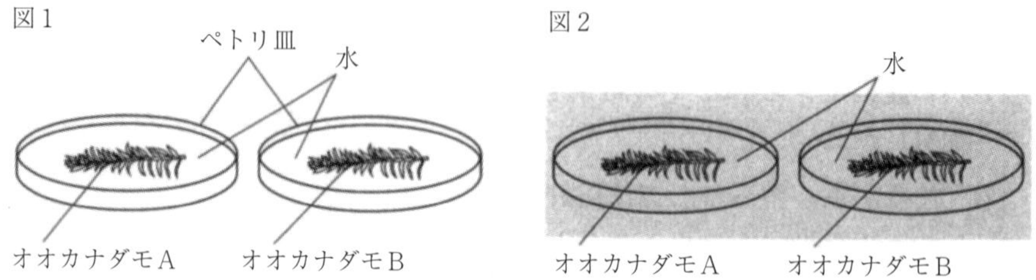

(2) 図２のように，オオカナダモA，オオカナダモBを，20℃の条件の下で，光が当たらない場所に２日間置いた。

(3) ２日後，オオカナダモA，オオカナダモBの先端付近の葉をそれぞれ１枚切り取り，熱湯に浸した後，温めたエタノールに入れ，脱色した。脱色した葉を水で洗った後，ヨウ素液を１滴落とし，プレパラートを作り，顕微鏡で観察し，細胞内の様子を記録した。

(4) (2)で光が当たらない場所に２日間置いたオオカナダモBの入ったペトリ皿をアルミニウムはくで覆い，ペトリ皿の内部に光が入らないようにした。

(5) 図３のように，20℃の条件の下で，(2)で光が当たらない場所に２日間置いたオオカナダモAが入ったペトリ皿と，(4)でアルミニウムはくで覆ったペトリ皿を，光が十分に当たる場所に３日間置いた。

(6) ３日後，オオカナダモAとオオカナダモBの先端付近の葉をそれぞれ１枚切り取った。

(7) (6)で切り取った葉を熱湯に浸した後，温めたエタノールに入れ，脱色した。脱色した葉を水で洗った後，ヨウ素液を１滴落とし，プレパラートを作り，顕微鏡で観察し，細胞内の様子を記録した。

図３

光源　アルミニウムはくで覆われている　水

オオカナダモA　（オオカナダモBと水が入っている）

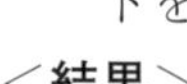

＜**結果**＞

(1) ＜**実験**＞の(1)のオオカナダモAとオオカナダモBの先端付近の葉の細胞内には，緑色の粒がそれぞれ多数観察された。

(2) ＜**実験**＞の(3)のオオカナダモの先端付近の葉の細胞内の様子の記録は，表１のようになった。

表１

オオカナダモAの先端付近の葉の細胞内の様子	オオカナダモBの先端付近の葉の細胞内の様子
＜**実験**＞の(1)で観察された緑色の粒と同じ形の粒は，透明であった。	＜**実験**＞の(1)で観察された緑色の粒と同じ形の粒は，透明であった。

(3) ＜**実験**＞の(7)のオオカナダモの先端付近の葉の細胞内の様子の記録は，表２のようになった。

表2

オオカナダモAの先端付近の葉の細胞内の様子	オオカナダモBの先端付近の葉の細胞内の様子
<**実験**>の(1)で観察された緑色の粒と同じ形の粒は，青紫色に染色されていた。	<**実験**>の(1)で観察された緑色の粒と同じ形の粒は，透明であった。

〔問1〕 <**実験**>の(1)でプレパラートを作り，顕微鏡で観察をする準備を行う際に，プレパラートと対物レンズを，最初に，できるだけ近づけるときの手順について述べたものと，対物レンズが20倍で接眼レンズが10倍である顕微鏡の倍率とを組み合わせたものとして適切なのは，次の表の**ア**～**エ**のうちではどれか。

	顕微鏡で観察をする準備を行う際に，プレパラートと対物レンズを，最初に，できるだけ近づけるときの手順	対物レンズが20倍で接眼レンズが10倍である顕微鏡の倍率
ア	接眼レンズをのぞきながら，調節ねじを回してプレパラートと対物レンズをできるだけ近づける。	200倍
イ	顕微鏡を横から見ながら，調節ねじを回してプレパラートと対物レンズをできるだけ近づける。	200倍
ウ	接眼レンズをのぞきながら，調節ねじを回してプレパラートと対物レンズをできるだけ近づける。	30倍
エ	顕微鏡を横から見ながら，調節ねじを回してプレパラートと対物レンズをできるだけ近づける。	30倍

〔問2〕 <**実験**>の(6)で葉を切り取ろうとした際に，オオカナダモAに気泡が付着していることに気付いた。このことに興味をもち，植物の働きによる気体の出入りについて調べ，<**資料**>にまとめた。

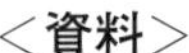
<**資料**>

【光が十分に当たるとき】と【光が当たらないとき】の植物の光合成や呼吸による，酸素と二酸化炭素の出入りは，図4の模式図のように表すことができる。図4から，植物の［ ⑤ ］による［ ③ ］の吸収と［ ④ ］の放出は，【光が［ ① ］とき】には見られるが，【光が［ ② ］とき】には見られない。

図4

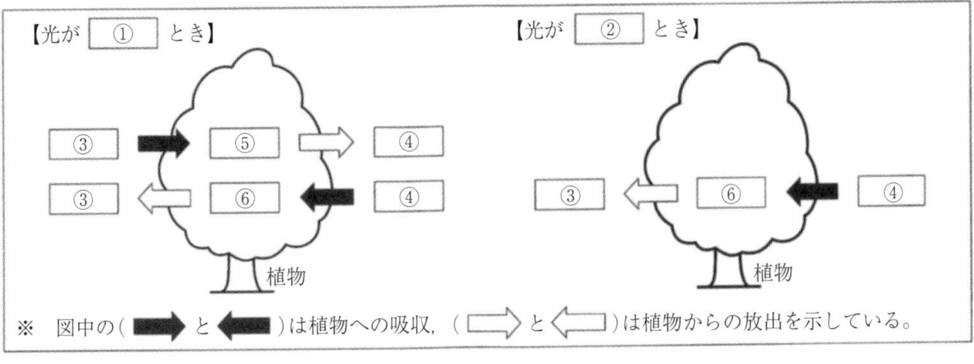

<**資料**>の ① ～ ⑥ にそれぞれ当てはまるものを組み合わせたものとして適切なのは，次の表の**ア**～**エ**のうちではどれか。

	①	②	③	④	⑤	⑥
ア	十分に当たる	当たらない	二酸化炭素	酸素	光合成	呼吸
イ	十分に当たる	当たらない	酸素	二酸化炭素	呼吸	光合成
ウ	当たらない	十分に当たる	二酸化炭素	酸素	光合成	呼吸
エ	当たらない	十分に当たる	酸素	二酸化炭素	呼吸	光合成

〔問３〕 <**結果**>の(1)～(3)から分かることとして適切なのは，次のうちではどれか。

ア 光が十分に当たる場所では，オオカナダモの葉の核でデンプンが作られることが分かる。

イ 光が十分に当たる場所では，オオカナダモの葉の核でアミノ酸が作られることが分かる。

ウ 光が十分に当たる場所では，オオカナダモの葉の葉緑体でデンプンが作られることが分かる。

エ 光が十分に当たる場所では，オオカナダモの葉の葉緑体でアミノ酸が作られることが分かる。

5 水溶液に関する実験について，次の各問に答えよ。

<**実験１**>を行ったところ，<**結果１**>のようになった。

図１

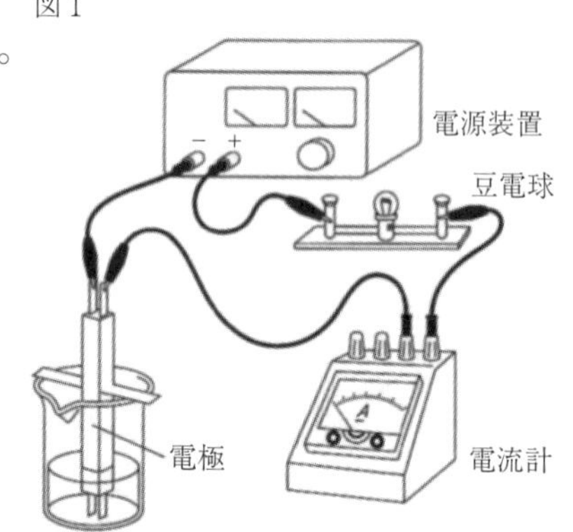

<**実験１**>

(1) ビーカーA，ビーカーB，ビーカーCにそれぞれ蒸留水(精製水)を入れた。

(2) ビーカーBに塩化ナトリウムを加えて溶かし，５％の塩化ナトリウム水溶液を作成した。ビーカーCに砂糖を加えて溶かし，５％の砂糖水を作成した。

(3) 図１のように実験装置を組み，ビーカーAの蒸留水，ビーカーBの水溶液，ビーカーCの水溶液に，それぞれ約３Vの電圧を加え，電流が流れるか調べた。

<**結果１**>

ビーカーA	ビーカーB	ビーカーC
電流が流れなかった。	電流が流れた。	電流が流れなかった。

〔問１〕 <**結果１**>から，ビーカーBの水溶液の溶質の説明と，ビーカーCの水溶液の溶質の説明とを組み合わせたものとして適切なのは，次の表の**ア**～**エ**のうちではどれか。

	ビーカーBの水溶液の溶質の説明	ビーカーCの水溶液の溶質の説明
ア	蒸留水に溶け，電離する。	蒸留水に溶け，電離する。
イ	蒸留水に溶け，電離する。	蒸留水に溶けるが，電離しない。
ウ	蒸留水に溶けるが，電離しない。	蒸留水に溶け，電離する。
エ	蒸留水に溶けるが，電離しない。	蒸留水に溶けるが，電離しない。

次に，<**実験２**>を行ったところ，<**結果２**>のようになった。

<**実験２**>

(1)　試験管Ａ，試験管Ｂに，室温と同じ27℃の蒸留水（精製水）をそれぞれ５ｇ（5 cm^3）入れた。次に，試験管Ａに硝酸カリウム，試験管Ｂに塩化ナトリウムをそれぞれ３ｇ加え，試験管をよくふり混ぜた。試験管Ａ，試験管Ｂの中の様子をそれぞれ観察した。

(2)　図２のように，試験管Ａ，試験管Ｂの中の様子をそれぞれ観察しながら，ときどき試験管を取り出し，ふり混ぜて，温度計が27℃から60℃を示すまで水溶液をゆっくり温めた。

(3)　加熱を止め，試験管Ａ，試験管Ｂの中の様子をそれぞれ観察しながら，温度計が27℃を示すまで水溶液をゆっくり冷やした。

(4)　試験管Ａ，試験管Ｂの中の様子をそれぞれ観察しながら，さらに温度計が20℃を示すまで水溶液をゆっくり冷やした。

(5)　(4)の試験管Ｂの水溶液を１滴とり，スライドガラスの上で蒸発させた。

図２

<**結果２**>

(1)　<**実験２**>の(1)から<**実験２**>の(4)までの結果は以下の表のようになった。

	試験管Ａの中の様子	試験管Ｂの中の様子
<**実験２**>の(1)	溶け残った。	溶け残った。
<**実験２**>の(2)	温度計が約38℃を示したときに全て溶けた。	<**実験２**>の(1)の試験管Ｂの中の様子に比べ変化がなかった。
<**実験２**>の(3)	温度計が約38℃を示したときに結晶が現れ始めた。	<**実験２**>の(2)の試験管Ｂの中の様子に比べ変化がなかった。
<**実験２**>の(4)	結晶の量は，<**実験２**>の(3)の結果に比べ増加した。	<**実験２**>の(3)の試験管Ｂの中の様子に比べ変化がなかった。

(2)　<**実験２**>の(5)では，スライドガラスの上に白い固体が現れた。

さらに，硝酸カリウム，塩化ナトリウムの水に対する溶解度を図書館で調べ，<**資料**>を得た。

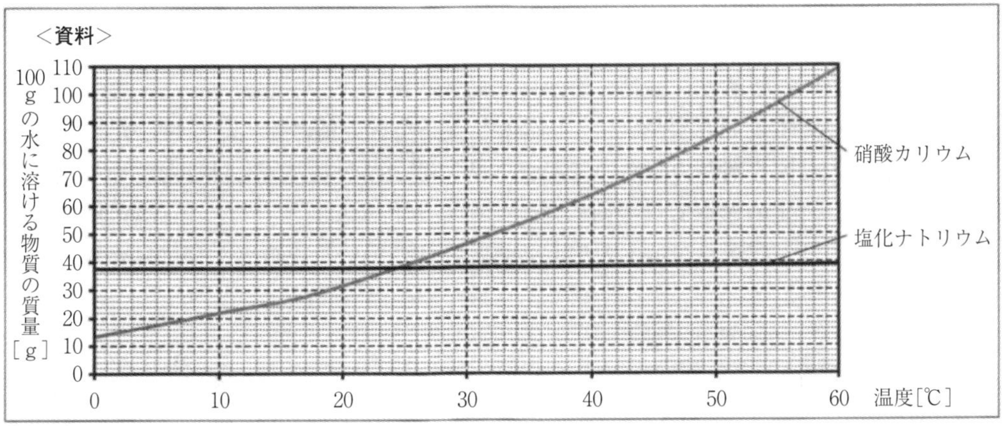

〔問２〕　<**結果２**>の(1)と<**資料**>から，温度計が60℃を示すまで温めたときの試験管Ａの水溶液の温度と試験管Ａの水溶液の質量パーセント濃度の変化との関係を模式的に示した図として適切なのは，次のうちではどれか。

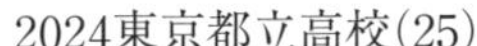

ア

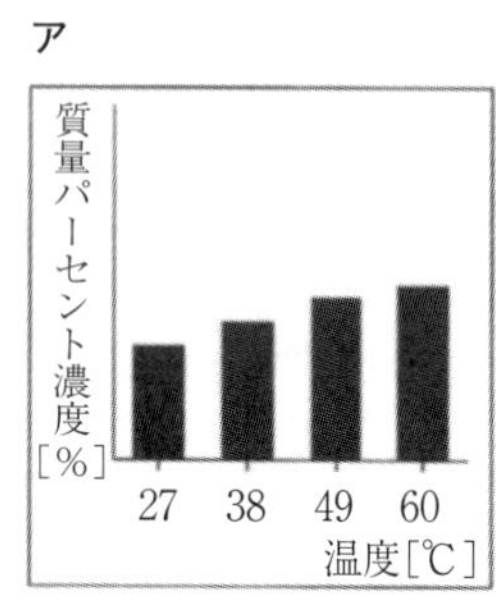

イ

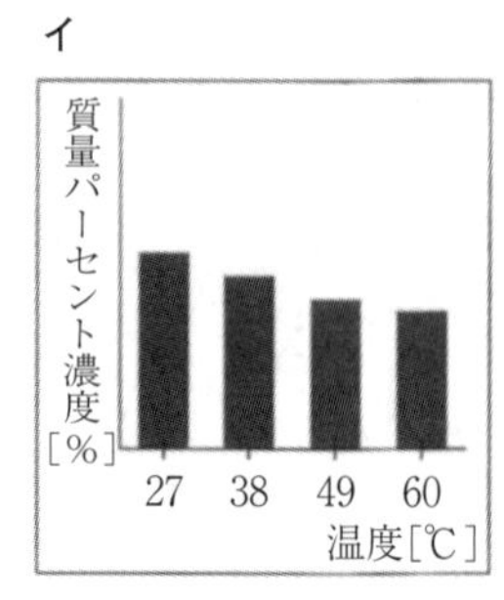

ウ

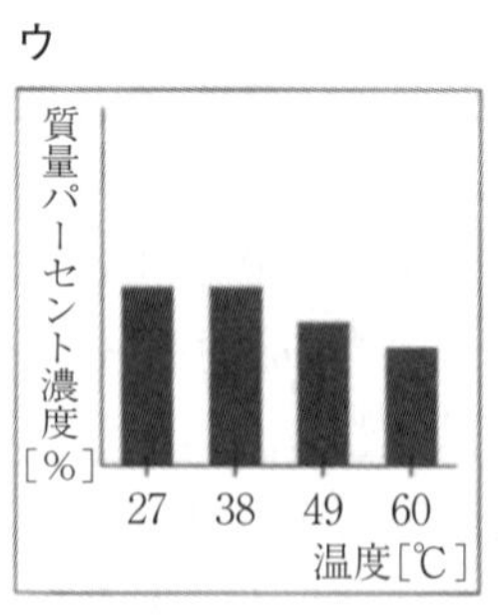

エ

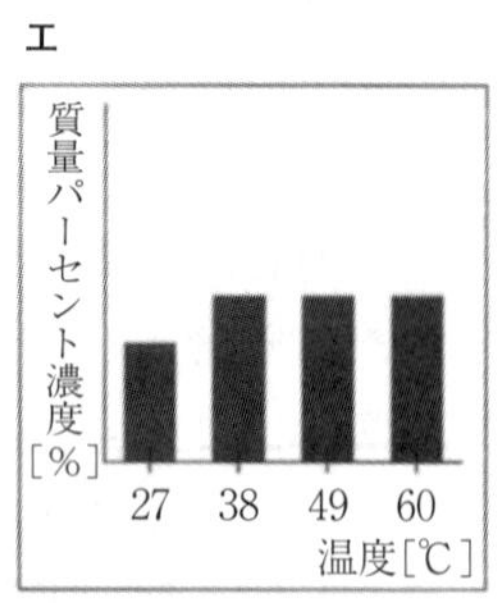

〔問３〕　<**結果２**>の(1)から，試験管Ｂの中の様子に変化がなかった理由を，温度の変化と溶解度の変化の関係に着目して，「<**資料**>から，」に続く形で，簡単に書け。

〔問４〕　<**結果２**>の(2)から，水溶液の溶媒を蒸発させると溶質が得られることが分かった。試験管Ｂの水溶液の温度が20℃のときと同じ濃度の塩化ナトリウム水溶液が0.35ｇあった場合，<**資料**>を用いて考えると，溶質を全て固体として取り出すために蒸発させる溶媒の質量として適切なのは，次のうちではどれか。

ア　約0.13ｇ　　**イ**　約0.21ｇ　　**ウ**　約0.25ｇ　　**エ**　約0.35ｇ

6　力学的エネルギーに関する実験について，次の各問に答えよ。
ただし，質量100ｇの物体に働く重力の大きさを１Ｎとする。
<**実験１**>を行ったところ，<**結果１**>のようになった。

<**実験１**>

(1)　図１のように，力学台車と滑車を合わせた質量600ｇの物体を糸でばねばかりにつるし，基準面で静止させ，ばねばかりに印を付けた。その後，ばねばかりをゆっくり一定の速さで水平面に対して垂直上向きに引き，物体を基準面から10cm 持ち上げたとき，ばねばかりが示す力の大きさと，印が動いた距離と，移動にかかった時間を調べた。

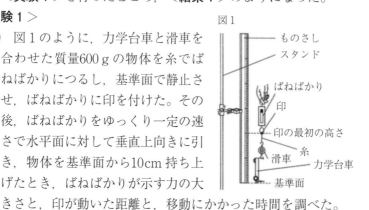

図１

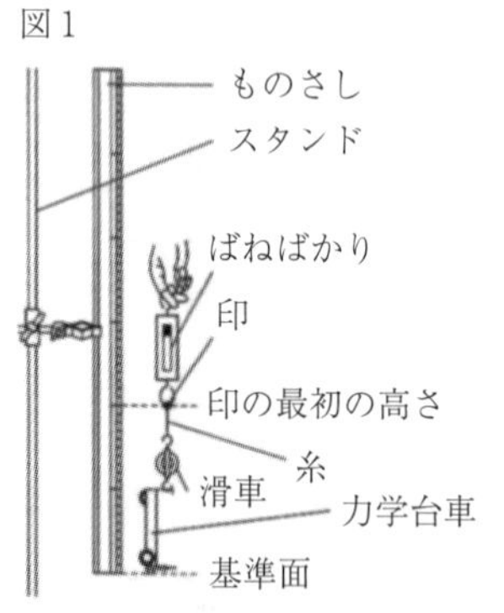

図２

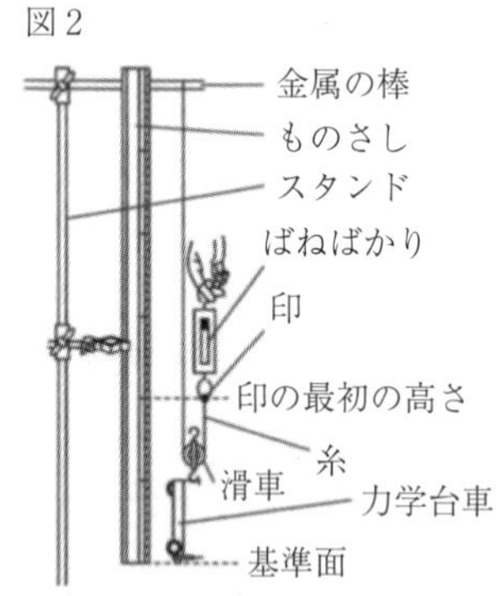

(2)　図２のように，(1)と同じ質量600ｇの物体を，一端を金属の棒に結び付けた糸でばねばかりにつるし，(1)と同じ高さの基準面で静止させ，ばねばかりに印を付けた。その後，ばねばかりをゆっくり一定の速さで水平面に対して垂直上向きに引き，物体を基準面から10cm 持ち上げたとき，ばねばかりが示す力の大きさと，印が動いた距離と，移動にかかった時間を調べた。

<**結果１**>

	ばねばかりが示す力の大きさ〔Ｎ〕	印が動いた距離〔cm〕	移動にかかった時間〔ｓ〕
<**実験１**>の(1)	6	10	25
<**実験１**>の(2)	3	20	45

〔問１〕　<**結果１**>から，<**実験１**>の(1)で物体を基準面から10cm 持ち上げたときに「ばねばかりが糸を引く力」がした仕事の大きさと，<**実験１**>の(2)で「ばねばかりが糸を引く力」を

作用としたときの反作用とを組み合わせたものとして適切なのは，次の表の**ア**～**エ**のうちではどれか。

	「ばねばかりが糸を引く力」がした仕事の大きさ〔J〕	<**実験１**>の(2)で「ばねばかりが糸を引く力」を作用としたときの反作用
ア	0.6	力学台車と滑車を合わせた質量600 gの物体に働く重力
イ	6	力学台車と滑車を合わせた質量600 gの物体に働く重力
ウ	0.6	糸がばねばかりを引く力
エ	6	糸がばねばかりを引く力

次に，<**実験２**>を行ったところ，<**結果２**>のようになった。

<**実験２**>

(1) 図３のように，斜面の傾きを10°にし，記録テープを手で支え，力学台車の先端を点Aの位置にくるように静止させた。

図３

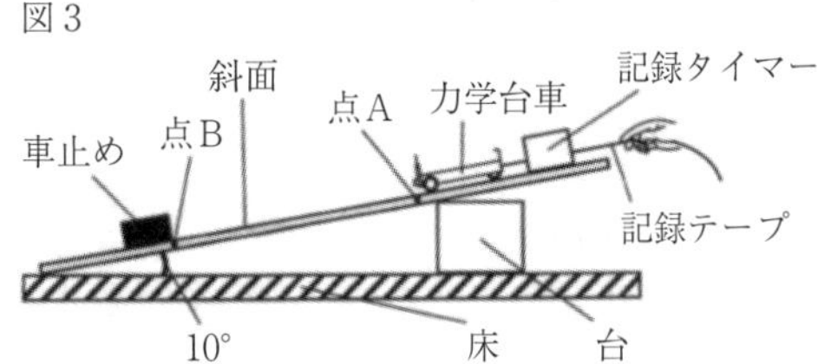

(2) 記録テープから静かに手をはなし，力学台車が動き始めてから，点Bの位置にある車止めに当たる直前までの運動を，１秒間に一定間隔で50回打点する記録タイマーで記録テープに記録した。

(3) (2)で得た記録テープの，重なっている打点を用いずに，はっきり区別できる最初の打点を基準点とし，基準点から５打点間隔ごとに長さを測った。

(4) (1)と同じ場所で，同じ実験器具を使い，斜面の傾きを20°に変えて同じ実験を行った。

<**結果２**>

図４　斜面の傾きが10°のときの記録テープ

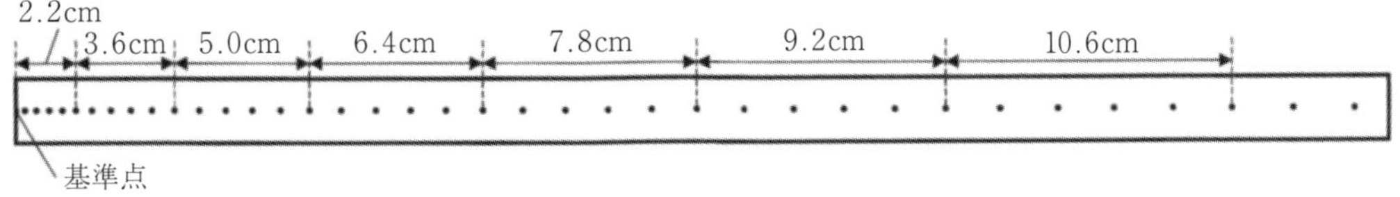

図５　斜面の傾きが20°のときの記録テープ

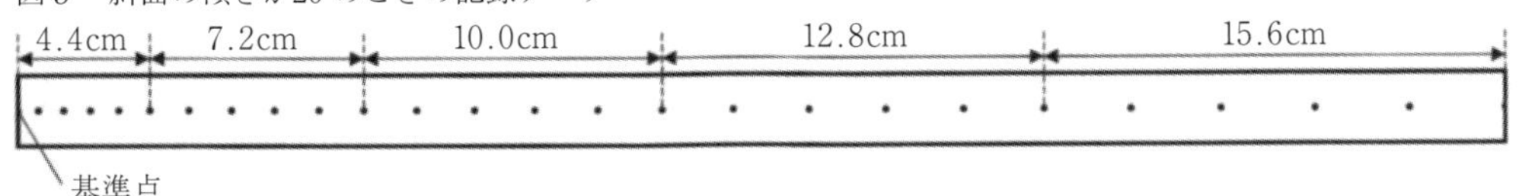

〔問２〕 <**結果２**>から，力学台車の平均の速さについて述べた次の文章の ① と ② にそれぞれ当てはまるものとして適切なのは，下の**ア**～**エ**のうちではどれか。

> <**実験２**>の(2)で，斜面の傾きが10°のときの記録テープの基準点が打点されてから0.4秒経過するまでの力学台車の平均の速さをCとすると，Cは ① である。また，<**実験２**>の(4)で，斜面の傾きが20°のときの記録テープの基準点が打点されてから0.4秒経過するまでの力学台車の平均の速さをDとしたとき，CとDの比を最も簡単な整数の比で表すとC：D＝ ② となる。

① **ア** 16cm/s **イ** 32cm/s **ウ** 43cm/s **エ** 64cm/s

② **ア** 1：1 **イ** 1：2 **ウ** 2：1 **エ** 14：15

〔問３〕 ＜**結果２**＞から，＜**実験２**＞で斜面の傾きを10°から20°にしたとき，点Ａから点Ｂの直前まで斜面を下る力学台車に働く重力の大きさと，力学台車に働く重力を斜面に平行な(沿った)方向と斜面に垂直な方向の二つの力に分解したときの斜面に平行な方向に分解した力の大きさとを述べたものとして適切なのは，次のうちではどれか。

ア 力学台車に働く重力の大きさは変わらず，斜面に平行な分力は大きくなる。

イ 力学台車に働く重力の大きさは大きくなり，斜面に平行な分力も大きくなる。

ウ 力学台車に働く重力の大きさは大きくなるが，斜面に平行な分力は変わらない。

エ 力学台車に働く重力の大きさは変わらず，斜面に平行な分力も変わらない。

〔問４〕 ＜**実験１**＞の位置エネルギーと＜**実験２**＞の運動エネルギーの大きさについて述べた次の文章の ① と ② にそれぞれ当てはまるものを組み合わせたものとして適切なのは，下の表の**ア**～**エ**のうちではどれか。

＜**実験１**＞の(1)と(2)で，ばねばかりをゆっくり一定の速さで引きはじめてから25秒経過したときの力学台車の位置エネルギーの大きさを比較すると ① 。

＜**実験２**＞の(2)と(4)で，力学台車が点Ａから点Ｂの位置にある車止めに当たる直前まで下ったとき，力学台車のもつ運動エネルギーの大きさを比較すると ② 。

	①	②
ア	＜**実験１**＞の(1)と(2)で等しい	＜**実験２**＞の(2)と(4)で等しい
イ	＜**実験１**＞の(1)と(2)で等しい	＜**実験２**＞の(4)の方が大きい
ウ	＜**実験１**＞の(1)の方が大きい	＜**実験２**＞の(2)と(4)で等しい
エ	＜**実験１**＞の(1)の方が大きい	＜**実験２**＞の(4)の方が大きい

社会解答

1 〔問１〕 B…イ　C…エ　D…ウ　E…ア
〔問２〕 エ　〔問３〕 ウ

2 〔問１〕 略地図中のA～D…C　Ⅱのア～エ…イ
〔問２〕 P…ア　Q…ウ　R…エ　S…イ
〔問３〕 略地図中のW～Z…Z　ⅠとⅡのア～エ…ア

3 〔問１〕 A…ウ　B…イ　C…ア　D…エ
〔問２〕 Ⅰのア～エ…ア　略地図中のW～Z…W
〔問３〕 (例)自動車を利用しなくても，公共交通を利用することで，日常生活に必要な機能が利用できる。

4 〔問１〕 エ→ア→イ→ウ
〔問２〕 (例)太平洋のみを通る経路と，日本海と太平洋を通る経路で，寄港地では積荷の点検などを行い，江戸に輸送すること。
〔問３〕 A…ウ　B…エ　C…ア　D…イ
〔問４〕 A…ア　B…イ　C…エ　D…ウ

5 〔問１〕 イ
〔問２〕 ⅠのA～D…C　ア～エ…ウ
〔問３〕 エ
〔問４〕 (例)投票権年齢，選挙権年齢，成年年齢を満18歳以上とし，社会への参加時期を早め，若年者が将来の国づくりの中心として積極的な役割を果たすこと。

6 〔問１〕 A…イ　B…ア　C…ウ　D…エ
〔問２〕 ウ　〔問３〕 ア

1 〔三分野総合―小問集合問題〕

〔問１〕＜地形図と写真の読み取り＞地形図上のB～E点のうち，B点とE点は進行方向の前方で鉄道の線路と交差していることから，アとイのいずれかが当てはまる。このうち，E点の前方には橋・高架を表す(〓)が見られ，道路が線路の上を通っていることがわかる。したがって，E点がア，B点がイとなる。次にD点は，北西から南東にかけて延びる道路と，D点から北へ向かって延びる道路が交わる丁字形の交差点に位置することから，ウが当てはまる。最後にC点は，地形図の右下のスケールバー(距離を表す目盛り)をもとにすると，直前の地点であるB点からの距離が500mよりもやや短い距離であることから，エが当てはまる。

〔問２〕＜分国法＞分国法は，戦国大名が家臣や民衆を統制し，領国を支配するために定めた独自の法である。分国法の規定には，勝手な婚姻や城の建築を禁止するもの，争いの当事者の双方を罰する「けんか両成敗」を定めたものなどが見られる(エ…○)。なお，御成敗式目〔貞永式目〕は1232年に鎌倉幕府の第３代執権である北条泰時が定めた法(ア…×)，大宝律令は701年に唐の律令にならってつくられた法(イ…×)，武家諸法度は江戸幕府が大名を統制するために定めた法である(ウ…×)。

〔問３〕＜特別会＞特別会〔特別国会〕は，衆議院解散後の総選挙の日から30日以内に召集される国会である。特別会が召集されると，それまでの内閣は総辞職し，新しい内閣総理大臣の指名が行われる(ウ…○)。なお，常会〔通常国会〕は，毎年１回１月中に召集され，予算の審議を主に行う国会である(ア…×)。臨時会〔臨時国会〕は，内閣が必要と認めたとき，またはいずれかの議院の総議員の４分の１以上の要求があった場合に召集される国会である(イ…×)。参議院の緊急集会は，衆議院の解散中に緊急の必要がある場合に，内閣の求めによって開かれる集会である。

2 〔世界地理―世界の諸地域〕

〔問１〕＜世界の国と気候＞略地図中のA～D．略地図中のAはタイの首都バンコク，Bはサウジアラビアの首都リヤド，Cはエチオピアの首都アディスアベバ，Dはポーランドの首都ワルシャワである。Ⅰの文章は，首都が標高約2350mの高地にあること，コーヒー豆の生産量が多く輸出額に占める割合が高いことなどから，国土にエチオピア高原が広がり，輸出額に占めるコーヒー豆の割合が高いモノカルチャー経済の国であるエチオピアについて述べたものである。　Ⅱのア～エ．エチオピアの首都アディスアベバは高山気候に属していることから，一年を通して冷涼で，年間の気温差が小さいイが当てはまる。なお，アは冬の寒さが厳しい亜寒帯〔冷帯〕気候でDのワルシャワ，ウは一年を通して降水量が非常に少ない乾燥帯の砂漠気候でBのリヤド，エは一年中高温で雨季と乾季がある熱帯のサバナ気候でAのバンコクのグラフである。

〔問2〕<世界の国々の特徴>略地図中のPはメキシコ，Qはフィジー，Rはバングラデシュ，Sはイタリアである。アは，とうもろこしが主食であることなどからメキシコであり，「中央部の高原」とはメキシコ高原である。イは，柑橘(かんきつ)類やオリーブの栽培が盛んであることや，小麦が主食であることなどから，地中海沿岸に位置するイタリアである。ウは，タロいもが主食で，さとうきびやバナナなどの熱帯の植物が見られることから，南太平洋に位置するフィジーである。エは，稲作や茶の栽培が盛んで，米が主食であることなどからバングラデシュである。

〔問3〕<オランダの特徴と資料の読み取り>略地図中のW～Z．略地図中のWはウルグアイ，Xはマレーシア，Yは南アフリカ共和国，Zはオランダである。Ⅲの文章は，ポルダーと呼ばれる干拓地があること，花や野菜の栽培や酪農が盛んであることなどから，オランダについて述べたものである。　ⅠとⅡのア～エ．Ⅲの文章の2段落目の記述内容と，Ⅰ，Ⅱの表を照らし合わせて考える。まず，Ⅲの文中の「2001年と比べて2019年では，日本の輸入額は2倍に届いてはいないが増加し」という記述から，Ⅰの表中ではア，ウ，エが該当し，「輸出額は3倍以上となっている」という記述から，Ⅱの表中ではア，イ，ウが該当する。したがって，ア，ウのいずれかがオランダとなる。次に，(2019年の)「輸出額が多い上位3位までの貿易相手国は全て同じ地域の政治・経済統合体の加盟国」という記述から，この政治・経済統合体はオランダが加盟しているEU〔ヨーロッパ連合〕と判断でき，Ⅱの表中で2019年における輸出額が多い上位3位までの貿易相手国が全てEU加盟国となっているアがオランダとなる。なお，イは，表Ⅰで日本の輸入額が4か国中で最も少ないこと，表Ⅱで主な輸出相手国に南アメリカ州の国が多いことからウルグアイである。ウは，表Ⅰで2001年の日本の主な輸入品目にとうもろこしが含まれていること，表Ⅱで2001年の主な輸出相手国にイギリスが含まれることから，かつてイギリスの植民地であった南アフリカ共和国である。エは，表Ⅰで日本の輸入額が4か国中で最も多く，日本の最大の輸入品がパーム油であること，表Ⅱで主な輸出相手国にシンガポールが見られることからマレーシアである。

3〔日本地理―日本の諸地域〕

〔問1〕<都道府県の自然と第一次産業>略地図中のAは秋田県，Bは静岡県，Cは奈良県，Dは鹿児島県である。　ア．Cの奈良県に当てはまる。1段落目の「河川」は紀の川(奈良県では吉野川)であり，県の南東部にある大台ヶ原付近を水源とする。大台ヶ原付近は国内有数の多雨地域で，林業が盛んで，吉野杉と呼ばれる国産材の産地として知られる。　イ．Bの静岡県に当てはまる。北部には3000m級の赤石山脈が南北に走り，東部には山がちな伊豆半島が位置する。中西部にある牧ノ原などの台地では茶の栽培が盛んで，静岡県の茶の生産量は全国第1位(2021年)である。
ウ．Aの秋田県に当てはまる。1段落目の「河川」は，秋田平野から日本海に注ぐ雄物川である。南東部の横手盆地は，奥羽山脈の西側に位置し，夏に北東から吹く冷涼なやませによる冷害の影響を受けにくく，稲作が盛んである。　エ．Dの鹿児島県に当てはまる。薩摩半島と大隅半島に囲まれた鹿児島湾には桜島，北東側の宮崎県との県境には霧島山があり，いずれも活動が活発な火山である。火山灰などが積もってできたシラス台地では，肉牛や豚などを飼育する牧畜が盛んである。

〔問2〕<千葉県の特徴と資料の読み取り>略地図中のW～Z．略地図中のWは千葉県，Xは愛知県，Yは兵庫県，Zは広島県である。Ⅱの文章は，沿岸部に製鉄や石油化学などの重化学工業を中心とする工業地域があること，中央部から北西部に人口が集中していることなどから，千葉県について述べたものである。千葉県の東京湾岸には京葉工業地域が広がり，東京都に近い中央部から北西部の地域には，千葉市や船橋市などの大都市が集まっている。　Ⅰのア～エ．Ⅱの文章中に「2020

年における人口に占める他の都道府県への従業・通学者数の割合は，１割以上」とあることから，Ⅰの表中のア～エについて，他の都道府県への従業・通学者数を，人口の１割(人口÷10)と比較したとき，１割を超えるのはアのみであるので，アが千葉県とわかる。また，製造品出荷額等に占める上位３位の品目に石油・石炭製品などの重化学工業製品が多いことから，アが千葉県と判断することもできる。なお，県庁所在地の人口と製造品出荷額等が最も大きく，製造品出荷額等に占める輸送用機械の割合が特に大きいエは，県庁所在地が名古屋市であり，自動車工業が盛んな中京工業地帯に属する愛知県である。残るイとウのうち，他の都道府県への従業・通学者数が多いウは大阪府に隣接する兵庫県であり，人口が最も少ないイは広島県である。

〔問３〕＜コンパクトなまちづくり＞現状の図より，日常生活に必要な４つの機能のうち，福祉施設や行政サービスは駅やバス停を中心とした徒歩圏にあり，自宅から徒歩と公共交通のみで利用することができるが，病院と食品スーパーを利用するには，自動車を利用しなければならないことがわかる。一方，将来の図より，病院と食品スーパーが駅やバス停を中心とした徒歩圏に変わり，駅やバス停から徒歩で利用できるようになっている。つまり，公共交通へのアクセスがよい場所に日常生活に必要な機能を集め，自動車を利用しなくても生活できるまちづくりが目指されていることがわかる。

4 〔歴史―古代～現代の日本と世界〕

〔問１〕＜年代整序＞年代の古い順に，エ(大化の改新―飛鳥時代)，ア(平安京と最澄―平安時代)，イ(執権政治と禅宗の保護―鎌倉時代)，ウ(勘合貿易―室町時代)となる。なお，アは桓武天皇，イは北条時頼，ウは足利義満，エは中大兄皇子(後の天智天皇)について述べている。

〔問２〕＜江戸時代の海上輸送＞まず，ⅠとⅡの資料をもとに輸送経路について確認すると，東北地方の荒浜から太平洋を南下して江戸に至る経路と，東北地方の酒田を出航し，日本海沿岸から下関を回って瀬戸内海を通り，大阪を経由して太平洋から江戸に至る航路があり，どちらの経路でも江戸までの輸送を行う。次に，Ⅰの資料をもとに寄港地の役割について確認すると，役人が船の発着の日時や積荷の点検などを行っていることがわかる。河村瑞賢が整備したこれらの航路は，それぞれ東廻り航路，西廻り航路と呼ばれる。

〔問３〕＜近代の出来事とその時期＞アの治外法権〔領事裁判権〕の撤廃などを定めた日英通商航海条約が調印されたのは1894年(Ｃ)，イの関東大震災が起こったのは1923年(Ｄ)，ウの日米和親条約が締結されたのは1854年(Ａ)，エの西南戦争が起こったのは1877年(Ｂ)のことである。

〔問４〕＜現代の出来事とその時期＞ア．サンフランシスコ平和条約が締結されたのは1951年である。Ａの時期には，特に海上貿易量(輸入)の増加が見られる。　イ．エネルギーの供給量において石油が石炭を上回るエネルギー革命が起こったのは1960年代である。Ｂの時期の最初の年である1960年と最後の年である1972年のグラフを見比べると，「海上貿易量(輸出)は約４倍に，海上貿易量(輸入)は約６倍に増加」という記述に合致する。　ウ．冷たい戦争〔冷戦〕の終結が宣言されたのは1989年である。Ｄの時期の海上貿易量は輸出・輸入ともに増加傾向にはあるが，1990年代初めのバブル経済崩壊などいくつかの要因から，一時的に輸出や輸入が減少している時期が見られる。
エ．石油価格の急激な上昇をもたらした石油危機が起こったのは，1973年(第１次石油危機)と1979年(第２次石油危機)である。Ｃの時期の前半には海上貿易量(輸出)が増加しており，後半には海上貿易量(輸入)が減少から増加傾向に転じている。

5 〔公民―総合〕

〔問１〕＜平等権＞平等権は，平等な扱いを受ける権利である。日本国憲法第14条では，人種，信条(信仰や思想など)，性別，社会的身分，門地(生まれや家柄)により，政治的，経済的，社会的に差別されないことを定め，「法の下の平等」を保障している。「法の下の平等」は，第13条に定められた「個人の尊重」とともに，人権保障の根幹となる考え方である(イ…○)。なお，アは社会権のうちの生存権(第25条)，ウは自由権のうちの身体の自由(第38条)，エは請求権のうちの裁判を受ける権利(第32条)について定めた条文である。

〔問２〕＜消費税＞ⅠのＡ～Ｄ．Ⅱの文章は，間接税のうち，1989年に導入されたという記述などから，消費税について述べたものである。まず，Ⅰのグラフ中の2021年度の歳入額に占める割合が40％を超えているDは，公債金に当てはまる。次に，残るA～Cについて，Ⅱの文章中に「2021年度の歳入額は20兆円を超え，1989年度に比べて6倍以上」とあることから，Ⅰのグラフ中の2021年度と1989年度におけるA～Cの歳入額を，(一般会計歳入額)×(歳入項目別の割合)÷100でそれぞれ計算すると，2021年度に20兆円を超えているのはA，Cであり，2021年度の歳入額が1989年度の歳入額の6倍以上となっているのはCのみである。したがって，Cが消費税に当てはまる。なお，Aは所得税，Bは法人税である。　**ア～エ**．消費税は，ものやサービスを購入したときに課される間接税である。そのため，所得税のように勤労世代に負担が集中したり人口構成の変化の影響を受けたりすることが少なく，所得税や法人税のように景気変動の影響を大きく受けることもない。また，全ての国民に所得〔収入〕に関係なく課税されるため，所得の低い人ほど所得に占める税金の割合が高くなる逆進性を持つ(ウ…○)。なお，アは公債金，イは所得税，エは法人税についての説明である。

〔問３〕＜SDGsが採択された時期＞Ⅰの文章は，SDGs〔持続可能な開発目標〕について述べたものである。SDGsは，国際社会が2030年までに達成することを目指した目標で，17のゴールと169のターゲットから構成されており，2015年の国連サミットにおいて加盟国の全会一致で採択された。したがって，Ⅱの年表中のエの時期に当てはまる。

〔問４〕＜成年年齢引き下げなどに関する資料の読み取り＞まず，Ⅱの表で，法律の「主な改正点」について確認すると，憲法改正に関する国民投票権を持つ年齢，選挙権を持つ年齢，成年となる年齢が，いずれも満20歳から満18歳へと引き下げられている。次に，Ⅰの文章で，成年年齢を引き下げることによる「国の若年者に対する期待」について確認すると，18歳，19歳の者を大人として扱うことにより，若年者の社会への参加時期を早め，若年者が将来の国づくりの中心となることを期待していることが読み取れる。Ⅰの文章は成年年齢の引き下げに関する文書であるが，国民投票権年齢と選挙権年齢についても，同様の期待のもとに引き下げが行われたと推測できる。

6〔三分野総合―国際社会とグローバル化をテーマとする問題〕

〔問１〕＜世界の国々と歴史＞ア．Bのフランスに当てはまる。1789年に起こった市民革命とは，フランス革命である。明治時代には黒田清輝がフランスに留学し，印象派の画風を日本に紹介した。また，ルーブル美術館は，首都パリにある美術館である。　イ．Aのドイツに当てはまる。1871年には，ビスマルクの指導のもとでドイツが統一され，ドイツ帝国が誕生した。明治時代には森鷗外が留学し，帰国後にはドイツを舞台とする小説『舞姫』などを執筆した。　ウ．Cのイギリスに当てはまる。1902年に結ばれた同盟とは，日英同盟である。明治時代には英語教師であった夏目漱石がイギリスに留学した。また，シェイクスピアは16世紀～17世紀初めに多くの戯曲や詩を残した作家である。　エ．Dのガーナに当てはまる。アフリカのギニア湾に面している。昭和時代初期には野口英世がガーナに滞在し，黄熱病の研究を行った。

〔問２〕＜G20サミット＞Ⅱの文章中にある世界金融危機は，2008年にアメリカ合衆国の大手証券会社が経営破綻したことなどをきっかけに，さまざまな国で株価の急落や為替相場の混乱などが連鎖的に起こり，世界的に急速な不景気となった出来事である。これに対処するため，Ⅰの年表中のウの金融・世界経済に関する首脳会合〔G20サミット〕がアメリカ合衆国で開催された。G20とは主要20か国・地域のことで，G7と呼ばれる主要7か国(日本，アメリカ合衆国，イギリス，フランス，ドイツ，イタリア，カナダ)に新興国などを加えたグループである。

〔問３〕＜国際連合の加盟国数の推移＞Ⅱの文章は，1945年時点で一部の国を除き他国の植民地であったこと，1960年に多くの国が独立したことなどから，アフリカ州について述べたものである。1960年は，アフリカ州の17か国が独立を果たしたことから「アフリカの年」と呼ばれた。したがって，Ⅰのグラフ中では，1955年までは加盟国数が少なく，1960年に加盟国数が大幅に増えているアがアフリカ州となる。なお，1990年から1995年にかけて加盟国が大きく増えているウは，1991年のソ連解体に伴って独立国が増えたヨーロッパ州である。残るイとエのうち，1945年から2020年までの間に加盟国数が大きく増えているイがアジア州，変動が少ないエが南北アメリカ州である。

理科解答

1 〔問1〕 エ 〔問2〕 イ
〔問3〕 ウ 〔問4〕 ア
〔問5〕 イ 〔問6〕 エ

2 〔問1〕 ア 〔問2〕 イ
〔問3〕 エ 〔問4〕 ウ

3 〔問1〕 ウ
〔問2〕 (例)どれも等しいため，地球上での太陽の見かけ上の動く速さは一定であることがわかる。
〔問3〕 エ 〔問4〕 ア

4 〔問1〕 イ 〔問2〕 ア
〔問3〕 ウ

5 〔問1〕 イ 〔問2〕 エ
〔問3〕 (例)塩化ナトリウムの溶解度は，温度によってほとんど変化しないため。
〔問4〕 ウ

6 〔問1〕 ウ 〔問2〕 ①…ウ ②…イ
〔問3〕 ア 〔問4〕 エ

1 〔小問集合〕

〔問1〕＜化学変化のモデル＞水素は水素原子(H)が2個結びついた水素分子(H_2)の形で存在し，酸素も酸素原子(O)が2個結びついた酸素分子(O_2)の形で存在する。また，水素原子2個と酸素原子1個が結びついて水分子(H_2O)をつくっている。化学変化の前後では，原子の種類と数は変わらないから，求めるモデルはエのようになる。

〔問2〕＜抵抗，電力量＞電熱線に6Vの電圧を加えたところ，1.5Aの電流が流れたことから，オームの法則〔抵抗〕=〔電圧〕÷〔電流〕より，電熱線の抵抗の大きさは，6÷1.5=4(Ω)である。また，電力量は，〔電力量(J)〕=〔電力(W)〕×〔時間(s)〕で求められ，電力は，〔電力(W)〕=〔電圧(V)〕×〔電流(A)〕で求められる。よって，このとき，電熱線が消費した電力が，6×1.5=9.0(W)で，5分は，5×60=300(s)なので，求める電力量は，9.0×300=2700(J)となる。

〔問3〕＜動物の分類＞A～Eの生物のうち，背骨を持つ脊椎動物は魚類と両生類，鳥類で，背骨を持たない無脊椎動物は昆虫類と甲殻類である。なお，昆虫類や甲殻類は節足動物のなかまであり，無脊椎動物には軟体動物も含まれる。

〔問4〕＜原子の構造＞原子核は＋(プラス)の電気を持ち，電子は－(マイナス)の電気を持つ。なお，原子核は陽子と中性子からなり，陽子は＋の電気を持ち，中性子は電気を持っていない。陽子1個と電子1個が持つ電気の量は同じで，原子に含まれる陽子の数と電子の数は等しいので，原子全体としては電気を帯びていない。

〔問5〕＜天気図記号＞くもりの天気記号は◎であり，風向は風が吹いてくる方向で，矢の向きで表すから，天気記号から北東の向きに矢をつける。また，表2より風速3.0m/sは風力2で，風力は矢羽根の数で表すので2本つける。なお，⦶は晴れを表す天気記号である。

〔問6〕＜ヘモグロビン＞ヘモグロビンは赤血球に含まれる赤色の物質である。また，ヘモグロビンには，酸素の多い所では酸素と結びつき，酸素の少ない所では酸素をはなすという性質があるため，赤血球は肺で酸素を取り込み，全身に酸素を運ぶことができる。

2 〔小問集合〕

〔問1〕＜化石＞フズリナの化石は古生代の示準化石で，アンモナイトの化石は中生代の示準化石である。地質年代は古い方から順に，古生代，中生代，新生代だから，石材aに含まれるフズリナの化石の方が古い。また，サンゴの化石のように，その化石を含む地層が堆積した当時の環境を示す化石を示相化石という。サンゴはあたたかくて浅い海に生息するので，サンゴの化石を含む地層は，あたたかくて浅い海で堆積したと考えられる。

〔問2〕＜**反応する物質の質量**＞クジャク石を加熱すると酸化銅と二酸化炭素と水に分解されることから，人工的につくられたクジャク石の粉0.20gを加熱して得られた0.13gの黒色の固体は酸化銅である。表2より，銅の質量と加熱して得られる酸化銅の質量は比例していて，その比は，銅：酸化銅＝0.08：0.10＝4：5となる。これより，0.13gの酸化銅から得られる銅の質量をxgとすると，x：0.13＝4：5が成り立つ。これを解くと，$x\times5=0.13\times4$より，$x=0.104$(g)となる。よって，人工的につくられたクジャク石の粉0.20gに含まれる銅の質量は0.104gなので，その割合は，0.104÷0.20×100＝52(％)である。

〔問3〕＜**光の屈折**＞入射角や屈折角は，境界面に垂直な線と入射光や屈折光がつくる角度である。右図で，境界面Qでは，入射角＞屈折角であり，境界面Rでは，入射角＜屈折角であることがわかる。また，直方体のガラスを厚さを2倍にした直方体のガラスに入れ替えると，光がガラス中を通って空気中へ出る位置が，右図のようにTの方向にずれるので，点Pの位置もTの方向にずれる。

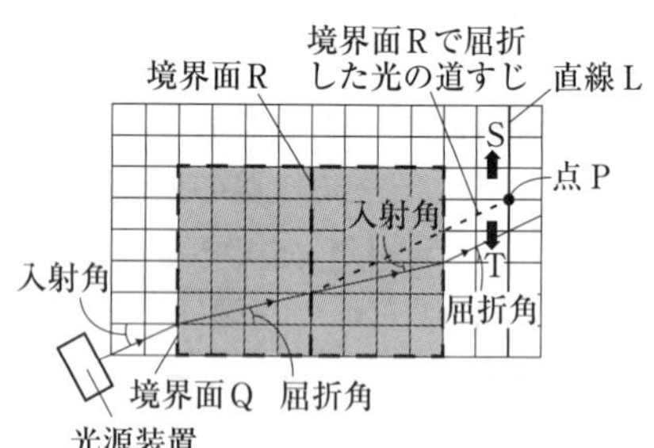

〔問4〕＜**生物どうしの数量的な関係**＞一般に，食べられる側の生物の数は，食べる側の生物の数よりも多くなる。資料より，生物w～zの数量の関係を，不等号を用いて表すと，w＜x，x＜y，y＜zとなるから，w＜x＜y＜zである。よって，図3の①は生物w，②は生物x，③は生物y，④は生物zである。

3 〔地球と宇宙〕

〔問1〕＜**南中高度**＞南中高度は，太陽が南中したときの高度である。また，図2で，点Oは観測者の位置を示し，点Aは南の方位，点Pは南中した太陽の位置を示す。よって，南中高度Rは，南を向いた観測者から見た太陽の高さだから，∠POAで表される。

〔問2〕＜**太陽の動き**＞結果1の(2)より，2時間ごとの・印の間隔がどれも5.2cmで等しいので，地球上での太陽の見かけ上の動く速さは一定であることがわかる。なお，太陽の動きは地球の自転による見かけの動きであり，太陽の動く速さが一定であることから，地球の自転の速さが一定であることがわかる。

〔問3〕＜**太陽の動き**＞問題の図2で，点Cが北より，点Bは東，点Dは西になり，地球上では太陽は見かけ上，東から西に移動して見えることがわかる。また，北極点の方向が北だから，X地点の6時間ごとの位置での方位は右図1のようになる。よって，東の空に太陽が見えるのは点Mの位置，西の空に太陽が見えるのは点Kの位置で，太陽は東の空から南の空を通り西の空へと移動するから，地球の自転の方向は問題の図3のⅡの方向である。

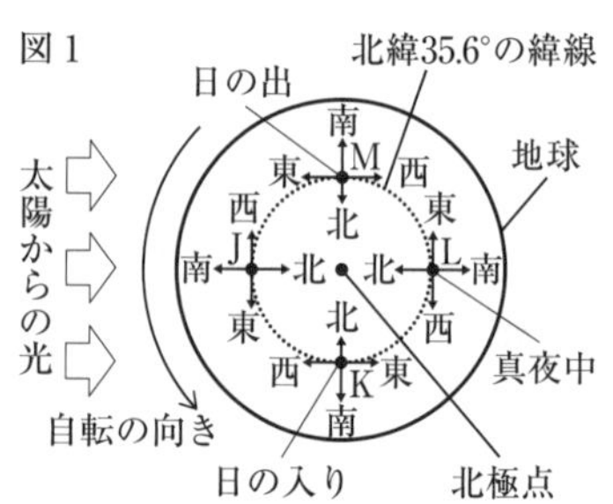

〔問4〕＜**太陽の動き**＞太陽は西の空に沈むので，問題の図4で，日の入りの位置は，観察1を行った日が点F，観察2を行った日が点Dである。よって，観察1を行った日の日の入りの位置は，観察2を行った日の日の入りよりも北寄りである。そして，透明半球上にかいた曲線は観察1を行った日の方が観察2を行った日より長いので，観察1を行った日の方が昼の長さは長くなる。また，観察1を行った日の地球を表した右図2では，太陽からの光が当たっている部分が昼，当たっていない影をつけた部分が夜になる。図2のように，X地点とY地点での1日の夜の長さの割合を比較すると，夜の長さの割合は，明らかにX地点の方がY地点より大きい。したが

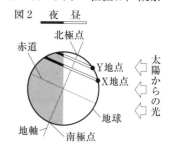

図2 夜 昼
北極点
赤道
Y地点
X地点
太陽からの光
地球
地軸
南極点

って，観察１を行った日の夜の長さは，X地点の方が長い。

4〔生物のからだのつくりとはたらき〕

〔問１〕<顕微鏡>顕微鏡でプレパラートと対物レンズをできるだけ近づけるときは，プレパラートと対物レンズがぶつからないように，横から見ながら調節ねじを回す。また，〔顕微鏡の倍率〕=〔対物レンズの倍率〕×〔接眼レンズの倍率〕より，対物レンズが20倍で接眼レンズが10倍である顕微鏡の倍率は，20×10＝200(倍)である。

〔問２〕<植物のはたらき>植物は常に呼吸を行うが，光合成は光が当たるときだけ行われる。よって，図４で，呼吸と光合成を行っている①が「十分に当たる」，呼吸しか行っていない②が「当たらない」である。光が十分に当たるときにだけ見られる⑤が「光合成」だから，吸収する③は「二酸化炭素」，放出する④は「酸素」である。また，光が十分に当たるときも当たらないときも行われる⑥は「呼吸」で，吸収する④は「酸素」，放出する③は「二酸化炭素」である。

〔問３〕<光合成>細胞内に観察された緑色の粒は葉緑体である。光が十分に当たると，葉緑体で光合成によってデンプンがつくられる。そして，葉緑体にデンプンがあるとヨウ素液によって青紫色に染色される。結果の(3)より，光が当たらないオオカナダモBの葉緑体にデンプンはできていないが，光を当てたオオカナダモAの葉緑体にデンプンができていたことから，光が十分に当たる場所では，葉緑体でデンプンがつくられることがわかる。なお，核は，普通細胞内に１つ存在する。

5〔物質のすがた，化学変化とイオン〕

〔問１〕<電解質と非電解質>水(蒸留水)に溶かしたときに，水溶液に電流が流れる物質を電解質，流れない物質を非電解質という。電解質の水溶液に電流が流れるのは，電解質が水溶液中で，陽イオンと陰イオンに電離するためであり，非電解質の水溶液に電流が流れないのは，非電解質は電離しないためである。塩化ナトリウムは電解質で，水溶液中で電離するため，塩化ナトリウム水溶液には電流が流れるが，砂糖は非電解質で電離しないため，砂糖水には電流が流れない。

〔問２〕<溶解度と質量パーセント濃度>結果２の(1)より，実験２の(2)では，試験管Aに加えた硝酸カリウム３gは温度計が約38℃を示したとき，つまり，水溶液の温度が約38℃になったときに全て溶けている。資料より，硝酸カリウムの溶解度は温度が高くなるほど大きくなるので，約38℃以上では硝酸カリウム３gは全て溶けていることがわかる。よって，溶けた硝酸カリウムの質量は，水溶液の温度が27℃のときは溶け残りがあったことから３g未満で，38℃以上では３gで一定である。したがって，$〔質量パーセント濃度(\%)〕=\frac{〔溶質の質量(g)〕}{〔溶媒の質量(g)〕+〔溶質の質量(g)〕}\times 100$ より，硝酸カリウム水溶液の質量パーセント濃度は，溶質の質量が多いほど大きくなるから，38℃のときは，27℃のときよりも大きく，38℃以上では一定になる。以上より，適切なのはエである。

〔問３〕<溶解度>資料より，塩化ナトリウムの溶解度は，温度が変化してもほとんど変化しないことがわかる。これより，溶け残った塩化ナトリウムの質量はほとんど変化しないと考えられる。そのため，結果２の(1)のように，実験２の(1)～(4)では，試験管Bの中の様子に変化がなかったのである。

〔問４〕<再結晶>水溶液中から溶質を全て固体として取り出すためには，溶媒である水を全て蒸発させればいいので，塩化ナトリウム水溶液0.35g中の水の質量を求める。結果２の(1)より，27℃の蒸留水５gに塩化ナトリウム３gを加えると溶け残りがあり，20℃でも様子に変化がない，つまり，溶け残りがあるので，20℃での試験管Bの塩化ナトリウム水溶液は塩化ナトリウムが溶解度まで溶けた飽和水溶液である。資料より，20℃での塩化ナトリウムの溶解度は38gだから，水の質量が100gのときの飽和水溶液の質量は100＋38＝138(g)となる。よって，この飽和水溶液と同じ濃度である塩化ナトリウム水溶液0.35g中の水の質量をxgとすると，$0.35:x=138:100$ が成り立つ。これを解くと，$x\times 138=0.35\times 100$ より，$x=0.253\cdots$となるから，求める溶媒の質量は約0.25gである。

6〔運動とエネルギー〕

〔問1〕<仕事，作用と反作用>仕事は，〔仕事(J)〕=〔力の大きさ(N)〕×〔力の向きに動いた距離(m)〕で求められる。実験1の(1)で，ばねばかりが糸を引く力の大きさは，結果1のばねばかりが示す力の大きさより6Nであり，物体は10cm，つまり，$10 \div 100 = 0.1$(m)持ち上げられたから，仕事の大きさは，$6 \times 0.1 = 0.6$(J)となる。また，作用・反作用は，2つの物体の間で対になってはたらくので，「ばねばかりが糸を引く力」を作用としたときの反作用は「糸がばねばかりを引く力」である。

〔問2〕<速さ>1秒間に50回打点する記録タイマーを使っているので，5打点にかかる時間は，$\frac{1}{50} \times 5 = \frac{1}{10} = 0.1$(秒)である。結果2の図4より，斜面の傾きが10°のとき，力学台車が0.4秒間で進んだ距離は，$2.2 + 3.6 + 5.0 + 6.4 = 17.2$(cm)なので，平均の速さCは，$C = 17.2 \div 0.4 = 43$(cm/s)となる。また，結果2の図5より，斜面の傾きが20°のとき，力学台車が0.4秒間で進んだ距離は，$4.4 + 7.2 + 10.0 + 12.8 = 34.4$(cm)なので，平均の速さDは，$D = 34.4 \div 0.4 = 86$(cm/s)となる。よって，$C : D = 43 : 86 = 1 : 2$である。

〔問3〕<分力>重力は，地球が地球の中心に向かって物体を引く力だから，斜面の傾きが変わっても重力の大きさは変わらない。また，斜面の傾きが大きくなると，斜面に平行な分力は大きくなり，斜面に垂直な分力は小さくなる。なお，斜面に平行な分力が大きくなると，力学台車の速さの変化の割合が大きくなる。

〔問4〕<エネルギー>同じ物体では，物体が持つ位置エネルギーの大きさは，高さが高いほど大きくなる。結果1より，物体を基準面から10cm持ち上げるのに，実験1の(1)では25秒かかり，実験1の(2)では45秒かかる。これより，実験1の(2)で，25秒かけて力学台車を持ち上げた距離は10cmより小さい。つまり，25秒経過したときの力学台車の高さは，実験1の(2)より，実験1の(1)の方が高いので，(1)の方が位置エネルギーは大きい。また，実験2では，点Aで力学台車が持つ位置エネルギーが，点Bでは全て運動エネルギーに移り変わる。斜面の傾きを10°から20°にすると，点Aの高さが高くなるため，力学台車がはじめに持つ位置エネルギーの大きさは，実験2の(2)より，実験2の(4)の方が大きい。よって，車止めに当たる直前の運動エネルギーの大きさは，実験2の(4)の方が大きい。

Memo

Memo

●2023年度

都立西高等学校

独自問題

【英語・数学・国語】

2023年度 都立西高等学校

【英　語】 (50分) 〈満点：100点〉

■リスニングテストの音声は，当社ホームページで聴くことができます。(当社による録音です。)
再生に必要なアクセスコードは「合格のための入試レーダー」(巻頭の黄色の紙)の１ページに掲載しています。

1 リスニングテスト (**放送**による**指示**に従って答えなさい。)

〔**問題Ａ**〕 次のア〜エの中から適するものをそれぞれ**一つずつ**選びなさい。

<対話文１>

ア　To have a birthday party.
イ　To write a birthday card for her.
ウ　To make some tea.
エ　To bring a cake.

<対話文２>

ア　He was giving water to flowers.
イ　He was doing his homework.
ウ　He was eating lunch.
エ　He was reading some history books.

<対話文３>

ア　He got there by train.
イ　He took a bus to get there.
ウ　He got there by bike.
エ　He walked there.

〔**問題Ｂ**〕 <Question 1> では，下のア〜エの中から適するものを**一つ**選びなさい。
<Question 2> では，質問に対する答えを英語で書きなさい。

<Question 1>

ア　Studying English.
イ　Students' smiles.
ウ　Sports festivals.
エ　Students' songs.

<Question 2>

(15秒程度，答えを書く時間があります。)

※ (編集部注) <**英語学力検査リスニングテスト台本**>を英語の問題の終わりに掲載しています。

2 次の対話の文章を読んで，あとの各問に答えなさい。
（＊ 印の付いている単語・語句には，本文のあとに〔注〕がある。）

*Japanese high school students, Ren and Sakura, an English teacher from the UK, John, and an English teacher from the US, Kate, are at school and practicing for an English speech contest. Ren and Sakura are going to *participate in the contest as the *representatives of their school.*

Ren: Thank you for helping us today.

Sakura: Yes, thank you so much. It was great practice!

John: You're welcome.

Kate: My pleasure.

John: Ren and Sakura, you did a good job today, but it will be better for both of you to change your *scripts a little.

Ren: Oh, you think so? OK. How should we change them?

John: Both of your scripts will be heard by listeners from different countries, and they won't know who you are or what you're going to talk about before the contest, so tell them the things they should know to understand your speeches.

Sakura: Wow. I didn't think of that. Thank you for your advice.

Kate: Can both of you finish changing your scripts this weekend?

Ren: Ah… I will think about it.

Sakura: It will be hard. [(a)]

John: OK. So, can you meet us next Monday to check your scripts again? Kate and I have time after school.

Sakura: Maybe… yes… but….

Kate: That will be great.

Ren: Actually… next Monday is an important day.

John: What do you mean?

Ren: It's our friend's birthday, and we're going to have a birthday party.

Kate: How nice! I hope you enjoy it.

Ren: [(b)]

John: All right. Then we will see you on Monday.

Kate: Have a nice weekend.

Ren: Ah… Sakura already said next Monday is our friend's birthday.

John: Yes, say happy birthday to your friend!

Ren: Oh, I will…. OK… goodbye then.

Kate: See you after school on Monday.

Sakura: Ah… actually we have a lot of things to prepare for the party that day.

John: Wait. Then can you still meet us next Monday?

Ren: [(c)]

Kate: Really? But you can still finish with your scripts this weekend, right?

Sakura: I mean… no because it will be a big party, so we will be busy all weekend.

Kate: Oh no, but I thought you said "yes" at first.

Sakura: Ah… in Japanese, "yes" sometimes means "no."

Ren: Also, "I will think about it" or "it will be hard" often means "no" or "I can't do it."

Kate: Oh… OK. I think I understand, but it's a little hard for me.

Ren: I'm sorry.

John: You don't have to say sorry because now I can understand why you answered that way. I think we have different communication styles.

Ren: Communication styles?

John: Yes, I guess Ren and Sakura don't want to say "no" when they *decline an *offer. On the other hand, Kate and I try to say "no" clearly.

Sakura: I think saying "no" is too *direct, and it sounds *rude.

Kate: But saying "no" is important. If you don't say "no," people may think you're telling a *lie.

Ren: Oh, really? But I think telling others a direct "no" is too strong.

John: I think good communication style may mean something different to each of us. What do you think, Kate? What does good communication mean to you?

Kate: In my opinion, good communication is direct, simple, and clear.

John: I agree.

Sakura: I can understand that. But I think good communication is about sharing messages through not only the things we say, but also the things we don't.

Ren: [(d)]

Sakura: So in Japanese, people often read between the lines.

Ren: Read… what?

Sakura: "Read between the lines." It means trying to understand someone's real feelings or *intentions not only from the things people say or write, but also from the things they don't.

Ren: Oh, I didn't know what it was called in English.

Kate: But how is reading between the lines *related to Japanese culture?

Sakura: Good question! Japanese people put importance on reading between the lines to try to communicate well with others.

Ren: Yes, we use it as an effective communication tool.

Kate: Interesting! I didn't realize how important reading between the lines was in Japan. So, we have to understand when "yes" actually means "yes" or when it means "no."

John: Does anyone have another example of reading between the lines?

Sakura: [(e)] When I asked my friend to go to a movie with me, I said, "I want to see a movie. Do you have club activities tomorrow?" instead of asking "Can you come with me?"

Kate: After that, what did your friend answer?

Sakura: She understood my intention and said, "I can go with you. I'm looking forward to it!"

John: I see. That's a Japanese style of communication. I think language and communication style affect each other a lot.

Ren: Then I guess good communication style may be different from language to language.

Kate: Sometimes that's true, but both John and I speak English and we have different communication styles.

Ren: What do you mean?

Kate: When I first met John a year ago, he introduced himself to me in an interesting way. Do you remember that day, John?

John: Of course.

Kate: At that time, he said, "I can't work with someone who doesn't drink tea!" I believed it because he looked serious.

John: Haha! That's a popular British joke.

Kate: When American people make jokes, we often say "*just kidding" and laugh, so everyone can understand it's a joke. On the other hand, British people don't usually do that, but they can still understand it's a joke.

Sakura: So, that means British and American people may share clearer messages than Japanese people, but American people may share clearer messages than British people.

Ren: Then good communication style may be different from country to country, or culture to culture, too.

John: Good points! Direct communication styles are *assumed to have a low level of shared *reference points, while less direct ones have a high level of common *background knowledge and information. These may be related to the country's history and education.

Sakura: So, the most important thing here is to understand that we all have our own communication styles.

Ren: I (2)【ア what kind of　イ other cultures　ウ talk with　エ communication style　オ when we　カ is　キ people from　ク wonder　ケ effective】.

Sakura: In my opinion, if we read between the lines in our own cultural ways, the messages we receive may become different from the messages other people send. So, it's better to pass messages clearly.

Kate: That's true. This can also be *applied to the contest because your speeches will be in English.

Sakura: Yes, because the listeners may have different communication styles, we should try to give direct, simple, and clear speeches at the contest!

Ren: All right. Then let's change our scripts and pick another day to meet!

〔注〕
participate in ～　～に参加する　　representative　代表者
script　原稿　　decline　断る　　offer　申し出
direct　直接的な　　rude　無礼な　　lie　うそ
intention　意図　　related to ～　～に関係がある
just kidding　冗談だ　　assume　想定する　　reference point　判断基準
background knowledge　背景となる知識　　apply　適用する

〔問１〕 本文の流れに合うように，［　(a)　］～［　(e)　］の中に，英文を入れるとき，最も適切なものを次の中からそれぞれ**一つずつ**選びなさい。ただし，同じものは二度使えません。

ア　I don't think so.
イ　I was just going to say so.
ウ　But I will do my best.
エ　What about this?
オ　Thank you for your understanding.

〔問２〕 (2)【ア what kind of　イ other cultures　ウ talk with　エ communication style　オ when we　カ is　キ people from　ク wonder　ケ effective】とあるが，本文の流れに合うように，【　　　　】内の単語・語句を正しく並べかえたとき，**１番目**と**４番目**と**８番目**にくるものは，それぞれ**ア〜ケ**の中ではどれか。

〔問３〕 次の (A)，(B) について，本文の内容に合っている英文を全て選ぶとき，最も適切なものは，それぞれ下の**ア〜コ**の中ではどれか。

(A)

① Ren and Sakura will change their scripts because the listeners know them and topics of their speeches before the contest.

② John and Kate thought that they could check the scripts on Monday, but Ren and Sakura actually did not mean that.

③ Kate thought that if people have to decline an offer but do not say "no" clearly, it may mean that they are telling a lie and being rude.

④ Japanese people often read between the lines and understand when "yes" means "no" though it is not said clearly.

ア	①	イ	②	ウ	③
エ	④	オ	①　②	カ	①　③
キ	①　④	ク	②　③	ケ	②　④
コ	③　④				

(B)

① Though Sakura did not ask her friend to go to a movie in a direct way, her friend understood her intention and they were able to communicate with each other.

② When Kate met John for the first time, his joke was so popular that she noticed he was making a joke.

③ British and American people always share clear messages, and this does not change in any situation.

④ Less direct communication styles are good for the speech contest because the listeners can read between the lines in their own cultural ways.

ア	①	イ	②	ウ	③
エ	④	オ	①　②	カ	①　③
キ	①　④	ク	②　③	ケ	②　④
コ	③　④				

〔問４〕 次の文章は，Ren が書いた日記の文章である。対話文の内容に一致するように，（　a　）～（　d　）の中に，それぞれ適切な**英語１語**を入れなさい。

Today, Sakura and I practiced for the English speech contest with John and Kate. After that, we tried to choose a (　a　) for the next practice, but Sakura and I have plans to hold a party next week. And we tried to tell John and Kate that, but it was (　b　) for them to understand our intentions because of the difference in our communication styles. I realized that (　c　) speakers have a less direct communication style. Also, though John and Kate speak the (　d　) language, we found an interesting difference between them. Finally, we discussed how to give a better speech at the contest.

3 次の文章を読んで，あとの各問に答えなさい。
（＊ 印の付いている単語・語句には，本文のあとに〔注〕がある。）

These days, it has become quite common to see fake meat in supermarkets, cafes, and restaurants in Japan. It is more common in other countries such as China, the US and the UK. In fact, more and more people are now interested in it and choose it over real meat. The need for fake meat has been growing every year. There is even a report saying that people will eat more fake meat than real meat for *protein in less than 30 years.

Eating animal meat is, of course, not a new idea. Our *ancestors hunted wild animals and ate their meat in the past. It gave them the energy to survive. These days, most of us do not hunt animals as our ancestors did, but we still eat animal meat for protein. Even people in some countries who did not eat animal meat before eat it in their daily life now, and its *consumption has grown. This means that animal meat is one of the main *sources of protein in the world, and a lot of people probably cannot imagine life without meat. [(1)]

There are several reasons for people to eat fake meat such as health, *ethical and environmental reasons. [ア] First, people are beginning to think about the food they eat and trying to eat healthy food. It is true that protein is important for our health and eating animal meat is an effective way to get protein. [イ] However, you need to remember that eating too much animal meat may be bad for your health. Second, some people choose fake meat for ethical reasons. The idea of taking the lives of livestock animals such as cows, pigs, and chickens is probably causing people to reduce real meat consumption. [ウ] Livestock animals are all living things, just like us humans. So is it OK for us to take livestock's lives and eat their meat? [エ] Third, people eat fake meat to protect the environment. As you may know, raising livestock animals uses a lot of water, *grain, and land. [オ] Let's take cows as an example. To [(3)-a] 1 kilogram of beef, we need 20,600 liters of water and 11 kilograms of grains. And a large amount of land is needed to raise cows, so a lot of trees are cut down to create land for them. Another environmental problem is that when livestock animals such as cows, pigs, and sheep *breathe, they [(3)-b] a lot of *methane. This *contributes more to global warming than CO_2. So eating fake meat instead of real meat helps us to protect our environment.

Let's look at fake meat now. There are two kinds of fake meat. One is plant-based meat, and the other is *cultured meat. Plant-based meat is not made from animal meat. It is made from *ingredients such as soybeans, mushrooms, nuts, seeds, and vegetables, so it seems healthier than real meat. It is made into different types of meat such as beef and *chicken breast. So it can be used in various kinds of dishes like hamburgers, salads, and soups. If you see it, you will probably believe that it is real meat. And, when you eat it, you will feel like you are eating real meat. You may think that there is nothing terrible about plant-based meat, but there are some things that you need to worry about. Plant-based meat sometimes has a lot of *artificial ingredients and *additives. A lot of salt and sugar are often added for *seasoning too, so you may think that plant-based meat is a kind of *processed food. Some scientists say that plant-based meat has a smaller amount of *minerals than real meat. So you may not be able to get enough *nutrients when you eat it.

Scientists have also developed another type of fake meat called cultured meat. It is grown in *cell culture, not inside of animals. First, small cells are taken from animals. Then, scientists feed the cells nutrients. The cells grow and increase to make meat. Cultured meat can be produced without as much pollution as animal meat and without taking animals' lives. You may think that it is an excellent *substitute for real meat, but scientists need a lot of money and time to make just a tiny [(4)]. Also, scientists (5) 【how / to / cultured meat / the government / is / need / safe / show】. So we may need to wait long until it becomes a substitute for real animal meat.

As we discussed above, [(6)-a] people are interested in fake meat for health, ethical, and environmental reasons, but there are both good and bad things about this type of meat. Fake meat may become more common and a good substitute for real meat in the future, but [(6)-b] knows about it now. It is true that we need protein to survive, but at the same time we should remember the things discussed above when we get protein from animal meat. How to get enough protein has become a problem these days, so [(6)-c] needs to think about a possible solution. Would you eat fake meat as a substitute for real meat? Do you think more people will try fake meat in the future?

〔注〕
protein　タンパク質
source　供給源
breathe　呼吸する
cultured meat　培養肉
artificial　人工の
processed　加工された
cell culture　細胞培養
ancestor　祖先
ethical　倫理的な
methane　メタン
ingredient　材料
additive　添加物
mineral　ミネラル
substitute　代替物
consumption　消費
grain　穀物
contribute　一因となる
chicken breast　鶏むね肉
seasoning　味付け
nutrient　栄養素

〔問1〕 本文の流れに合うように，[(1)] の中に英文を入れたとき，最も適切なものは，次の**ア**～**エ**の中ではどれか。

ア So why do a lot of people continue to eat animal meat?
イ So why did some people start to eat fake meat?
ウ But why did our ancestors try to get protein only from animal meat?
エ But why do only a few people eat fake meat?

〔問2〕 次の英文は，[**ア**] ～ [**オ**] のいずれかに入る。この英文を入れるのに最も適切な場所を選びなさい。

Some people are against this behavior.

〔問3〕 本文の流れに合うように，[(3)-a]，[(3)-b] の中に**共通して入る英語1語**を書きなさい。

〔問4〕 本文の流れに合うように，[(4)] の中に入る**本文中の英語1語**を書きなさい。

〔問5〕 (5)【how / to / cultured meat / the government / is / need / safe / show】とあるが，本文の流れに合うように，【　　　】内の単語を正しく並べかえなさい。

〔問6〕 本文の流れに合うように，[(6)-a]，[(6)-b]，[(6)-c] の中に単語・語句を入れたとき，その組み合わせとして最も適切なものは，次の**ア**～**ク**の中ではどれか。

	(6)-a	(6)-b	(6)-c
ア	just a few	no one	every one of us
イ	just a few	no one	someone
ウ	just a few	everyone	every one of us
エ	just a few	everyone	someone
オ	quite a few	no one	every one of us
カ	quite a few	no one	someone
キ	quite a few	everyone	every one of us
ク	quite a few	everyone	someone

〔問７〕 次の (A)，(B) について，本文の内容に合っている英文を全て選ぶとき，最も適切なものは，それぞれ下のア～コの中ではどれか。

(A)

① Fake meat can be found in more places such as cafes and restaurants in the UK than in Japan.

② Eating animal meat is the easiest and most effective way for people today to get protein.

③ A lot of trees are cut down to create land for livestock animals such as cows, pigs, and sheep.

④ Fake meat is better for the environment because methane has more influence on it than CO_2.

ア	①	イ	②	ウ	③
エ	④	オ	①　②	カ	①　③
キ	①　④	ク	②　③	ケ	②　④
コ	③　④				

(B)

① Plant-based meat looks like real meat, so you cannot tell the difference between them until you actually eat it.

② Plant-based meat sometimes includes ingredients that are not from nature but made by humans.

③ Cultured meat is made outside of animals' bodies, so producing cultured meat does not take animals' lives.

④ Cultured meat is more common than plant-based meat, so it can be found in more markets now.

ア	①	イ	②	ウ	③
エ	④	オ	①　②	カ	①　③
キ	①　④	ク	②　③	ケ	②　④
コ	③　④				

4 次の文章を読んで，あとの各問に答えなさい。
（＊印の付いている単語・語句には，本文のあとに〔注〕がある。）

In 1964, a big international project began in Egypt. A famous *Egyptian *monument called Abu Simbel was facing a huge problem. To solve this problem, the monument was moved from its original spot. About fifty countries joined this project, and it lasted until 1968. Why was the monument moved and why did it take such a long time?

It is important to understand some things about Abu Simbel first. Its *construction started around 1264 *BC by order of *Ramesses Ⅱ in the south of Egypt and it continued until 1244 BC. Ramesses Ⅱ built many great buildings and monuments that can be seen across Egypt today, so he is often thought of as the greatest *pharaoh of Ancient Egypt. Among them, Abu Simbel is probably the most famous, and a lot of tourists from around the world still visit it. It is also called "Abu Simbel temples" because there are two different temples close to each other. One is the Great Temple, *dedicated to the sun gods *Amun-Ra and *Ra-Horakhty, and the other is the Small Temple, dedicated to the pharaoh's wife *Queen Nefertari. The Great Temple stands about 33 meters high and 35 meters wide. The Small Temple is, as it is named, smaller than the Great Temple. It stands about 12 meters high and 28 meters wide. [(1)].

At the gate of the Great Temple, four statues of Ramesses Ⅱ stand side by side. Each statue is 20 meters tall. Next to each statue's feet, there are small statues of the pharaoh's mother, wife, and children. The four statues, from the left to the right, show the pharaoh in his 30s, 40s, 50s, and 60s. The second statue from the left broke seven years after its construction, but the rest of them still stand in almost original condition. If you go 63 meters inside to the deepest part of this building, you will find a room with four *seated statues. One of them is Ramesses Ⅱ and the others are gods including Amun-Ra and Ra-Horakhty. There is one thing that has made this monument surprisingly special. The Great Temple was designed carefully, so sunlight could go through the inside and reach this room twice a year. It *shone on three of the four statues Ramesses Ⅱ, Amun-Ra, and Ra-Horakhty. Abu Simbel was built about 3,000 years ago. However, even now, this event happens every year, and many tourists come and enjoy seeing this beautiful scene. Also, on the walls, (2)<u>【ア drawn　イ to　ウ the pharaoh　エ scenes　オ show　カ of　キ fought　ク are　ケ various battles】</u> his power at that time. These two great temples can be seen in safe conditions now, but there was once a big problem with them.

In Egyptian history, the Nile River and its water were necessary for local people's lives. People living along the river used its water not only for drinking and washing but also for growing food. They were able to live well because of the water from the river. [(3)-a], the water also caused various problems and it sometimes made people's lives difficult and caused danger. There was a plan to solve this problem by *controlling the amount of water. Then, in 1902 the Egyptian government built the Aswan Low Dam. It was used for years, but as people's lives became better, a new dam became [(4)] to fill their needs. This new dam is called the Aswan High Dam, and the Egyptian government started to build it in 1960. [(3)-b] this dam, it became possible for people to work in large areas along the river. Also, it has made the river's *current slow and safe. Now many people enjoy boat trips along the river and can visit *historical buildings on nearby islands. On the other hand, something bad happened too. After the construction of the new dam, a lot of water ran into the river all at once, so a new lake called Lake Nasser appeared near Abu Simbel. [(3)-c], the water level rose so high that Abu Simbel was in danger of water damage.

This news ran around the world, and a lot of countries started to suggest possible solutions. Finally, UNESCO started a project to move Abu Simbel to a spot about 60 meters above and 210 meters west of the original spot. It was easier said than done. Raising and carrying such large temples was of course difficult, and there was a danger of damaging them. To make this huge project possible, a surprising solution was suggested and used. From 1964 to 1968, the monuments were cut into more than a thousand large blocks with machines. Then, they were carried one by one. Finally, they were put together again at the new spots. All the work was done with care by more than a thousand engineers from different countries and local people. The task of cutting the pharaoh's faces lasted day and night because it needed special care and no machines could be used for it. To put the cut blocks together again, a number was given to each block, and the blocks were *registered and kept like books in a library. Carrying the blocks and putting them together again was also difficult because each block was about 20 to 30 tons. Because of (5) these difficulties, almost five years were spent finishing this project. This amazing project and its success drew much attention from all over the world, and people started to be interested in historical monuments and sites, and to understand how important it is to save them. This movement led to the *adoption of *the World Heritage Convention in 1972 and *the World Heritage Committee in 1976. Abu Simbel and some other monuments around that area were registered as a World Heritage site in 1979.

[(6)]

As we discussed above, the construction of the Aswan High Dam certainly brought a better life for people there, but at the same time big changes like this can affect *habitats and the animals that live there. So each of us has to think of how we should take action both to live a happy life and to save our precious heritage.

〔注〕 Egyptian　エジプトの　monument　建造物　construction　建設
BC　紀元前　Ramesses Ⅱ　ラムセス2世　pharaoh　ファラオ
dedicated　捧(ささ)げられた　Amun-Ra　アメン・ラー
Ra-Horakhty　ラー・ホルアクティ　Queen Nefertari　ネフェルタリ女王
seated　鎮座した　shine on ～　～を照らす　control　管理する
current　流れ　historical　歴史的な　register　登録する
adoption　採択　the World Heritage Convention　世界遺産条約
the World Heritage Committee　世界遺産委員会　habitat　生息地

〔問１〕 本文の流れに合うように，[(1)]の中に英文を入れたとき，最も適切なものは，次の**ア**～**エ**の中ではどれか。

ア　If you see them yourself, you may think that they are really large.
イ　If you see them yourself, you may think that they are really beautiful.
ウ　If you see their pictures, you may think that they are really large.
エ　If you see their pictures, you may think that they are really beautiful.

〔問２〕 (2)【**ア** drawn　**イ** to　**ウ** the pharaoh　**エ** scenes　**オ** show　**カ** of　**キ** fought　**ク** are　**ケ** various battles】とあるが，本文の流れに合うように，【　　　】内の単語・語句を正しく並べかえたとき，**１番目**と**４番目**と**８番目**にくるものは，それぞれ**ア**～**ケ**の中ではどれか。

〔問３〕 本文の流れに合うように，[(3)-a]，[(3)-b]，[(3)-c]の中に単語・語句を入れたとき，その組み合わせとして最も適切なものは，次の**ア**～**ク**の中ではどれか。

	(3)-a	(3)-b	(3)-c
ア	However	According to	As a result
イ	However	According to	For example
ウ	However	Thanks to	As a result
エ	However	Thanks to	For example
オ	And so	According to	As a result
カ	And so	According to	For example
キ	And so	Thanks to	As a result
ク	And so	Thanks to	For example

〔問4〕 本文の流れに合うように，[(4)] の中に入る**同じ段落中の英語1語**を書きなさい。

〔問5〕 (5)these difficulties について，その内容を正しく表した英文の組み合わせとして最も適切なものは，下の**ア**～**コ**の中ではどれか。

① All the work for this project was done without the help of machines.
② The whole project was finished by only people from Egypt.
③ People continued to work on the pharaoh's faces through the night.
④ The cut blocks were once kept in a library before they were carried.
⑤ The cut blocks were large and heavy, so it was hard to carry and put them together.

ア	①　②	**イ**	①　③	**ウ**	①　④
エ	①　⑤	**オ**	②　③	**カ**	②　④
キ	②　⑤	**ク**	③　④	**ケ**	③　⑤
コ	④　⑤				

〔問6〕 [(6)] の中には，次の**A**～**C**の英文が入る。本文の流れに合うように正しく並べかえたとき，その組み合わせとして最も適切なものは，下の**ア**～**カ**の中ではどれか。

A As this number shows, UNESCO has been trying hard to protect our precious heritage by increasing people's interest in this movement.
B However, because people are more interested, we are facing new problems now.
C Since then, UNESCO has registered more than a thousand sites or monuments as either Cultural or Natural World Heritage sites.

ア A → B → C
イ A → C → B
ウ B → A → C
エ B → C → A
オ C → A → B
カ C → B → A

〔問７〕 次の(A)，(B)について，本文の内容に合っている英文を全て選ぶとき，最も適切なものは，それぞれ下の**ア**～**コ**の中ではどれか。

(A)

① Ramesses Ⅱ ordered people at the time to build Abu Simbel in the north of Egypt and the construction lasted for about 20 years.

② The Great Temple was dedicated to Ramesses Ⅱ, and the Small Temple was dedicated to his wife, Queen Nefertari.

③ Among the four statues of Ramesses Ⅱ at the gate of the Great Temple, the statue that shows him in his 40's is broken, but the other three statues are in good condition.

④ Even today, sunlight shines on the three seated statues in the deepest room of the Great Temple twice a year.

ア	①	イ	②	ウ	③
エ	④	オ	① ②	カ	① ③
キ	① ④	ク	② ③	ケ	② ④
コ	③ ④				

(B)

① Thanks to the construction of the Aswan High Dam, now people can visit islands along the Nile River by boat and enjoy sightseeing of the historical buildings there.

② When Abu Simbel was in danger of water damage, the Egyptian government had a plan to solve the problem.

③ After Abu Simbel was moved to a safe spot, the World Heritage Committee was created in 1976 and three years later Abu Simbel became a World Heritage site.

④ The construction of the Aswan High Dam has brought only good things, so we should try to take action to save our precious heritage sites.

ア	①	イ	②	ウ	③
エ	④	オ	① ②	カ	① ③
キ	① ④	ク	② ③	ケ	② ④
コ	③ ④				

〔問８〕 下の質問に対して，**40 語以上 50 語以内**の英語の文章を **1 つの段落**にまとめて書きなさい。「.」「,」「!」「?」などは，語数に含めません。これらの符号は，解答用紙の下線部と下線部の間に入れなさい。

If you were going to recommend a monument or natural site in Japan that you would like visitors from abroad to go to, what monument or natural site would you recommend?

Please include all the points below:

- The name of the monument or natural site
- Information about the monument or natural site
- Why you would like to recommend it

2023 年度　英語学力検査リスニングテスト台本

開始時の説明

これから，リスニングテストを行います。

問題用紙の１ページを見なさい。リスニングテストは，全て放送による指示で行います。リスニングテストの問題には，問題Ａと問題Ｂの二つがあります。問題Ａと，問題Ｂの ＜Question 1＞ では，質問に対する答えを選んで，その記号を答えなさい。問題Ｂの ＜Question 2＞ では，質問に対する答えを英語で書きなさい。

英文とそのあとに出題される質問が，それぞれ全体を通して二回ずつ読まれます。問題用紙の余白にメモをとってもかまいません。答えは全て解答用紙に書きなさい。

（２秒の間）

〔問題Ａ〕

問題Ａは，英語による対話文を聞いて，英語の質問に答えるものです。ここで話される対話文は全部で三つあり，それぞれ質問が一つずつ出題されます。質問に対する答えを選んで，その記号を答えなさい。

では，＜対話文１＞を始めます。

（３秒の間）

Meg: Hi, Taro. What did you do last Sunday?

Taro: Hi, Meg. I went to my grandmother's house to have a birthday party.

Meg: That's nice.

Taro: In the morning, I wrote a birthday card for her at home. Then I visited her and gave her the card. She looked happy. After that, she made some tea for me.

Meg: That sounds good.

Taro: In the evening, my sisters, mother, and father brought a cake for her.

Meg: Did you enjoy the party?

Taro: Yes, very much.

（３秒の間）

Question : Why did Taro go to his grandmother's house?

（５秒の間）

繰り返します。

（２秒の間）

（対話文１の繰り返し）

（３秒の間）

Question： Why did Taro go to his grandmother's house?

（10秒の間）

<対話文２>を始めます。

（３秒の間）

Satomi: Hi, John. I've been looking for you. Where were you?

John: I'm sorry, Satomi. I was very busy.

Satomi: I went to your classroom in the morning and during lunch time. What were you doing then?

John: Early in the morning, I gave water to flowers in the school garden. After that, I did my homework in my classroom.

Satomi: Oh, you did. How about during lunch time? I went to your room at one o'clock.

John: After I ate lunch, I went to the library. That was at about twelve fifty. I read some history books there for twenty minutes and came back to my room at one fifteen.

（３秒の間）

Question： What was John doing at one o'clock?

（５秒の間）

繰り返します。

（２秒の間）

（対話文２の繰り返し）

（３秒の間）

Question： What was John doing at one o'clock?

（10秒の間）

<対話文３>を始めます。

（３秒の間）

Jane: Hi, Bob. I'm happy that I can come to the concert today.
Bob: Hi, Jane. Yes. Me, too.
Jane: How did you get here today?
Bob: Why? I came by bike from home.
Jane: This morning, I watched the weather news. I think it'll be rainy this afternoon.
Bob: Oh, really? I'll have to go home by train and bus. What should I do with my bike?
Jane: After the concert, I will keep it at my house. We can walk to my house.
Bob: Thank you.
Jane: You're welcome. And you can use my umbrella when you go back home from my house.

（３秒の間）

Question： How did Bob get to the concert from home today?

（５秒の間）

繰り返します。

（２秒の間）

（対話文３の繰り返し）

（３秒の間）

Question： How did Bob get to the concert from home today?

（10秒の間）

これで問題Ａを終わり，問題Ｂに入ります。

〔問題B〕

（3秒の間）

これから聞く英語は，外国人の Emily 先生が，離任式で中学生に向けて行ったスピーチです。内容に注意して聞きなさい。

あとから，英語による質問が二つ出題されます。＜Question 1＞では，質問に対する答えを選んで，その記号を答えなさい。＜Question 2＞では，質問に対する答えを英語で書きなさい。

なお，＜Question 2＞のあとに，15秒程度，答えを書く時間があります。

では，始めます。（2秒の間）

Hello, everyone. This will be my last day of work at this school. First, I want to say thank you very much for studying English with me. You often came to me and taught me Japanese just after I came here. Your smiles always made me happy. I hope you keep smiling when you study English.

I had many good experiences here. I ran with you in sports festivals, and I sang songs with your teachers in school festivals. I was especially moved when I listened to your songs.

After I go back to my country, I'll keep studying Japanese hard. I want you to visit other countries in the future. I think English will help you have good experiences there. Goodbye, everyone.

（3秒の間）

＜Question 1＞　What made Emily happy?

（5秒の間）

＜Question 2＞　What does Emily want the students to do in the future?

（15秒の間）

繰り返します。

（2秒の間）

（問題Bの英文の繰り返し）

（3秒の間）

＜Question 1＞　What made Emily happy?

（5秒の間）

＜Question 2＞　What does Emily want the students to do in the future?

（15秒の間）

以上で，リスニングテストを終わります。2ページ以降の問題に答えなさい。

【数　学】（50分）〈満点：100点〉

1　次の各問に答えよ。

〔問1〕　$\sqrt{\dfrac{25}{8}}-(3-\sqrt{5})\div\dfrac{(\sqrt{5}-1)^2}{\sqrt{2}}$　を計算せよ。

〔問2〕　2次方程式　$\dfrac{1}{2}(2x-3)^2+\dfrac{1}{3}(3-2x)=\dfrac{1}{6}$　を解け。

〔問3〕　1から6までの目の出る大小1つずつのさいころを同時に1回投げる。

大きいさいころの出た目の数を a，小さいさいころの出た目の数を b とするとき，$a\sqrt{b}<4$ となる確率を求めよ。

ただし，大小2つのさいころはともに，1から6までのどの目が出ることも同様に確からしいものとする。

〔問4〕　右の表は，ある中学校の生徒40人が行ったゲームの得点をまとめたものである。得点の中央値が12.5点であるとき，x，y の値を求めよ。

得点（点）	0	5	10	15	20	計
人数（人）	2	x	3	y	11	40

〔問5〕　右の図のように，円Pと円Qは互いに交点をもたず，円Pの周上に点Aがある。

解答欄に示した図をもとにして，点Aにおいて円Pに接し，かつ円Qにも接するような円の中心のうち，円Pおよび円Qの外部にある円の中心Oを，定規とコンパスを用いて作図によって求め，中心Oの位置を示す文字Oも書け。

ただし，作図に用いた線は消さないでおくこと。

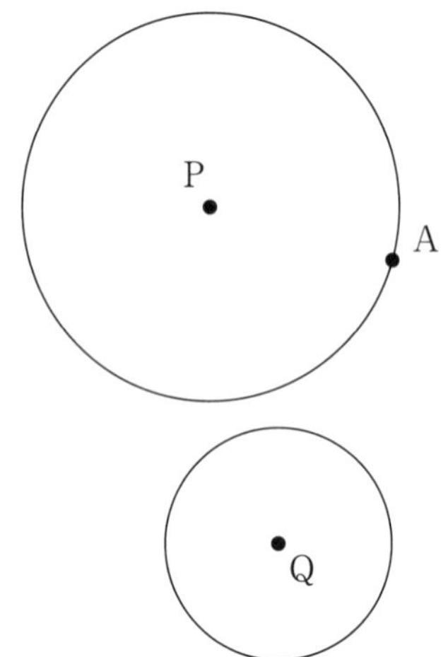

2 右の**図1**で，点Oは原点，点Aの座標は(0, 3)であり，直線ℓは一次関数$y=x+3$のグラフ，曲線fは関数$y=2x^2$のグラフを表している。

曲線f上の点Pは，点Oを出発し，x軸の負の方向に動き，直線ℓ上の点Qは，点Aを出発し，x軸の正の方向に動くものとする。

点Pと点Qは同時に出発し，出発してからt秒後のx座標は，それぞれ$-\dfrac{t}{2}$，tである。

点Oから点(1, 0)までの距離，および点Oから点(0, 1)までの距離をそれぞれ1 cmとして，次の各問に答えよ。

図1

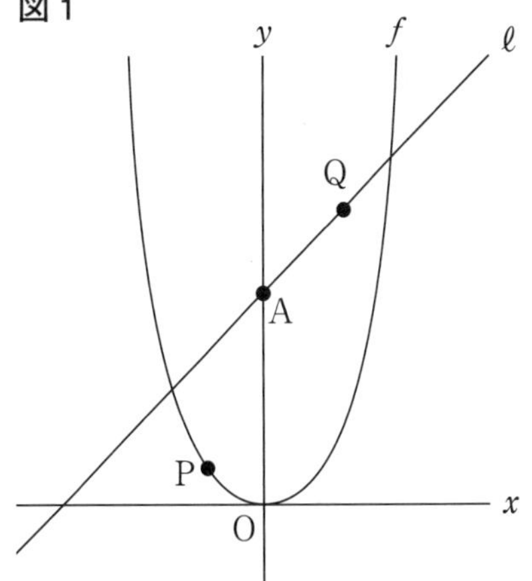

〔問1〕 点Pが点Oを出発してから1秒後の2点P，Qの間の距離は何cmか。

〔問2〕 右の**図2**は，**図1**において，点Aと点P，点Pと点Qをそれぞれ結び，線分PQがx軸に平行な場合を表している。

△APQの面積は何cm^2か。

ただし，答えだけでなく，答えを求める過程が分かるように，途中の式や計算なども書け。

図2

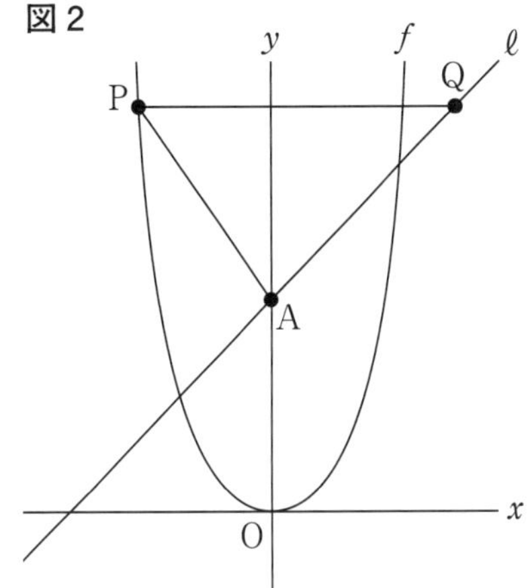

〔問3〕 右の**図3**は，**図1**において，曲線fと直線ℓとの2つの交点のうち，x座標が負の数である点をBとし，点Pが点Oを出発してから3秒後，点Pと点Q，点Pと点Bをそれぞれ線分で結んだ場合を表している。

このとき，△PBQを直線ℓの周りに1回転してできる立体の体積は何cm^3か。

図3

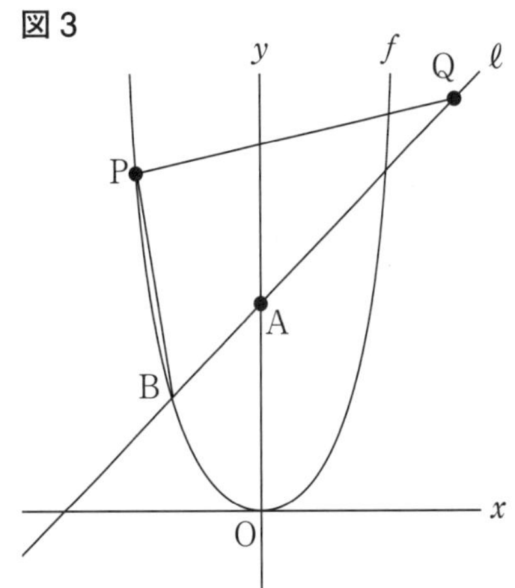

3 右の**図 1** で，四角形 ABCD は，円 O の周上にすべての頂点がある四角形である。

頂点 A と頂点 C，頂点 B と頂点 D をそれぞれ結び，線分 AC と線分 BD との交点を E とする。

次の各問に答えよ。

図 1

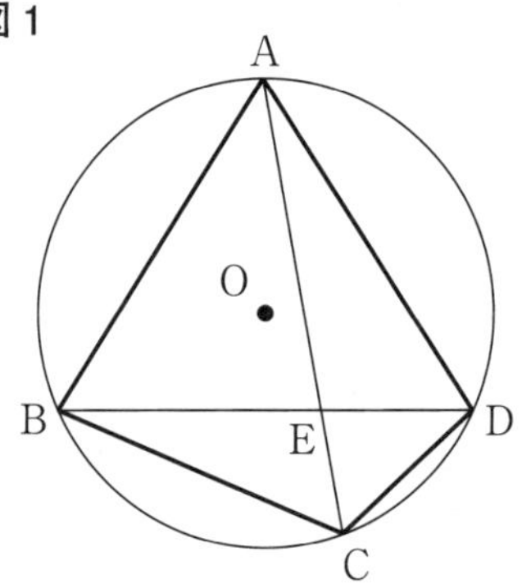

〔問 1〕 右の**図 2** は，**図 1** において，辺 CD が円 O の直径に一致し，点 E が線分 AC の中点となる場合を表している。

CD = 10 cm，AD = 8 cm のとき，線分 DE の長さは何 cm か。

図 2

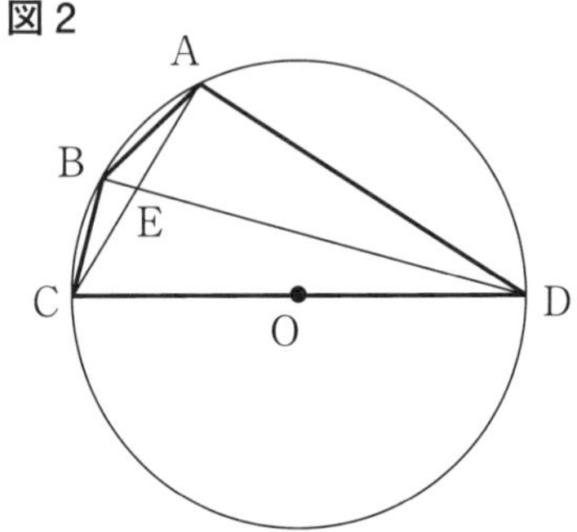

〔問 2〕 右の**図 3** は，**図 1** において，∠BAC = ∠CAD の場合を表している。

AB = 6 cm，AD = 8 cm，∠BAC = 30° のとき，△BCD の面積は何 cm^2 か。

図 3

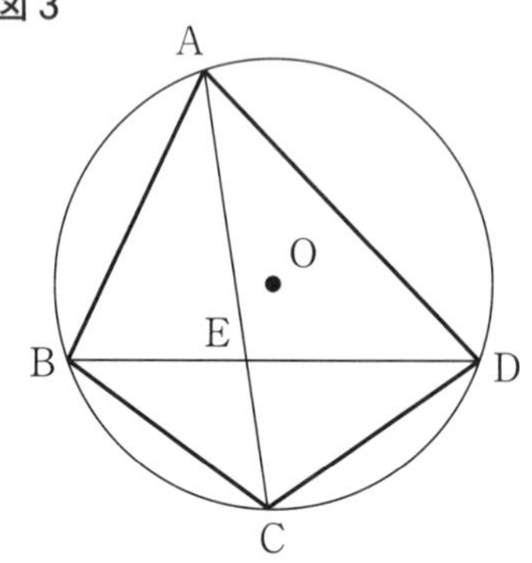

〔問 3〕 右の**図 4** は，**図 1** において，点 O が四角形 ABCD の内部にあり，AC ⊥ BD となるとき，点 O から辺 BC に垂線を引き，辺 BC との交点を H とした場合を表している。

このとき，AE × CH = OH × BE であることを証明せよ。

図 4

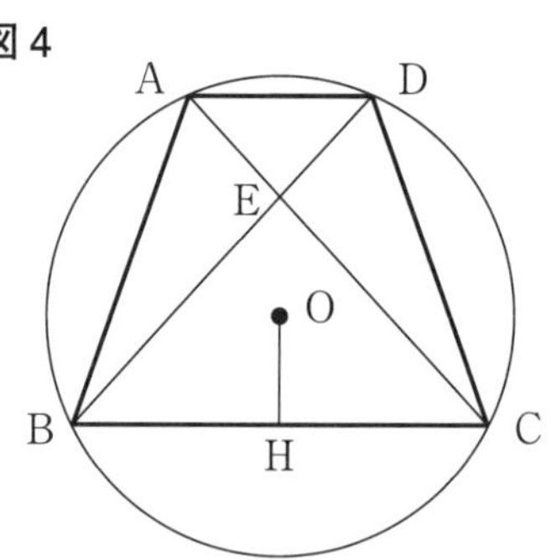

4 nを1より大きい整数とし，1からnまでの整数を1つずつ書いたn枚のカードがある。これらn枚のカードをよく混ぜて，左から順に横一列に並べてできるn桁の数をAとする。

このAについて，以下の**【操作】**を行う。

次の**図1**から**図3**は，$n=4$でAが3421の場合について，それぞれの**【操作】**1から3を表している。

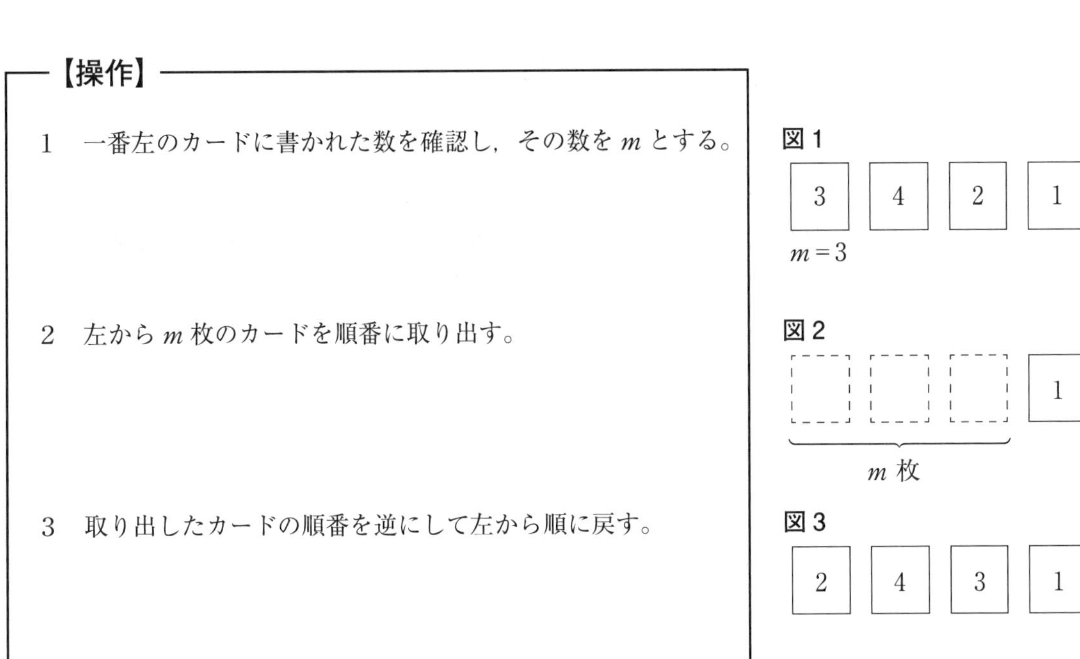

【操作】
1 一番左のカードに書かれた数を確認し，その数を m とする。
2 左から m 枚のカードを順番に取り出す。
3 取り出したカードの順番を逆にして左から順に戻す。
図1
3 4 2 1
m=3
図2
1
m 枚
図3
2 4 3 1

今，Aに**【操作】**を繰り返し行い，一番左に書かれた数が1になったところで**【操作】**を終了する。また**【操作】**が終わるまでの回数を$N(\mathrm{A})$とする。ただし，Aの一番左の数が1であるときは**【操作】**を行わず，$N(\mathrm{A})=0$とする。

例えば，$n=4$として，Aが3421の場合，**【操作】**を繰り返し行うと3421→2431→4231→1324となり，$N(3421)=3$である。

次の各問に答えよ。

〔問1〕 $N(31452)$の値を求めよ。

〔問 2〕 $n=4$ とする。a, b, c, d は互いに異なる整数で 1, 2, 3, 4 のいずれかとする。
以下の等式①, ②, ③が同時に成り立つとき, a, b, c, d の値を求めよ。
ただし, 答えだけでなく, 答えを求める過程が分かるように, 途中の式や考え方なども書け。

① $N(abcd)+N(bcda)=N(abcd)$
② $N(abcd)\times N(cadb)=N(abcd)$
③ $N(abcd)=4$

〔問 3〕 $n=5$ で $N(\mathrm{A})\geqq 1$ とする。
A に行った **【操作】** が終了したときの数を調べたところ, 12345 や 14235 などは存在した。しかしどんな A で **【操作】** を行っても, **【操作】** が終了したときの数で, 例えば, 13254 は存在しなかった。全ての A について **【操作】** が終了したときに存在しなかった数を調べたところ, 13254 も含めて全部で 9 個の数があることが分かった。
これら 9 個の数の中で 3 番目に大きい数を求めよ。

〔問4〕(4)その図式は、ポストコロニアル理論における東西の図式と同じく、単純ではない。とあるが、どういうことか。その説明として最も適切なものを、次のうちから選べ。

ア　支配された植民地の文化が支配者である帝国に影響を与えたように、西洋伝来と思われているモノは、実は東アジア発祥だったということ。

イ　帝国主義による植民地支配が、その後さまざまな点から論じられたように、西洋と東アジアとの関係も、いまだに定まっていないということ。

ウ　帝国による支配が、植民地と帝国の双方に影響を与えたように、西洋と東アジアの関係も、相互に影響し合う多様性を持っていたということ。

エ　帝国主義によって植民地に多くのモノが行き交うようになったように、東アジアの発明が西洋文化を発展させ、豊かにしていったということ。

〔問5〕(5)引き合わせたについて、ここでいう「引き合わせる」と同じ意味を表す語句を、次のうちから選べ。

ア　対照する。

イ　例証する。

ウ　引用する。

エ　適合する。

〔注〕清朝（しんちょう）――十七世紀に成立し、二十世紀に滅亡した中国の王朝。
阮元（げんげん）――十八世紀、清朝の政治家・考証学者。
考証学――文献上の証拠に基づいて、実証的に解釈する学問手法。
大儒（たいじゅ）――偉大な儒教研究者。
マテオ・リッチ――十六世紀のカトリック宣教師。中国で布教活動を行い、北京で没した。
『疇人伝（ちゅうじんでん）』――阮元が編纂した、数学者・天文暦学者の伝記集。
賦（ふ）す――漢詩を作る。
佐久間象山（さくましょうざん）――十九世紀、江戸時代の人。
唱和――詩歌を贈答すること。
自乗――二乗。平方。
阿倍仲麻呂（あべのなかまろ）――奈良時代の遣唐留学生。唐で高位に昇った。
王維（おうい）――唐を代表する詩人。
無窮――無限。
ポストコロニアル理論――植民地主義や帝国主義に関わる文化や歴史を批判し、分析する思想。

〔問1〕(1)痛烈な批判とあるが、どのような批判か。その説明として最も適切なものを、次のうちから選べ。

ア　自然科学の知識が集まる中心にいたにもかかわらず、西洋の自然科学がもたらした知識を享受するにとどまっていたということ。
イ　西洋の自然科学のもたらした未知なる情報に、驚きのあまり、清朝発祥の考証学による解析ができないままになったということ。
ウ　中国古来の天文学に加え、西洋のもたらした自然科学を学んでいても望遠鏡を用いた実践を行うまでは至らなかったということ。
エ　清朝を代表する文人であり官僚としては、考証学を西洋伝来の自然科学に照らし合わせ考察する経験が不足していたということ。

〔問2〕(2)何という高みに達した唱和であろうか。とあるが、どういうことか。その説明として最も適切なものを、次のうちから選べ。

ア　西洋自然科学の文献を阮元が望遠鏡というモノを用いて実証することで王維を超えたことにならって、象山も壮大な宇宙を蘭学の知識で捉えて、阮元を超えるみごとな詩を今に残したということ。
イ　西洋の貴重な望遠鏡で与えられた視覚的イメージを、阮元が考証学の知識をもとに詩に詠（よ）んだことで、象山もまた独自の自然科学で捉えた宇宙を詩という広大な世界に描くことができたということ。
ウ　西洋からもたらされた文献と望遠鏡により、阮元は宇宙空間をテーマとしながら、王維よりはるかに正確で美しい表現を手にすることができ、象山も王維をしのぐ詩的世界を生み出したということ。
エ　望遠鏡という西洋のモノが見せた宇宙を、阮元が実証的に捉えて作った詩に応ずるように、象山もまた自らの文化や伝統を土壌にしながら、宇宙の世界を詠んだ美しい詩を作り上げたということ。

〔問3〕(3)この唱和の大きさや含みを十分に解き明かすには、科学者列伝や文人列伝という形を取る通俗科学史や古めかしい文学史の手法では、不十分である。とあるが、なぜか。その理由を次のように説明するとき、空欄に当てはまる言葉を**二十字以内**で本文から探し、その最初と最後の**三字**を抜き出せ。

［　　　　　　］ことが確立されていないから。

異域間で音信を通ずることもままならない、と嘆いた（『唐詩選』所収「送秘書晁監還日本国」）。それから一〇〇〇年余。阮元の没後に象山が応答するという緩慢さではあったが、両者の間で一種の音信が交わされた。そこで話題になった無窮*の空間は、海ではなく宇宙、文字通りの空であった。王維が「万里」と大雑把に書く一方で、阮元と象山は地球と月の距離の細かい数字をそれぞれ手にしていた。

王維詩とはまた別の、(2)何という高みに達した唱和であろうか。阮元も佐久間象山もそれぞれ、中国や日本の情報網の要にいて、西洋の自然科学の情報をつかむことができた。中国には文字によって過去を記憶する記憶文化の伝統があり、その究極とも言える清朝考証学がマテオ・リッチらの説を洩らすはずも無かったし、日本の蘭学は、ヨーロッパの書籍の流通網の確かな一部であった。ふたりの文人の手もとにはそれぞれ、西洋に由来する望遠鏡があった。これらによって得た視覚像を、おのおのが、壮大な宇宙空間を天体の発する光が行き交う、みごとな詩句に輝かせた。

（中略）

(3)この唱和の大きさや含みを十分に解き明かすには、科学者列伝や文人列伝という形を取る通俗科学史や古めかしい文学史の手法では、不十分である。宗教や勃興しつつある帝国主義という権力と、文学や科学の言説との関係を探る言説分析。図像史と科学史を重ね合わせる、美術史ならぬ図像学、事実の羅列に堕さぬ科学史。そしてとりわけ、例えば書籍や望遠鏡といったメディアあるいはモノが、いかに視覚、学問、言説を編成したかを分析する、メディアの文化史、モノの学問史。そのようなメディアやモノに過去が記憶されるさまに光を当てる文化的記憶論。これら全てを併せ持つ、現代ドイツの文化学（Kulturwissenschaft）を以てすれば、阮元と佐久間象山の唱和の含意をかなり解き明かせるのではあるまいか。

そのためには人文科学の方法論上の努力が要る。ドイツの文化学は、当然のことながらヨーロッパの文化史に重点を置くからであり、ヨーロッパ外の文化を扱う経験がまだまだ少ないからだ。オリエントから古代ギリシアへ、古代ローマを経て中世以後のヨーロッパへ――こんな古めかしい歴史把握の典型を忠実になぞって足れりとする文化史記述にざらにお目にかかる。歴史学はとうにグローバル史（global history）という分野を確立し、世界の各地域の諸要素がいかに絡み合って世界史を紡いでいったか、各地域をなるべく平等に見ながら記述することを試みてきたのに。グローバル史に合わせてドイツ流文化学をアップデートする努力が必要なのだ。

ポストコロニアル*理論の中核に、書く西洋と書かれる東洋、という対立の図式があったとするならば、阮元と佐久間象山の唱和の解読に必要なのは、望遠鏡というモノを送り込むヨーロッパと、それを受け取って書く東アジアとの比較文化である。勿論(4)その図式は、ポストコロニアル理論における東西の図式と同じく、単純ではない。例えば、望遠鏡というモノを生み出すには、精細な銅板図を載せた自然科学書が活版印刷で行きわたる必要があり、そのためには中国から紙というモノが伝播していなければならなかったろう。モノの地球規模の文化史と比較文学・比較文化とを結び合わせることが望まれるのである。

文化学、グローバル史、比較文学・比較文化を(5)引き合わせたところに、人文科学が取り組むべき広大な領域が開けている。そのなかでモノの文化史、モノの学問史は中核的位置を占めている。望遠鏡で望んだ月についての二篇の漢詩は、こうしたことを示していよう。

（縄田雄二「モノと媒体の人文学」による）

五　次の文章を読んで、あとの各問に答えよ。（＊印の付いている言葉には、本文のあとに〔注〕がある。）

＊清朝の官僚、＊阮元は、＊考証学の立場から大部の書物をつぎつぎに編纂した＊大儒だ。そのなかに、ヨーロッパの自然科学に関するものも含まれていた。中国古来の天文学のみならず、宣教師・＊利瑪竇（マテオ・リッチ）らが伝えたヨーロッパの天文学についての情報をも集成した『＊疇人伝』である。阮元は当時の東アジアにおいて、ヨーロッパの自然科学についての情報が集まる中心のひとつであったのだ。阮元は自然科学者でもあったのだ。

阮元はヨーロッパの自然科学を自ら実践もした。望遠鏡に目を当てて月を窺いたのだ。むかしの中国の官僚は、多くの場合文人でもあり、阮元もそうであった。望遠鏡の向こうに開けた未知の視覚像に驚いた彼は、望遠鏡の中に月を望んだ歌、「望遠鏡中望月歌」という詩を＊賦した。

その詩はつぎの八行で閉じられる。

彼中鏡子若更精　彼の中の鏡子若し更に精なれば
呉剛竟可窺吾面　呉剛竟に吾が面を窺う可し
吾与呉剛隔両洲　吾と呉剛と両洲を隔つ
海波尽処誰能舟　海波の尽くる処誰か能く舟せん
義和敲日照双月　義和日を敲けば双月を照らし
分出大小玻璃球　大小の玻璃球を分出す
吾従四十万里外　吾四十万里の外より
多加明月三分秋　明月に多く加う三分の秋（『揅経室集』四集巻一一）

月に住む伝説の人物、呉剛と地球上の自分は、それぞれ望遠鏡でお互いを見ている。もしも呉剛の望遠鏡の精度がもっと高ければ、私の顔を判別できるであろう。われわれは宇宙空間を隔てて両側に分かれているが、あいだは海ではないので舟で渡るわけにはいかない。太陽の御者、義和が太陽を敲くと、その光がふたつのガラス玉、地球と月を照らしだす。地球は月の四倍の大きさだから、秋の明るい月と地球で明るさ比べをすると、差し引き三倍の差で地球がまさる。こういうのであろう。

阮元は「地球の月球よりも大なること四倍、地月の相距たること四十八万余里なり」と自注している。地球と月の距離を「四十八万余里」とするのは、『疇人伝』巻四四のマテオ・リッチの章にある情報と一致する。

これに、日本の官僚・自然科学者・文人の＊佐久間象山が嚙みつく。科学的に見て不正確というのだ。「望遠鏡中望月歌和阮雲台」（「望遠鏡中に月を望む歌　阮雲台に和す」）と題した象山の漢詩は、阮元（号して雲台）の詩への＊唱和であるが、(1)痛烈な批判を含む。結びはこうだ。

惟恨洋中難認舟　惟だ恨む洋中舟を認め難く
疾風雖快不可御　疾風快しと雖も御すべからず
霄顥無力駕気球　霄顥気球を駕するに力無きを
何人得飛入月中　何人か月中に飛び入るを得ば
夜夜飽看十倍秋　夜夜飽くまで看ん十倍の秋（『象山先生詩鈔』）

地球と月の間の宇宙空間に舟は見えない、気球で快い疾風に乗ろうにも、空間にそれだけの気体の力が無いので無理だ、誰かが月のなかに飛び込んで地球を振り返れば、地球から見る月よりも一〇倍も明るい地球を毎晩見て楽しめるだろうに、というのである。象山は自注で、地球と月の直径の詳しい数字を挙げ、天体を見ての面積が直径の＊自乗に比例することを根拠に、阮元のいうように四倍の違いではなく、概数で言って「十倍」の違いだ、と述べている。

唐から日本に帰ろうとした＊阿倍仲麻呂を送る名高い詩で＊王維は、極めがたい海をゆく君は空に乗じて万里をゆくようなものだ、これからは

〔問4〕エコロジーとデモクラシーの挟撃（きょうげき）のなかでますます困難になるだろうとあるが、なぜこのように言えるのか。その説明として最も適切なものを、次のうちから選べ。

ア　地球規模の生態系を維持しつつ、各国が民主主義を尊重するためには若年層の政治参加が不可欠であるが、欧米諸国以外の政治的関心はそれほど高くないという現状があるから。

イ　エコ・マルクス主義への転換は一朝一夕には実現しないけれども、近年の世界の気候変動の加速を止める有効な手立ては、各国の思惑の違いを超えて、合意に向かっているから。

ウ　生態系の危機は一刻の猶予もない状況であると同時に、若者を中心とした新自由主義的資本主義への批判的なうねりが世界的に展開されているという両面からの抵抗があるから。

エ　我が国では、気候変動を乗り越えるべく地道な取り組みが広がりつつあり、また生態系崩壊に反対する世論が大きいにもかかわらず、政府の施策の緩慢が改善されていないから。

〔問5〕責任ある世話とケアとあるが、どのように取り組むことが求められるか。その説明として最も適切なものを、次のうちから選べ。

ア　人間が自然を支配しているというおごりを捨て、自然が本来持っている環境変化への耐性を引き出すことで、人間ひとりひとりが自然と共に生きる新たな世界観の構築を志す姿勢が切望される。

イ　人間の経済活動が生態系の一部だと再認識し、地球生態系の限界を知ることで、自然と人類の共存共栄の仕組みを構築しつつ、人間中心でなく自然自体の尊厳と価値を認める行動が期待される。

ウ　人間が経済活動を行うためには、エネルギー資源は不可欠であるが、その有限な資源をいかに将来にわたり、経済成長実現のために有効に使うかを、社会目標として共有する態度を維持すべきだ。

エ　経済成長に不可欠なエネルギー資源は、世界的には不足しているが、日本の自然エネルギーの潜在的能力は高いので、日本からの輸出量を増加して、さらなる経済成長を目指す意識を示すべきだ。

〔問6〕この文章の論理展開を説明したものとして、最も適切なものを、次のうちから選べ。

ア　最初に「脱成長」という言葉を紹介し、次にその言葉がラトゥーシュらによってどのように考察されてきたかを説明し、最後に我が国の自然エネルギーの可能性とその課題について論じている。

イ　最初に「脱成長」とは何かをさまざまな側面から分析し、次にラトゥーシュたちの業績を用いて今日的な課題をあぶり出し、最後に「脱成長」と経済成長の融合の可能性について提言している。

ウ　最初に「脱成長」という言葉をラトゥーシュの見解を用いて紹介し、次に持続可能な発展を目指すことの重要性を比喩と引用を用いて主張し、最後に我が国が目指すべき将来像に言及している。

エ　最初に「脱成長」について世界が実施した取り組みを説明し、次に日本を始め世界中が直面する諸問題についての識者の意見を紹介し、最後に各国が協力し合うことの必要性を強調している。

〔問7〕新しい豊かさとは何か。あなたの考えを、**二百字以内**にまとめて書け。さらに、あなたの書いた文章にふさわしい**題名**を解答用紙の所定の欄に書け。なお、、や。や「などのほか、書き出しや改行の際の空欄も一字と数えよ。

イヴァン・イリイチ ── オーストリアの哲学者。

上述の ── これ以前の部分で、筆者は日本における流行や伝統的な武道の中に、社会を改革するヒントがあると述べている。

共愉 ── イリイチが提唱した概念で、「生き生きしている様子」。

エルンスト・ブロッホ ── ドイツの哲学者。

グローバル・ノースとグローバル・サウスの国々 ── 世界がグローバル化した後も南北問題（経済格差）を抱えている国々。

ラディカル ── 革命的。急進的。

タイアップする ── 協力して行う。

淵源（えんげん） ── 起源。

グレタ・トゥーンヴェリ ── スウェーデンの環境保護活動家。

ガイア ── ギリシャ神話の「大地の女神」から、大地・地球の意。

〔問1〕(1)経済成長イデオロギーへの批判を含意していた。と言えるのはなぜか。その説明として最も適切なものを、次のうちから選べ。

ア 「ＳＤＧｓ」などのモデルは、途上国に利益はもたらさず、先進国との経済格差を更に広げるものだから。

イ 「ＳＤＧｓ」などの持続可能な発展を目指すモデルも、その実態は経済成長を前提としているものだから。

ウ 「ＳＤＧｓ」などのモデルは、世界の今日的課題である生産と消費の肥大化に歯止めをかけるだけだから。

エ 「ＳＤＧｓ」などの新たな取り組みも、先進諸国が長年抱えてきた失業問題の解決には有効ではないから。

〔問2〕(2)くさびを打ち込むものといえよう。と考えるのはなぜか。その説明として最も適切なものを、次のうちから選べ。

ア 以前から脱成長を支持する論者たちは、経済成長の鈍化を歓迎はしているものの、持続可能な社会への緩やかな移行を受身的に期待しているにすぎないから。

イ エコ社会主義は自然環境に与える悪影響を減らすことが目標の一つであるが、自国の経済成長を優先させる新自由主義とは、真っ向から対立する考えだから。

ウ 経済成長を目指す議論で欠けていた視点として、「ＳＤＧｓ」と大量生産との両立の必要性が挙げられるが、この点に脱成長論者は早くに気付いていたから。

エ 「脱成長」という言葉は、負の側面を連想させるといった誤解を生みかねないものではあるが、経済成長を無批判に評価する態度を軌道修正するものだから。

〔問3〕(3)「かたつむりの知恵」とあるが、ラトゥーシュは、このたとえでどのようなことを述べようとしているのか。その説明として最も適切なものを、次のうちから選べ。

ア かたつむりが、生活維持のために自ら殻の成長を制御するように、どの国も他国に劣ることのない自国の経済発展実現のために、富の分配と既得権益の譲渡が急がれるということ。

イ かたつむりが、より長く生きるために、自分で殻の成長を止めるように、人間も失業者数の増加にブレーキをかけつつも、顕著な経済発展の実現を目指すことが可能だということ。

ウ かたつむりが、過度な成長を制御することで、動きやすい自分の身を獲得するように、人間も地球上のどの地域に移住しても生活できる程度の経済成長に抑えるべきだということ。

エ かたつむりが、自身の活動を維持していくために、殻の重さを制御するように、人間も経済成長を拒否する中でこそ、だれもが適切な生活水準を手にすることができるということ。

大きな反省と悔恨、責任感と決意を胸に、自分たちの問題として受け止めると同時に、気候正義を求める運動を提起していく必要があろう。

二一世紀の将来に向けたガイア*への<u>責任ある世話とケア</u>(5)(planetary stewardship of Gaia)が、必要不可欠な課題として浮上してきたことは確実であろう。そこでは自然観の構造転換も必須である。つまり、初期近代から受容されてきた、無限の資源の宝庫としての自然観、機械論的自然観の克服が急務であり、この自然観が前提としている人間例外主義および自然／人間社会の二元主義を乗り越えることが大事となってくる。ここで重要なのは、人間の経済活動は自然の生態系の一部であることをかなり早い時期から強く主張していた玉野井芳郎、レスター・ブラウン、ラヴロック、藤原保信らが共有するエコロジカルな前提である。結局のところ、気候危機に効果的に対処するためには、地球生態系の再生産能力と自己調整能力の限界を越えた環境負荷を生みだしている現状の改革が急務である。そのためには、従来の自然観の克服、自然と人類種との共存共生の仕組みの構築が、哲学と倫理、人間観と自然観、また実際の暮らしにおいて重要な課題となってきた。

これはまた、別の視点からいえば、自然それ自体の価値と尊厳への承認を要請しているといえよう。いわゆる「自然の権利」(right of nature)論は法学界全般において忌避されているが、先住民は自らの感性に基づいて「母なる地球の権利」について語り、二〇〇八年のエクアドル憲法は第七一条で「自然の権利」を謳っている。また環境哲学、環境倫理学、キリスト教倫理学ほかの分野では、人間の利害に基づいて自然を手段視してきた人間中心主義を克服し、自然それ自体の尊厳と価値を承認しようとする議論が展開されている。例えばドイツのキリスト教法倫理学を専攻するヴォルフガング・フーバーは、自然への態度において従来の「自己保護の人間中心主義」を打破し、「自然の尊厳」を認め、人類が「自由」において「自己制限の倫理」を稼働させ、「法秩序の生態学的転換」を図るべきだと主張する。

日本は、多くの識者が指摘するように、自然エネルギー(再生エネルギー)のポテンシャルがきわめて高い国である。風力と太陽光に加えて、地域によっては豊かなエネルギー資源として地熱発電があり(大分県、岩手県、秋田県など)、また海流・潮流発電も実験段階にあり(宮城県や鹿児島県など)、そして水力は多くの山あいの地域で大きな役割を長年はたしてきた。火山列島である日本は地震や津波との付き合いは避けられないが、地熱はプラスのポテンシャルをもち、国策として今後も十分に活用すべきだろう。地熱資源量で日本は、アメリカ、インドネシアに次いで世界第三位だが、実際の発電容量は世界第八位(この二五年は横ばい)で、資源量の二・二％を活用しているにすぎない。問題は、長年にわたり国政と財界を担う指導者たちの間でエネルギー転換の問題全般への意識が弱く、国策としての転換がうまく実現されていないところにある。

(千葉眞「資本主義・デモクラシー・エコロジー」(一部改変)による)

〔注〕グリーン・ニューディール ―― 新経済財団(NEF)が発表した報告書。

セルジュ・ラトゥーシュ ―― フランスの経済学者。

ディーセントな ―― 適正な。良識にかなった。

〈人間の屑〉 ―― ラトゥーシュによれば、経済成長社会では、必然的に経済的勝者と敗者が生み出され、敗者は屑のように扱われる。

アンチテーゼ ―― ある主張と対立する主張。

エコロジスト ―― 自然環境保護活動を行う人。

ガンディー ―― インドの政治指導者。

人新世時代(アントロポセン) ―― 人類が地球の地質や生態系に与えた影響に注目して提案されている、地質時代における現代を含む区分。

の構築であるとする。

デイリーの定常型経済論に深い影響を与えたのは、ラトゥーシュの師のニコラス・ジョージェスク=レーゲンだった。ラトゥーシュ自身も、イリイチと同様にジョージェスク=レーゲンの強い影響下にあった。その意味では定常型経済論と脱成長論の間に、かなりの共通点があるのは明白である。だが、ラトゥーシュは定常型経済論やゼロ成長論に対しても批判的であり、「環境保全と経済的支配の「既得権益」を調和しようとする妥協案」と見なしている。さらに定常型経済論は、経済成長イデオロギーの生産至上主義と成長主義と消費主義の論理と様式を根本からくつがえすには十分に＊ラディカルではないと認識しているようである。そして脱成長論は、環境の保全にとどまらず、地球の破滅を防止するために必要最低限の社会正義の枠組みを再導入することが不可欠だと論じている。

脱成長論への批判としては、これまで完全雇用が経済成長と結びつけて論じられてきたこともあり、失業に対して無防備ではないかという問題を想定することも可能だろう。この意味では、エコロジカルには望ましいものであっても、社会的持続可能性の観点からは支持できないとされてしまうかもしれない。これに対するラトゥーシュの反論は、経済成長社会から脱却してはじめて、万人が適正な生活水準と良識的な活動を享受する展望を得ることができるというものである。生産力至上主義、少数の富裕層の出現、労働者の搾取、賃金の不公正と不平等という経済成長社会の問題点を克服することで、より多くの雇用を生むであろうことは十分に理解可能である。多くの先進工業諸国において、スワラージ(自律自治社会)の理念は、産業の脱グローバル化をもたらし、地産地消のローカル化と＊タイアップすることで、多くの雇用を呼び戻すことになるであろうし、この形態はこの一〇年すでに目に見える形で実現されてきている。脱成長論は、地域に根ざしたエコロジカルな民主主義の創造を目指すものだ、とラトゥーシュは指摘している。

脱成長論のもう一つの重要な立場は、エコ・マルクス主義ないしエコ社会主義のアプローチであろう。この議論は古くはもちろんマルクスの『ゴータ綱領批判』やエンゲルスの『自然弁証法』に＊淵源すると思われるが、近年、とくに新たに発見されたマルクスの手稿やノート(とくに「新メガ版」)の刊行を契機に、『資本論』の読み直しが進み、世界規模でエコロジカルなマルクス主義像が次第に明確な形をとり始めつつある。斎藤幸平著『人新世の「資本論」』は、そうした新たな脱成長論をマルクス主義から紡ぎ出し、啓発的で刺激的な議論を提示している。さらに岩佐茂・佐々木隆治編著『マルクスとエコロジー』も必読の著作である。また、二〇二〇年一二月に急逝された佐々木力氏の遺作となった力作の論文「エンゲルスの未完の「自然弁証法」プロジェクト」も、エコ社会主義の今日的意義を強調しており、このエコ・マルクス主義の系譜に属するといえよう。

本章から見えてくるのは、将来にむけて新自由主義的資本主義の「時間かせぎ」は、(4)エコロジーとデモクラシーの挟撃のなかでますます困難になるだろうということだ。自然生態系の限界が新自由主義的資本主義の跳梁を許さないし、世界の多くの民衆が、地球が悲鳴を上げていることに気づいて警鐘を鳴らし始めている。今日とくに気候変動の危機に対して、世界各地で一〇代後半と二〇代を中心に若者たちが批判の声を上げている。その背景には＊グレタ・トゥーンヴェリさんらの超人的な働きなどによって、世界の若者たちが過去数世代の産業活動や経済活動による気候変動の負の遺産を背負わされるのは自分たちの世代だという認識がある。日本においてもまだ小規模ではあるが、高校生や大学生を中心とした「未来のための金曜日」運動や地道な学習活動や取り組みが各地で展開されている。近年の日本もそうだが、世界各地で生じている異常気象による自然災害の大規模化は尋常ではなく、他方、各国政府や国際諸機構の取り組みはきわめて緩慢に見え、パリ協定後もあまり進んでいない。気候危機に対して、若者たちだけでなく各国の生活者市民が、ある。つまりそれは、生活の質、空気や水の質、物の質の向上に裏打ちされた「節度ある豊かさ」(abondance frugale) と、エコロジカル・フットプリント［人間の生活が自然環境にどれだけ依存しているかを示す指標］の削減を探求する概念と言うことができる。それは、「節度ある豊かな社会」、「経済成長なき繁栄」を目指す「新しい豊かさ」のプロジェクトでもあると指摘されている。

ラトゥーシュは脱成長について次のように説明している。

脱成長の道は一つの選択である。自由な条件の下で自主的に選び取る脱成長は、受け身の状態で我慢を強いられる脱成長とは異なる。……脱成長の道は、経済成長優先社会が生み出す大量の退廃と剝奪から抜け出すための道である。それは自尊心を取り戻すための脱出の道である。ディーセント*な社会を再構築するための道である。……それは〈人間の屑(くず)*〉を生産しない社会である。

脱成長論は、国連の「ブルントラント報告」(一九八七年)、リオデジャネイロでの「地球サミット」(一九九二年)、国連で採択された「持続可能な開発目標」(SDGs) などを通じて既定路線となった「持続可能な発展」モデルに対するアンチテーゼ*の意味合いを有する。このモデルは、既述したように、今日ではグリーン経済またはグリーン・ニューディールと呼ばれており、環境的持続可能性、社会的持続可能性、経済的持続可能性という三本の柱から形成されている。けれども、とくにエコロジスト*から見れば、それが経済成長イデオロギーに依拠していることは明らかである。脱成長論が掲げる最優先課題としてラトゥーシュは、「経済成長という宗教から抜け出し、経済というカルトを脱退する」ことを挙げている。彼は、脱成長社会に相応(ふさわ)しい政治制度として、地方自治のレヴェルでのガンディー*のスワラージ(自律自治社会)を挙げている。その思想はエコロジカルでローカルな民主主義とでも呼ぶべきもので、「自律的で節度ある共生社会」の構築を目指すものといえよう。その意味ではグローバルなグリーン・ニューディール論と同様に、しかしそれとは一八〇度異なった仕方で脱成長論は、人新世*時代(アントロポセン)の課題と向き合う試みでもある。そして今日のフランスで脱成長のプロジェクトは、ガソリンなどの価格の高騰、社会的不平等、経済的苦境への抗議を続ける労働者と中間層の「黄色いベスト」運動、世界の高校生たちが主導する環境的正義と社会正義のための「未来のための金曜日運動」(FFF) との結びつきを深めている。

脱成長論の思想的源泉の一つにイヴァン・イリイチ*の共生思想や倫理思想があるが、ラトゥーシュも、イリイチが比喩的に語る(3)「かたつむりの知恵」に言及している。かたつむりは、成長過程で殻づくりに励むが、幾重もの渦巻きを広げた後はパタッと殻づくりをやめる。というのも、殻を一重ふやすだけで殻の大きさは倍以上になるものもある。そうなると、その重荷に耐えきれず、安定した活動が不可能になる。それゆえにかたつむりは、過剰成長を拒否する知恵を発揮し、善く生きるための暮らしの術を磨くのである。ここには、上述*の「スモール・イズ・ビューティフル」や柔道の反転/転回の作法と同質の知恵を見てとることもできる。

ラトゥーシュは次のように言う。「この［かたつむりの知恵の］譬喩(ひゆ)は、われわれに〈脱成長〉社会——可能ならば平和で共愉*にあふれる〈脱成長〉社会——を考える筋道を示している」。そして彼は、脱成長をエルンスト・ブロッホ*の言う「具体的ユートピア」になぞらえて、「もう一つの世界が可能だ」という仮説なしには「政治は存在しない」と主張する。ラトゥーシュにとって政治は、たんなる日常の「人間と物の行政的管理」に堕するリスクに抵抗するものである。そこではどのような「政治的課題」が目指されているのだろうか。脱成長論は、政治的なものへの「尊厳」を与えるものにほかならず、その課題はグローバル・ノース*とグローバル・サウスの国々の双方で、「自律的で共愉にあふれる社会」

量がないため余計なことをせずにそばで支えようと考えている。

ウ　国枝は、乙矢が本当に助けを必要とするまでは自分で努力することが重要だと考えているのに対し、楓は、自分に乙矢を助けることはできないため乙矢の努力を徹底してサポートしようと考えている。

エ　国枝は、乙矢が抱える問題は乙矢自身で克服すべきで周りが手助けするものではないと考えているのに対し、楓は、乙矢と親しくもなく弓の実力も劣るため自分にできることは何もないと考えている。

〔問6〕　本文の表現や内容について述べたものとして最も適切なものはどれか。次のうちから選べ。

ア　「その顔は暗く、もやもやしたものを胸に抱えているようだった。」という表現から、自分の内面に向き合う覚悟を決めた乙矢に対する失礼な発言を、楓が後悔していることがはっきり読み取れる。

イ　「そんな時でもぴんと背筋が伸びている。」「くだけた言い方では失礼になる」という表現から、国枝が常に指導者として模範的な態度をとるよう心掛けていることがわかりやすく示されている。

ウ　「乙矢の背中が目の前にある。」「きっと視線は怖いほど鋭く、的をにらんでいるのだろう。」のように、楓の視点を通して情景を描くことで、弓を射る様子が臨場感あふれるものになっている。

エ　「精進なんて古い言葉、よく使えるなあ」「そうかなあ。」のように、心に思い浮かんだ疑問を地の文で表現することで、読者の疑問を代弁すると同時に、楓への共感を強める効果も生んでいる。

四　次の文章を読んで、あとの各問に答えよ。（＊印の付いている言葉には、本文のあとに〔注〕がある。）

「脱成長」を意味する「デクロワサンス」(décroissance) という言葉は、国連や世界銀行やＩＭＦなどが推進するグリーン・ニューディール＊の標語である「持続可能な発展」を含む近代産業社会の(1)経済成長イデオロギーへの批判を含意していた。中野佳裕（なかのよしひろ）によれば、脱成長論は、近代の産業文明が依拠した科学・技術・経済の三位一体構造を機軸に物質的豊かさを追求してきたプロジェクトへの批判から出発している。それはまた、近代のこの経済成長のプロジェクトの展開においてしばしば見失い捨象されていった「節度」の感覚を人間生活に回復しようとする試みでもあった。日本におけるセルジュ・ラトゥーシュ＊の紹介者でもある中野はいくつかの著書を翻訳しているが、とくに最近刊行された『脱成長』は、ラトゥーシュの脱成長の思想のエッセンスを伝えている。

脱成長の議論の起原は古いが、論争的な概念としてとくに注目されたのは二〇〇一年以降であった。それは、フランスのエコ社会主義の系譜に由来し、経済成長イデオロギー、生産力至上主義からの脱却を意味するスローガンでもあった。この「脱成長」という言葉は、景気後退やマイナス成長や緊縮財政という消極的な意味合いをどうしても払拭（ふっしょく）しきれない。ラトゥーシュはそうした誤解の危険性に自覚的であり、その意味を次のように説明している。第一に「脱成長」は、「経済成長を崇拝しない態度（acroissance）」を意味する。それは、Ｃ・ハミルトンの指摘と軌を一にするが、富の物神崇拝への批判であり、新自由主義に根ざした代替宗教としての経済成長神話（フェティシズム）の非神話化を意味している。その意味で脱成長論は、「イデオロギー的かつ擬似宗教的な性質を帯びた心性」に(2)くさびを打ち込むものといえよう。第二点として、ポジティヴに表現すれば、それはほんものの「善き生活／善く生きること」(buen vivir) の探求を意味し、「自主的に選択する脱成長」で

〔問1〕(1)楓はまずいところに居合わせてしまった、と思った。とあるが、なぜか。その説明として最も適切なものを、次のうちから選べ。

ア　乙矢が他人に見られることを避けていた切迫した姿を、後輩である自分がのぞき見たことに罪悪感を覚えたから。

イ　国枝と深刻な様子で話す乙矢の姿を目にして、うかつに二人の前に姿を現すと怒りを買ってしまうと考えたから。

ウ　切実な事情を抱えている様子の乙矢を見て、国枝との会話を邪魔してしまうことに対して気まずさを感じたから。

エ　先輩である乙矢が悩む様子を見ていたのを国枝に気付かれ、今後国枝と疎遠になってしまうことを心配したから。

〔問2〕(2)乙矢が待ち構えたように国枝に尋ねた。とあるが、ここから読み取れる心情はどのようなものか。その説明として最も適切なものを、次のうちから選べ。

ア　審査に通過できなかったことで弓道への関心を失ったため、国枝に自分の射の長所を評価してもらい弓道への前向きな気持ちを取り戻したいと切望している。

イ　参段の審査に通過できなかった理由が自分ではわからないため、国枝にならば正しい評価と上達のための指導をしてもらえるはずだという期待をもっている。

ウ　技術に自信があったのに参段を取得できなかったことに不満があるため、国枝に自分の欠点を明確に指摘してもらうことで気持ちを納得させようとしている。

エ　自信をもって臨んだ審査で自分の射が評価されなかったため、国枝に指導を受けてもこれ以上の上達が見込めないのではないかという不安をのぞかせている。

〔問3〕X乙矢の顔がさっと曇った。Y乙矢の顔はさらに歪(ゆが)んだ。とあるが、ここから読み取れる乙矢の心情の動きを**八十字以内**で説明せよ。

〔問4〕(3)国枝は優しい目をしたまま説明した。とあるが、ここから読み取れる心情はどのようなものか。その説明として最も適切なものを、次のうちから選べ。

ア　乙矢同様にまっすぐに気持ちを向けてくる楓に対して、その思いを受け止め理解しつつも、弓道の先輩として考えを伝えて、自分自身で気付きが得られるよう導こうとしている。

イ　秘(ひそ)かに悩み苦しむ乙矢とは対照的に、素直に感情を表に出す楓をみて、楓の無邪気さを好ましく思う一方で、弓道において心を平静に保つことの重要性を説明しようとしている。

ウ　高校生らしく葛藤する様子をみせる楓に対して、乙矢と同様の若々しさを感じて喜ばしく思うと同時に、自分の内面と向き合い続けることの意味を誤解なく伝えようとしている。

エ　乙矢の苦しみに共感し自分の苦しみとして感じている楓の様子を見て、そのやさしさや正直さに好感を覚えるとともに、弓道における他者への配慮の意義を教えようとしている。

〔問5〕(4)見守ることと(5)見守ること。とあるが、国枝と楓は「見守ること」についてそれぞれどのように考えているか。その説明として最も適切なものを、次のうちから選べ。

ア　国枝は、内面と向き合うことの重要性を知った乙矢ならば自分で問題を克服できると考えているのに対し、楓は、実力に劣り乙矢と親しいわけでもない自分は国枝の考えに従うほかないと考えている。

イ　国枝は、自分の内面にある原因を乙矢自身が見つけ出すのを待つべきだと考えているのに対し、楓は、乙矢に助言できるだけの弓道の技だった。

「それに、射をする時には『中ててやろう』という意識を剝き出しにしてはいけません。そういう姿勢は醜いとされているんです。」

「なぜですか？　弓を引く時は誰だって中てよう、と思うんじゃないですか？」

楓の言葉に、国枝は再び微笑んだ。

「教本通りの答えで言うなら、的に囚われているのは美しくない、ということになります。」

「教本ですか。」

弓道会に入会した時、『弓道教本』があることを教えられた。全日本弓道連盟が作った、弓道の教科書のようなものだ。第一巻の射法篇というものを購入するようにと言われ、母に頼んでネットで購入してもらった。だけど、写真が古めかしく、言葉も難しいので、楓はぱらぱらめくるだけで、ちゃんと読んではいない。

「教本通りじゃないとダメなんですね。」

「ええ。ですが、ただ教本に書かれているのを鵜呑みにして、それを形だけ真似するというのも、よくないことだと私は思います。教本は道しるべではありますが、なぜそうなるのか、自分の射がどういうものかは、毎日修練して自分でみつけねばならない。*畢竟それが弓を引くことの意味だと私は思っています。」

「よく……わかりません。」

だとしたら、別に乙矢が悪いわけではない、ということにならないだろうか。

「わからなくてもいいのです。いまわからなくても、いつかわかる時が来るかもしれない。」

「ずっとわからないこともあるんですか？」

楓が聞くと、逆に国枝が問い返す。

「それは嫌ですか？」

「ええ。」

楓がきっぱりと返事すると、国枝は破顔一笑した。

「わからないことの答えを探し続けることも、大事なことですよ。何もかも、簡単に答えがわかったら、つまらないじゃないですか。」

そうかなあ。口には出さないが、楓は心の中で思っている。わからないことがすぐに解決する方がすっきりするのに。

「ともかく、乙矢くんの問題は乙矢くん自身で解決しなければなりません。私たちができることは、ただ(4)見守ることくらいです。」

(5)見守ること。確かに、それくらいしか自分にできることはない。それほど親しくもないし、乙矢より弓道が下手な自分は、相談相手にもならないだろう。

「さあ、もう少し引きましょう。今度は*立射で。」

そう国枝に促されて、楓は矢を持ち直し、射場の定位置へと歩いて行った。

（碧野圭「凛として弓を引く」による）

〔注〕射場 ― 弓道場のうち、射手が的に向かって弓を引く場所。

跪坐 ― 右ひざをついて左ひざを少し浮かせ、つま先を立てたかかとに腰掛けるように座る座り方。

カケ ― 弓を引くときに弦から手を保護するために右手にはめる革製の手袋。

笠原さん ― 弓道会の会員の一人。

巻藁をやる ― 藁を束ねて作られた的の前で、型を練習する。

矢取り ― 射終わった矢を的のある場所まで取りに行くこと。

射型 ― 弓を引くときの一連の体の動きや姿勢。

畢竟 ― 結局。

立射 ― 立った姿勢で矢をつがえて射ること。審査のときは、跪坐の姿勢で矢をつがえてから立って射る。

「私より先に、このお嬢さんに感想を聞いてみましょう。この前、ふたりでやった時と比べて、どうでしたか？」

「あの時はふたりだったし、立ち順も違うので、単純な比較は難しいんですけど。」

いきなり話を振られて、楓は少し口ごもった。何と言えば、乙矢のことをうまく表現できるだろう。

「今回は、二番目だったので、大前に合わせなきゃ、ということを考えて、ちょっと焦りました。歩幅が違うので、早く歩かなきゃいけないし。前は自分が大前だったので、自分のペースでできたんですが。」

X乙矢の顔がさっと曇った。何か自分はまずいことを言っただろうか、と楓は思う。

「乙矢くんの射についてはどう思いましたか？」

「カッコよかったです。的を絶対外さない、という気迫を感じました。」

楓は乙矢をフォローしたつもりだったが、Y乙矢の顔はさらに歪んだ。逆効果だったようだ。

「わかりましたね。このお嬢さんが、あなたの射の欠点をみごとに見抜いている。」

「はい。」

乙矢が力なくうなだれる。楓には、訳がわからない。

「あなたは何をそんなに焦っているのですか？　それが射に表れている。」

「焦っている……？」

「審査当日の射を見てないので、これはあくまで私の考えですが。」

国枝は優しい目で乙矢を見ながら、一語一語言葉を選ぶようにゆっくり語った。

「あなたの射型*はきれいだし、的中もする。参段なら合格にしてもよかったかもしれない。だけど、若い方には正しい射を身に付けてほしい、という思いが我々先人にはあるんです。だから、あえて厳しくみる、そういうことだったのかもしれません。」

国枝の言葉を噛みしめるように、乙矢は視線を下に向けている。

「問われているのは技術ではなく、弓に向かう姿勢ではないでしょうか。」

「弓に向かう姿勢……。」

乙矢は深い溜め息を吐いた。

「ありがとうございます。もっと精進いたします。」

精進なんて古い言葉、よく使えるなあ、と楓は感心して聞いている。

乙矢は弓と矢をしまい、「ありがとうございます。」と弓道着のままで出て行った。その顔は暗く、もやもやしたものを胸に抱えているようだった。乙矢の姿が見えなくなると、楓は国枝に聞いた。

「私、何か乙矢くんについて、まずいことを言ったのでしょうか？　乙矢くんの射、とてもいいと思っているんですけど。」

それを聞いて、国枝は微笑んだ。

「いえ、正直に話してくれて、乙矢くんも感謝してると思いますよ。」

「だけど……。」

自分の言葉を聞いて、乙矢はショックを受けたようだ。乙矢を貶めるようなことを口にしてしまったのではないだろうか、と楓は気にしている。

楓の想いを察したのか、(3)国枝は優しい目をしたまま説明した。

「そろって弓を引く場合には大前のタイミングにみんなが合わせるものですが、一方で大前こそ続く人たちのことを把握しておかなければならない。双方がお互いのことを意識しあって、初めて三人が一体となるんです。あなたが焦った、ということは、大前があなたの歩く速度を考慮していなかった、あなたのことが見えてなかった、ということなんです。」

確かに、国枝とやった時のような安心感、一緒に弓を引いている、という充実した気持ちはなかった。乙矢に遅れまい、とするだけで精一杯

「そうですよ。弓はしばらく置いた方が落ち着きますから。」
「わかりました。」
　言われた通りに弦を張り、更衣室で胴着に着替えていると、射場から声が聞こえてきた。国枝が誰かと話をしているようだ。
　嫌だな。またあの厳しそうな*笠原さんが来てるのかな。
　着替えを終えると、楓はおそるおそる射場の方に出ていく。
「それで、あなたは私に何をしてほしいのですか?」
　国枝の声がはっきり聞こえてきた。
「僕の射を見てほしいんです。」
　相手の声には聞き覚えがある。乙矢だ。声の調子が切迫している。(1)楓はまずいところに居合わせてしまった、と思った。更衣室に戻って隠れていようか、と迷ったが、それより先に乙矢の視線が楓をとらえた。乙矢の目が驚きで見開かれた。
「なんで、きみがここに?」
　乙矢の声は裏返っている。楓が答えあぐねていると、国枝が代わって返事をした。
「ジョギングでここを通りかかったので、私がいっしょにやろうと誘ったんだよ。この子は無段だけど、うちの弓道会に所属しているっていうから。」
「そうだったんですね。」
　納得したような、していないような返事だった。それどころではない、という切羽詰まった雰囲気を乙矢はまとっていた。
「では、僕の方も見てもらえますか?」
「いいですよ。あなたも着替えていらっしゃい。」
　それで、乙矢は自分の使っている弓を取り出して弦を張ると、更衣室へと向かった。
　国枝は乙矢のことなど気にしていない様子で、楓に話し掛ける。
「じゃあ、*巻藁をやってみましょうか?」

「はい。」
　そして、巻藁の前で国枝の指導を受けていると、着替えを終わった乙矢が出て来た。
「せっかく三人いるんだから、審査の動きでやりましょう。」
　乙矢は少し驚いたようだったが、「はい。」とうなずいた。
「立ち位置はどうしましょう?」
　乙矢が尋ねる。
「あなたに大前をやってもらって、私が落ちでいいですか?」
「はい。」
　乙矢が同意した。楓は真ん中に立つ。大前のタイミングに合わせればいいので、真ん中は気楽だ。日頃の練習でも、いちばん経験の浅い人間が真ん中に、いちばん格上の人間が落ち、つまりいちばん後ろを務めることが多い。
　そして、射場の隅に三人で立つ。乙矢の背中が目の前にある。背筋がぴんと伸びて、きれいな立ち姿だ。お辞儀をして入場をする。乙矢は楓より背が高いので、その分歩幅も広い。楓はいつもより少し速いテンポで歩く。楓はまだ袴の扱いに慣れていないので、座ったり立ったりするタイミングが少し遅れ気味だ。そして、跪坐の姿勢を取ると、後ろから立っている乙矢を見る。乙矢の身体には力がみなぎっている。その目は楓の位置からは見えないが、きっと視線は怖いほど鋭く、的をにらんでいるのだろう。いつもそうであるように。
　乙矢の射は力強く、一直線で的に中った。続く楓の射は三時の方向に矢が逸れた。国枝は力みなく真ん中に中てる。二射目も同様に、乙矢と国枝は的に中て、楓だけ大きく外した。
　退場して*矢取りをして戻って来ると、(2)乙矢が待ち構えたように国枝に尋ねた。
「どうでしたか?」
　はやる乙矢を、まあまあ、というように国枝は制した。

二〇二三年度

都立西高等学校

【国語】

（五〇分）〈満点：一〇〇点〉

一

次の各文の――を付けた漢字の読みがなを書け。

(1) 会議は暫時、休憩となった。

(2) 壁に補強材を充塡する。

(3) 値千金のホームラン。

(4) 意見の衝突を来す。

二

次の各文の――を付けたかたかなの部分に当たる漢字を楷書で書け。

(1) キャンプ場でバクエイする。

(2) 手土産にミズガシを持って行く。

(3) 佳人が洋館のソウカにたたずんでいる。

(4) 正義感の強さでは、ジンゴに落ちない。

三

次の文章を読んで、あとの各問に答えよ。（＊印の付いている言葉には、本文のあとに〔注〕がある。）

矢口楓（やぐちかえで）は高校一年生である。高校入学後、部活動ではなく、地元の弓道会に所属することを決心した。五十年の弓道歴があるベテランの国枝（くにえだ）が創設したこの弓道会には、楓と同じ高校の三年生で、弐段（にだん）の腕前である真田（さなだ）乙矢（いつや）が所属している。乙矢は高校生にとって難関である参段の取得を目指したが、今回の昇段審査ではうまくいかなかった。

やっぱり、国枝さん、来ているんだ。

楓は奥の弓道場まで小走りで行った。射場＊には、国枝がひとりだけで立っていた。国枝はちょうど弓を引き終わったところのようで、矢を取りに行くために跪坐（きざ）＊をしてカケ＊を外そうとしていた。そんな時でもぴんと背筋が伸びている。

ああ、こういう何気ない姿勢も決まってるな。長くやっている人はそうなのかしら。

楓が足を止めて見惚（みと）れていると、国枝が気がついてにっこり笑った。

「おはよう。また来たんだね。」

「はい。いまはお盆休みで、ご指導もお休みなんです。」

「では、また一緒にやりますか？」

「ご迷惑でなければ、ご一緒させてください。」

思わず敬語になった。くだけた言い方では失礼になる、そう思わせるようなたたずまいが国枝にはあった。

「迷惑なんてとんでもない。また一緒に引けるのは嬉（うれ）しいです。今日は弓道着は持って来ていますか？」

「はい。リュックに入れてきました。」

「じゃあ、弓に弦（つる）を張ったら、着替えてください。」

「先に弦を張るんですか？」

英語解答

1 A ＜対話文１＞ ア
＜対話文２＞ エ
＜対話文３＞ ウ
B Q１ イ
Q２ To visit other countries.

2 〔問１〕 (a)…ウ (b)…オ (c)…ア (d)…イ (e)…エ
〔問２〕 １番目…ク ４番目…カ ８番目…キ
〔問３〕 (A)…ケ (B)…ア
〔問４〕 a day b hard c Japanese d same

3 〔問１〕 イ 〔問２〕 エ
〔問３〕 produce 〔問４〕 amount
〔問５〕 need to show the government how safe cultured meat is
〔問６〕 オ
〔問７〕 (A)…キ (B)…ク

4 〔問１〕 ア
〔問２〕 １番目…エ ４番目…ウ ８番目…イ
〔問３〕 ウ 〔問４〕 necessary
〔問５〕 ケ 〔問６〕 オ
〔問７〕 (A)…コ (B)…カ
〔問８〕 (例) I recommend Mt. Fuji. It is the tallest mountain in Japan, so you can see beautiful views when you climb it. Though it is tall, it is not so difficult to reach the top. I would like visitors from abroad to try it someday. (44語)

1 〔放送問題〕

〔問題Ａ〕＜対話文１＞《全訳》メグ(Ｍ)：こんにちは，タロウ。先週の日曜日は何をしてたの？／タロウ(Ｔ)：やあ，メグ。祖母の家に行って，誕生日パーティーをしたんだ。／Ｍ：それはいいわね。／Ｔ：朝，自宅で祖母のために誕生日カードを書いたんだ。それから祖母を訪問して，そのカードを渡したよ。うれしそうだったな。その後，祖母が僕のためにお茶をいれてくれたんだ。／Ｍ：よかったじゃない。／Ｔ：夕方，僕の姉〔妹〕と，母と，父が，祖母のためにケーキを買ってきたんだよ。／Ｍ：パーティーは楽しかった？／Ｔ：うん，とても。

Ｑ：「タロウはなぜ祖母の家に行ったのか」―ア．「誕生日パーティーをするため」

＜対話文２＞《全訳》サトミ(Ｓ)：こんにちは，ジョン。あなたを捜してたのよ。どこにいたの？／ジョン(Ｊ)：ごめんよ，サトミ。すごく忙しかったんだ。／Ｓ：朝と昼休みにあなたの教室へ行ったの。そのときは何をしてたの？／Ｊ：早朝は，学校の庭で花に水やりをしてたんだ。その後は教室で宿題をしたよ。／Ｓ：まあ，そうだったの。昼休みは？ １時にあなたの教室に行ったのよ。／Ｊ：お昼を食べた後，図書館へ行ったよ。それが12時50分頃だったな。そこで20分間，歴史の本を何冊か読んで，１時15分に自分の教室に戻ってきたんだ。

Ｑ：「ジョンは１時に何をしていたか」―エ．「歴史の本を何冊か読んでいた」

＜対話文３＞《全訳》ジェーン(Ｊ)：こんにちは，ボブ。今日のコンサートに来られてうれしいわ。／ボブ(Ｂ)：やあ，ジェーン。そうだね。僕もだよ。／Ｊ：今日はここまでどうやって来たの？／Ｂ：どうして？ 家から自転車で来たよ。／Ｊ：今朝，天気予報を見たの。今日の午後は雨になるみたいよ。／Ｂ：ええ，本当？ 電車とバスで家に帰らないといけないね。自転車はどうしたらいいんだろう？／Ｊ：コンサートの後，私の家に置いておいてあげる。私の家までは歩いていけるわ。／

B：ありがとう。／J：どういたしまして。あと，私の家から帰るときは，私の傘を使っていいからね。

Q：「今日ボブはどうやって家からコンサートに行ったか」―ウ．「彼は自転車でそこに行った」

〔問題B〕≪全訳≫こんにちは，皆さん。私がこの学校で仕事をするのは，今日が最後になります。まず，私と一緒に英語を学んでくれたことに対して，皆さんに心から感謝したいと思います。私がここに来たばかりのとき，皆さんはよく私のところに来て日本語を教えてくれましたね。皆さんの笑顔はいつも私を幸せにしてくれました。皆さんが笑顔を絶やさずに英語を勉強してくれることを願っています。／私はこちらでたくさんのいい経験をさせてもらいました。体育祭では皆さんと一緒に走り，文化祭では先生方と一緒に歌を歌いました。皆さんの歌を聴いたときには，特に感動しました。／帰国後は，がんばって日本語の勉強を続けようと思います。皆さんには将来，外国を訪れてほしいです。皆さんがそこでいい経験をするのに英語が役立つと思います。／皆さん，さようなら。

Q１：「エミリーを喜ばせたことは何か」―イ．「生徒たちの笑顔」

Q２：「エミリーは生徒たちに将来何をしてほしいと思っているか」―「他の国を訪れること」

2〔長文読解総合―会話文〕

≪全訳≫**1**日本の高校生レンとサクラ，イギリス出身の英語の先生ジョン，それにアメリカ出身の英語の先生ケイトが学校で英語のスピーチコンテストの練習をしている。レンとサクラは学校代表としてそのコンテストに出場することになっている。**2**レン(R)：今日は僕たちを手伝ってくださってありがとうございました。**3**サクラ(S)：はい，どうもありがとうございました。とてもいい練習になりました！**4**ジョン(J)：どういたしまして。**5**ケイト(K)：どういたしまして。**6**J：レン，サクラ，君たちは今日よくできていたけど，２人とも原稿を少し変えるともっと良くなるよ。**7**R：えっ，そう思いますか？　わかりました。どう変えたらいいでしょうか？**8**J：君たちの原稿はどちらも，いろいろな国の聴衆に聞かれるもので，彼らはコンテストまで君たちが誰で，何について話すのかを知らない，だから君たちのスピーチを理解するために彼らが知っておくべきことを彼らに伝えるといいよ。**9**S：そうですか。それは思いつきませんでした。アドバイスをありがとうございます。**10**K：２人とも今週末までに原稿の変更を終えられる？**11**R：ああ…考えてみます。**12**S：難しそうです。(a)でも精一杯やってみます。**13**J：わかった。じゃあ，原稿チェックのために，来週の月曜日にまた私たちに会いに来られるかい？　ケイトと私は放課後に時間があるよ。**14**S：たぶん…はい…でも…**15**K：それがいいわ。**16**R：実は…来週の月曜日は大事な日なんです。**17**J：どういうこと？**18**R：その日は友人の誕生日で，誕生日パーティーを開くんです。**19**K：いいわね！　楽しんで。**20**R：(b)ご理解いただきありがとうございます。**21**J：わかった。じゃあ月曜日に会おう。**22**K：良い週末を。**23**R：あの…次の月曜日は友人の誕生日だってサクラがさっき言ったんですが。**24**J：うん，友達に誕生日おめでとうと伝えておいてよ！**25**R：はい，そうします…わかりました…じゃ，さようなら。**26**K：月曜日の放課後に会いましょう。**27**S：あの…実はその日はパーティーの準備のためにやることがたくさんあるんです。**28**J：待って。じゃあ，君たちはそれでも次の月曜日に私たちに会いに来られるのかい？**29**R：(c)行けないと思います。**30**K：本当に？　でも，それでも今週末に原稿を仕上げることはできるのよね？**31**S：いやその…大きなパーティーになるので，私たちは週末ずっと忙しくなるので，できません。**32**K：あらまあ，でもあなたは最初「イエス」って言ったと思ったけど。**33**S：あの…日本語では「イエス」が「ノー」の意味になることがあるんです。**34**R：それに「考えておきます」や「難しそうです」も「ノー」や「できません」という意味のことが多いです。**35**K：まあ…なるほど。わかったと思うけど，でも私にはちょっと難しいわ。**36**R：すみません。**37**J：謝る必要はないよ，君たちがどうしてあんなふうに答えたかわかったからね。私たちはコミュニケーションスタイルが違うんだと思う。38R：コミュニケーションスタイル？39J：そうだよ，レンとサクラは申し出を断るときに「ノー」と言いたくないんだね。一方，ケイトと私は「ノー」をはっきり言おうとする。40S：「ノー」と言うのは直接的すぎて，失礼に聞こえると思います。41K：でも「ノー」と言うことは大事よ。もし「ノー」と言わなければ，人からうそをついていると思われるかもしれないわ。42R：えっ，そうですか？　でも他人に直接「ノー」と言うのは強すぎると思います。43J：良いコミュニケーションのスタイルが，私たちそれぞれにとって違うことを意味しているのかもしれないね。ケイト，君はどう思う？　良いコミュニケーションとは君にとってどんな意味？44K：私の考えでは，良いコミュニケーションとは直接的で簡素で明確なことだわ。45J：賛成だ。46S：それはわかります。でも，良いコミュニケーションとは，口に出すことだけではなく口に出さないことも通じてメッセージを共有することだと思うんです。47R：(d)僕もそう言おうとしていたところです。48S：だから日本語では，人はよく行間を読むのです。49R：何を読むって？50S：「行間を読む」よ。それは，誰かの本当の気持ちや意図を，人が言ったり書いたりすることからだけではなくて，そうしないことからも理解しようとするという意味よ。51R：へえ，英語でそれを何と言うかは知らなかったよ。52K：でも，行間を読むことがどういうふうに日本文化に関係しているの？53S：いい質問です！　日本人は他人と上手にコミュニケーションをとろうとするために行間を読むことに重点を置きます。54R：うん，僕たちはそれを効果的なコミュニケーションのツールとして使います。55K：興味深いわね！　日本では行間を読むことがそんなに大事だなんてわかっていなかったわ。じゃあ，私たちはいつ「イエス」が本当に「イエス」の意味で，いつ「イエス」が「ノー」の意味なのか理解しなくてはならないのね。56J：行間を読むことの別の例はあるかな？57S：(e)これはどうでしょう？　私が友達に映画に一緒に行ってくれるように頼んだとき，「私と一緒に来る？」ときく代わりに私は「私は映画が見たいんだけど。あなたは明日，部活がある？」って言いました。58K：その後で，友達はどう答えたの？59S：彼女は私の意図を理解して「一緒に行けるわ。楽しみにしてる！」って言いました。60J：なるほど。それが日本式のコミュニケーションなんだね。言語とコミュニケーションスタイルは互いに大きく影響し合っているのだと思うな。61R：じゃあ，良いコミュニケーションのスタイルは言語によって違うのですね。62K：それが正しい場合もあるわ，でもジョンと私は２人とも英語を話すけど，コミュニケーションスタイルは違うわ。63R：どういうことですか？64K：私が１年前に初めてジョンに会ったとき，彼は私におもしろいやり方で自己紹介したの。その日のことを覚えている，ジョン？65J：もちろん。66K：そのとき，彼はこう言ったの，「お茶を飲まない人とは仕事ができない！」って。彼が真顔だったから私はそれを信じたのよ。67J：ははっ！　それはイギリスでよくあるジョークだよ。68K：アメリカ人がジョークを言うときは，「冗談だよ」と言って笑うから，誰でもそれがジョークだってわかる。一方，イギリス人は普通そうはしないけど，それでもそれがジョークだとわかるのよ。69S：ということは，イギリス人やアメリカ人は日本人より明確なメッセージを共有するけど，アメリカ人はイギリス人より明確なメッセージを共有するってことですね。70R：じゃあ，良いコミュニケーションのスタイルは国によって，文化によって違うのかもしれませんね。71J：いい指摘だ！　直接的なコミュニケーションスタイルは，判断基準の共有レベルが低いことを前提としているのに対し，直接的でないコミュニケーションスタイルは，共通の背景知識や情報のレベルが高いということだ。これらはその国の歴史や教育と関係があるかもしれないね。72S：では，ここで最も重要なことは，私たち全員が独自のコミュニケーションスタイルを持っているということを理解することですね。73R：(2)他の文化出身の人々と話すときに，どんな種類のコミュニケーションスタイルが効果的なんだろう。74S：私の考えでは，もし私たちが自分たちの文化のやり方に従って行間を読めば，私たちが受け取るメッセージは，他の人々が送るメッセージと違うものになってしまう。だから，メッセージは明確に送る方がいいです。75K：そのとおりね。これはコンテストにも当てはまるわ，あなたたちのスピーチは英語だからね。76S：はい，聞く人たちがいろいろなコミュニケーションスタイルを持っているかもしれないので，私たちはコンテストで，直接的かつ簡素で明確なスピーチをするべきですね！77R：わかりました。それでは僕たちの原稿を変更して，別の会う日を選びましょう！

〔問１〕＜適文選択＞(a)週末に原稿を直せるかときかれたことに対する返答。「難しいけどがんばる」というできるかできないか伝えない日本人らしい返答になる。　(b)友達の誕生日パーティーのことを伝えたら，ケイトにI hope you enjoy it.と言われたので，原稿の修正より優先することを認めてもらったと解釈して，お礼を言ったのである。　(c)ここで初めて次の月曜日に先生たちに会えないと伝えたのである。　(d)サクラの言葉に同意したのだと考えられる。　(e)別の例を求められた返答。「これはどうですか？」と例を挙げている。

〔問２〕＜整序結合＞「ここで最も重要なことは，私たち全員が独自のコミュニケーションスタイルを持っているということを理解することですね」の後に続く発言。'I wonder＋間接疑問(疑問詞＋主語＋動詞...)'「～かしらと思う」の形にする。語群の中でwhat kind of communication style, talk with people from other culturesというまとまりができるので，「どんな種類のコミュニケーションスタイルが，他の文化の人と話すときに効果的なのだろうか」という文意を推測し，間接疑問の後ろにwhen節を置く。　I wonder what kind of communication style is effective when we talk with people from other cultures.

〔問３〕＜内容真偽＞(A)①「聴衆はコンテストの前にレンとサクラのことと，彼らのスピーチの話題を知っているから，彼らは原稿を変えるだろう」…×　第８段落参照。　②「ジョンとケイトは月曜日に原稿をチェックできると考えたが，レンとサクラは実際はそのつもりではなかった」…○　第13～29段落の内容に一致する。　③「もし提案を断る必要があるのにはっきり『ノー』と言わない場合，それはうそをついていて無礼であるということだとケイトは思った」…×　第41段落参照。「うそをついている」は正しいが「無礼」だとは言っていない。　④「日本人は多くの場合行間を読み，はっきり言われなくても，いつ『イエス』が『ノー』を意味するかを理解する」…○　第53～55段落の内容に一致する。　(B)①「サクラは友達に映画に一緒に行ってくれるように直接頼まなかったが，友達は彼女の意図を理解し，互いにコミュニケーションをとることができた」…○　第57～59段落の内容に一致する。　②「ケイトとジョンが初めて会ったとき，彼のジョークはよく知られたものだったので，彼女は彼が冗談を言っていると気がついた」…×　第66段落参照。気がつかなかった。　③「イギリス人とアメリカ人はいつも明確なメッセージを共有し，これはどんな状況でも変わらない」…×　第62段落参照。コミュニケーションのスタイルは異なる。　④「聴衆は自分自身の文化のやり方で行間を読むことができるため，スピーチコンテストには直接的でないコミュニケーションスタイルの方が向いている」…×　第74～76段落参照。逆である。

〔問４〕＜内容一致＞≪全訳≫今日，サクラと僕は，ジョンとケイトと一緒に英語のスピーチコンテストの練習をした。その後で，僕たちは次回の練習の$_a$日を決めようとしたが，サクラと僕は来週パーティーを開く予定があった。そこで僕たちはジョンとケイトにそれを伝えようとしたが，コミュニケーションスタイルの違いから，彼らが僕たちの意図を理解するのは$_b$難しかった。僕は，$_c$日本人の話者はあまり直接的でないコミュニケーションスタイルをとることがわかった。また，ジョンとケイトは$_d$同じ言語を話すが，彼らの間にも興味深い違いを見出した。最後に，僕たちはどうやってコンテストでより良いスピーチをするかを話し合った。

<解説>a．第13〜29段落参照。次の練習の日を決めようとした。date「日取り」としてもよい。
b．第30〜37段落参照。ジョンとケイトが，レンとサクラの遠回しな言い方から何を言いたいのか理解するのは難しかった。difficult としてもよい。　c．「あまり直接的でない」話し方をするのは日本人。　d．ジョンとケイトは同じ英語話者である。

3〔長文読解総合─説明文〕

≪全訳≫❶最近，日本のスーパーやカフェ，レストランなどでフェイクミートをよく見かけるようになってきた。それは中国やアメリカ，イギリスなど，他の国ではもっと一般的である。実際，今，本物の肉よりもそれに興味を持ち，それを選ぶ人が増えている。フェイクミートのニーズは年々高まっているのだ。30年もたたないうちに，人々はタンパク質のために本物の肉よりもフェイクミートを食べるようになる，という報告もある。❷動物の肉を食べるというのは，もちろん新しい考え方ではない。私たちの祖先は昔，野生動物を狩ってその肉を食べた。それが生存していくためのエネルギーを彼らに与えた。現在，私たちの多くは祖先のように動物を狩ることはないが，それでも私たちはタンパク質を摂取するために動物の肉を食べている。以前は動物の肉を食べなかった国の人々も，今では日常生活の中でそれを食べ，その消費は増えている。これはつまり，動物の肉は世界の主要なタンパク源の１つであるということで，おそらく多くの人は肉のない生活を想像できない。(1)では，なぜ一部の人々はフェイクミートを食べ始めたのだろうか。❸人々がフェイクミートを食べる理由は，健康や，倫理的，環境的な理由などいくつかある。 第一に，人々が自分の食べるものについて考え，健康的な食べ物を食べようとするようになったことだ。確かに，タンパク質は私たちの健康にとって重要であり，動物の肉を食べることはタンパク質を摂取するための有効な手段である。しかし，動物の肉の食べすぎは健康に悪い可能性があることを忘れてはならない。第二に，倫理的な理由からフェイクミートを選ぶ人もいる。牛や豚，鶏といった家畜の命を奪うという考えが，おそらく本物の肉の消費を減らす原因になっている。家畜も私たち人間と同じように，みんな生き物なのだ。では，私たちは家畜の命を奪い，その肉を食べてもいいのか。エこの行為に反対する人もいる。第三に，人々は環境保護のためにフェイクミートを食べる。ご存じのように，家畜を育てるには，水や穀物，土地を大量に使う。 牛を例にとってみよう。１キログラムの牛肉を生産するためには，２万600リットルの水と11キログラムの穀物が必要だ。そして，牛を飼うには広い土地が必要なため，牛用の土地をつくるために多くの木が伐採される。また，別の環境問題として，牛や豚，羊などの家畜動物が「呼吸」をすると大量のメタンが発生する。これはCO_2よりも地球温暖化の原因となる。だから，本物の肉を食べずにフェイクミートを食べることは環境保護に役立つのである。❹では，フェイクミートについて見ていこう。フェイクミートには２種類ある。１つは植物由来の肉，もう１つは培養肉である。植物由来の肉は動物の肉からつくられたものではない。大豆やキノコ，ナッツ，種子，野菜などの材料からつくられているので，本物の肉よりも健康的のようだ。それは牛肉や鶏のむね肉など，さまざまな種類の肉に仕上げられる。だから，ハンバーグやサラダ，スープなど，いろいろな料理に使える。もしそれを見れば，きっと本物の肉だと信じてしまうだろう。そして，食べると，本物の肉を食べているような気がするだろう。植物由来の肉について悪いことはないと思うかもしれないが，心配しなければならないこともある。植物由来の肉には多くの人工の材料や添加物が含まれていることがあるのだ。また，味付けに塩や砂糖が多く使われているので，植物由来の肉は加工食品の一種だと思うかもしれない。科学者の中には，植物由来の肉は本物の肉よりもミネラルの量が少ないと言う人もいる。だから，それを食べても十分な栄養素をとれないかもしれない。
❺科学者たちは，培養肉と呼ばれる別のタイプのフェイクミートも開発した。これは，動物の体内ではなく，細胞培養で育てられる。まず，動物から小さな細胞を取る。そして，科学者がその細胞に栄養を

与える。すると，細胞が成長し増殖して，肉になる。培養肉は動物の肉ほど環境汚染を引き起こすことなく，また動物の命を奪うことなく生産することができる。それは本物の肉の代用品として優れていると思うかもしれないが，ほんのわずかな量をつくるのに，科学者たちは多くのお金と時間を必要とする。また，科学者たちは，(5)培養肉が安全であることを政府に示す必要がある。だから，それが本物の肉の代わりになるまで，まだまだ待たなくてはならないかもしれない。❻上で述べたように，健康，倫理，環境などの理由でフェイクミートに興味を持つ人はかなり多いが，この種の肉には良い面も悪い面もある。将来的にはフェイクミートが一般的になり，本物の肉の良い代用品になるかもしれないが，今は誰にもそれはわからない。私たちが生きていくためにタンパク質が必要なのは事実だが，同時に，動物の肉からタンパク質をとる際には，上で述べたようなことを忘れてはいけない。最近はどのようにして十分なタンパク質をとるかが問題になっているので，私たち一人ひとりが可能な解決策を考える必要がある。あなたは，本物の肉の代わりにフェイクミートを食べたいと思うだろうか。将来，もっと多くの人がフェイクミートを試すと思うだろうか。

〔問１〕＜**適文選択**＞直後の第３段落冒頭に人々がフェイクミートを食べる理由が述べられており，これが空所に入る質問を受ける内容になっている。

〔問２〕＜**適所選択**＞挿入文は「この行為に反対する人もいる」。これは，エの前の「私たちは家畜の命を奪い，その肉を食べてもいいのか」に対する返答と考えられる。

〔問３〕＜**適語補充**＞動詞の原形が入る。　(3)-a．約２万リットルの水と11キログラムの穀物が必要なのは，１キロの牛肉を「生産する」ため。　(3)-b．家畜動物は呼吸時にメタンを「生み出す」。

〔問４〕＜**適語補充**＞tiny は「ごくわずかの」という意味。培養肉はほんのわずかの「量」をつくるだけでも多大なお金がかかるという文脈を読み取る。第３段落終わりから４文目，第４段落終わりから２文目に amount「量」がある。

〔問５〕＜**整序結合**＞文頭に Also があるので，前文に続き，培養肉について今後解決すべき内容になると考えられる。まず scientists need to show までがまとまる。show は‘show＋人など＋物事’「〈人など〉に〈物事〉を示す」の形をとるので，show の後に the government を置き，‘物事’の部分を how safe cultured meat is という間接疑問にまとめる。「どれほど」という‘程度’の意味を表す how は直後に形容詞を伴うことに注意。

〔問６〕＜**適語選択**＞(6)-a．just a few は「ほんの少し」，quite a few は「かなり多くの」という意味。第３段落参照。フェイクミートに興味を持つ人は多い。　(6)-b．空所を含む文にある it は，この文前半の「将来フェイクミートが一般的になり，本物の肉の代用品になるか」という内容を受ける。それは「誰にもわからない」。　(6)-c．a possible solution「可能な解決策」について考える必要があるのは，someone「誰か」ではなく every one of us「私たちの一人ひとり」である。

〔問７〕＜**内容真偽**＞(A)①「フェイクミートは，日本よりイギリスの方が，カフェやレストランなど見られる場所が多い」…○　第１段落第２文の内容に一致する。　②「現代の人々にとって動物の肉を食べることはタンパク質をとるのに最も簡単かつ最も有効な方法である」…×　第３段落第３文参照。「最も簡単」とは述べられておらず，「最も有効」とも言っていない。　③「牛や豚，羊などの家畜のための土地をつくるために多くの木が切り倒されている」…×　第３段落終わりから４文目参照。土地について述べられているのは牛のみ。　④「メタンは環境への影響がCO_2より大きいので，フェイクミートは環境に良い」…○　第３段落最後の３文の内容に一致する。　(B)①「植物由来の肉は本物の肉のように見えるので，実際に食べるまではそれらが区別できない」…

× 第４段落中ほど参照。食べても区別がつかない。 ②「植物由来の肉は自然由来ではない人工の材料を含むことがある」…○ 第４段落終わりから４文目に一致する。 ③「培養肉は動物の体の外でつくられるので，培養肉の生産は動物の命を奪わない」…○ 第５段落前半の内容に一致する。 ④「培養肉は植物由来の肉より一般的なので，見られる市場が多い」…× 第５段落最終文参照。代替品としてまだまだ一般的ではない。

4〔長文読解総合―説明文〕

≪全訳≫❶1964年，エジプトで大きな国際プロジェクトが始まった。アブシンベルという有名なエジプトの建造物が大きな問題に直面していた。この問題を解決するために，建造物はもとの場所から移された。このプロジェクトには約50か国が参加し，1968年まで続いた。建造物はなぜ移されたのか，なぜそんなに長い時間がかかったのだろうか。❷まず，アブシンベルについていくつかのことを理解するのが重要だ。紀元前1264年頃，ラムセス２世の命令によりエジプト南部で建設が開始され，それは紀元前1244年まで続いた。ラムセス２世は，今日エジプト全土で見られる偉大な建物や建造物を数多く建設したため，古代エジプト最大のファラオと考えられることが多い。その中でもアブシンベルはおそらく最も有名で，今でも世界中から多くの観光客が訪れる。Abu Simbel templesとも呼ばれるのは，２つの異なる神殿が近接して建っているためだ。１つは太陽神アメン・ラーとラー・ホルアクティにささげられた大神殿，もう１つはファラオの妻であるネフェルタリ女王にささげられた小神殿である。大神殿は高さ約33メートル，幅約35メートルである。小神殿は，その名のとおり大神殿よりも小さい。その高さは約12メートル，幅は約28メートルである。(1)もし自分の目で実際にそれらを見たら，本当に大きいと思うだろう。❸大神殿の門には，ラムセス２世の像が４体，横に並んでいる。それぞれの像の高さは20メートルだ。各像の足元には，ファラオの母，妻，子どもたちの小さな像がある。４つの像は，左から30代，40代，50代，60代のファラオを表している。左から２番目の像は建設後７年で壊れたが，それ以外の像はほぼオリジナルの状態で残っている。この建物の内部を最深部まで63メートル進むと，４体の座像がある部屋がある。そのうちの１体がラムセス２世で，他はアメン・ラーやラー・ホルアクティなどの神々である。この建造物を驚くほど特別なものにしている１つのことがある。大神殿は入念に設計され，年に２回，太陽光が内部を通り抜けてこの部屋に届くようになっていた。その光は４体の像のうち３体，ラムセス２世，アメン・ラー，ラー・ホルアクティを照らした。アブシンベルは約3000年前に建てられた。しかし，現在もこの事象は毎年起こり，多くの観光客が訪れてこの美しい光景を楽しんでいる。また，壁には，(2)当時のファラオの力を示すために，彼が行ったさまざまな戦いのシーンが描かれている。この２つの偉大な神殿は，今は安全な状態で見ることができるが，かつては大きな問題があった。❹エジプトの歴史において，ナイル川とその水はその地域の人々の生活に必要だった。川の流域に暮らす人々は，その水を飲み水や洗濯だけでなく，食料を育てるのにも利用した。彼らはナイル川の水のおかげで豊かに暮らせた。しかし，その水はさまざまな問題も引き起こし，人々の生活を困難にしたり，危険をもたらしたりすることもあった。水量を制御することによりこの問題を解決する計画があった。そこで，1902年にエジプト政府はアスワンロウダムを建設した。それは何年も使われたが，人々の生活が豊かになるにつれて，彼らの必要を満たすために新しいダムが必要になった。この新しいダムはアスワンハイダムと呼ばれ，エジプト政府は1960年にその建設を始めた。このダムのおかげで，人々は川沿いの広い地域で働けるようになった。また，このダムは川の流れを緩やかで安全にした。今では多くの人々が川で船旅を楽しみ，近くの島にある歴史的建物を訪れることができるようになった。その一方で，悪いことも起こった。ダム建設後，大量の水が一気に川に流れ込んで，アブシンベルの近くにナセル湖という新しい湖が現れた。その結果，水位が高くなり，アブシンベルは水害の危険にさらされることになったのだ。**5**このニュースは世界中を駆け巡り，多くの国々が解決策を提案し始めた。ついに，ユネスコが，アブシンベルをもとの場所から約60メートル上，210メートル西の地点に移すプロジェクトを開始した。それは「言うは易(やす)く行うは難し」であった。このような大きな神殿を持ち上げて運ぶことは当然難しく，傷つける危険もあった。この大プロジェクトを実現するために，意外な解決策が提案され，使用された。1964年から1968年にかけて，建造物は機械で1000個以上の大きなブロックに切り分けられたのだ。そして，それらは1つずつ運ばれた。最後に，それらは新しい場所で再び組み立てられた。この全作業は，各国から集まった1000人以上の技術者と地元の人々によって，注意深く行われた。ファラオの顔を切る作業は特別な注意を必要とし，機械が使えないため，昼夜を問わず続けられた。切断されたブロックを再び組み立てるため，各ブロックに番号が振られ，図書館の本のように記録され保管された。また，1つのブロックが約20～30トンもあるため，ブロックを運んで再び組み立てるのも大変だった。これらの困難のため，このプロジェクトを終えるのに約5年が費やされた。この驚くべきプロジェクトとその成功は世界中から注目を集め，人々は歴史的建造物や遺跡に関心を持ち，それらを保存することの重要性を理解するようになった。この動きが1972年の世界遺産条約，1976年の世界遺産委員会の採択につながった。アブシンベルとその周辺のいくつかの建造物は，1979年に世界遺産に登録された。**6**／→C．それ以来，ユネスコは1000以上の遺跡や建造物を文化遺産または自然遺産として登録した。／→A．この数が示すように，ユネスコはこの運動への人々の関心を高めることで，私たちの貴重な遺産を守ろうとし続けている。／→B．しかし，人々の関心が高まったため，今，私たちは新たな問題に直面している。／上で述べたように，アスワンハイダムの建設によってそこに住む人々の暮らしが豊かになったのは確かだが，同時にこのような大きな変化は生息地やそこに生きる動物たちに影響を与える可能性がある。だから，私たち一人ひとりが，幸せな生活を送るためにも貴重な遺産を守るためにも，どのような行動をとるべきかを考えなければならないのだ。

〔問1〕<適文選択>直前で，2つの神殿の大きさを紹介している。また，写真で見るより，実物を自分の目で見た方が大きさを実感できる。

〔問2〕<整序結合>語群から are drawn「描かれている」という受け身の形ができるので，「壁の上に～が描かれている」という文になると推測できる。主語になる複数名詞として scenes と various battles があるが，これらは scenes of various battles とまとまるので，これを主語とする。残りは，まず the pharaoh が動詞 fought(fight－fought－fought)の主語になると考え the pharaoh fought とまとめ，これを battles の後ろに置くと「王が戦ったさまざまな戦い」となる。最後に to show を語群の後の his power につないで「彼の力を示すために」とする。 … on the walls, scenes of various battles the pharaoh fought are drawn to show his power at that time.

〔問3〕<適語句選択>(3)-a. 空所前後の内容が相反する‘逆接’の関係になっている。 (3)-b. 人々が川沿いの広い地域で働けるようになったのはダムのおかげである。 thanks to ～「～のおかげで」 (3)-c. 湖ができた結果，水位が上昇したと考えられる。 as a result「その結果」

〔問4〕<適語補充>空所直後の to fill their needs「彼らの必要を満たすために」につながる言葉が入る。「新しいダムが必要になった」のである。同段落第1文に necessary がある。

〔問5〕<語句解釈>「これらの困難」とは，この前で説明されているアブシンベルの移設工事に伴う困難のこと。③「人々は夜を徹してファラオの顔の作業をし続けた」(下線部の3文前)，⑤「カットされたブロックは大きく重かったので，運んで組み立てるのが難しかった」(下線部直前の文)が本文の内容に一致する。他の選択肢の訳は，①「このプロジェクトの全ての作業は機械の助けなしに行われた」，②「プロジェクト全体がエジプトの人々のみによって完成された」，④「カットされたブロックは運ばれる前にいったん図書館で保管された」。

〔問６〕<文整序>Aの this number はCの a thousand を受けていると考えられるので，C→Aとする。また，空所直後の文後半が，Bの new problems の内容の具体例になっているので，Bを最後に置く。

〔問７〕<内容真偽>(A)①「ラムセス２世は当時の人々にエジプト北部にアブシンベルの建設を命じ，建設は約20年かかった」…×　第２段落第２文参照。北部ではなく南部に建設された。　②「大神殿はラムセス２世に，小神殿は彼の妻ネフェルタリ女王にささげられた」…×　第２段落第６文参照。大神殿は太陽神にささげられたもの。　③「大神殿の門にある４体のラムセス２世像のうち，40代の姿を表すものが壊れているが，他の３体は良い状態にある」…○　第３段落第４，５文の内容に一致する。　④「今日でも，太陽の光は年に２回，大神殿の一番奥の部屋にある３体の座像を照らす」…○　第３段落後半の内容に一致する。　(B)①「アスワンハイダムの建設のおかげで，現在，人々はナイル川沿いの島々を船で訪れ，そこにある歴史的建物の観光を楽しむことができる」…○　第４段落終わりから４文目の内容に一致する。　②「アブシンベルが水害の危険にあるとき，エジプト政府には問題を解決するための計画があった」…×　第５段落第１，２文参照。多くの国が対策を考え，最終的にユネスコが動いた。　③「アブシンベルが安全な場所に移された後，1976年に世界遺産委員会が創立され，その３年後にアブシンベルが世界遺産になった」…○　第５段落最後の２文の内容に一致する。　④「アスワンハイダムの建設は良いことばかりをもたらしたので，私たちは貴重な遺産を守るために行動を起こすようにするべきだ」…×　第４段落最後の２文および最終段落終わりから２文目参照。水害や生態系への影響といった悪影響もある。

〔問８〕<テーマ作文>テーマは「もしあなたが海外からの旅行者に行ってほしい日本の建造物や自然の名所をすすめるとしたら，どの建造物や自然の名所をすすめますか。以下のポイントを含めなさい。建造物や自然の名所の名前，建造物や自然の名所の情報，なぜあなたがそれをすすめたいか」解答例の訳は「私は富士山をすすめます。それは日本で最も高い山なので，登ると美しい景色が見られます。富士山は高いですが，頂上まで行くのはそれほど難しくありません。私は海外からの旅行者にいつかそこに行ってもらいたいと思います」　すすめたい観光スポットや自然の景勝地などの名前を１つ挙げて，それがどんなものか，すすめる理由は何かを書く。　(その他の表現例)～ is a great place for sightseeing「～は観光するのにおすすめの場所です」　It has many valuable historical sites.「そこには貴重な史跡がたくさんある」　enjoy beautiful valleys and autumn leaves「美しい渓谷と紅葉を楽しむ」　try traditional vegetarian food「伝統的な精進料理を食べてみる」　the sacred place of the popular anime “XXX”「人気アニメ『XXX』の聖地」

数学解答

1 〔問１〕 $\frac{3\sqrt{2}}{4}$　〔問２〕 $x=2,\ \frac{4}{3}$

〔問３〕 $\frac{5}{18}$　〔問４〕 $x=15,\ y=9$

〔問５〕 右下図

2 〔問１〕 $\frac{\sqrt{58}}{2}$cm

〔問２〕 $\frac{12+3\sqrt{7}}{2}\text{cm}^2$

〔問３〕 $6\sqrt{2}\pi\ \text{cm}^3$

3 〔問１〕 $\sqrt{73}$cm　〔問２〕 $\frac{13\sqrt{3}}{3}\text{cm}^2$

〔問３〕 (例)点Oと頂点C，点Oと頂点Bをそれぞれ結ぶ。△OHBと△OHCにおいて，仮定より，∠OHB＝∠OHC＝90°……①　円の半径より，OB＝OC……②　共通な辺より，OH＝OH……③　①，②，③より，直角三角形の斜辺と他の１辺がそれぞれ等しいので，△OHB≡△OHC　ゆえに，∠HOB＝∠HOC　よって，∠HOC＝$\frac{1}{2}$∠COB……④　△AEBと△OHCにおいて，円周角の定理より，∠CAB＝$\frac{1}{2}$∠COB……⑤　④，⑤より，∠CAB＝∠HOC　すなわち，∠EAB＝∠HOC……⑥　仮定より，∠AEB＝∠OHC＝90°……⑦　⑥，⑦より，２組の角がそれぞれ等しいので，△AEB∽△OHC　よって，AE：OH＝BE：CHから，AE×CH＝OH×BE

4 〔問１〕 7

〔問２〕 $a=3,\ b=1,\ c=4,\ d=2$

〔問３〕 15234

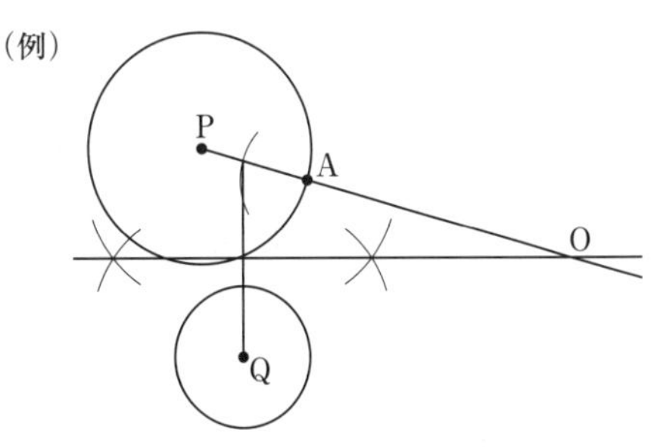

1 〔独立小問集合題〕

〔問１〕＜数の計算＞与式＝$\frac{\sqrt{25}}{\sqrt{8}}-(3-\sqrt{5})\times\frac{\sqrt{2}}{(\sqrt{5}-1)^2}=\frac{5}{2\sqrt{2}}-(3-\sqrt{5})\times\frac{\sqrt{2}}{5-2\sqrt{5}+1}=\frac{5\times\sqrt{2}}{2\sqrt{2}\times\sqrt{2}}-(3-\sqrt{5})\times\frac{\sqrt{2}}{6-2\sqrt{5}}=\frac{5\sqrt{2}}{4}-(3-\sqrt{5})\times\frac{\sqrt{2}}{2(3-\sqrt{5})}=\frac{5\sqrt{2}}{4}-\frac{\sqrt{2}}{2}=\frac{5\sqrt{2}}{4}-\frac{2\sqrt{2}}{4}=\frac{3\sqrt{2}}{4}$

〔問２〕＜二次方程式＞両辺に6をかけて，$3(2x-3)^2+2(3-2x)=1$，$3(4x^2-12x+9)+6-4x=1$，$12x^2-36x+27+6-4x=1$，$12x^2-40x+32=0$，$3x^2-10x+8=0$となるので，解の公式より，$x=\frac{-(-10)\pm\sqrt{(-10)^2-4\times3\times8}}{2\times3}=\frac{10\pm\sqrt{4}}{6}=\frac{10\pm2}{6}$となり，$x=\frac{10+2}{6}=2$，$x=\frac{10-2}{6}=\frac{4}{3}$である。

〔問３〕＜確率―さいころ＞大小１つずつのさいころを同時に１回投げるとき，それぞれ６通りの目の出方があるから，目の出方は全部で6×6＝36(通り)あり，a，bの組も36通りある。このうち，$a\sqrt{b}<4$となるのは，$\sqrt{a^2b}<\sqrt{16}$より，$a^2b<16$となる場合である。$a=1$のとき，$1^2\times b<16$より，$b<16$だから，$b=1$，2，3，4，5，6の６通りある。$a=2$のとき，$2^2\times b<16$より，$4b<16$だから，$b=1$，2，3の３通りある。$a=3$のとき，$3^2\times b<16$より，$9b<16$だから，$b=1$の１通りある。$a=4$のとき，$4^2\times b<16$より，$16b<16$だから，適するbはない。同様に，$a=5$，6のときもない。よって，$a\sqrt{b}<4$となるa，bの組は6＋3＋1＝10(通り)だから，求める確率は$\frac{10}{36}=\frac{5}{18}$である。

〔問４〕＜データの活用―x，yの値＞生徒40人の得点の中央値が12.5点より，小さい方から20番目の得点と21番目の得点の平均が12.5点である。得点は0点，5点，10点，15点，20点だから，10点以下の生徒，15点以上の生徒はともに20人となる。これより，5点の生徒は$x=20-2-3=15$(人)，15点の生徒は$y=20-11=9$(人)となる。このとき，小さい方から20番目の得点は10点，21番目の得点は15点だから，中央値は$(10+15)\div2=12.5$(点)となり，適する。

〔問5〕＜平面図形―作図＞右図で，円Oは円Pと点Aで接しているので，3点O，A，Pは一直線上にある。また，線分OP上にOR＝OQとなる点Rをとると，△OQRは二等辺三角形だから，線分QRの中点をMとすると，OM⊥QRとなる。よって，点Oは，線分PAを延長した直線と線分QRの垂直二等分線の交点である。円Oと円Qの接点をBとすると，点Bは線分OQ上にあり，OA＝OBだから，OR－OA＝OQ－OBより，AR＝BQである。したがって，点Rは，線分AP上で，線分ARの長さが円Qの半径と等しくなる点である。解答参照。

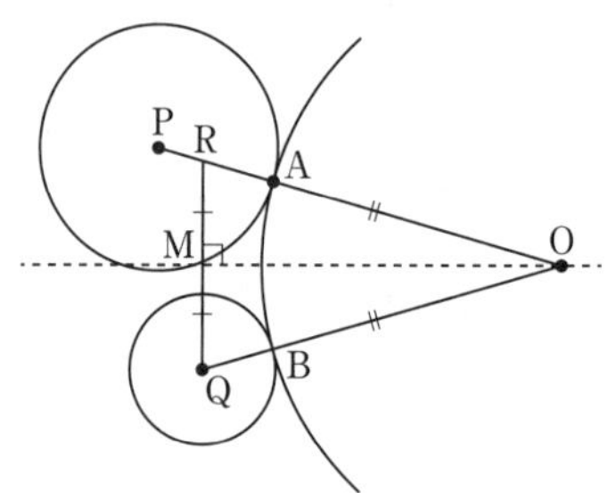

2 〔関数―関数$y=ax^2$と一次関数のグラフ〕

〔問1〕＜長さ―三平方の定理＞右図1で，1秒後，$t=1$より，点Pのx座標は$-\frac{1}{2}$，点Qのx座標は1である。点Pは関数$y=2x^2$のグラフ上にあるので，$y=2\times\left(-\frac{1}{2}\right)^2=\frac{1}{2}$より，$P\left(-\frac{1}{2},\ \frac{1}{2}\right)$である。点Qは一次関数$y=x+3$のグラフ上にあるので，$y=1+3=4$より，Q(1, 4)である。点Pを通り$x$軸に平行な直線と点Qを通り$y$軸に平行な直線の交点をRとすると，$PR=1-\left(-\frac{1}{2}\right)=\frac{3}{2}$，$QR=4-\frac{1}{2}=\frac{7}{2}$となるから，△PQRで三平方の定理より，2点P，Q間の距離は，$PQ=\sqrt{PR^2+QR^2}=\sqrt{\left(\frac{3}{2}\right)^2+\left(\frac{7}{2}\right)^2}=\sqrt{\frac{58}{4}}=\frac{\sqrt{58}}{2}$(cm)となる。

図1

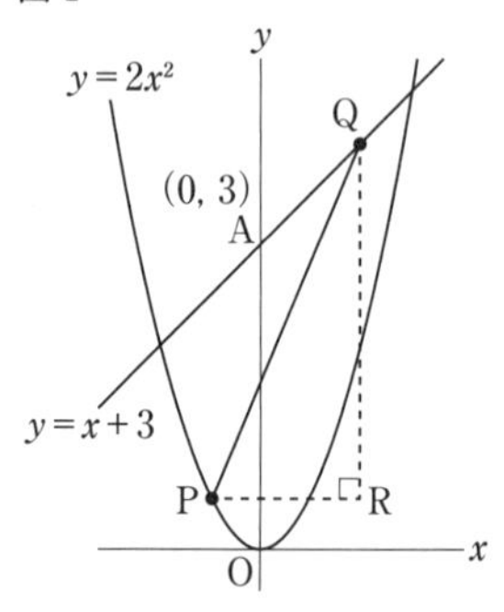

〔問2〕＜面積＞右図2で，t秒後，$y=2\times\left(-\frac{t}{2}\right)^2=\frac{1}{2}t^2$，$y=t+3$より，$P\left(-\frac{t}{2},\ \frac{1}{2}t^2\right)$，$Q(t,\ t+3)$となる。線分PQが$x$軸に平行であることより，2点P，Qの$y$座標は等しいから，$\frac{1}{2}t^2=t+3$が成り立つ。これより，$t^2-2t-6=0$となり，$t=\frac{-(-2)\pm\sqrt{(-2)^2-4\times1\times(-6)}}{2\times1}=\frac{2\pm\sqrt{28}}{2}=\frac{2\pm2\sqrt{7}}{2}=1\pm\sqrt{7}$となる。$t>0$だから，$t=1+\sqrt{7}$である。

図2

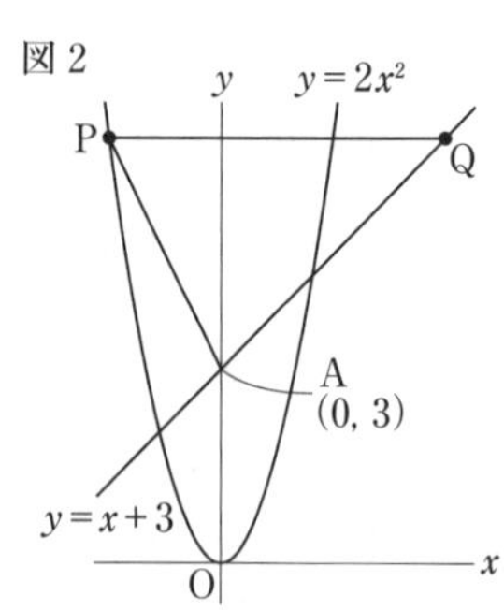

よって，点Pのx座標は$-\frac{t}{2}=-\frac{1+\sqrt{7}}{2}=\frac{-1-\sqrt{7}}{2}$，点Qの$x$座標は$t=1+\sqrt{7}$だから，$PQ=(1+\sqrt{7})-\frac{-1-\sqrt{7}}{2}=\frac{3+3\sqrt{7}}{2}$となる。△APQは，底辺を辺PQと見ると，高さは2点Q，Aのy座標の差で表される。点Aのy座標が3，点Qのy座標が$t+3=(1+\sqrt{7})+3=4+\sqrt{7}$だから，△APQの高さは$(4+\sqrt{7})-3=1+\sqrt{7}$となる。よって，$\triangle APQ=\frac{1}{2}\times\frac{3+3\sqrt{7}}{2}\times(1+\sqrt{7})=\frac{3+3\sqrt{7}+3\sqrt{7}+21}{4}=\frac{24+6\sqrt{7}}{4}=\frac{12+3\sqrt{7}}{2}$(cm²)である。

〔問3〕＜体積―回転体＞次ページの図3で，点Pから直線lに垂線PHを引くと，△PBQを直線lの周りに1回転してできる立体は，底面の半径をPHとし，高さをQH，BHとする2つの円錐を合わせたものとなる。3秒後，点Pのx座標は$-\frac{3}{2}$，点Qのx座標は3だから，$y=2\times\left(-\frac{3}{2}\right)^2=\frac{9}{2}$，$y=3+3=6$より，$P\left(-\frac{3}{2}, \frac{9}{2}\right)$，Q(3, 6)である。また，点Bは関数$y=2x^2$のグラフと一次関数$y=x+3$のグラフの交点だから，$2x^2=x+3$，$2x^2-x-3=0$より，$x=\frac{-(-1)\pm\sqrt{(-1)^2-4\times2\times(-3)}}{2\times2}=\frac{1\pm\sqrt{25}}{4}=\frac{1\pm5}{4}$となり，$x=\frac{1+5}{4}=\frac{3}{2}$，$x=\frac{1-5}{4}=-1$となる。よって，点Bの$x$座標は$-1$であり，$y=2\times(-1)^2=2$となるから，B(−1, 2)である。次に，2点B，Pからy軸に垂線BI，PJを引き，2点A，Pを結ぶ。直線lの傾きは1だから，BI＝AIであり，△ABIは直角二等辺三角形である。$P\left(-\frac{3}{2}, \frac{9}{2}\right)$，A(0, 3)より，$PJ=0-\left(-\frac{3}{2}\right)=\frac{3}{2}$，$JA=\frac{9}{2}-3=\frac{3}{2}$であり，PJ＝JAだから，△PAJも直角二等辺三角形である。∠BAI＝∠PAJ＝45°だから，∠PAB＝180°−∠BAI−∠PAJ＝180°−45°−45°＝90°となり，PA⊥lである。したがって，点Hは点Aと一致し，$PH=PA=\sqrt{2}JA=\sqrt{2}\times\frac{3}{2}=\frac{3\sqrt{2}}{2}$である。さらに，点Bを通り$x$軸に平行な直線と点Qを通り$y$軸に平行な直線の交点をKとすると，△QBKも直角二等辺三角形となる。BK＝3−(−1)＝4だから，$QB=\sqrt{2}BK=\sqrt{2}\times4=4\sqrt{2}$である。以上より，求める立体の体積は，$\frac{1}{3}\times\pi\times PH^2\times QH+\frac{1}{3}\times\pi\times PH^2\times BH=\frac{1}{3}\pi\times PH^2\times(QH+BH)=\frac{1}{3}\pi\times PH^2\times QB=\frac{1}{3}\pi\times\left(\frac{3\sqrt{2}}{2}\right)^2\times4\sqrt{2}=6\sqrt{2}\pi$ (cm³)である。

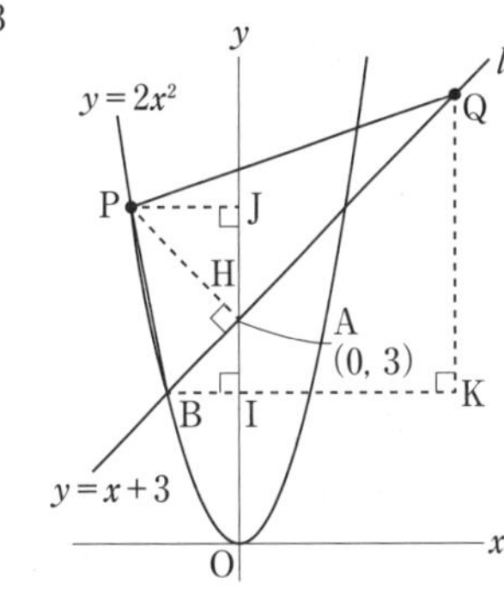

3 〔平面図形—円と四角形〕

〔問1〕＜長さ＞右図1で，線分CDが円Oの直径より，∠CAD＝90°だから，△ACDで三平方の定理より，$AC=\sqrt{CD^2-AD^2}=\sqrt{10^2-8^2}=\sqrt{36}=6$となる。点Eは線分ACの中点なので，$AE=\frac{1}{2}AC=\frac{1}{2}\times6=3$である。よって，△AEDで三平方の定理より，$DE=\sqrt{AD^2+AE^2}=\sqrt{8^2+3^2}=\sqrt{73}$cmとなる。

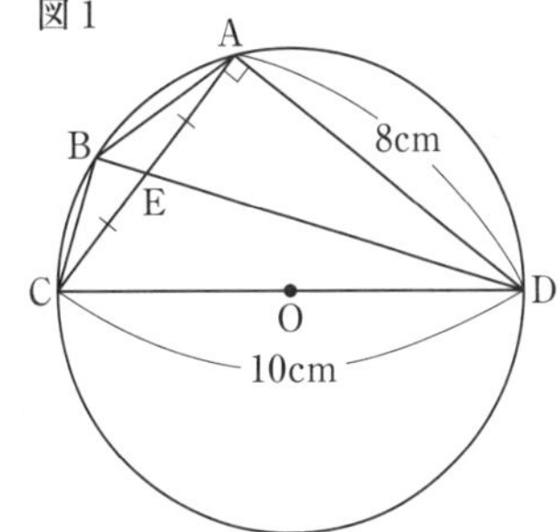

〔問2〕＜面積＞右下図2で，∠CAD＝∠BAC＝30°だから，$\overset{\frown}{BC}$，$\overset{\frown}{CD}$に対する円周角より，∠BDC＝∠BAC＝30°，∠CBD＝∠CAD＝30°となる。よって，∠BDC＝∠CBD＝30°となるから，△BCDはBC＝CDの二等辺三角形である。また，∠BAD＝30°＋30°＝60°となるから，点Bから辺ADに垂線BIを引くと，△ABIは3辺の比が$1:2:\sqrt{3}$の直角三角形となる。これより，$AI=\frac{1}{2}AB=\frac{1}{2}\times6=3$，$BI=\sqrt{3}AI=\sqrt{3}\times3=3\sqrt{3}$となり，ID＝AD−AI＝8−3＝5となるから，△BDIで三平方の定理より，$BD=\sqrt{BI^2+ID^2}=\sqrt{(3\sqrt{3})^2+5^2}=\sqrt{52}=2\sqrt{13}$となる。次に，点Cから線分BDに垂線CJを引くと，点Jは線分BDの中点となり，$BJ=DJ=\frac{1}{2}BD=\frac{1}{2}\times2\sqrt{13}=\sqrt{13}$となる。∠CBD＝30°より，△BCJ

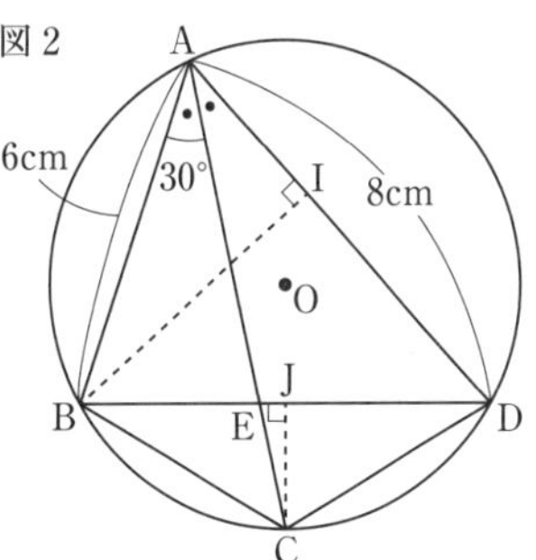

は3辺の比が1：2：$\sqrt{3}$の直角三角形だから，$\mathrm{CJ}=\frac{1}{\sqrt{3}}\mathrm{BJ}=\frac{1}{\sqrt{3}}\times\sqrt{13}=\frac{\sqrt{39}}{3}$となり，$\triangle\mathrm{BCD}=\frac{1}{2}\times\mathrm{BD}\times\mathrm{CJ}=\frac{1}{2}\times2\sqrt{13}\times\frac{\sqrt{39}}{3}=\frac{13\sqrt{3}}{3}$ (cm²)である。

〔問3〕＜証明＞右図3で，点Oと2点B，Cを結ぶ。AE×CH＝OH×BEの両辺をCH×OHでわると，$\frac{\mathrm{AE}}{\mathrm{OH}}=\frac{\mathrm{BE}}{\mathrm{CH}}$となるから，AE：OH＝BE：CHである。AE：OH，BE：CHは，△AEBと△OHCの対応する辺の比を表しているから，△AEB∽△OHCであることがいえればよい。∠AEB＝∠OHC＝90°だから，あと1組の角が等しいことを導く。$\overset{\frown}{\mathrm{CB}}$に対する円周角と中心角の関係と，△OHB≡△OHCであることを利用する。解答参照。

図3

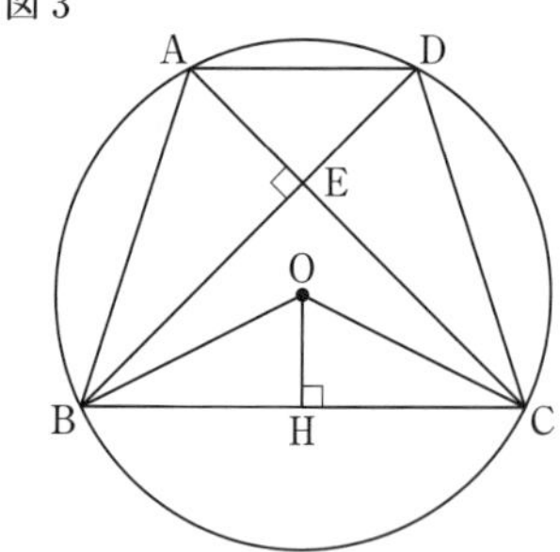

4〔特殊・新傾向問題〕

〔問1〕＜N(31452)の値＞まず，31452の一番左の数が3なので，左から3つの数3，1，4の順番を逆にして，41352となる。次に，一番左の数が4なので，左から4つの数4，1，3，5の順番を逆にして，53142となる。以下同様にして，一番左の数が5より，24135となり，一番左の数が2より，42135となり，一番左の数が4より，31245となり，一番左の数が3より，21345となり，一番左の数が2より，12345となる。一番左の数が1となったので，ここで操作が終了となる。操作の回数は7回だから，N(31452)＝7となる。

〔問2〕＜a，b，c，dの値＞N($abcd$)＋N($bcda$)＝N($abcd$)より，N($bcda$)＝0だから，$bcda$の一番左の数は1であり，b＝1である。また，N($abcd$)×N($cadb$)＝N($abcd$)より，N($cadb$)＝1だから，N(cad1)＝1となる。cad1は操作を1回すると1が一番左の数となるから，左から4つの数の順番を逆にすることになり，c＝4である。よって，N($abcd$)＝4より，N(a14d)＝4である。a＝2，d＝3とすると，a14dは2143である。操作をすると，1243となり，N(2143)＝1となるから，適さない。a＝3，d＝2とすると，a14dは3142である。操作をすると，3142→4132→2314→3214→1234となり，N(3142)＝4となるから，適する。以上より，a＝3，b＝1，c＝4，d＝2である。

〔問3〕＜存在しない数＞操作が終了する1つ前の数は，確定できない数をx，y，zとして，21xyz，3x1yz，4xy1z，5xyz1のいずれかで表されるから，一番左が1の数で，左から2つの数，3つの数，4つの数，5つの数の順番を逆にして，21xyz，3x1yz，4xy1z，5xyz1のいずれにもならない数を，大きい方から調べる。操作が終了したときの数を15432とすると，左から2つの数，3つの数，4つの数，5つの数の順番を逆にしても21xyz，3x1yz，4xy1z，5xyz1のいずれにもならないので，15432は操作が終了したときに存在しない数の中で1番目に大きい数である。操作が終了したときの数を15423とすると，これも21xyz，3x1yz，4xy1z，5xyz1のいずれにもならないので，15423は操作が終了したときに存在しない数の中で2番目に大きい数である。操作が終了したときの数を15342とすると，左から3つの数の順番を逆にすると35142となり，3x1yzであるから，15342は操作が終了したときに存在する数である。以下同様にして，15324とすると，左から3つの数の順番を逆にして35124となるので，15324は存在する数である。15243とすると，左から4つの数の順番を逆にして42513となるので，15243は存在する数である。15234とすると，これは21xyz，3x1yz，4xy1z，5xyz1のいずれにもならないので，15234は存在しない数である。よって，存在しない数の中で3番目に大きい数は，15234である。なお，残りの存在しない数は，14532，14523，14253，13524，13452，13254である。

2023年度／都立西高等学校

国語解答

一 (1) ざんじ　(2) じゅうてん
(3) あたいせんきん　(4) きた

二 (1) 幕営　(2) 水菓子　(3) 窓下
(4) 人後

三 〔問1〕 ウ　〔問2〕 イ
〔問3〕 楓の素直な言葉によって，大前の役割を見失っていたことに気づかされたばかりか，的へのこだわりがはっきり表に出ていたことも痛感させられ，苦悩を深めていっている。(78字)
〔問4〕 ア　〔問5〕 エ
〔問6〕 ウ

四 〔問1〕 イ　〔問2〕 エ
〔問3〕 エ　〔問4〕 ウ
〔問5〕 イ　〔問6〕 ア
〔問7〕 (省略)

五 〔問1〕 ア　〔問2〕 エ
〔問3〕 各地域～述する
〔問4〕 ウ　〔問5〕 ア

一 〔漢字〕
(1)「暫時」は，しばらくの間のこと。　(2)「充塡」は，空いたところに物を詰めること。　(3)「値千金」は，非常に価値の高いこと。　(4)「来す」は，(結果として)ある事柄や状態を招く，という意味。

二 〔漢字〕
(1)「幕営」は，天幕をはって野営すること。　(2)「水菓子」は，くだもののこと。　(3)「窓下」は，窓の下のこと。　(4)「人後」は，人よりおくれた立場のこと。「人後に落ちない」は，他人にひけをとらない，という意味。

三 〔小説の読解〕出典；碧野圭『凜として弓を引く』。
〔問1〕＜文章内容＞「僕の射を見てほしいんです」と「切迫」した声の調子で国枝に話しているのは，乙矢だった。乙矢の様子が緊迫したものだったので，楓は，自分が出ていけば，乙矢と国枝の会話の邪魔になるのではないかと思ったのである。
〔問2〕＜心情＞参段の取得に失敗した乙矢は，自分の射のどこが悪いのかがわからず，国枝に自分の射を「見てほしい」と思っていた。乙矢は，審査の動きで行った射の評価を国枝に早くききたいと思い，「待ち構えたように」尋ねたのである。
〔問3〕＜心情＞楓は，「大前」である乙矢に合わせようとして，「ちょっと焦りました」と素直な感想を口にした。また，楓は，乙矢の射に「的を絶対外さない，という気迫を感じました」と言った。それらの楓の言葉は，乙矢の焦る気持ちが射に出ていたことを表すものであり，「大前」としては次に続く人のことを気遣うことができていなかったということでもある。乙矢は，楓の言葉によって，「大前」の役割ができていないことや，「的を絶対外さない」という意識が表に出ていることに気づかされ，苦く感じているのである。
〔問4〕＜心情＞楓は，自分の言葉の何が乙矢を悩ませることになったのかがわからず，国枝に自分の気持ちを素直に述べた。国枝は，楓の気持ちを受けとめつつ，弓道の先輩として，弓を引くことがどういうことかについて，自分の考えを伝えることで導こうと思っているのである。

〔問５〕<文章内容>国枝は，乙矢の射の悩みは「乙矢くん自身で解決しなければ」ならないと考えているため，自分にできることは，乙矢を「見守ること」しかないと言った。一方，楓は，乙矢と「それほど親しくもない」し，弓道の腕は乙矢より「下手」だと思っているので，自分が乙矢の相談相手になれるはずもなく，ただ「見守ること」だと考えた。

〔問６〕<表現>何気ない姿勢でも「ぴんと背筋が伸びている」姿や「思わず敬語」になってしまう雰囲気から，国枝が「五十年の弓道歴があるベテラン」であることが感じ取れる(イ…×)。審査のときのように三人で弓を射る場面は，「乙矢の背中が目の前にある」「乙矢の身体には力がみなぎっている」など，楓の視点を通してその場の様子が詳細にわかるように描かれている(ウ…○)。「精進なんて古い言葉，よく使えるなあ」「だとしたら，別に乙矢が悪いわけではない，ということにならないだろうか」など，そのときどきの楓の思ったことが地の文にわかりやすく表現されている(エ…×)。「もやもやしたものを胸に抱えているよう」な乙矢の様子からは，「弓に向かう姿勢」が問題と言われ，射の悩みは解決せず，苦悩が深まったことがうかがえる(ア…×)。

四〔論説文の読解―社会学的分野―現代社会〕出典；千葉眞『資本主義・デモクラシー・エコロジー危機の時代の「突破口」を求めて』。

≪本文の概要≫「脱成長」を意味する「デクロワサンス」という言葉は，経済成長イデオロギーへの批判を含む言葉である。二〇〇一年以降，フランスのエコ社会主義の系譜に由来する脱成長論が注目され，ラトゥーシュは，脱成長とは消極的なマイナス成長ではなく，自主的に選び取る一つの選択だとする。脱成長は，経済成長を崇拝しない態度を意味し，本物の「善き生活／善く生きること」を探求する概念であり，新しい豊かさのプロジェクトを表す。また，脱成長論は，「持続可能な発展」モデルに対する反対の主張でもある。脱成長社会にふさわしい政治制度は，エコロジカルでローカルな民主主義であり，自律的で節度ある共生社会の構築を目指すものである。かたつむりが過剰成長を拒否する知恵を持ち，善く生きるための術を磨くように，私たちも，脱成長社会，自律的で生き生きとした社会を目指すべきであり，地球の破壊を防止するために必要最低限の社会正義の枠組みを再導入していく必要がある。社会的持続可能性の観点からは支持できないという脱成長論への批判に対して，ラトゥーシュは，経済成長社会から脱却して初めて，万人が適正な生活水準と良識的な活動を享受できると反論する。自然生態系の限界が見えてきて，産業活動や経済活動による気候危機が明らかになった現在，地球への責任ある世話とケアが必要不可欠である。自然と人間という二元主義を乗り越え，自然と人類との共存共生の仕組みの構築が，重要な課題である。日本は，自然エネルギーのポテンシャルが高い国であるのに，エネルギー転換の問題意識が弱く，うまく実現できていない。

〔問１〕<文章内容>「脱成長」の考えは，近代の産業文明が物質的豊かさを追求してきたプロジェクトへの批判から出発していて，「経済成長イデオロギー，生産力至上主義からの脱却を意味するスローガン」でもある。「SDGs」などの「持続可能な発展」モデルは，結局は「経済成長イデオロギーに依拠している」ので，「脱成長」の主張とは反対の考え方である。

〔問２〕<文章内容>「くさびを打ち込む」は，中に入って相手の勢力を裂く，という意味。「脱成長」という言葉は，「景気後退やマイナス成長や緊縮財政という消極的」なイメージが拭えないが，「経済成長を崇拝しない態度」を意味し，「富の物神崇拝」を批判するものである。つまり，脱成長論は，経済成長を評価して「宗教」のように崇拝することからの脱却を主張している。

〔問3〕<文章内容>かたつむりが「過剰成長を拒否する知恵を発揮し，善く生きるための暮らしの術を磨く」ように，人間も，どこまでも経済成長を追い求めるのではなく，経済成長を拒否することで，「自律的で共愉にあふれる社会」を生きることができるのである。

〔問4〕<文章内容>「自然生態系の限界」は目に見えているし，特に気候変動の危機に対して，世界の若者たちが「批判の声を上げて」いるため，「新自由主義的資本主義」の考え方はいずれ成り立たなくなる。

〔問5〕<文章内容>自然は「無限の資源の宝庫」であるとする自然観や，「自然／人間社会」という二元論から抜け出して，「人間の経済活動は自然の生態系の一部」であると認識することが大事である。そして，自然の尊厳と価値を認め，「自然と人類種との共存共生の仕組みの構築」が重要な課題となるのである。

〔問6〕<要旨>最初に「脱成長」という言葉を紹介し，「脱成長論」を推し進めているラトゥーシュたちの考察や主張が説明されている。そして最後に，日本の自然エネルギーの可能性と，それをうまく活用できていない現状が述べられている。

〔問7〕<作文>今までの物質的な豊かさを求めるのではなく，日常生活の中で何を豊かだと思うのかを考えてみる。豊かな生活とは何かを，具体的にイメージしてみるのもよい。書いた文章から題名を考えてもいいし，書きたいことの題名を考えてから，書く内容を取捨選択してもよい。誤字に注意して字数を守って書いていくこと。

五 〔論説文の読解―哲学的分野―哲学〕出典；縄田雄二『モノと媒体の人文学　現代ドイツの文化学』。

〔問1〕<文章内容>阮元は，「当時の東アジアにおいて，ヨーロッパの自然科学についての情報が集まる中心」におり，望遠鏡で見て，自分も自然科学を実践したが，地球と月の距離を「四十八万余里」としたのは，ヨーロッパの宣教師「マテオ・リッチ」がもたらした知識であった。佐久間象山は，「地球と月の直径の詳しい数字」を挙げ，情報が誤っていると指摘したのである。

〔問2〕<文章内容>阮元も象山も，西洋の自然科学の情報をつかむことができた。また，二人の文人は望遠鏡をのぞき，実際に天体を望み見ている。そのうえで，阮元の宇宙空間をよんだ漢詩に，象山が唱和するように漢詩をよみ，それぞれに感じた宇宙空間を表現しているのである。

〔問3〕<文章内容>「阮元と佐久間象山の唱和の含意」を解き明かすためには，「現代ドイツの文化学」の手法によればよいが，そこにはグローバルな視点が必要である。歴史学では確立されている「各地域をなるべく平等に見ながら記述する」ことが，確立されていないのである。

〔問4〕<文章内容>望遠鏡をつくって送り込む西洋と，望遠鏡を受け取って作品を生み出す東洋という簡単な比較では，阮元と象山の漢詩の唱和を解読することはできない。例えば，「望遠鏡というモノを生み出す」ためには，「自然科学書が活版印刷で」行きわたらなければならないが，その印刷のための紙は「中国」から伝わっている。つまり，単純に送る側，送られる側という関係ではなく，西洋と東洋は多様な関係性を持っていたのである。

〔問5〕<語句>「引き合わせる」は，引き比べて照らし合わせる，という意味。

Memo

●2023年度

東京都立高等学校

共 通 問 題

【社会・理科】

2023年度 東京都立高等学校（共通問題）

【社　会】（50分）〈満点：100点〉

1　次の各問に答えよ。

〔問１〕　次の発表用資料は，地域調査を行った神奈川県鎌倉(かまくら)市の亀ヶ谷坂切通(かめがやつざかきりどおし)周辺の様子をまとめたものである。発表用資料中の＜地形図を基に作成したＡ点→Ｂ点→Ｃ点の順に進んだ道の傾斜を模式的に示した図＞に当てはまるのは，次のページの**ア**～**エ**のうちではどれか。

発表用資料

鎌倉の切通(きりどおし)を調査する（亀ヶ谷坂切通班）

○調査日　令和４年９月３日（土）　天候　晴れ

○集合場所・時間　北鎌倉(きたかまくら)駅・午前９時

○調査ルート　＜亀ヶ谷坂切通周辺の地形図＞に示したＡ点→Ｂ点→Ｃ点の順に進んだ。

＜亀ヶ谷坂切通の位置＞

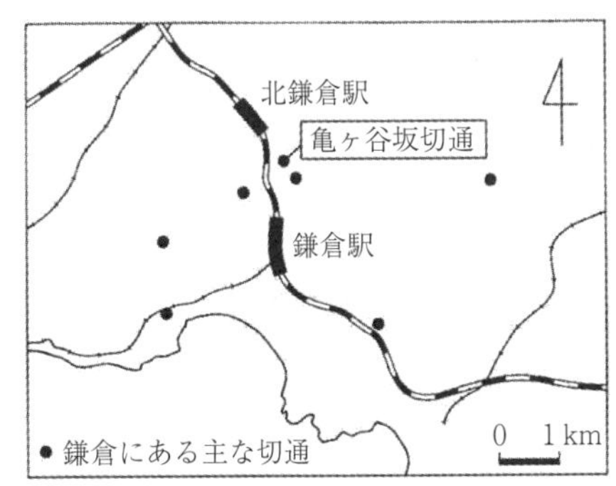

＜亀ヶ谷坂切通周辺の地形図＞

（2016年の「国土地理院発行２万５千分の１地形図（鎌倉）」の一部を拡大して作成）

＜Ａ点，Ｂ点，Ｃ点　それぞれの付近の様子＞

Ａ点　亀ヶ谷坂切通の方向を示した案内板が設置されていた。

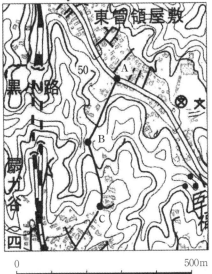

Ｂ点　切通と呼ばれる山を削って作られた道なので，地層を見ることができた。

Ｃ点　道の両側に住居が建ち並んでいた。

＜Ｂ点付近で撮影した写真＞

＜地形図を基に作成したＡ点→Ｂ点→Ｃ点の順に進んだ道の傾斜を模式的に示した図＞

＜調査を終えて＞
○切通は，谷を利用して作られた道で，削る部分を少なくする工夫をしていると感じた。
○道幅が狭かったり，坂道が急であったりしていて，守りが堅い鎌倉を実感することができた。
○徒歩や自転車で通る人が多く，現在でも生活道路として利用されていることが分かった。

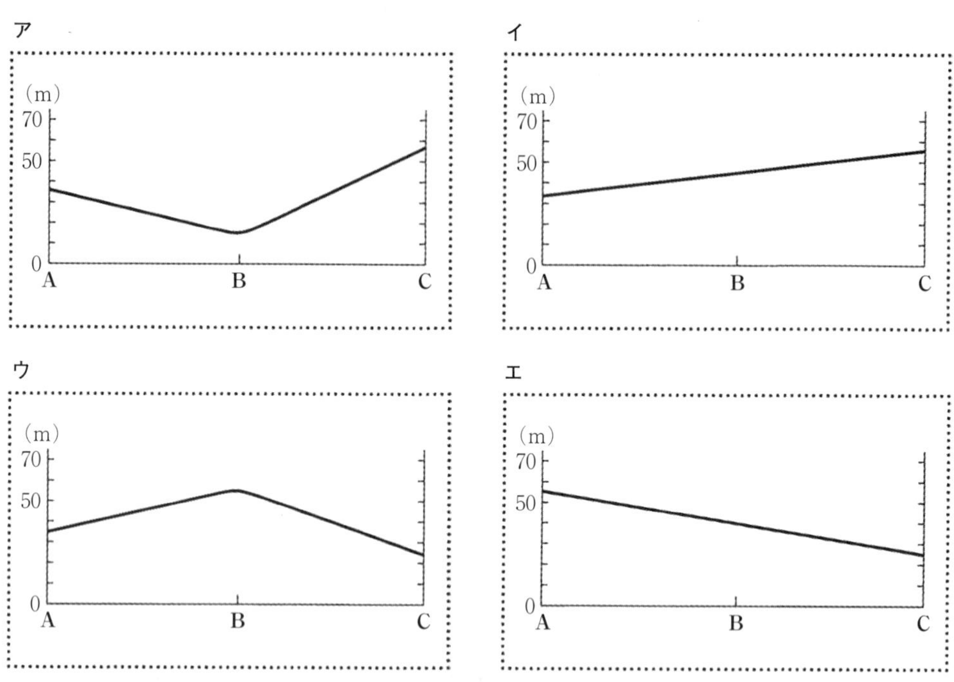

〔問２〕　次の文で述べている人物に当てはまるのは，下の**ア**～**エ**のうちのどれか。

> 大名や都市の豪商の気風を反映した壮大で豪華な文化が生み出される中で，堺(さかい)出身のこの人物は，全国統一を果たした武将に茶の湯の作法を指導するとともに，禅の影響を受けたわび茶を完成させた。

ア　喜多川歌麿(きたがわうたまろ)　　**イ**　栄西(えいさい/ようさい)　　**ウ**　尾形光琳(おがたこうりん)　　**エ**　千利休(せんのりきゅう)

〔問３〕　2022年における国際連合の安全保障理事会を構成する国のうち，５か国の常任理事国を全て示しているのは，次の**ア**～**エ**のうちのどれか。

ア　中華人民共和国，フランス，ロシア連邦(ロシア)，イギリス，アメリカ合衆国
イ　インド，フランス，ケニア，イギリス，アメリカ合衆国
ウ　中華人民共和国，ケニア，ノルウェー，ロシア連邦(ロシア)，アメリカ合衆国
エ　ブラジル，インド，フランス，ノルウェー，ロシア連邦(ロシア)

2 次の略地図を見て，あとの各問に答えよ。

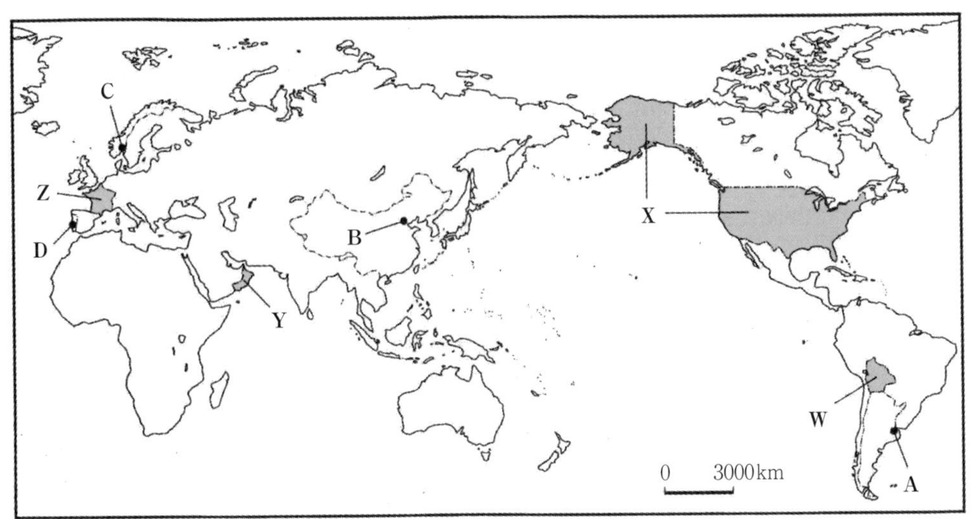

〔問1〕 次のⅠの文章は，略地図中に**A**～**D**で示した**いずれか**の都市の商業などの様子についてまとめたものである。Ⅱの**ア**～**エ**のグラフは，略地図中の**A**～**D**の**いずれか**の都市の，年平均気温と年降水量及び各月の平均気温と降水量を示したものである。Ⅰの文章で述べている都市に当てはまるのは，略地図中の**A**～**D**のうちのどれか，また，その都市のグラフに当てはまるのは，Ⅱの**ア**～**エ**のうちのどれか。

Ⅰ

> 夏季は高温で乾燥し，冬季は温暖で湿潤となる気候を生かして，ぶどうやオリーブが栽培されている。国産のぶどうやオリーブは加工品として販売され，飲食店では塩漬けにされたタラをオリーブ油で調理した料理などが提供されている。

Ⅱ

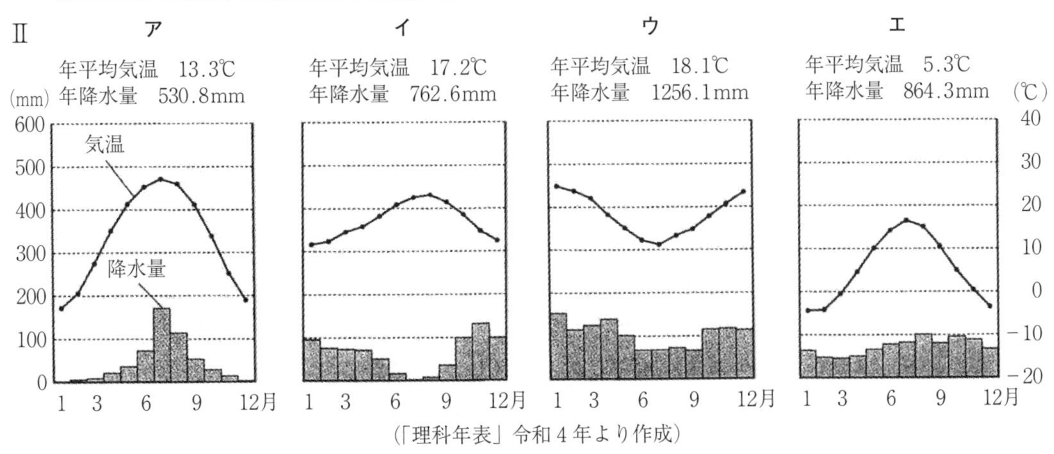

（「理科年表」令和４年より作成）

〔問2〕 次のページの表の**ア**～**エ**は，略地図中に ▒▒ で示した**W**～**Z**の**いずれか**の国の，2019年における一人当たりの国民総所得，小売業などの様子についてまとめたものである。略地図中の**W**～**Z**のそれぞれの国に当てはまるのは，次のページの表の**ア**～**エ**のうちではどれか。

	一人当たりの国民総所得（ドル）	小売業などの様子
ア	3520	○市場では，ポンチョや強い紫外線を防ぐ帽子，この地方が原産で傾斜地などで栽培された様々な種類のじゃがいもが販売されている。 ○キリスト教徒の割合が最も多く，先住民の伝統的な信仰との結び付きがあり，農耕儀礼などに用いる品々を扱う店舗が立ち並ぶ町並が見られる。
イ	42290	○キリスト教徒（カトリック）の割合が最も多く，基本的に日曜日は非労働日とされており，休業日としている店舗がある。 ○首都には，ガラス製のアーケードを備えた商店街（パサージュ）や，鞄（かばん）や洋服などの世界的なブランド店の本店が立ち並ぶ町並が見られる。
ウ	65910	○高速道路（フリーウエー）が整備されており，道路沿いの巨大なショッピングセンターでは，大量の商品が陳列され，販売されている。 ○多民族国家を形成し，同じ出身地の移民が集まる地域にはそれぞれの国の料理を扱う飲食店や物産品を扱う店舗が立ち並ぶ町並が見られる。
エ	14150	○スークと呼ばれる伝統的な市場では，日用品に加えて，なつめやし，伝統衣装，香料などが販売されている。 ○イスラム教徒の割合が最も多く，断食（だんじき）が行われる期間は，日没後に営業を始める飲食店が立ち並ぶ町並が見られる。

（注）一人当たりの国民総所得とは，一つの国において新たに生み出された価値の総額を人口で割った数値のこと。

（「データブック オブ・ザ・ワールド」2022年版より作成）

〔問３〕 次のⅠの略地図は，2021年における東南アジア諸国連合（ASEAN（アセアン））加盟国の2001年と比較した日本からの輸出額の増加の様子を数値で示したものである。Ⅱの略地図は，2021年における東南アジア諸国連合（ASEAN）加盟国の2001年と比較した進出日本企業の増加数を示したものである。Ⅲの文章で述べている国に当てはまるのは，下の**ア**～**エ**のうちのどれか。

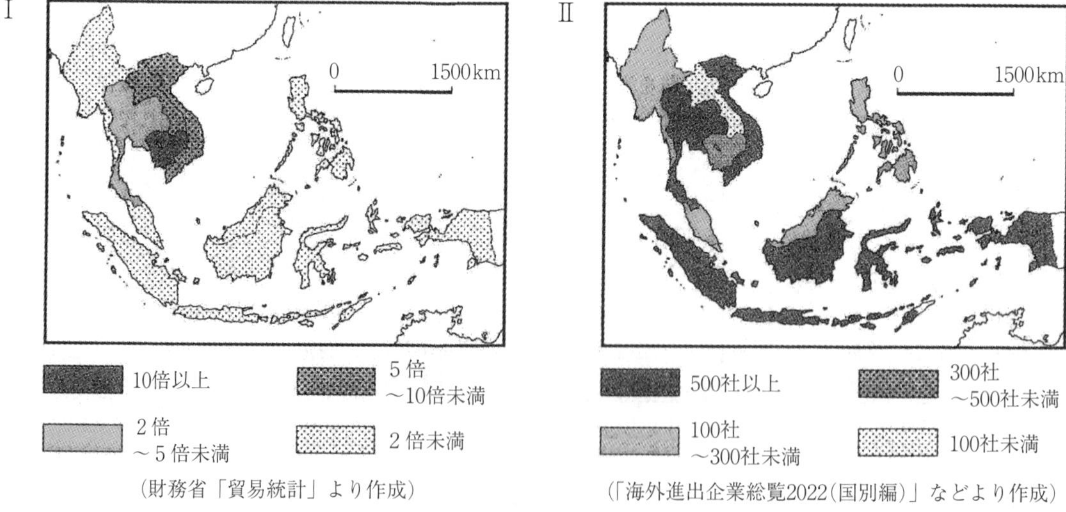

（財務省「貿易統計」より作成）

（「海外進出企業総覧2022（国別編）」などより作成）

Ⅲ

1945年の独立宣言後，国が南北に分離した時代を経て，1976年に統一された。国営企業中心の経済からの転換が図られ，現在では外国企業の進出や民間企業の設立が進んでいる。

2001年に約2164億円であった日本からの輸出額は，2021年には約２兆968億円となり，2001年に179社であった進出日本企業数は，2021年には1143社へと増加しており，日本との結び付きを強めている。首都の近郊には日系の自動車工場が見られ，最大の人口を有する南部の都市には，日系のコンビニエンスストアの出店が増加している。

ア　インドネシア　　**イ**　ベトナム　　**ウ**　ラオス　　**エ**　タイ

3　次の略地図を見て，あとの各問に答えよ。

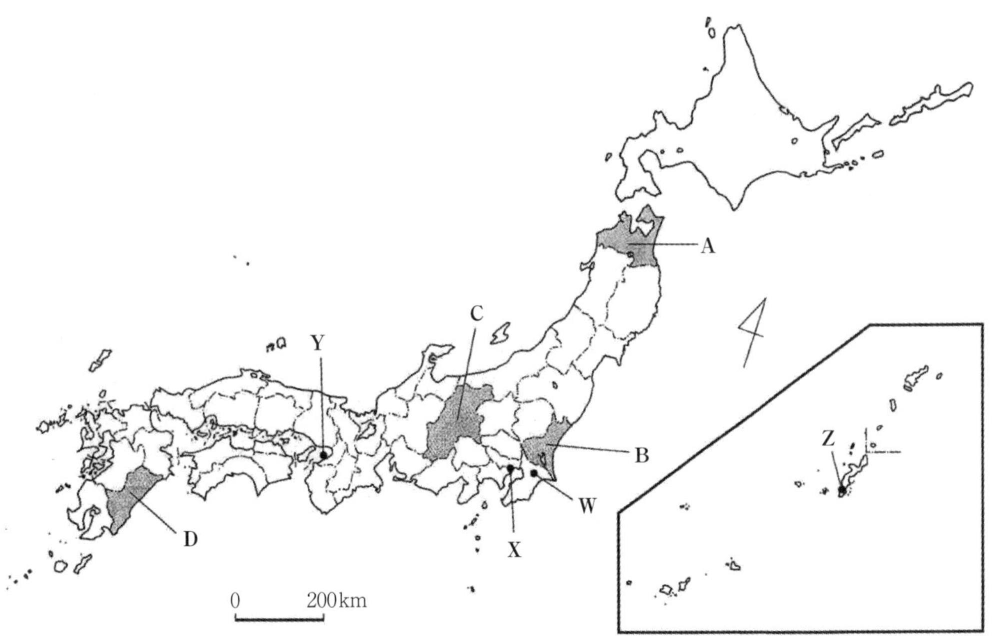

〔問1〕　次の表の**ア**～**エ**の文章は，略地図中に ▒ で示した，**A**～**D**の**いずれか**の県の，自然環境と農産物の東京への出荷の様子についてまとめたものである。**A**～**D**のそれぞれの県に当てはまるのは，次の表の**ア**～**エ**のうちではどれか。

	自然環境と農産物の東京への出荷の様子
ア	○平均標高は1132mで，山脈が南北方向に連なり，フォッサマグナなどの影響によって形成された盆地が複数見られる。 ○東部の高原で他県と比べ時期を遅らせて栽培されるレタスは，明け方に収穫後，その日の正午頃に出荷され，東京まで約5時間かけて主に保冷トラックで輸送されている。
イ	○平均標高は100mで，北西部には山地が位置し，中央部から南西部にかけては河川により形成された平野が見られ，砂丘が広がる南東部には，水はけのよい土壌が分布している。 ○南東部で施設栽培により年間を通して栽培されるピーマンは，明け方に収穫後，その日の午後に出荷され，東京まで約3時間かけてトラックで輸送されている。
ウ	○平均標高は402mで，北西部に山地が位置し，中央部から南部にかけて海岸線に沿って平野が広がっている。 ○平野で施設栽培により年間を通して栽培されるきゅうりは，明け方に収穫後，翌日に出荷され，東京まで1日以上かけてフェリーなどで輸送されている。

エ	○平均標高は226mで，西部には平野が広がり，中央部に位置する火山の南側には水深が深い湖が見られ，東部の平坦な地域は夏季に吹く北東の風の影響で冷涼となることがある。 ○病害虫の影響が少ない東部で栽培されるごぼうは，収穫され冷蔵庫で保管後，発送日の午前中に出荷され，東京まで約10時間かけてトラックで輸送されている。

（国土地理院の資料より作成）

〔問２〕 次の表の**ア**～**エ**は，略地図中に**W**～**Z**で示した成田国際空港，東京国際空港，関西国際空港，那覇空港の**いずれか**の空港の，2019年における国内線貨物取扱量，輸出額及び輸出額の上位３位の品目と輸出額に占める割合，輸入額及び輸入額の上位３位の品目と輸入額に占める割合を示したものである。略地図中の**X**の空港に当てはまるのは，次の表の**ア**～**エ**のうちのどれか。

	国内線貨物取扱量（ｔ）	輸出額（億円） 輸入額（億円）	輸出額の上位３位の品目と輸出額に占める割合（%） 輸入額の上位３位の品目と輸入額に占める割合（%）
ア	14905	51872	電気機器（44.4），一般機械（17.8），精密機器類（6.4）
		39695	電気機器（32.3），医薬品（23.2），一般機械（11.6）
イ	204695	42	肉類及び同調製品（16.8），果実及び野菜（7.5），魚介類及び同調製品（4.4）
		104	輸送用機器（40.1），一般機械（15.9），その他の雑製品（11.3）
ウ	22724	105256	電気機器（23.7），一般機械（15.1），精密機器類（7.0）
		129560	電気機器（33.9），一般機械（17.4），医薬品（12.3）
エ	645432	3453	金属製品（7.5），電気機器（5.0），医薬品（4.2）
		12163	輸送用機器（32.3），電気機器（18.2），一般機械（11.8）

（国土交通省「令和２年空港管理状況調書」などより作成）

〔問３〕 次のⅠの資料は，国土交通省が推進しているモーダルシフトについて分かりやすくまとめたものである。Ⅱのグラフは，2020年度における，重量１ｔの貨物を１km輸送する際に，営業用貨物自動車及び鉄道から排出される二酸化炭素の排出量を示したものである。Ⅲの略地図は，2020年における貨物鉄道の路線，主な貨物ターミナル駅，七地方区分の境界を示したものである。Ⅰ～Ⅲの資料から読み取れる，(1)「国がモーダルシフトを推進する目的」と(2)「国がモーダルシフトを推進する上で前提となる，七地方区分に着目した貨物鉄道の路線の敷設（ふせつ）状況及び貨物ターミナル駅の設置状況」の二点について，それぞれ簡単に述べよ。

Ⅰ

○モーダルシフトとは，トラックなどの営業用貨物自動車で行われている貨物輸送を，貨物鉄道などの利用へと転換することをいう。転換拠点は，貨物ターミナル駅などである。

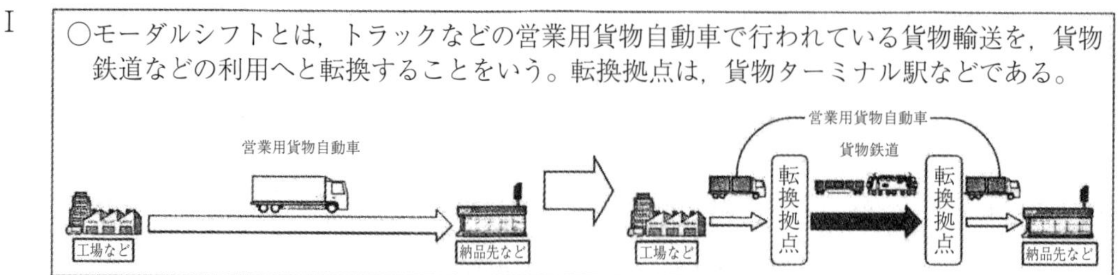

（国土交通省の資料より作成）

Ⅱ

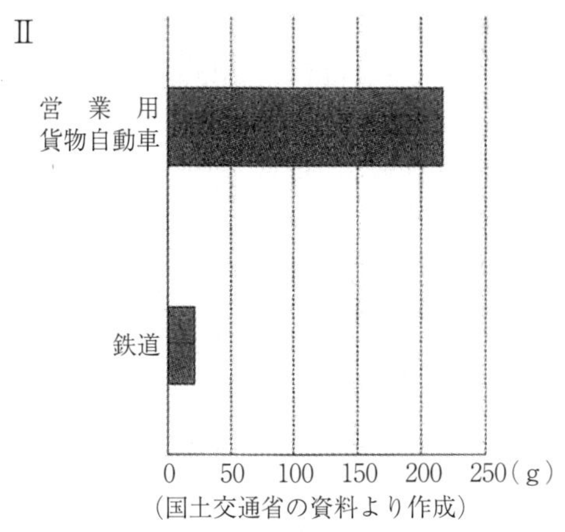

（国土交通省の資料より作成）

Ⅲ

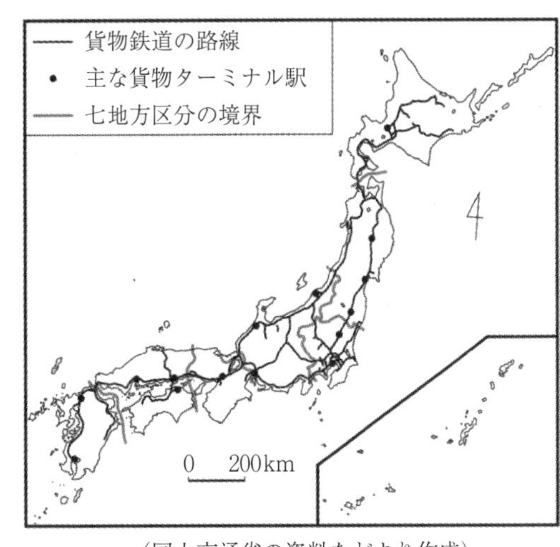

（国土交通省の資料などより作成）

4　次の文章を読み，あとの各問に答えよ。

私たちは，いつの時代も最新の知識に基づいて生産技術を向上させ，新たな技術を生み出すことで，社会を発展させてきた。

古代から，各時代の権力者は，(1)<u>統治を継続することなどを目的に，高度な技術を有する人材に組織の中で役割を与え，寺院などを築いてきた。</u>

中世から近世にかけて，農業においても新しい技術が導入されることで生産力が向上し，各地で特産物が生産されるようになった。また，(2)<u>財政再建を行う目的で，これまで培(つちか)ってきた技術を生かし，新田開発などの経済政策を実施してきた。</u>

近代以降は，政府により，(3)<u>欧米諸国に対抗するため，外国から技術を学んで工業化が進められた。</u>昭和時代以降は，(4)<u>飛躍的に進歩した技術を活用し，社会の変化に対応した新たな製品を作り出す企業が現れ，私たちの生活をより豊かにしてきた。</u>

〔問１〕　(1)<u>統治を継続することなどを目的に，高度な技術を有する人材に組織の中で役割を与え，寺院などを築いてきた。</u>とあるが，次の**ア**～**エ**は，飛鳥(あすか)時代から室町時代にかけて，各時代の権力者が築いた寺院などについて述べたものである。時期の古いものから順に記号を並べよ。

ア　公家(くげ)の山荘を譲り受け，寝殿造(しんでんづくり)や禅宗様(ぜんしゅうよう)の様式を用いた三層からなる金閣(きんかく)を京都の北山(きたやま)に築いた。

イ　仏教の力により，社会の不安を取り除き，国家の安泰を目指して，３か年８回にわたる鋳造の末，銅製の大仏を奈良の東大寺(とうだいじ)に造立(ぞうりゅう)した。

ウ　仏教や儒教の考え方を取り入れ，役人の心構えを示すとともに，金堂(こんどう)などからなる法隆寺(ほうりゅうじ)を斑鳩(いかるが)に建立(こんりゅう)した。

エ　産出された金や交易によって得た財を利用し，金ぱく，象牙や宝石で装飾し，極楽浄土を表現した中尊寺金色堂(ちゅうそんじこんじきどう)を平泉(ひらいずみ)に建立した。

〔問２〕　(2)<u>財政再建を行う目的で，これまで培(つちか)ってきた技術を生かし，新田開発などの経済政策を実施してきた。</u>とあるが，次のⅠの略年表は，安土(あづち)・桃山(ももやま)時代から江戸時代にかけての，経済政策などに関する主な出来事についてまとめたものである。Ⅱの文章は，ある時期に行われた経済政策などについて述べたものである。Ⅱの経済政策などが行われた時期に当てはまるのは，Ⅰの略年表中の**ア**～**エ**の時期のうちではどれか。

Ⅰ

西暦	経済政策などに関する主な出来事	
1577	●織田信長は，安土の城下を楽市とし，一切の役や負担を免除した。	
		ア
1619	●徳川秀忠は，大阪を幕府の直轄地とし，諸大名に大阪城の再建を命じた。	
		イ
1695	●徳川綱吉は，幕府の財政を補うため，貨幣の改鋳を命じた。	
		ウ
1778	●田沼意次は，長崎貿易の輸出品である俵物の生産を奨励した。	
		エ
1841	●水野忠邦は，物価の上昇を抑えるため，株仲間の解散を命じた。	

Ⅱ

○新田開発を奨励し，開発に当たり商人に出資を促し，将軍と同じく，紀伊藩出身の役人に技術指導を担わせた。

○キリスト教に関係しない，漢文に翻訳された科学技術に関係する洋書の輸入制限を緩和した。

〔問３〕 (3)欧米諸国に対抗するため，外国から技術を学んで工業化が進められた。とあるが，次の**ア**～**ウ**は，明治時代に操業を開始した工場について述べたものである。略地図中の**A**～**C**は，**ア**～**ウ**の**いずれか**の工場の所在地を示したものである。**ア**～**ウ**について，操業を開始した時期の古いものから順に記号を並べよ。また，略地図中の**B**に当てはまるのは，次の**ア**～**ウ**のうちではどれか。

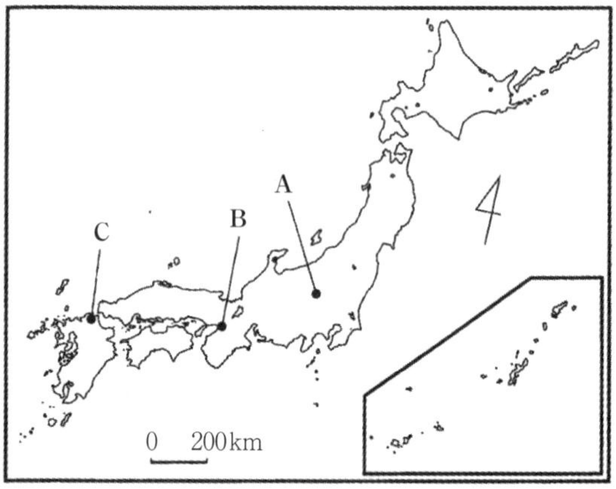

A
B
C
0　200km
4

ア　実業家が発起人となり，イギリスの技術を導入し設立され，我が国における産業革命の契機となった民間の紡績会社で，綿糸の生産が開始された。

イ　国産生糸の増産や品質の向上を図ることを目的に設立された官営模範製糸場で，フランスの技術を導入し生糸の生産が開始された。

ウ　鉄鋼の増産を図ることを目的に設立された官営の製鉄所で，国内産の石炭と輸入された鉄鉱石を原材料に，外国人技術者の援助を受けて鉄鋼の生産が開始された。

〔問４〕 (4)飛躍的に進歩した技術を活用し，社会の変化に対応した新たな製品を作り出す企業が現れ，私たちの生活をより豊かにしてきた。とあるが，次の略年表は，昭和時代から平成時代にかけて，東京に本社を置く企業の技術開発に関する主な出来事についてまとめたものである。略年表中の**A**～**D**のそれぞれの時期に当てはまるのは，下の**ア**～**エ**のうちではどれか。

西暦	東京に本社を置く企業の技術開発に関する主な出来事	
1945	●造船会社により製造されたジェットエンジンを搭載した飛行機が，初飛行に成功した。	
1952	●顕微鏡・カメラ製造会社が，医師からの依頼を受け，日本初の胃カメラの実用化に成功した。	A
1955	●通信機器会社が，小型軽量で持ち運び可能なトランジスタラジオを販売した。	
		B
1972	●計算機会社が，大規模集積回路を利用した電子式卓上計算機を開発した。	
		C
1989	●フィルム製造会社が，家電製造会社と共同開発したデジタルカメラを世界で初めて販売した。	
		D
2003	●建築会社が，独立行政法人と共同して，不整地歩行などを実現するロボットを開発した。	

ア　地価や株価が上がり続けるバブル経済が終わり，構造改革を迫られ，インターネットの普及が急速に進み，撮影した写真を送信できるカメラ付き携帯電話が初めて販売された。

イ　連合国軍最高司令官総司令部(GHQ)の指令に基づき日本政府による民主化政策が実施され，素材，機器，測定器に至る全てを国産化した移動無線機が初めて製作された。

ウ　石油危機により，省エネルギー化が進められ，運動用品等に利用されていた我が国の炭素素材が，航空機の部材として初めて使用された。

エ　政府により国民所得倍増計画が掲げられ，社会資本の拡充の一環として，速度を自動的に調整するシステムを導入した東海道新幹線が開業した。

5　次の文章を読み，あとの各問に答えよ。

> 企業は，私たちが消費している財(もの)やサービスを提供している。企業には，国や地方公共団体が経営する公企業と民間が経営する私企業がある。(1)<u>私企業は，株式の発行や銀行からの融資などにより調達した資金で，生産に必要な土地，設備，労働力などを用意し，利潤を得ることを目的に生産活動を行っている。</u>こうして得た財やサービスの価格は，需要量と供給量との関係で変動するものや，(2)<u>政府や地方公共団体により料金の決定や改定が行われるものなどがある。</u>
>
> 私企業は，自社の利潤を追求するだけでなく，(3)<u>国や地方公共団体に税を納めることで，社会を支えている。</u>また，社会貢献活動を行い，社会的責任を果たすことが求められている。
>
> (4)<u>日本経済が発展するためには，私企業の経済活動は欠かすことができず，今後，国内外からの信頼を一層高めていく必要がある。</u>

〔問1〕　(1)<u>私企業は，株式の発行や銀行からの融資などにより調達した資金で，生産に必要な土地，設備，労働力などを用意し，利潤を得ることを目的に生産活動を行っている。</u>とあるが，経済活動の自由を保障する日本国憲法の条文は，次の**ア**～**エ**のうちではどれか。

ア　すべて国民は，法の下に平等であつて，人種，信条，性別，社会的身分又は門地により，政治的，経済的又は社会的関係において，差別されない。

イ　何人も，法律の定める手続によらなければ，その生命若しくは自由を奪はれ，又はその他の刑罰を科せられない。

ウ　すべて国民は，法律の定めるところにより，その能力に応じて，ひとしく教育を受ける権利を有する。

エ　何人も，公共の福祉に反しない限り，居住，移転及び職業選択の自由を有する。

〔問２〕　(2)政府や地方公共団体により料金の決定や改定が行われるものなどがある。とあるが，次の文章は，令和２年から令和３年にかけて，ある公共料金が改定されるまでの経過について示したものである。この文章で示している公共料金に当てはまるのは，下の**ア**～**エ**のうちではどれか。

> ○所管省庁の審議会分科会が公共料金の改定に関する審議を開始した。（令和２年３月16日）
> ○所管省庁の審議会分科会が審議会に公共料金の改定に関する審議の報告を行った。（令和２年12月23日）
> ○所管省庁の大臣が審議会に公共料金の改定に関する諮問を行った。（令和３年１月18日）
> ○所管省庁の審議会が公共料金の改定に関する答申を公表した。（令和３年１月18日）
> ○所管省庁の大臣が公共料金の改定に関する基準を告示した。（令和３年３月15日）

ア　鉄道運賃　　**イ**　介護報酬　　**ウ**　公営水道料金　　**エ**　郵便料金（手紙・はがきなど）

〔問３〕　(3)国や地方公共団体に税を納めることで，社会を支えている。とあるが，次の表は，企業の経済活動において，課税する主体が，国であるか，地方公共団体であるかを，国である場合は「国」，地方公共団体である場合は「地」で示そうとしたものである。表の**A**と**B**に入る記号を正しく組み合わせているのは，次の**ア**～**エ**のうちのどれか。

	課税する主体
企業が提供した財やサービスの売上金から経費を引いた利潤にかかる法人税	**A**
土地や建物にかかる固定資産税	**B**

	ア	**イ**	**ウ**	**エ**
A	地	地	国	国
B	国	地	地	国

〔問４〕　(4)日本経済が発展するためには，私企業の経済活動は欠かすことができず，今後，国内外からの信頼を一層高めていく必要がある。とあるが，次のⅠの文章は，2010年に開催された法制審議会会社法制部会第１回会議における資料の一部を分かりやすく書き改めたものである。Ⅱの文は，2014年に改正された会社法の一部を分かりやすく書き改めたものである。Ⅲのグラフは，2010年から2020年までの東京証券取引所に上場する会社における，具体的な経営方針等を決定する取締役会（とりしまりやくかい）に占める，会社と利害関係を有しない独立性を備えた社外取締役の人数別の会社数の割合を示したものである。Ⅰ～Ⅲの資料を活用し，2014年に改正された会社法によりもたらされた取締役会の変化について，社外取締役の役割及び取締役会における社外取締役の人数に着目して，簡単に述べよ。

Ⅰ

> ○現行の会社法では，外部の意見を取り入れる仕組を備える適正な企業統治を実現するシステムが担保されていない。
> ○我が国の上場会社等の企業統治については，内外の投資者等から強い懸念（けねん）が示されている。

Ⅱ

これまでの会社法では，社外取締役の要件は，自社又は子会社の出身者等でないことであったが，親会社の全ての取締役等，兄弟会社の業務執行取締役等，自社の取締役等及びその配偶者の近親者等でないことを追加する。

Ⅲ

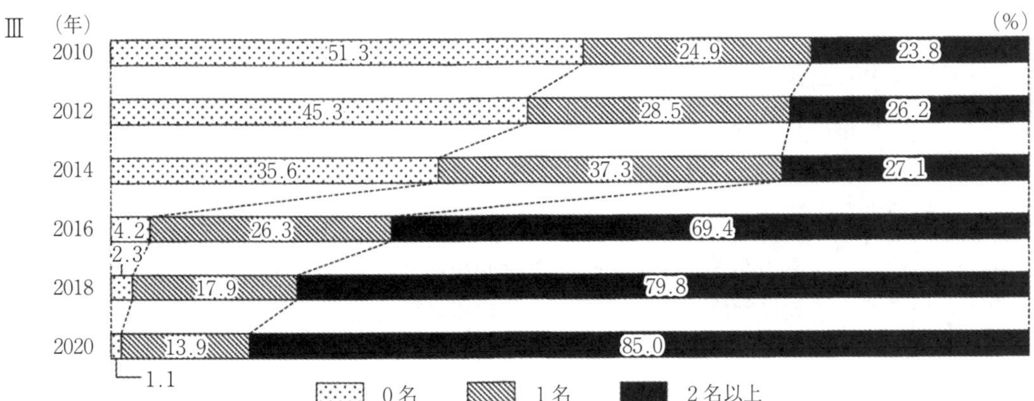

（注）四捨五入をしているため，社外取締役の人数別の会社数の割合を合計したものは，100％にならない場合がある。

（東京証券取引所の資料より作成）

6 次の文章を読み，下の略地図を見て，あとの各問に答えよ。

(1)1851年に開催された世界初の万国博覧会は，蒸気機関車などの最新技術が展示され，鉄道の発展のきっかけとなった。1928年には，国際博覧会条約が35か国により締結され，(2)テーマを明確にした国際博覧会が開催されるようになった。

2025年に大阪において「いのち輝く未来社会のデザイン」をテーマとした万国博覧会の開催が予定されており，(3)我が国で最初の万国博覧会が大阪で開催された時代と比べ，社会の様子も大きく変化してきた。

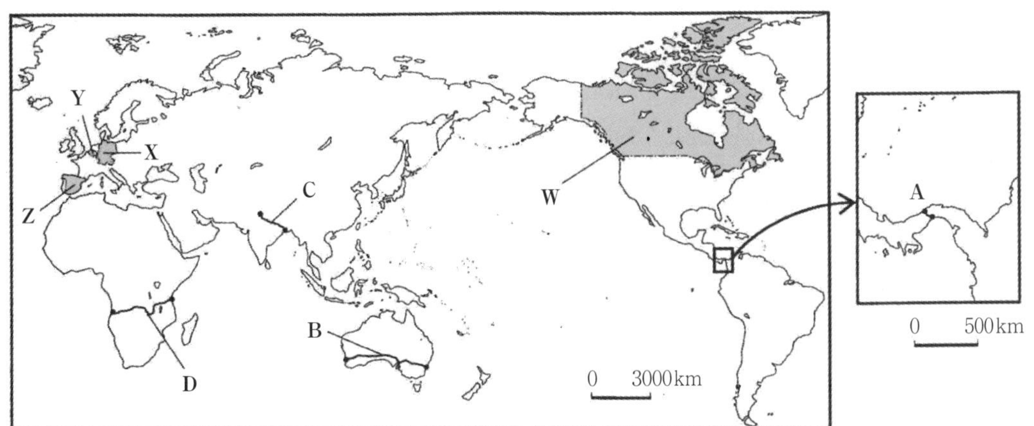

〔問1〕 (1)1851年に開催された世界初の万国博覧会は，蒸気機関車などの最新技術が展示され，鉄道の発展のきっかけとなった。とあるが，略地図中に ●—● で示したA～Dは，世界各地の主な鉄道の路線を示したものである。次の表のア～エは，略地図中にA～Dで示した**いずれか**

の鉄道の路線の様子についてまとめたものである。略地図中の**A**～**D**のそれぞれの鉄道の路線に当てはまるのは，次の表の**ア**～**エ**のうちではどれか。

	鉄道の路線の様子
ア	植民地時代に建設された鉄道は，地域ごとにレールの幅が異なっていた。1901年の連邦国家成立後，一部の区間でレールの幅が統一され，州を越えての鉄道の乗り入れが可能となり，東西の州都を結ぶ鉄道として1970年に開業した。
イ	綿花の輸出や内陸部への支配の拡大を目的に建設が計画され，外国の支配に不満をもつ人々が起こした大反乱が鎮圧された９年後の1867年に，主要港湾都市と内陸都市を結ぶ鉄道として開通した。
ウ	二つの大洋をつなぎ，貿易上重要な役割を担（にな）う鉄道として，1855年に開業した。日本人技術者も建設に参加した国際運河が1914年に開通したことにより，貿易上の役割は低下したが，現在では観光資源としても活用されている。
エ	1929年に内陸部から西側の港へ銅を輸送する鉄道が開通した。この鉄道は内戦により使用できなくなり，1976年からは内陸部と東側の港とを結ぶ新たに作られた鉄道がこの地域の主要な銅の輸送路となった。2019年にこの二本の鉄道が結ばれ，大陸横断鉄道となった。

〔問２〕 (2)テーマを明確にした国際博覧会が開催されるようになった。とあるが，次のⅠの略年表は，1958年から2015年までの，国際博覧会に関する主な出来事についてまとめたものである。Ⅱの文章は，Ⅰの略年表中の**A**～**D**の**いずれか**の国際博覧会とその開催国の環境問題について述べたものである。Ⅱの文章で述べている国際博覧会に当てはまるのは，Ⅰの略年表中の**A**～**D**のうちのどれか，また，その開催国に当てはまるのは，略地図中に ▒ で示した**W**～**Z**のうちのどれか。

Ⅰ

西暦	国際博覧会に関する主な出来事
1958	●「科学文明とヒューマニズム」をテーマとした万国博覧会が開催された。……………………A
1967	●「人間とその世界」をテーマとした万国博覧会が開催された。……………………………B
1974	●「汚染なき進歩」をテーマとした国際環境博覧会が開催された。
1988	●「技術時代のレジャー」をテーマとした国際レジャー博覧会が開催された。
1992	●「発見の時代」をテーマとした万国博覧会が開催された。…………………………………C
2000	●「人間・自然・技術」をテーマとした万国博覧会が開催された。…………………………D
2015	●「地球に食料を，生命にエネルギーを」をテーマとした万国博覧会が開催された。

Ⅱ

この博覧会は，「環境と開発に関するリオ宣言」などに基づいたテーマが設定され，リオデジャネイロでの地球サミットから８年後に開催された。この当時，国境の一部となっている北流する国際河川の東側に位置する森林（シュヴァルツヴァルト）で生じた木々の立ち枯れは，偏西風などにより運ばれた有害物質による酸性雨が原因であると考えられていた。

〔問３〕 (3)我が国で最初の万国博覧会が大阪で開催された時代と比べ，社会の様子も大きく変化してきた。とあるが，次のⅠの**ア**～**エ**のグラフは，1950年，1970年，2000年，2020年の**いずれか**の我が国における人口ピラミッドを示したものである。Ⅱの文章で述べている年の人口ピラミッドに当てはまるのは，Ⅰの**ア**～**エ**のうちのどれか。

Ⅰ

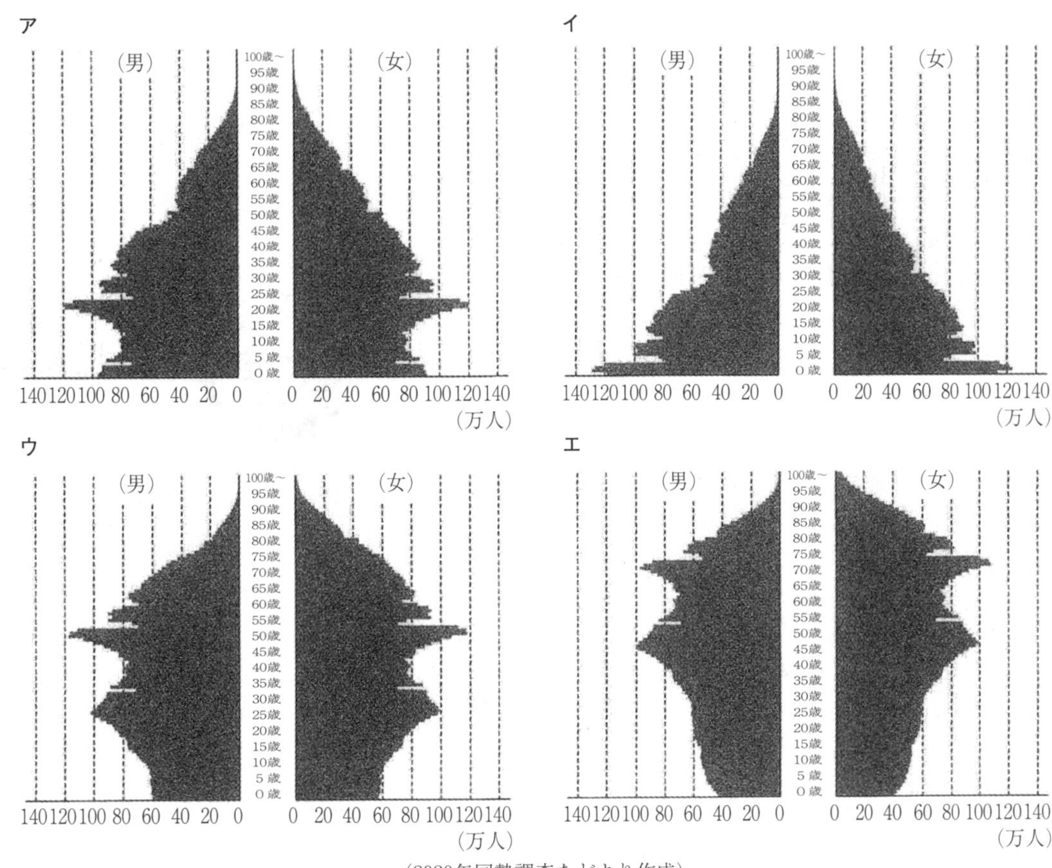

(2020年国勢調査などより作成)

Ⅱ

○我が国の人口が１億人を突破して３年後のこの年は，65歳以上の割合は７％を超え，高齢化社会の段階に入っている。 ○地方から都市への人口移動が見られ，郊外にニュータウンが建設され，大阪では「人類の進歩と調和」をテーマに万国博覧会が開催された。

【理　科】（50分）〈満点：100点〉

1　次の各問に答えよ。

〔問１〕　次のＡ～Ｆの生物を生産者と消費者とに分類したものとして適切なのは，下の表の**ア**～**エ**のうちではどれか。

Ａ　エンドウ　　Ｂ　サツマイモ　　Ｃ　タカ　　Ｄ　ツツジ　　Ｅ　バッタ　　Ｆ　ミミズ

	生産者	消費者
ア	Ａ，Ｂ，Ｄ	Ｃ，Ｅ，Ｆ
イ	Ａ，Ｄ，Ｆ	Ｂ，Ｃ，Ｅ
ウ	Ａ，Ｂ，Ｅ	Ｃ，Ｄ，Ｆ
エ	Ｂ，Ｃ，Ｄ	Ａ，Ｅ，Ｆ

〔問２〕　図１の岩石Ａと岩石Ｂのスケッチは，一方が玄武岩であり，もう一方が花こう岩である。岩石Ａは岩石Ｂより全体的に白っぽく，岩石Ｂは岩石Ａより全体的に黒っぽい色をしていた。岩石Ａと岩石Ｂのうち玄武岩であるものと，玄武岩のでき方とを組み合わせたものとして適切なのは，次の表の**ア**～**エ**のうちではどれか。

図１

岩石Ａ

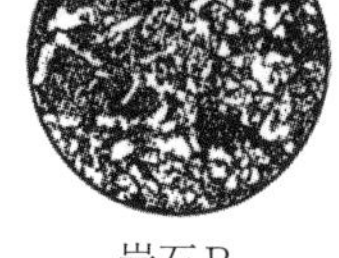

岩石Ｂ

	玄武岩	玄武岩のでき方
ア	岩石Ａ	マグマがゆっくりと冷えて固まってできた。
イ	岩石Ａ	マグマが急激に冷えて固まってできた。
ウ	岩石Ｂ	マグマがゆっくりと冷えて固まってできた。
エ	岩石Ｂ	マグマが急激に冷えて固まってできた。

〔問３〕　図２のガスバーナーに点火し，適正な炎の大きさに調整したが，炎の色から空気が不足していることが分かった。炎の色を青色の適正な状態にする操作として適切なのは，下の**ア**～**エ**のうちではどれか。

図２

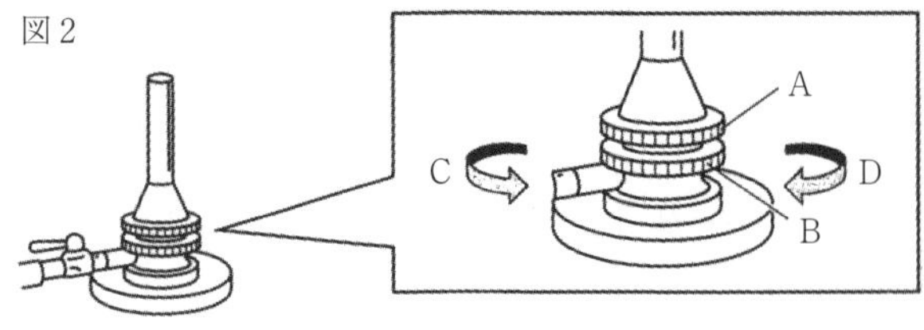

ア　Ａのねじを押さえながら，Ｂのねじを Ｃの向きに回す。
イ　Ａのねじを押さえながら，Ｂのねじを Ｄの向きに回す。
ウ　Ｂのねじを押さえながら，Ａのねじを Ｃの向きに回す。
エ　Ｂのねじを押さえながら，Ａのねじを Ｄの向きに回す。

〔問4〕 図3のように，凸レンズの二つの焦点を通る一直線上に，物体(光源付き)，凸レンズ，スクリーンを置いた。

凸レンズの二つの焦点を通る一直線上で，スクリーンを矢印の向きに動かし，凸レンズに達する前にはっきりと像が映る位置に調整した。図3のA点，B点のうちはっきりと像が映るときのスクリーンの位置と，このときスクリーンに映った像の大きさについて述べたものとを組み合わせたものとして適切なのは，下の表の**ア**～**エ**のうちではどれか。

図3

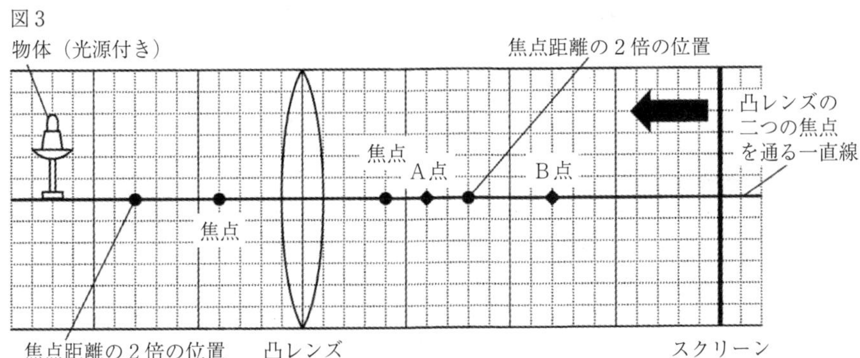

	スクリーンの位置	スクリーンに映った像の大きさについて述べたもの
ア	A点	物体の大きさと比べて，スクリーンに映った像の方が大きい。
イ	A点	物体の大きさと比べて，スクリーンに映った像の方が小さい。
ウ	B点	物体の大きさと比べて，スクリーンに映った像の方が大きい。
エ	B点	物体の大きさと比べて，スクリーンに映った像の方が小さい。

〔問5〕 次のA～Dの物質を化合物と単体とに分類したものとして適切なのは，下の表の**ア**～**エ**のうちではどれか。

A　二酸化炭素　　B　水　　C　アンモニア　　D　酸素

	化合物	単体
ア	A，B，C	D
イ	A，B	C，D
ウ	C，D	A，B
エ	D	A，B，C

〔問6〕 図4はアブラナの花の各部分を外側にあるものからピンセットではがし，スケッチしたものである。図4のA～Dの名称を組み合わせたものとして適切なのは，次の表の**ア**～**エ**のうちではどれか。

図4

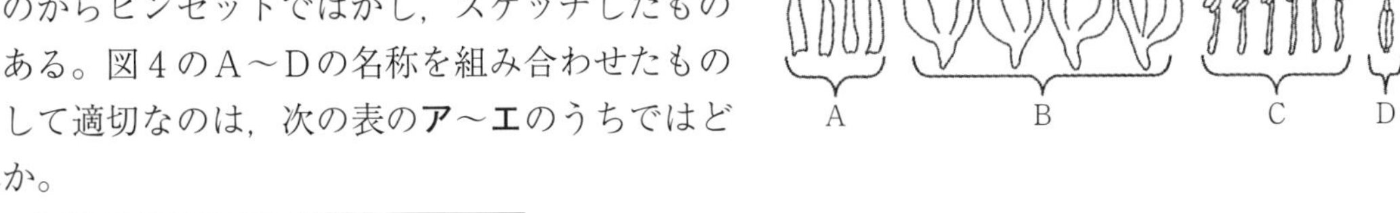

	A	B	C	D
ア	がく	花弁	めしべ	おしべ
イ	がく	花弁	おしべ	めしべ
ウ	花弁	がく	おしべ	めしべ
エ	花弁	がく	めしべ	おしべ

2　生徒が，南極や北極に関して科学的に探究しようと考え，自由研究に取り組んだ。生徒が書いたレポートの一部を読み，次の各問に答えよ。

<レポート1>　雪上車について

雪上での移動手段について調べたところ，南極用に設計され，－60℃でも使用できる雪上車があることが分かった。その雪上車に興味をもち，大きさが約40分の1の模型を作った。

図1のように，速さを調べるために模型に旗（◀）を付け，1mごとに目盛りを付けた7mの直線コースを走らせた。旗（◀）をスタート地点に合わせ，模型がスタート地点を出発してから旗（◀）が各目盛りを通過するまでの時間を記録し，表1にまとめた。

図1

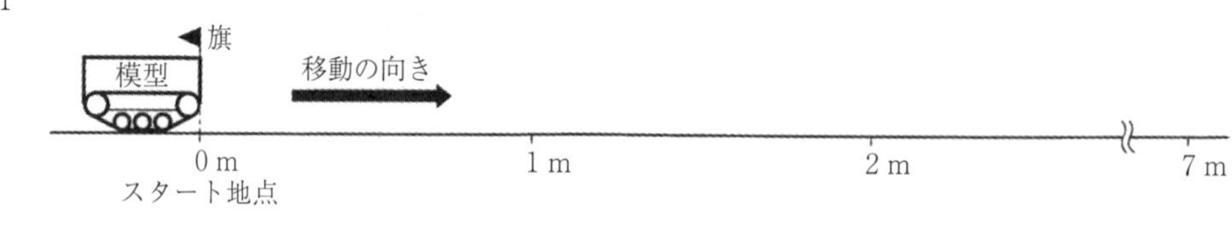

表1

移動した距離〔m〕	0	1	2	3	4	5	6	7
通過するまでの時間〔秒〕	0	19.8	40.4	61.0	81.6	101.7	122.2	143.0

〔問1〕　**<レポート1>**から，模型の旗（◀）が2m地点を通過してから6m地点を通過するまでの平均の速さを計算し，小数第三位を四捨五入したものとして適切なのは，次のうちではどれか。

ア　0.02m/s　　**イ**　0.05m/s　　**ウ**　0.17m/s　　**エ**　0.29m/s

<レポート2>　海氷について

北極圏の海氷について調べたところ，海水が凍ることで生じる海氷は，海面に浮いた状態で存在していることや，海水よりも塩分の濃度が低いことが分かった。海氷ができる過程に興味をもち，食塩水を用いて次のようなモデル実験を行った。

図2のように，3％の食塩水をコップに入れ，液面上部から冷却し凍らせた。凍った部分を取り出し，その表面を取り除き残った部分を二つに分けた。その一つを溶かし食塩の濃度を測定したところ，0.84％であった。また，もう一つを3％の食塩水に入れたところ浮いた。

図2

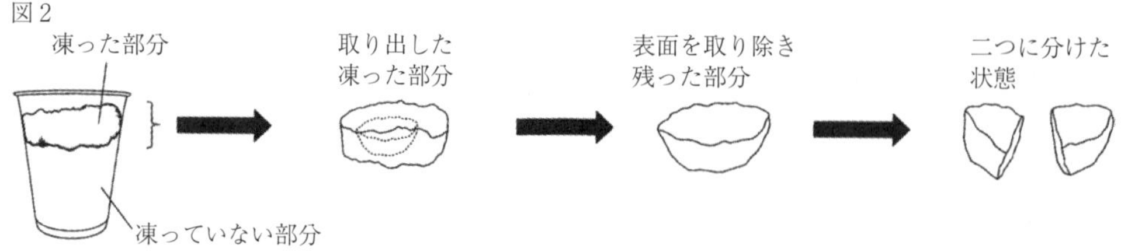

〔問2〕　**<レポート2>**から，「3％の食塩水100gに含まれる食塩の量」に対する「凍った部分の表面を取り除き残った部分100gに含まれる食塩の量」の割合として適切なのは，下の［①］の**ア**と**イ**のうちではどれか。また，「3％の食塩水の密度」と「凍った部分の表面を取り除き残った部分の密度」を比べたときに，密度が大きいものとして適切なのは，下の［②］の**ア**と**イ**のうちではどれか。ただし，凍った部分の表面を取り除き残った部分の食塩の濃度は均一で

あるものとする。

①	ア　約13％	イ　約28％
②	ア　３％の食塩水	イ　凍った部分の表面を取り除き残った部分

＜レポート３＞　生物の発生について

水族館で，南極海に生息している図３のようなナンキョクオキアミの発生に関する展示を見て，生物の発生に興味をもった。発生の観察に適した生物を探していると，近所の池で図４の模式図のようなカエル(ニホンアマガエル)の受精卵を見付けたので持ち帰り，発生の様子をルーペで継続して観察したところ，図５や図６の模式図のように，細胞分裂により細胞数が増えていく様子を観察することができた。なお，図５は細胞数が２個になった直後の胚を示しており，図６は細胞数が４個になった直後の胚を示している。

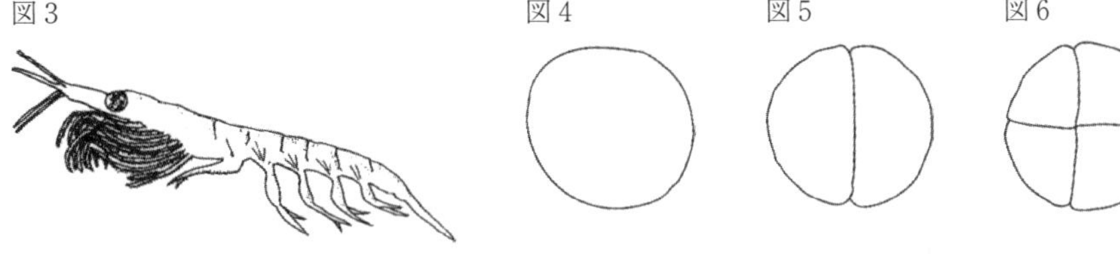
図３　図４　図５　図６

〔問３〕　**＜レポート３＞**の図４の受精卵の染色体の数を24本とした場合，図５及び図６の胚に含まれる合計の染色体の数として適切なのは，次の表の**ア**～**エ**のうちではどれか。

	図５の胚に含まれる合計の染色体の数	図６の胚に含まれる合計の染色体の数
ア	12本	６本
イ	12本	12本
ウ	48本	48本
エ	48本	96本

＜レポート４＞　北極付近での太陽の動きについて

北極付近での天体に関する現象について調べたところ，１日中太陽が沈まない現象が起きることが分かった。１日中太陽が沈まない日に北の空を撮影した連続写真には，図７のような様子が記録されていた。

地球の公転軌道を図８のように模式的に表した場合，図７のように記録された連続写真は，図８のＡの位置に地球があるときに撮影されたことが分かった。

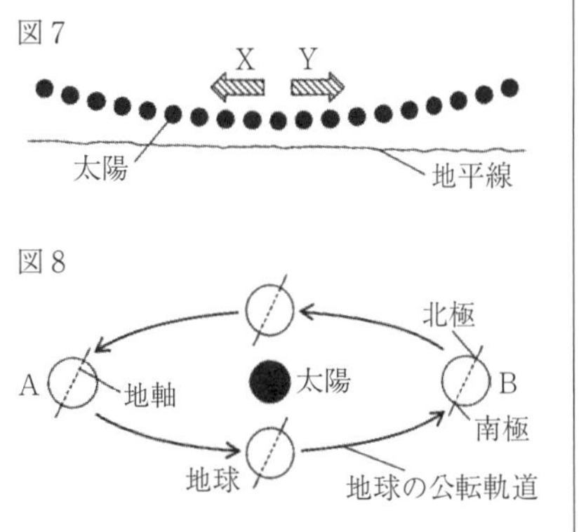

〔問４〕　**＜レポート４＞**から，図７のＸとＹのうち太陽が見かけ上動いた向きと，図８のＡとＢのうち日本で夏至となる地球の位置とを組み合わせたものとして適切なのは，次の表の**ア**～**エ**のうちではどれか。

	図７のＸとＹのうち太陽が見かけ上動いた向き	図８のＡとＢのうち日本で夏至となる地球の位置
ア	X	A
イ	X	B
ウ	Y	A
エ	Y	B

3　露点及び雲の発生に関する実験について，次の各問に答えよ。

＜**実験１**＞を行ったところ，＜**結果１**＞のようになった。

＜**実験１**＞

(1)　ある日の午前10時に，あらかじめ実験室の室温と同じ水温にしておいた水を金属製のコップの半分くらいまで入れ，温度計で金属製のコップ内の水温を測定した。

(2)　図１のように，金属製のコップの中に氷水を少しずつ加え，水温が一様になるようにガラス棒でかき混ぜながら，金属製のコップの表面の温度が少しずつ下がるようにした。

(3)　金属製のコップの表面に水滴が付き始めたときの金属製のコップ内の水温を測定した。

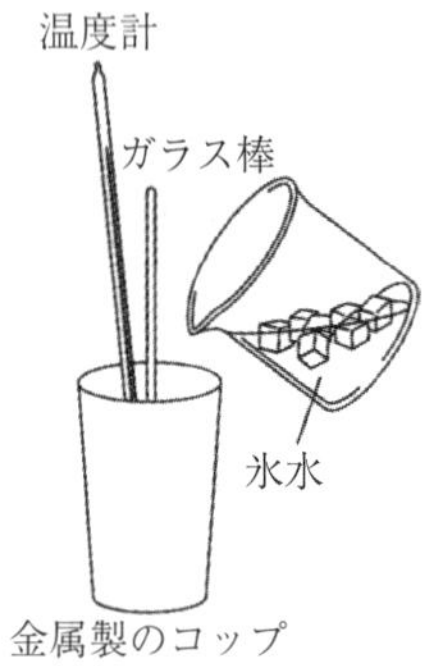

(4)　＜**実験１**＞の(1)～(3)の操作を同じ日の午後６時にも行った。

図１

温度計

ガラス棒

氷水

金属製のコップ

なお，この実験において，金属製のコップ内の水温とコップの表面付近の空気の温度は等しいものとし，同じ時刻における実験室内の湿度は均一であるものとする。

＜**結果１**＞

	午前10時	午後６時
＜**実験１**＞の(1)で測定した水温〔℃〕	17.0	17.0
＜**実験１**＞の(3)で測定した水温〔℃〕	16.2	12.8

〔問１〕　＜**実験１**＞の(2)で，金属製のコップの表面の温度が少しずつ下がるようにしたのはなぜか。簡単に書け。

〔問２〕　図２は，気温と飽和水蒸気量の関係をグラフに表したものである。

図２

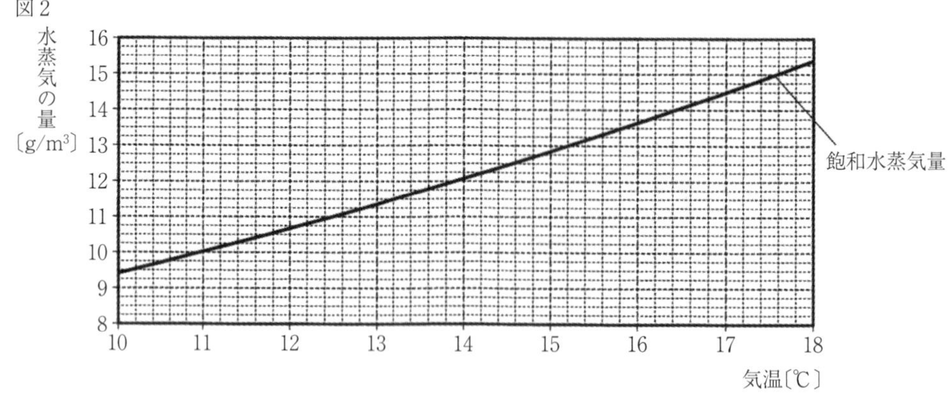

＜**結果１**＞から，午前10時の湿度として適切なのは，下の ① の**ア**と**イ**のうちではどれか。また，午前10時と午後６時の実験室内の空気のうち，$1\,m^3$に含まれる水蒸気の量が多い空気として適切なのは，下の ② の**ア**と**イ**のうちではどれか。

① **ア** 約76％ **イ** 約95％

② **ア** 午前10時の実験室内の空気 **イ** 午後６時の実験室内の空気

次に＜**実験２**＞を行ったところ，＜**結果２**＞のようになった。

＜**実験２**＞

(1) 丸底フラスコの内部をぬるま湯でぬらし，線香のけむりを少量入れた。

(2) 図３のように，ピストンを押し込んだ状態の大型注射器とデジタル温度計を丸底フラスコに空気がもれないようにつなぎ，装置を組み立てた。

(3) 大型注射器のピストンをすばやく引き，すぐに丸底フラスコ内の様子と丸底フラスコ内の温度の変化を調べた。

(4) ＜**実験２**＞の(3)の直後，大型注射器のピストンを元の位置まですばやく押し込み，すぐに丸底フラスコ内の様子と丸底フラスコ内の温度の変化を調べた。

図３

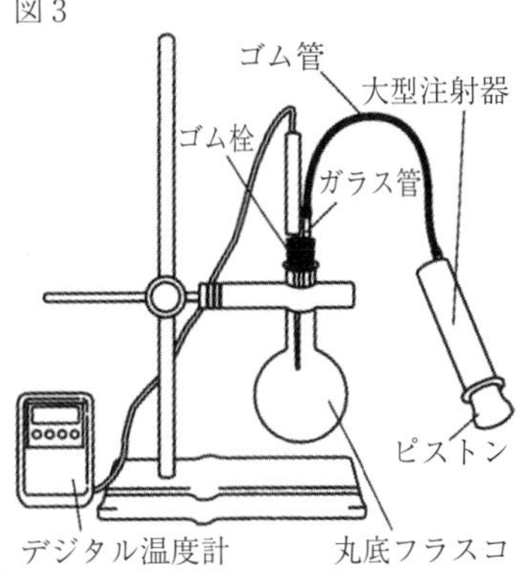

＜**結果２**＞

	＜**実験２**＞の(3)の結果	＜**実験２**＞の(4)の結果
丸底フラスコ内の様子	くもった。	くもりは消えた。
丸底フラスコ内の温度	26.9℃から26.7℃に変化した。	26.7℃から26.9℃に変化した。

〔問３〕 ＜**結果２**＞から分かることをまとめた次の文章の ① ～ ④ にそれぞれ当てはまるものとして適切なのは，下の**ア**と**イ**のうちではどれか。

> ピストンをすばやく引くと，丸底フラスコ内の空気は ① し丸底フラスコ内の気圧は ② 。その結果，丸底フラスコ内の空気の温度が ③ ，丸底フラスコ内の ④ に変化した。

① **ア** 膨張 **イ** 収縮

② **ア** 上がる **イ** 下がる

③ **ア** 上がり **イ** 下がり

④ **ア** 水蒸気が水滴 **イ** 水滴が水蒸気

さらに，自然界で雲が生じる要因の一つである前線について調べ，＜**資料**＞を得た。

＜**資料**＞

次の文章は，日本のある場所で寒冷前線が通過したときの気象観測の記録について述べたものである。

> 午前６時から午前９時までの間に，雨が降り始めるとともに気温が急激に下がった。この間，風向は南寄りから北寄りに変わった。

〔問４〕 ＜**資料**＞から，通過した前線の説明と，前線付近で発達した雲の説明とを組み合わせたものとして適切なのは，次の表の**ア**～**エ**のうちではどれか。

	通過した前線の説明	前線付近で発達した雲の説明
ア	暖気が寒気の上をはい上がる。	広い範囲に長く雨を降らせる雲
イ	暖気が寒気の上をはい上がる。	短時間に強い雨を降らせる雲
ウ	寒気が暖気を押し上げる。	広い範囲に長く雨を降らせる雲
エ	寒気が暖気を押し上げる。	短時間に強い雨を降らせる雲

4　ヒトの体内の消化に関する実験について，次の各問に答えよ。

＜**実験**＞を行ったところ，＜**結果**＞のようになった。

＜**実験**＞

(1)　図１のように，試験管Ａ，試験管Ｂ，試験管Ｃ，試験管Ｄに0.5％のデンプン溶液を5 cm^3ずつ入れた。また，試験管Ａ，試験管Ｃには唾液を１ cm^3ずつ入れ，試験管Ｂ，試験管Ｄには水を１ cm^3ずつ入れた。

(2)　図２のように，試験管Ａ，試験管Ｂ，試験管Ｃ，試験管Ｄを約40℃に保った水に10分間つけた。

(3)　図３のように，試験管Ａ，試験管Ｂにヨウ素液を入れ，10分後，溶液の色の変化を観察した。

(4)　図４のように，試験管Ｃ，試験管Ｄにベネジクト液と沸騰石を入れ，その後，加熱し，１分後，溶液の色の変化を観察した。

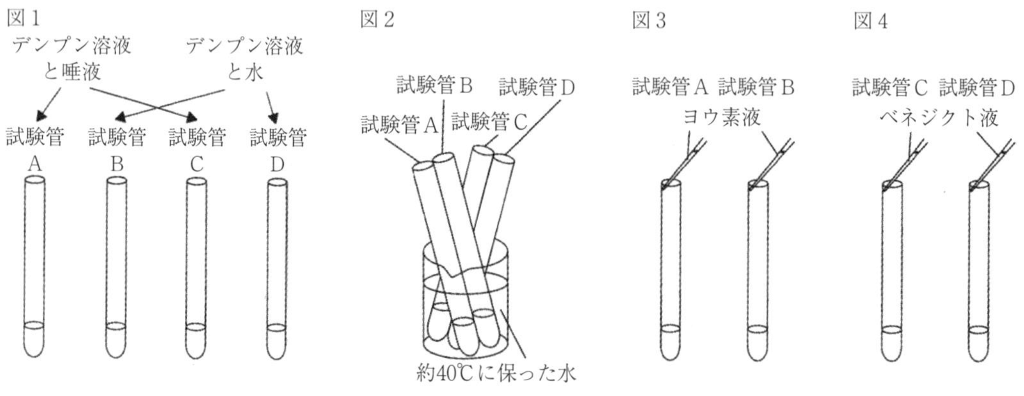

＜**結果**＞

	試験管Ａ	試験管Ｂ	試験管Ｃ	試験管Ｄ
色の変化	変化しなかった。	青紫色になった。	赤褐色になった。	変化しなかった。

〔問１〕　＜**結果**＞から分かる唾液のはたらきについて述べたものとして適切なのは，次のうちではどれか。

ア　試験管Ａと試験管Ｂの比較から，唾液にはデンプンをデンプンではないものにするはたらきがあることが分かり，試験管Ｃと試験管Ｄの比較から，唾液にはデンプンをアミノ酸にするはたらきがあることが分かる。

イ　試験管Ａと試験管Ｄの比較から，唾液にはデンプンをデンプンではないものにするはたらきがあることが分かり，試験管Bと試験管Cの比較から，唾液にはデンプンをアミノ酸にするはたらきがあることが分かる。

ウ　試験管Aと試験管Bの比較から，唾液にはデンプンをデンプンではないものにするはたらきがあることが分かり，試験管Cと試験管Dの比較から，唾液にはデンプンをブドウ糖がいくつか結合した糖にするはたらきがあることが分かる。

エ　試験管Aと試験管Dの比較から，唾液にはデンプンをデンプンではないものにするはたらきがあることが分かり，試験管Bと試験管Cの比較から，唾液にはデンプンをブドウ糖がいくつか結合した糖にするはたらきがあることが分かる。

〔問2〕　消化酵素により分解されることで作られた，ブドウ糖，アミノ酸，脂肪酸，モノグリセリドが，ヒトの小腸の柔毛で吸収される様子について述べたものとして適切なのは，次のうちではどれか。

ア　アミノ酸とモノグリセリドはヒトの小腸の柔毛で吸収されて毛細血管に入り，ブドウ糖と脂肪酸はヒトの小腸の柔毛で吸収された後に結合してリンパ管に入る。

イ　ブドウ糖と脂肪酸はヒトの小腸の柔毛で吸収されて毛細血管に入り，アミノ酸とモノグリセリドはヒトの小腸の柔毛で吸収された後に結合してリンパ管に入る。

ウ　脂肪酸とモノグリセリドはヒトの小腸の柔毛で吸収されて毛細血管に入り，ブドウ糖とアミノ酸はヒトの小腸の柔毛で吸収された後に結合してリンパ管に入る。

エ　ブドウ糖とアミノ酸はヒトの小腸の柔毛で吸収されて毛細血管に入り，脂肪酸とモノグリセリドはヒトの小腸の柔毛で吸収された後に結合してリンパ管に入る。

〔問3〕　図5は，ヒトの体内における血液の循環の経路を模式的に表したものである。図5のAとBの場所のうち，ヒトの小腸の毛細血管から吸収された栄養分の濃度が高い場所と，細胞に取り込まれた栄養分からエネルギーを取り出す際に使う物質とを組み合わせたものとして適切なのは，次の表の**ア**～**エ**のうちではどれか。

図5

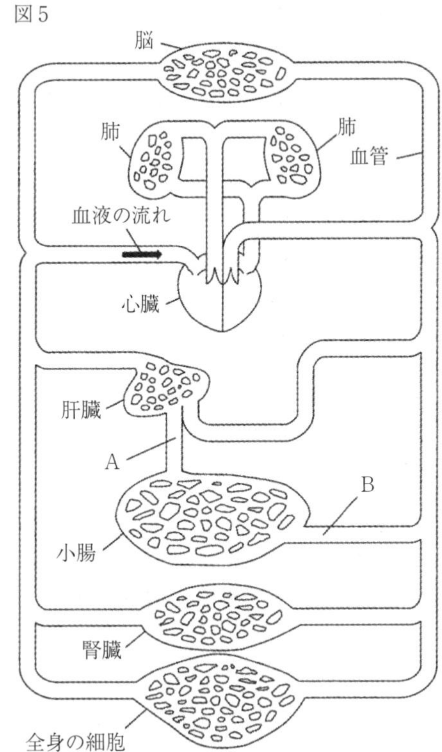

	栄養分の濃度が高い場所	栄養分からエネルギーを取り出す際に使う物質
ア	A	酸素
イ	A	二酸化炭素
ウ	B	酸素
エ	B	二酸化炭素

5 水溶液の実験について，次の各問に答えよ。

<**実験１**>を行ったところ，<**結果１**>のようになった。

<**実験１**>

(1) 図１のように，炭素棒，電源装置をつないで装置を作り，ビーカーの中に５％の塩化銅水溶液を入れ，3.5Vの電圧を加えて，３分間電流を流した。

電流を流している間に，電極Ａ，電極Ｂ付近の様子などを観察した。

(2) <**実験１**>の(1)の後に，それぞれの電極を蒸留水（精製水）で洗い，電極の様子を観察した。

電極Ａに付着した物質をはがし，その物質を薬さじでこすった。

図１

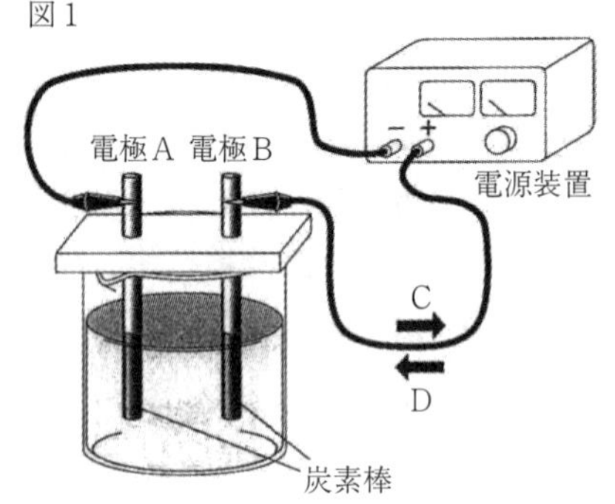

<**結果１**>

(1) <**実験１**>の(1)では，電極Ａに物質が付着し，電極Ｂ付近から気体が発生し，刺激臭がした。

(2) <**実験１**>の(2)では，電極Ａに赤い物質の付着が見られ，電極Ｂに変化は見られなかった。その後，電極Ａからはがした赤い物質を薬さじでこすると，金属光沢が見られた。

次に<**実験２**>を行ったところ，<**結果２**>のようになった。

<**実験２**>

(1) 図１のように，炭素棒，電源装置をつないで装置を作り，ビーカーの中に５％の水酸化ナトリウム水溶液を入れ，3.5Vの電圧を加えて，３分間電流を流した。

電流を流している間に，電極Ａとその付近，電極Ｂとその付近の様子を観察した。

(2) <**実験２**>の(1)の後，それぞれの電極を蒸留水で洗い，電極の様子を観察した。

<**結果２**>

(1) <**実験２**>の(1)では，電流を流している間に，電極Ａ付近，電極Ｂ付近からそれぞれ気体が発生した。

(2) <**実験２**>の(2)では，電極Ａ，電極Ｂ共に変化は見られなかった。

〔問１〕 塩化銅が蒸留水に溶けて陽イオンと陰イオンに分かれた様子を表したモデルとして適切なのは，下の**ア**～**オ**のうちではどれか。

ただし，モデルの●は陽イオン１個，○は陰イオン１個とする。

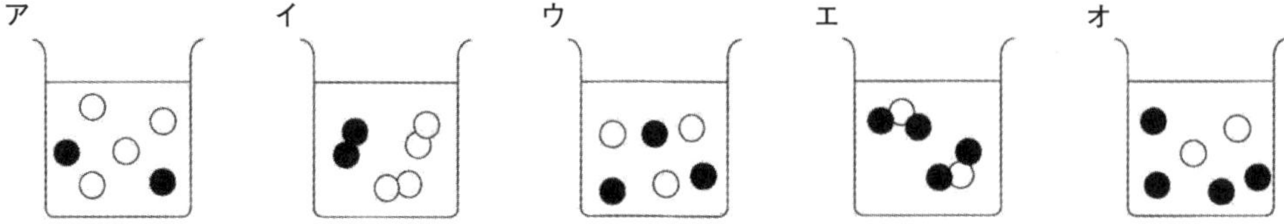

〔問２〕 <**結果１**>から，電極Ａは陽極と陰極のどちらか，また，回路に流れる電流の向きはＣとＤのどちらかを組み合わせたものとして適切なのは，次の表の**ア**～**エ**のうちではどれか。

	電極A	回路に流れる電流の向き
ア	陽極	C
イ	陽極	D
ウ	陰極	C
エ	陰極	D

〔問３〕 <**結果１**>の(1)から，電極B付近で生成された物質が発生する仕組みを述べた次の文の ① と ② にそれぞれ当てはまるものを組み合わせたものとして適切なのは，下の表の**ア**～**エ**のうちではどれか。

> 塩化物イオンが電子を ① ，塩素原子になり，塩素原子が ② ，気体として発生した。

	①	②
ア	放出し(失い)	原子１個で
イ	放出し(失い)	２個結び付き，分子になり
ウ	受け取り	原子１個で
エ	受け取り	２個結び付き，分子になり

〔問４〕 <**結果１**>から，電流を流した時間と水溶液中の銅イオンの数の変化の関係を模式的に示した図として適切なのは，下の ① の**ア**～**ウ**のうちではどれか。また，<**結果２**>から，電流を流した時間と水溶液中のナトリウムイオンの数の変化の関係を模式的に示した図として適切なのは，下の ② の**ア**～**ウ**のうちではどれか。

①

ア

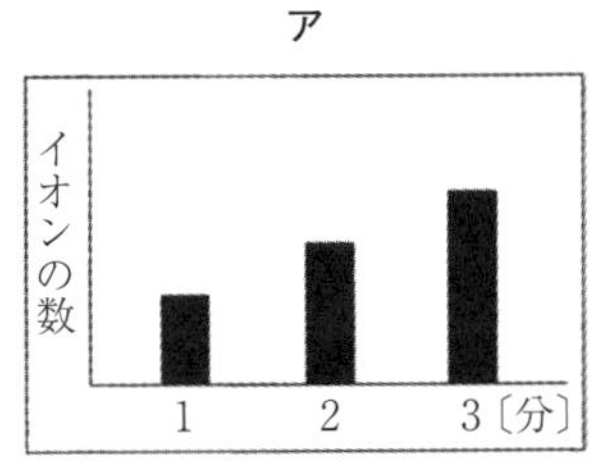

イ

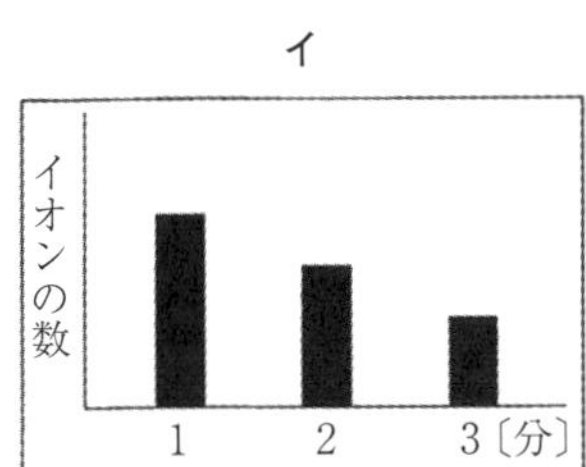

ウ

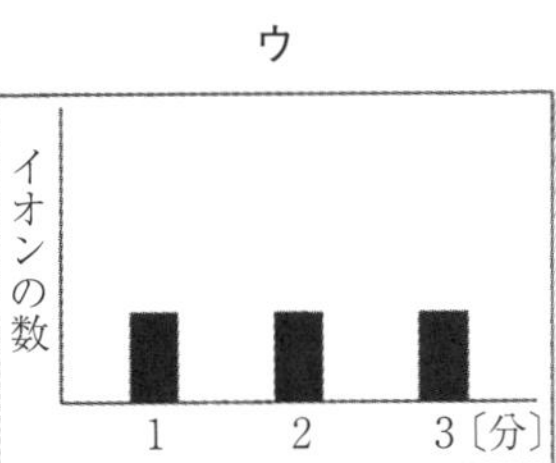

②

ア

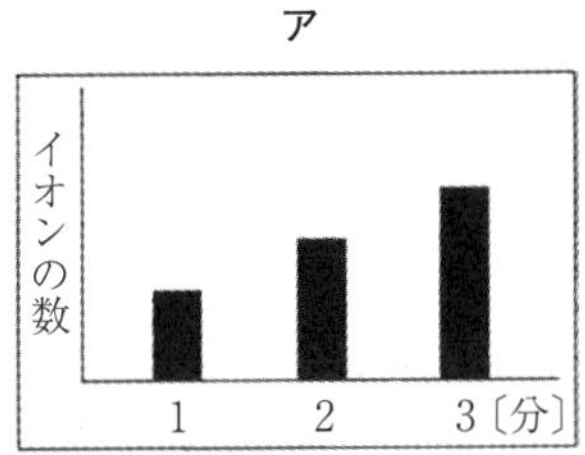

イ

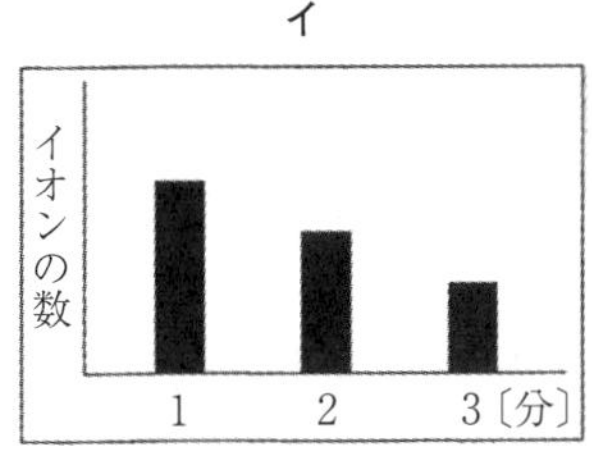

ウ

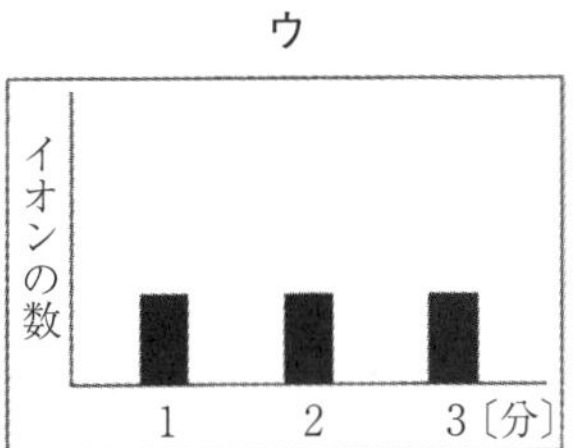

6 電流の実験について，次の各問に答えよ。

<**実験**>を行ったところ，<**結果**>のようになった。

<**実験**>

(1) 電気抵抗の大きさが5Ωの抵抗器Xと20Ωの抵抗器Y，電源装置，導線，スイッチ，端子，電流計，電圧計を用意した。

(2) 図1のように回路を作った。電圧計で測った電圧の大きさが1.0V，2.0V，3.0V，4.0V，5.0Vになるように電源装置の電圧を変え，回路を流れる電流の大きさを電流計で測定した。

(3) 図2のように回路を作った。電圧計で測った電圧の大きさが1.0V，2.0V，3.0V，4.0V，5.0Vになるように電源装置の電圧を変え，回路を流れる電流の大きさを電流計で測定した。

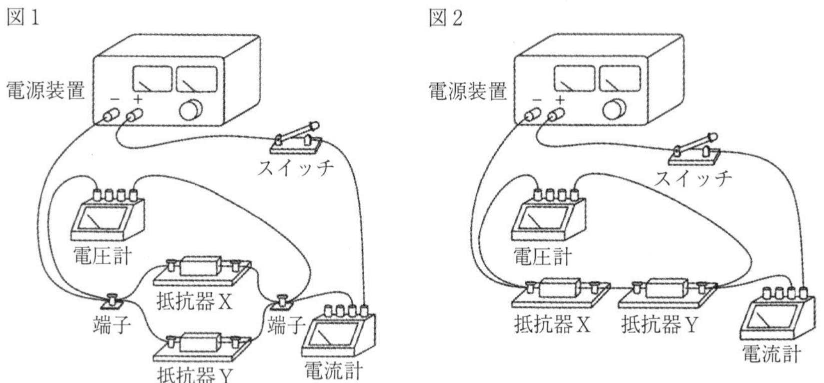

<**結果**>

<**実験**>の(2)と<**実験**>の(3)で測定した電圧と電流の関係をグラフに表したところ，図3のようになった。

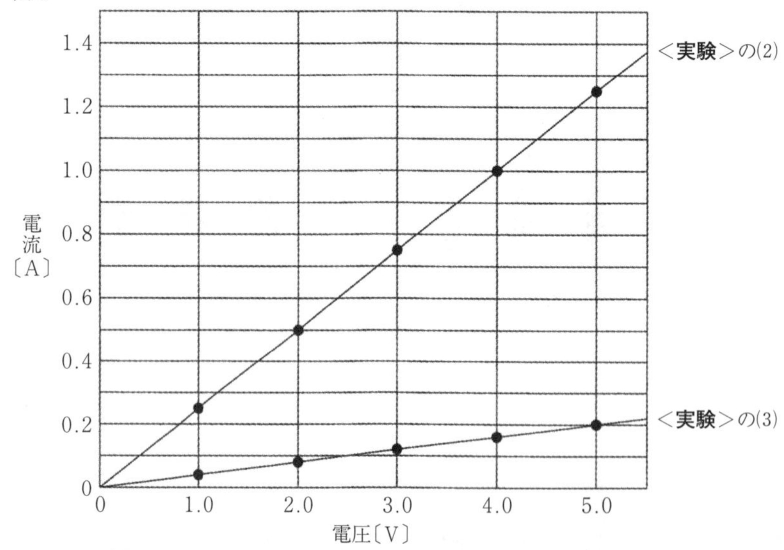

〔問1〕 <**結果**>から，図1の回路の抵抗器Xと抵抗器Yのうち，「電圧の大きさが等しいとき，流れる電流の大きさが大きい方の抵抗器」と，<**結果**>から，図1の回路と図2の回路のうち，「電圧の大きさが等しいとき，流れる電流の大きさが大きい方の回路」とを組み合わせたものとして適切なのは，次の表の**ア**～**エ**のうちではどれか。

	電圧の大きさが等しいとき，流れる電流の大きさが大きい方の抵抗器	電圧の大きさが等しいとき，流れる電流の大きさが大きい方の回路
ア	抵抗器X	図1の回路
イ	抵抗器X	図2の回路
ウ	抵抗器Y	図1の回路
エ	抵抗器Y	図2の回路

〔問2〕 ＜**結果**＞から，次のA，B，Cの抵抗の値の関係を表したものとして適切なのは，下の**ア**～**カ**のうちではどれか。

A　抵抗器Xの抵抗の値

B　抵抗器Xと抵抗器Yを並列につないだ回路全体の抵抗の値

C　抵抗器Xと抵抗器Yを直列につないだ回路全体の抵抗の値

ア　A＜B＜C　　**イ**　A＜C＜B　　**ウ**　B＜A＜C

エ　B＜C＜A　　**オ**　C＜A＜B　　**カ**　C＜B＜A

〔問3〕 ＜**結果**＞から，＜**実験**＞の(2)において抵抗器Xと抵抗器Yで消費される電力と，＜**実験**＞の(3)において抵抗器Xと抵抗器Yで消費される電力が等しいときの，図1の回路の抵抗器Xに加わる電圧の大きさをS，図2の回路の抵抗器Xに加わる電圧の大きさをTとしたときに，最も簡単な整数の比で$S:T$を表したものとして適切なのは，次の**ア**～**オ**のうちではどれか。

ア　1：1　　**イ**　1：2　　**ウ**　2：1　　**エ**　2：5　　**オ**　4：1

〔問4〕 図2の回路の電力と電力量の関係について述べた次の文の［　　］に当てはまるものとして適切なのは，下の**ア**～**エ**のうちではどれか。

> 回路全体の電力を9Wとし，電圧を加え電流を2分間流したときの電力量と，回路全体の電力を4Wとし，電圧を加え電流を［　　　］間流したときの電力量は等しい。

ア　2分　　**イ**　4分30秒　　**ウ**　4分50秒　　**エ**　7分

社会解答

1 〔問1〕 ウ 〔問2〕 エ
〔問3〕 ア

2 〔問1〕 略地図中のA～D…D
Ⅱのア～エ…イ
〔問2〕 W…ア X…ウ Y…エ
Z…イ
〔問3〕 イ

3 〔問1〕 A…エ B…イ C…ア
D…ウ
〔問2〕 エ
〔問3〕 (1) (例)貨物輸送で生じる二酸化炭素の排出量を減少させるため。
(2) (例)全ての地方に貨物鉄道の路線と貨物ターミナル駅がある。

4 〔問1〕 ウ→イ→エ→ア 〔問2〕 ウ
〔問3〕 時期…イ→ア→ウ 略地図…ア
〔問4〕 A…イ B…エ C…ウ
D…ア

5 〔問1〕 エ 〔問2〕 イ
〔問3〕 ウ
〔問4〕 (例)適正な企業統治を実現する役割をになう社外取締役の要件が追加され，取締役会に外部の意見がより反映されるよう，社外取締役を２名以上置く会社数の割合が増加した。

6 〔問1〕 A…ウ B…ア C…イ
D…エ
〔問2〕 Ⅰの略年表中のA～D…D
略地図中のW～Z…X
〔問3〕 ア

1 〔三分野総合―小問集合問題〕

〔問1〕＜地形図の読み取り＞付近の様子についての文からはB点付近が山になっていることが，写真からはB点付近の道の両側が道よりも標高が高くなっていることがそれぞれわかる。これをふまえて地形図を見ると，この地形図の縮尺は２万５千分の１であり，等高線(主曲線)が10mごとに引かれていることから，B点の標高は50mと60mの間であると読み取れる。また，A点の標高は40mよりもやや低く，C点の標高は20mと30mの間となる。

〔問2〕＜千利休＞「大名や都市の豪商の気風を反映した壮大で豪華な文化」とは，安土桃山時代に栄えた桃山文化である。堺の商人であった千利休は，この時代に全国統一を果たした豊臣秀吉に茶の湯の作法を指導するなど重く用いられ，禅の影響を受けた質素なわび茶の作法を完成させた。なお，喜多川歌麿は江戸時代の化政文化が栄えた頃に美人画などを描いた浮世絵画家，栄西は鎌倉時代に宋(中国)で学び日本に臨済宗を伝えた僧，尾形光琳は江戸時代の元禄文化が栄えた頃に華やかな装飾画を完成させた画家である。

〔問3〕＜安全保障理事会の常任理事国＞国際連合の主要機関の１つである安全保障理事会は，国際社会の平和と安全を維持する役割を持ち，常任理事国５か国と，任期が２年の非常任理事国10か国で構成されている。2022年現在の常任理事国は，アメリカ合衆国〔アメリカ〕，ロシア連邦〔ロシア〕，イギリス，フランス，中華人民共和国〔中国〕の５か国である。常任理事国は拒否権を持ち，重要な問題については常任理事国のうち１か国でも反対すると決議できない。

2 〔世界地理―世界の諸地域〕

〔問1〕＜世界の気候と暮らし＞略地図中のA～D．Ⅰの文章中の「夏季は高温で乾燥し，冬季は温暖で湿潤となる気候」「ぶどうやオリーブが栽培されている」などの記述から，これは温帯の地中海性気候に属する地域について述べたものであり，当てはまる都市はDであるとわかる。 Ⅱのア～エ．Dの都市の気候を示したグラフは，夏の降水量が少なく，冬は降水量が多く比較的温暖なイとなる。なお，Aは温帯の温暖湿潤気候に属する都市でウのグラフ(南半球に位置するため，北半球とは季節が逆になっている)，Bは乾燥帯のステップ気候に属する都市でアのグラフ，Cは冷帯〔亜寒帯〕気候に属する都市でエのグラフとなる。

〔問２〕<世界の国々の特徴>略地図中のWはボリビア，Xはアメリカ，Yはオマーン，Zはフランスである。アは，「ポンチョや強い紫外線を防ぐ帽子」が見られることや，じゃがいもの栽培が盛んであることなどから，国土の西部にアンデス山脈が分布しているボリビアである。イは，一人当たりの国民総所得がウに次いで大きいこと，キリスト教のカトリックを信仰する人が多いこと，「鞄（かばん）や洋服などの世界的なブランド店の本店が立ち並ぶ」ことなどから，ヨーロッパに位置しファッション関連産業が盛んなフランスである。ウは，一人当たりの国民総所得が最も大きいこと，高速道路（フリーウエー）や巨大なショッピングセンターが発達していること，多民族国家であることなどから，アメリカである。エは，乾燥地域で生産されるなつめやしが見られること，イスラム教徒の割合が最も多いことなどから，西アジアに位置するオマーンである。

〔問３〕<ベトナムの特徴と資料の読み取り>Ⅲの文章中の「2001年に約2164億円であった日本からの輸出額は，2021年には約２兆968億円となり」という記述から，2021年の日本からの輸出額は2001年の約9.7倍であることがわかる。これは，Ⅰの略地図中では「５倍～10倍未満」に該当し，ベトナムとラオスが当てはまる。また，Ⅲの文章中の「2001年に179社であった進出日本企業数は，2021年には1143社へと増加」という記述から，2021年の進出日本企業数は2001年よりも964社増加していることがわかる。これは，Ⅱの略地図中では「500社以上」に該当し，ベトナム，タイ，インドネシアが当てはまる。以上から，Ⅲの文章で述べている国はベトナムとなる。これらのほか，Ⅲの文章の１段落目にある「国が南北に分離した時代を経て，1976年に統一された」こと，「国営企業中心の経済」であったことなどの記述からベトナムと判断することもできる。ベトナムは，冷戦下で北ベトナムと南ベトナムに分断され，ベトナム戦争を経て1976年に社会主義国として統一された。

3〔日本地理―日本の諸地域〕

〔問１〕<都道府県の自然と農産物の東京への出荷>ア．Ｃの長野県である。日本アルプスなどの険しい山脈・山地が多く分布するため平均標高が高く，また，日本列島を東西に分ける溝状の地形であるフォッサマグナなどの影響によって形成された松本盆地や諏訪盆地などの盆地が見られる。東部の八ケ岳や浅間山のふもとの高原では，夏でも冷涼な気候を生かしてレタスなどを栽培し，高原野菜として出荷している。　イ．Ｂの茨城県である。利根川などの河川によって形成された平野が広がり，平均標高は４県中で最も低い。大消費地である東京までトラックで約３時間と近いことから，都市向けに野菜などを出荷する近郊農業が盛んである。　ウ．Ｄの宮崎県である。北西部には九州山地が分布し，中央部から南部にかけての海岸沿いには宮崎平野が広がる。宮崎平野では，温暖な気候を生かし，ビニールハウスなどの施設を利用して野菜の促成栽培を行っている。東京までは長距離となるため，フェリーなどを利用して農産物を輸送している。　エ．Ａの青森県である。西部には津軽平野が広がり，中央部に位置する八甲田山の南側には，カルデラ湖で水深が深い十和田湖がある。東部の太平洋側は，北東から吹くやませの影響を受けて夏季に冷涼となることがある。東京へ出荷する農産物は，トラックによる長距離輸送を行っている。

〔問２〕<空港の特徴>略地図中のWは成田国際空港，Xは東京国際空港〔羽田空港〕，Yは関西国際空港，Zは那覇空港である。４つの空港のうち，成田国際空港と関西国際空港は，外国との間を結ぶ航空機が主に発着する国際空港であることから，他の２つの空港に比べて輸出額・輸入額が大きいと考えられる。したがって，輸出額・輸入額が最も大きいウがWの成田国際空港，２番目に大きいアがYの関西国際空港と判断できる。成田国際空港は，日本の貿易港（港や空港）の中で貿易額が最大となっている（2020年）。次に，イとエを比べると，エの方が国内線貨物取扱量や輸出額・輸入額が大きく，またイの主な輸出品が農畜産物や水産物であるのに対し，エの主な輸出品は工業製品であることから，エがXの東京国際空港，イがZの那覇空港と判断できる。

〔問３〕<モーダルシフト>⑴Ⅰに示されているように，モーダルシフトとは，貨物輸送の手段を営業用貨物自動車（トラックなど）から貨物鉄道などへ転換することである。Ⅱを見ると，貨物を輸送する際に排出される二酸化炭素の排出量は，鉄道に比べて営業用貨物自動車が非常に多いことがわかる。したがって，国がモーダルシフトを推進する目的は，貨物輸送で生じる二酸化炭素の排出量を減少させるためであると考えられる。　(2)モーダルシフトを推進するためには，貨物鉄道の路線が敷設されていることと，営業用貨物自動車から貨物鉄道に積みかえる転換拠点となる貨物ターミナル駅が整備されていることが必要となる。Ⅲを見ると，七地方区分(北海道，東北，関東，中部，近畿，中国・四国，九州)の全てに貨物鉄道の路線と貨物ターミナル駅があり，全国的にモーダルシフトを推進するための前提条件が整っていることがわかる。

4〔歴史―古代～現代の日本と世界〕

〔問１〕＜年代整序＞年代の古い順に，ウ(十七条の憲法の制定，法隆寺の建立―飛鳥時代)，イ(東大寺の大仏の造立―奈良時代)，エ(中尊寺金色堂の建立―平安時代)，ア(金閣の建立―室町時代)となる。

〔問２〕＜享保の改革＞Ⅱは，江戸幕府の第８代将軍徳川吉宗が行った享保の改革について述べたものである。吉宗が政治を行ったのは，Ⅰの年表中のウの時期にあたる18世紀前半である。

〔問３〕＜年代整序，明治時代の工業＞年代の古い順に，イ(富岡製糸場―1872年)，ア(大阪紡績会社―1883年)，ウ(八幡製鉄所―1901年)となる。富岡製糸場は群馬県のＡ，大阪紡績会社は大阪府のＢ，八幡製鉄所は福岡県のＣに位置する。

〔問４〕＜昭和～平成時代の出来事＞アのバブル経済が終わったのは1990年代初め(Ｄ)，イの連合国軍最高司令官総司令部〔GHQ〕の指令に基づく民主化政策が行われたのは太平洋戦争が終結した1945年以降(Ａ)，ウの石油危機が起こったのは1973年(Ｃ)，エの東海道新幹線が開業したのは1964年(Ｂ)のことである。

5〔公民―総合〕

〔問１〕＜経済活動の自由＞日本国憲法は，自由権として精神の自由，身体の自由，経済活動の自由を保障している。このうち経済活動の自由には，エの居住・移転・職業選択の自由(第22条)と財産権の保障(第29条)が含まれる。なお，アは平等権，イは身体の自由，ウは社会権に含まれる。

〔問２〕＜公共料金＞公共料金には，国が決定するもの(介護報酬，社会保険診療報酬など)，国が認可や上限認可するもの(電気料金，都市ガス料金，鉄道運賃など)，国に届け出るもの(手紙・はがきなどの郵便料金，固定電話の通話料金など)，地方公共団体が決定するもの(公営水道料金，公立学校授業料など)がある。問題中の文章を見ると，所管省庁の審議分科会・審議会・大臣の間で料金の改定に関する審議から決定までが行われており，国が決定する公共料金であると考えられる。ア～エの中でこれに該当するのは，イの介護報酬である。文章中の「所管省庁」とは厚生労働省である。

〔問３〕＜国税と地方税＞課税する主体が国である税(国に納める税)を国税，課税する主体が地方公共団体である税(地方公共団体に納める税)を地方税という。国税には，法人税のほか，所得税や相続税，消費税や酒税などがある。地方税には，固定資産税のほか，事業税や住民税(道府県民税や市町村民税)，自動車税や地方消費税などがある。

〔問４〕＜資料の読み取り＞「2014年に改正された会社法によりもたらされた取締役会の変化」について，①「社外取締役の役割」と②「取締役会における社外取締役の人数」に着目して述べる問題である。まず，2010年に出されたⅠでは，当時の会社法には「外部の意見を取り入れる仕組を備える適正な企業統治を実現するシステム」が欠けていることの問題点が指摘されている。その後2014年に改正された会社法の内容であるⅡでは，社外取締役の要件が追加され，会社と利害関係がない独立性の高い人物を社外取締役とすることが定められている。これらから，①「社外取締役の役割」について，社外取締役の役割は，会社に外部の意見を反映させ，適正な企業統治を実現することである。次に，②「取締役会における社外取締役の人数」について，Ⅲを見ると，会社法が改正された2014年以降，社外取締役を２名以上置く会社数の割合が大きく増加していることがわかる。

6〔三分野総合―万国博覧会を題材とする問題〕

〔問１〕＜世界の諸地域と歴史＞ア．「1901年の連邦国家成立」「東西の州都を結ぶ鉄道」などの記述から，路線全体が１つの国に位置していると考えられ，Ｂの路線が当てはまる。　イ．「外国の支配に不満をもつ人々が起こした大反乱」とは，インド大反乱(1857～58年)と考えられる。また，「綿花」の産地に近い地域であることや，「港湾都市と内陸都市を結ぶ鉄道」という記述から，Ｃの路線が当てはまる。インドでは，内陸部のデカン高原などで綿花の生産が盛んである。　ウ．「二つの大洋をつなぎ」という記述にはＡとＤのどちらも当てはまるが，「国際運河が1914年に開通した」とあることから，パナマ運河に近い場所にあるＡの路線となる。　エ．「銅」の産地に近い地域であることや，内陸部と西側，東側それぞれの港を結ぶ「大陸横断鉄道となった」という記述から，Ｄの路線が当てはまる。アフリカ大陸の中南部のコンゴ民主共和国やザンビアでは，銅の産出が盛んである。

〔問２〕<地球サミットとドイツの環境問題>Ⅰの略年表中のＡ～Ｄ．Ⅱの文章で述べている国際博覧会は，1992年のリオデジャネイロでの地球サミット〔国連環境開発会議〕から８年後に開催されたとあることから，略年表中のＤが当てはまる。　**略地図中のＷ～Ｚ．**Ⅱの文中のシュヴァルツヴァルトはドイツ(Ｘ)に位置する森林山地であり，「国境の一部となっている北流する国際河川」とはライン川を指す。ドイツでは，偏西風などによって運ばれた有害物質による酸性雨により，森林の立ち枯れなどの被害が早くから発生しており，環境問題への取り組みが盛んとなっている。なお，Ｗはカナダで1967年(Ｂ)に，Ｙはベルギーで1958年(Ａ)に，Ｚはスペインで1992年(Ｃ)にそれぞれ万国博覧会が開催された。

〔問３〕<人口ピラミッドと1970年の日本>人口ピラミッドには，年齢が低いほど割合が高い「富士山型」，子どもと高齢者の割合の差が富士山型よりも小さい「つりがね型」，高齢者の割合が高く子どもの割合が低い「つぼ型」などがある。一般に国の人口ピラミッドは，経済が発展するにつれて「富士山型」から「つりがね型」へと推移し，さらに少子高齢化が進むと「つぼ型」へと推移する。日本の人口ピラミッドもこのような推移をたどってきている。したがって，Ⅰのア～エの人口ピラミッドは，イ(1950年)→ア(1970年)→ウ(2000年)→エ(2020年)の順に推移している。次にⅡを見ると，大阪で万国博覧会が開催されたとあることから，これは1970年について述べた文章であることがわかる。高度経済成長期であったこの頃には，日本の人口が１億人を突破し，地方からの人口移動によって過密となった都市の周辺ではニュータウンの建設が進められた。

理科解答

1	〔問1〕	ア	〔問2〕	エ		
	〔問3〕	ウ	〔問4〕	イ		
	〔問5〕	ア	〔問6〕	イ		
2	〔問1〕	イ	〔問2〕	①…イ　②…ア		
	〔問3〕	エ	〔問4〕	ウ		
3	〔問1〕	(例)水滴がつき始める瞬間の温度を正確に読み取るため。				
	〔問2〕	①…イ　②…ア				
	〔問3〕	①…ア　②…イ　③…イ　④…ア				
	〔問4〕	エ				
4	〔問1〕	ウ	〔問2〕	エ		
	〔問3〕	ア				
5	〔問1〕	ア	〔問2〕	エ		
	〔問3〕	イ	〔問4〕	①…イ　②…ウ		
6	〔問1〕	ア	〔問2〕	ウ		
	〔問3〕	ウ	〔問4〕	イ		

1〔小問集合〕

〔問1〕<生産者と消費者>A～Fのうち，生産者は光合成を行う生物だから，エンドウ，サツマイモ，ツツジの植物が生産者である。また，消費者は他の生物から有機物を得る生物だから，タカ，バッタ，ミミズの動物が消費者である。

〔問2〕<火山岩>図1で，玄武岩は黒っぽい色をしていて，花こう岩は白っぽい色をしているので，玄武岩は岩石B，花こう岩は岩石Aである。また，玄武岩は火山岩で，マグマが地表や地表近くで急激に冷えて固まってできるため，そのつくりは斑状組織であり，花こう岩は深成岩で，マグマが地下深くでゆっくりと冷えて固まってできるため，そのつくりは等粒状組織である。

〔問3〕<ガスバーナー>空気の量が不足している炎のときは，図2のBのガス調節ねじを押さえながら，Aの空気調節ねじをCの向きに回して開き，空気の量を増やして青色の適正な炎にする。

〔問4〕<凸レンズの像>右図のように，物体の先端から出る光のうち，凸レンズの2つの焦点を通る一直線(光軸)に平行な光は凸レンズで反対側の焦点を通るように屈折し，凸レンズの中心を通る光は直進する。この2つの光が集まる位置に実像はできる。よって，上図より，スクリーンにはっきりした像が映るのは，2つの光が1点で集まるように，スクリーンをA点に動かしたときで，このときスクリーンに映った像(実像)の大きさは，物体の大きさよりも小さい。

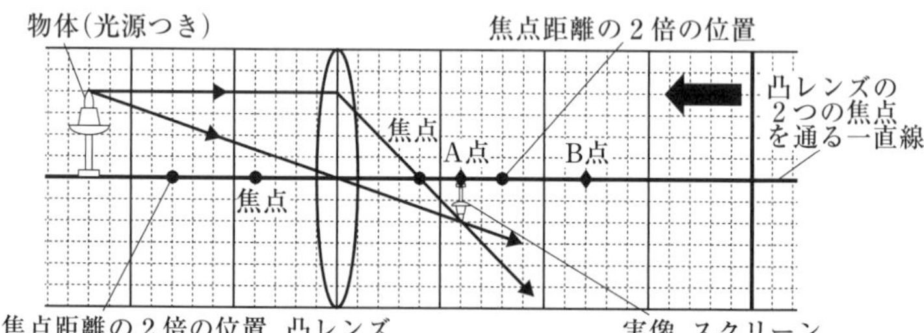

〔問5〕<化合物と単体>A～Dのうち，化合物は2種類以上の元素からできている物質だから，二酸化炭素(CO_2)，水(H_2O)，アンモニア(NH_3)であり，単体は1種類の元素でできている物質だから，酸素(O_2)である。

〔問6〕<花のつくり>アブラナの花のつくりは外側から，がく(A)，花弁(B)，おしべ(C)，めしべ(D)の順である。

2〔小問集合〕

〔問1〕<速さ>模型の旗が2m地点を通過してから6m地点を通過するまでに，移動した距離は，6－2＝4(m)，移動にかかった時間は，表1より，122.2－40.4＝81.8(秒)である。よって，平均の速さは，4÷81.8＝0.048…より，約0.05m/sとなる。

〔問2〕<濃度，密度>①$〔質量パーセント濃度(\%)〕=\frac{〔溶質の質量(g)〕}{〔水溶液の質量(g)〕}\times100$より，$〔溶質の質量(g)〕=〔水溶液の質量(g)〕\times\frac{〔質量パーセント濃度(\%)〕}{100}$となる。これより，3％の食塩水100gに含まれる食塩の量は，$100\times\frac{3}{100}=3(g)$である。また，凍った部分の表面を取り除き残った部分を溶かして得た食塩水の食塩の濃度を測定すると0.84％だったから，その食塩水100gに含まれる食塩の量は，100×(0.84÷100)＝0.84(g)である。よって，求める食塩3gに対する食塩0.84gの割合は，0.84÷3×100＝28(％)となる。　②固体が液体に浮くのは，固体の密度より液体の密度の方が大きい場合である。凍った部分の表面を取り除き残った部分を3％の食塩水に入れると浮いたことから，密度が大きいのは3％の食塩水である。

〔問3〕<細胞分裂>受精卵は体細胞分裂により細胞数を増やし，体細胞分裂では細胞の染色体の数は変わらない。そのため，受精卵の染色体の数が24本の場合，分裂後の胚の細胞の染色体の数は全て24本である。よって，図5の細胞数が2個の胚に含まれる合計の染色体の数は，24×2＝48(本)で，図6の細胞数が4個の胚に含まれる合計の染色体の数は，24×4＝96(本)である。

〔問4〕<太陽の動き>図7は北の空を撮影しているので，正面が北で，右側が東，左側が西，後側が南になる。北極付近(北半球)では，太陽は東の空から南の空に向かって高くなるように動くから，太陽が動いた向きはYである。また，図8で，日本で夏至となるのは，地軸の北極側が太陽の方に傾いているときだから，地球の位置はAである。

3 〔気象と天気の変化〕

〔問1〕<実験操作>コップの表面の温度が少しずつ下がるようにしたのは，水滴がつき始める瞬間の温度(露点)を正確に読み取るためである。急激に温度を下げると，水滴がつき始める瞬間の温度の読み取りが露点以下になるおそれがある。

〔問2〕<湿度>①(1)で測定した水温が実験室の室温で，(3)で測定した水温が実験室内の空気の露点である。結果1より，午前10時の気温は17.0℃，露点は16.2℃で，露点における飽和水蒸気量はその空気が含む水蒸気の量に等しい。よって，図2より，気温17.0℃での飽和水蒸気量は14.5g/m^{3}であり，このときの空気が含む水蒸気の量は，気温16.2℃での飽和水蒸気量で13.8g/m^{3}である。したがって，$〔湿度(\%)〕=\frac{〔空気1m^3中に含まれる水蒸気の量(g/m^3)〕}{〔その気温での飽和水蒸気量(g/m^3)〕}\times100$より，13.8÷14.5×100＝95.1…となるから，約95％である。　②午後6時の露点は，結果1より，12.8℃である。露点における飽和水蒸気量がその空気が含む水蒸気の量に等しく，図2より，飽和水蒸気量は気温が高いほど大きいから，1m^{3}に含まれる水蒸気の量が多いのは，露点が高い午前10時の実験室内の空気である。

〔問3〕<雲のでき方>結果2で，ピストンを引くとフラスコ内がくもって温度が下がっている。これは，ピストンをすばやく引くと，丸底フラスコ内の空気が膨張して気圧が下がり，その結果，温度が下がって露点以下になり，空気中に含みきれなくなった水蒸気の一部が水滴に変化するためである。なお，ピストンを押すと，丸底フラスコ内の空気が圧縮されて気圧が上がり，温度が上がるので，水滴が再び水蒸気になってくもりは消える。

〔問4〕<寒冷前線>寒冷前線は寒気が暖気の下にもぐり込み，暖気を押し上げながら進む前線である。寒冷前線付近では暖気が急激に押し上げられるので積乱雲などのように垂直方向に発達した雲ができ，狭い範囲に強い雨が短時間降る。なお，温暖前線では，暖気が寒気の上をはい上がり，前線付近では乱層雲や高層雲などの層状の雲ができて広い範囲に弱い雨が長時間降る。

4 〔生物の体のつくりとはたらき〕

〔問1〕<唾液のはたらき>結果からわかる唾液のはたらきについての考察なので，唾液のあるものとないもので，それ以外の条件が同じ試験管の結果を比較する(対照実験)。まず，ヨウ素液を入れた試験管Aと試験管Bの結果を比較する。ヨウ素液をデンプンのある溶液に入れると青紫色になるので，唾液を入れた試験管Aの溶液にはデンプンがないが，水を入れた試験管Bの溶液にはデンプンがある。これより，唾液にはデンプンをデンプンでないものにするはたらきがあることがわかる。次に，ベネジクト液を入れた試験管Cと試験管Dの結果を比較する。ベネジクト液をブドウ糖がいくつか結合した糖を含む溶液に入れて加熱すると赤褐色になる。よって，ブドウ糖がいくつか結合した糖は，唾液を入れた試験管Cの溶液にはあるが，水を入れた試験管Dの溶液にはないので，唾液にはデンプンをブドウ糖がいくつか結合した糖にするはたらきがあることがわかる。なお，アミノ酸の存在については，この実験からはわからない。

〔**問2**〕＜**吸収**＞ブドウ糖はデンプンが分解されたもの，アミノ酸はタンパク質が分解されたもの，脂肪酸とモノグリセリドは脂肪が分解されたものである。このうち，ブドウ糖とアミノ酸は柔毛で吸収されて毛細血管に入り，脂肪酸とモノグリセリドは柔毛で吸収された後に再び脂肪になってリンパ管に入る。

〔**問3**〕＜**血液循環**＞栄養分は小腸で吸収され，血液によって肝臓に運ばれるから，図5で，小腸の毛細血管から吸収された栄養分の濃度が高い場所は，小腸から肝臓に向かう血液が流れるAである。また，細胞では，栄養分と酸素を反応させることで，活動するためのエネルギーを取り出している(細胞の呼吸)。なお，このとき二酸化炭素ができる。

5 〔化学変化とイオン〕

〔**問1**〕＜**塩化銅の電離**＞塩化銅($CuCl_2$)が電離すると，陽イオンである銅イオン(Cu^{2+})と陰イオンである塩化物イオン(Cl^-)が1：2の個数の比で生じる。よって，塩化銅水溶液中に存在する陽イオンと陰イオンの数の比は，1：2となる。

〔**問2**〕＜**電気分解**＞陽極には陰イオンが引きつけられ，陰極には陽イオンが引きつけられる。よって，結果1より，電極Aに付着した赤い物質は銅で，陽イオン(Cu^{2+})が引きつけられたので，電極Aは陰極であり，電極B付近から発生した刺激臭がある気体は塩素で，陰イオン(Cl^-)が引きつけられたので，電極Bは陽極である。また，電流は＋極から－極に向かって流れるから，図1で，回路に流れる電流の向きはDである。なお，電源装置の＋極につながった電極が陽極，－極につながった電極が陰極である。

〔**問3**〕＜**塩化銅の電気分解**＞塩化銅を電気分解したときに，陽極付近で生成された刺激臭のある気体は塩素である。塩化物イオン(Cl^-)は1価の陰イオンなので，電子を1個放出し(失い)，塩素原子(Cl)になる。塩素原子は2個結びついて塩素分子(Cl_2)となり，気体として発生する。

〔**問4**〕＜**電気分解**＞①塩化銅水溶液を電気分解したときに，陰極に付着した赤い物質は銅である。これは，塩化銅水溶液中の銅イオン(Cu^{2+})が，陰極から電子を受け取って銅原子(Cu)になって陰極に付着したものである。つまり，水溶液中の銅イオンの数は，時間とともに減少していく。　②水酸化ナトリウム水溶液を電気分解すると，陽極から酸素，陰極から水素が発生する。このとき，ナトリウムイオン(Na^+)はイオンのまま水溶液中に存在するので，数は変化しない。

6 〔電流とその利用〕

〔**問1**〕＜**回路**＞図1のように，抵抗器Xと抵抗器Yを並列につないだ回路では，それぞれの抵抗器には電源と等しい大きさの電圧が加わる。電気抵抗が大きいほど，電流は流れにくいから，電気抵抗の大きさが5Ωの抵抗器Xと20Ωの抵抗器Yでは，加えた電圧の大きさが等しいとき，流れる電流の大きさが大きいのは，電気抵抗の小さい抵抗器Xの方である。また，図3より，加えた電圧の大きさが等しいとき，流れる電流の大きさが大きいのは，実験の(2)の図1の回路である。

〔問２〕<抵抗>Ａの抵抗器Xの抵抗の値は５Ωである。Ｂは図１の回路全体の抵抗の値，Ｃは図２の回路全体の抵抗の値だから，図３より，Ｂは2.0÷0.5＝4(Ω)，Ｃは5.0÷0.2＝25(Ω)となる。よって，Ｂ<Ａ<Ｃである。

≪別解≫並列回路では回路全体の電気抵抗の大きさは，各抵抗の電気抵抗より小さくなり，直列回路では回路全体の電気抵抗の大きさは各抵抗の和になる。そのため，図１の並列回路全体の抵抗の値は，抵抗器Ｘの抵抗の値より小さく，図２の直列回路全体の抵抗の値は，抵抗器Ｘの抵抗の値より大きい。よって，Ｂ<Ａ<Ｃとなる。

〔問３〕<電力>電力は，〔電力(W)〕＝〔電圧(V)〕×〔電流(A)〕で求められるから，図３より，実験の⑵と⑶で，電力が等しくなるときを求める。実験の⑵では電圧が2.0V，電流が0.5Aのときの電力が，2.0×0.5＝1.0(W)であり，実験の⑶では電圧が5.0V，電流が0.2Aのときの電力が，5.0×0.2＝1.0(W)となり等しくなる。実験の⑵は図１の並列回路だから，抵抗器Ｘに加わる電圧の大きさＳは電源の電圧2.0Vである。一方，実験の⑶は図２の直列回路で，抵抗器Ｘに流れる電流は0.2Aだから，５Ωの抵抗器Ｘに加わる電圧の大きさＴは，5×0.2＝1.0(V)である。よって，Ｓ：Ｔ＝２：１となる。

〔問４〕<電力量>電力量は，〔電力量(J)〕＝〔電力(W)〕×〔時間(s)〕で求められる。回路全体の電力が９Ｗで，電流を２分間流したときの電力量は，9×(60×2)＝1080(J)である。一方，回路全体の電力が４Ｗで，電流をx秒間流したときの電力量は，$4\times x=4x$(J)と表せる。よって，これらの電力量が等しいとき，$4x=1080$が成り立ち，これを解くと，$x=270$(s)となる。したがって，270÷60＝4.5より，求める時間は４分30秒である。

Memo

●2022年度

都立西高等学校

独自問題

【英語・数学・国語】

2022年度 都立西高等学校

【英　語】（50分）〈満点：100点〉

1 リスニングテスト（放送による指示に従って答えなさい。）

〔問題A〕 次のア～エの中から適するものをそれぞれ一つずつ選びなさい。

＜対話文 1 ＞

ア This afternoon.　　イ This morning.

ウ Tomorrow morning.　　エ This evening.

＜対話文 2 ＞

ア To the teacher's room.　　イ To the music room.

ウ To the library.　　エ To the art room.

＜対話文 3 ＞

ア One hundred years old.　　イ Ninety-nine years old.

ウ Seventy-two years old.　　エ Sixty years old.

〔問題B〕 ＜Question 1 ＞ では，下のア～エの中から適するものを一つ選びなさい。
＜Question 2 ＞ では，質問に対する答えを英語で書きなさい。

＜Question 1 ＞

ア Walking.　　イ Swimming.

ウ Basketball.　　エ Skiing.

＜Question 2 ＞

（15 秒程度，答えを書く時間があります。）

※（編集部注）＜英語学力検査リスニングテスト台本＞を英語の問題の終わりに掲載しています。

2 次の対話の文章を読んで，あとの各問に答えなさい。
（＊印の付いている単語・語句には，本文のあとに〔注〕がある。）

Ken and Risa are Japanese high school students. Ken and Risa have known each other since they were little. George is from the UK. He is doing a homestay at Ken's house. Diane is from France. She is doing a homestay at Risa's house. Ken's family and Risa's family are going to go to Kyoto with George and Diane. They are at Tokyo Station.

Ken: If we go up the stairs, we can get to platform eighteen.

Risa: We'll be able to get on the train there.

George: This is my first time taking a shinkansen in Japan.

Diane: Me too. Look! The *passengers are waiting in line. They're not all over the place.

Ken: Here comes the shinkansen! It leaves at eight thirty.

Risa: It's here. Let's get on!

George: Where are our seats? I hope we can sit by the window.

Ken: Our parents are sitting in the back. Our seat numbers are 5D, 5E, 6D and 6E.

Risa: You can take seats, 5E and 6E! George and Diane should have the window seats. I hope that you two will be able to see some beautiful views.

Diane: [(a)]

Ken: Oh! Look outside! The train is starting to move!

Diane: How far is it from Tokyo to Kyoto?

Ken: It's about 368 kilometers.

George: And how long does it take from Tokyo to Kyoto by shinkansen?

Ken: It takes about two hours and fifteen minutes.

Diane: The speed on the *screen is increasing quickly! How fast do shinkansen travel?

Risa: They have a top speed of 285 kilometers *per hour.

George: [(b)]

Ken: The shinkansen is one of the best things Japan has created. Most of Japan's islands, including Honshu, Kyushu and Hokkaido, are served by a network of high speed train lines that connect Tokyo and most of the country's big cities.

Diane: When did people start using shinkansen in Japan?

Risa: They started when the Tokaido Shinkansen line was built in 1964. Since then, Japan has improved shinkansen for over half a century. For example, shinkansen made a lot of *noise, but now they do not.

Ken: I heard that the railway company thought a lot about sound and speed when they designed the shinkansen. The engineers got the idea for the shape from a bird. They designed it to look like a bird's *beak. They thought that to (2)【ア needed to イ the shape of ウ very similar to エ the shinkansen オ and reduce noise カ the front of キ increase speed ク be】 the beak.

Risa: Yeah! They learned a lot from nature.

**Announcement: We will soon make a *brief stop at Shin-Yokohama Station.*

Diane: We arrived at Shin-Yokohama Station right on time.

George: [(c)]

Risa: Yes, shinkansen are well known for their *punctuality. The *average *delay time in a year per train is less than one minute.

Ken: Any train *delayed by more than a minute is *officially late.

George: In the UK, any train delayed by more than ten minutes is officially late. Last week, I took the Yamanote line, and there were many people on the platform. I was surprised that there were no delays.

Ken: Yeah, on all Japanese Railway lines if the train arrives even three minutes later, companies *apologize over the speakers.

Diane: Wow, three minutes! In France, any train delayed by more than fifteen minutes is officially late.

George: What is the key to the shinkansen's punctuality?

Ken: The drivers need to stop the shinkansen without the help of computers. The train may be as much as 400 meters long, and the drivers must stop at a stop line. Because of the drivers' hard work, passengers can get on and off quickly.

Diane: Wow! I'm surprised to hear how difficult it is.

Risa: Passengers' *cooperation is important, too. To get on and off in time passengers need to be ready to get off as soon as the doors open, and passengers waiting to get on need to line up outside the doors on the platform.

Ken: Also, shinkansen have few problems because they have good *mechanics. They often check the shinkansen carefully.

George: Ah, so shinkansen's punctuality is all possible because of teamwork from drivers, passengers, and mechanics.

Twenty-five minutes later.

Ken: [(d)] Mt. Fuji looks beautiful!

Diane: How wonderful! I have only seen photos of Mt. Fuji before.

George: Mt. Fuji looks very beautiful! The windows were cleaned, so we can see outside easily. The whole train is so clean.

Risa: Workers always clean the cars between each trip, so passengers can feel *comfortable.

Ken: And, the seats have a lot of space, so you can relax.

Announcement: The Shinkansen has arrived at Nagoya Station.

George: Wow, we're already in Nagoya. It's only ten after ten. What's the next stop?

Ken: The next station is our stop, Kyoto!

Diane: How many times have you been to Kyoto, Ken?

Ken: This will be my second time, but I often travel by shinkansen.

George: Many people are getting on. How many people can take the shinkansen at a time?

Ken: This shinkansen, for example, has space for over one thousand three hundred people.

Risa: Also, over the shinkansen's fifty-year history, they have carried over one billion passengers. [(e)]

Diane: The shinkansen is really a safe way to travel!

Twenty-five minutes later.

George: What time is it now?

Risa: It's ten thirty-eight.

George: Really? Time flew by. I can't believe that over two hours passed. We're almost there.

Ken: Soon, we will be able to move faster than we can now. A railway company has developed a shinkansen which can run at speeds of as much as 400 kilometers per hour.

Diane: When I come to Japan next, I want to take it. I think that Japanese companies have been working hard to finish it. I'm sure this news has made many people across Japan excited.

Risa: It has! The *development of the shinkansen is connected to the *cultural importance of punctuality, *comfort, and safety in Japan.

George: That's so interesting!

Announcement: We will soon make a brief stop at Kyoto Station.

Risa: Let's get ready. We'll get to Kyoto Station soon.

Diane: We should clean up. Let's go!

〔注〕

passenger 乗客	screen スクリーン	per ～ ～につき
noise 騒音	beak くちばし	announcement アナウンス
brief stop 停車	punctuality 定時性	average 平均の
delay 遅れ	delayed 遅れた	officially 公式に
apologize 謝罪する	cooperation 協力	mechanic 整備士
comfortable 快適な	development 発展	cultural 文化的な
comfort 快適さ		

〔問１〕 本文の流れに合うように，[(a)]～[(e)]の中に，英文を入れるとき，最も適切なものを次の中からそれぞれ**一つずつ**選びなさい。ただし，同じものは二度使えません。

ア Really? That's so fast!

イ Thank you for your kindness!

ウ And there has not been a single accident during this time.

エ Have a look outside!

オ I heard that Japanese trains are almost never late.

〔問２〕 (2)【ア needed to イ the shape of ウ very similar to エ the shinkansen オ and reduce noise カ the front of キ increase speed ク be】とあるが，本文の流れに合うように，【　　　】内の単語・語句を正しく並べかえたとき，**１番目と４番目と８番目**にくるものは，それぞれ**ア～ク**の中ではどれか。

〔問３〕 本文の内容に合う英文の組み合わせとして最も適切なものは，次のページの**ア～コ**の中ではどれか。

① Diane took the shinkansen for the first time and was surprised to see the people in line on the platform at Tokyo Station, but it was not George's first time on a shinkansen.

② Ken and George sat in the window seats to enjoy the good views, and Risa and Diane sat in the window seats on the other side to see the sea.

③ France has a stronger sense of punctuality than the UK, and Japan's is stronger than France's.

④ Not only the hard work of drivers and mechanics but also the cooperation of passengers makes the shinkansen's punctuality possible.

⑤ Workers sometimes clean the cars after every trip and the seats in shinkansen have little space, so we can relax.

⑥ The shinkansen that the four students took arrived at Nagoya Station more than two hours after it left Tokyo Station.

⑦ Shinkansen have carried hundreds of millions of passengers safely for more than fifty years.

⑧ By taking the shinkansen Risa learned that its development is connected to Japanese culture and society.

ア	① ③	イ	② ⑦	ウ	③ ⑥
エ	④ ⑤	オ	④ ⑧	カ	① ② ⑤
キ	① ④ ⑧	ク	② ③ ⑥	ケ	③ ⑦ ⑧
コ	④ ⑥ ⑦				

〔問４〕 次の文章は，George が日本からイギリスにいる友人に送ったメールの文章である。対話文の内容に一致するように，（ a ）～（ d ）の中に，それぞれ適切な**英語１語**を入れなさい。

I went to Kyoto with my Japanese friends and another homestay student by shinkansen. We talked a lot about the shinkansen on the train, and I learned that it has four great points. First, the shinkansen runs very fast. The top speed is 285 kilometers per hour. We can travel to many places quickly. Second, it is almost always on (a). The train staff's hard work makes this possible. It is also possible because the train staff and passengers work (b). By using the shinkansen, we can make plans for travel or business easily (c) worrying about delays. Third, we can enjoy comfortable travel because the whole train is clean and the seats have a lot of space. Finally, the shinkansen is (d). There have been no accidents since it was developed over fifty years ago. I think the shinkansen is so popular among people in Japan because of these great points. If you come to Japan, I want you to travel by shinkansen. I think that you will have a great time.

3 次の文章を読んで，あとの各問に答えなさい。
（＊印の付いている単語・語句には，本文のあとに〔注〕がある。）

What do you eat on New Year's Day? Many people may eat rice cakes. Rice cakes, a traditional Japanese food, are eaten to wish for a long life, but just like any other food, we must eat them while they are fresh. What happens when they are not fresh anymore? As you know, white and green things often start to grow on the rice cakes. They are called (1) mold. When mold covers the rice cakes, we cannot eat them anymore.

Because mold looks strange and it can make food dangerous to eat, people usually think that it is just a bad thing. However, a British scientist made great medicine from mold in the early twentieth century. Its name is penicillin. It has saved the lives of many people with *infectious diseases that no medicines before could *cure. Before that time, no one thought that mold could be useful in curing infectious diseases. [(2)-a], we are using many medicines created from mold to save many people.

Mold is a kind of fungus. Funguses have lived on the Earth for more than 500 million years, so they have a longer history than humans. Funguses are living things, but they are not plants or animals. There are many different kinds of funguses around us. [(2)-b], *shiitake* is one kind of fungus. We can eat it and get a lot of *nutrients that make our body healthy and strong.

Another fungus called yeast is used when we make bread. Many people who make bread at home for the first time are surprised to see how yeast *expands the *dough of the bread. This is the result of *carbon dioxide gas which is produced when the yeast breaks down the nutrients in the dough. When the dough is warm, carbon dioxide gas is produced again and again. That makes the bread more delicious.

As you can see, fungus is useful in our daily life both for our health, as medicine, and for our *eating habits, as food. However, there are many other interesting things about fungus. In fact, people in some parts of the world have started to use fungus for more *environmentally-friendly *crop production. Fungus is solving *agricultural problems around the world. With today's growing population, producing enough food for all the people living on the Earth is not as easy as before. It leads to the use of many *chemical fertilizers which not only have a bad influence on us, but also reduce the health of the *soil. We have to use more environmentally-friendly ways to produce crops. Because of this, some scientists studied "arbuscular mycorrhizal fungus" and found that the fungus was good for producing crops in safer ways. Arbuscular mycorrhizal fungus lives in the *roots of plants and spreads its *mycelium from the roots into the soil. The scientists say that the mycelium can get a lot of water and nutrients from the soil and send them to the plant even in poor soil conditions. By using this fungus in producing crops, [(3)] .

Also, funguses are now used to solve a big problem in Africa. When you hear about Africa, you may think of the desert, an area which is full of sand without any plants and trees. A research center in *Senegal has started to work on using funguses to help plants to grow even in such desert areas. In this project, researchers took different kinds of funguses from the desert and studied how each fungus acts with jujube trees, a kind of tree which is often seen in the deserts in Africa. (4)<u>They have chosen a fungus called "Glomus aggregatum."</u> This fungus can live in the desert. When Glomus aggregatum is put on young jujube trees, their roots become so large that they can take in the nutrients necessary for the trees to grow well from the soil. The research team has found that the fungus helps jujube trees to grow strong even under the difficult conditions in the desert.

The researchers hope the work of the Glomus aggregatum will be a part of a large project called "Great Green Wall." This project's (5)<u>【 to / goal / forest / is / large / will / build / a / be / that 】</u> 15 kilometers wide and 7,775 kilometers long, and cover eleven African countries from cities at the very west end to cities at the very east end of Africa. The project began in 2007 and not only African countries but also many countries around the world are working on it. Ten years after the start of the project, they have already finished more than 1,000 kilometers.

Why is this project so important? Today, the forest area in Africa is [(6)-a] than before, and in the future, may be [(6)-b] than the area now. This serious *desertification problem is just one of the many other problems that are happening there today. However, people in Africa will be able to solve some other problems if people there and in other countries work on this desertification problem. Trees around the Great Green Wall can make the soil good for crop production. Then, people will be able to grow more new crops around the wall. They will be able to produce more food in their own countries and create local businesses. In this way, this project will help not only to solve the desertification problem but also to reduce *poverty.

Fungus is often smaller than we can see, so we do not usually think much about it. However, we have used fungus to improve our lives for years. And now, fungus is helping to solve global problems such as agricultural problems, desertification and poverty. As research of funguses continues in the future, we may be able to use them more often, create new technologies, and realize dreams that no one imagined before. Fungus can [(7)] the Earth.

〔注〕

infectious　伝染性の	cure　治療する	nutrient　栄養分
expand　膨らませる	dough　生地	carbon dioxide gas　炭酸ガス
eating habit　食生活	environmentally-friendly　環境に優しい	
crop　農作物	agricultural　農業の	chemical fertilizer　化学肥料
soil　土壌	root　根	mycelium　菌糸体
Senegal　セネガル	desertification　砂漠化	poverty　貧困

〔問1〕 (1)<u>mold</u>について，その内容を正しく表した英文の組み合わせとして最も適切なものは，下の**ア**～**カ**の中ではどれか。

① White or green mold comes up on food that is fresh and safe to eat.
② People did not think that mold was good for us because it was a dangerous food.
③ A medicine to cure infectious diseases was made from mold by a British scientist.
④ No one imagined that people could use mold for medicine before penicillin was made.
⑤ There are many kinds of mold on the Earth, and fungus is one of them.

ア	①　③	**イ**	①　⑤	**ウ**	②　④
エ	②　⑤	**オ**	③　④	**カ**	④　⑤

〔問2〕 本文の流れに合うように，[(2)-a]，[(2)-b]の中に単語・語句を入れたとき，その組み合わせとして最も適切なものは，次の**ア**～**カ**の中ではどれか。

	(2)-a	(2)-b
ア	But now	However
イ	But now	For example
ウ	Because of this	Of course
エ	Because of this	For example
オ	For example	Of course
カ	For example	However

〔問３〕　本文の流れに合うように，[(3)]の中に英語を入れたとき，最も適切なものは，次のア～エの中ではどれか。

ア　some countries in the world will be able to solve serious agricultural problems with the help of chemical fertilizers

イ　we will be able to realize more environmentally-friendly crop production with the help of chemical fertilizers

ウ　it will be easier for crops to grow in a more environmentally-friendly way without the help of chemical fertilizers

エ　it will be easier for some countries in the world to reduce the health of soil without the help of chemical fertilizers

〔問４〕　(4)They have chosen a fungus called "Glomus aggregatum." とあるが，この文に関する次の質問に答えたとき，最も適切な答えは，下のア～エの中ではどれか。

Why have the researchers in a research center in Senegal chosen a fungus called "Glomus aggregatum"?

ア　Because Glomus aggregatum will help the trees that cannot grow at all in the desert.

イ　Because young jujube trees can grow strong in the desert by putting Glomus aggregatum on the trees.

ウ　Because the roots of Glomus aggregatum become so large that they can take in the nutrients from the soil.

エ　Because Glomus aggregatum will put the desert soil under more difficult conditions.

〔問５〕　(5)【 to / goal / forest / is / large / will / build / a / be / that 】とあるが，本文の流れに合うように，【　　　　】内の単語を正しく並べかえなさい。

〔問６〕　本文の流れに合うように，[(6)-a]，[(6)-b]の中に**共通して入る本文中の英語１語**を書きなさい。

〔問７〕　本文の流れに合うように，[(7)]の中に**本文中の英語１語**を書きなさい。

〔問8〕 本文の内容に合う英文の組み合わせとして最も適切なものは，下の**ア**～**コ**の中ではどれか。

① Fungus is a kind of plant which started to live on the Earth long before the first humans were born there.

② Yeast is a kind of mold, and it makes the bread bigger because it produces carbon dioxide gas when it breaks down the nutrients in the dough.

③ Mold, *shiitake*, and yeast are all funguses, though how they look and how they are used are very different.

④ Arbuscular mycorrhizal fungus spreads its mycelium into the roots of plants, and from there it can send water and nutrients to the plants.

⑤ Researchers at a research center in Senegal started to study different kinds of funguses because they wanted strong trees that can grow in the desert.

⑥ The Great Green Wall project was started in the early twenty-first century, and has finished most of its goal.

⑦ Eleven African countries are now working hard on the Great Green Wall project alone, so they hope that other countries will help them with it in the future.

⑧ Solving the desertification problem in Africa is very important, because the problem is connected to solving other problems such as poverty.

ア	① ⑤	**イ**	② ⑥	**ウ**	③ ⑤
エ	④ ⑦	**オ**	① ③ ⑧	**カ**	① ⑤ ⑦
キ	② ⑤ ⑦	**ク**	② ③ ⑥	**ケ**	③ ④ ⑥
コ	③ ⑤ ⑧				

4 次の文章を読んで，あとの各問に答えなさい。
（＊印の付いている単語・語句には，本文のあとに〔**注**〕がある。）

Some people say that we now live in “the Anthropocene.” The Anthropocene is the name of an *epoch which some scientists started to use at the beginning of the twenty-first century. *Anthropo* means “man” in English, and *cene* means “new.” They call the newest period in the Earth’s history the Anthropocene epoch because human activity has a great influence on the Earth’s environment. Animals are, of course, an example of this.

Every *species of animal has *evolved for billions of years to survive in their environment. For example, the process of each species' *evolution has decided how each animal looks. [ア] Because of this, each species can better protect itself from its *predators and survive in the environment around it. [イ] Since the Anthropocene epoch started, however, some species have changed how they look over a very short period of time. [ウ] In this epoch, human activity is causing quick changes. [エ] One example of these changes is a species of *moth called the peppered moth. [オ]

Peppered moths live in Europe. Their bodies are white, with some *marbled patterns on the wings. Most of the moths that live in England once had that same light color. In the late nineteenth century, however, peppered moths began to become dark especially in factory areas.

(2)<u>Why did this change happen?</u> In the early nineteenth century, more and more factories were built. The air pollution *caused by the black smoke from these factories killed a lot of *lichens on the *bark of trees that lived near the factories, and the color of the bark became dark. Peppered moths rest on these trees during the day. When lichens live on the bark and the trees look light, it is easy for white moths to hide themselves from their predators, birds. When lichens do not cover the bark and the trees look dark, however, it is hard for birds to find dark peppered moths. Dark moths have a higher chance of surviving in this changed environment. In fact, the same species of the peppered moths that live in the *countryside, away from factories, have stayed light.

An English researcher did experiments in 1953 and 1955 to show that it was easier for dark peppered moths to hide themselves from birds. His group *released many peppered moths in the woods both near factory areas and in the countryside. Then, after some time, they caught the moths that survived. The results are shown in the table on the next page. In the table, the numbers show how many light and dark moths were released and caught again. We can see that more of the dark peppered moths in factory areas were able to survive. Where the peppered moth lives and how it looks is very important for the species to survive.

area (year)	released / caught again	light moths	dark moths
[a] (1953)	released	137	447
	caught again	18	123
[b] (1955)	released	64	154
	caught again	16	82
[c] (1955)	released	496	473
	caught again	62	30

However, some scientists have said that other *factors may be influencing the increase of dark peppered moths. In fact, scientists are now doing some research on the *genes of these moths, so we will know more about it someday. Though we are still researching this, it is clear that the changes in their environment are connected in some ways to the changes in the color of the moths. This is one example to show how during the Anthropocene epoch human activity is influencing on animal life more than before.

In fact, human activity has not only influenced animals but also plants in the Anthropocene epoch. Just like the peppered moth, a species of plant has changed [(4)] in a very short time. In the peppered moth's case, humans changed their environment, and then some of the moths became dark to hide themselves from their predators. But in this plant's case, the predators are humans. This means that human activity influences this plant more *directly. The name of this plant is Fritillaria delavayi.

Fritillaria delavayi grows in China. In the past, its flowers were only bright yellow, and its leaves were only bright green. It has a *herbal component in its *bulbs, so people have picked it to make medicine for at least 2,000 years. In the late twentieth century, however, the need for the medicine started to increase not only in China but also in other countries. Since then, people in China have picked the plants more often. Something strange has started to happen to the plants because of this.

What has happened to Fritillaria delavayi? The answer is this: the colors of its flowers and leaves have become dark. Some of the plants are now grey, and others brown. Why? They grow in mountain areas near rocks and stones, so dark colors like grey or brown are less *noticeable.

(5)

Why has this happened?

According to research done over six years in China, the plants growing in places that humans cannot reach easily, like very high places near the tops of the mountains, stay bright, while the plants growing in places that humans can reach easily are becoming dark. If nobody comes to pick the plants, the next *generations will stay bright because they will not have to make themselves less noticeable. However, the next generations of the plants living near humans will become dark to make themselves less noticeable. Again, where Fritillaria delavayi grows and how it looks is very important for the species to survive.

There may be other factors that have caused these changes in color. Though no researchers have started studying the genes of this plant yet, more and more scientists want to research Fritillaria delavayi because it is one of the very few examples of plants that have experienced quick changes in color.

Many factors have influenced how life on the Earth has evolved for billions of years, but today, the influence that [(6)] is having on it is greater than before. Though some people call this epoch "the Anthropocene", the Earth is not just for humans, but for everything living on it. We should all make every effort to move from the Anthropocene epoch into a new better epoch in the future. We do not know when we will be able to realize this, but we can say *for sure that it is better to realize it sooner than later.

〔注〕 epoch 時代　species 種（しゅ）　evolve 進化する
evolution 進化　predator 捕食者　moth 蛾（が）
marbled pattern 霜降り模様　cause 引き起こす
lichen 岩石や樹木に生育するコケなどの生物群　bark 樹皮
countryside 田園地帯　release 放つ　factor 要因
gene 遺伝子　directly 直接的に　herbal component 薬草成分
bulb 球根　noticeable 目立つ　generation 世代
for sure 確実に

〔問１〕 次の英文は，[ア]～[オ]のいずれかに入る。この英文を入れるのに最も適切な場所を選びなさい。

In the Earth's history, such evolutions have usually taken a long time.

〔問２〕 (2)<u>Why did this change happen?</u> とあるが，その答えとして最も適切なものは，次のア～エの中ではどれか。

ア Because many lichens on the bark of the trees in the woods near factory areas died and the bark lost the original dark color.

イ Because more lichens started to cover the bark of the trees in the woods near factory areas after many were built there.

ウ Because the color of the bark of the trees in the woods near factory areas became dark after a lot of lichens growing on their bark died.

エ Because the smoke from the factories began to cover the bark of the trees in the woods near them and the color of the trees became light.

〔問3〕 本文の流れに合うように，表中の a ～ c の中に，単語・語句を入れたとき，その組み合わせとして最も適切なものは，次のア～エの中ではどれか。

	a	b	c
ア	factory area	factory area	countryside
イ	factory area	countryside	factory area
ウ	countryside	factory area	countryside
エ	countryside	countryside	factory area

〔問4〕 本文の流れに合うように，(4) の中に**本文中の英語3語**を書きなさい。

〔問5〕 (5) の中には，次の**A**～**D**のうち**三つ**の文が入る。本文の流れに合うように正しく並べかえたとき，その組み合わせとして最も適切なものは，下の**ア**～**ク**の中ではどれか。

A Some of the plants, however, have stayed as bright as before.

B Which will be easier for their predators, humans, to find in such places, bright plants or dark plants?

C Of course, dark plants will be easier for them to find.

D It is easy to answer this question.

ア A → B → C
イ A → B → D
ウ B → C → A
エ B → D → A
オ C → B → D
カ C → D → A
キ D → A → C
ク D → B → C

〔問6〕 本文の流れに合うように，(6) の中に**本文中の英語2語**を書きなさい。

〔問７〕 本文の内容に合う英文の組み合わせとして最も適切なものは，下の**ア**～**コ**の中ではどれか。

① Some scientists started to use the name "the Anthropocene epoch" just after the twentieth century began, because they thought it was an epoch of a new kind of humans.

② We can say by looking at the example of peppered moths that humans started to quickly reduce the speed of the changes in color of some species of animals in the Anthropocene epoch.

③ The color of the peppered moths living in the countryside did not change even after more factories were built in other areas because the color of the bark of the trees there stayed the same as before.

④ Some scientists are studying the genes of peppered moths, so we will know in the future why many peppered moths in the factory areas in England have changed their environment.

⑤ We can say that humans are influencing peppered moths more directly than Fritillaria delavayi because the predators of peppered moths are not birds but humans.

⑥ People in China have thought that Fritillaria delavayi is an important plant for their health for a long time because it has a herbal component in its flowers and leaves.

⑦ How easy it is for people to visit places will decide the colors of the next generations of Fritillaria delavayi which grow in these places.

⑧ The number of scientists who do research on Fritillaria delavayi will increase in the near future because there are very few other plants which have moved to different places.

ア	①　④	**イ**	②　⑥	**ウ**	③　④
エ	③　⑦	**オ**	④　⑧	**カ**	①　②　⑤
キ	②　③　⑦	**ク**	②　⑦　⑧	**ケ**	③　④　⑦
コ	⑤　⑥　⑧				

〔問８〕 下の質問について，あなたの考えや意見を，**40語以上50語以内の英語**で述べなさい。「.」「,」「!」「?」などは，語数に含めません。これらの符号は，解答用紙の下線部と下線部の間に入れなさい。

What is one thing that we should do to reduce our influence on the Earth's environment?　Why is it important to do so?

2022 年度　英語学力検査リスニングテスト台本

開始時の説明

これから，リスニングテストを行います。

問題用紙の１ページを見なさい。リスニングテストは，全て放送による指示で行います。リスニングテストの問題には，問題Ａと問題Ｂの二つがあります。問題Ａと，問題Ｂの <Question 1> では，質問に対する答えを選んで，その記号を答えなさい。問題Ｂの <Question 2> では，質問に対する答えを英語で書きなさい。

英文とそのあとに出題される質問が，それぞれ全体を通して二回ずつ読まれます。問題用紙の余白にメモをとってもかまいません。答えは全て解答用紙に書きなさい。

（２秒の間）

〔問題Ａ〕

問題Ａは，英語による対話文を聞いて，英語の質問に答えるものです。ここで話される対話文は全部で三つあり，それぞれ質問が一つずつ出題されます。質問に対する答えを選んで，その記号を答えなさい。

では，<対話文１>を始めます。

（３秒の間）

Sakura: Hi, Tom, do you think it's going to rain this afternoon?

Tom: Hi, Sakura. I don't think so.

Sakura: Really? It was sunny this morning, but it's cloudy now. If it rains, we will have to change our plan to practice tennis this afternoon.

Tom: Don't worry. We won't have to do that. The weather news says it will rain tomorrow morning, but not today.

Sakura: I'm glad to hear that.

Tom: Let's talk about today's practice on the phone this evening.

Sakura: Sure.

（３秒の間）

Question : When will Sakura and Tom practice tennis?

（５秒の間）

繰り返します。

（２秒の間）

(対話文１の繰り返し)

（３秒の間）

Question : When will Sakura and Tom practice tennis?

(10秒の間)

＜対話文２＞を始めます。
（３秒の間）

Jane: Excuse me. I'm Jane. I'm a new student. Can you help me?
Bob: Hi, Jane. I'm Bob. What's the problem?
Jane: I want to see Ms. Brown. Can you tell me the way to the teacher's room?
Bob: Well, she is usually in the music room.
Jane: I see. So, where is the music room?
Bob: Can you see the library? Turn right at the library and you'll see the music room next to the art room. Also, she sometimes reads some books in the library.
Jane: Thanks. I will go to the library first.
Bob: I hope you find her.

（３秒の間）
Question : Where will Jane go first?
（５秒の間）
繰り返します。
（２秒の間）
（対話文２の繰り返し）
（３秒の間）
Question : Where will Jane go first?
（10秒の間）

＜対話文３＞を始めます。
（３秒の間）

Girl: My school looks new, but it has a long history.
Boy: What do you mean?
Girl: The building is new, but my school will be one hundred years old next year.
Boy: Really?
Girl: Yes. My grandfather was a student of the same school sixty years ago.
Boy: Oh, how old is your grandfather?
Girl: He will be seventy-two years old this year.
Boy: Oh, is that right?
Girl: Yes. We sometimes sing our school song together.
Boy: Sounds nice!

（３秒の間）
Question : How old is the school now?

（5秒の間）

繰り返します。

（2秒の間）

（対話文3の繰り返し）

（3秒の間）

Question : How old is the school now?

（10秒の間）

これで問題Aを終わり，問題Bに入ります。

〔問題B〕

（3秒の間）

これから聞く英語は，カナダの中学生の Cathy が，日本の中学生とのオンライン交流で行ったスピーチです。内容に注意して聞きなさい。

あとから，英語による質問が二つ出題されます。<Question 1> では，質問に対する答えを選んで，その記号を答えなさい。<Question 2> では，質問に対する答えを英語で書きなさい。

なお，<Question 2> のあとに，15秒程度，答えを書く時間があります。

では，始めます。（2秒の間）

Hello, everyone! My name is Cathy. I'm fifteen years old. I'm happy to meet you on the Internet today.

First, I will talk about my country. In summer, many people enjoy walking and bird watching in the mountains. I often go to a swimming pool during summer vacation. In winter, many people enjoy watching basketball games. They are very exciting, and I like to watch them, too. Also, people enjoy skiing. The mountains are beautiful with snow. I go skiing with my family every year. I like skiing the best of all sports. I have learned that there are a lot of places for skiing in Japan. Do you like winter sports?

Next, I will tell you about things I want to know about Japan. I'm very interested in Japanese movies. I think the stories are interesting. I want you to tell me about some popular Japanese movies. I'm looking for a new one to enjoy watching. Let's have fun on the Internet today.

（3秒の間）

<Question 1> What sport does Cathy like the best?

（5秒の間）

<Question 2> What does Cathy think about the stories in Japanese movies?

（15秒の間）

繰り返します。

（2秒の間）

(問題Bの英文の繰り返し)
(3秒の間)
<Question 1>　What sport does Cathy like the best?
(5秒の間)
<Question 2>　What does Cathy think about the stories in Japanese movies?
(15秒の間)

以上で，リスニングテストを終わります。2ページ以降の問題に答えなさい。

【数　学】 (50分) 〈満点：100点〉

1 次の各問に答えよ。

〔問1〕 $\frac{2}{3\sqrt{3}}(1-2\sqrt{2})^2-2\sqrt{3}\div\frac{3}{3-\sqrt{2}}$ を計算せよ。

〔問2〕 2次方程式　$x^2+0.3(2x-3)=\frac{4}{5}x(x+1)$ を解け。

〔問3〕 右の**図1**のように，0，2，4，6，7，8の数が1つずつ書かれた6個のボールが入っている袋Aと，1，2，3，5，7，9の数が1つずつ書かれた6個のボールが入っている袋Bがある。

2つの袋A，Bから同時にそれぞれ1個のボールを取り出す。

袋Aから取り出されたボールに書かれた数を a，袋Bから取り出されたボールに書かれた数を b とするとき，$\frac{\sqrt{b}}{\sqrt{a}+\sqrt{b}}$ が有理数となる確率を求めよ。

ただし，2つの袋A，Bそれぞれについて，どのボールが取り出されることも同様に確からしいものとする。

図1

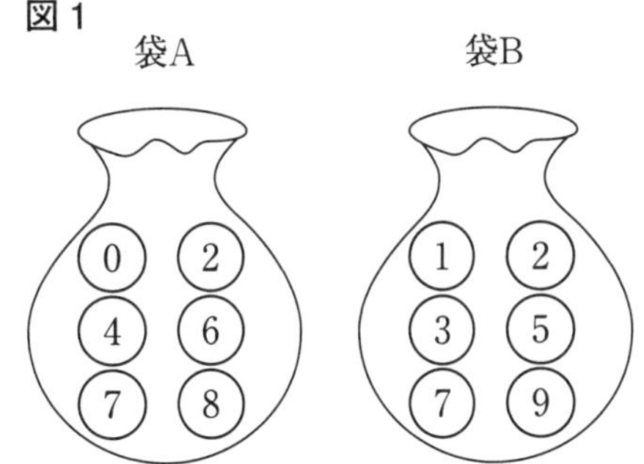

〔問4〕 aを整数とする。次のaを含む8個の整数の中央値をMとする。

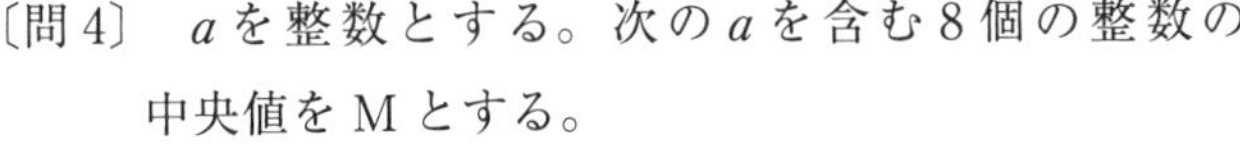

a，25，26，27，30，31，32，35

このとき，Mの取り得る値は何通りあるか。

〔問5〕 右の**図2**は，線分AB上の点をPとし，線分ABを直径とする半円を，折り返した弧と線分ABが点Pで接するように1回だけ折り，できた折り目を線分QRとしたものである。

解答欄に示した図をもとにして，線分QRを定規とコンパスを用いて作図せよ。

ただし，作図に用いた線は消さないでおくこと。

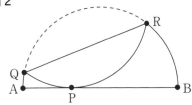

図2

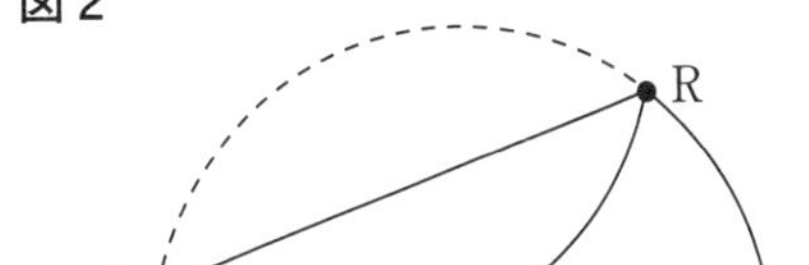

2　右の**図１**で，点Oは原点，点Aの座標は $(-1,\ 0)$，点Bの座標は $(0,\ 1)$ であり，曲線fは関数 $y=x^2$ のグラフを表している。

2点C，Pはともに曲線f上にあり，点Cのx座標は-2，点Pのx座標はt $(t>-1)$ である。

点Oから点 $(1,0)$ までの距離，および点Oから点 $(0,1)$ までの距離をそれぞれ1cmとして，次の各問に答えよ。

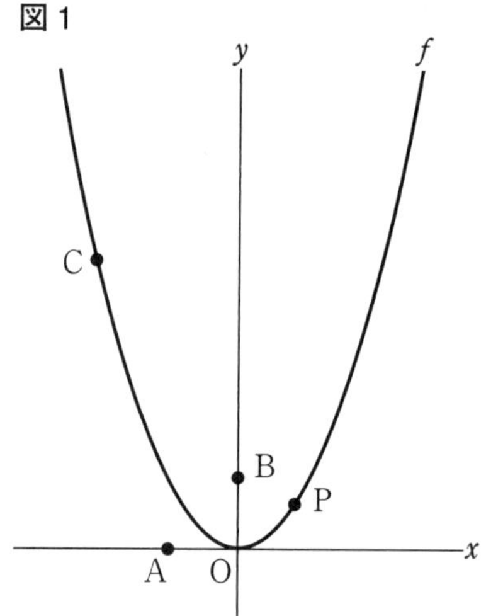

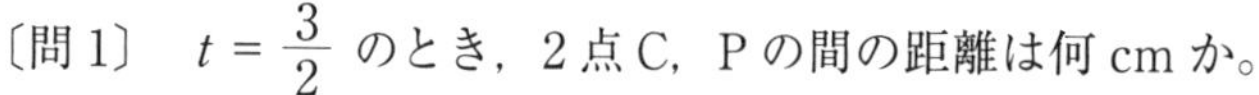

〔問1〕　$t=\dfrac{3}{2}$ のとき，2点C，Pの間の距離は何cmか。

〔問2〕　右の**図２**は，**図１**において，点Aと点P，点Pと点B，点Bと点C，点Cと点Aをそれぞれ結んだ場合を表している。

このとき，線分AP，線分PB，線分BC，線分CAで作られる図形を**D**とする。

次の(1)，(2)に答えよ。

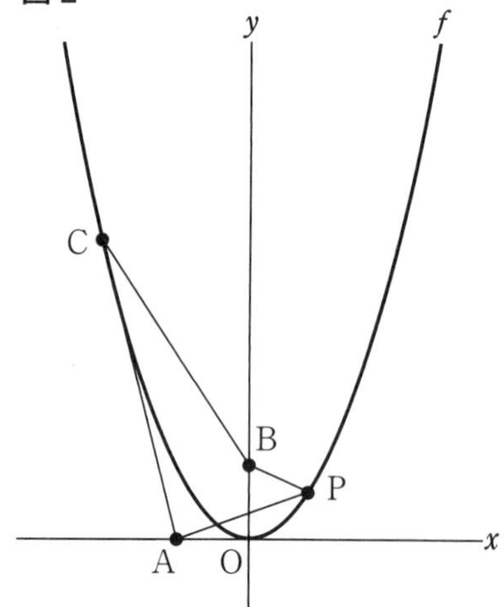

(1)　図形**D**が三角形となるとき，tの値を全て求めよ。

ただし，答えだけでなく，答えを求める過程が分かるように，途中の式や計算なども書け。

(2)　右の**図３**は，**図２**において，図形**D**が2つの三角形からなる場合を表しており，この2つの三角形の面積の和を図形**D**の面積とする。

$t=3$ のとき，図形**D**の面積は何cm^2か。

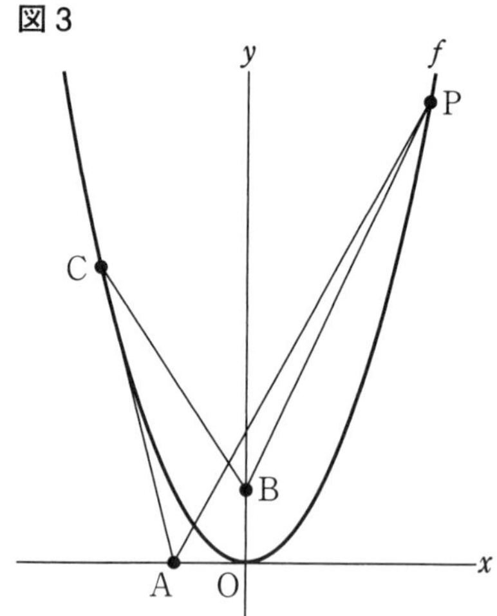

3 右の**図1**で，△ABC は，AB ＝ AC の二等辺三角形である。

点Dは，線分 BC をCの方向に延ばした直線上にある点である。

頂点A，頂点B，点Dを通る円を円Oとする。

点Eは，円Oの内部または円周上の点で，直線 BC について頂点Aと同じ側にあり，2点C，Dからの距離が等しい点である。

点Aと点D，点Cと点E，点Dと点Eをそれぞれ結ぶ。

次の各問に答えよ。

図1

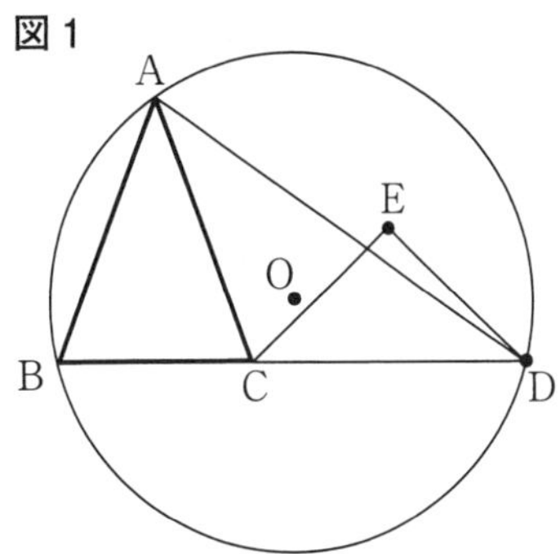

〔問1〕 右の**図2**は，**図1**において，点Eが円Oの内部にあり，頂点Cが点Oに一致するとき，線分 CE をEの方向に延ばした直線と円Oとの交点をFとし，頂点Bと点Fを結んだ場合を表している。

AC：CE ＝$\sqrt{2}$：1のとき，∠ABF の大きさは何度か。

図2

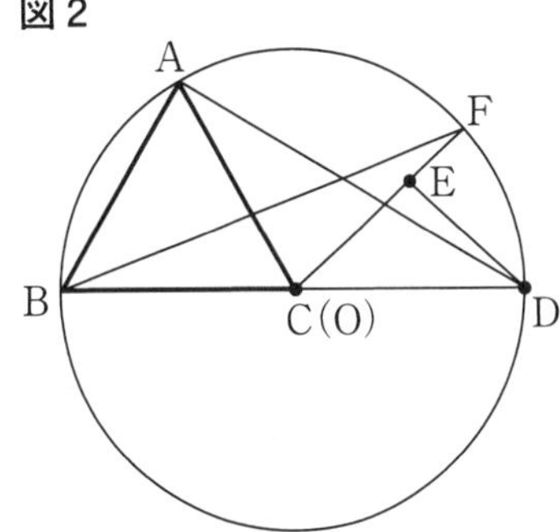

〔問2〕 右の**図3**は，**図1**において，点Eが円Oの内部にあり，BC：CD ＝ 2：1，∠BAC ＝∠CED となるとき，線分 AD と線分 CE との交点をG，線分 DE をEの方向に延ばした直線と円Oとの交点をHとし，頂点Aと点Hを結んだ場合を表している。

四角形 ABDH と△GCD の面積の比を最も簡単な整数の比で表せ。

図3

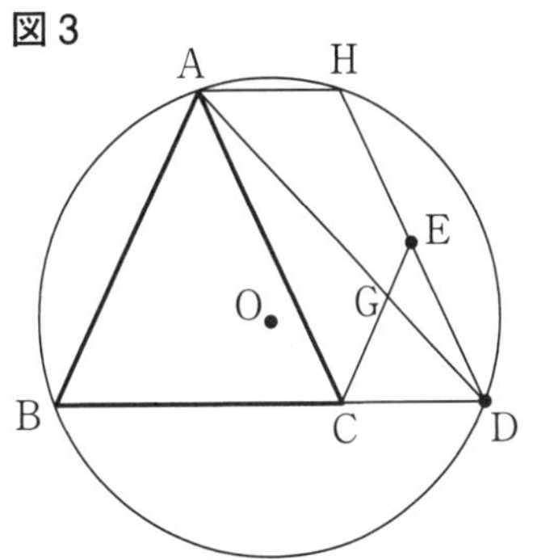

〔問3〕 右の**図4**は，**図1**において，BC ＝ CD，∠BAC ＝∠CED となる場合を表している。

点Eは，円Oの周上にあることを証明せよ。

図4

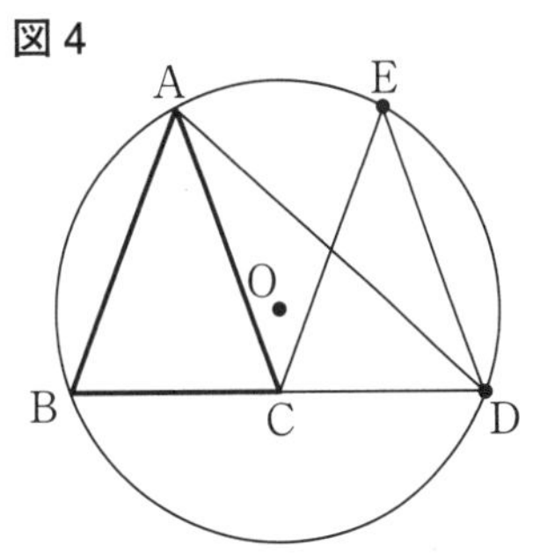

4 A組，B組，C組，D組，E組，F組，G組，H組の8クラスが，種目1，種目2，種目3の3種目でクラス対抗戦を行う。全クラスが，3種目全てに参加し，3種目それぞれで優勝クラスを決める。各生徒は，3種目のうちいずれか1種目に出場することができる。

次の各問に答えよ。

〔問1〕 種目1，種目2は，8クラスが抽選で右の**図1**の①，②，③，④，⑤，⑥，⑦，⑧のいずれかの箇所に入り，①と②，③と④，⑤と⑥，⑦と⑧の4試合を1回戦，1回戦で勝った4クラスが行う2試合を準決勝，準決勝で勝った2クラスが行う1試合を決勝とし，決勝で勝ったクラスが優勝となる勝ち残り式トーナメントで試合を行い，優勝を決める。

次の(1)，(2)に答えよ。

図1

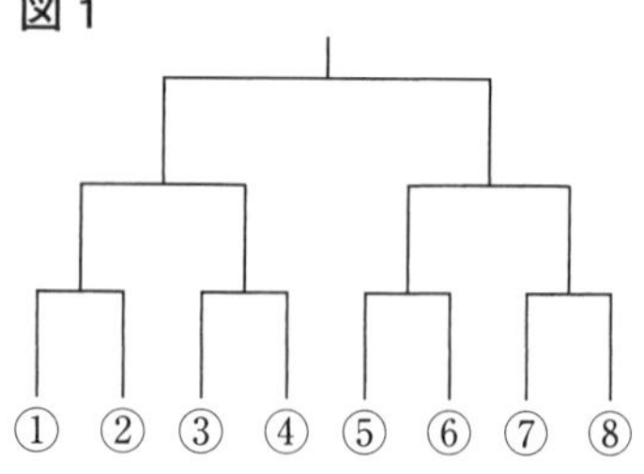

(1) 右の**図2**は，**図1**において，A組が①，B組が④，C組が⑤，D組が⑧の箇所に入った場合を表している。

図2において，1回戦の試合の組み合わせは全部で何通りあるか。

図2

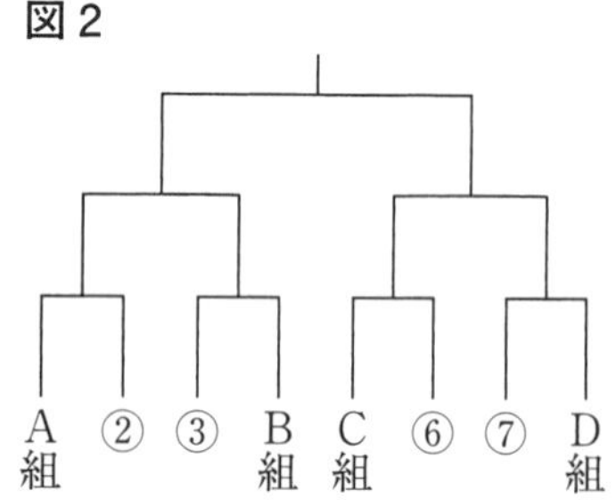

(2) 種目1，種目2の試合は，それぞれ1会場で1試合ずつ行い，最初の試合は同時に始めるものとする。

種目1と種目2の試合が，次の**【条件】**を満たすとき，種目1の1試合の試合時間は何分か。

ただし，答えだけでなく，答えを求める過程が分かるように，途中の式や計算なども書け。

【条件】

[1]（種目1の1試合の試合時間）：（種目2の1試合の試合時間）＝2：3である。

[2] 種目1，種目2とも，試合と試合の間を5分あけ，最初の試合が始まってから決勝までの全ての試合を続けて行う。

[3] 種目2の5試合目が終了するとき，同時に種目1の決勝が終了する。

〔問 2〕　種目 3 では，各クラス 4 人が 1 周 200m のトラックを，走る順番ごとに決められた周回数を走り，次の人にタスキを渡す駅伝を行い，優勝を決める。

右の**表 1** は，第 1 走者，第 2 走者，第 3 走者が走る周回数を表している。

表 1

	第 1 走者	第 2 走者	第 3 走者
周 回 数（周）	10	6	9

B 組が，種目 3 に出場する各クラスの選手の速さや走る順番を分析したところ，A 組が優勝候補であった。

右の**表 2** は，B 組が A 組に勝つ方法を考えるために，A 組，B 組の第 1 走者，第 2 走者，第 3 走者の速さをまとめたもので，a には，B 組の第 2 走者の速さがあてはまる。

表 2

	第 1 走者	第 2 走者	第 3 走者
A 組（m/min）	250	240	250
B 組（m/min）	240	a	240

A 組，B 組の第 4 走者の速さを調べると，B 組の第 4 走者が不調のときでも，第 3 走者から第 4 走者に**【時間差 1】**でタスキを渡せば，B 組は逃げ切って A 組に勝て，B 組の第 4 走者が好調なときは，第 3 走者から第 4 走者に**【時間差 2】**でタスキを渡せば，B 組は逆転で A 組に勝てる。

B 組の第 3 走者が，**【時間差 1】**から**【時間差 2】**までの時間差で第 4 走者にタスキを渡すための B 組の第 2 走者の速さ a の値の範囲を，不等号を使って $\square \leqq a \leqq \square$ で表せ。

【時間差 1】
A 組が第 3 走者から第 4 走者にタスキを渡すより 12 秒早く B 組が第 3 走者から第 4 走者にタスキを渡す。

【時間差 2】
A 組が第 3 走者から第 4 走者にタスキを渡すより 18 秒遅く B 組が第 3 走者から第 4 走者にタスキを渡す。

〔問2〕常に、かけがえのない真理の比喩となった。とはどういうことか。その説明として最も適切なものを、次のうちから選べ。

ア　概念としての水は、決まった形のない柔弱なものだが、「点滴石を穿つ」の言葉通り、堅牢なものを破壊できるという点で、既存の思想に対する新たな思想に喩えられてきたということ。

イ　物質名としての水は、高いところから低いところに集まる性質をもつと同時に、付和雷同することがない意志の強さをもつ点で、理念に近いものとして喩えられてきたということ。

ウ　「河」や「湖」の総称である水は、争いを嫌う弱いものと捉えられる一方で、多くの谷川を大海に導く計り知れない力をもつという点で、不穏な思想に喩えられてきたということ。

エ　「河」や「湖」などにたたえられている水は、あらゆる生物に恩恵を与える尊いものであるが故に、自然の王者であり、その摂理を体現するものとして喩えられてきたということ。

〔問3〕だけ と同じ意味・用法のものを、次のうちから選べ。

ア　書けば書くだけ、文字は美しくなる。

イ　詳しい内容は、二人だけで説明する。

ウ　わざわざ行っただけのことはあった。

エ　失敗しても、やれるだけやってみる。

〔問4〕たっぷりとした楽観の哲学を生むことになる。のはなぜか。その説明として最も適切なものを、次のうちから選べ。

ア　川の水が休むことなく流れ続けるように、人と人との結びつきは永遠であることが示されているから。

イ　川の流れが時とともに変化するように、人生の目的はそれぞれ多様であることが示されているから。

ウ　川の流れが次第に大きくなるように、人間の向上心は限りないものであることを想起させるから。

エ　川の水が途切れなく流れ続けるように、人間の営みは綿々と続いてゆくことを想起させるから。

〔問5〕□の漢詩の解釈として、最も適切なものを、次のうちから選べ。

ア　王維は、止めるのも聞かずに旅立ってしまう祖詠を、「我をして悲しましむ」と責めながらも、王維とは違い洛陽で順調に出世する旧友の前途を心から祝している。

イ　王維は、前半は「涙糸の如し」という比喩によって、祖詠への悲痛な惜別の思いを述べ、後半は自身の境遇への無念を、友人へ伝言を託すという形で表現している。

ウ　王維は、「為に報ぜよ」と呼びかけるような表現で読者を引きつけつつ、長い旅路で疲れ果ててしまっている祖詠の姿を、最終句の倒置法によって印象づけている。

エ　王維は、前半は「南浦」という漢詩の類型的な表現によって率直な心情を述べ、後半は話題を一転させて、洛陽への旅で亡くなった人々への追悼を主題化している。

ことになる。『*楚辞』の九歌「河伯」に、「美人を南浦に送る」（良き人を南の岸辺に見送る）、また南朝、*梁の江淹の「別れの賦」（『*文選』巻一六）に「君を南浦に送るとき、傷めども之を如何せん」〔岸辺で恋人に別れる。その悲しみはどうしようもない。〕と見えている。次に読む*王維の詩は、南浦を詠じた最も美しい詩であろう。

斉州送祖三　　王維

送君南浦涙如糸
君向東州使我悲
為報故人憔悴尽
如今不似洛陽時

斉州にて祖三を送る

君を南浦に送れば　涙　糸の如し
君は東州に向かひ我をして悲しましむ
為に報ぜよ故人は憔悴し尽くし
如今は似ず洛陽の時に

君を南の岸辺に見送るとき、涙は途切れずに、糸のように流れ落ちる。君は洛陽へと旅立って、自分をこうも悲しませるのだ。洛陽に着いたならば、我がために伝えておくれ、君たちの親友は、やつれはてて、今はもう一緒に洛陽にいた時とは別人のようになってしまった、と。

「祖三」は、王維の詩友である祖詠を指す。王維は、二十一歳で*科挙（進士科）に合格して間もなく、斉州（山東省済南市）に左遷されている。この詩は、その時期の作である。左遷の途中、洛陽を通過しているので「洛陽の時」の語があるのであろう。なお「東州」は、長安から見て東にある洛陽を指すもので、王維がいた斉州から見れば西にある。「故人」は、旧友、ここでは王維自身のことを指す。

（松原朗「漢詩の流儀——その真髄を味わう」による）

〔注〕杜甫——中国盛唐の詩人。
『老子』——道家の思想家である老子の著書と伝えられる。老子の思想は、荘子の思想と合わせて老荘思想と呼ばれる。
鼓吹——意見や思想を盛んに主張し、相手に吹きこむこと。
『楚辞』——中国戦国時代の詩集。
梁——六世紀半ばの中国の国の一つ。
『文選』——中国南北朝時代の詩集。
王維——中国盛唐の詩人。
科挙——かつて中国で行われていた官吏の登用試験。

〔問1〕(1)自然界に具体的な形をとって存在している水 についての説明として最も適切なものを、次のうちから選べ。

ア　『老子』の中の「上善」がその水に当たり、「水」は善と悪のいずれのイメージも喚起するものとして用いられた。

イ　『論語』の中の「流水」がその水に当たり、「川上の嘆」では刹那主義的な生き方を象徴するものとして用いられた。

ウ　川の名の「漢水」の「水」がその水に当たり、川を流れる水である「流水」は時間の流れの比喩として用いられた。

エ　固有名詞としての「洞庭水」がその水に当たり、杜甫の漢詩によって世に知られ、湖の代名詞として用いられた。

五　次の文章を読んで、あとの各問に答えよ。（〔　〕内は現代語訳を補ったものである。＊印の付いている言葉には、本文のあとに〔注〕がある。）

水は、両義に用いられる。一つはいわゆる水、つまり物質の名としての水である。もう一つは、(1)自然界に具体的な形をとって存在している水、つまり河・湖・海などの総称としての水である。今は「漢江」「湘江」と称される長江の支流も、古くはよく「漢水」「湘水」と書かれた。この場合の「水」は、「江」の意味である。また杜甫＊の五言律詩「岳陽楼に登る」の第一句に見える「洞庭水」は「洞庭湖」であり、この「水」は「湖」のことである。

観念化された前者の用法については、『老子』＊が最も豊かなイメージを提供している。例えば、

上善は水の若し。水は善く万物を利して、争はず。衆人の悪む所に居る。故に道に幾し。
（すぐれた善は、水に似ている。水は万物を利するが、決して他者と争わない。人々の嫌う低いところに溜まる。だから道に近いのである。）

江海の能く百谷の王たる所以の者は、其の善く之に下るを以てなり。故に能く百谷の王為り。
（長江や大海が、多くの谷川の王者である理由は、それが谷川の下に位置するからである。だから、多くの谷川の王者たりうるのである。）

天下、水より柔弱なるは莫し。而も堅彊なるを攻むる者、之に能く先んずる莫し。其の以て之に易ること無きを以てなり。
（この世界に、水より弱いものはない。しかし堅固なものを攻めることで、水に勝るものはない。それは水が、自らの柔弱なる本性を決して変えないからである。）

ここに描かれる水は、自ら低く身構えることによって、万物を受け入れて包容するものであり、またその柔軟な本性のゆえに、最後までしぶとく自己を主張し続ける強靱性を備えるものなのである。こうして水は、道家の思想（老荘思想）が鼓吹＊されるところでは、(2)常に、かけがえのない真理の比喩となった。

一方、具体的な形を持つ後者の水は、具体的で、鮮明なイメージの喚起力を持つ(3)だけに、文学作品にはいっそう好んで取り上げられた。その中から「流水」と「南浦」を取り上げてみよう。「流水」は、川を流れる水である。古くは『論語』子罕篇の「逝く者は斯くの如きかな、昼夜を舎かず」（流れゆく者はかくの如きであるのか、昼も夜も休むことがない）によって、この「流水」の語は特定のイメージを持つことになった。これは一般に、孔子の「川上の嘆」と呼ばれている。川の水の流れ、それは時間の流れの比喩である。もっともこの時間の比喩は、後世になると、さらに二つの異なった意味に用いられることになる。すなわち、去ったきり二度と回帰しない「時間の一回性」をそこに見るのか、それとも、永遠に尽きることのない「時間の永続性」を見るのか。前者の解釈は、人生の短命を嘆く悲観と容易に結びつくであろうし、後者の解釈によれば、おのれの人生の限度を超えた大きな時間の流れ（歴史）を視野に納め置くことによって、(4)たっぷりとした楽観の哲学を生むことになる。

「南浦」は、文字通りには、南の入り江の岸辺。しかしこれが詩文に現れるとき、それは実際の位置とは関係なく、別れの岸辺を意味する

⑥専門家は科学的用語が用いられていなくとも、内容に適していないものを低く評価した。
⑦学生は、不適切な説明を一般人より高く評価した。
⑧学生は、科学的用語が用いられている説明を高く評価した。
⑨学生は、専門家の判定とほぼ同一だが、正反対のものもあった。

ア　①④⑦
イ　①⑤⑧
ウ　①⑥⑨
エ　②④⑧
オ　②⑤⑨
カ　②⑥⑨
キ　③④⑧
ク　③⑤⑦
ケ　③⑥⑦

〔問5〕(5)科学的「であるかのような」説明を喜んでしてしまうし、喜んで受け取ってしまう傾向をもっていると筆者が述べるのは、なぜか。その説明として最も適切なものを、次のうちから選べ。

ア　知識には誘惑幻惑効果が働くため、正しくない説明であっても専門的な用語に惑わされてしまうことに加えて、科学的事実が即ち真理であるかのように妄信されてしまうから。

イ　人間は科学的な装いをまとった説明を好む傾向があり、説明する側も説明される側も、根拠が明確でなくとも科学的な根拠があるかのような説明に魅了させられてしまうから。

ウ　科学技術に関わることなしに市民生活が成り立たなくなっていることに加え、知識の誘惑幻惑効果によって、科学技術の成果は完全に正しくて有効だと信じ込んでしまうから。

エ　人間は科学技術に取り囲まれて生活しているため、ある物質の実在という事実と物質の有効性を簡単に結びつけてしまい、新しい治療法は素晴らしいと思い込んでしまうから。

〔問6〕この文章の論理展開を説明したものとして、最も適切なものを、次のうちから選べ。

ア　科学技術が社会のためのものであるという確信を証明するために、人間生活の変化をデータを基に紹介し、一方で人間が科学技術や科学的用語に弱い原因を、科学的知識の欠如であるとしている。

イ　科学技術が人間に大きな影響を及ぼしていることを例に挙げて示しつつ、人間が事実と価値を取り違えやすいことを指摘し、安易に科学的用語に惑わされている現代社会を、痛烈に批判している。

ウ　技術的革新によって人口が急増することから、人間が科学技術に支配されているという現状を示すとともに、知識の誘惑幻惑効果が判断力を乱し、科学の支配力が強化される仕組みを示している。

エ　科学の内容面が変化し、生活が科学技術に依存していることから、人間のために科学技術は存在すると指摘しつつも、実証的な研究を紹介しながら知識の誘惑幻惑効果に対して注意喚起している。

〔問7〕知識をもっていることと、それらの知識を適切に使うこととは、まったく別の能力なのである。と筆者は述べているが、あなたはどのように考えるか。本文の内容を踏まえ、あなたの考えを、**二百字以内**にまとめて書け。さらに、あなたの書いた文章にふさわしい**題名**を解答用紙の所定の欄に書け。なお、、や。や「などのほか、書き出しや改行の際の空欄も一字と数えよ。

〔問1〕(1)科学技術の内容自体が「人を含む」ように変わってきているとは、どういうことか。その説明として最も適切なものを、次のうちから選べ。

ア　人を対象とした科学研究は、古くは基礎科学と臨床医学しか存在しなかったが、生命科学の領域では観測者としてだけではなく、研究成果の享受者として人間と関わらなければならなくなったということ。

イ　昔と異なって科学が身近なものになってきており、環境や物理現象だけが研究対象ではなく、人間自身も対象になっているので、科学技術は一般市民や生活者のためのものに変化してきているということ。

ウ　物理学や天文学では人間は中立な観測者であり、観察対象に含まれていなかったが、物理学が観測者の影響は排除できないとしただけでなく、生物学が人間を研究対象として取り込んでいったということ。

エ　物理学が人間は中立な観測者ではあり得ず、事象のあり方を変化させてしまうという量子力学の体系に行き着いたことにより、人間は事象の内部の存在であり、研究対象とするしかなくなったということ。

〔問2〕(2)人生そのものが「科学技術に縁取られている」といってもいいかもしれない。と言えるのは、なぜか。その説明として最も適切なものを、次のうちから選べ。

ア　世界人口の急増とともに、食料の生産や物資の生産といった人間の生活そのものに科学技術が必須のものとなり、科学は人間活動のほとんど全てに関わるものとなったから。

イ　病院で生まれ、コンピュータや携帯電話といった科学技術の中で生き、医療技術に囲まれて亡くなるということが、科学技術の有用性と人間生活への支配を示しているから。

ウ　共同体内のさまざまな行事でさえも、科学技術の恩恵を受けないものはなくなり、人間の生活全体が科学とその成果によって取り囲まれていると言っても過言ではないから。

エ　元来は共同体内で確認され、共通了解事項とされた生や死という事象でさえ、現在ではほとんど病院内の医療という科学技術によって把握されるべき事象となっているから。

〔問3〕(3)人に関する事実の記述が、たちまちある種の価値を帯びてしまう事態とは、どういうことか。その説明として最も適切なものを、次のうちから選べ。

ア　ハグや母乳を与えることによって、気持ちが落ち着くという事実が誘惑幻惑効果によって高められ、価値を帯びてしまうということ。

イ　ある事象が起こるという事実に、価値判断や好みを無意識に上乗せして、論理的に関係のない行為が善だと考えてしまうということ。

ウ　オキシトシンの有用性という事実が与えられると、何の関係もない行動に対しても、応用してしまおうという風潮があるということ。

エ　科学的な用語は使われるだけで満足してしまう傾向があるため、科学的事実の一部は、社会的価値と無関係でいられないということ。

〔問4〕(4)科学的用語の有無が、読み手への説得力にどのように影響するかとあるが、どのように影響したのか。その説明に合う文の組み合わせとして最も適切なものを、後の**ア**～**ケ**の中から選べ。

①一般人は内容が判別できず、科学的用語だけで評価した。
②一般人は、適切な説明も科学的用語があると低く評価した。
③一般人は、内容が同じでも科学的用語があるものを高く評価した。
④専門家は科学的用語が用いられても、説明に適していないものを低く評価した。
⑤専門家は科学的用語を吟味して、正確に用いられているものだけを高く評価した。

しく見ておこう。

ワイスバーグらが最初にこれを報告したのは二〇〇八年。彼女と同僚たちは、イェール大学二年生の秀才たちを対象とした脳神経科学入門講義の最終回に、ある実験をおこなった。人間の認知に関する現象がなぜ起こるかを説明したいくつかの文章を読ませて、その良し悪しを判定してもらうというものだ。

説明文は、学術的に妥当なものと不適切なものの二種類があり、さらにそれぞれが科学的用語を含むものと含まないものの二種類ずつ、計四種類が用意された。二種類の妥当な説明の内容は、科学的用語の有無を除けば、まったく同じものである。不適切な説明も同様。これらを比較することにより、(4)科学的用語の有無が、読み手への説得力にどのように影響するかを測定できるというわけだ。

脳神経科学を学んだ経験のない一般人は、不適切な説明であっても科学的な用語が加わっていると、説明の内容部分は同じなのに、科学用語がない説明より高く評価した。

それに対して専門家は、科学的用語の有無にかかわらず、不適切な説明文は低く評価した。さらに、適切な説明文に科学的用語が加わったものは、その科学的用語の内容が不正確であり説明内容に適していないとの判断から、科学的用語がない説明よりむしろ低く評価した。

しかし、脳神経科学入門の講義を半年間聴いてきた学生たちは、専門家とは真逆の反応を示した。一般の素人と同じく、不適切な説明文でも科学的用語があれば、そうでないものより高く評価し、さらにあろうことか、適切な説明文でも科学的用語が加わったほうを、より優れた説明と評価したのだ。これは、専門家の判定とは正反対だ。

つまり、脳神経科学の知識をもっていることと、それらの知識を適切に使うこととは、まったく別の能力なのである。むしろ、知識があることがその適切な使い方を妨げ、その知識を使わないほうがより適切な場面でも知識を使ってしまう誘惑に、ぼくたちは駆られている。知識は、使うように使うようにと人を誘惑し、幻惑する。

この研究は、その後も追試や関連研究が続けられており、二〇一六年には、知識の誘惑幻惑効果は脳神経科学に限らず、物理学や数学、心理学などでも広く見られることが報告されている。普遍的かつ強力なのだ、知識の魔力は。

この知識の誘惑幻惑効果は、二つのことを示唆している。

ひとつは、説明を受ける側が、内容の妥当性を問わず、一見科学的な装いをまとっただけの説明のほうを好んでしまうということ。もうひとつは、説明をする側がなまじ科学的な知識をもっていると、実際にはその知識を当てはめるのが不適切な場合でも一見科学的な説明をしがちになってしまうということ。

科学的な根拠が明確でないことにまであたかも科学的根拠があるかのように語ることは、良いことではない。それはもはやトンデモ科学、疑似科学であり、医学の領域でそのようなインチキ治療法が語られると、人の生き死にに関わる暴力的な行為となる。

だが、ぼくたちは仮にそれがインチキであっても、(5)科学的「であるかのような」説明を喜んでしてしまうし、喜んで受け取ってしまう傾向をもっているのだ。

（佐倉統「科学とはなにか」による）

〔注〕アリストテレス ―― 古代ギリシアの哲学者。
レオナルド・ダ・ヴィンチ ―― 一五世紀の科学者・芸術家。
シュレーディンガーの猫 ―― オーストリアの物理学者シュレーディンガーの思考実験の名称。
還元論的説明 ―― 複雑な事象を、単純な概念だけで説明すること。

が含まれる」ようになっている点を見ていこう。

科学はもともと、自然界の成り立ちを調べる活動である。この「自然界」の中に、人は原則として含まれていない。もちろん、アリストテレス*は人間について述べているし、レオナルド・ダ・ヴィンチ*も詳細な解剖図を残している。だが、これらの多くは医学という文脈で発展することが多かった。人を対象とした科学的研究は、つねに基礎科学と臨床医学のあいだで揺れてきた。

もっと明確に自然界を対象とする科学、たとえば物理学や天文学では、人はつねに「観測者」であって、観測される現象とは独立した中立な存在とされてきた。観測者の影響は対象におよばないように、できるだけ排除することが良しとされていた。

しかし、その点を最も先鋭的に追求してきた物理学が、結局は量子力学という体系に行き着き、観測者の影響は排除できない、場合によっては観測者こそが事象のあり方を決定する、という状況に至ってしまった。箱の中の猫は、箱を開けて状態を確認するまでは生きているか死んでいるかの状態が確定しないという「シュレーディンガーの猫*」。

物理学や天文学の場合、ここでの人間は観測者、すなわち科学者である。一般市民ではない。しかし、これが生命科学の領域になると、観測者だけでなく研究成果の受け取り手として、専門家以外の人たちを含まざるをえないという状況が現出している。

もともとは博物学の一分野だった生物学が、一九世紀に独立した分野となり、生理学、進化学、細胞学、遺伝学、分子生物学と新しい領域を広げていくにつれて、人とそれ以外の生物との境界はどんどん消失しつづけた。この流れは、二〇世紀後半の脳神経科学の発展に至って頂点に達し、基礎研究の成果がそのまま、人間についての言明に直結するという事態を招来した。ヒトを対象とする医学と、ヒト以外の生物を対象としてきた生命科学との関係は以前から密接ではあったが、両者が実質的に融合して「生命医科学（biomedicine）」となったのは二〇世紀の後半、分子生物学がさかんになってからといってよいだろう。

たとえば、人と人がハグをしたり、お母さんが赤ちゃんに母乳をあげると、オキシトシンという神経伝達物質が増えて、落ち着いた感情がもたらされる、といった類の研究結果がある。こういった実験の結果は科学的「事実」である、すなわち、価値をともなわない中立な事柄である、と研究者たちはいう。それはそのとおりだし、オキシトシンの話は科学的にとても興味深い結果なのだが、それがひとたび科学界の「外」に出てしまうと、(3)人に関する事実の記述が、たちまちある種の価値を帯びてしまう事態は避けられない。

オキシトシンが出て気持ちが落ち着くのだから、お子さんをハグしてあげましょう。赤ちゃんには母乳をあげましょう――。オキシトシンが出て気持ちが落ち着くことと、その状態を積極的に求めるべきだということのあいだには、じつはなんの論理的つながりもない。「気持ちが落ち着くのは良いことだ」という無意識の価値判断や好みがはたらいて初めて、つながっているように感じるにすぎない。

（中　略）

アメリカの認知科学者ディーナ・ワイスバーグらは、ぼくたちは自然現象や心理現象については一段階下位のレベルでの説明（還元論的*説明）を欲し、そのような説明が不適切な場合であっても、科学的な用語が使われるだけで満足してしまう傾向――知識の「誘惑幻惑効果（seductive allure effect）」――があることを報告している。

だから、今の世の中、科学的事実の少なくとも一部は、社会的価値と無関係ではいられないのだ。これは科学者、研究者の側の心構えだけでなく、科学知識や技術を使う社会、一般市民の側の心構えの問題でもある。

知識の「誘惑幻惑効果」は、本書の議論にとって重要なので、少し詳

〔問6〕 本文の表現や内容について述べたものとして最も適切なのはどれか。次のうちから選べ。

ア 「白扇を持つ手までもが大きく震え始めた」、「篤は扇をぱっと開き、東方を向いた。」という呼出の持つ白扇の描写によって、優勝決定戦前の、篤のいさみ立つ気持ちを鮮明に表現している。

イ 長く伸ばした呼び上げの声や「カン、カン、カン」という拍子木の擬音語、「はっけよーい!」という行司の声により、取組前の臨場感を描出し、緊張感の高まりを効果的に表現している。

ウ 詳細な取組の描写や「全身が心臓になったみたいに」という比喩表現と、「光景がスローモーションで見えた。」などにより、事実や登場人物から一定の距離を置き、客観的に表現している。

エ 「こくんと小さく頷いて篤に目配せをする。」、「篤が小さく頷くと、宮川さんは苦笑してみせた。」という動作や表情により、優勝決定戦の前後の、宮川の自信と失望を的確に表現している。

四

次の文章を読んで、あとの各問に答えよ。(＊印の付いている言葉には、本文のあとに〔注〕がある。)

二一世紀の科学技術は、一般市民、生活者、社会のためのものである。そうある「べきだ」という規範の面でもそうだし、実際にそう「なっている」という事実としても、それ以外にありえないと確信している。

なぜそうなのか。第一に、(1)科学技術の内容自体が「人を含む」ように変わってきているからである。第二に、社会全体の科学技術への依存度が格段に高くなっていて、科学技術と関わることなしには市民生活が成り立たなくなっているからである。

第二の点については今さら繰り返すまでもないだろう。世界の人口は、技術的革新が起こるたびに急増してきた。人類の存在自体が、科学技術に支えられている。今のぼくたちの生活もすみずみまで、医療も交通も食べ物も教育も娯楽も、すべて科学技術抜きには成り立たない。

(2)人生そのものが「科学技術に縁取られている」といってもいいかもしれない。人の生誕や死去は、元来は共同体で確認していく社会的な営みだった。だから、お七夜やお食い初めや七五三があり、通夜(つや)があり初七日がある。家族や共同体のメンバーが、この子はたしかに生まれた、ちゃんと育っているということを確認し、あの爺(じい)さんはたしかに死んだ、もう生き返らないということも共通了解としていくのである。

今では、出生も死亡も病院で確認される。出産は病院と診療所を合わせればほぼ一〇〇パーセント、自宅での出産はほとんどゼロだ。死亡は、日本ではとくに病院が多く、約八割にのぼるが、この数が自宅での死亡数を越えたのはさほど昔ではなく、一九七六年のことである。病院や診療所での出産が自宅出産を上回ったのはそれより前だが、それでも一九六〇年代初頭だ。

以下では、第一の、科学技術の内容が変化してきて、その対象に「人

〔問1〕(1)まるで、ぽんと誰かに背中を押されたみたいに。とあるが、この表現からどのようなことが読み取れるか。その説明として最も適切なものを、次のうちから選べ。

ア　千秋楽の日だから、普段より緊張して土俵に臨みつつも、練習の成果を生かそうと思い精一杯大きな声を出したということ。

イ　いつもとは異なり、今日を最善の状態で迎えるために、篤が昨夜から準備してきた手際の良さが功を奏しているということ。

ウ　千秋楽の日だから、今日で終わりだと思うと篤の気持ちも軽くなり、自然と後ろの客席まで届くような声を出せたということ。

エ　いつもとは異なり、強い意志をもって土俵に臨んだ思いが、篤の呼び上げの声に無意識のうちに反映されているということ。

〔問2〕(2)直之さんが声を発した瞬間、場内の空気がほんのわずかに揺れた。とあるが、この表現から読み取れる場内の様子はどのようなものか。その説明として最も適切なものを、次のうちから選べ。

ア　朗々と響き渡る直之の声が、観客の気持ちを一新させ場内のざわめきを静める契機となる様子。

イ　場内の隅まで届く直之の声が、観客だけではなく篤や達樹をも感嘆させるほどすばらしい様子。

ウ　太くまっすぐ発せられた直之の声が、観客で埋まった会場を揺るがすほどに反響している様子。

エ　観客を一瞬にして引き込んだ直之の声が、聞いている篤や達樹にねたましさを感じさせる様子。

〔問3〕X篤は自分の耳を疑った。からY白扇を握り直して息を大きく吸い、篤は土俵に上がった。までで、篤の心情はどのように変化したか。**六十字以内**で説明せよ。

〔問4〕(3)その二分間は、篤が今まで見たどんな取組よりも長く感じた。とあるが、なぜこのように感じたのか。その説明として最も適切なものを、次のうちから選べ。

ア　初めて優勝決定戦の大舞台で呼出を務めたために、宮川の戦いぶりにも集中できない程、最後まで緊張し続けた取組だったから。

イ　初めて優勝決定戦の呼出の大任を果たし、その大舞台に臨んだ宮川の一挙手一投足を見ることができた、特別な取組だったから。

ウ　序ノ口で勇大が復活優勝を遂げた取組が、何年経っても忘れられないほど、篤や他の観客にとって印象に残る名勝負だったから。

エ　序ノ口の優勝決定戦で、篤とは立場は違えど共に精進している宮川が見事な戦いぶりを見せ、誇らしく思える名勝負だったから。

〔問5〕(4)声には出さなかったけれど、何と言っているのか、篤にはわかった。「つえーな。」だ。とあるが、篤は宮川のどのような心情を理解したのか。その説明として最も適切なものを、次のうちから選べ。

ア　相手の強さを身にしみて感じ、力を出し切って戦ったのに勝てなかった取組結果に対して、落胆している心情。

イ　相手の強さに感服すると同時に、自分も互角の戦いができたことに満足し、次の取組に向けて奮起する心情。

ウ　自分への声援は無くとも、全力で戦った取組の結果に悔いは無く、素直に相手の実力を称(たた)えようとする心情。

エ　自分への拍手や声援が無いことに落胆し、相手との力の差を見極めることもできず、悲嘆に暮れている心情。

かざした。

勇大が左手を土俵につける。宮川さんも、ゆっくりと右手をおろした。

はっけよーい！

勢いよく行司の声がかかった瞬間、土俵上の光景がスローモーションで見えた。

宮川さんが重心を低くして立ち上がる。勢いをつけて、鋭く踏み込んで勇大にぶつかっていく。

篤が宮川さんの相撲を見た中で、おそらく一番低く、すばやい立ち合いだった。

しかし勇大の方がずっと低く、速かった。

勇大の両手が、宮川さんの胸に突き刺さる。そのまま腕を伸ばし、思い切り突っ張った。

そのひと突きで宮川さんの両足が、大きく後ろへ下がる。あっという間に土俵際に追い込まれてしまった。

宮川さんが両足に力を込めて踏ん張るよりも先に、勇大の腕がまた伸びた。胸の真ん中にもう一度重い突っ張りを受け、宮川さんの右のかかとが土俵を割った。

客席から、大きな拍手と甲高い声が一斉に湧き上がる。行司の軍配が返ってから、ほんの十秒程度の出来事だった。

宮川さんはただちに円の内側に戻り、一礼して土俵を下りた。所作を行っている時間も含めると、宮川さんが土俵に立っていたのはおよそ二分くらいだ。しかし(3)その二分間は、篤が今まで見たどんな取組よりも長く感じた。

勝ち名乗りを受けた勇大は、四方から温かい拍手と声援を受けていた。二分間で場内に響いたのは勇大への応援ばかりで、少なくとも篤には、宮川さんへの拍手や声援は確認できなかった。

花道の奥に篤の姿を見つけると、宮川さんは口を動かした。(4)声には出さなかったけれど、何と言っているのか、篤にはわかった。「つえーな。」だ。

篤が小さく頷くと、宮川さんは苦笑してみせた。負けた直後に宮川さんが笑うのを、篤は初めて見た。負けたはずなのに、その顔は晴れ晴れとしていた。力を出し切った人の顔だった。

勇大、やっぱ格が違うな。ああいう人は、人気も実力も、何もかも持ってんだな。

ここにいる客の多くは、きっと数年後も、勇大が序ノ口で復活優勝を遂げたことは覚えているはずだ。一方で、そのときの対戦相手が朝霧部屋の宮川だということまで覚えている人は、ほとんどいないだろう。

でも。篤は心の中で呟く。

俺は勇大と宮川さんが大舞台で戦ったこと、そしてその一番の呼び上げを、自分が担当したことは、何年経っても絶対忘れない。宮川さんも、今日の晴れ舞台は一生、忘れないだろう。

（鈴村ふみ「櫓太鼓がきこえる」による）

〔注〕序ノ口 ――― 大相撲の番付（力士の序列の一覧表）で一番下の力士。
場所 ――― 大相撲の興行をする所、またその期間。
千秋楽 ――― 芝居・相撲などの興行の最後の日。
たっつけ袴 ――― 膝から下を細く仕立てた袴。
進さん ――― 最初に篤に「呼出」の指導をしてくれた人。
十両 ――― 力士の階級の一つ。
勇大 ――― 関取経験者で、怪我のため休場し番付を下げたが、人気のある力士。
四股名 ――― 大相撲の力士の呼び名。
蹲踞 ――― つま先立ちで深く腰を下ろし、膝を開いて上体を正した姿勢。

カン、カン、と甲高い拍子木の音が場内に鳴り響く。徐々に緊張が高まっていたが、一拍ずつ鳴らされるその音が余計に緊張を煽り、全身が心臓になったみたいに、心拍音が篤の体を支配していた。
「ここで十両以下は各段優勝力士の表彰式でありますが、序二段と序ノ口に同点者がありますので、優勝決定戦といたします。」
流暢なアナウンスが流れると、歓声と拍手が会場中から一気に湧き上がった。篤がぎくしゃくと向正面の白房下に移動すると、ぐるりと周りを取り囲む客席が目に入った。
千秋楽を迎えた名古屋場所の会場は、四方のマス席はもちろんのこと、三階の椅子席に至るまで、ほとんど席が埋まっていた。朝一番、篤が呼び上げを行ったときとは比べ物にならない客の入りだ。目を凝らすと、観客たちは一様に、熱くなる瞬間を待ちわびるかのように手を叩き、期待を込めたまなざしで土俵を見下ろしていた。
やっぱり、俺には荷が重すぎる。
心臓が強く鳴るばかりか、急に足がすくんだ。
白扇を持つ手までもが大きく震え始めたとき、「はじめに、序ノ口の優勝決定戦を行います。」と東方の花道から勇大と宮川さん、序ノ口格の若い行司が入場してきた。全員揃って東の花道から入場することになっているが、宮川さんは西方で相撲を取る。宮川さんが向正面を横切って移動しようとしたとき、篤に気づいたらしく、はっと目を大きく見開いた。一瞬、こくんと小さく頷いて篤に目配せをする。そしてすぐさま真剣な顔つきになり、西方へと向かっていった。
宮川さんの、腹を決めたようなその顔を見た瞬間、真っ白になりかけていた脳が冷静さを取り戻した。ふたたび進さんと師匠の言葉がよみがえる。それから、この前喫茶店で直之さんが言ってくれたことも。
自分の役割は、これから戦う二人のために四股名を呼ぶことだ。いい呼び上げをすること、ただそれだけ考えればいい。大丈夫、俺ならできる。そう何度も、篤は自分に言い聞かせた。
拍子木がまた鳴った。いよいよ決戦のときだと言わんばかりに、だんだん打ち鳴らされるテンポが速くなる。白扇を握り直して息を大きく吸い、篤は土俵に上がった。
土俵上の照明が、頭のてっぺんや首筋に当たって熱い。それにも構わず、篤は扇をぱっと開き、東方を向いた。客たちがわあわあと声援を送り、騒がしかった場内に、静寂が訪れた。
ひがあああーーーーしいいいいーーーー　ゆうううーーーだああああいいいーーーー
踵を返して西方に向き直り、扇をまっすぐ、顔の前に掲げた。もう一度息を、思いきり吸う。
にいいいいーーーーしいいいーーー　みやあああーーーがあああわあああーーー
声を出し切った瞬間、会場はふたたび大きな声援と拍手の渦に呑み込まれた。その声と音の大きさに、さきほどよりもずっと、熱気が高まっているのがわかった。
今度は扇を箒に持ち替え、土俵のまわりを掃いていく。手を動かすたび、「ゆうだーい！」「ゆうだーーい！」の歓声が飛ぶ。篤は勇大と宮川さんに背を向けた。箒を動かすことに集中するため、宮川さんの方は見なかった。土俵をちょうど半周したところで、行司のアナウンスが入った。
「東方、勇大。西方、宮川。呼出は篤。行司、木村宗太朗。序ノ口優勝決定戦であります。」
客席から乱れ飛ぶ声と拍手が、うねるように響く。観客の声と拍手を全身で浴び、土俵を掃き終えると篤は土俵を下り、西方の花道の奥へと移動した。勇大と宮川さんは、まだ蹲踞をしていた。両者が同時に、片手を土俵につけたのを確認すると、行司は足を大きく開き、軍配を縦に今は一番一番に集中しよう、と自分に言い聞かせた。*進さんも師匠も、気持ちが大切だと言っていた。

いつもならば、千秋楽は「やっと今日で終わりだ。」と思っていたが、今日はそんなことは頭に浮かばなかった。今の自分にとって、一番いい呼び上げができるように。ただそれだけを考え、土俵に上がった。

目線を上げ、白扇を広げる。それから、大きく息を吸い込む。

ひがあああしいいいーーーー　いずみいいさあああとおおおおーーー

にいいいしいいいーーーー　とりいいいーーごおおおえええーーーーー

第一声から、思っていた以上に声が出た。(1)まるで、ぽんと誰かに背中を押されたみたいに。

その声を一番後ろの客席まで届けるつもりで、篤は息が続く限り、めいっぱい声を伸ばしていった。

土俵上の取組は着々と進んでいき、直之さんが呼び上げを行う番になった。

直之さんは扇子と同じ、白色の着物にたっつけ袴を合わせていた。呼出たちは毎日違う色の着物を着用するが、直之さんにはこの着物が一番よく似合う。

直之さんは背筋をまっすぐに伸ばして東側を向いた。

ひがあああーーーしいいいーーー　たんばにいいーーーーしいいーーきいいーーー

にいいいしいいいーーーー　ぶんんごおおーーなあああーみいいいーーー

(2)直之さんが声を発した瞬間、場内の空気がほんのわずかに揺れた。いつもの、場内の隅まで響くような直之さんの声だ。さきほどまでお喋りをしている客がちらほらいたが、直之さんが呼び上げた途端に客たちの声が止み、太くまっすぐな声がよけいに反響して聞こえた。

「やっぱ、うめえな。たぶん今回の決定戦も直之さんだな。」

隣で聞いていた達樹も悔しそうに舌を巻く。篤もただ、頷くしかなかった。

休憩に入る前、篤は審判部を担当している強面の親方に呼び出された。もしかして、審判交代のときに不手際があったのだろうか。心当たりもなく、不安に顔を歪めながら親方の元へ行くと、そこで発せられた言葉に、Xで篤は自分の耳を疑った。

「……すみません、もう一回聞いていいですか。」

聞き返されて苛立ったのか、親方は「だから、序ノ口の決定戦の呼出はお前に頼んだ。」と早口で言い直す。色黒で眼光が鋭い親方なだけに、早口でものを言うだけで威圧感があり、今しがた聞いた内容と併せて脳内のヒューズが飛びそうになった。てのひらにも汗が滲む。

俺が決定戦の呼出？

直之さんが抜群に上手いのに、なぜ。いや、直之さんに限らず達樹とか他の兄弟子もいるのに、何で俺なんだ？

「えっと、その、どうしてですか。」

念願が叶ったものの理解が追いつかず、たどたどしい話し方になった。篤がすんなり引き受けないので、親方は面倒くさそうに、「どうしてって、そう決まったものは決まったんだ。それとも、やりたくないのか。」と逆に聞き返してきた。

反射的に、篤は首を横に振っていた。

「じゃあ決まりだ。*十両の取組が終わったら出番だからな、間違えないように。」親方が決定戦の段取を説明し始めたので、篤は必死で耳を傾けた。

十両の取組がすべて終わり、土俵がまっさらに掃き整えられた。カン、

二〇二二年度
都立西高等学校

【国　語】〈五〇分〉〈満点：一〇〇点〉

一

次の各文の――を付けた漢字の読みがなを書け。

(1) 男は大仰な身振りで話した。

(2) 伝令を遣わす。

(3) 馬が草原を疾駆する。

(4) 常に泰然自若とした様子だ。

二

次の各文の――を付けたかたかなの部分に当たる漢字を楷書で書け。

(1) 事態のシュウソクを図る。

(2) 要人をゴエイする。

(3) 景勝の地をサンサクする。

(4) 二つの作品はドウコウイキョクである。

三

次の文章を読んで、あとの各問に答えよ。（＊印の付いている言葉には、本文のあとに〔注〕がある。）

篤は朝霧部屋の新人の呼出である。「呼出」は、大相撲の取組で力士を呼び上げる「呼び上げ」や土俵整備、太鼓叩きなど競技の進行を務める。達樹と直之は呼出の先輩で、宮川は、「序ノ口」＊の力士である。篤は、怪我を治して復帰した宮川を見守ってきた。今日は宮川の序ノ口優勝決定戦の日である。

いよいよ名古屋場所＊は千秋楽＊を迎えた。泣いても笑っても今場所は今日で最後だ、と篤はいつもより気合を入れてたっつけ袴＊のひもを締めた。今日を最善の状態で迎えられるよう、昨日は喉にいいという蜂蜜の飴を舐めた。それから呼び上げの練習は早めに切り上げ、普段より早く床についた。

「今日、お前にしては覇気があるじゃん。何かいいことでもあった？」

開口一番、達樹にもそう言われた。俺、そんなに普段覇気がないと思われてるのかと篤は思わず苦笑いをした。

まあ今日で終わりって思うと嬉しくなるわな、と隣で着替え始めるやいなや、ふいに達樹が「今回の決定戦の呼び上げも直之さんなのかな。」と呟いた。篤も声を抑え、「どうでしょうね。」と返す。「俺も一回決定戦の呼び上げしてみたいけどなー。あの満員の中でやるんだもん、憧れる。」

達樹がそう言ってほどなく、直之さんも出勤してきた。篤と達樹を見るなり「おー、おはよー。」と無邪気に手を振る直之さんは、いつもと変わらなかった。

朝の準備が終わり、序ノ口の取組が始まるまでの間、篤はとにかく

英語解答

1 A ＜対話文１＞ ア
＜対話文２＞ ウ
＜対話文３＞ イ
B Q１ エ
Q２ They are interesting.

2 〔問１〕 (a)…イ (b)…ア (c)…オ (d)…エ (e)…ウ
〔問２〕 １番目…キ ４番目…カ ８番目…ウ
〔問３〕 オ
〔問４〕 a time b together c without d safe

3 〔問１〕 オ 〔問２〕 イ
〔問３〕 ウ 〔問４〕 イ
〔問５〕 goal is to build a large forest that will be
〔問６〕 smaller 〔問７〕 save
〔問８〕 コ

4 〔問１〕 イ 〔問２〕 ウ
〔問３〕 ア 〔問４〕 how it looks
〔問５〕 エ
〔問６〕 human activity
〔問７〕 エ
〔問８〕 (例) We should stop cutting down trees in the forests. Many species of animals and plants live there, so if we continue, more of them will lose their homes. If we stop cutting down trees, many species will be safe, and we will stop destroying their environment. (46語)

1 〔放送問題〕

〔問題Ａ〕＜対話文１＞≪全訳≫サクラ(Ｓ)：こんにちは，トム，今日の午後は雨が降ると思う？／トム(Ｔ)：やあ，サクラ。降らないと思うよ。／Ｓ：ほんと？　今朝は晴れてたのに，今は曇ってるでしょ。もし雨なら，今日の午後にテニスを練習する予定を変更しないといけないわ。／Ｔ：心配しないで。その必要はないさ。天気予報では，明日の朝は雨が降るけど，今日は降らないって。／Ｓ：それならよかった。／Ｔ：今日の練習について，今夜電話で話そうよ。／Ｓ：ええ。

Ｑ：「サクラとトムはいつテニスの練習をするか」―ア．「今日の午後」

＜対話文２＞≪全訳≫ジェーン(Ｊ)：すみません。私はジェーンといいます。新入生です。手伝っていただけますか？／ボブ(Ｂ)：こんにちは，ジェーン。僕はボブです。何に困ってるんですか？／Ｊ：ブラウン先生にお会いしたいんです。職員室への行き方を教えてもらえますか？／Ｂ：ええっと，彼女はたいてい音楽室にいますよ。／Ｊ：そうなんですか。じゃあ，音楽室はどこですか？／Ｂ：図書室が見えますか？　図書室を右に曲がると，美術室の隣に音楽室があります。あと，先生はときどき図書室で本を読んでることもありますよ。／Ｊ：ありがとうございます。まずは図書室に行ってみます。／Ｂ：先生が見つかるといいですね。

Ｑ：「ジェーンは最初にどこへ行くだろうか」―ウ．「図書室」

＜対話文３＞≪全訳≫女子(Ｇ)：うちの学校は新しく見えるけど，長い歴史があるのよ。／男子(Ｂ)：どういうこと？／Ｇ：建物は新しいけど，うちの学校は来年で創立100周年になるの。／Ｂ：ほんとに？／Ｇ：ええ。私のおじいちゃんは60年前にこの同じ学校の生徒だったのよ。／Ｂ：へえ，君のおじいちゃんは何歳なの？／Ｇ：今年で72歳になるわ。／Ｂ：へえ，そうなの？／Ｇ：ええ。私たちはときどき一緒に校歌を歌うの。／Ｂ：それはいいね！

Ｑ：「この学校は現在，創立何年目か」―イ．「99年」

〔問題B〕≪全訳≫こんにちは，皆さん！　私はキャシーです。15歳です。今日はインターネット上で皆さんとお会いできてうれしいです。／まず，私の国についてお話しします。夏には，たくさんの人が山でウォーキングや野鳥観察を楽しみます。私はよく，夏休み中にプールに行きます。冬には，多くの人がバスケットボールの試合を見て楽しみます。バスケットボールの試合はとても盛り上がるので，私もそれを観戦するのが好きです。また，人々はスキーも楽しみます。雪の積もった山々は美しいです。私は毎年，家族と一緒にスキーに行きます。私は全てのスポーツの中でスキーが一番好きです。日本にはスキーができる場所がたくさんあるということを知りました。皆さんはウインタースポーツが好きですか？／次に，私が日本について知りたいと思っていることについてお話しします。私は日本の映画にとても興味があります。ストーリーがおもしろいと思います。皆さんに，人気のある日本の映画について教えてほしいです。楽しんで見られるような新しい映画を探しています。今日はインターネット上で楽しく過ごしましょう。

Q１：「キャシーが一番好きなスポーツは何か」―エ．「スキー」

Q２：「キャシーは日本の映画のストーリーについてどう考えているか」―「それらはおもしろい」

2 〔長文読解総合―会話文〕

≪全訳≫**1**ケンとリサは日本の高校生である。ケンとリサは幼なじみだ。ジョージはイギリス出身である。彼はケンの家にホームステイしている。ディアーヌはフランス出身である。彼女はリサの家にホームステイしている。ケンの家族とリサの家族はジョージとディアーヌを連れて京都に向かうところだ。彼らは東京駅にいる。**2**ケン(K)：階段を上ったら，18番線に行けるよ。**3**リサ(R)：そこで列車に乗れるわ。**4**ジョージ(G)：僕は日本で新幹線に乗るのは初めてだ。**5**ディアーヌ(D)：私も。見て！　新幹線に乗る人が並んで待っているわ。あちこちにいるわけじゃないのね。**6**K：新幹線が来た！　8時半発だよ。**7**R：ここね。乗りましょう！**8**G：僕らの席はどこ？　窓側に座れたらいいな。**9**K：親たちの席は後ろの方だ。僕たちの座席番号は5D，5E，6D，6Eだよ。**10**R：あなたたちは5Eと6Eに座れるわ！　ジョージとディアーヌは窓側の席に座って。2人にはきれいな景色を見てもらいたいの。**11**D：(a)親切にありがとう！**12**K：あ！　外を見て！　列車が動き始めた！**13**D：東京から京都までどのくらいあるの？**14**K：約368キロだよ。**15**G：それで，新幹線だと東京から京都までどのくらいかかるの？**16**K：2時間15分くらいだね。**17**D：スクリーンに出ているスピードがどんどん上がっていく！　新幹線の速度はどのくらいなの？　**18**R：最高時速285キロよ。**19**G：(b)本当？　すごく速いね！**20**K：新幹線は日本がつくり出した最も優れたものの1つさ。本州，九州，北海道を含む日本の島のほとんどに，東京と国内の大都市の大半を結ぶ高速鉄道網が敷かれているんだよ。**21**D：日本で新幹線が利用され始めたのはいつのことなの？**22**R：1964年に東海道新幹線ができたときよ。それ以来，日本は半世紀以上にわたって新幹線を改良してきたの。例えば，新幹線の騒音はひどかったけど，今はそうじゃないわ。**23**K：鉄道会社は新幹線を設計したときに，音とスピードについてずいぶん考えたそうだよ。技術者たちは，鳥から形のアイデアをもらったんだ。鳥のくちばしに見えるようなデザインにしたのさ。スピードを上げつつ騒音を減らすために，新幹線の先頭車両の形はくちばしそっくりにする必要があると，彼らは考えたんだ。**24**R：そう！　彼らは自然からたくさん学んだのね。**25**車内アナウンス　「まもなく新横浜駅に停車します」**26**D：時間どおりに新横浜に着いたわ。**27**G：(c)日本の列車はめったに遅れないんだってね。**28**R：ええ，新幹線は時間の正確さで有名なの。1列車当たりの年間平均遅延時間は1分未満よ。**29**K：どの列車でも1分以上遅れたら，公式に遅延になるんだ。**30**G：イギリスだと，10分以上遅れた列車が公式に遅延なんだ。先週山手線に乗ったら，ホームに大勢の人がいた。電車が遅れていないことにびっくりしたよ。**31**K：うん，日本の鉄道路線ではどこも，電車が3分でも遅れて着いたら鉄道会社がスピーカーで謝るよ。**32**D：へえ，3分で！　フランスでは，15分以上遅れた電車が公式に遅延になるわ。33G：新幹線の時間の正確さのカギは何だろう？34K：運転士さんはコンピュータの助けを借りずに新幹線を止めなくてはならない。列車は長さが400メートルもあって，運転士さんは停止線で止めなくてはならない。運転士さんの努力があって，乗客はすばやく乗り降りできるんだ。35D：まあ！　そんなに難しいなんてびっくりだわ。36R：乗客の協力も大事よ。時間内に乗り降りするには，乗客はドアが開いたらすぐに降りられるように準備する必要があるし，乗るのを待っている乗客は，ホームでドアの外に並ばなければならない。37K：それに，新幹線に問題がほとんどないのは優秀な整備士さんがいるからでもあるんだ。彼らが頻繁に新幹線をしっかり点検しているよ。38G：ああ，じゃあ，新幹線の正確さは運転士さんと乗客と整備士さんのチームワークのおかげで可能だってわけだね。39 25分後。40K：(d)外を見て！　富士山がきれいに見えるよ！41D：すてき！　富士山は今まで写真でしか見たことがなかったわ。42G：富士山はとてもきれいだね！　窓が掃除されているから，外が見やすいよ。列車全体がすごくきれいだ。43R：運行の間に毎回，作業員の人たちが車両を清掃してくれるから，乗客は快適なのよ。44K：それに，座席が広いから，リラックスできるしね。45車内アナウンス　「新幹線は名古屋に到着しました」46G：わあ，もう名古屋だ。まだ10時10分だよ。次の停車駅はどこ？47K：次は僕たちが降りる駅，京都さ！48D：ケン，あなたは京都に何回行ったことがあるの？49K：これが２回目だけど，新幹線にはよく乗るよ。50G：人がたくさん乗ってきたよ。新幹線には一度に何人ぐらい乗れるんだい？51K：例えばこの新幹線なら，1300人以上が乗るスペースがあるよ。52R：それに，50年を超える歴史の中で，新幹線は10億人以上の乗客を運んできたのよ。(e)そしてその間，事故は一度もないの。53D：新幹線は本当に安全な旅行手段だね！54 25分後。55G：今何時？56R：10時38分よ。57G：本当？　時間が過ぎるのは速いね。２時間以上たったなんて信じられない。もうすぐそこだね。58K：もうすぐ，僕たちは今よりさらに速く移動できるようになる。ある鉄道会社が，時速400キロものスピードで走る新幹線を開発したんだ。59D：次に日本に来たら，それに乗りたいな。日本の会社はそれを完成させるのにずいぶんがんばったんでしょうね。このニュースは，日本中の多くの人を興奮させたに違いないわ。60R：そう！　新幹線の発展は，時間的正確さ，快適さ，そして安全が重要視される日本の文化と結びついているの。61G：それはとても興味深いね！62車内アナウンス　「まもなく京都に停車します」63R：支度をしましょう。もうすぐ京都に着くわ。64D：片づけなきゃ。さあさあ！

〔問１〕＜適文選択＞(a)きれいな景色を見てほしいので窓側の席をどうぞ，というリサへのお礼の言葉が適する。　(b)ここでは，新幹線の速度が話題になっている。　(c)この前後では，新幹線や日本の鉄道の運行時間の正確さが話題になっている。　(d)窓の外に富士山が見えることをジョージとディアーヌに知らせたのである。　(e)ここでは，新幹線の安全性が話題になっている。

〔問２〕＜整序結合＞騒音とスピードの問題に取り組む技術者たちが，新幹線の先頭車両を鳥のくちばしに似せてデザインした，という内容に続く部分。They thought that の後には‘主語＋動詞…’の形の文がくる。過去形の文であることから，‘動詞’は needed だと判断できる。また，語群から，the shape of the front of the shinkansen「新幹線の先頭車両の形」と，be similar to ～「～に似ている」を用いた be very similar to the beak「くちばしそっくり」というまとまりがつくれる。さらに，that の後の to，needed to の to とも to不定詞として用いると考えられるので，後には動詞の原形を置くことになるが，「くちばしそっくり」という内容に対応する‘主語’には the shape のまとまりがふさわしいので，needed to の後に be が，that to の後に increase がくるとわかる。increase は，これと対比して用いられている reduce とともに，‘目的’を表す to不定詞のまとまりとして主語の前に置くことになる。　They thought that to increase speed and reduce noise the shape of the front of the shinkansen needed to be very similar to the beak.

〔問３〕＜内容真偽＞①「ディアーヌは初めて新幹線に乗り，東京駅で人々がホームで並んでいるのに驚いたが，ジョージは新幹線が初めてではなかった」…×　第４段落参照。ジョージも初めてだった。　②「ケンとジョージは景色を楽しむために窓側に座り，リサとディアーヌは海を見るために反対側の窓側の席に座った」…×　第９，10段落参照。ジョージとディアーヌは窓側，ケンとリサは通路側に座った。　③「フランスはイギリスより時間の正確さの意識が強く，日本はフランスよりさらに強い」…×　第30段落および第32段落参照。列車が公式に遅延とされるのは，イギリスでは10分遅れ，フランスでは15分遅れのとき。　④「運転士と整備士の努力だけでなく，乗客の協力も新幹線の時間の正確さを成り立たせている」…○　第38段落参照。　⑤「作業員は運行後にときどき車内を清掃し，新幹線の座席にはゆとりがほとんどないので，私たちはリラックスできる」…×　第43，44段落参照。　⑥「４人の学生が乗った新幹線は，東京駅を出発してから２時間以上たって名古屋駅に着いた」…×　第６段落および第46段落参照。東京駅８時半発で，名古屋駅に10時10分に着いた。　⑦「新幹線は50年を超える期間に何億人もの乗客を安全に運んだ」…×　第52段落参照。10億人以上を運んでいる。　⑧「新幹線に乗ることで，リサは，その発展が日本文化と社会に結びついていることを学んだ」…○　第60段落参照。

〔問４〕＜内容一致─適語補充＞≪全訳≫僕は，日本の友達と，もう１人のホームステイの学生と一緒に新幹線で京都に行った。車内で僕たちは新幹線についてたくさん話をして，それには４つの優れた点があることを僕は知った。第１に，新幹線はとても速く走る。最高時速は285キロだ。多くの場所に早く行くことができる。第２に，新幹線はほとんどいつも時間どおりだ。列車の職員の努力がこれを可能にしている。また，職員と乗客が協力しているからできるんだ。新幹線を使うことで，僕たちは旅行や仕事の計画を簡単に，遅れを心配せずに立てることができる。第３に，列車全体が清潔で座席がゆったりしているので，僕たちは快適な旅行を楽しめる。最後に，新幹線は安全だ。50年以上前に新幹線ができて以来，事故は起こっていない。これらの優れた点のおかげで，新幹線は日本の人々にこんなに人気があるのだと思う。もし君が日本に来たら，新幹線で旅行してほしい。すてきな時間を過ごせると思うよ。

＜解説＞a．第26段落および第28段落参照。on time で「時間どおりに」。　b．第36～38段落参照。cooperation や teamwork で表されている内容を，work together と書き換える。　c．時間に正確なのだから，遅れの心配がないことになる。　without ～ing「せずに」　d．次の文に，事故を起こしていないとあることから，安全なのだとわかる。

3〔長文読解総合─説明文〕

≪全訳≫**1**皆さんはお正月に何を食べるだろうか。多くの人は餅を食べる。日本の伝統的な食べ物である餅は，長寿を願って食べるものだが，他の食べ物と同じように，新鮮なうちに食べなければならない。鮮度が落ちると何が起こるだろうか。ご存じのように，白や緑のものが餅に生えてくることがよくある。これをカビという。カビが餅を覆ってしまうと，もう食べることはできない。**2**カビは不気味に見えるし，食べ物を危険にすることもあるので，普通は悪いものだと思われる。しかし，20世紀初頭に，あるイギリスの科学者がカビからすばらしい薬をつくった。その名はペニシリンだ。それは，それまでどんな薬でも治せなかった感染症にかかった多くの人の命を救った。それまでは，カビが感染症の治療に役立つとは誰も思っていなかった。しかし今，多くの人を救うために，私たちはカビからつくられたたくさんの薬を使っている。**3**カビは菌類の一種である。菌類は５億年以上前から地球上に生息しているので，人間よりも長い歴史を持っている。菌類は生物だが，植物でも動物でもない。私たちの周囲にはさまざまな種類の菌類がいる。例えば，シイタケは菌類の一種だ。私たちはそれを食べられるし，私たちの体を健康で強くしてくれる多くの栄養分を摂取できる。❹パンをつくるときには，イースト菌という別の菌が使われる。初めて家でパンをつくった多くの人は，イーストがどれほどパンの生地を膨らませるかに驚く。これは，イースト菌が生地の栄養分を分解するときに発生する炭酸ガスによるものである。生地が温かいと，炭酸ガスが何度も発生する。それがパンをよりおいしくする。❺このように，菌類は薬として私たちの健康に，食品として私たちの食生活に役立っている。しかし，菌類については他にもおもしろいことがたくさんある。実際，世界の一部の地域の人々は，菌類を使って環境により優しい農作物を生産し始めている。菌類は世界の農業問題を解決しつつある。人口が増加している今日，地球上に住む全ての人々のために十分な食料を生産することは，以前ほど簡単ではない。そのため，私たちに悪影響を及ぼすだけでなく，土壌の健康状態も悪化させる化学肥料が多く使用されるようになった。私たちは，環境により優しい方法で作物を生産しなければならない。このため，一部の科学者は「アーバスキュラー菌根菌」を研究し，その菌がより安全な方法で農作物を生産するのに適していることを発見した。アーバスキュラー菌根菌は植物の根に生息し，根から土に菌糸を広げる。科学者によると，菌糸は土壌の状態が悪くても，土壌から多くの水と栄養分を吸い上げて植物に送り込むことができる。この菌類を作物の生産に利用することで，化学肥料の助けを借りずに，環境により優しい方法で農作物をより育てやすくできるだろう。❻また，菌類は今，アフリカの大きな問題の解決に使われている。アフリカというと，草木の生えない砂だらけの砂漠を思い浮かべるかもしれない。セネガルのある研究センターは，そんな砂漠でも植物が育つのを助けるため，菌類の利用に取り組み始めている。このプロジェクトでは，研究者は砂漠からさまざまな種類の菌類を採取し，それぞれの菌類がアフリカの砂漠でよく見られるナツメの木にどう作用するのかを調べた。彼らは，「グロムス・アグレガトゥム」という菌を選んだ。この菌は砂漠でも生きていける。ナツメの幼木にグロムス・アグレガトゥムをつけると，根が大きくなるので，木がよく育つのに必要な栄養分を土から取り込めるようになる。研究チームは，この菌が，砂漠の厳しい環境下でもナツメの木が丈夫に育つのに役立つことを突き止めたのだ。❼研究者たちは，グロムス・アグレガトゥムのはたらきが，「グレート・グリーン・ウォール」という大規模なプロジェクトの一部になることを期待している。このプロジェクトの目標は，幅15キロメートル，長さ7775キロメートル，アフリカの最西端の都市から最東端の都市まで11か国にわたる広大な森をつくることだ。このプロジェクトは2007年に始まり，アフリカ諸国だけでなく世界中の多くの国々が取り組んでいる。プロジェクト開始から10年たって，すでに1000キロメートル以上が完成している。❽このプロジェクトがなぜ重要なのだろうか。現在，アフリカの森林面積は以前よりも小さくなっており，将来的には今の面積よりも小さくなるかもしれない。この深刻な砂漠化問題は，現地で今起きているさまざまな問題の1つにすぎない。しかし，アフリカの人々や他の国の人々がこの砂漠化問題に取り組めば，アフリカの人々は他のいくつかの問題も解決できるようになるだろう。グレート・グリーン・ウォールの木々は，土壌を作物を育てるのに適したものにできる。そうすれば，人々はその壁の周辺でより多くの新しい作物を育てることができるようになる。人々は，自国で食料をより多く生産できるようになり，地元でビジネスを創出できるだろう。このように，このプロジェクトは砂漠化問題の解決だけでなく，貧困の削減にも貢献するだろう。❾菌類は多くの場合，目に見えないほど小さいので，ふだんあまり考えることはない。しかし，私たちは長年にわたり，菌類を利用して生活を向上させてきた。そして今，菌類は農業問題や砂漠化，貧困など，地球規模の問題の解決に役立っている。これから先，菌類の研究を進めれば，人間は菌類を利用することが増え，新しい技術をつくり出し，今まで誰も想像しなかったような夢を実現できるかもしれない。菌類は地球を救うことができるのだ。

〔問1〕＜要旨把握＞①「白や緑のカビは新鮮で安全に食べられる食べ物に生える」…×　第1段落第4～最終文参照。　②「カビは危険な食べ物なので，人々はそれが自身にとってよくないものだと思った」…×　第２段落第１文参照。カビ自体は食べ物ではない。　③「イギリスの科学者によって，感染症を治す薬がカビからつくられた」…○　第２段落第２～４文に一致する。　④「ペニシリンができるまでは，カビを薬に使えるなんて誰も想像していなかった」…○　第２段落第５文に一致する。　⑤「地球上には多くの種類のカビがあり，菌類はその一種だ」…×　第３段落第１文参照。

〔問２〕＜適語（句）選択＞(2)-a．空所の前には，「それまでは，カビが感染症の治療に役立つとは誰も思っていなかった」とあるが，後ろには「私たちはカビからつくられたたくさんの薬を使っている」とあり，前後で相反する内容が書かれているので，But now「しかし今」が適切。　(2)-b．直前の文の「さまざまな種類の菌類」の一例として「シイタケ」を挙げているので，For example「例えば」が適切。

〔問３〕＜適文選択＞空所(3)を含む第５段落第６文では，化学肥料が健康や土壌に悪影響を及ぼすことが述べられ，これに続けて，菌類が環境に優しい農業生産に役立つと述べられている。こうした内容の段落の最後にくる文として，ウ．「（この菌類を作物の生産に利用することで，）化学肥料の助けを借りずに，環境により優しい方法で農作物をより育てやすくできるだろう」が適する。

〔問４〕＜英問英答＞「セネガルの研究センターの研究者が『グロムス・アグレガトゥム』という菌を選んだのはなぜか」―イ．「『グロムス・アグレガトゥム』をつけることによって，ナツメの幼木が砂漠で強く育つから」　下線部(4)の２つ後の文に，理由が述べられている。

〔問５〕＜整序結合＞グレート・グリーン・ウォールの説明となる部分。This project's の直後に goal を置き，「このプロジェクトの目標は」という主部をつくる。語群や，これに続く内容から，この主部に対応する述部の内容が「広大な森をつくることである」といったものになると判断できる。これを，名詞的用法の to不定詞を用いて is to build a large forest とまとめ，主部の後に置く。that は主格の関係代名詞として使い，後に will be を続けて forest を修飾する大きな関係代名詞のまとまりをつくる。

〔問６〕＜適語補充＞直後の文の This serious desertification problem「この深刻な砂漠化問題」が空所(6)-a・(6)-b を含む文の内容を指しているので，森林面積が「より小さく」なっているのだとわかる。smaller は，第９段落第１文にある。

〔問７〕＜適語補充＞本文全体，そして最終段落のまとめとなる最終文の内容として，「菌類は地球を救うことができる」とするのが適切。save「救う」は第２段落最終文にある。

〔問８〕＜内容真偽＞①「菌類は，人類が誕生するはるか以前から地球上に生息していた植物の一種である」…×　第３段落第３文参照。植物ではない。　②「イースト菌はカビの一種で，生地の栄養分を分解するときに炭酸ガスを発生させるのでパンが大きくなる」…×　第４段落第１文参照。イースト菌もカビも菌類の一種である。　③「カビ，シイタケ，イースト菌はいずれも菌類だが，その見た目や利用方法は大きく異なる」…○　第２～４段落の内容に一致する。　④「アーバスキュラー菌根菌は，植物の根の中に菌糸を広げ，そこから植物に水や栄養を送り込むことができる」…×　第５段落終わりから３，２文目参照。植物の根から土の中へと菌糸を広げる。　⑤「セネガルの研究所の研究者は，砂漠でも育つ強い木が欲しいと考え，さまざまな種類の菌の研究を始めた」…○　第６段落第３，４文に一致する。　⑥「21世紀初頭に始まったグレート・グリーン・ウォール・プロジェクトは，その目標のほとんどを終えている」…×　第７段落第２文および最終文参照。計画の全長7775キロのうち，1000キロが完成している。　⑦「現在，アフリカの11か国だけがグレート・グリーン・ウォール・プロジェクトに取り組んでいるので，将来的には他の国も協力してくれることを期待している」…×　第７段落第３文参照。アフリカだけでなく世界の多くの国々が取り組んでいる。　⑧「アフリカの砂漠化問題を解決することは，貧困など他の問題の解決にもつながるため，非常に重要である」…○　第８段落に一致する。

4〔長文読解総合―説明文〕

≪全訳≫❶私たちは今，「人新世」に生きていると言う人がいる。人新世とは，21世紀の初めに一部の科学者が使い始めた時代区分の名称だ。Anthropoは英語でいうと「人」，ceneは「新しい」を意味する。彼らは地球の歴史の中で最も新しい時代を人新世の時代と呼んでいるが，それは，人間の活動が地球環境に大きな影響を与えているからだ。もちろん，動物もその一例である。❷動物はどの種も，その環境の中で生き残るために何十億年もかけて進化してきた。例えば，それぞれの種の進化の過程によって，それぞれの動物の見た目が決まってきた。そのおかげで，それぞれの種は捕食者からよりうまく身を守り，周囲の環境の中で生き残ることができている。地球の歴史では，このような進化にはたいてい長い時間がかかってきた。しかし，人新世が始まってから，いくつかの種は非常に短い期間で見た目を変えた。この時代には，人間の活動が早い変化を引き起こしている。その一例が，オオシモフリエダシャクというガの一種だ。❸オオシモフリエダシャクはヨーロッパに生息する。体は白色で，羽に霜降り模様がある。イギリスに生息しているガのほとんどはかつて，このような明るい色をしていた。しかし，19世紀後半，オオシモフリエダシャクの色が，特に工場地帯で濃くなり始めた。❹なぜこのような変化が起こったのだろうか。19世紀初頭，工場がどんどん建てられた。これらの工場から出る黒煙が引き起こす大気汚染で，工場周辺の樹皮に付着していた地衣類が大量に死滅し，樹皮の色が黒くなった。オオシモフリエダシャクは日中，この木にとまって休む。地衣類が樹皮に生えて樹木が明るく見えると，白色のガは捕食者である鳥から身を隠しやすい。しかし，地衣類が樹皮を覆わず樹木が黒っぽく見えると，鳥は暗い色のオオシモフリエダシャクを見つけることがなかなかできない。このように変化した環境の中で，暗い色のガは生き残る確率が高くなる。実際，工場から離れた田園地帯に住む同じ種類のオオシモフリエダシャクは明るい色のままだ。❺1953年と1955年に，あるイギリスの研究者が，暗い色のオオシモフリエダシャクは鳥から身を隠しやすいということを示す実験を行った。研究グループは，工場地帯の近くの森と田園地帯の森にたくさんのオオシモフリエダシャクを放した。そして，しばらくして生き残ったガを捕らえた。その結果が次のページの表に示されている。表中の数字は，明るい色のガと暗い色のガを何匹放し，何匹捕らえたかを示す。工場地帯では，暗い色のオオシモフリエダシャクの方が，より多く生き残ることができたことが見て取れる。オオシモフリエダシャクがどこに住み，どのような姿をしているかが，種の生き残りのためにとても重要なのだ。

地域(年)	放した数／再捕獲数	明るい色のガ	暗い色のガ
工場地帯(1953)	放した数	137	447
	再捕獲数	18	123
工場地帯(1955)	放した数	64	154
	再捕獲数	16	82
田園地帯(1955)	放した数	496	473
	再捕獲数	62	30

❻しかし，暗い色のオオシモフリエダシャクが増えてきたのには他の要因が影響しているかもしれないと言う科学者もいる。実際，科学者たちは現在，このガの遺伝子について研究をしているので，いつかそれについてもっと詳しくわかるようになるだろう。これはまだ研究中だが，環境の変化が何らかの形でオオシモフリエダシャクの色の変化につながっていることは確かだ。これは，人新世の時代において，人間の活動が以前に増して動物の生態に影響を与えていることを示す一例といえるだろう。❼実際，人新世の時代には，人間の活動は動物だけでなく植物にも影響を与えている。オオシモフリエダシャクと同様に，ある種の植物がごく短期間にその姿を変えたのだ。オオシモフリエダシャクの場合，人間が環

境を変えたことで，その一部は捕食者から身を隠すために色が暗くなった。しかし，この植物の場合，捕食者は人間である。つまり，人間の活動がこの植物により直接的な影響を及ぼしたということだ。この植物の名は，フリチラリア・デラバイである。❽フリチラリア・デラバイは中国に生育する。昔は，花は明るい黄色，葉は明るい緑色だけだった。球根に薬草成分があるので，人々は少なくとも2000年前から，薬をつくるためにそれを採取してきた。しかし，20世紀後半になると，この薬の必要性が中国だけでなく他の国でも高まってきた。それ以来，中国の人々はそれをより多く採取するようになった。これにより，植物に異変が起き始めたのだ。❾フリチラリア・デラバイに何が起こったのか。答えはこうだ。つまり，花と葉の色が暗くなったのである。今では灰色や茶色になっているものもある。なぜだろうか。フリチラリア・デラバイは山の中の岩や石に近いところに生えているので，灰色や茶色のような暗い色は目立ちにくい。／→B．捕食者である人間にとって，そのような場所で明るい色の植物と暗い色の植物ではどちらが見つけやすいだろうか。／→D．この質問に答えるのは簡単だ。／→A．しかし，中には前のとおり明るい色のままでいるものもある。／なぜそうなったのだろうか。❿中国で6年間にわたって行われた調査によると，山の頂上付近の非常に高い場所のような，人間が行きにくい所に生えているフリチラリア・デラバイは明るい色のままで，人間が行きやすい所に生えているものは暗い色になっている。誰も採りに来なければ，次の世代は自分を目立ちにくくする必要がないので，明るい色のままだろう。しかし，人間の近くに生えているものの次の世代は，自分を目立ちにくくするために暗い色になるだろう。ここでも，フリチラリア・デラバイがどこに生え，どのように見えるかが，種が生き残るためにとても重要である。⓫このような色の変化を引き起こした要因は他にもあるかもしれない。この植物の遺伝子の研究を始めた研究者はまだいないが，フリチラリア・デラバイを研究したいと思う科学者は増えてきている，なぜなら，この植物は急速に色が変化した数少ない例の1つだからだ。⓬地球上の生命は，何十億年もかけてさまざまな要因で進化してきたが，現在では人間の活動がそれに与える影響は以前より大きくなっている。この時代を「人新世」と呼ぶ人もいるが，地球は人間だけでなく，そこに生きる全てのもののためにある。人新世から未来のより良い時代に移行するために，私たちはあらゆる努力をしなければならない。これをいつ実現できるかはわからないが，確かにいえるのは，すぐにでも実現した方が良いということだ。

〔問1〕＜適所選択＞補う文は「地球の歴史では，このような進化にはたいてい長い時間がかかってきた」という内容。この文は人新世以前のことを説明したものなので，however「しかし」を伴って人新世の説明が始まる前のイが適切。今までは長い時間をかけて進化してきたが，人新世が始まってから，いくつかの種は非常に短い期間で変化した，という流れになっている。

〔問2〕＜要旨把握＞第4段落第2文以降が，この問いかけへの答えになっている。ここでは，工場の煙による大気汚染→木の樹皮に付着していた地衣類の死滅→樹皮の色が黒くなる→樹皮の上で休むオオシモフリエダシャクの羽の色が，捕食者の目を逃れるために黒っぽくなる，という過程が読み取れる。ウ．「工場地帯の近くの森の木の樹皮の色が，その上に生息していた地衣類の多くが死んだため，黒くなった」が，この流れに一致する。

〔問3〕＜適語(句)選択＞表の意味は第5段落最後の3文に述べられており，その2文目から，工場地帯の暗い色のオオシモフリエダシャクの方が，より多く生き残ることができたことがわかる。表中のdark mothsのreleased「放した数」とcaught again「再捕獲数」より，cの生存率がa，bに比べてかなり低いことがわかる。また，aとbではlight mothsよりdark mothsの方が生存率が高く，cではその逆となっている。ここから，aとbは工場地帯，cは田園地帯だと判断できる。

〔問4〕＜適語句補充＞前に「オオシモフリエダシャクと同様に」とあり，第4～6段落から，オオシモフリエダシャクが変えたのは「色」だとわかる。この内容を３語で表す語句として，「見た目，外見」を意味する how it looks「それがどのように見えるか」が適する。

〔問５〕<文章整序>フリチラリア・デラバイの変化の理由を述べた部分。Cの「もちろん，暗い色の植物は彼ら(人間)にとって見つけやすい」という内容は変化の方向として誤りなので，これは用いないとわかる。Dの this question はBの疑問文を指すと考えられるので，B→Dの順になる。空所の直後の「なぜそうなったのだろうか」は，Aの内容を受けたうえでの問いかけになっている。

〔問６〕<適語句補充>空所の直前の that から it までが，the influence を修飾する関係代名詞のまとまりで，現在，(　　)が地球上の生命に与える影響がより大きくなっている，という文脈になっている。ここまでの内容より，工場の煙や人間による採取をまとめる語句として，human activity「人間の活動」が適する。

〔問７〕<内容真偽>①「一部の科学者は，20世紀が始まった直後に『人新世』という名称を使い始めた，なぜなら彼らはそれが新しい人種の時代だと思ったからだ」…×　第１段落第２文参照。21世紀の初めに使われ始めた。　②「オオシモフリエダシャクの例からいえることは，人新世になってから，ある種の動物の色の変化のスピードを人間が急速に低下させ始めたということだ」…×　第２段落最後の２文参照。オオシモフリエダシャクの色は急速に変化した。　③「田園地帯に住んでいたオオシモフリエダシャクは，他の地域に工場が増えても，その場所の樹皮の色が以前と変わらなかったので，色が変わらなかった」…○　第４段落に一致する。　④「オオシモフリエダシャクの遺伝子を調べている研究者もいるので，イギリスの工場地帯で多くのオオシモフリエダシャクが環境を変えた理由も将来的にわかるだろう」…×　第６段落参照。オオシモフリエダシャクではなく人間の活動が環境を変えた。　⑤「オオシモフリエダシャクの捕食者は鳥ではなく人間なので，人間はフリチラリア・デラバイよりオオシモフリエダシャクにより直接的に影響を与えているといえる」…×　第４段落最後から４文目参照。オオシモフリエダシャクの捕食者は鳥である。⑥「フリチラリア・デラバイは，花や葉に薬草成分が含まれているため，中国の人々は昔から自分たちの健康にとって重要な植物だと考えていた」…×　第８段落第３文参照。薬草成分は球根に含まれている。　⑦「人が訪れやすい場所かどうかで，その場所で育つ次世代のフリチラリア・デラバイの色が決まる」…○　第10段落第１～３文に一致する。　⑧「他の場所に移動した植物がほとんどないため，近い将来，フリチラリア・デラバイの研究をする研究者が増えるだろう」…×　第11段落第２，３文参照。

〔問８〕<テーマ作文>「私たちが地球環境に及ぼす影響を減らすためにするべきことの１つは何か。なぜそうするのが重要なのか」　解答例の訳は「森で木を伐採するのをやめるべきだ。動植物の多くの種がそこに住んでいるので，このまま続けると，より多くの動植物が生息地を失ってしまう。もし私たちが木を切るのをやめれば，多くの種が安全になり，彼らの環境を破壊することもなくなるだろう」。（その他の表現例）pollute air and oceans「大気や海洋を汚染する」　save endangered species from extinction「絶滅危惧種を絶滅から救う」　protect tropical forests「熱帯雨林を保護する」　slow〔stop〕global warming「地球温暖化を遅らせる〔食い止める〕」

数学解答

1 〔問１〕 $-\dfrac{2\sqrt{6}}{9}$

〔問２〕 $x=\dfrac{1\pm\sqrt{19}}{2}$　〔問３〕 $\dfrac{11}{36}$

〔問４〕 ５通り　〔問５〕 下図

(例)

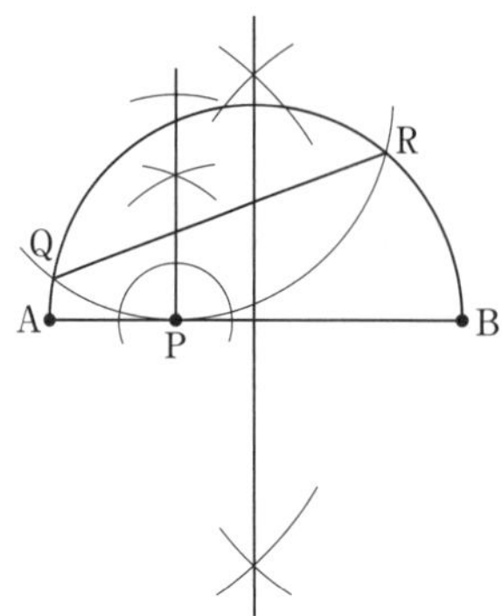

2 〔問１〕 $\dfrac{7\sqrt{5}}{4}$cm

〔問２〕 (1) $\dfrac{1-\sqrt{5}}{2}$, $\dfrac{1}{2}$　(2) $\dfrac{25}{6}$cm^2

3 〔問１〕 37.5°　〔問２〕 12：1

〔問３〕 (例)△ABCと△ECDにおいて，仮定より，BC＝CD……①，∠BAC＝∠CED……②　△ABCは二等辺三角形なので，∠ABC＝∠ACB……③　△ECDは二等辺三角形なので，∠ECD＝∠EDC……④　②，③，④より，∠ABC＝∠ACB＝∠ECD＝∠EDC……⑤　①，⑤より，1組の辺とその両端の角がそれぞれ等しいので，△ABC≡△ECD　合同な図形の対応する辺の長さは等しく，△ABCと△ECDは二等辺三角形なので，AB＝AC＝EC＝EDとなる。したがって，AB＝ED……⑥　点Bと点Eを結ぶ。△ABDと△EDBにおいて，⑤より，∠ABD＝∠EDB……⑦　共通なので，BD＝DB……⑧　⑥，⑦，⑧より，2組の辺とその間の角がそれぞれ等しいので，△ABD≡△EDB　合同な図形の対応する角の大きさは等しいので，∠BAD＝∠DEB　点Aと点Eは，直線BDについて同じ側にあるので，円周角の定理の逆より，点Eは，円Oの周上にある。

4 〔問１〕 (1) 24通り　(2) 20分

〔問２〕 $\dfrac{1800}{7}\leqq a\leqq 288$

1 〔独立小問集合題〕

〔問１〕＜数の計算＞与式$=\dfrac{2\times\sqrt{3}}{3\sqrt{3}\times\sqrt{3}}(1-4\sqrt{2}+8)-2\sqrt{3}\times\dfrac{3-\sqrt{2}}{3}=\dfrac{2\sqrt{3}(9-4\sqrt{2})}{9}-\dfrac{2\sqrt{3}(3-\sqrt{2})}{3}$
$=\dfrac{2\sqrt{3}(9-4\sqrt{2})-3\times2\sqrt{3}(3-\sqrt{2})}{9}=\dfrac{18\sqrt{3}-8\sqrt{6}-18\sqrt{3}+6\sqrt{6}}{9}=-\dfrac{2\sqrt{6}}{9}$

〔問２〕＜二次方程式＞両辺を10倍すると，$10x^2+3(2x-3)=8x(x+1)$，$10x^2+6x-9=8x^2+8x$，$2x^2-2x-9=0$となるので，解の公式より，$x=\dfrac{-(-2)\pm\sqrt{(-2)^2-4\times2\times(-9)}}{2\times2}=\dfrac{2\pm\sqrt{76}}{4}=\dfrac{2\pm2\sqrt{19}}{4}$
$=\dfrac{1\pm\sqrt{19}}{2}$である。

〔問３〕＜確率―ボール＞袋A，Bにはそれぞれ6個のボールが入っているので，袋A，Bから同時にそれぞれ1個のボールを取り出すとき，取り出し方は全部で$6\times6=36$(通り)あり，a，bの組も36通りある。このうち，$\dfrac{\sqrt{b}}{\sqrt{a}+\sqrt{b}}$が有理数となるのは，$a=0$のとき，$\dfrac{\sqrt{b}}{\sqrt{0}+\sqrt{b}}=\dfrac{\sqrt{b}}{\sqrt{b}}=1$より，$b$の値に関係なく有理数となるので，$b=1$，2，3，5，7，9の6通りある。$a=2$のとき，$\dfrac{\sqrt{b}}{\sqrt{2}+\sqrt{b}}$

より，kを整数(有理数)として$\sqrt{b}$が$k\sqrt{2}$のように表せればよいから，$b=2$の1通りある。$a=4$のとき，$\dfrac{\sqrt{b}}{\sqrt{4}+\sqrt{b}}=\dfrac{\sqrt{b}}{2+\sqrt{b}}$より，$\sqrt{b}$が整数(有理数)になればよいから，$b=1$，9の2通りある。$a=6$のとき，$\dfrac{\sqrt{b}}{\sqrt{6}+\sqrt{b}}$より，$\sqrt{b}$が$k\sqrt{6}$のように表せればよいが，このようになる$b$の値はない。以下同様にして，$a=7$のとき，$\dfrac{\sqrt{b}}{\sqrt{7}+\sqrt{b}}$より，$b=7$の1通りある。$a=8$のとき，$\dfrac{\sqrt{b}}{\sqrt{8}+\sqrt{b}}=\dfrac{\sqrt{b}}{2\sqrt{2}+\sqrt{b}}$より，$b=2$の1通りある。よって，$\dfrac{\sqrt{b}}{\sqrt{a}+\sqrt{b}}$が有理数となる$a$，$b$の組は$6+1+2+1+1=11$(通り)あるから，求める確率は$\dfrac{11}{36}$である。

〔問4〕＜データの活用―中央値＞整数が8個なので，中央値Mは，整数を小さい順に並べたときの4番目と5番目の平均値となる。aを除く7個の整数は，小さい順に，25，26，27，30，31，32，35だから，$a \leqq 27$のとき，4番目が27，5番目が30であり，中央値Mは$M=\dfrac{27+30}{2}=\dfrac{57}{2}$である。$28 \leqq a \leqq 30$のとき，4番目が$a$，5番目が30だから，中央値$M$は$M=\dfrac{a+30}{2}$と表せる。$a=28$，29，30だから，$M=\dfrac{28+30}{2}=29$，$\dfrac{29+30}{2}=\dfrac{59}{2}$，$\dfrac{30+30}{2}=30$となる。$a \geqq 31$のとき，4番目が30，5番目が31だから，中央値$M$は$M=\dfrac{30+31}{2}=\dfrac{61}{2}$となる。以上より，中央値$M$は，$M=\dfrac{57}{2}$，29，$\dfrac{59}{2}$，30，$\dfrac{61}{2}$の5通りある。

〔問5〕＜平面図形―作図＞右図で，線分ABを直径とする半円の中心をO，折り返した後の$\overset{\frown}{\mathrm{QR}}$を円周の一部とする円の中心をO′とする。点Oは線分ABの中点である。また，円O′は点Pで線分ABに接するので，O′P⊥ABである。さらに，$\overset{\frown}{\mathrm{AB}}$上の$\overset{\frown}{\mathrm{QR}}$を，線分QRを折り目として折り返すと，円O′の周上の$\overset{\frown}{\mathrm{QR}}$と重なるので，線分ABを直径とする半円の半径と円O′の半径は等しい。つまり，OA＝O′Pとなる。よって，作図は，線分ABの垂直二等分線を引いて点Oを求め，次に，点Pを通り線分ABに垂直な直線を引き，この直線上にOA＝O′Pとなる点O′を求め，点O′を中心とする半径O′Pの円の弧をかく。この円の弧と$\overset{\frown}{\mathrm{AB}}$の交点がQ，Rだから，この2点Q，Rを結ぶ線分を引く。解答参照。

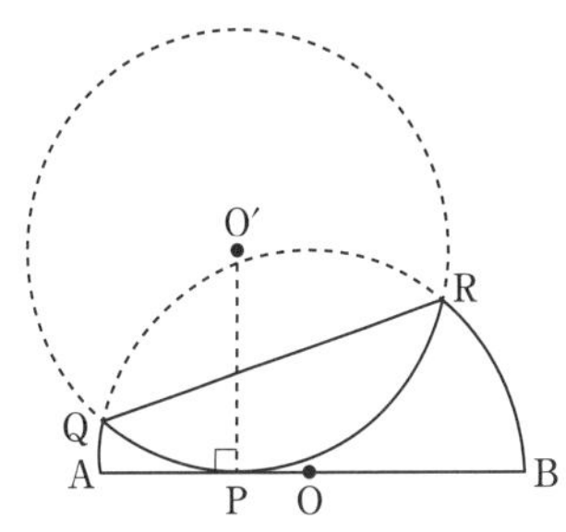

2〔**関数―関数$y=ax^2$と一次関数のグラフ**〕

≪基本方針の決定≫〔問2〕(2)　CP∥ABであることに気づきたい。

〔問1〕＜長さ―三平方の定理＞右図1で，2点C，Pの間の距離は，線分CPの長さである。点Cを通りy軸に平行な直線と，点Pを通りx軸に平行な直線の交点をHとする。2点C，Pは放物線$y=x^2$上にあり，x座標がそれぞれ-2，$\dfrac{3}{2}$だから，$y=(-2)^2=4$，$y=\left(\dfrac{3}{2}\right)^2=\dfrac{9}{4}$より，C$(-2,\ 4)$，P$\left(\dfrac{3}{2},\ \dfrac{9}{4}\right)$となる。これより，CH＝$4-\dfrac{9}{4}=\dfrac{7}{4}$，PH＝$\dfrac{3}{2}-(-2)=\dfrac{7}{2}$となるから，△CHPで三平方の定理より，求める距離はCP＝$\sqrt{\mathrm{CH}^2+\mathrm{PH}^2}=\sqrt{\left(\dfrac{7}{4}\right)^2+\left(\dfrac{7}{2}\right)^2}=\sqrt{\dfrac{245}{16}}=\dfrac{7\sqrt{5}}{4}$(cm)となる。

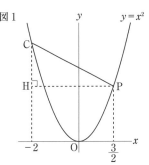

図1

〔問2〕＜x座標，面積＞(1)右図2で，図形Dが三角形となるのは，3点A，P，Bがこの順に一直線上に並ぶときと，3点C，B，Pがこの順に一直線上に並ぶときが考えられる。このときの点PをそれぞれP_1，P_2とする。3点A，P_1，Bが一直線上に並ぶとき，点P_1は放物線$y=x^2$上にあり，x座標がtだから，$y=t^2$より，$P_1(t,\ t^2)$と表せる。A$(-1,\ 0)$，B$(0,\ 1)$より，直線ABは，傾きが$\dfrac{1-0}{0-(-1)}=1$，切片が1であり，その式は$y=x+1$となる。点P_1は直線$y=x+1$上にあるので，$t^2=t+1$が成り立ち，$t^2-t-1=0$となる。解の公式より，$t=\dfrac{-(-1)\pm\sqrt{(-1)^2-4\times1\times(-1)}}{2\times1}=\dfrac{1\pm\sqrt{5}}{2}$となり，$-1<t<0$だから，$t=\dfrac{1-\sqrt{5}}{2}$である。3点C，B，$P_2$が一直線上にあるとき，同様に，$P_2(t,\ t^2)$と表せる。〔問1〕よりC$(-2,\ 4)$だから，直線BCは，傾きが$\dfrac{1-4}{0-(-2)}=-\dfrac{3}{2}$，切片が1であり，その式は$y=-\dfrac{3}{2}x+1$となる。点$P_2$は直線$y=-\dfrac{3}{2}x+1$上にあるので，$t^2=-\dfrac{3}{2}t+1$が成り立ち，$2t^2+3t-2=0$となる。解の公式より，$t=\dfrac{-3\pm\sqrt{3^2-4\times2\times(-2)}}{2\times2}=\dfrac{-3\pm\sqrt{25}}{4}=\dfrac{-3\pm5}{4}$となるので，$t=\dfrac{-3-5}{4}=-2$，$t=\dfrac{-3+5}{4}=\dfrac{1}{2}$となり，$t>0$より，$t=\dfrac{1}{2}$である。以上より，$t=\dfrac{1-\sqrt{5}}{2}$，$\dfrac{1}{2}$である。

図2

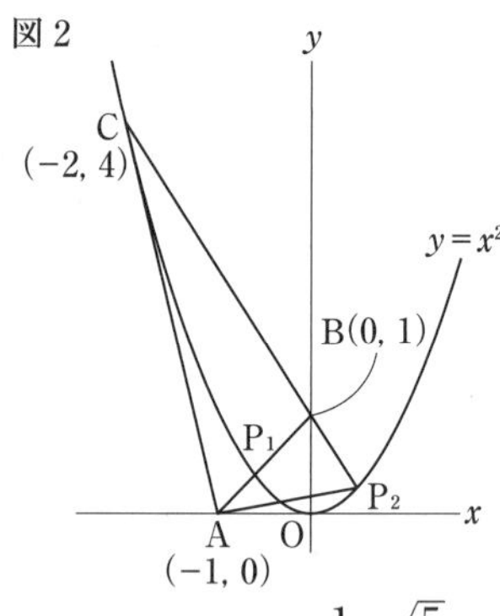

(2)右図3で，線分APと線分BCの交点をEとすると，〔図形D〕＝△ACE＋△BPEとなる。$t=3$のとき，$t^2=3^2=9$より，P$(3,\ 9)$となるから，C$(-2,\ 4)$より，直線CPの傾きは$\dfrac{9-4}{3-(-2)}=1$である。(1)より，直線ABの傾きも1だから，CP∥ABとなる。これより，△ABC＝△ABPとなる。△ACE＝△ABC－△ABE，△BPE＝△ABP－△ABEより，△ACE＝△BPEとなるので，〔図形D〕＝2△BPEと表せる。A$(-1,\ 0)$だから，直線APの傾きは$\dfrac{9-0}{3-(-1)}=\dfrac{9}{4}$であり，その式は$y=\dfrac{9}{4}x+b$とおける。これが点Aを通るので，$0=\dfrac{9}{4}\times(-1)+b$，$b=\dfrac{9}{4}$となり，直線APの式は$y=\dfrac{9}{4}x+\dfrac{9}{4}$となる。また，線分APと$y$軸の交点をFとすると，F$\left(0,\ \dfrac{9}{4}\right)$となり，B$(0,\ 1)$より，BF$=\dfrac{9}{4}-1=\dfrac{5}{4}$である。次に，(1)より，直線BCの式は$y=-\dfrac{3}{2}x+1$だから，点Eは2直線$y=\dfrac{9}{4}x+\dfrac{9}{4}$，$y=-\dfrac{3}{2}x+1$の交点である。$\dfrac{9}{4}x+\dfrac{9}{4}=-\dfrac{3}{2}x+1$より，$9x+9=-6x+4$，$15x=-5$，$x=-\dfrac{1}{3}$となるので，点Eの$x$座標は$-\dfrac{1}{3}$である。△BEFと△BPFの底辺を辺BFと見ると，△BEFの高さは$\dfrac{1}{3}$，△BPFの高さは3となるから，△BPE＝△BEF＋△BPF$=\dfrac{1}{2}\times\dfrac{5}{4}\times\dfrac{1}{3}+\dfrac{1}{2}\times\dfrac{5}{4}\times3=\dfrac{25}{12}$となり，〔図形D〕＝2△BPE$=2\times\dfrac{25}{12}=\dfrac{25}{6}$(cm²)となる。

図3

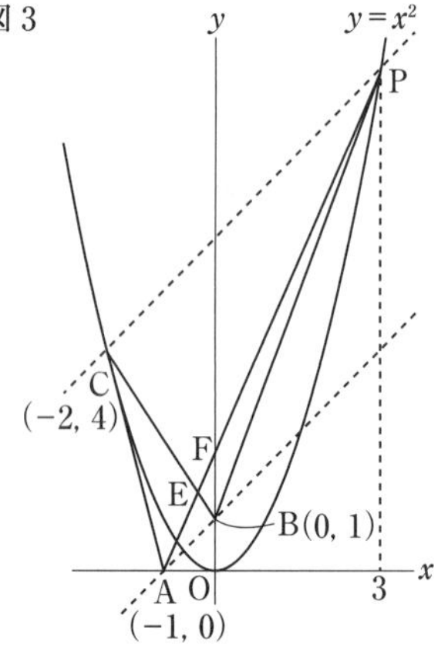

3 〔平面図形―三角形と円〕

〔問1〕＜角度＞次ページの図1で，円Oの半径より，AC＝CDだから，CD：CE＝AC：CE$=\sqrt{2}:1$

となる。CE＝DE だから，CE：DE：CD＝1：1：$\sqrt{2}$ であり，△ECD は直角二等辺三角形となる。よって，∠ECD＝45° となり，$\overset{\frown}{DF}$ に対する円周角と中心角の関係より，∠DBF＝$\frac{1}{2}$∠ECD＝$\frac{1}{2}$×45°＝22.5° である。また，AB＝AC，BC＝AC より，AB＝BC＝AC だから，△ABC は正三角形であり，∠ABC＝60° となる。したがって，∠ABF＝∠ABC－∠DBF＝60°－22.5°＝37.5° となる。

図1

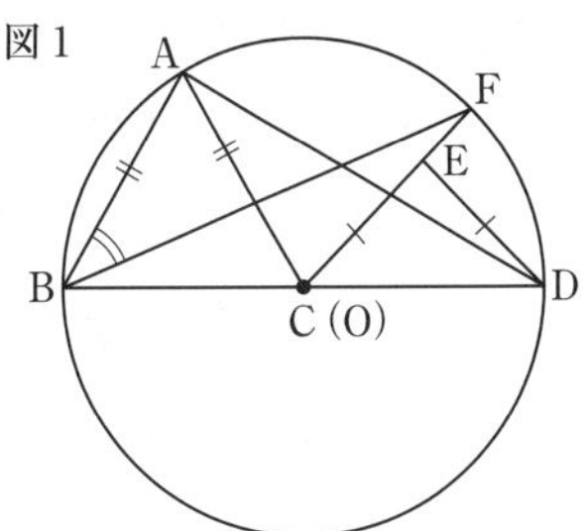

〔問2〕＜面積比＞右図2で，△ABC，△ECD はそれぞれ AB＝AC，EC＝ED の二等辺三角形であり，∠BAC＝∠CED だから，底角の大きさも等しくなり，∠ABC＝∠ACB＝∠ECD＝∠EDC である。∠ABD＝∠GCD，∠ADB＝∠GDC より，△ABD∽△GCD であり，相似比は BD：CD＝(2＋1)：1＝3：1 だから，△ABD：△GCD＝3^2：1^2＝9：1 となる。これより，△ABD＝9△GCD となる。また，△ABD：△ACD＝BD：CD＝3：1 だから，△ACD＝$\frac{1}{3}$△ABD＝$\frac{1}{3}$×9△GCD＝3△GCD である。次に，∠ACB＝∠EDC より，AC∥HD である。また，∠ABC＝∠EDC より，$\overset{\frown}{AD}$＝$\overset{\frown}{HB}$ である。これより，$\overset{\frown}{AD}$－$\overset{\frown}{AH}$＝$\overset{\frown}{HB}$－$\overset{\frown}{AH}$，$\overset{\frown}{HD}$＝$\overset{\frown}{AB}$ となるから，HD＝AB となる。AB＝AC より，AC＝HD となるので，四角形 ACDH は平行四辺形である。よって，△DHA＝△ACD＝3△GCD となり，〔四角形 ABDH〕＝△ABD＋△DHA＝9△GCD＋3△GCD＝12△GCD となるので，〔四角形 ABDH〕：△GCD＝12△GCD：△GCD＝12：1 である。

図2

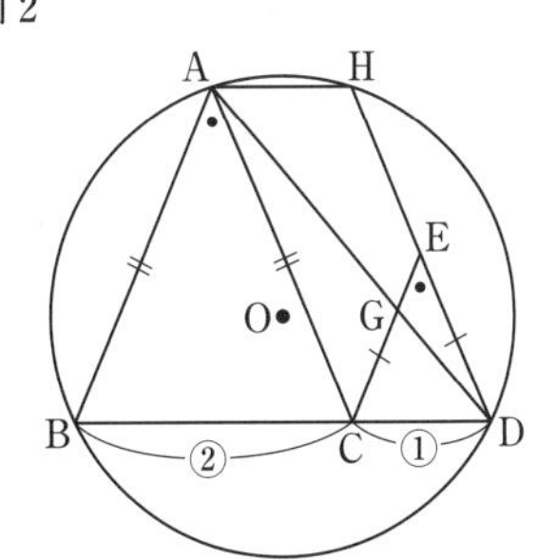

〔問3〕＜証明＞右図3で，2点B，Eを結ぶ。点Eが円Oの周上にあることをいうには，∠BAD＝∠DEB となることを示せばよい。△ABC と△ECD に着目して AB＝ED を示し，△ABD と△EDB に着目して∠BAD＝∠DEB を導く。解答参照。

図3

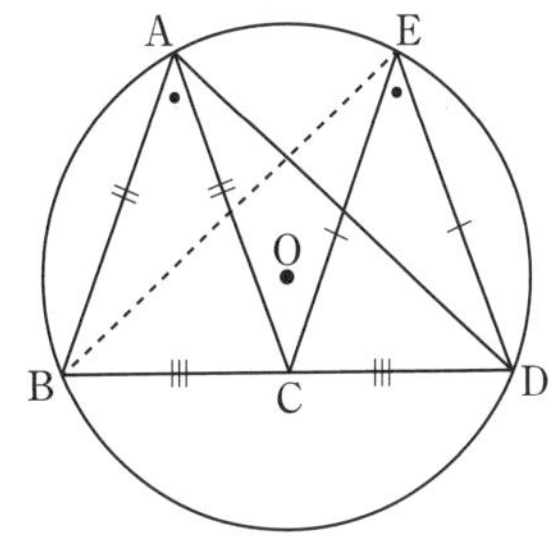

4 〔数と式〕

〔問1〕＜場合の数，連立方程式の応用＞(1)E組は②，③，⑥，⑦の4か所の中から1か所に入るので，E組の入り方は4通りある。F組は，E組が入らなかった3か所の中から1か所に入るので，3通りある。G組は，E組とF組が入らなかった2か所の中から1か所に入るので，2通りある。H組は，残りの1か所に入るので，1通りある。よって，1回戦の試合の組合せは4×3×2×1＝24(通り)ある。　(2)種目1，種目2の1試合の試合時間をそれぞれ x 分，y 分とすると，1試合の試合時間の比が2：3より，x：y＝2：3となり，$y=\frac{3}{2}x$……㋐と表せる。種目1は，1回戦で4試合，準決勝で2試合，決勝で1試合を行うので，決勝が終了するまで4＋2＋1＝7(試合)ある。試合と試合の間は5分あけ，決勝が終了するまでに7－1＝6(回)あるので，種目1の最初の試合が始まってから決勝が終了するまでにかかる時間は $7x+5\times6=7x+30$(分)となる。また，種目2は，5試合目が終了するまで，試合は5試合，試合と試合の間は5－1＝4(回)だから，種目2の最初の試合が始まってから5試合目が終了するまでにかかる時間は $5y+5\times4=5y+20$(分)となる。種目1の決勝と種目2の5試合目が同時に終了するので，$7x+30=5y+20$ が成り立ち，$7x-5y=-10$……㋑となる。㋐を㋑に代入して，$7x-5\times\frac{3}{2}x=-10$，$-\frac{1}{2}x=-10$ より，$x=20$ となるので，種目1の1試合の試合時間は20分である。

〔問２〕＜数量の計算＞A組の第１走者，第２走者，第３走者の速さはそれぞれ分速250m，分速240m，分速250mで，１周200mのトラックをそれぞれ10周，６周，９周するので，A組の第３走者から第４走者にタスキを渡すまでにかかる時間は，$\frac{200\times10}{250}+\frac{200\times6}{240}+\frac{200\times9}{250}=8+5+\frac{36}{5}=\frac{101}{5}$(分)となる。第３走者から第４走者に，B組がA組より12秒早くタスキを渡すとき，B組の第３走者から第４走者にタスキを渡すまでにかかる時間は$\frac{101}{5}-\frac{12}{60}=20$(分)となる。B組の第１走者，第３走者の速さはともに分速240mだから，この２人の走る時間の合計は$\frac{2000}{240}+\frac{1800}{240}=\frac{95}{6}$(分)である。よって，第２走者の走る時間は$20-\frac{95}{6}=\frac{25}{6}$(分)となるから，$1200\div\frac{25}{6}=288$より，第２走者の速さは分速288mであり，$a=288$である。また，第３走者から第４走者に，B組がA組より18秒遅くタスキを渡すとき，B組の第３走者から第４走者にタスキを渡すまでにかかる時間は$\frac{101}{5}+\frac{18}{60}=\frac{41}{2}$(分)となる。第２走者の走る時間は$\frac{41}{2}-\frac{95}{6}=\frac{14}{3}$(分)となるから，$1200\div\frac{14}{3}=\frac{1800}{7}$より，第２走者の速さは分速$\frac{1800}{7}$mであり，$a=\frac{1800}{7}$である。以上より，求める$a$の値の範囲は$\frac{1800}{7}\leqq a\leqq288$となる。

＝読者へのメッセージ＝

関数$y=ax^2$のグラフは放物線です。放物線は，円錐を平面で切断したときにも現れます。切断する角度を変えると双曲線も現れます。高校で学習します。

国語解答

一 (1) おおぎょう (2) つか
(3) しっく (4) たいぜんじじゃく

二 (1) 収束 (2) 護衛 (3) 散策
(4) 同工異曲

三 〔問1〕 エ 〔問2〕 ア
〔問3〕 大役を任され，心の中に生じた不安な思いが，真剣な宮川の表情を見たことにより，自分の使命を果たそうという決意へと変化した。(60字)
〔問4〕 イ 〔問5〕 ウ
〔問6〕 イ

四 〔問1〕 ウ 〔問2〕 エ
〔問3〕 イ 〔問4〕 キ
〔問5〕 ア 〔問6〕 エ
〔問7〕 (省略)

五 〔問1〕 ウ 〔問2〕 イ
〔問3〕 ウ 〔問4〕 エ
〔問5〕 イ

一 〔漢字〕

(1)「大仰」は，大げさなこと。 (2)音読みは「遣唐使」などの「ケン」。 (3)「疾駆」は，速く走ること，または速く走らせること。 (4)「泰然自若」は，落ち着いていて物事に動じないこと。

二 〔漢字〕

(1)「収束」は，混乱していた物事が一定の状態に落ち着くこと。 (2)「護衛」は，重要な人物につき添って守ること。 (3)「散策」は，特別な目的もなくぶらぶら歩くこと。 (4)「同工異曲」は，音楽や詩文などで，手法は同じであっても表現されたものが異なること。転じて，見かけは違っていても中身は同じであること。

三 〔小説の読解〕出典；鈴村ふみ『櫓太鼓がきこえる』。

〔問1〕<文章内容>「背中を押す」は，行動するかどうか迷っている人に決断を促すこと。気持ちを大切にして「一番いい呼び上げができる」ことだけに集中しようとした篤の思いが，篤自身への励ましになり，「思っていた以上」の声を出すことができたのである。

〔問2〕<文章内容>「場内の隅まで響くような」直之の声によって場内の雰囲気が変わり，「さきほどまでお喋りをしてい」た客に取組が始まる時間がきたことを気づかせ，おしゃべりをやめさせるきっかけとなったのである。

〔問3〕<心情>篤は，優勝決定戦の呼び上げをするという念願がかなったが，あまりに意外なことだったため，緊張と不安でぎくしゃくして足もすくんだ。しかし，「宮川さんの，腹を決めたような」顔を見て冷静さを取り戻し，「いい呼び上げをする」という自分の役割を果たすことだけを考えようという，強い気持ちを持ったのである。

〔問4〕<文章内容>宮川さんの取組はほんの十秒程度の出来事だったが，篤にとっては，初めて任された大役をやり遂げ，優勝決定戦という晴れの舞台での宮川さんの取組を一つ一つの細かい動作まで見守るという経験をした，これまでと全く違った取組として心に残ったのである。

〔問5〕<心情>宮川さんは，負けてしまったことに対して「苦笑してみせた」が，「その顔は晴れ晴れとして」おり，「力を出し切った」自分の取組に後悔はなく，「つえーな」という言葉も相手の強さを認め賞賛する思いから自然に出た言葉だということが，篤にもわかったのである。

〔問６〕＜表現＞「一拍ずつ鳴らされる」拍子木の擬音語は，緊張が高まってくる篤の様子をわかりやすく表現し，長く伸ばした呼び上げの声や行司の声は，実際の音に近い形で再現され，読者があたかも取組前の土俵をその場で見ている気持ちになるような工夫がされている。

四〔論説文の読解―自然科学的分野―技術〕出典；佐倉統『科学とはなにか　新しい科学論，いま必要な三つの視点』。

≪本文の概要≫二一世紀の科学技術は，一般市民，生活者，社会のためのものであるといえる。第一に，科学技術の内容が変化し人がその対象に含まれるようになったから，第二に社会全体の科学技術への依存度が高くなっているからである。第一の点に関しては，明確に自然界を対象とする科学である物理学や天文学でさえ，現代では観測者の影響を排除できない状況になっている。また，生命科学においては人とそれ以外の生物との境界は消失し続け，基礎研究の成果の受け取り手が専門家以外の人まで含むようになった。それに伴い，研究から得られた科学的事実は，本来中立な事柄なのに科学界の「外」に出ると，価値判断や好みが加わってしまうという事態が起こることを，科学者だけでなく科学技術を使う一般市民も知っておくべきである。知識には「誘惑幻惑効果」がはたらくため，ある知識を使うことが不適切な場合であっても知識を使ったり，不適切な説明文でもそうした知識が加わっていると高く評価したりする傾向があることにも注意が必要である。

〔問１〕＜文章内容＞自然界を観測対象として人は観測者だった物理学や天文学でさえ，「観測者の影響は排除できない」状況になり，生物学でも，領域が広がるにつれ「人とそれ以外の生物との境界」が消失していき，人を研究の対象として含む学問が現れるようになったのである。

〔問２〕＜文章内容＞「元来は共同体で確認していく社会的な営み」だった人の生や死が，現代では「出生も死亡も病院で」医療という科学技術によって「確認される」ようになったため，人生全体が科学技術に取り囲まれているかのように思われるのである。

〔問３〕＜文章内容＞オキシトシンが出ると気持ちが落ち着くというような本来「価値をともなわない中立な事柄」である科学的「事実」に，気持ちが落ち着くことは良いことだという「無意識の価値判断や好み」がはたらくと，「じつはなんの論理的つながりもない」のにハグしたり母乳をあげたりして気持ちを落ち着かせるという行動を「積極的に求めるべきだ」と思い込んでしまうのである。

〔問４〕＜文章内容＞一般人は，「不適切な説明」であっても，「説明の内容部分は同じなのに」，科学用語がある説明をない説明より高く評価した（①・②…×，③…○）。専門家は，科学的用語が用いられていても用いられていなくても，説明が適切かどうかで評価を決め，さらに，適切な説明文に科学的用語が加わったものは，「科学的用語の内容が不正確であり説明内容に適していない」という理由で，科学的用語のない説明文より低く評価した（④…○，⑤・⑥…×）。学生は，「一般の素人と同じく」不適切な説明文でも科学的用語がある方を高く評価し（⑦…×，⑧…○），「専門家とは真逆」で適切な説明文でも科学的用語がある方を高く評価した（⑨…×）。

〔問５〕＜文章内容＞知識の誘惑幻惑効果がはたらくため，説明する側も受ける側も，ワイスバーグの実験における一般人や学生のように，不適切な説明であっても「科学的な用語が使われるだけで満足」してしまうのに加え，科学的事実に価値判断が加わった疑似科学であっても普遍的に正しいことであると信じて「喜んで受け取ってしまう」のである。

〔問６〕＜表現＞前半では，二一世紀の科学技術は「一般市民，生活者，社会のためのもの」であると述べ，その理由として科学技術の内容が変化し人間が対象として含まれるようになったことと，生活のあらゆる面が科学技術に依存するようになったことの二点を論じている。後半では，科学技術が人間を対象とするようになったがゆえに，現代では科学的事実には「社会的価値と無関係ではいられない」部分があると指摘し，実証的な実験によって明らかにされてきた，知識の「誘惑幻惑効果」を取り上げ，「知識があることがその適切な使い方を妨げ」る危険性を指摘している。

〔問７〕＜作文＞ある知識を持っていると，その知識を使うのが不適切な場面で誘惑にかられ知識を使ってしまうという，知識の誘惑幻惑効果についての著者の説明を押さえたうえで，自分の考えをまとめる。字数やきまりを守って書く。

五〔論説文の読解―芸術・文学・言語学的分野―文学〕出典；松原朗『漢詩の流儀――その真髄を味わう』。

〔問１〕＜文章内容＞「漢水」の「水」は，「漢江」という自然界で川という具体的な形を持つ水のことである。「流水」は，「川を流れる水」のことで，「昼も夜も休むこと」なく流れていくと『論語』で語られたことから，「流水」を時間の流れにたとえるイメージが持たれるようになった。

〔問２〕＜文章内容＞「水」が物質としての水として観念化されて用いられる場合，「低いところに溜まる」や「谷川の下に位置する」という性質は「万物を受け入れて包容する」という，「自らの柔弱なる本性を決して変えない」性質は「自己を主張し続ける強靭性」という，老荘思想における理想的な人間像のたとえとなった。

〔問３〕＜品詞＞「喚起力を持つだけに」と「行っただけのことはあった」の「だけ」は，～だから，それ相当に，という意味。「書けば書くだけ」の「だけ」は，一方の程度が高まるにつれて，他方の程度も高まる，という意味。「二人だけで」の「だけ」は，～のみのように範囲を限定する用法。「やれるだけやってみる」の「だけ」は，～かぎりのように量や限度を表す用法。

〔問４〕＜文章内容＞「流水」が「時間の永続性」の比喩で用いられる場合，川の水が「永遠に尽きる」ことなく流れていくように，川の流れは人間の短く有限な人生を超えた「大きな時間の流れ」の存在を想定させ，「歴史」のような普遍的な人間の営みの可能性を信じる思想へとつながっていったのである。

〔問５〕＜漢文の内容理解＞一句と二句では，洛陽へと旅立つ祖詠を見送るときの別れのつらさを，と切れない涙を糸にたとえて表現し，三句と四句では友人への伝言の中で，自分は見た目も別人に見えるほどやつれたと訴えることで，左遷された今の状況に対する悔しい思いを表現している。

Memo

●2022年度

東京都立高等学校

共通問題

【社会・理科】

2022年度 東京都立高等学校（共通問題）

【社　会】（50分）〈満点：100点〉

1　次の各問に答えよ。

〔問１〕　次の資料は，ある地域の様子を地域調査の発表用としてまとめたものの一部である。下の**ア**～**エ**の地形図は，「国土地理院発行２万５千分の１地形図」の一部を拡大して作成した地形図上に●で示した**A**点から，**B**点を経て，**C**点まで移動した経路を太線（ ━━ ）で示したものである。資料で示された地域に当てはまるのは，下の**ア**～**エ**のうちではどれか。

漁師町の痕跡を巡る　　調査日　令和３年10月２日（土）　天候　晴れ

複数の文献等に共通した地域の特徴

○**A**点付近の様子
ベカ舟がつながれていた川，漁業を営む家，町役場

○**B**点付近の様子
にぎやかな商店街，細い路地

〔ベカ舟〕

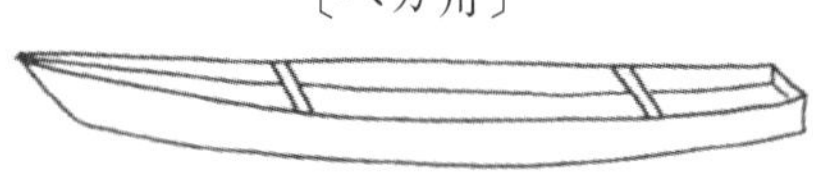

長さ約4.8m，幅約1.0m，高さ約0.6m

漁師町の痕跡を巡った様子

A点で川に架かる橋から東を見ると，漁業に使うベカ舟がつながれていた川が曲がっている様子が見えた。その橋を渡ると，水準点がある場所に旧町役場の跡の碑があった。南へ約50m歩いて南東に曲がった道路の**B**点では，明治時代初期の商家の建物や細い路地がいくつか見られた。川に並行した道路を約450m歩き，北東に曲がって川に架かる橋を渡り，少し歩いて北西に曲がって川に並行した道路を約250m直進し，曲がりくねった道を進み，東へ曲がると，学校の前の**C**点に着いた。

A点（漁業に使うベカ舟がつながれていた川）

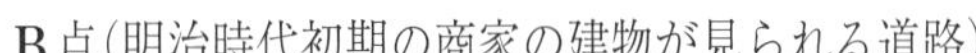

B点（明治時代初期の商家の建物が見られる道路）

ア

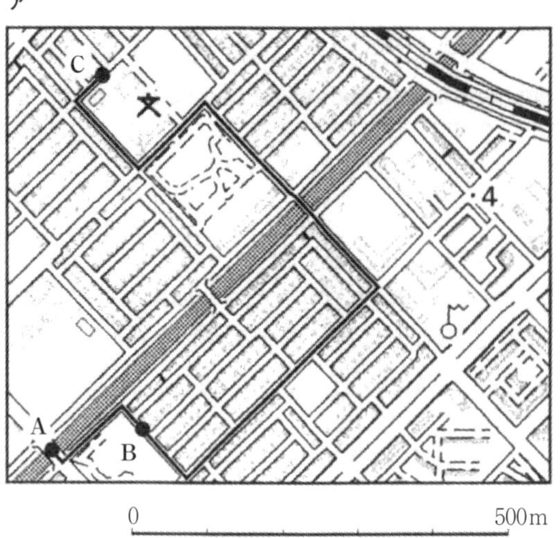

(2019年の「国土地理院発行２万５千分の１地形図(千葉西部)」の一部を拡大して作成)

イ

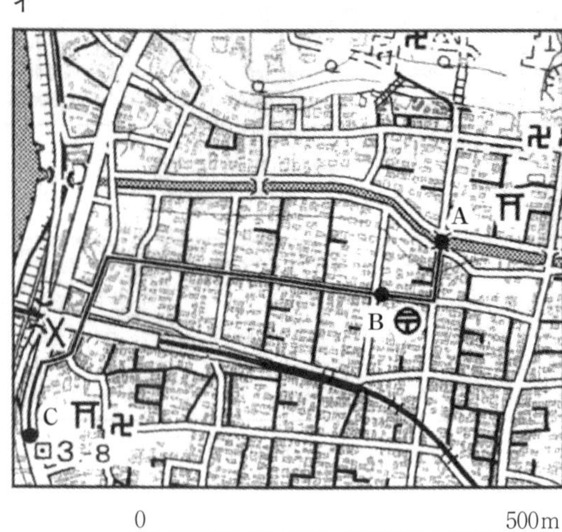

(2019年の「国土地理院発行２万５千分の１地形図(船橋(ふなばし))」の一部を拡大して作成)

ウ

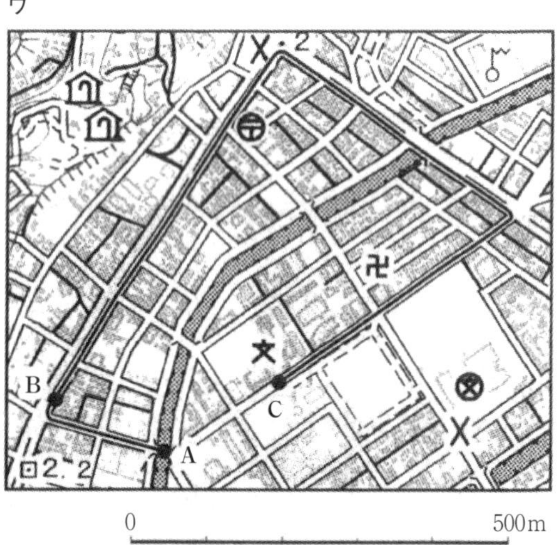

(2020年の「国土地理院発行２万５千分の１地形図(横浜西部)」の一部を拡大して作成)

エ

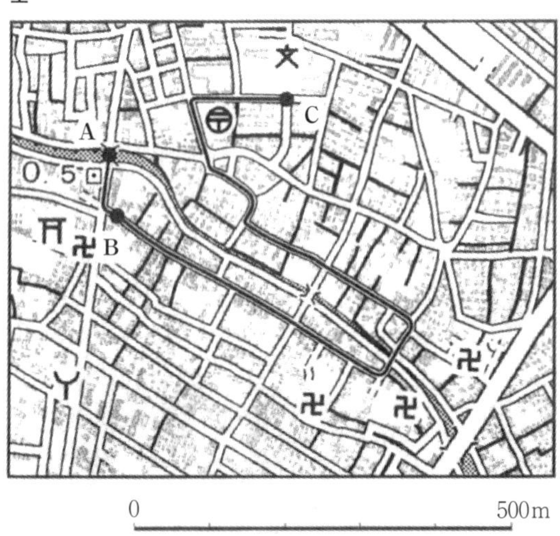

(2015年の「国土地理院発行２万５千分の１地形図(浦安(うらやす))」の一部を拡大して作成)

〔問２〕　次のⅠの略地図中の**ア**～**エ**は，世界遺産に登録されている我が国の主な歴史的文化財の所在地を示したものである。Ⅱの文章で述べている歴史的文化財の所在地に当てはまるのは，略地図中の**ア**～**エ**のうちのどれか。

Ⅰ

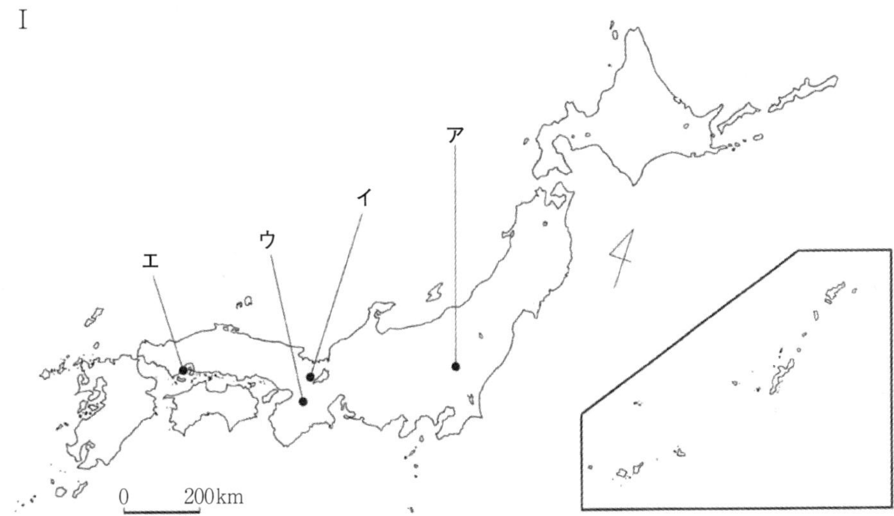

Ⅱ

鑑真によって伝えられた戒律を重んじる律宗の中心となる寺院は，中央に朱雀大路が通り，碁盤の目状に整備された都に建立された。金堂や講堂などが立ち並び，鑑真和上坐像が御影堂に納められており，1998年に世界遺産に登録された。

〔問3〕 次の文章で述べている司法機関に当てはまるのは，下の**ア**～**エ**のうちのどれか。

都府県に各1か所，北海道に4か所の合計50か所に設置され，開かれる裁判は，原則，第一審となり，民事裁判，行政裁判，刑事裁判を扱う。重大な犯罪に関わる刑事事件の第一審では，国民から選ばれた裁判員による裁判が行われる。

ア 地方裁判所　**イ** 家庭裁判所　**ウ** 高等裁判所　**エ** 簡易裁判所

2 次の略地図を見て，あとの各問に答えよ。

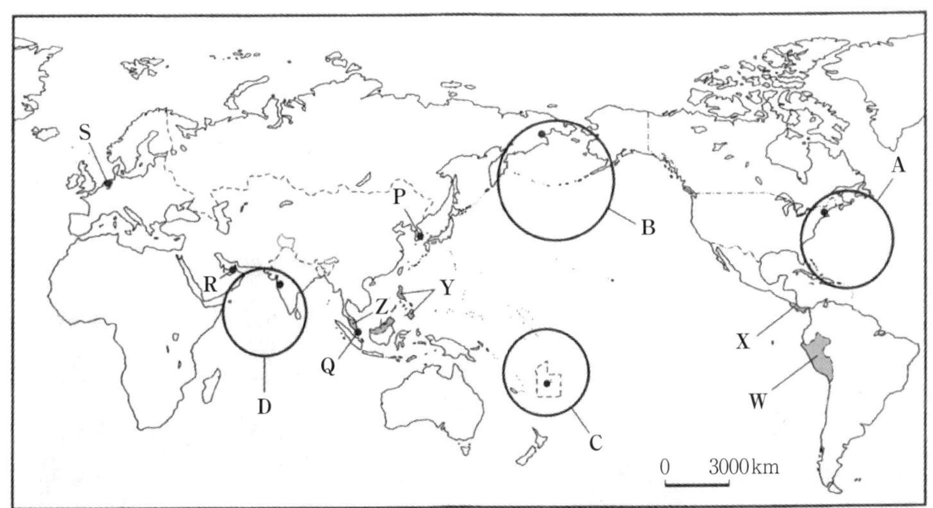

〔問1〕 次のⅠの文章は，略地図中に ◯ で示した**A**～**D**の**いずれか**の範囲の海域と都市の様子についてまとめたものである。Ⅱの**ア**～**エ**のグラフは，略地図中の**A**～**D**の**いずれか**の範囲内

に●で示した都市の，年平均気温と年降水量及び各月の平均気温と降水量を示したものである。Ⅰの文章で述べている海域と都市に当てはまるのは，略地図中の**A**～**D**のうちのどれか，また，その範囲内に位置する都市のグラフに当てはまるのは，Ⅱの**ア**～**エ**のうちのどれか。

Ⅰ

> イスラム商人が，往路は夏季に発生する南西の風とその風の影響による海流を，復路は冬季に発生する北東の風とその風の影響による海流を利用して，三角帆のダウ船で航海をしていた。●で示した都市では，季節風（モンスーン）による雨の到来を祝う文化が見られ，降水量が物価動向にも影響するため，気象局が「モンスーン入り」を発表している。

Ⅱ

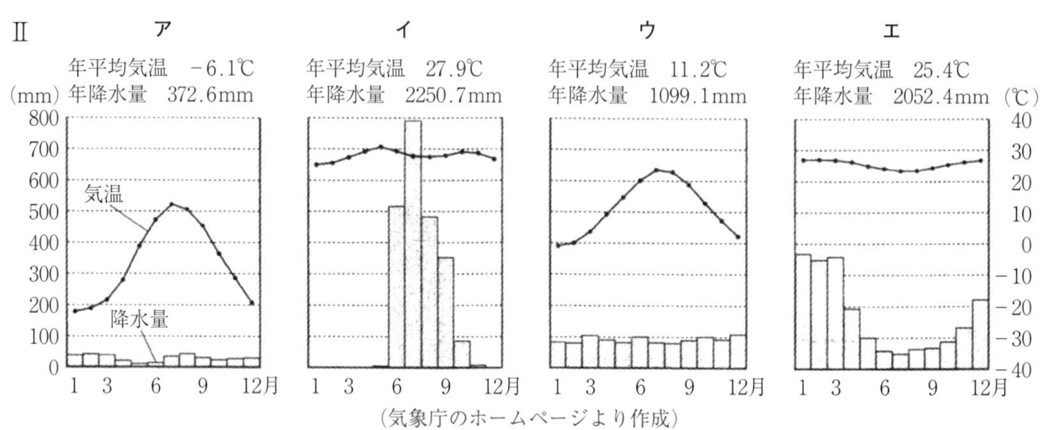

（気象庁のホームページより作成）

〔問２〕　次の表の**ア**～**エ**は，コンテナ埠頭（ふとう）が整備された港湾が位置する都市のうち，略地図中に**P**～**S**で示した，釜山（プサン），シンガポール，ドバイ，ロッテルダムの**いずれか**の都市に位置する港湾の，2018年における総取扱貨物量と様子についてまとめたものである。略地図中の**P**～**S**のそれぞれの都市に位置する港湾に当てはまるのは，次の表の**ア**～**エ**のうちではどれか。

	総取扱貨物量（百万ｔ）	港湾の様子
ア	461	経済大国を最短距離で結ぶ大圏航路上付近に位置する利点を生かし，国際貨物の物流拠点となるべく，国家事業として港湾整備が進められ，2018年にはコンテナ取扱量は世界第６位となっている。
イ	174	石油の輸送路となる海峡付近に位置し，石油依存の経済からの脱却を図る一環として，この地域の物流を担（にな）う目的で港湾が整備され，2018年にはコンテナ取扱量は世界第10位となっている。
ウ	469	複数の国を流れる河川の河口に位置し，2020年では域内の国の人口の合計が約４億5000万人，国内総生産（GDP）の合計が約15兆2000億ドルの単一市場となる地域の中心的な貿易港で，2018年にはコンテナ取扱量は世界第11位となっている。
エ	630	人口密度約8000人/km^{2}を超える国の南部に位置し，地域の安定と発展を目的に1967年に５か国で設立され現在10か国が加盟する組織において，ハブ港としての役割を果たし，2018年にはコンテナ取扱量は世界第２位となっている。

（注）　国内総生産とは，一つの国において新たに生み出された価値の総額を示した数値のことである。

（「データブック オブ・ザ・ワールド」2021年版などより作成）

〔問３〕 次のⅠとⅡの表の**ア～エ**は，略地図中に ▒ で示した**W～Z**の**いずれか**の国に当てはまる。Ⅰの表は，1999年と2019年における日本の輸入総額，日本の主な輸入品目と輸入額を示したものである。Ⅱの表は，1999年と2019年における輸出総額，輸出額が多い上位３位までの貿易相手国を示したものである。Ⅲの文章は，略地図中の**W～Z**の**いずれか**の国について述べたものである。Ⅲの文章で述べている国に当てはまるのは，略地図中の**W～Z**のうちのどれか，また，ⅠとⅡの表の**ア～エ**のうちのどれか。

Ⅰ

		日本の輸入総額（億円）	日本の主な輸入品目と輸入額（億円）					
ア	1999年	12414	電気機器	3708	一般機械	2242	液化天然ガス	1749
	2019年	19263	電気機器	5537	液化天然ガス	4920	一般機械	755
イ	1999年	331	金属鉱及びくず	112	非鉄金属	88	飼料	54
	2019年	2683	金属鉱及びくず	1590	液化天然ガス	365	揮発油	205
ウ	1999年	93	一般機械	51	コーヒー	14	植物性原材料	6
	2019年	459	精密機器類	300	電気機器	109	果実	15
エ	1999年	6034	一般機械	1837	電気機器	1779	果実	533
	2019年	11561	電気機器	4228	金属鉱及びくず	1217	一般機械	1105

（「データブック オブ・ザ・ワールド」2021年版などより作成）

Ⅱ

		輸出総額（億ドル）	輸出額が多い上位３位までの貿易相手国		
			１位	２位	３位
ア	1999年	845	アメリカ合衆国	シンガポール	日本
	2019年	2381	中華人民共和国	シンガポール	アメリカ合衆国
イ	1999年	59	アメリカ合衆国	スイス	イギリス
	2019年	461	中華人民共和国	アメリカ合衆国	カナダ
ウ	1999年	63	アメリカ合衆国	オランダ	イギリス
	2019年	115	アメリカ合衆国	オランダ	ベルギー
エ	1999年	350	アメリカ合衆国	日本	オランダ
	2019年	709	アメリカ合衆国	日本	中華人民共和国

（国際連合貿易統計データベースより作成）

Ⅲ

1946年に独立したこの国では，軽工業に加え電気機器関連の工業に力を注ぎ，外国企業によるバナナ栽培などの一次産品中心の経済から脱却を図ってきた。1989年にはアジア太平洋経済協力会議（APEC（エイペック））に参加し，1999年と比較して2019年では，日本の輸入総額は２倍に届かないものの増加し，貿易相手国としての中華人民共和国の重要性が増している。1960年代から日本企業の進出が見られ，近年では，人口が１億人を超え，英語を公用語としていることからコールセンターなどのサービス産業も発展している。

3 次の略地図を見て，あとの各問に答えよ。

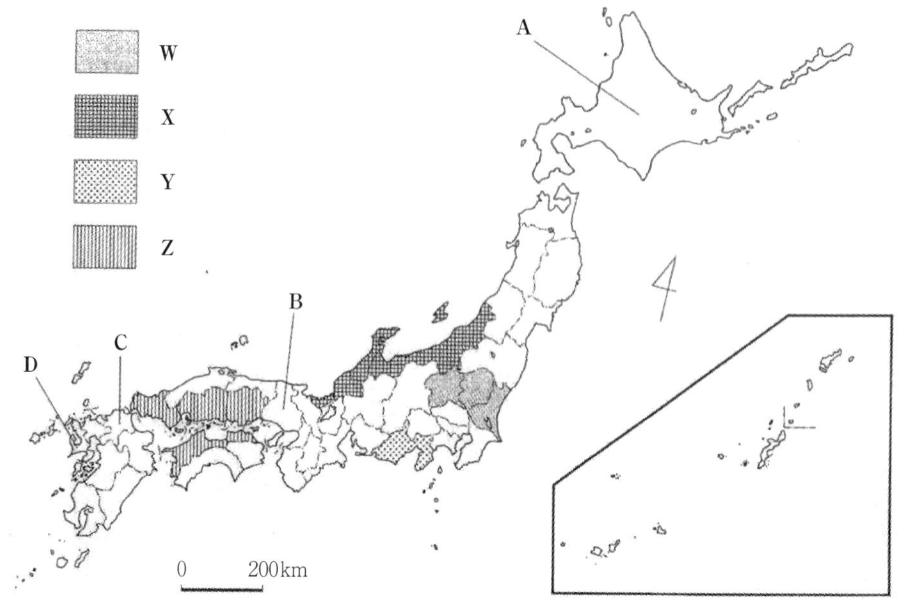

〔問１〕 次の表の**ア**～**エ**は，略地図中に**A**～**D**で示した**いずれか**の道県の，2019年における鉄鋼業と造船業の製造品出荷額等，海岸線と臨海部の工業の様子についてまとめたものである。**A**～**D**のそれぞれの道県に当てはまるのは，次の表の**ア**～**エ**のうちではどれか。

	製造品出荷額等（億円） 鉄鋼	造船	海岸線と臨海部の工業の様子
ア	9769	193	○678kmの海岸線には，干潟や陸と島をつなぐ砂州が見られ，北東部にある東西20km，南北２kmの湾に，工業用地として埋め立て地が造成された。 ○国内炭と中国産の鉄鉱石を原料に鉄鋼を生産していた製鉄所では，現在は輸入原料を使用し，自動車用の鋼板を生産している。
イ	19603	2503	○855kmの海岸線には，北部に国立公園に指定されたリアス海岸が見られ，南部に工業用地や商業用地として埋め立て地が造成された。 ○南部の海岸には，高度経済成長期に輸入原料を使用する製鉄所が立地し，国際貿易港に隣接する岬には，造船所が立地している。
ウ	3954	310	○4445kmの海岸線には，砂嘴(さし)や砂州，陸繋島(りくけいとう)，プレート運動の力が複雑に加わり形成された半島などが見られる。 ○国内炭と周辺で産出される砂鉄を原料に鉄鋼を生産していた製鉄所では，現在は輸入原料を使用し，自動車の部品に使われる特殊鋼を生産している。
エ	336	2323	○4170kmの海岸線には，多くの島や半島，岬によって複雑に入り組んだリアス海岸が見られる。 ○人口が集中している都市の臨海部に，カーフェリーなどを建造する造船所が立地し，周辺にはボイラーの製造などの関連産業が集積している。

（「日本国勢図会」2020/21年版などより作成）

〔問２〕 次のⅠの**ア**～**エ**のグラフは，略地図中に**W**～**Z**で示した**いずれか**の地域の1971年と2019年における製造品出荷額等と産業別の製造品出荷額等の割合を示したものである。Ⅱの文章は，Ⅰの**ア**～**エ**の**いずれか**の地域について述べたものである。Ⅱの文章で述べている地域に当てはまるのは，Ⅰの**ア**～**エ**のうちのどれか，また，略地図中の**W**～**Z**のうちのどれか。

Ⅰ

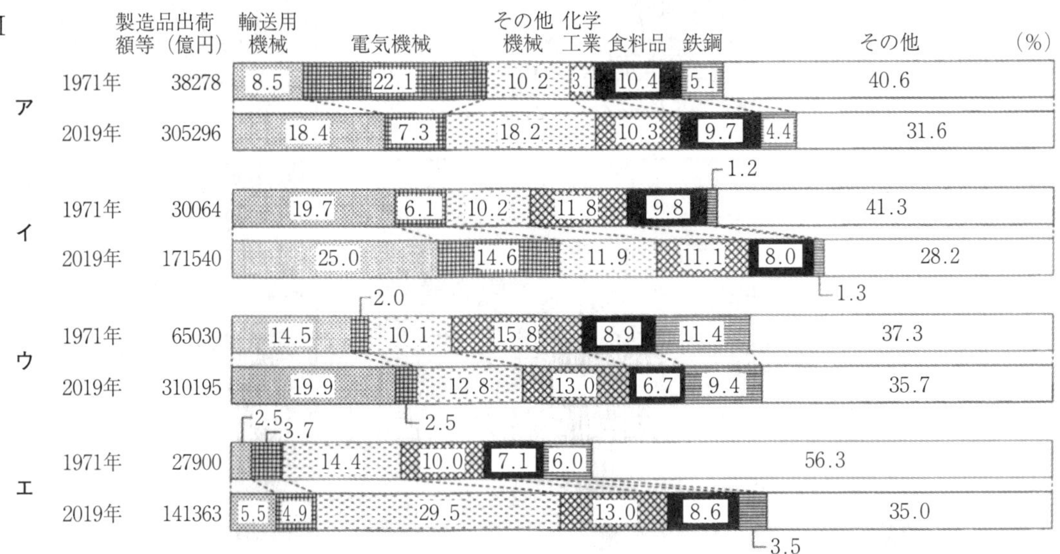

（注） 四捨五入をしているため，産業別の製造品出荷額等の割合を合計したものは，100%にならない場合がある。

（2019年工業統計表などより作成）

Ⅱ

> 絹織物や航空機産業を基礎として，電気機械等の製造業が発展した。高速道路網の整備に伴い，1980年に西部が，1987年に中部が東京とつながり，2011年には1998年開港の港湾と結ばれた。西部の高速道路沿いには，未来技術遺産に登録された製品を生み出す高度な技術をもつ企業の工場が立地している。2019年には電気機械の出荷額等は約２兆円となる一方で，自動車関連の輸送用機械の出荷額等が増加し，５兆円を超えるようになった。

〔問３〕 次のⅠ(1)とⅡ(1)の文は，1984年に示された福島市と1997年に示された岡山市の太線（━━）で囲まれた範囲を含む地域に関する地区計画の一部を分かりやすく書き改めたものである。Ⅰ(2)は1984年・1985年の，Ⅰ(3)は2018年の「２万５千分の１地形図（福島北部・福島南部）」の一部を拡大して作成したものである。Ⅱ(2)は1988年の，Ⅱ(3)は2017年の「２万５千分の１地形図（岡山南部）」の一部を拡大して作成したものである。ⅠとⅡの資料から読み取れる，太線で囲まれた範囲に共通した土地利用の変化について，簡単に述べよ。また，ⅠとⅡの資料から読み取れる，その変化を可能にした要因について，それぞれの県内において乗降客数が多い駅の一つである福島駅と岡山駅に着目して，簡単に述べよ。

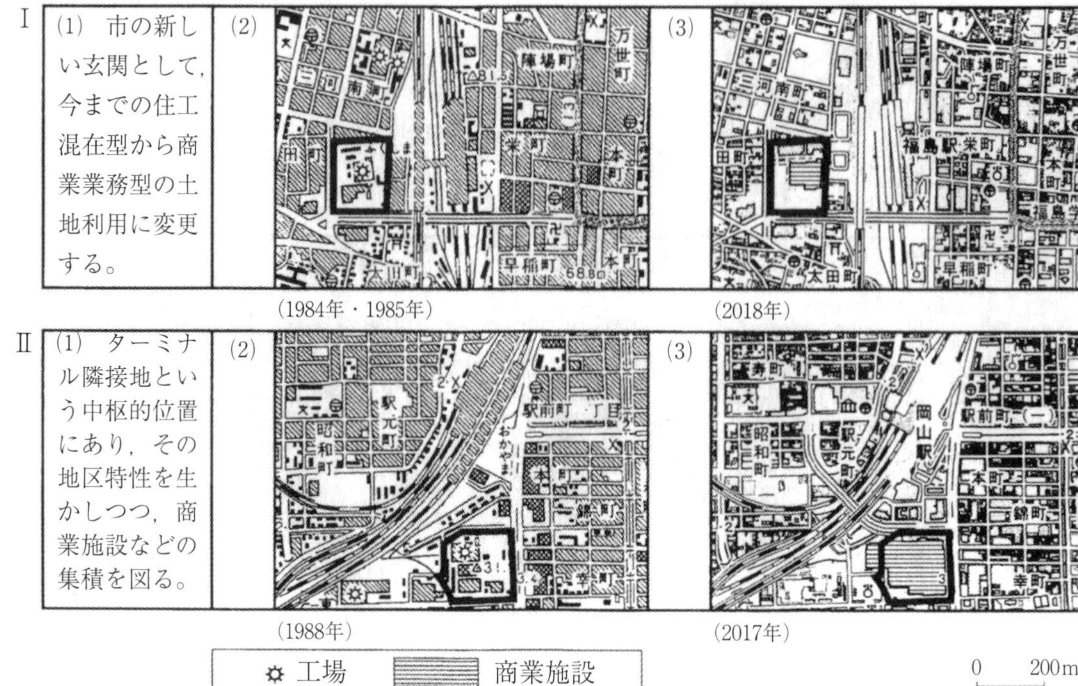

	(1)	(2)	(3)
Ⅰ	市の新しい玄関として，今までの住工混在型から商業業務型の土地利用に変更する。	(1984年・1985年)	(2018年)
Ⅱ	ターミナル隣接地という中枢的位置にあり，その地区特性を生かしつつ，商業施設などの集積を図る。	(1988年)	(2017年)

4 次の文章を読み，あとの各問に答えよ。

私たちは，身の回りの土地やものについて面積や重量などを道具を用いて計測し，その結果を暮らしに役立ててきた。

古代から，各時代の権力者は，(1)財政基盤を固めるため，土地の面積を基に税を徴収するなどの政策を行ってきた。時代が進み，(2)地域により異なっていた長さや面積などの基準が統一された。

(3)江戸時代に入ると，天文学や数学なども発展を遂げ，明治時代以降，我が国の科学技術の研究水準も向上し，独自の計測技術も開発されるようになった。

第二次世界大戦後になると，従来は計測することができなかった距離や大きさなどが，新たに開発された機器を通して計測することができるようになり，(4)環境問題などの解決のために生かされてきた。

〔問1〕 (1)財政基盤を固めるため，土地の面積を基に税を徴収するなどの政策を行ってきた。とあるが，次の**ア**～**エ**は，権力者が財政基盤を固めるために行った政策の様子について述べたものである。時期の古いものから順に記号を並べよ。

ア 朝廷は，人口増加に伴う土地不足に対応するため，墾田永年私財法（こんでんえいねんしざいほう）を制定し，新しく開墾した土地であれば，永久に私有地とすることを認めた。

イ 朝廷は，財政基盤を強化するため，摂関政治を主導した有力貴族や寺社に集中していた荘園（しょうえん）を整理するとともに，大きさの異なる枡（ます）の統一を図った。

ウ 朝廷は，元号を建武（けんむ）に改め，天皇中心の政治を推進するため，全国の田畑について調査させ，年貢（ねんぐ）などの一部を徴収し貢納させた。

エ 二度にわたる元軍の襲来を退けた幕府は，租税を全国に課すため，諸国の守護に対して，田地面積や領有関係などを記した文書の提出を命じた。

〔問２〕 (2)地域により異なっていた長さや面積などの基準が統一された。とあるが，次のⅠの略年表は，室町時代から江戸時代にかけての，政治に関する主な出来事についてまとめたものである。Ⅱの文章は，ある人物が示した検地における実施命令書の一部と計測基準の一部を分かりやすく書き改めたものである。Ⅱの文章が出された時期に当てはまるのは，Ⅰの略年表中の**ア**～**エ**の時期のうちではどれか。

Ⅰ

西暦	政治に関する主な出来事	
1560	●駿河国(静岡県)・遠江国(静岡県)などを支配していた人物が，桶狭間において倒された。	
		ア
1582	●全国統一を目指していた人物が，京都の本能寺において倒された。	
		イ
1600	●関ヶ原の戦いに勝利した人物が，全国支配の実権をにぎった。	
		ウ
1615	●全国の大名が守るべき事柄をまとめた武家諸法度が定められた。	
		エ
1635	●全国の大名が，国元と江戸とを１年交代で往復する制度が定められた。	

Ⅱ

【実施命令書の一部】

○日本全国に厳しく申し付けられている上は，おろそかに実施してはならない。

【計測基準の一部】

○田畑・屋敷地は長さ６尺３寸を１間とする竿を用い，５間かける60間の300歩を，１反として面積を調査すること。

○上田の石盛は１石５斗，中田は１石３斗，下田は１石１斗，下々田は状況で決定すること。

○升は京升に定める。必要な京升を準備し渡すようにすること。

〔問３〕 (3)江戸時代に入ると，天文学や数学なども発展を遂げ，明治時代以降，我が国の科学技術の研究水準も向上し，独自の計測技術も開発されるようになった。とあるが，次の**ア**～**エ**は，江戸時代から昭和時代にかけての我が国独自の計測技術について述べたものである。時期の古いものから順に記号を並べよ。

ア　後にレーダー技術に応用される超短波式アンテナが開発された頃，我が国最初の常設映画館が開館した浅草と，上野との間で地下鉄の運行が開始された。

イ　正確な暦を作るために浅草に天文台が設置された後，寛政の改革の一環として，幕府直轄の昌平坂学問所や薬の調合などを行う医官養成機関の医学館が設立された。

ウ　西洋時計と和時計の技術を生かして，時刻や曜日などを指し示す機能を有する万年自鳴鐘が開発された頃，黒船来航に備えて台場に砲台を築造するため，水深の計測が実施された。

エ　中部地方で発生した地震の研究に基づいて大森式地震計が開発された頃，日英同盟の締結を契機に，イギリスの無線技術を基にした無線電信機が開発された。

〔問４〕 (4)環境問題などの解決のために生かされてきた。とあるが，次のⅠのグラフは，1965年から2013年までの，東京のある地点から富士山が見えた日数と，大気汚染の一因となる二酸化硫黄の東京における濃度の変化を示したものである。Ⅱの文章は，Ⅰのグラフの**ア**～**エのいずれか**の時期における国際情勢と，我が国や東京の環境対策などについてまとめたものである。Ⅱの文章で述べている時期に当てはまるのは，Ⅰのグラフの**ア**～**エ**の時期のうちではどれか。

Ⅰ

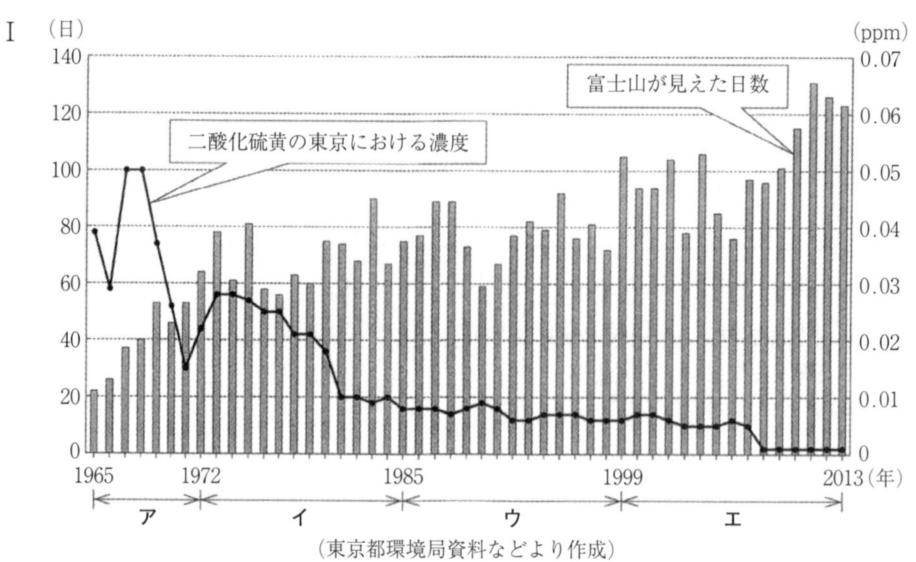

(東京都環境局資料などより作成)

Ⅱ

東ヨーロッパ諸国で民主化運動が高まり，東西ドイツが統一されるなど国際協調の動きが強まる中で，国際連合を中心に地球温暖化防止策が協議され，温室効果ガスの排出量の削減について数値目標を設定した京都議定書が採択された。長野県では，施設建設において極力既存の施設を活用し，自然環境の改変が必要な場合は大会後復元を図った，オリンピック・パラリンピック冬季競技大会が開催され，東京都においては，「地球環境保全東京アクションプラン」を策定し，大気汚染の状況は改善された。この時期には，Ⅰのグラフの観測地点から平均して週1回は富士山を見ることができた。

5 次の文章を読み，あとの各問に答えよ。

明治時代に作られた情報という言葉は，ある事柄の内容について文字などで伝達する知らせを表す意味として現在は用いられている。天気予報や経済成長率などの情報は，私たちの日々の暮らしに役立っている。

日本国憲法の中では，(1)自分の意見を形成し他者に伝える権利が，一定の決まり(ルール)の下で保障されている。

現代の社会は(2)情報が大きな役割を担(にな)うようになり，情報化社会とも呼ばれるようになった。その後，インターネットの普及は，私たちと情報との関わり方を変えることとなった。

(3)情報が新たな価値を生み出す社会では，企業の中で，情報化を推進し，課題の解決策を示したり，ソフトウェアを開発したりする，デジタル技術を活用できる人材を確保していくことの重要性が増している。また，(4)情報の活用を進め，社会の様々な課題を解決していくためには，新たな決まり(ルール)を定める必要がある。

〔問1〕 (1)自分の意見を形成し他者に伝える権利が，一定の決まり(ルール)の下で保障されている。とあるが，精神(活動)の自由のうち，個人の心の中にある，意思，感情などを外部に明らかにすることを保障する日本国憲法の条文は，次の**ア**～**エ**のうちではどれか。

ア　何人（なんぴと）も，いかなる奴隷的拘束も受けない。又，犯罪に因（よ）る処罰の場合を除いては，その意に反する苦役に服させられない。

イ　思想及び良心の自由は，これを侵してはならない。

ウ　何人も，公共の福祉に反しない限り，居住，移転及び職業選択の自由を有する。

エ　集会，結社及び言論，出版その他一切の表現の自由は，これを保障する。

〔問２〕　(2)情報が大きな役割を担（にな）うようになり，情報化社会とも呼ばれるようになった。とあるが，次のⅠの略年表は，1938年から1998年までの，我が国の情報に関する主な出来事をまとめたものである。Ⅱの文章は，Ⅰの略年表中の**ア**～**エ**の**いずれか**の時期における社会の様子について，①は通信白書の，②は国民生活白書の一部をそれぞれ分かりやすく書き改めたものである。Ⅱの文章で述べている時期に当てはまるのは，Ⅰの略年表中の**ア**～**エ**の時期のうちではどれか。

Ⅰ

西暦	我が国の情報に関する主な出来事	
1938	●標準放送局型ラジオ受信機が発表された。	↑
1945	●人が意見を述べる参加型ラジオ番組の放送が開始された。	ア
1953	●白黒テレビ放送が開始された。	↓↑
1960	●カラーテレビ放送が開始された。	イ
1964	●東京オリンピック女子バレーボール決勝の平均視聴率が関東地区で66.8％を記録した。	
1972	●札幌オリンピック閉会式の平均視聴率が札幌で59.5％を記録した。	↓↑
1974	●テレビの深夜放送が一時的に休止された。	ウ
1985	●テレビで文字多重放送が開始された。	↓↑
1989	●衛星テレビ放送が開始された。	エ
1998	●ニュースなどを英語で発信するワールドテレビ放送が開始された。	↓

Ⅱ

① 私たちの社会は，情報に対する依存を強めており，情報の流通は食料品や工業製品などの流通，つまり物流と同等あるいはそれ以上の重要性をもつようになった。

② 社会的な出来事を同時に知ることができるようになり，テレビやラジオを通じて人々の消費生活も均質化している。また，節約の経験により，本当に必要でなければ買わないで今持っているものの使用期間を長くする傾向が，中東で起きた戦争の影響を受けた石油危機から３年後の現在も見られる。

〔問３〕　(3)情報が新たな価値を生み出す社会では，企業の中で，情報化を推進し，課題の解決策を示したり，ソフトウェアを開発したりする，デジタル技術を活用できる人材を確保していくことの重要性が増している。とあるが，次のⅠの文章は，2019年の情報通信白書の一部を分かりやすく書き改めたものである。Ⅱのグラフは，2015年の我が国とアメリカ合衆国における情報処理・通信に携わる人材の業種別割合を示したものである。Ⅱのグラフから読み取れる，Ⅰの文章が示された背景となる我が国の現状について，我が国より取り組みが進んでいるアメリカ合衆国と比較して，情報通信技術を提供する業種と利用する業種の構成比の違いに着目し，簡単に述べよ。

Ⅰ

○今後，情報通信技術により，企業は新しい製品やサービスを市場に提供することが可能となる。

○新たな製品やサービスを次々と迅速に開発・提供していくために，情報通信技術を利用する業種に十分な情報通信技術をもった人材が必要である。

Ⅱ

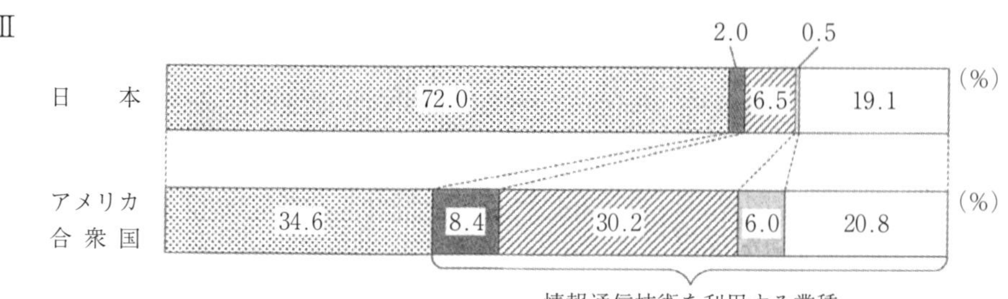

（注）四捨五入をしているため，情報処理・通信に携わる人材の業種別割合を合計したものは，100%にならない場合がある。

（独立行政法人情報処理推進機構資料より作成）

〔問４〕 (4)情報の活用を進め，社会の様々な課題を解決していくためには，新たな決まり(ルール)を定める必要がある。とあるが，次のⅠの**A**～**E**は，令和３年の第204回通常国会で，情報通信技術を用いて多様で大量の情報を適正かつ効果的に活用することであらゆる分野における創造的かつ活力ある発展が可能となる社会の形成について定めた「デジタル社会形成基本法」が成立し，その後，公布されるまでの経過について示したものである。Ⅱの文で述べていることが行われたのは，下の**ア**～**エ**のうちではどれか。

Ⅰ

A　第204回通常国会が開会される。(１月18日)
B　法律案が内閣で閣議決定され，国会に提出される。(２月９日)
C　衆議院の本会議で法律案が可決される。(４月６日)
D　参議院の本会議で法律案が可決される。(５月12日)
E　内閣の助言と承認により，天皇が法律を公布する。(５月19日)

（衆議院，参議院のホームページより作成）

Ⅱ

衆議院の内閣委員会で法律案の説明と質疑があり，障害の有無などの心身の状態による情報の活用に関する機会の格差の是正を着実に図ることや，国や地方公共団体が公正な給付と負担の確保のための環境整備を中心とした施策を行うことを，原案に追加した修正案が可決される。

ア　**A**と**B**の間　　**イ**　**B**と**C**の間　　**ウ**　**C**と**D**の間　　**エ**　**D**と**E**の間

6 次の文章を読み，下の略地図を見て，あとの各問に答えよ。

> 都市には，小さな家屋から超高層建築まで多様な建物が見られ，(1)人々が快適な生活を送るために様々な社会資本が整備されてきた。また，(2)政治の中心としての役割を果たす首都には，新たに建設された都市や，既存の都市に政府機関を設置する例が見られる。
> 都市への人口集中は，経済を成長させ新たな文化を創造する一方で，(3)交通渋滞などの都市問題を深刻化させ，我が国は多くの国々の都市問題の解決に協力している。

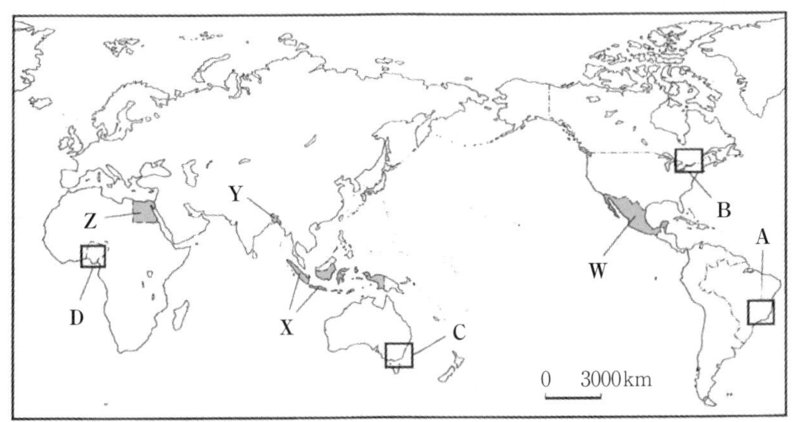

〔問1〕 (1)人々が快適な生活を送るために様々な社会資本が整備されてきた。とあるが，次の**ア**～**エ**の文は，それぞれの時代の都市の様子について述べたものである。時期の古いものから順に記号を並べよ。

ア ドイツ帝国の首都ベルリンでは，ビスマルクの宰相(さいしょう)任期中に，工業の発展により人口の流入が起き，上下水道が整備され，世界で初めて路面電車の定期運行が開始された。

イ イギリスの首都ロンドンでは，冷戦(冷たい戦争)と呼ばれる東西の対立が起き緊張が高まる中で，ジェット旅客機が就航し，翌年，空港に新滑走路が建設された。

ウ アメリカ合衆国の都市ニューヨークでは，300mを超える超高層ビルが建設され，フランクリン・ルーズベルト大統領によるニューディール政策の一環で公園建設なども行われた。

エ オーストリアの首都ウィーンでは，フランス同様に国王が強い政治権力をもつ専制政治(絶対王政)が行われ，マリア・テレジアが住んでいた郊外の宮殿の一角に動物園がつくられた。

〔問2〕 (2)政治の中心としての役割を果たす首都には，新たに建設された都市や，既存の都市に政府機関を設置する例が見られる。とあるが，次のⅠの**A**～**D**は，略地図中の**A**～**D**の□で示した部分を拡大し，主な都市の位置を**ア**～**ウ**で示したものである。下のⅡの文章は，略地図中の**A**～**D**の中に首都が位置する**いずれか**の国とその国の首都の様子について述べたものである。Ⅱの文章で述べているのは，Ⅰの**A**～**D**のうちのどれか，また，首都に当てはまるのは，選択したⅠの**A**～**D**の**ア**～**ウ**のうちのどれか。

Ⅰ

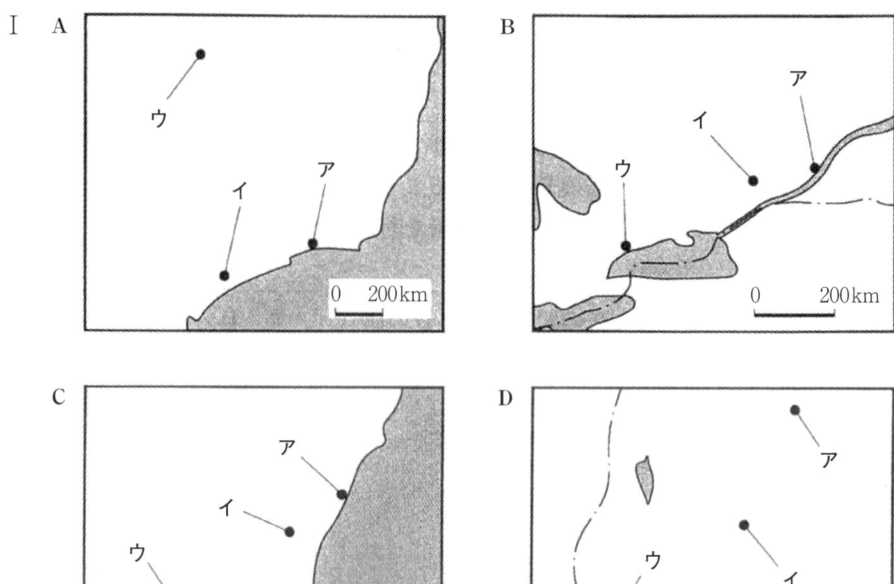

Ⅱ

> 16世紀にフランスがこの国の東部に進出し，隣国からイギリス人がフランス人の定住地を避けて移住したことで二つの文化圏が形成されたため，立憲君主である国王により文化圏の境界に位置する都市が首都と定められた。首都から約350km 離れイギリス系住民が多い都市は，自動車産業などで隣国との結び付きが見られ，首都から約160km 離れフランス系住民が多い都市は，フランス語のみで示されている道路標識などが見られる。

〔問３〕 (3)交通渋滞などの都市問題を深刻化させ，我が国は多くの国々の都市問題の解決に協力している。とあるが，次のⅠの**W**～**Z**のグラフは，略地図中に ▒ で示した**W**～**Z**のそれぞれの国の，1950年から2015年までの第１位の都市圏と第２位の都市圏の人口の推移を示したものである。Ⅱの文章で述べている国に当てはまるのは，略地図中の**W**～**Z**のうちのどれか。

Ⅰ

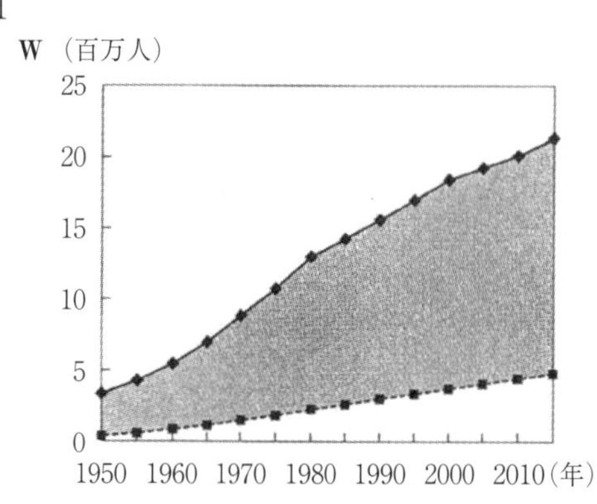

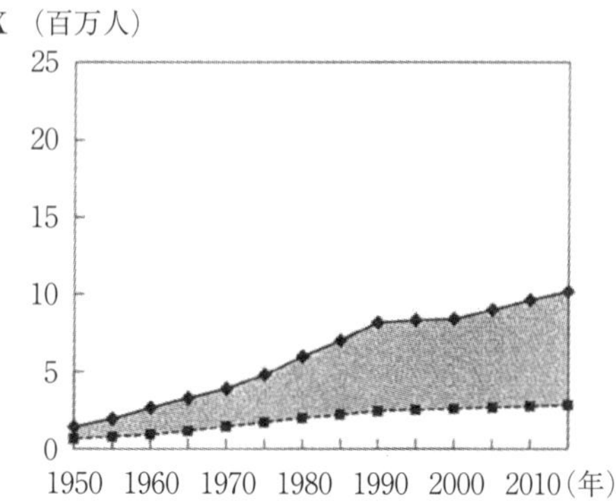

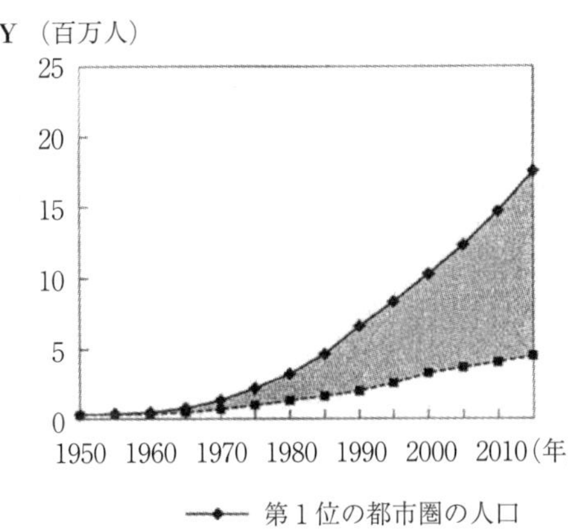

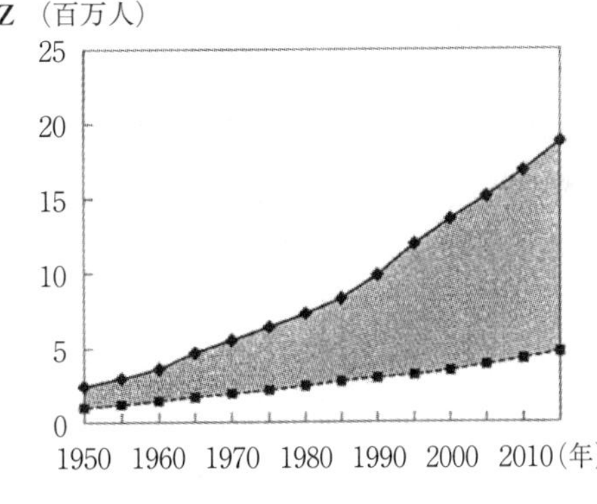

第１位の都市圏の人口　第２位の都市圏の人口

（国際連合資料より作成）

Ⅱ

○1949年にオランダから独立し，イスラム教徒が８割を超えるこの国では，第１位の都市圏と第２位の都市圏の人口差は，1950年に100万人を下回っていたが，1990年には人口差は約７倍と急激に拡大しており，その後緩やかな拡大傾向が続いた。

○深刻化した交通渋滞や大気汚染などの都市問題を解決するため，日本の技術や運営の支援を受け，都市の中心部と住宅地をつなぐ国内初の地下鉄が2019年に開通した。

【理　科】 (50分) 〈満点：100点〉

1 　次の各問に答えよ。

〔問１〕 図１は，質量を測定した木片に火をつけ，酸素で満たした集気びんＰに入れ，ふたをして燃焼させた後の様子を示したものである。図２は，質量を測定したスチールウールに火をつけ，酸素で満たした集気びんＱに入れ，ふたをして燃焼させた後の様子を示したものである。

燃焼させた後の木片と，燃焼させた後のスチールウールを取り出し質量を測定するとともに，それぞれの集気びんに石灰水を入れ，ふたをして振った。

燃焼させた後に質量が大きくなった物体と，石灰水が白くにごった集気びんとを組み合わせたものとして適切なのは，下の表の**ア**～**エ**のうちではどれか。

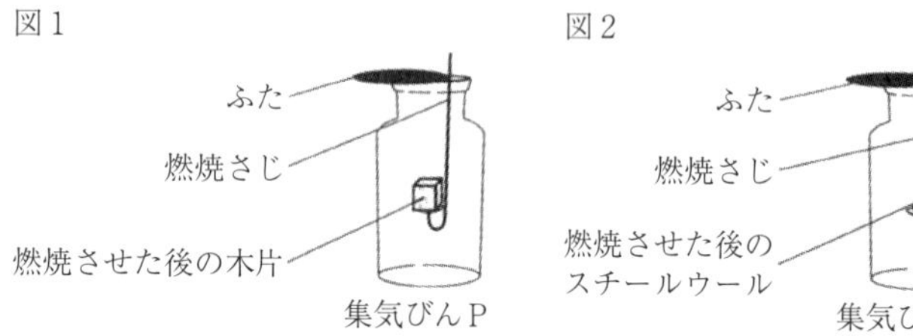

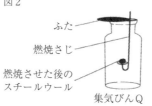

	燃焼させた後に質量が大きくなった物体	石灰水が白くにごった集気びん
ア	木片	集気びんＰ
イ	スチールウール	集気びんＰ
ウ	木片	集気びんＱ
エ	スチールウール	集気びんＱ

〔問２〕 図３は，ヒトの心臓を正面から見て，心臓から送り出された血液が流れる血管と心臓に戻ってくる血液が流れる血管を模式的に表したものである。また，図中の矢印（➡）は全身から右心房に戻る血液の流れを示している。

血管Ａ～血管Ｄのうち，動脈と，動脈血が流れる血管とを組み合わせたものとして適切なのは，次の表の**ア**～**エ**のうちではどれか。

	動脈	動脈血が流れる血管
ア	血管Ａと血管Ｂ	血管Ｂと血管Ｄ
イ	血管Ａと血管Ｂ	血管Ａと血管Ｃ
ウ	血管Ｃと血管Ｄ	血管Ｂと血管Ｄ
エ	血管Ｃと血管Ｄ	血管Ａと血管Ｃ

〔問３〕 図４は，平らな底に「Ａ」の文字が書かれた容器に水を入れた状態を模式的に表したものである。水中から空気中へ進む光の屈折に関する説明と，観察者と容器の位置を変えずに内側の「Ａ」の文字の形が全て見えるようにするときに行う操作とを組み合わせたものとして適

切なのは，下の表の**ア**～**エ**のうちではどれか。

	水中から空気中へ進む光の屈折に関する説明	「Ａ」の文字の形が全て見えるようにするときに行う操作
ア	屈折角より入射角の方が大きい。	容器の中の水の量を減らす。
イ	屈折角より入射角の方が大きい。	容器の中の水の量を増やす。
ウ	入射角より屈折角の方が大きい。	容器の中の水の量を減らす。
エ	入射角より屈折角の方が大きい。	容器の中の水の量を増やす。

〔問４〕　前線が形成されるときの暖気と寒気の動きを矢印(⇨)で模式的に表したものがＡ，Ｂである。温暖前線付近の暖気と寒気の動きを次のＡ，Ｂから一つ，できた直後の温暖前線付近の暖気と寒気を比較したときに，密度が小さいものを下のＣ，Ｄから一つ，それぞれ選び，組み合わせたものとして適切なのは，下の**ア**～**エ**のうちではどれか。

暖気と寒気の動き

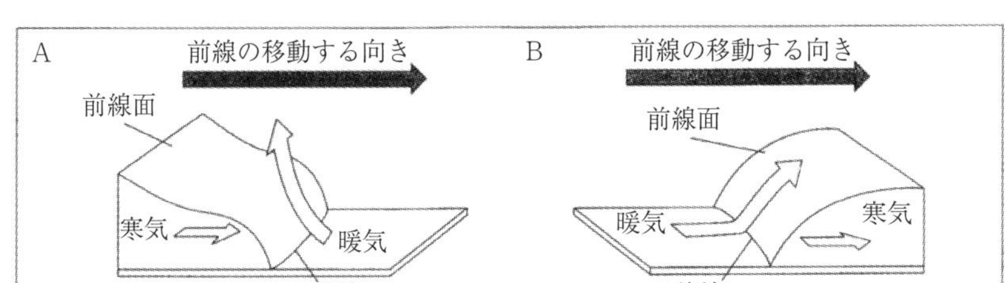

密度が小さいもの

Ｃ　暖気　　Ｄ　寒気

ア　Ａ，Ｃ　　**イ**　Ａ，Ｄ　　**ウ**　Ｂ，Ｃ　　**エ**　Ｂ，Ｄ

〔問５〕　図５は，12Ｖの電源装置と1.2Ωの抵抗器Ａ，２Ωの抵抗器Ｂ，３Ωの抵抗器Ｃをつないだ回路図である。この回路に電圧を加えたときの，回路上の点ｐ，点ｑ，点ｒを流れる電流の大きさを，それぞれ P〔Ａ〕，Q〔Ａ〕，R〔Ａ〕とした。このとき，P，Q，R の関係を表したものとして適切なのは，次のうちではどれか。

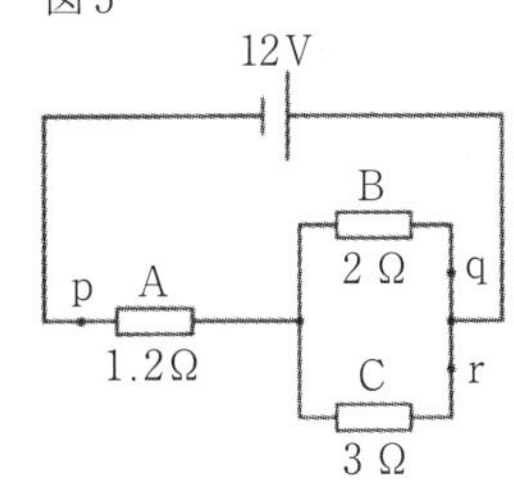

ア　$P<Q<R$　　**イ**　$P<R<Q$

ウ　$Q<R<P$　　**エ**　$R<Q<P$

2 生徒が，国際宇宙ステーションに興味をもち，科学的に探究しようと考え，自由研究に取り組んだ。生徒が書いたレポートの一部を読み，次の各問に答えよ。

<レポート1>　日食について

金環日食が観察された日の地球にできた月の影を，国際宇宙ステーションから撮影した画像が紹介されていた。

日食が生じるときの北極星側から見た太陽，月，地球の位置関係を模式的に示すと，図1のようになっていた。さらに，日本にある観測地点Aは，地球と月と太陽を一直線に結んだ線上に位置していた。

図1

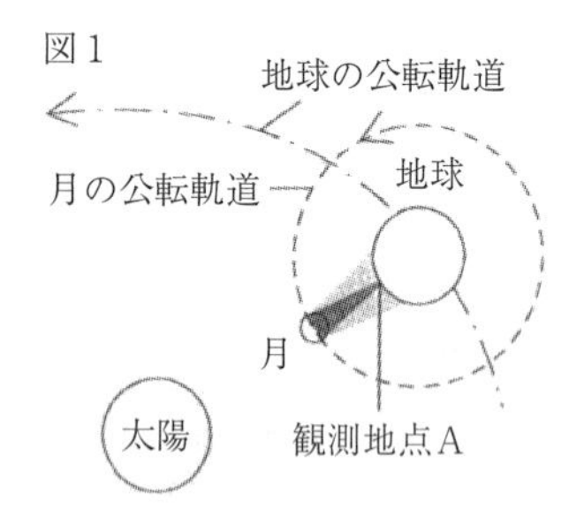

〔問1〕 **<レポート1>**から，図1の位置関係において，観測地点Aで月を観測したときに月が真南の空に位置する時刻と，この日から1週間後に観察できる月の見え方に最も近いものとを組み合わせたものとして適切なのは，次の表の**ア**～**エ**のうちではどれか。

	真南の空に位置する時刻	1週間後に観察できる月の見え方
ア	12時	上弦の月
イ	18時	上弦の月
ウ	12時	下弦の月
エ	18時	下弦の月

<レポート2>　国際宇宙ステーションでの飲料水の精製について

国際宇宙ステーション内の生活環境に関して調べたところ，2018年では，生活排水をタンクに一時的にため，蒸留や殺菌を行うことできれいな水にしていたことが紹介されていた。

蒸留により液体をきれいな水にすることに興味をもち，液体の混合物から水を分離するモデル実験を行った。図2のように，塩化ナトリウムを精製水(蒸留水)に溶かして5％の塩化ナトリウム水溶液を作り，実験装置で蒸留した。蒸留して出てきた液体が試験管に約1cmたまったところで蒸留を止めた。枝付きフラスコに残った水溶液Aと蒸留して出てきた液体Bをそれぞれ少量とり，蒸発させて観察し，結果を表1にまとめた。

図2

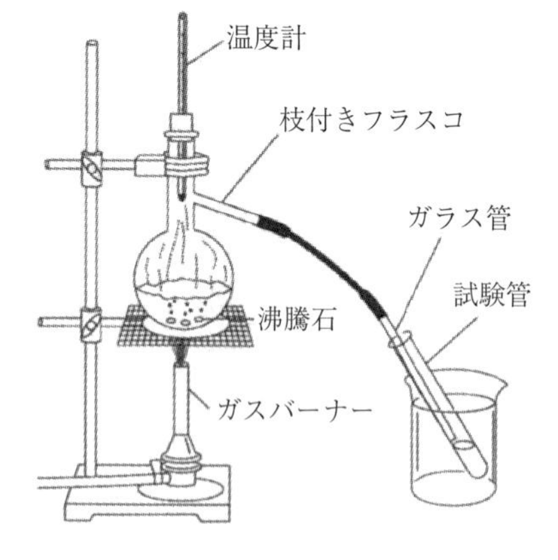

表1

蒸発させた液体	観察した結果
水溶液A	結晶が見られた。
液体B	結晶が見られなかった。

〔問2〕 **<レポート2>**から，結晶になった物質の分類と，水溶液Aの濃度について述べたものとを組み合わせたものとして適切なのは，次の表の**ア**～**エ**のうちではどれか。

	結晶になった物質の分類	水溶液Aの濃度
ア	混合物	5％より高い。
イ	化合物	5％より高い。
ウ	混合物	5％より低い。
エ	化合物	5％より低い。

<レポート3>　国際宇宙ステーションでの植物の栽培について

国際宇宙ステーションでは，宇宙でも効率よく成長する植物を探すため，図3のような装置の中で植物を発芽させ，実験を行っていることが紹介されていた。植物が光に向かって成長することから，装置の上側に光源を設置してあることが分かった。

植物の成長に興味をもち，植物を真上から観察すると，上下にある葉が互いに重ならないようにつき，成長していくことが分かった。

図3

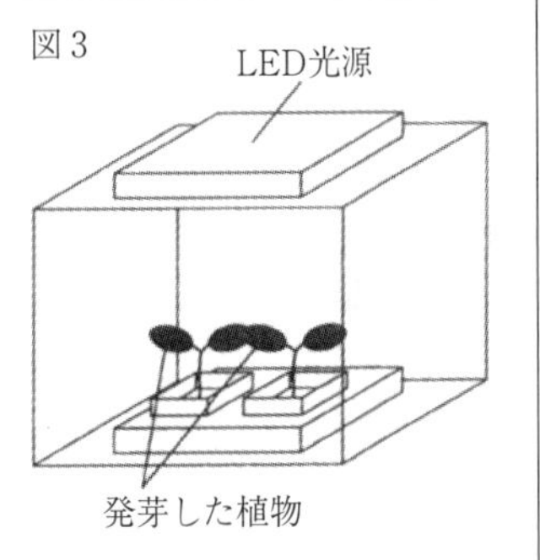

〔問3〕　**<レポート3>**から，上下にある葉が互いに重ならないようにつく利点と，葉で光合成でつくられた養分(栄養分)が通る管の名称とを組み合わせたものとして適切なのは，次の表の**ア**～**エ**のうちではどれか。

	上下にある葉が互いに重ならないようにつく利点	光合成でつくられた養分(栄養分)が通る管の名称
ア	光が当たる面積が小さくなる。	道管
イ	光が当たる面積が小さくなる。	師管
ウ	光が当たる面積が大きくなる。	道管
エ	光が当たる面積が大きくなる。	師管

<レポート4>　月面での質量と重さの関係について

国際宇宙ステーション内では，見かけ上，物体に重力が働かない状態になるため，てんびんや地球上で使っている体重計では質量を測定できない。そのため，宇宙飛行士は質量を測る際に特別な装置で行っていることが紹介されていた。

地球上でなくても質量が測定できることに興味をもち調べたところ，重力が変化しても物体そのものの量は，地球上と変わらないということが分かった。

また，重力の大きさは場所によって変わり，月面では同じ質量の物体に働く重力の大きさが地球上と比べて約6分の1であることも分かった。

図4のような測定を月面で行った場合，質量300ｇの物体Aを上皿てんびんに載せたときにつり合う分銅の種類と，物体Aをはかりに載せたときの目盛りの値について考えた。

図4

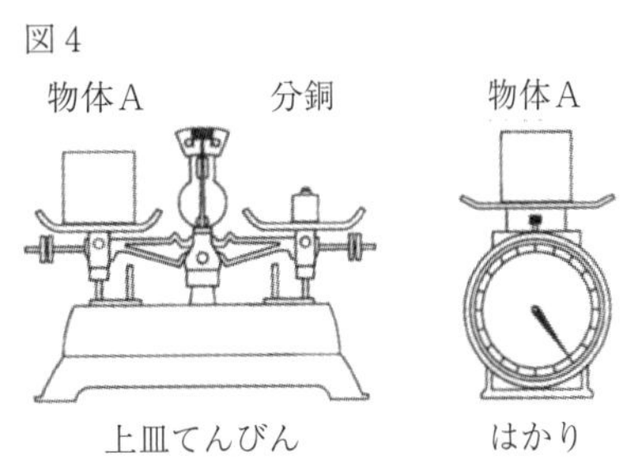

〔問4〕　**<レポート4>**から，図4のような測定を月面で行った場合，質量300ｇの物体Aを上

皿てんびんに載せたときにつり合う分銅の種類と，物体Aをはかりに載せたときの目盛りの値とを組み合わせたものとして適切なのは，次の表の**ア**～**エ**のうちではどれか。

	上皿てんびんに載せたときにつり合う分銅の種類	はかりに載せたときの目盛りの値
ア	50 g の分銅	約50 g
イ	50 g の分銅	約300 g
ウ	300 g の分銅	約50 g
エ	300 g の分銅	約300 g

3　岩石や地層について，次の各問に答えよ。

<**観察**>を行ったところ，<**結果**>のようになった。

<**観察**>

図1は，岩石の観察を行った地域Aと，ボーリング調査の記録が得られた地域Bとを示した地図である。

(1)　地域Aでは，特徴的な岩石Pと岩石Qを採取後，ルーペで観察し，スケッチを行い特徴を記録した。

(2)　岩石Pと岩石Qの，それぞれの岩石の中に含まれているものを教科書や岩石に関する資料を用いて調べた。

(3)　地域BにあるX点とY点でのボーリング調査の記録と，この地域で起きた過去の堆積の様子についてインターネットで調べた。

なお，X点の標高は40.3m，Y点の標高は36.8mである。

図1

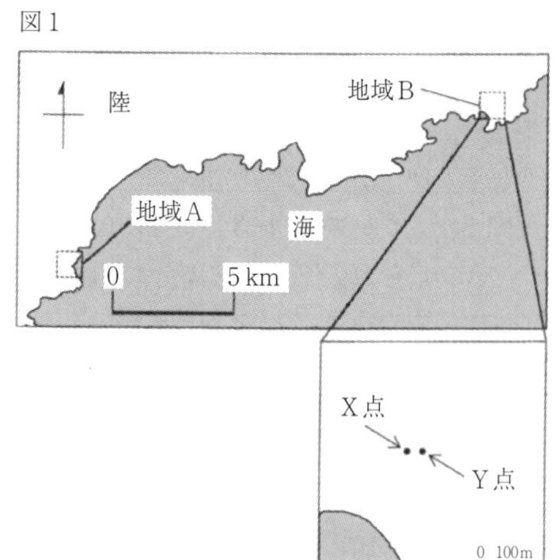

<**結果**>

(1)　<**観察**>の(1)と(2)を，表1のように，岩石Pと岩石Qについてまとめた。

表1

	岩石P	岩石Q
スケッチ	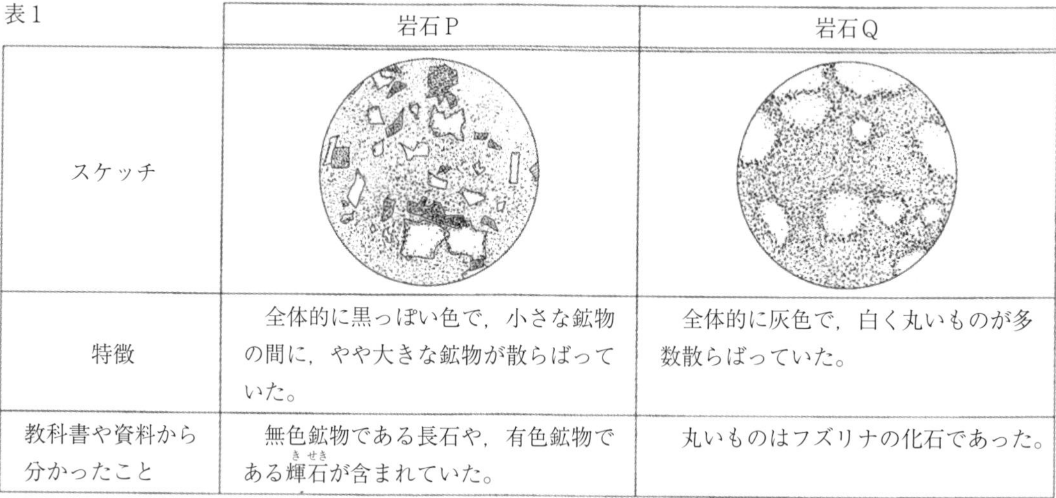	
特徴	全体的に黒っぽい色で，小さな鉱物の間に，やや大きな鉱物が散らばっていた。	全体的に灰色で，白く丸いものが多数散らばっていた。
教科書や資料から分かったこと	無色鉱物である長石や，有色鉱物である輝石(きせき)が含まれていた。	丸いものはフズリナの化石であった。

(2)　図2は<**観察**>の(3)で調べた地域BにあるX点とY点のそれぞれのボーリング調査の記録

(柱状図)である。凝灰岩の層は同じ時期に堆積している。また，地域Bの地層では上下の入れ替わりは起きていないことが分かった。

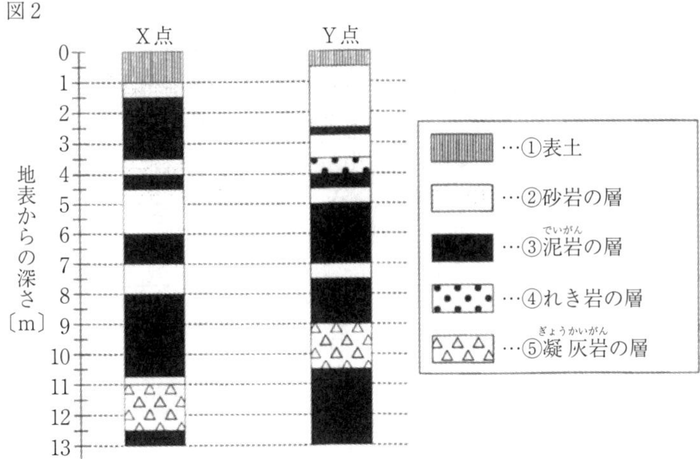

〔問1〕 ＜**結果**＞の(1)の岩石Pと＜**結果**＞の(2)の④の層に含まれるれき岩の，それぞれのでき方と，れき岩を構成する粒の特徴とを組み合わせたものとして適切なのは，次の表の**ア**～**エ**のうちではどれか。

	岩石Pとれき岩のそれぞれのでき方	れき岩を構成する粒の特徴
ア	岩石Pは土砂が押し固められてできたもので，れき岩はマグマが冷えてできたものである。	角が取れて丸みを帯びた粒が多い。
イ	岩石Pは土砂が押し固められてできたもので，れき岩はマグマが冷えてできたものである。	角ばった粒が多い。
ウ	岩石Pはマグマが冷えてできたもので，れき岩は土砂が押し固められてできたものである。	角が取れて丸みを帯びた粒が多い。
エ	岩石Pはマグマが冷えてできたもので，れき岩は土砂が押し固められてできたものである。	角ばった粒が多い。

〔問2〕 ＜**結果**＞の(1)で，岩石Qが堆積した地質年代に起きた出来事と，岩石Qが堆積した地質年代と同じ地質年代に生息していた生物とを組み合わせたものとして適切なのは，次の表の**ア**～**エ**のうちではどれか。

	岩石Qが堆積した地質年代に起きた出来事	同じ地質年代に生息していた生物
ア	魚類と両生類が出現した。	アンモナイト
イ	魚類と両生類が出現した。	三葉虫(サンヨウチュウ)
ウ	鳥類が出現した。	アンモナイト
エ	鳥類が出現した。	三葉虫(サンヨウチュウ)

〔問3〕 ＜**結果**＞の(2)にある泥岩の層が堆積した時代の地域B周辺の環境について述べたものとして適切なのは，次の**ア**～**エ**のうちではどれか。

ア 流水で運搬され海に流れた土砂は，粒の小さなものから陸の近くに堆積する。このことから，泥岩の層が堆積した時代の地域B周辺は，河口から近い浅い海であったと考えられる。

イ　流水で運搬され海に流れた土砂は，粒の大きなものから陸の近くに堆積する。このことから，泥岩の層が堆積した時代の地域B周辺は，河口から近い浅い海であったと考えられる。

ウ　流水で運搬され海に流れた土砂は，粒の小さなものから陸の近くに堆積する。このことから，泥岩の層が堆積した時代の地域B周辺は，河口から遠い深い海であったと考えられる。

エ　流水で運搬され海に流れた土砂は，粒の大きなものから陸の近くに堆積する。このことから，泥岩の層が堆積した時代の地域B周辺は，河口から遠い深い海であったと考えられる。

〔問４〕　＜**結果**＞の(2)から，地域BのX点とY点の柱状図の比較から分かることについて述べた次の文の□に当てはまるものとして適切なのは，下の**ア**～**エ**のうちではどれか。

X点の凝灰岩の層の標高は，Y点の凝灰岩の層の標高より□なっている。

ア　1.5m高く　　**イ**　1.5m低く　　**ウ**　3.5m高く　　**エ**　3.5m低く

4　植物の花のつくりの観察と，遺伝の規則性を調べる実験について，次の各問に答えよ。
＜**観察**＞を行ったところ，＜**結果１**＞のようになった。

＜**観察**＞

(1)　メンデルの実験で用いられた品種と同じエンドウを校庭で育てた。

(2)　(1)から花を１個採取後，分解しセロハンテープに並べて貼り付けた。

(3)　(1)からさらに花をもう１個採取後，花の内側にある花弁が２枚合わさるように重なっている部分(図１の点線)をカッターナイフで切り，断面を観察して，スケッチした。

図１

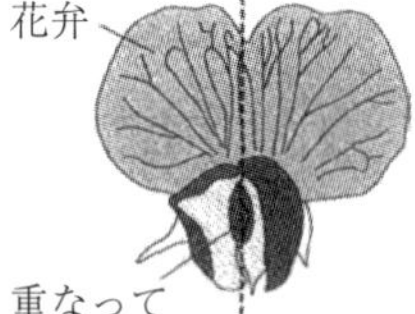

＜**結果１**＞

(1)　＜**観察**＞の(2)から，図２のようにエンドウの花弁は５枚あり，その１枚１枚が離れていた。

(2)　＜**観察**＞の(3)から，図３のように，おしべとめしべは内側の２枚の花弁で包まれていた。また，子房の中には，胚珠(はいしゅ)が見られた。

図２

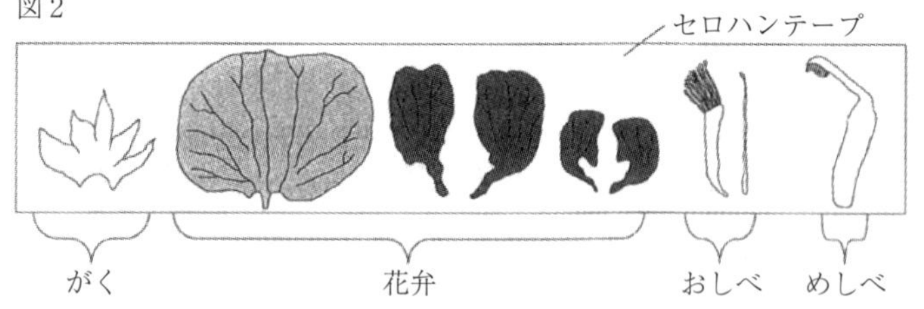

図３

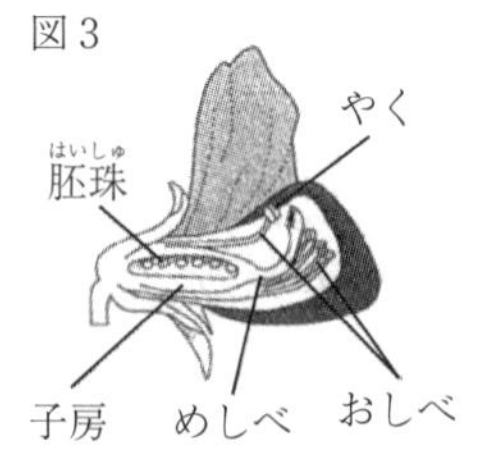

次に，＜**実験**＞を行ったところ，＜**結果２**＞のようになった。

＜**実験**＞

(1)　校庭で育てたエンドウには，草たけ(茎の長さ)の高い個体と低い個体がそれぞれあった。

(2)　草たけが高い個体を１本選び，エンドウが自家受粉し，受精後にできた種子を採取した。

(3)　草たけが低い個体を１本選び，エンドウが自家受粉し，受精後にできた種子を採取した。

(4)　(2)で採取した種子をまいて育て，成長したエンドウの草たけを調べた。

(5)　(3)で採取した種子をまいて育て，成長したエンドウの草たけを調べた。

(6)　(4)で調べたエンドウの花で，花粉がつくられる前に，やくを全て取り除いた。

(7)　(6)のエンドウの花の柱頭に，(5)で調べたエンドウの花のやくから採取した花粉を付け，受精した後にできた種子を採取した。

(8) (7)で採取した種子をまいて育て，成長したエンドウの草たけを調べた。

＜**結果２**＞

(1) ＜**実験**＞の(4)から，全て草たけの高い個体(図４のＰ)であった。

(2) ＜**実験**＞の(5)から，全て草たけの低い個体(図４のＱ)であった。

(3) ＜**実験**＞の(8)から，全て草たけの高い個体(図４のＲ)であった。

図４ ＜**実験**＞の模式図

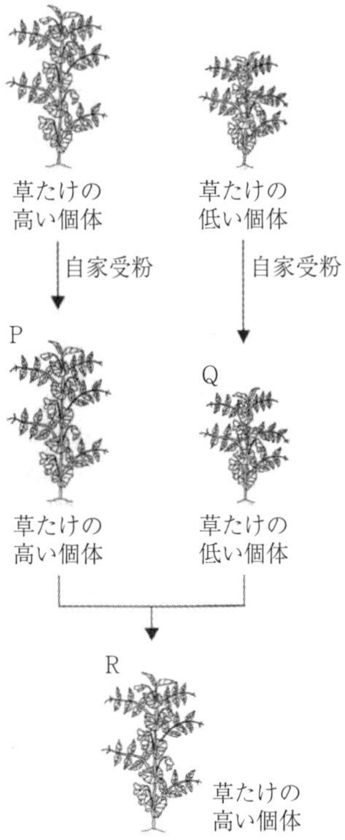

草たけの高い個体
草たけの低い個体
自家受粉
自家受粉
P
Q
草たけの高い個体
草たけの低い個体
R
草たけの高い個体

〔問１〕 ＜**結果１**＞の(1)の花のつくりをもつ植物の子葉の枚数と，＜**結果１**＞の(2)のように胚珠が子房の中にある植物のなかまの名称とを組み合わせたものとして適切なのは，次の表の**ア**～**エ**のうちではどれか。

	子葉の枚数	胚珠が子房の中にある植物のなかまの名称
ア	１枚	被子植物
イ	１枚	裸子植物
ウ	２枚	被子植物
エ	２枚	裸子植物

〔問２〕 ＜**実験**＞の(7)では，花粉から花粉管が伸長し，その中を移動する生殖細胞１個の染色体数は７本である。花粉管の中を移動する生殖細胞のうち１個と合体する細胞と，受精卵１個に含まれる染色体数とを組み合わせたものとして適切なのは，次の表の**ア**～**エ**のうちではどれか。

	花粉管の中を移動する生殖細胞のうち１個と合体する細胞	受精卵１個に含まれる染色体数
ア	卵	７本
イ	卵	14本
ウ	卵細胞	７本
エ	卵細胞	14本

〔問３〕 ＜**結果２**＞の(3)の個体で，花粉がつくられる前にやくを全て取り除き，柱頭に＜**結果２**＞の(2)の個体のやくから採取した花粉を付け受精させ，種子を採取した。その種子をまいて育て，成長したエンドウの草たけを調べたときの結果として適切なのは，次のうちではどれか。

ア 草たけの高い個体数と草たけの低い個体数のおよその比は１：１であった。

イ 草たけの高い個体数と草たけの低い個体数のおよその比は１：３であった。

ウ 全て草たけの高い個体であった。

エ 全て草たけの低い個体であった。

〔問４〕 メンデルが行ったエンドウの種子の形の遺伝に関する実験では，顕性形質の丸形と，潜性形質のしわ形があることが分かった。遺伝子の組み合わせが分からない丸形の種子を２個まき，育てた個体どうしをかけ合わせる＜**モデル実験の結果**＞から，＜**考察**＞をまとめた。

ただし，エンドウの種子が丸形になる遺伝子をA，しわ形になる遺伝子をaとし，子や孫の代で得られた種子は，遺伝の規則性のとおりに現れるものとする。

<**モデル実験の結果**>

(1)　親の代で，遺伝子の組み合わせが分からない丸形の種子を2個まき，育てた個体どうしをかけ合わせたところ，子の代では丸形の種子だけが得られた。

(2)　子の代として得られた丸形の種子を全てまき，育てた個体をそれぞれ自家受粉させたところ，孫の代として，丸形の種子だけが得られた個体と丸形・しわ形の種子が得られた個体の両方があった。

<**考察**>

<**モデル実験の結果**>の(1)で，子の代として得られた丸形の種子の遺伝子の組み合わせは，<**モデル実験の結果**>の(2)から，2種類あることが分かる。このことから，親の代としてまいた2個の丸形の種子の遺伝子の組み合わせを示すと　　　　　であることが分かる。

<**考察**>の　　に当てはまるものとして適切なのは，下の**ア**～**ウ**のうちではどれか。

ア　AAとAA　　**イ**　AaとAa　　**ウ**　AAとAa

5　イオンの性質を調べる実験について，次の各問に答えよ。

<**実験1**>を行ったところ，<**結果1**>のようになった。

<**実験1**>

(1)　図1のように，ビーカー①に硫酸亜鉛水溶液を入れ，亜鉛板Pを設置した。次に，ビーカー①に硫酸銅水溶液を入れたセロハンの袋を入れ，セロハンの袋の中に銅板Qを設置した。プロペラ付きモーターに亜鉛板Pと銅板Qを導線でつないだ後に金属板の表面の様子を観察した。

(2)　図2のように，簡易型電気分解装置に薄い水酸化ナトリウム水溶液を入れ，電極Rと電極Sを導線で電源装置につなぎ，電圧を加えて電流を流した後に電極の様子を観察した。

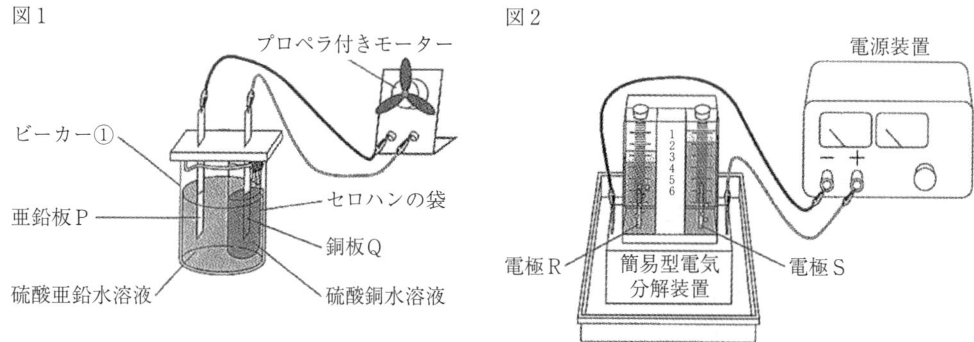

<**結果1**>

(1)　<**実験1**>の(1)でプロペラは回転した。亜鉛板Pは溶け，銅板Qには赤茶色の物質が付着した。

(2)　<**実験1**>の(2)で電極Rと電極Sからそれぞれ気体が発生した。

〔問1〕　<**結果1**>の(1)から，水溶液中の亜鉛板Pと銅板Qの表面で起こる化学変化について，亜鉛原子１個を ●，亜鉛イオン１個を ●$^{2+}$，銅原子１個を ◉，銅イオン１個を ◉$^{2+}$，電子１個を • というモデルで表したとき，亜鉛板Ｐの様子をＡ，Ｂから一つ，銅板Ｑの様子をＣ，Ｄから一つ，それぞれ選び，組み合わせたものとして適切なのは，下の**ア**～**エ**のうちではどれか。

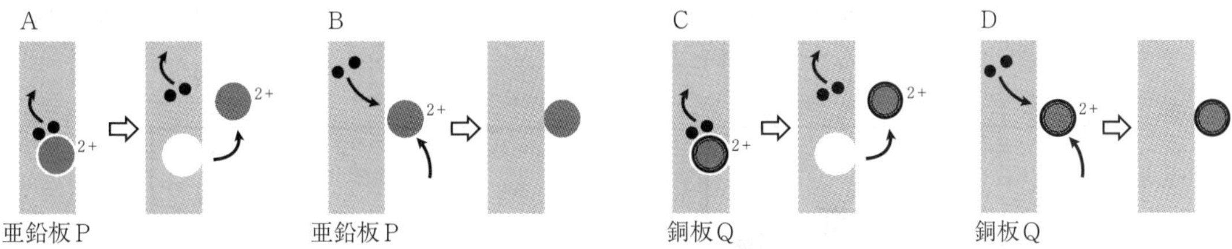

ア　Ａ，Ｃ　　**イ**　Ａ，Ｄ　　**ウ**　Ｂ，Ｃ　　**エ**　Ｂ，Ｄ

〔問２〕　<**結果１**>の(1)と(2)から，ビーカー①内の硫酸亜鉛水溶液と硫酸銅水溶液を合わせた水溶液中に含まれるZn^{2+}の数とCu^{2+}の数のそれぞれの増減と，電極Ｒと電極Ｓでそれぞれ発生する気体の性質とを組み合わせたものとして適切なのは，次の表の**ア**～**カ**のうちではどれか。

	合わせた水溶液に含まれるZn^{2+}の数	合わせた水溶液に含まれるCu^{2+}の数	電極Ｒで発生する気体の性質	電極Ｓで発生する気体の性質
ア	増える。	減る。	空気より軽い。	水に溶けにくい。
イ	増える。	増える。	空気より軽い。	水に溶けやすい。
ウ	増える。	減る。	空気より重い。	水に溶けにくい。
エ	減る。	増える。	空気より軽い。	水に溶けやすい。
オ	減る。	減る。	空気より重い。	水に溶けやすい。
カ	減る。	増える。	空気より重い。	水に溶けにくい。

次に，<**実験２**>を行ったところ，<**結果２**>のようになった。

<**実験２**>

(1)　ビーカー②に薄い塩酸を12cm^{3}入れ，BTB溶液を５滴加えてよく混ぜた。図３は，水溶液中の陽イオンを ○，陰イオンを ⊗ というモデルで表したものである。

図３

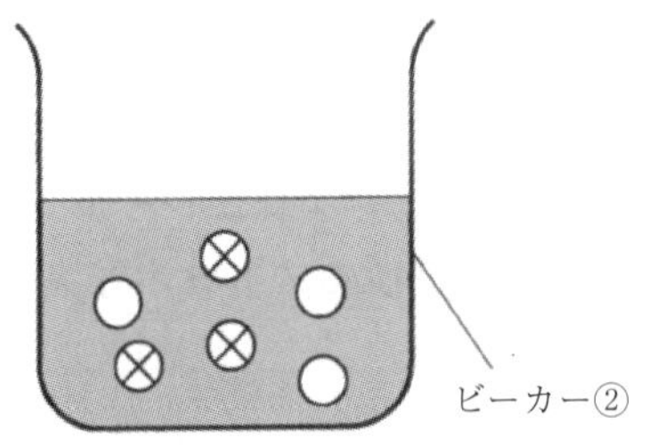

(2)　水酸化ナトリウム水溶液を10cm^{3}用意した。

(3)　(2)の水酸化ナトリウム水溶液をビーカー②に少しずつ加え，ガラス棒でかき混ぜ水溶液の様子を観察した。

(4)　(3)の操作を繰り返し，水酸化ナトリウム水溶液を合計６cm^{3}加えると，水溶液は緑色になった。

(5)　緑色になった水溶液をスライドガラスに１滴取り，水を蒸発させた後，観察した。

<**結果２**>

スライドガラスには，塩化ナトリウムの結晶が見られた。

〔問３〕　<**実験２**>の(4)のビーカー②の水溶液中で起きた化学変化を下の点線で囲まれた<**化学反応式**>で表すとき，下線部にそれぞれ当てはまる化学式を一つずつ書け。

ただし，<**化学反応式**>において酸の性質をもつ物質の化学式は(酸)の上の＿＿に，アルカリの性質をもつ物質の化学式は(アルカリ)の上の＿＿に，塩は(塩)の上の＿＿に書くこと。

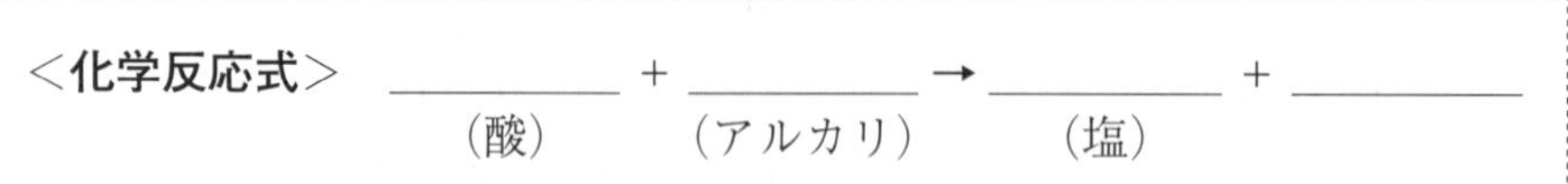

〔問４〕 ＜**実験２**＞の(5)の後，＜**実験２**＞の(3)の操作を繰り返し，用意した水酸化ナトリウム水溶液を全て加えた。＜**実験２**＞の(1)のビーカー②に含まれるイオンの総数の変化を表したグラフとして適切なのは，次のうちではどれか。

ア

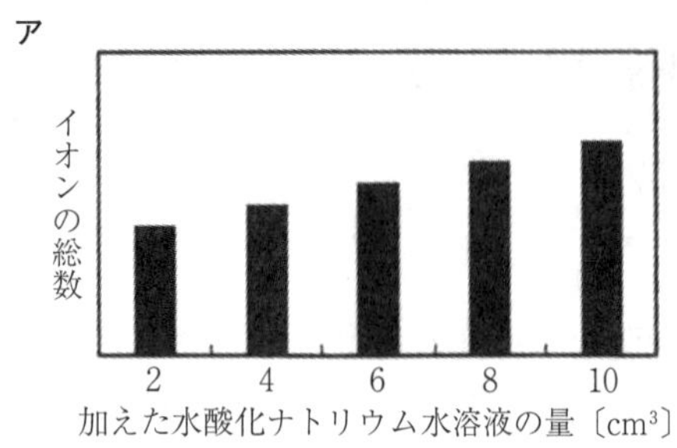

イ

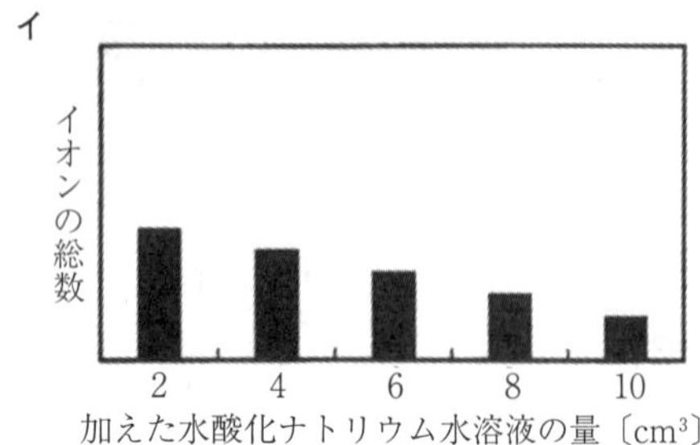

ウ

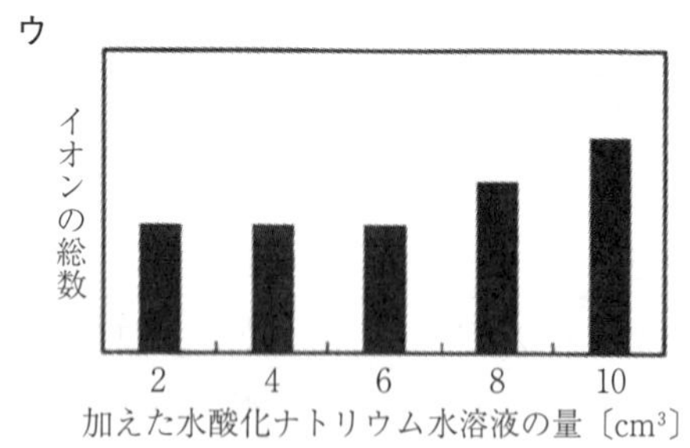

エ

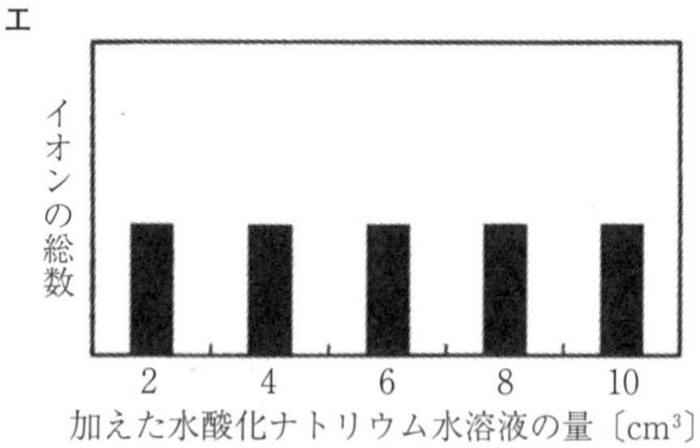

6 物体の運動に関する実験について，次の各問に答えよ。
＜**実験**＞を行ったところ，＜**結果**＞のようになった。

＜**実験**＞

(1) 形が異なるレールＡとレールＢを用意し，それぞれに目盛りを付け，図１のように水平な床に固定した。

(2) レールＡ上の水平な部分から９cmの高さの点ａに小球を静かに置き，手を放して小球を転がし，小球がレールＡ上を運動する様子を，小球が最初に一瞬静止するまで，発光時間間隔0.1秒のストロボ写真で記録した。レールＡ上の水平な部分からの高さが４cmとなる点を点ｂ，レールＡ上の水平な部分に達した点を点ｃとした。

(3) (2)で使用した小球をレールＢ上の水平な部分から９cmの高さの点ｄに静かに置き，(2)と同様の実験をレールＢ上で行った。レールＢ上の水平な部分からの高さが5.2cmとなる点を点ｅ，レールＢ上の水平な部分に達した点を点ｆとした。

(4) ストロボ写真に記録された結果から，小球がレールＡ上の点ａから運動を始め，最初に一瞬静止するまでの0.1秒ごとの位置を模式的に表すと図２のようになった。さらに，0.1秒ごとに①から⑪まで，順に区間番号を付けた。

(5) レールＢについて，(4)と同様に模式的に表し，0.1秒ごとに①から⑪まで，順に区間番号を付けた。

(6) レールＡとレールＢにおいて，①から⑪までの各区間における小球の移動距離を測定した。

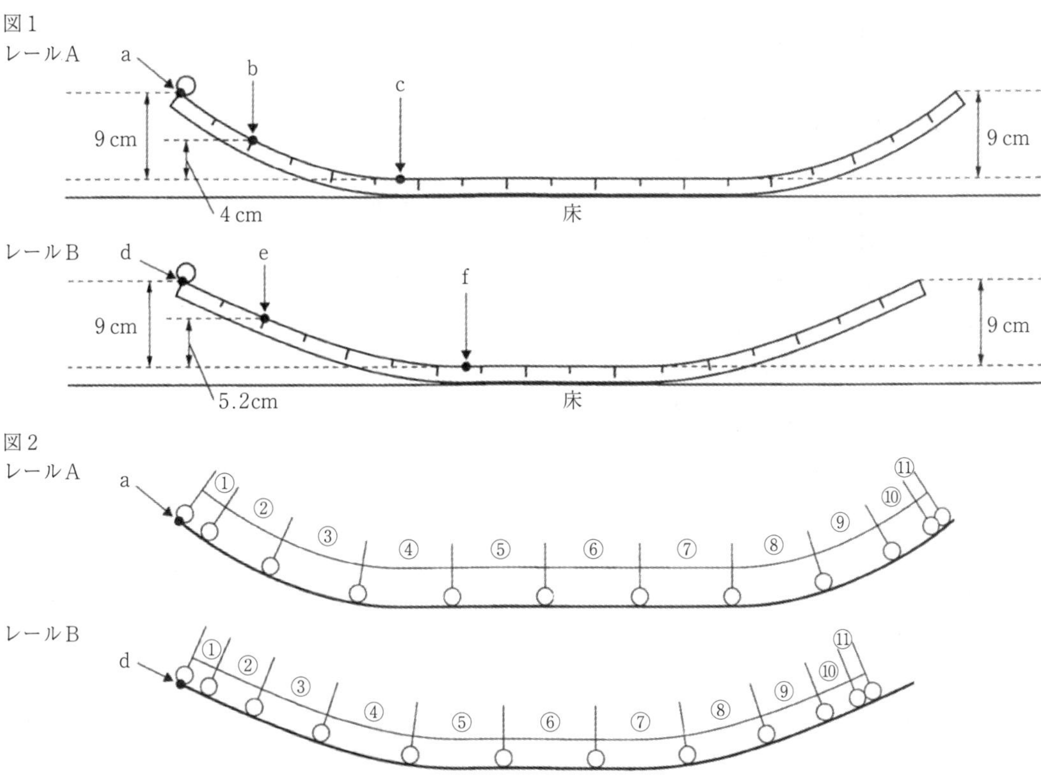

<**結果**>

区間番号	①	②	③	④	⑤	⑥	⑦	⑧	⑨	⑩	⑪
時間〔s〕	0～0.1	0.1～0.2	0.2～0.3	0.3～0.4	0.4～0.5	0.5～0.6	0.6～0.7	0.7～0.8	0.8～0.9	0.9～1.0	1.0～1.1
レールAにおける移動距離〔cm〕	3.6	7.9	10.4	10.9	10.9	10.9	10.8	10.6	9.0	5.6	1.7
レールBにおける移動距離〔cm〕	3.2	5.6	8.0	10.5	10.9	10.9	10.6	9.5	6.7	4.2	1.8

〔問1〕 <**結果**>から，レールA上の⑧から⑩までの小球の平均の速さとして適切なのは，次のうちではどれか。

ア 0.84m/s　**イ** 0.95m/s

ウ 1.01m/s　**エ** 1.06m/s

〔問2〕 <**結果**>から，小球がレールB上の①から③まで運動しているとき，小球が運動する向きに働く力の大きさと小球の速さについて述べたものとして適切なのは，次のうちではどれか。

ア 力の大きさがほぼ一定であり，速さもほぼ一定である。

イ 力の大きさがほぼ一定であり，速さはほぼ一定の割合で増加する。

ウ 力の大きさがほぼ一定の割合で増加し，速さはほぼ一定である。

エ 力の大きさがほぼ一定の割合で増加し，速さもほぼ一定の割合で増加する。

〔問３〕　図３の矢印は，小球がレールＢ上の⑨から⑪までの斜面上にあるときの小球に働く重力を表したものである。小球が斜面上にあるとき，小球に働く重力の斜面に平行な分力と，斜面に垂直な分力を解答用紙の方眼を入れた図にそれぞれ矢印でかけ。

図３

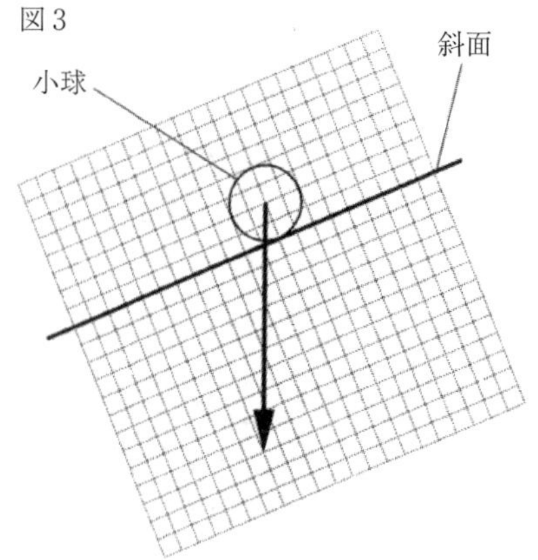

〔問４〕　<**実験**>の(2)，(3)において，点ｂと点ｅを小球がそれぞれ通過するときの小球がもつ運動エネルギーの大きさの関係について述べたものと，点ｃと点ｆを小球がそれぞれ通過するときの小球がもつ運動エネルギーの大きさの関係について述べたものとを組み合わせたものとして適切なのは，次の表の**ア**～**エ**のうちではどれか。

	点ｂと点ｅを小球がそれぞれ通過するときの小球がもつ運動エネルギーの大きさの関係	点ｃと点ｆを小球がそれぞれ通過するときの小球がもつ運動エネルギーの大きさの関係
ア	点ｂの方が大きい。	点ｆの方が大きい。
イ	点ｂの方が大きい。	ほぼ等しい。
ウ	ほぼ等しい。	点ｆの方が大きい。
エ	ほぼ等しい。	ほぼ等しい。

社会解答

1 〔問1〕 エ 〔問2〕 ウ
〔問3〕 ア

2 〔問1〕 略地図中のA～D…D
Ⅱのア～エ…イ
〔問2〕 P…ア Q…エ R…イ
S…ウ
〔問3〕 略地図中のW～Z…Y
ⅠとⅡの表のア～エ…エ

3 〔問1〕 A…ウ B…イ C…ア
D…エ
〔問2〕 Ⅰのア～エ…ア
略地図中のW～Z…W
〔問3〕 変化 (例)地区計画により，工場であった土地に，商業施設が建てられた。
要因 (例)多くの人が集まる駅に近いこと。

4 〔問1〕 ア→イ→エ→ウ 〔問2〕 イ
〔問3〕 イ→ウ→エ→ア 〔問4〕 ウ

5 〔問1〕 エ 〔問2〕 ウ
〔問3〕 (例)情報処理・通信に携わる人材は，アメリカ合衆国では，情報通信技術を利用する業種についている割合が高いが，我が国では，情報通信技術を提供する業種についている割合が高い。
〔問4〕 イ

6 〔問1〕 エ→ア→ウ→イ
〔問2〕 ⅠのA～D…B
ⅠのA～Dのア～ウ…イ
〔問3〕 X

1 〔三分野総合―小問集合問題〕

〔問1〕＜地形図と資料の読み取り＞特にことわりのないかぎり，地形図上では上が北となる。A～C点に関する資料の説明や写真と，ア～エの地形図を照らし合わせながら考える。まずA点について，資料ではA点から東を見ると川が曲がっている様子が見えること，A点がある橋を渡った先に水準点(⊡)があることが書かれている。この2つに当てはまるのはエの地形図である。アの川は直線状であり，イではA点から東の川は曲がっておらず，ウではA点の東に川はない。次にB点からC点までの道のりについて，資料では，川に並行した道路(約450m)→北東へ曲がって橋を渡る→北西に曲がる→川に並行した道路(約250m)，という順路が書かれている。これに当てはまるのもエであり，ア～ウは曲がる方向や歩く距離(地形図の下に示された目盛りを目安に大まかな距離をつかむ)などが違っている。最後にC点について学校の前にあると書かれており，これに当てはまるのは付近に小・中学校(文)が見られるア，ウ，エとなる。以上から，資料はエの地形図についてのものである。

〔問2〕＜唐招提寺の所在地＞Ⅱの文章は，奈良時代に鑑真が建立した唐招提寺について述べたものである。文中の「都」は，現在の奈良市に位置する平城京を指す。唐招提寺は，周辺の東大寺などとともに「古都奈良の文化財」としてユネスコ〔国連教育科学文化機関〕の世界文化遺産に登録されている。

〔問3〕＜地方裁判所＞地方裁判所は，各都府県に1か所と北海道に4か所の計50か所に設置されている。地方裁判所では，刑事裁判と行政裁判(国民が原告，国や地方公共団体が被告となる裁判のことで，日本では民事裁判と同じ仕組みで行われる)の第一審，民事裁判の第一審または第二審(簡易裁判所で第一審が行われたもの)が行われる。なお，家庭裁判所は家庭内の争いや少年事件を扱う裁判所(地方裁判所と同数)，高等裁判所は主に第二審の裁判を行う裁判所(8か所)，簡易裁判所は比較的軽微な事件を扱う裁判所(全国438か所)である。

2〔世界地理―世界の諸地域〕

〔問１〕＜**世界の気候と歴史**＞**略地図中のＡ～Ｄ**．季節風（モンスーン）の影響を受ける気候に属すること，イスラム商人が活動していたことから，アジアに位置するＤと判断する。東アジア，東南アジア，南アジアなどの気候に大きな影響を与える季節風は，Ｄの地域では夏季にインド洋から大陸に向かう南西の風，冬季に大陸からインド洋に向かう北東の風となる。西アジアのイスラム商人は，季節風や海流を利用しながら東南アジアなどと行き来した。　**Ⅱのア～エ**．Ｄの範囲内に●で示した都市は，インドの西岸に位置する。この地域は熱帯のサバナ気候に属し，海からの季節風が吹く季節には雨季，大陸からの季節風が吹く季節には乾季となる。したがって，一年中高温で，降水量が多い時期と非常に少ない時期があるイが当てはまる。なお，冷帯〔亜寒帯〕と温帯の境界付近に位置するＡの範囲内の都市はウ，寒帯と冷帯の境界付近に位置するＢの範囲内の都市はア，南半球にあり熱帯に属するＣの範囲内の都市はエに当てはまる。

〔問２〕＜**世界の国々と港湾都市**＞略地図中のＰ～Ｓの都市は，それぞれＰが釜山（韓国），Ｑがシンガポール，Ｒがドバイ（アラブ首長国連邦），Ｓがロッテルダム（オランダ）である。　**Ｐ**．釜山は，日本と中国という２つの経済大国を最短距離で結ぶ大圏航路上付近に位置しており，東アジアの物流の拠点となっているのでアが当てはまる。　**Ｑ**．シンガポールは，人口密度が8000人/km²を超え，東南アジアの国々で構成される東南アジア諸国連合〔ASEAN〕に加盟している。早くから経済が発展し，世界有数の貿易港となっているのでエが当てはまる。　**Ｒ**．ドバイは，石油の輸送路となるホルムズ海峡付近に位置している。近年は，石油で得た資金を使って港湾など交通・通信網の整備や新たな産業への進出なども行われているのでイが当てはまる。　**Ｓ**．ロッテルダムは，国際河川であるライン川の河口に位置し，EU〔ヨーロッパ連合〕域内の中心的な貿易港となっているのでウが当てはまる。

〔問３〕＜**フィリピンの産業と貿易**＞**略地図中のＷ～Ｚ**．Ｗはペルー，Ｘはコスタリカ，Ｙはフィリピン，Ｚはマレーシアである。Ⅲの文章のうち，バナナ栽培が盛んであること，人口が１億人を超えていること，英語が公用語であることなどに注目し，フィリピンについて述べた文と判断する。アジア太平洋経済協力会議〔APEC〕には，Ｗ～Ｚの４か国中，コスタリカをのぞく３か国が参加している。　**ⅠとⅡの表のア～エ**．アとエは，Ⅰの表より日本の輸入総額が他の２か国に比べて大きく，Ⅱの表より輸出相手国の上位に日本やアジアの国が多く見られることから，アジアに位置するフィリピンかマレーシアであると考えられる。このうち，隣国のシンガポールへの輸出額が大きいアがマレーシアであり，1999年の日本の主な輸入品目に果実が見られるエが，バナナの生産・輸出が盛んなフィリピンである。また，イとウのうち，日本の輸入総額がより大きいイがペルーであり，ウがコスタリカとなる。ここでⅢの文中の「1999年と比較して2019年では，…中華人民共和国の重要性が増している。」の部分を見ると，Ⅱの表のエに合致する内容であることが確認できる。

3〔日本地理―日本の諸地域，地形図〕

〔問１〕＜**都道府県の自然と工業**＞Ａは北海道，Ｂは兵庫県，Ｃは福岡県，Ｄは長崎県である。　**Ａ**．北海道は面積が大きいため海岸線が最も長い。室蘭の製鉄所で鉄鋼が生産されており，造船に比べて鉄鋼の生産額が多いのでウが当てはまる。　**Ｂ**．「南部」の工業用地には阪神工業地帯の一部が形成され，鉄鋼と造船の製造品出荷額等が４道県中で最も大きいのは兵庫県である。また，「国際貿易港」とは神戸港であるのでイが当てはまる。　**Ｃ**．「北東部」の湾の埋め立て地に北九州工業地域があるのは福岡県で，「国内炭と中国産の鉄鉱石を原料に鉄鋼を生産していた製鉄所」とは八幡製鉄所であるのでアが当てはまる。　**Ｄ**．島が多くリアス海岸などの入り組んだ地形が見られるため，北海道に次いで海岸線が長いのは長崎県である。長崎や佐世保などで造船業が盛んであり，鉄鋼に比べて造船の生産額が多いのでエが当てはまる。

〔問２〕**＜工業地域の特徴＞略地図中のW～Z**．Wは北関東工業地域，Xは北陸工業地域，Yは東海工業地域，Zは瀬戸内工業地域が分布する県を示している。まず，Ⅱの文章はどの地域について述べたものかを考える。絹織物業や航空機産業が早くから発達し，現在は輸送用機械や電気機械の製造が盛んであることなどから，北関東工業地域に当てはまる。群馬県や栃木県では古くから絹織物の生産が盛んで，群馬県では大正時代から航空機の製造が行われた。1980年には関越自動車道によって西部(群馬県)が，1987年には東北自動車道によって中部(栃木県)が東京とつながり，2011年には北関東自動車道によって北関東工業地域と常陸那珂港(茨城県)が結ばれた。　**Ⅰのア～エ**．2019年の製造品出荷額等が大きいアとウは，瀬戸内工業地域と北関東工業地域のいずれかであると考えられる。このうち，機械工業(輸送用機械，電気機械，その他機械)の割合が高いアが内陸に位置する北関東工業地域であり，化学工業の割合が高いウが臨海部に位置する瀬戸内工業地域である。残るイとエのうち，輸送用機械の割合が高いイは浜松市周辺などでオートバイや自動車の生産が盛んな東海工業地域であり，エが北陸工業地域となる。ここでⅡの文中で「2019年には電気機械の出荷額等は約２兆円…輸送用機械の出荷額等が…５兆円を超える」の部分をⅠの表のアのグラフから算出すると，305296億×0.073≒22287億＝２兆円，305296億×0.184≒56174億＝5.6兆円となり，合致する内容であることが確認できる。

〔問３〕**＜地形図と資料の読み取り＞変化**．太線で囲まれた地域には，Ⅰの(2)とⅡの(2)では工場が見られ，Ⅰの(3)とⅡの(3)では商業施設が見られる。つまり，ⅠとⅡのどちらも，1980年代には工場であった場所が現在(2017・2018年)は商業施設となっていることがわかる。その理由は，Ⅰ，Ⅱの(1)の地区計画において，この地域を商業地域とする方針が示されたためである。　**要因**．Ⅰ，Ⅱの太線で囲まれた地域は，それぞれ福島駅，岡山駅の近くに位置する。乗降客数の多いこれらの駅の周辺には多くの人が集まってくることから，商業施設をつくるのに適していると考えられる。

４〔**歴史―古代～現代の日本と世界**〕

〔問１〕**＜年代整序＞**年代の古い順に，ア(奈良時代―墾田永年私財法)，イ(平安時代―摂関政治)，エ(鎌倉時代―元寇)，ウ(南北朝時代―建武の新政)となる。

〔問２〕**＜太閤検地＞**Ⅱは，安土桃山時代に豊臣秀吉が行った太閤検地について述べたものである。太閤検地では，統一的な基準で全国の田畑の面積や土地のよしあしなどを調べ，予想収穫量を「石」で表した。秀吉が政治を行ったのは，Ⅰの略年表中のイの時期である。なお，1560年に桶狭間の戦いで織田信長によって倒されたのは今川義元，1582年に本能寺の変によって倒されたのは織田信長，1600年に関ヶ原の戦いに勝利して全国支配の実権をにぎったのは徳川家康である。

〔問３〕**＜年代整序＞**年代の古い順に，イ(18世紀後半―寛政の改革)，ウ(19世紀半ば―黒船来航)，エ(1902年―日英同盟)，ア(1920年代―地下鉄の運行開始)となる。

〔問４〕**＜昭和～平成時代の出来事＞**東西ドイツが統一されたのは1990年，京都議定書が採択されたのは1997年，長野でオリンピック・パラリンピック冬季競技大会が開催されたのは1998年である。したがって，Ⅱの文章で述べている時期はⅠのグラフ中のウの時期に当てはまる。

５〔**公民・歴史総合―情報を題材とする問題**〕

〔問１〕**＜精神の自由＞**「集会・結社及び言論，出版その他一切の表現の自由」(日本国憲法第21条)は，自由権の１つである精神の自由のうち，自分の意見や感情などを外部に発表する権利である。なお，イの「思想及び良心の自由」も精神の自由に含まれるが，これは心の中で自由に物事を考えたり判断したりする権利である。アは身体の自由，ウは経済活動の自由に含まれる。

〔問２〕**＜昭和時代の出来事＞**Ⅱの文章中に「石油危機から３年後の現在」とある。石油危機が起こったのは1973年で，その３年後は1976年となる。これは，Ⅰの略年表中のウの時期に当てはまる。

〔問３〕＜資料の読み取り＞Ⅱのグラフから読み取れることを整理すると，次の２つにまとめられる。まず，日本では，情報処理・通信に携わる人材のうち，情報通信技術を提供する業種についている人の割合が高く，情報通信技術を利用する業種についている人の割合は低いことがⅡの日本のグラフからわかり，次に，アメリカ合衆国では，情報処理・通信に携わる人材のうち，情報通信技術を利用する業種についている人の割合が高く，情報通信技術を提供する業種についている人の割合は低いことがⅡのアメリカ合衆国のグラフから読み取れる。このような現状を受けて，今後は「情報通信技術を利用する業種に十分な情報通信技術をもった人材が必要である」とするⅠの文章が示されたことがわかる。解答の際には，「アメリカ合衆国と比較して，情報通信技術を提供する業種と利用する業種の構成比の違いに着目」するという設問の条件に注意しながらまとめる。

〔問４〕＜法律案の審議＞内閣や議員によって国会に提出された法律案は，数十人の議員で構成される委員会でまず審議される。その後，議員全員が参加する本会議で審議・議決が行われる。可決された法律案はもう一方の議院へ送られ，同様の過程で審議・議決される。衆参両議院で可決された法律案は法律となり，内閣の助言と承認に基づいて天皇が公布する。Ⅱの文中に「衆議院の内閣委員会」とあることから，Ⅱは衆議院の委員会での審議について述べたものである。したがって，ⅠのＢとＣの間に行われたことになる。

6〔三分野総合―都市を題材とする問題〕

〔問１〕＜年代整序＞年代の古い順に，エ（18世紀―絶対王政とマリア・テレジア），ア（19世紀―ビスマルクとドイツ帝国），ウ（1930年代―ニューディール政策），イ（20世紀後半―冷戦）となる。

〔問２〕＜オタワ＞ⅠのＡ～Ｄ．地図中のＡはブラジル，Ｂはカナダ，Ｃはオーストラリア，Ｄはナイジェリアの首都周辺の地域を示している。Ⅱの文章は，カナダの首都オタワについて述べたものである。カナダはかつてイギリスの植民地であった国だが，東部のケベック州を中心とする地域は最初にフランスが進出した。そのため，国内にはイギリスとフランスの２つの文化圏が形成され，現在も英語とフランス語が公用語となっている。文中の「首都から約350km離れイギリス系住民が多い都市」はトロント，「首都から約160km離れフランス系住民が多い都市」はモントリオールである。　ⅠのＡ～Ｄのア～ウ．オタワは，Ｂの地図中のイに位置する。なお，同じ地図中のアはモントリオール，ウはトロントである。トロントが面している湖は五大湖の１つであるオンタリオ湖であり，オンタリオ湖から北東に流れ出ている川はセントローレンス川である。

〔問３〕＜インドネシアと資料の読み取り＞地図中のＷはメキシコ，Ｘはインドネシア，Ｙはバングラデシュ，Ｚはエジプトである。Ⅱの文章は，オランダから独立したこと，イスラム教徒が８割を超えることなどからインドネシアについて述べた文と判断できる。また，ⅠのＸのグラフをⅡの文章と照らし合わせると，第１位の都市圏と第２位の都市圏の人口差は，1950年に100万人を下回っており，1990年には1950年の約７倍になっていることや，1990年以降は拡大傾向が緩やかであることが確認できる。

理科解答

1 〔問1〕 イ　〔問2〕 ア　〔問3〕 エ　〔問4〕 ウ　〔問5〕 エ

2 〔問1〕 ア　〔問2〕 イ　〔問3〕 エ　〔問4〕 ウ

3 〔問1〕 ウ　〔問2〕 イ　〔問3〕 エ　〔問4〕 ア

4 〔問1〕 ウ　〔問2〕 エ　〔問3〕 ア　〔問4〕 ウ

5 〔問1〕 イ　〔問2〕 ア

〔問3〕 $\underset{(酸)}{\underline{HCl}} + \underset{(アルカリ)}{\underline{NaOH}} \longrightarrow \underset{(塩)}{\underline{NaCl}} + H_2O$

〔問4〕 ウ

6 〔問1〕 ア　〔問2〕 イ　〔問3〕 右図　〔問4〕 イ

1 〔小問集合〕

〔問1〕＜燃焼＞木片を燃焼させると，木片に含まれる炭素が空気中の酸素と結びついて二酸化炭素になり，空気中に出ていく。そのため，燃焼させた後の木片の質量は小さくなり，石灰水が白くにごる。一方，スチールウール(鉄)を燃焼させると，鉄と空気中の酸素が結びついて酸化鉄ができるため，燃焼させた後のスチールウールの質量は大きくなる。なお，二酸化炭素は発生しないので，石灰水は変化しない。

〔問2〕＜心臓＞図3で，全身から血管C(大静脈)を通って右心房に戻った血液は，右心室に入り，右心室から血管A(肺動脈)を通って肺へ送り出される。肺で酸素を取り入れた血液は，血管D(肺静脈)から左心房に入り，左心室へ移動し，血管B(大動脈)を通って全身に送り出される。動脈は心臓から送り出された血液が流れる血管だから，血管Aと血管Bである。また，動脈血は酸素を多く含む血液だから，血管Dと血管Bに流れる。なお，静脈は心臓に戻る血液が流れる血管だから，血管Cと血管Dで，静脈血は血管Cと血管Aに流れる。

〔問3〕＜光の屈折＞右図1のように，光が水中から空気中へ進むときは，入射角より屈折角の方が大きくなり，水面に近づくように屈折する。また，図1では，「A」の文字の下端から出て水面で屈折した光は目に届かないが，右図2のように，容器の中の水の量を増やすと，下端から出た光も目に届くようになり，文字の形が全て見えるようになる。

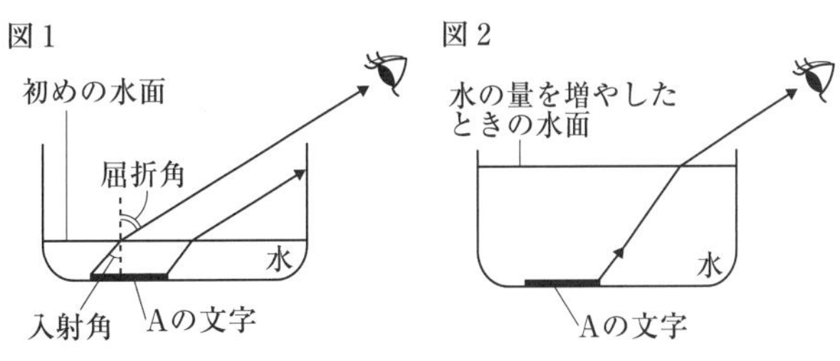

〔問4〕＜温暖前線＞温暖前線は暖気が寒気の上にはい上がりながら寒気を押して進む前線であるから，温暖前線付近の暖気と寒気の動きを表しているのはBである。また，空気はあたたまると膨張して，体積が大きくなる。このとき，質量は変わらないから，$〔密度(g/cm^3)〕=\frac{〔質量(g)〕}{〔体積(cm^3)〕}$より，密度は小さくなる。よって，密度が小さいのは暖気である。なお，Aは寒冷前線付近の暖気と寒気の動きを表している。また，密度が小さい空気は上昇するため，A，Bで上昇している暖気の方が密度が小さいことがわかる。

〔問5〕＜回路と電流＞図5で，抵抗器Bと抵抗器Cは並列につながれているので，どちらにも同じ大きさの電圧が加わる。よって，オームの法則$〔電流〕=\frac{〔電圧〕}{〔抵抗〕}$より，抵抗が小さいほど流れる電流は大きくなるので，$Q>R$である。また，点pを流れる電流の大きさは，点q，rを流れる電流の大きさの和になるから，$P=Q+R$となる。以上より，$R<Q<P$である。

2〔小問集合〕

〔問1〕<月の見え方>図1のとき，観測地点Aでは，月は太陽と同じ方向に見えるから，月が真南の空に位置する時刻は，太陽が真南の空に位置する時刻で，12時である。また，図1のとき，月は新月である。月は，およそ1週間ごとに新月から上弦の月，満月，下弦の月と変化して，約29.5日で再び新月に戻る。したがって，図1の日から1週間後に観察できる月は，上弦の月である。

〔問2〕<蒸留>水溶液Aから水を蒸発させると，塩化ナトリウム(食塩)の結晶が現れる。塩化ナトリウムは，塩素とナトリウムの化合物である。また，塩化ナトリウム水溶液を加熱すると水が気体となって出てくる。よって，加熱により水溶液Aの質量は減少するが，溶質である塩化ナトリウムの質量は変わらないので，$〔質量パーセント濃度(\%)〕=\frac{〔溶質の質量(g)〕}{〔水溶液の質量(g)〕}\times 100$ より，水溶液の質量が小さくなると質量パーセント濃度は大きくなるから，濃度は5％より高くなる。

〔問3〕<植物の体のつくり>上下にある葉が互いに重ならないようにつくことで，光が当たる面積が大きくなり，光合成によって多くの養分をつくり出すことができる。また，光合成でつくられた養分が通る管は師管である。なお，道管は根から吸収した水や水に溶けた養分が通る管である。

〔問4〕<重さと質量>上皿てんびんではかることができるのは物体の質量で，物体そのものの量だから場所が変わっても変化しない。そのため，質量300gの物体Aは月面でも300gの分銅とつり合う。一方，はかりではかることができるのは物体の重さで，物体にはたらく重力の大きさだから場所によって変化し，月面では，質量300gの物体Aにはたらく重力の大きさは地球上の約$\frac{1}{6}$になる。よって，質量300gの物体Aを月面ではかりに載せたときの目盛りの値は$300\times\frac{1}{6}=50$ より，約50gになる。

3〔大地の変化〕

〔問1〕<岩石>表1より，岩石Pは長石や輝石を含み，小さな鉱物(石基)の間にやや大きな鉱物(斑晶)が散らばっている斑状組織なので，マグマが冷えてできた火成岩の火山岩と考えられる。また，れき岩は，粒の直径が2mm以上のれきを含む土砂が押し固められてできた堆積岩である。れき岩などの堆積岩を構成する粒は，流水によって運ばれる間に角がけずられ，丸みを帯びているものが多い。

〔問2〕<地質年代>岩石Qに見られるフズリナの化石は古生代の示準化石である。古生代には，魚類や両生類が出現し，三葉虫が生息していた。なお，鳥類が出現し，アンモナイトが生息していたのは中生代である。

〔問3〕<泥岩>泥岩を構成する粒は，直径が0.06mm以下である。流水によって海まで運搬された土砂は，粒の大きなものほど沈みやすいので，陸の近くに堆積し，粒の小さなものほど沈みにくいので，河口から遠い深い海に堆積する。よって，泥岩の層が堆積した時代の地域B周辺は，河口から遠い深い海であったと考えられる。

〔問4〕<地層の広がり>X点の標高は40.3m，Y点の標高は36.8mであり，図2より，凝灰岩の層の上面の地表からの深さは，X点では11.0m，Y点では9.0mなので，凝灰岩の層の上面の標高は，X点では$40.3-11.0=29.3$(m)，Y点では$36.8-9.0=27.8$(m)である。よって，X点の方が，Y点より，$29.3-27.8=1.5$(m)高くなっている。

4〔生物の世界，生命・自然界のつながり〕

〔問１〕＜植物の分類＞〈結果１〉の(1)より，花弁が１枚１枚離れていたので，エンドウは離弁花類である。離弁花類は双子葉類に分類されるから，子葉の枚数は２枚である。また，胚珠が子房の中にある植物を被子植物という。なお，子葉の枚数が１枚なのは単子葉類で，裸子植物は子房がなく，胚珠はむき出しである。

〔問２〕＜受精＞花粉の中を移動する生殖細胞は精細胞である。花粉管が胚珠に達すると，精細胞は胚珠の中の卵細胞と受精して受精卵ができる。精細胞や卵細胞などの生殖細胞は減数分裂によってつくられ，染色体数は体細胞の半分である。よって，卵細胞に含まれる染色体数は，精細胞と同じ７本で，精細胞と卵細胞の受精によってできる受精卵１個に含まれる染色体数は$7+7=14$(本)になる。なお，卵は動物の雌がつくる生殖細胞で，雄がつくる生殖細胞である精子と受精する。

〔問３〕＜遺伝の規則性＞〈実験〉の(2)，(4)で，草たけの高い個体を自家受粉してできた種子を育てると，〈結果２〉の(1)より，全て草たけの高い個体になったことから，図４のＰは草たけの高い純系である。一方，〈実験〉の(3)，(5)で，草たけの低い個体を自家受粉してできた種子を育てると，〈結果２〉の(2)より，全て草たけの低い個体になったことから，図４のＱは草たけの低い純系である。また，〈実験〉の(7)，(8)で，ＰとＱをかけ合わせると，〈結果２〉の(3)より，全て草たけの高い個体になったことから，草たけの高さは，高いが顕性形質，低いが潜性形質である。ここで，草たけを高くする遺伝子をＢ，低くする遺伝子をｂとすると，草たけの高い純系のＰの遺伝子の組み合わせはBB，草たけの低い純系のＱの遺伝子の組み合わせはbbになる。草たけの高い純系と低い純系のエンドウがつくる生殖細胞には，それぞれＢとｂだけが含まれるから，これらをかけ合わせてできた子である図４のＲの遺伝子の組み合わせは全てBbになる。よって，ＲとＱをかけ合わせてできた種子の遺伝子の組み合わせと個数の比は，右表のように，Bb：bb＝２：２＝１：１となる。Bbは草たけの高い個体，bbは草たけの低い個体になるので，これらの個体数のおよその比は１：１である。

	B	b
b	Bb	bb
b	Bb	bb

〔問４〕＜遺伝の規則性＞エンドウの種子の形は，丸形が顕性形質，しわ形が潜性形質だから，親の代の丸形の種子の遺伝子の組み合わせはAAかAaであり，〈モデル実験の結果〉の(1)で，子の代では丸形の種子だけが得られたことから，両親がともにａを持つことはないのがわかる。また，〈モデル実験の結果〉の(2)で，子の代の種子を自家受粉させると，孫の代には丸形の種子だけが得られた個体と丸形・しわ形の種子が得られた個体があったことから，孫の代に丸形の種子だけが得られた個体の遺伝子の組み合わせはAA，丸形・しわ形の種子が得られた個体の遺伝子の組み合わせはAaとなる。これより，親の代の種子の一方はａを持つので，親の代の遺伝子の組み合わせはAAとAaである。

5 〔化学変化とイオン〕

〔問１〕＜ダニエル電池＞亜鉛板Ｐは溶けたので，亜鉛板Ｐの表面では，亜鉛原子(Zn)が電子を２個放出して亜鉛イオン(Zn^{2+})となって水溶液中に溶け出している。また，銅板Ｑには赤茶色の物質が付着したので，銅板Ｑの表面では，水溶液中の銅イオン(Cu^{2+})が電子２個を受け取って銅原子(Cu)になって付着する。よって，亜鉛板Ｐの様子はＡ，銅板Ｑの様子はＤである。

〔問２〕＜ダニエル電池，水の電気分解＞図１のダニエル電池では，亜鉛板Ｐから亜鉛原子(Zn)が亜鉛イオン(Zn^{2+})となって溶け出すので，水溶液中のZn^{2+}の数は増える。一方，銅板Ｑでは，銅イオン(Cu^{2+})が銅原子(Cu)になって付着するので，水溶液中のCu^{2+}の数は減る。また，図２では水の電気分解が起こり，電源装置の－極につながれた電極Ｒは陰極，＋極につながれた電極Ｓは陽極で，電極Ｒでは水分子(H_2O)が電子を受け取り水素が発生し，電極Ｓでは，水酸化物イオン(OH^-)が電子を渡し，水と酸素ができる。水素は最も軽い気体で，空気より軽く，酸素は水に溶けにくい気体である。

〔問３〕＜中和＞〈実験２〉で，酸の性質を持つ物質は，薄い塩酸中に溶けている塩化水素(HCl)であり，アルカリの性質を持つ物質は水酸化ナトリウム水溶液中に溶けている水酸化ナトリウム(NaOH)である。HClとNaOHが中和すると，水(H_2O)と，塩(えん)として塩化ナトリウム(NaCl)ができる。

〔問４〕＜中和とイオン＞薄い塩酸中には，塩化水素(HCl)が電離して生じた水素イオン(H^+)と塩化物イオン(Cl^-)が同数含まれ，水酸化ナトリウム水溶液中には，水酸化ナトリウム(NaOH)が電離して生じたナトリウムイオン(Na^+)と水酸化物イオン(OH^-)が同数含まれる。また，薄い塩酸に水酸化ナトリウム水溶液を加えると，H^+とOH^-が結びついて水(H_2O)になり，Cl^-とNa^+が結びついて塩として塩化ナトリウム(NaCl)になるが，NaClは溶液中で電離しているため，イオンのままCl^-とNa^+として含まれる。〈実験２〉の(4)より，薄い塩酸12cm^{3}と水酸化ナトリウム水溶液６cm^{3}がちょうど中和するので，水酸化ナトリウム水溶液を６cm^{3}加えるまでは，加えたOH^-はH^+と結びつき，減ったH^+と同数のNa^+が増えるので，イオンの総数は変わらない。さらに，水酸化ナトリウム水溶液を加えると，H^+の数は０のままで，加えたNa^+とOH^-が増えていくので，イオンの総数は増加していく。なお，Cl^-の数は変化しない。

6〔運動とエネルギー〕

〔問１〕＜速さ＞〈結果〉より，レールＡにおける⑧から⑩までの移動距離は，10.6＋9.0＋5.6＝25.2(cm)で，25.2cmは25.2÷100＝0.252(m)である。また，かかった時間は，1.0－0.7＝0.3(秒)である。よって，このときの小球の平均の速さは，〔平均の速さ(m/s)〕＝〔移動した距離(m)〕÷〔移動にかかった時間(s)〕より，0.252÷0.3＝0.84(m/s)となる。

〔問２〕＜運動と力＞斜面上にある小球には，重力の斜面に平行な方向の分力が運動の方向にはたらく。また，小球に一定の力がはたらくとき，小球の速さは一定の割合で増加する。よって，図２で，レールＢ上の①から③までは斜面の傾きがほぼ一定なので，小球には，重力の斜面に平行な方向の分力がほぼ一定の大きさではたらき続け，速さはほぼ一定の割合で増加する。なお，〈結果〉より，レールＢ上の①から③まで，0.1秒ごとの移動距離は，5.6－3.2＝2.4(cm)，8.0－5.6＝2.4(cm)と等しいから，速さは一定の割合で増加していることがわかる。

〔問３〕＜力の分解＞重力の矢印を対角線として，斜面に平行な方向と斜面に垂直な方向を２辺とする平行四辺形(この場合は長方形)をかくと，２辺がそれぞれ分力になる。解答参照。

〔問４〕＜運動エネルギー＞小球が斜面上を下るとき，小球が点ａと点ｄで持っていた位置エネルギーは運動エネルギーに移り変わる。図１で，点ａと点ｄは高さが等しいから，それぞれの点で小球が持つ位置エネルギーの大きさは等しく，点ｂは点ｅより高さが低いから，小球が持つ位置エネルギーの大きさは点ｂの方が点ｅより小さい。よって，位置エネルギーが移り変わった運動エネルギーの大きさは，点ｂの方が点ｅより大きい。また，点ｃと点ｆは高さが等しく，位置エネルギーの大きさは等しいから，運動エネルギーの大きさも等しい。

●2021年度

都立西高等学校

独自問題

【英語・数学・国語】

2021年度 都立西高等学校

【英　語】（50分）〈満点：100点〉

1 リスニングテスト（**放送**による**指示**に従って答えなさい。）

〔**問題A**〕 次の**ア**～**エ**の中から適するものをそれぞれ**一つずつ**選びなさい。

<対話文1>

ア On the highest floor of a building.

イ At a temple.

ウ At their school.

エ On the seventh floor of a building.

<対話文2>

ア To see Mr. Smith.　　**イ** To return a dictionary.

ウ To borrow a book.　　**エ** To help Taro.

<対話文3>

ア At eleven fifteen.　　**イ** At eleven twenty.

ウ At eleven thirty.　　**エ** At eleven fifty-five.

〔**問題B**〕 <Question 1> では，下の**ア**～**エ**の中から適するものを**一つ**選びなさい。

<Question 2> では，質問に対する答えを英語で書きなさい。

<Question 1>

ア For six years.　　**イ** For three years.

ウ For two years.　　**エ** For one year.

<Question 2>

（15秒程度，答えを書く時間があります。）

※（編集部注）<**英語学力検査リスニングテスト台本**>を英語の問題の終わりに掲載しています。

2 次の対話の文章を読んで，あとの各問に答えなさい。
（＊印の付いている単語・語句には，本文のあとに〔注〕がある。）

Japanese students, Tomoya and Nagisa, a student from England, Sophia, and a student from France, Michel, are at Tomoya's house to have a meeting about a group presentation in class.

Tomoya: First, let's decide on a topic for our presentation.

Nagisa: I think choosing a good topic is the most important part of preparing a good presentation.

Sophia: Michel! There's a *mosquito on your arm!

Michel: Ah!

Nagisa: The window is open!

Tomoya: It's hot today, so keep the window open. Wait a minute. I'll be back soon.

Tomoya goes out and comes back with something in his hand.

Sophia: What's that, Tomoya?

Tomoya: It's a *pyrethrum coil. Mosquitos don't like the smoke from this.

Sophia: I've never seen or heard of it before. Will it work well, Tomoya?

Tomoya: Yes, it will! OK, the smoke is coming out. What's wrong, Sophia? Does this have a bad perfume?

Sophia: Bad perfume.... I know what you wanted to say, and the answer is yes, but your English is a little strange.

Michel: 〔 (a) 〕

Tomoya: How is it strange?

Sophia: Perfume means a sweet or *pleasant *smell, so we don't say "bad perfume."

Nagisa: I thought that perfume was a *liquid with a pleasant smell to put on people's *skin or clothes.

Sophia: Of course, perfume means that, too, but it also has the same meaning as fragrance or scent. Both of these words mean a pleasant smell. I don't think the smell of this pyrethrum coil is pleasant.

Michel: This is my first time experiencing this smell, but I like it.

Nagisa: I like the smell very much, too.

Tomoya: Me, too.

Michel: So, the same smell is pleasant to some people, but it is *unpleasant to others.

Nagisa: Right.

Tomoya: Anyway, let's have coffee. My mother has made some for us.

Michel: Hmm.... I like this aroma very much.

Tomoya: Aroma? Does that mean taste or something?

Michel: No, it doesn't. Aroma means a strong pleasant smell.

Sophia: It often means a good food smell in English. Aroma.... I heard that your mother does *aromatherapy, Nagisa.

Nagisa: That's right. She does it once a month.

Michel: My mother does aromatherapy, too!

Tomoya: What's aromatherapy?

Nagisa: My mother says it's a kind of *treatment. They use *essential oils made from plants with pleasant smells. For example, sometimes they smell the aroma of essential oils, put them on their body, or get a *massage with them. This can reduce pain, and people's bodies and *minds can get better.

Tomoya: I see. Did it start in your country, Sophia?

Sophia: [(b)]

Michel: Actually, it started in my country. A scientist found that essential oils were good for our bodies, and used the word aromatherapy in his book for the first time in 1937.

Nagisa: I heard it's popular in many countries.

Michel: That's true, but at first there were differences in the ways of doing it between France and other countries.

Nagisa: My mother said that in England, people have used it to get healthier by keeping a balance between body and mind with the help of the aroma of essential oils. Massages with them started there, too.

Michel: In my country, people first thought that they could use essential oils as medicine, so they often used them for treatment of *injuries. But now, how people use aromatherapy in my country is the same as in England and in other countries.

Tomoya: There are several different words for smell in English, such as perfume, scent, fragrance, and aroma. Are there any others, Sophia?

Sophia: Yes, there are. There are some words for bad smells, too.

Tomoya: [(c)]

Sophia: Have you ever heard the word odor, Tomoya?

Tomoya: No, I haven't.

Sophia: It means an unpleasant smell. Also, stink means a very bad smell, and stench means a very strong bad smell.

Nagisa: That's very interesting. English has so many different words for smell. But why?

Michel: I think those words may have different *origins.

Sophia: I know that aroma comes from an old word for spice.

Tomoya: The word aroma means a good food smell for that reason!

Sophia: And perfume comes from "through smoke."

Nagisa: I don't know how those two are connected.

Michel: I'll *look it up on my smartphone. Here we are. I found an interesting story about it. People started to enjoy some nice smells just after starting to use fire. They burned plants or trees to make nice smells. I think "through smoke" came from this.

Tomoya: Oh! Then, people have enjoyed nice smells for a long time.

Michel: I found more stories. People in Europe produced essential oils and perfumes to get nice smells, and people in Asia found out how to enjoy the aroma of *incense by burning it. Nice smells have made people's lives better in many areas of the world.

Nagisa: [(d)] I understand why Japanese people have long enjoyed the smell of incense. Each country has its own culture of smells.

Sophia: What is incense?

Nagisa: It is made from trees with sweet pleasant scents. There are different shapes of incense and different ways of using it. *Sticks of incense are common in Japan. Smoke with a good scent comes out when they are burned.

Sophia: So, the way of using incense is similar to that pyrethrum coil.

Nagisa: The smell is similar, too.

Sophia: Really? Does incense have a nice smell? I don't like the smell of the smoke from that pyrethrum coil. So, I don't think the smell of incense will be pleasant to me.

Tomoya: [(e)]

Nagisa: I like the scent of incense as well as the smell of pyrethrum coils. My grandparents sometimes burn incense at home and also use pyrethrum coils almost every day in summer. I often visited my grandparents' house when I was little, so when I smell those scents I always remember my younger days.

Michel: Good point, Nagisa. Smell is strongly connected to our past experiences.

Nagisa: It's interesting to learn about the history and [(2)] of smells.

Tomoya: So, why don't we make a presentation about it?

〔注〕 mosquito 蚊(か)　pyrethrum coil 蚊取り線香(せんこう)
pleasant 心地よい　smell におい　liquid 液体
skin 皮膚(ひふ)　unpleasant 不快な　aromatherapy アロマセラピー
treatment 治療(ちりょう)　essential oil 精油　massage マッサージ
mind 心　injury けが　origin 起源
look up ～ ～を調べる　incense お香　stick of ～ 棒状の～

〔問1〕 本文の流れに合うように，[(a)]～[(e)]の中に，英文を入れるとき，最も適切なものを次の中からそれぞれ**一つ**ずつ選びなさい。ただし，同じものは二度使えません。

ア That sounds interesting. Please tell us about them.
イ That's interesting, too.
ウ I thought so, too.
エ I'm sorry to hear that.
オ I don't know, but I don't think it did.

〔問2〕 本文の流れに合うように，[(2)]の中に**本文中の英語1語**を書きなさい。

〔問3〕 本文の内容に合う英文の組み合わせとして最も適切なものは，次のページの**ア～シ**の中ではどれか。

① The word perfume does not only mean a liquid with a pleasant smell but also a pleasant smell like stink or fragrance.
② Michel smelled smoke from a pyrethrum coil for the first time at Tomoya's house, and he felt that the smell was unpleasant.
③ The word aroma means a pleasant smell like perfume, fragrance or stench, and it is often used when we eat or drink something.
④ Aromatherapy was started in England in the twentieth century, and people have long used it to make themselves healthier since then.

⑤　Massages with essential oils started in France because people there thought that they were able to use essential oils as medicine for treatments.

⑥　In Europe, people have enjoyed the aroma of smoke by burning essential oils or perfumes, but in Asia, people have enjoyed nice smells in different ways.

⑦　Nagisa said that incense had a smell of smoke like pyrethrum coils, so Sophia didn't think that she would enjoy the smell.

⑧　Nagisa often experienced the scent of incense and the smell of pyrethrum coils at her grandparents' house when she was younger, so she likes both of them.

ア	①　⑦	イ	③　⑧	ウ	④　⑦
エ	⑦　⑧	オ	②　⑥　⑧	カ	③　⑤　⑧
キ	④　⑦　⑧	ク	⑤　⑥　⑦	ケ	⑥　⑦　⑧
コ	①　②　⑥　⑧	サ	②　③　⑥　⑦	シ	③　④　⑤　⑧

〔問４〕　次の文章は，Tomoyaたちが後日行ったプレゼンテーションの冒頭(ぼうとう)部分である。対話文の内容に一致(いっち)するように，（　a　）～（　d　）の中に，それぞれ適切な**英語１語**を入れなさい。

Hi, everyone.　Today, we are going to make a presentation about smells.　Humans learned to enjoy nice smells a long, long time ago when they discovered how to use (　a　).　They often created nice smells by burning plants and trees.　In fact, in English, the origin of the word (　b　) is connected to this fact.　Since then, humans have enjoyed nice smells in many different ways.

People have used nice smells to (　c　) and enjoy their lives.　For example, they are used in aromatherapy.　Some of you may know about it.　People think that the pleasant smells of essential oils are good for the (　d　) of our body and mind.

3 次の文章を読んで，あとの各問に答えなさい。なお，[1] ～ [7] は段落の番号を表している。
（＊印の付いている単語・語句には，本文のあとに〔注〕がある。）

[1] Can we make a day longer than 24 hours? Yes, we can, but how?

[2] To find the answer, let's first think about the next question. How do we know what time it is or how much time has passed? We can often know what time it is without a clock. For example, we may wake up or feel sleepy around the same time every day without checking a clock. Why can we do so? *According to scientists, humans and other animals have a circadian rhythm, a kind of body clock. The circadian rhythm *controls body *temperatures and *hormone levels, so we can know what time it is. In the early morning, our body temperatures start to go up and our melatonin levels start to go down. Melatonin is a hormone, and it helps us to sleep. In the late evening, our body temperatures start to go down and our melatonin levels start to go up. Because of this, we can wake up or sleep at about the same time every day.

[3] We can know how many seconds or minutes have passed without using a clock. We have another body clock called an interval timing clock. It's like a stopwatch. Because of this body clock, we can know how many seconds or minutes have passed. Scientists have found that some animals also have an interval timing clock. The interval timing clock helps animals to survive in nature. They can find food and then come home quickly.

[4] Because of these two kinds of body clocks, we can know what time it is and how many seconds or minutes have passed. However, why do we sometimes feel time passes faster or more slowly? Scientists did an *experiment to learn how our interval timing clock changes during the day. In (1)<u>the experiment</u>, people were asked to *count to 10 seconds without using a stopwatch. When they finished counting, the scientists recorded how many seconds actually passed. They did it at 9:00, 13:00, 17:00, 21:00, 1:00, 5:00, and at 9:00 the next day. Their *core body temperatures and melatonin levels were checked every one hour. The recorded time was longer than 10 seconds in the first two tests and became shorter *toward the evening. It became shorter as their core body temperatures went up and melatonin levels went down. In the late evening, their core body temperatures started to go down and their melatonin levels started to go up. The recorded time became longer toward the early morning as their core body temperatures went down and their melatonin levels went up. In the morning, they felt time passed [a]. From the afternoon toward the evening, they felt time passed [b]. This shows that our circadian rhythm *affects our interval timing clock.

[5] How we spend time also affects our *sense of time. Why do we feel time passes more slowly? Let's take a look at an example. Some years ago, an airport in the United States added staff at the *baggage claim to make *travelers less *stressed when they were waiting for their bags after arriving at the airport. The airport was able to reduce their waiting time, but travelers were not happy with that. Why was that? Though they were able to get their bags faster, they were standing and waiting for most of the time at the baggage claim. So (3)<u>the airport tried something different</u>. The airport moved the *arrival gates away from the baggage claim. Travelers walked to the baggage claim and only needed to wait two minutes. Travelers felt like the airport carried their bags to them quickly. The airport gave them something to do during the waiting time without making it shorter. When we do nothing special and just check our watch to know how many minutes have passed, we feel time passes more slowly.

[6] Why do we feel time passes more quickly? Have you felt New Year has come faster this year than last year? Many people say that time passes more quickly when they get older. Scientists have found that there is a reason for this. How much information we receive affects our sense of time. When we receive a lot of new information, we need a long time to *process it, so we feel time passes more slowly. When we experience new things, or when we have strong *emotions, for example, when we are nervous, afraid, or excited, we pay greater attention to various things happening around us and remember more things. Because of this, we feel time passes more slowly. On the other hand, if we take in *familiar information, we feel time passes faster because we don't need much time to process it. So we think that time speeds up when we grow older. When the world becomes familiar, we get [c] new information, and we feel time passes [d].

[7] Time passes so fast. How do we stop it? What can we do to make our days longer and enjoy our life? Try new things, visit new places, and meet new people. These things give us a lot of new information. If it is difficult to do these things, pay attention to everything in your daily life. Even after reading a book once, read the book carefully again. You will find out new, interesting things. You have known your family and your friends for years, even so try to find out how they are doing. You may find that you know only a little about them. If you take the same road to go to school every day, pay attention to the things around you while you are walking. You will find something new. You may feel warm wind or (4)<u>【 you / the arrival / find / telling / small flowers / spring / of / about 】</u>. You can experience new things in your daily life. You can stay young and enjoy your life by continuing to learn.

〔注〕 according to ～　～によると
control　制御(せいぎょ)する
temperature　温度
hormone　ホルモン
experiment　実験
count to ～　～まで数える
core　深部
toward　向かって
affect　影響する
sense　感覚
baggage claim　手荷物受取所
traveler　旅行者
stressed　ストレスのある
arrival　到着
process　処理する
emotion　感情
familiar　よく知っている

〔問１〕 (1)the experiment とあるが，次の３つのグラフは，Recorded Time, Core Body Temperature, Melatonin Level に関するグラフである。それぞれのグラフに示された折れ線**A**～**C**，**D**～**F**，**G**～**I**の中から，実験結果と一致(いっち)するものを一つずつ選ぶとき，その組み合わせとして最も適切なものは，次のページの**ア**～**ケ**の中ではどれか。

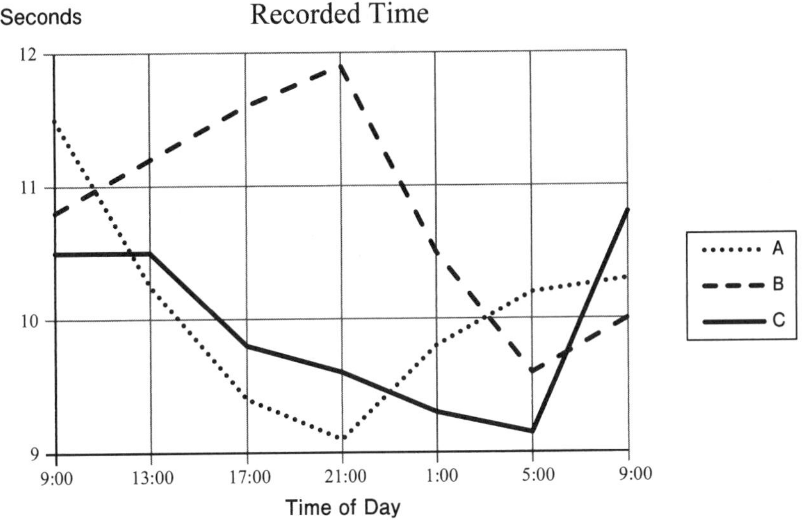

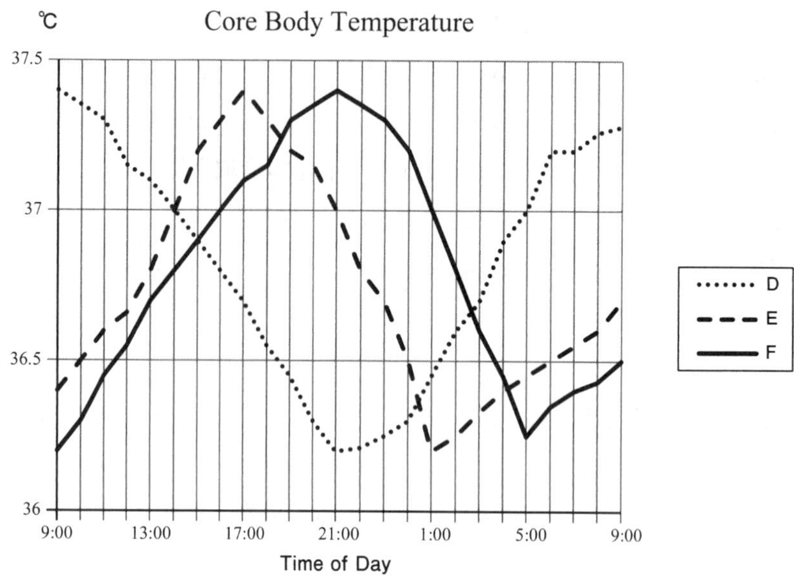

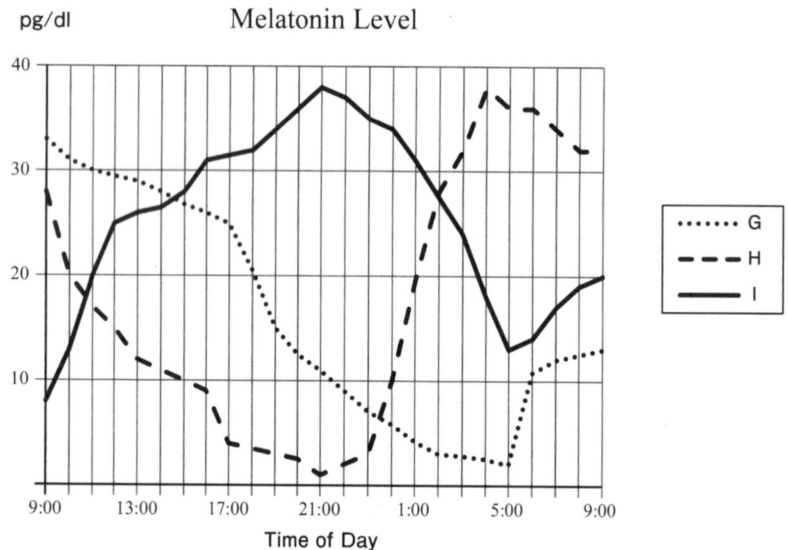

	Recorded Time	Core Body Temperature	Melatonin Level
ア	A	D	I
イ	A	E	H
ウ	A	F	H
エ	B	D	G
オ	B	E	I
カ	B	F	G
キ	C	D	I
ク	C	E	G
ケ	C	F	H

〔問2〕 本文中の a ～ d の中に，本文の流れに合うように単語・語句を入れたとき，その組み合わせとして最も適切なものは，次の**ア**～**カ**の中ではどれか。

	a	b	c	d
ア	more quickly	more slowly	less	more slowly
イ	more quickly	more slowly	more	more slowly
ウ	more quickly	more slowly	less	more quickly
エ	more slowly	more quickly	more	more slowly
オ	more slowly	more quickly	less	more quickly
カ	more slowly	more quickly	more	more quickly

〔問3〕 (3)the airport tried something different とあるが，その内容とそれに対する結果として最も適切なものは，次の**ア**～**エ**の中ではどれか。

ア The airport carried travelers' bags faster, so they got their bags faster after leaving the arrival gates.

イ The airport moved the arrival gates, so travelers got their bags slower after leaving the arrival gates.

ウ The airport carried travelers' bags faster, so they waited for a shorter time after arriving at the baggage claim.

エ The airport moved the arrival gates, so travelers waited for a shorter time after arriving at the baggage claim.

〔問4〕 (4)【 you / the arrival / find / telling / small flowers / spring / of / about 】とあるが，本文の流れに合うように，【　　　　】内の単語・語句を正しく並べかえなさい。

〔問5〕 本文の内容に合う英文の組み合わせとして最も適切なものは，次のページの**ア**～**シ**の中ではどれか。

① Humans and other animals know what time it is and how many seconds or minutes have passed without checking a clock because of their body clocks.

② We can wake up or sleep at about the same time every day because our melatonin levels start to go up in the early morning and they start to go down in the late evening.

③ Some animals know how much time has passed, so they can find food and come home quickly because of a body clock called a circadian rhythm.

④ We sometimes feel that time passes faster or more slowly because the interval timing clock affects the circadian rhythm.

⑤ According to the experiment, we feel that time passes more slowly when we check our watch to know how much time has passed.

⑥ We feel that time moves more slowly when we are nervous, afraid, or excited because we receive a lot of information to process.

⑦ We should pay more attention to various new things because we need more time to remember things when we get older.

⑧ If it is difficult to get a lot of new information even after trying new things, we should pay attention to everything in our daily life.

ア	① ⑥	イ	② ⑤	ウ	③ ⑧
エ	④ ⑦	オ	① ⑥ ⑧	カ	② ④ ⑦
キ	③ ⑤ ⑥	ク	④ ⑤ ⑧	ケ	① ② ③ ⑧
コ	① ⑤ ⑥ ⑧	サ	② ③ ④ ⑥	シ	③ ⑥ ⑦ ⑧

4 次の文章を読んで，あとの各問に答えなさい。なお，[1] ～ [10]は段落の番号を表している。
（＊ 印の付いている単語・語句には，本文のあとに〔注〕がある。）

[1] Have you ever been lost in the streets or in the mountains? Many of you will say yes, but some of you have *probably never got lost and may say, "If I've been to a place before and go back 10 years later, I will remember my way." Are such people really born with this special ability? The answer to that question is in *brain activity. They don't get lost because they have a much better ability to find out where they are and use *spatial memory.

[2] In the last few years, scientists (1)<u>【 we / have / the brain / use / which / discovered / part / for / of 】</u> finding our way around an area. They say that we use two kinds of *cells in the brain. Place cells in the *hippocampus find out where we are, and grid cells outside the hippocampus help us to understand the spatial *relationship between that place and other places. With the help of place cells and grid cells in the brain, we can have a sense of place and use *way-finding abilities.

[3] Our brain can find the way by using either or both of these cells. Some people are really good at finding their way by remembering *objects in the environment. For example, they may say, "I'll go to the gas station and make a right turn." Other people may *depend on spatial memory and say, "I'll go 50 meters to the north, and then 50 meters to the east." Though we all depend on both kinds of memory, the brain may use one over the other.

[4] ア This kind of human way-finding ability was not well known for a long time, but in the 21st century, scientists began to understand more about this ability by doing research into the hippocampi of taxi drivers in London. イ Some taxi drivers drove for more than forty years and they had much more developed hippocampi. ウ If the taxi drivers spent more time on the job, the hippocampus began to develop more space for the large *amount of way-finding experience. エ This study shows that way-finding experience can have a direct influence on the brain itself. オ

[5] These days, however, these kinds of way-finding skills are becoming lost in the world of GPS, or global positioning systems. GPS helps people to get to their *destination. More people are losing the ability to find their way in new places by themselves. Now let's take a look at one example.

(3)

They say the growing use of such smartphones can lead to big problems because people depend too much on technology without understanding the world around them.

[6] In fact, scientists are afraid that the use of GPS can have bad *effects on brain activity. They worry a lot about its effects on human memories. Because of such technology, people don't have to create spatial maps of new places in their *mind, so their *mental space for remembering and *observing their environment is becoming smaller. And if technology suddenly doesn't work at all, people will not be able to find out where they are by themselves.

[7] Scientists have done studies to know how using GPS *affects people's ability to find their way through the environment around themselves. They asked two groups of people to find their way through a city on foot in different ways. One group used a smartphone with GPS, and the other group used a paper map and compass to reach their destination. The study found the GPS group walked slower, made more stops, and walked farther than the map group. The GPS group made more mistakes and took longer to reach their destination. After their walks, the people in the GPS group also did not clearly remember the shape of the land and their way to their destination when they were asked to draw a map. The map group did much better in this study.

The GPS group was looking down at a smartphone a lot and not really looking around at their environment. However, the map group did not depend on technology, and using a map with a compass helped them to pay attention to the natural world around them and remember it. This *experiment found that the use of map reading and way-finding skills to move through a spatial environment can improve the brain and help some areas to grow. It also showed that the use of modern way-finding technology can have bad effects on the brain, especially on memory. This means that people need to practice map reading and way-finding skills, like any other thinking skill, to stop their brain from becoming weaker.

[8] Scientists say that such brain training may help us even in our later years. In another experiment, some people found their way to a destination through a *maze on a computer just by learning the right way after repeating it until they remembered. And much older people did the same thing just by creating mental maps and getting a sense of place in their mind. The scientists found the older people's hippocampi grew through the experiment. Today, some people gradually lose the ability to think and do things in a normal way, with their brain and memory affected when they grow older. Brain training, like in the experiment, will help us to find new ways of stopping illnesses connected to human memory.

[9] As we have seen, we can improve our way-finding ability by practicing these skills. If we get out more and go to places, it is better. We will never [(4)]. Using our body improves the brain, and using our brain helps new cells in the brain to grow. We can use different skills for finding our way. The important thing is to practice those skills and *tune in to the environment. Technology is a very useful *tool, but in the end the human brain is still the greatest map reader working at a higher, more difficult level.

[10] Humans move from one place to another with or without purpose. When we find out where we are and our *connection to a place by using our own "GPS" in the brain, we feel safe and we feel we are really living. We should not forget how true this is.

〔注〕
probably おそらく
brain 脳（のう）
spatial 空間の
cell 細胞
hippocampus 海馬 （複数形は hippocampi）
relationship 関係
way-finding 道を探す
object 物体
depend on ～ ～に頼る
amount 量
destination 目的地
effect 影響
mind 頭脳
mental 内的な
observe 観察する
affect 影響する
experiment 実験
maze 迷路（めいろ）
tune in to ～ ～になじむ
tool 道具
connection つながり

〔問１〕 (1)【 we / have / the brain / use / which / discovered / part / for / of 】とあるが，本文の流れに合うように，【　　　　　　】内の単語・語句を正しく並べかえなさい。

〔問２〕 次の英文は, [4] の段落の ア ～ オ のいずれかに入る。この英文を入れるのに最も適切な場所を選びなさい。

They found that the drivers had many mental maps of the city in their memories and had larger hippocampi than other people.

〔問３〕 (3) の中には，次の**A**～**D**のうち**三つ**の文が入る。本文の流れに合うように正しく並べかえたとき，その組み合わせとして最も適切なものは，下の**ア**～**ク**の中ではどれか。

A Police told them to learn way-finding skills without depending only on smartphones with GPS.

B The police thought that lost people in the mountains could not find their way without smartphones with GPS.

C The police saved lost people in the mountains many times and thought that kind of advice was necessary to reduce the number of such people.

D In some parts of England, many people walk long distances in the mountains.

ア A → B → C
イ A → D → B
ウ B → D → A
エ B → C → D
オ C → A → B
カ C → B → D
キ D → B → A
ク D → A → C

〔問４〕 本文の流れに合うように，(4) の中に**本文中の英語２語**を書きなさい。

〔問５〕 本文の内容に合う英文の組み合わせとして最も適切なものは，下の**ア～コ**の中ではどれか。

① Many people can go back to a place because they have much better spatial memory and ability to realize where they are.

② Grid cells find out where we are, and place cells understand the spatial relationship between a place and other places.

③ All of us depend on grid cells and place cells for finding our way, but the brain may use either or both of these cells.

④ Scientists are worried about the effects of GPS on people because they reduce space in people's minds for memory and attention to their environment.

⑤ The GPS group needed more time to reach their destination than the map group but easily remembered the shape of the land and their way.

⑥ In an experiment using a maze on a computer, older people's hippocampi became larger through the repeated process of remembering the right way.

⑦ People can practice skills for finding their way, but it is actually difficult to know much about their environment.

⑧ We should not forget that our sense of place, created by mental maps in the brain, leads us to feel safe and experience life.

ア	①　⑤	イ	②　④	ウ	③　⑤
エ	④　⑥	オ	⑤　⑦	カ	⑥　⑧
キ	①　④　⑥	ク	②　④　⑦	ケ	③　④　⑧
コ	③　⑥　⑦				

〔問６〕 下の質問について，あなたの考えや意見を，**40語以上50語以内の英語**で述べなさい。「.」「,」「!」「?」などは，語数に含(ふく)めません。これらの符号は，解答用紙の下線部と下線部の間に入れなさい。

Technology is a very useful tool, but sometimes has bad effects on us, like GPS, if we use it too much in our daily lives.　What is another example of such technology, and why?

2021 年度　英語学力検査リスニングテスト台本

開始時の説明

これから，リスニングテストを行います。

問題用紙の１ページを見なさい。リスニングテストは，全て放送による指示で行います。リスニングテストの問題には，問題Ａと問題Ｂの二つがあります。問題Ａと，問題Ｂの ＜Question 1＞ では，質問に対する答えを選んで，その記号を答えなさい。問題Ｂの ＜Question 2＞ では，質問に対する答えを英語で書きなさい。

英文とそのあとに出題される質問が，それぞれ全体を通して二回ずつ読まれます。問題用紙の余白にメモをとってもかまいません。答えは全て解答用紙に書きなさい。

（２秒の間）

〔問題Ａ〕

問題Ａは，英語による対話文を聞いて，英語の質問に答えるものです。ここで話される対話文は全部で三つあり，それぞれ質問が一つずつ出題されます。質問に対する答えを選んで，その記号を答えなさい。

では，＜対話文１＞を始めます。

（３秒の間）

Yumi: David, we are on the highest floor of this building. The view from here is beautiful.

David: I can see some temples, Yumi.

Yumi: Look! We can see our school over there.

David: Where?

Yumi: Can you see that park? It's by the park.

David: Oh, I see it. This is a very nice view.

Yumi: I'm glad you like it. It's almost noon. Let's go down to the seventh floor. There are nice restaurants there.

（３秒の間）

Question： Where are Yumi and David talking?

（５秒の間）

繰り返します。

（２秒の間）

（対話文１の繰り返し）

（３秒の間）

Question : Where are Yumi and David talking?

（10秒の間）

＜対話文２＞を始めます。

（３秒の間）

Taro: Hi, Jane. Will you help me with my homework? It's difficult for me.

Jane: OK, Taro. But I have to go to the teachers' room now. I have to see Mr. Smith to give this dictionary back to him.

Taro: I see. Then, I'll go to the library. I have a book to return, and I'll borrow a new one for my homework.

Jane: I'll go there later and help you.

Taro: Thank you.

（３秒の間）

Question : Why will Jane go to the library?

（５秒の間）

繰り返します。

（２秒の間）

（対話文２の繰り返し）

（３秒の間）

Question : Why will Jane go to the library?

（10秒の間）

＜対話文３＞を始めます。

（３秒の間）

Woman: Excuse me. I'd like to go to Minami Station. What time will the next train leave?

Man: Well, it's eleven o'clock. The next train will leave at eleven fifteen.

Woman: My mother hasn't come yet. I think she will get here at about eleven twenty.

Man: OK. Then you can take a train leaving at eleven thirty. You will arrive at Minami Station at eleven fifty-five.

Woman: Thank you. We'll take that train.

（３秒の間）

Question : When will the woman take a train?

（5秒の間）

繰り返します。

（2秒の間）

（対話文3の繰り返し）

（3秒の間）

Question： When will the woman take a train?

（10秒の間）

これで問題Aを終わり，問題Bに入ります。

〔問題B〕

（3秒の間）

これから聞く英語は，ある外国人の英語の先生が，新しく着任した中学校の生徒に対して行った自己紹介です。内容に注意して聞きなさい。

あとから，英語による質問が二つ出題されます。＜Question 1＞では，質問に対する答えを選んで，その記号を答えなさい。＜Question 2＞では，質問に対する答えを英語で書きなさい。

なお，＜Question 2＞のあとに，15秒程度，答えを書く時間があります。

では，始めます。（2秒の間）

Good morning, everyone. My name is Margaret Green. I'm from Australia. Australia is a very large country. Have you ever been there? Many Japanese people visit my country every year. Before coming to Japan, I taught English for five years in China. I had a good time there.

I have lived in Japan for six years. After coming to Japan, I enjoyed traveling around the country for one year. I visited many famous places. Then I went to school to study Japanese for two years. I have taught English now for three years. This school is my second school as an English teacher in Japan. Please tell me about your school. I want to know about it. I'm glad to become a teacher of this school. Thank you.

（3秒の間）

＜Question 1＞ How long has Ms. Green taught English in Japan?

（5秒の間）

＜Question 2＞ What does Ms. Green want the students to do?

（15秒の間）

繰り返します。

（２秒の間）

（問題Ｂの英文の繰り返し）

（３秒の間）

<Question 1>　How long has Ms. Green taught English in Japan?

（５秒の間）

<Question 2>　What does Ms. Green want the students to do?

（15秒の間）

以上で，リスニングテストを終わります。２ページ以降の問題に答えなさい。

【数　学】 (50分) 〈満点：100点〉

1 次の各問に答えよ。

〔問1〕 $\left(-\dfrac{2}{\sqrt{6}}\right)^3-\dfrac{4}{\sqrt{24}}\div\dfrac{18}{\sqrt{6}-12}$ を計算せよ。

〔問2〕 2次方程式 $\dfrac{(x+1)(x-1)}{4}-\dfrac{(x-2)(2x+3)}{2}=1$ を解け。

〔問3〕 右の**図1**のように，1，2，3，4，6の数が1つずつ書かれた5枚のカードが入っている袋Aと，-1，-2，3，4の数が1つずつ書かれた4枚のカードが入っている袋Bがある。

2つの袋A，Bから同時にそれぞれ1枚のカードを取り出す。このとき，袋Aから取り出したカードに書かれた数を a，袋Bから取り出したカードに書かれた数を b とする。

$\sqrt{2a+b}$ が自然数になる確率を求めよ。

ただし，2つの袋A，Bそれぞれにおいて，どのカードが取り出されることも同様に確からしいものとする。

図1

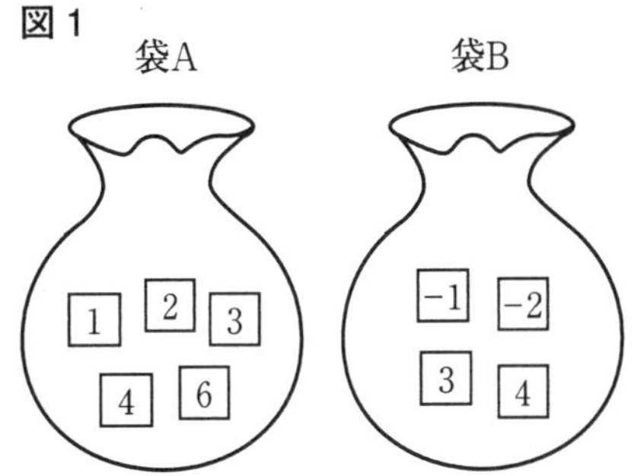

〔問4〕 右の**図2**で，点Oは線分ABを直径とする円の中心であり，3点C，D，Eは円Oの円周上にある点である。

5点A，B，C，D，Eは，**図2**のように，A，C，D，B，Eの順に並んでおり，互いに一致(いっち)せず，3点C，O，Eは一直線上にある。

線分ACをCの方向に延ばした直線と線分EDをDの方向に延ばした直線との交点をFとする。

点Aと点D，点Cと点Eをそれぞれ結ぶ。

$\angle AFE=52°$，$\angle CEF=18°$ のとき，x で示した $\angle BAD$ の大きさは何度か。

図2

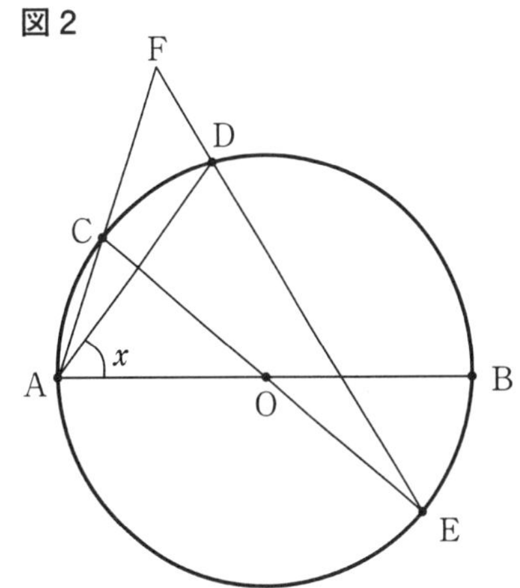

〔問5〕 右の**図3**で，点Pは線分ABを直径とする円の周上にあり，点Aを含まない$\overset{\frown}{BP}$の長さをa cm，点Aを含む$\overset{\frown}{BP}$の長さをb cmとしたとき，$a:b=1:23$を満たす点である。

解答欄に示した図をもとにして，$a:b=1:23$となる点Pを直径ABより上側に定規とコンパスを用いて作図し，点Pの位置を示す文字Pも書け。

ただし，作図に用いた線は消さないでおくこと。

図3

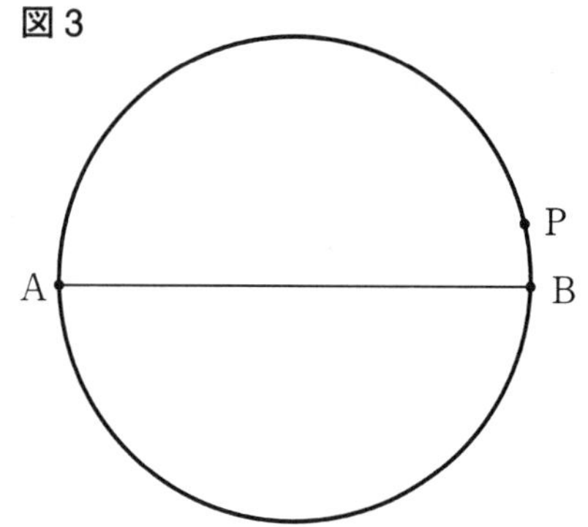

2 右の**図1**で，点Oは原点，曲線fは関数$y=\frac{1}{2}x^2$のグラフを表している。

4点A，B，P，Qはすべて曲線f上にあり，点Pのx座標はt $(t>0)$，点Qのx座標は負の数である。

点Aのx座標は点Pのx座標より大きく，点Bのx座標は点Qのx座標より小さい。

点Aと点B，点Pと点Qをそれぞれ結ぶ。

点Oから点(1，0)までの距離，および点Oから点(0，1)までの距離をそれぞれ1 cmとして，次の各問に答えよ。

図1

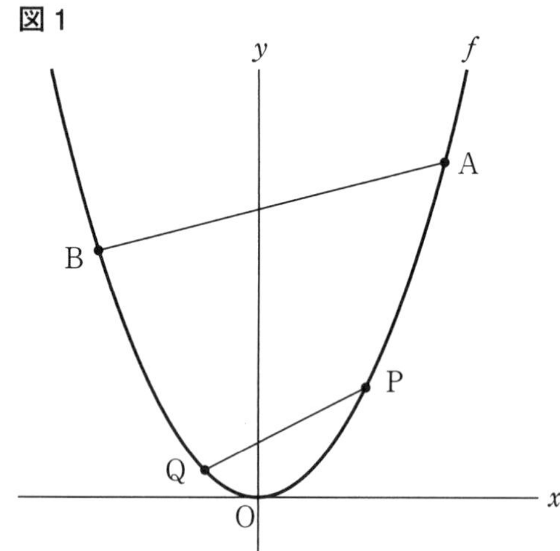

〔問1〕 右の**図2**は，**図1**において，線分ABと線分PQがともにx軸に平行になる場合を表している。

次の(1)，(2)に答えよ。

(1) 点Aのy座標と点Pのy座標の差がtであり，AB = 4 cmであるとき，tの値を求めよ。

図2

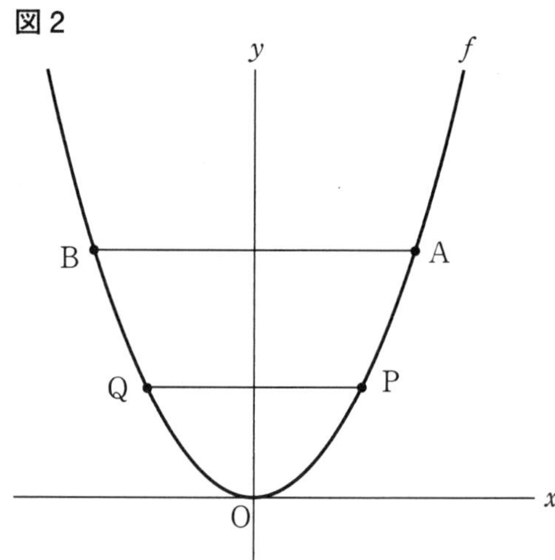

(2) 右の**図3**は，**図2**において，点Aのx座標を3とし，点Oと点A，点Bと点Pをそれぞれ結び，線分OAと線分PQ，線分OAと線分PBとの交点をそれぞれC, Dとした場合を表している。

△ABDと△CPDの相似比(そうじひ)が8：1となるとき，点Dの座標を求めよ。

ただし，答えだけでなく，答えを求める過程が分かるように，途中の式や計算なども書け。

図3

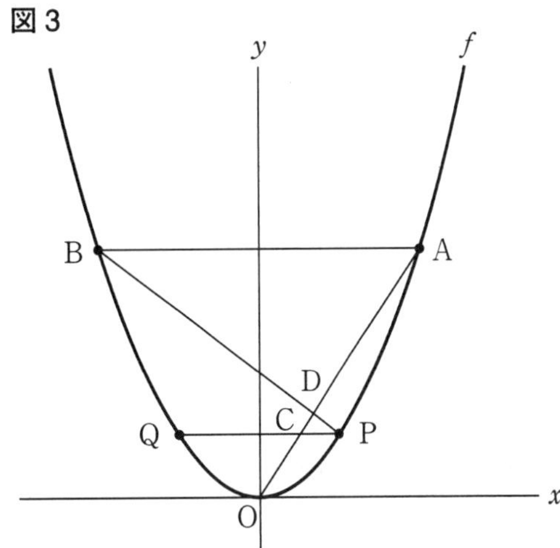

〔問2〕 右の**図4**は，**図1**において，点Qのx座標を$-\frac{t}{2}$，線分AB上にある点をRとし，点Oと点P，点Oと点Q，点Pと点R，点Qと点Rをそれぞれ結んだ場合を表している。

2点P，Qを通る直線の傾きが$\frac{1}{4}$で，点Rが線分AB上のどこにあっても，常に△RQPの面積が△OPQの面積の3倍となるとき，2点A，Bを通る直線の式を求めよ。

図4

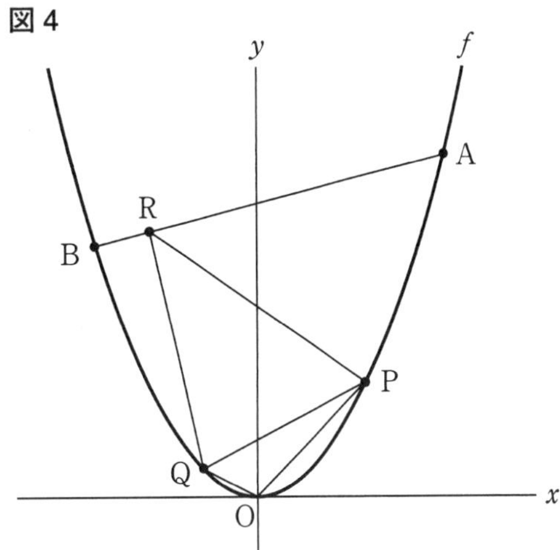

3 右の**図1**で，四角形ABCDは平行四辺形である。

点E，F，G，Hは，それぞれ辺AB，辺BC，辺CD，辺DA上にある点である。

点Eと点G，点Fと点Hをそれぞれ結び，線分EGと線分FHとの交点をIとする。

次の各問に答えよ。

図1

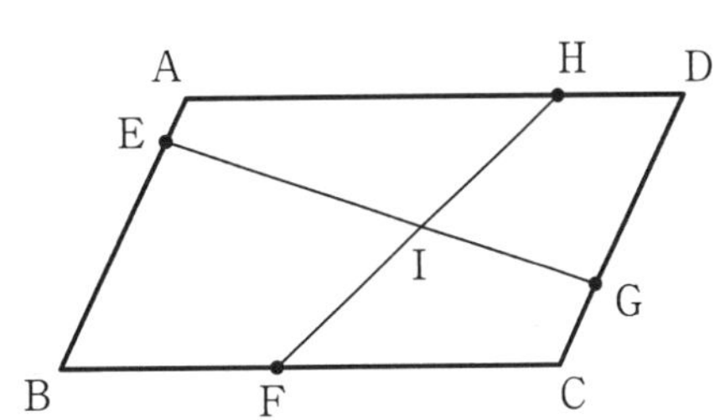

〔問 1〕　右の**図 2** は，**図 1** において，点 G が頂点 C に一致し，∠BEC = 90°，BE = BF，EI = IC となる場合を表している。

∠ABC = 60° のとき，∠EIF の大きさは何度か。

図 2

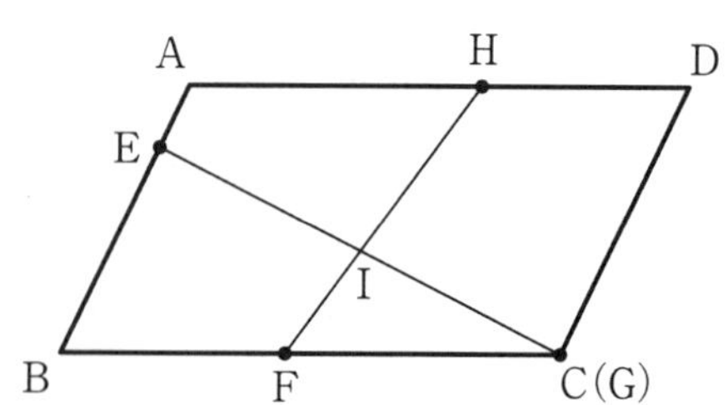

〔問 2〕　右の**図 3** は，**図 1** において，点 I が四角形 ABCD の対角線の交点に一致し，点 E と点 F，点 E と点 H，点 F と点 G，点 G と点 H をそれぞれ結んだ場合を表している。

四角形 EFGH は平行四辺形であることを証明せよ。

図 3

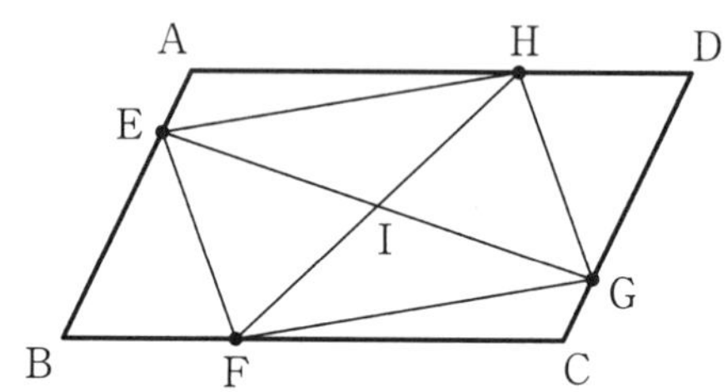

〔問 3〕　右の**図 4** は，**図 1** において，

AE : EB = CG : GD = 1 : 2,

BF : FC = AH : HD = m : $(2-m)$ $(0 < m < 2)$

となる場合を表している。

線分 HI の長さと線分 IF の長さの比を m を用いて表せ。

図 4

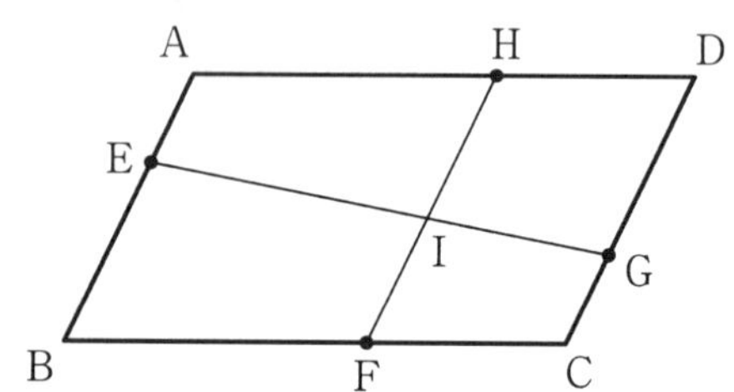

4　先生が数学の授業で次の**【課題】**を出した。この**【課題】**について考えている**【太郎さんと花子さんの会話】**を読んで，あとの各問に答えよ。

【課題】

3 以上の自然数 N を，2 つの自然数 x，y の和で，N = $x + y$ と表す。ただし，$x > y$ とする。さらに，x と y の積 xy を考える。

このとき，積 xy が 2 つの自然数 m，n の平方の差で，$xy = m^2 - n^2$ と表すことができるのは N がどのような場合か考えよ。

【太郎さんと花子さんの会話】

太郎：まずはNに具体的な数を当てはめて考えてみよう。$N=8$としたらどうかな。

花子：8は$7+1$か$6+2$か$5+3$だから，$N=8$のときxとyの積xyは3組あるね。

太郎：$7\times1=4^2-3^2$，$6\times2=4^2-2^2$，$5\times3=4^2-1^2$だから，$N=8$とすると積xyは，必ず自然数の平方の差で表すことができるね。$N=7$とするとどうかな。

花子：(1)積xyは，必ずしも自然数の平方の差で表せるとは限らないね。

太郎：Nとしてもっと大きな数でいくつか考えてみようか。$N=2020$や$N=2021$の場合はどうかな。

花子：大きな数だからすぐには分からないけど，積xyを自然数の平方の差で必ず表すためにはNに何か条件が必要だと思う。

太郎：そうか，分かった。(2)Nが偶数（ぐうすう）のときには，積xyは必ず自然数の平方の差で表すことができるよ。

花子：$N=x+y$だから，2つの数x，yがともに偶数ならNは偶数だね。

太郎：そうだね。ちなみに，2つの数x，yについて**【表】**で示される関係があるよ。**ア**～**オ**には偶数か奇数のどちらかが必ず入るよ。

【表】

	x，yともに偶数	x，yともに奇数	x，yどちらかが偶数でもう一方が奇数
$x+y$	偶数	**ア**	**イ**
$x-y$	**ウ**	**エ**	**オ**

花子：なるほどね。じゃあ，$N=2021$の場合は，積xyは自然数の平方の差で必ずしも表せるとは限らないということかな。

太郎：そうだね。例えば，$2021=x+y$として，$x=2019$，$y=2$のときは，積xyは自然数の平方の差で表せないけど，(3)$x=1984$，$y=37$のときは，積xyは自然数の平方の差で表すことができるよ。

〔問1〕 (1)積xyは，必ずしも自然数の平方の差で表せるとは限らないね。とあるが，$N=7$の場合，自然数の平方の差で表すことができる$(x,\ y)$の組は1組である。このときxとyの積xyを求めよ。

〔問2〕 (2)Nが偶数（ぐうすう）のときには，積xyは必ず自然数の平方の差で表すことができるよ。が正しい理由を文字N，x，y，m，nを用いて説明せよ。

ただし，**【表】**の**ア**～**オ**に偶数か奇数を当てはめた結果については証明せずに用いてよい。

〔問3〕 (3)$x=1984$，$y=37$のときは，積xyは自然数の平方の差で表すことができるよ。とあるが，$1984\times37=m^2-n^2$を満たす自然数$(m,\ n)$の組は何組あるか。

〔問1〕(1)ヨの意義 とあるが、どのようなものか。その説明として最も適切なものを、次のうちから選べ。

ア 時間的な流れを完全に区切るとともに、前後にある空白の期間を身体的な感覚を通して認識させる効果も持っているというもの。

イ ものごとの流れを前後で仕切るだけでなく、仕切りに空間的な間隔を伴っていることを実感させる効果も持っているというもの。

ウ 前後の空間を物理的に仕切るだけでなく、その空間を刷新して支えるための力の存在を信じさせる効果も持っているというもの。

エ 流れゆく時空を区切る役割とともに、区切られた時空どうしが継続性を保っていることを明示する効果も持っているというもの。

〔問2〕(2)一日は、大きく分けると昼と夜から構成されるが、その昼と夜も時間ではなく、もともとは空間性をあわせもつ時空として意識されていた。とあるが、夜と昼の移り変わりをどのようなものとして意識していたのか。該当する箇所を本文中から**二十一字以上二十五字以内**で探し、書き抜け。

〔問3〕(3)このような意味 とあるが、どのような意味か。その説明として最も適切なものを、次のうちから選べ。

ア 人間が季節の移ろいを感じる際には、実際に流れている時間に伴って桜の開花や紅葉が風景を支配していくという視覚的変化が重要であり、時間と場所の相互作用が必要となるという意味。

イ 人間が季節の訪れを知覚するには、四季の中心である春と秋をそれぞれ隔てている夏の緑や冬の雪が重要であり、それによって春や秋の空間が刷新される過程を必要としているという意味。

ウ 人間が季節の変化を体感するにあたって、春や秋の気配が風景を変える様子を明確に把握し認識することが必要であり、人間が世界を空間的にとらえることが前提とされているという意味。

エ 人間が季節の到来を実感する際に、春や秋を代表する自然現象が次第に目の前の風景に現れ、やがて周囲の世界を全て埋め尽くしていくという空間的な変化の過程が伴っているという意味。

〔問4〕(4)筆を起こして、とあるが、これと同じ意味・用法で「起こす」が用いられている短文を、次のうちから選べ。

ア 新たな健康増進キャンペーンを起こした。

イ 取材で録音した音声のデータを起こした。

ウ 彼のヒット作は社会的ブームを起こした。

エ 新年度の目標に向けてやる気を起こした。

〔問5〕(5)古代の人びとの世界像のありよう とあるが、どのように世界を捉えているのか。その説明として最も適切なものを、次のうちから選べ。

ア 周囲の自然と対立するのを避けるために、外界との間に空間的境界を設定し距離を保つ一方で、その境界を越えて浸透してくる自然の力により日々の生活が成立すると考えている。

イ 人間を中心とした空間と外部の自然が混ざり合う領域を重視し、相互に影響しあって生じる環境の変化や得られる自然の恩恵に対し、畏敬の念を抱くのは当然であると考えている。

ウ 外界を変化させていく神秘の力に逆らうことをせず、常に人間は自然に対し服従する関係にあると認識し、環境の変化に対する人間の介入を極力避けることが必要だと考えている。

エ 周囲に存在する自然の存在を絶対視するとともに、自然がもつ神秘的な力が人間の空間に浸透することで、自らの生活を取り巻く様々な現象や変化をもたらしていると考えている。

秋冬の四季に分かれ、それぞれが同じ長さをもつ時間として理解されているが、古代では、四季は対等には存在していなかった。その基本は、春と秋とにあった。夏と冬は、もともとは、それに付随する、あるいはそれを準備するための時期とされていた。

そこで、その春と秋だが、古代の人びとは、これを時間としてではなく、空間性をあわせもつ時空として捉えていた。『万葉集』では、春や秋が歌われる場合、多くその到来が意識されている。春の場合、とくにその傾向が顕著にうかがえる。季節もまた、この世界にいつのまにかやってくる不思議な力の現れとして意識されていた。

現在でも桜前線という言葉があるが、桜の開花によって、古代の人びとは春の訪れを感じ取った。鶏の鳴く音によって、朝の訪れを知るのと同じである。いつのまにかこの世に忍び寄った春の霊威が、自然の何かに依り憑き、その萌しをそこに現す。――古代の人びとは、そのように理解した。樹木などであれば、枝先の芽がふくらみ、それが花開くところに、春の気配の訪れを感じ取ったことになる。

このように、春はまずはその訪れが意識された。それは、春が甦りの季節であることにもかかわっている。一方、秋はむしろその深まりが意識された。その秋の深まりは、木の葉の色づきによって捉えられた。なお、付言すれば、『万葉集』では、木の葉の色づきは通常「黄葉」と表記され、「紅葉」「赤葉」の例はほとんど見られない。訓みもモミヂでなく清音のモミチになる。

その「黄葉」だが、それを促す秋の霊威は、山から野を通じて人里に及んで来るものとされた。実際にも、「黄葉」は、寒暖の差の大きな山のあたりから山裾に向かって少しずつ深まっていくから、秋の霊威が人里に下りてくる様子は、視覚的にも捉えられていたことになる。そして、気がついてみると、いつの間にか人里は秋の気配にすっかり覆われていた。それが、当時の人びとの実感だっただろう。秋の霊威が、少しずつこの世界のさまざまなものに依り憑き、それがこの世界に充ちてくると、世界全体が秋のまっただ中になる。(3)このような意味で、季節はやはり時間ではなく、空間性をもつものだったことがわかる。

「新代」に(4)筆を起こして、日本の古代の時間意識が空間性をもあわせもつ時空意識ともいうべきものであったことを述べてきた。ここで重要なのは、ヨ(代、世、齢、寿、節)にせよ、一日にせよ、季節にせよ、そこにはこの世界の外側から訪れる何らかの力が意識されていたことである。言い換えるなら、古代の日本人は、この世界を取り巻く外界を絶対的なものとして捉え、そこからやってくる霊威を受けとめるような感性、つまり受動的な感性をもっていたということになる。古代の人びとは、外界に対して、つねに受け身で接していたことになる。それはまた、古代の人びとは、この世界を人間中心のものとして見てはいなかったことを意味する。外界を自然と置き換えることもできるが、ならば、古代の人びとは、そのような外界=自然に対してつねに謙虚な姿勢をもって臨んでいたことになる。現代人は、人間中心の文化を作り、自然に対して野放図に振る舞うあまり、時に手痛いしっぺ返しを受けたりもする。その意味で、(5)古代の人びとの世界像のありようを知ることは、けっして無駄ではないと信じている。

(多田一臣「『万葉集』の言葉の世界」による)

〔注〕
瑞祥――めでたい事のきざしとなるしるし。吉兆。
白栲――カジノキやコウゾの皮の繊維で織った白い布。
褻れる――着慣れる。
日本書紀――奈良時代に完成した歴史書。
崇神紀――第十代天皇である崇神天皇に関して書かれた記録。
跳梁・跋扈――悪者などが勢力をふるい、好き勝手にふるまうこと。
誰何――声をかけて、だれかと名を問いただすこと。
受感――刺激に気づき、受け入れること。

を見つけたとある。その「よ」がこの「節」になる。この竹の「節」から、ヨが前後に明確なしきりをもつ空間であることが確かめられる。

「代、世、齢、寿」も、これと同じである。これらは、今日では時間と考えられがちだが、「節」がそうであるように、空間性をもあわせもつ。つまり時空である。

さらに大事なのは、このヨには、ヨを生成・維持させる力があると信じられていたことである。ヨの時空を支える根源的な力といってもよい。その力は、ヨの推移とともに、次第に衰えてくる。「齢、寿」は、年齢＝寿命を意味するが、そこからも右のことは明らかであろう。生まれてから死ぬまでが寿命だが、その一生を支える生命力は次第に衰えてくる。次の歌は、そのことをよく示す。

おのが齢の衰へぬれば*白栲の袖の馴れにし君をしそ思ふ

〔わが齢のほどが衰えてしまったので、白栲の袖が*萎れるように、馴れ親しんだあなたのことばかりを思うことだ。〕

「代、世」についても、同じことがいえる。「代、世」も、前後にしきりをもつ時空だが、それを支える根源的な力は徐々に減衰していく。それを立て直すのが、「世直し」である。改元は、まさにその世直しのために行われた。「新代」の誕生によって、「代、世」の時空は、生き生きとした生命力をもって生まれ変わる。まさにリセットである。改元の意義は、そこにある。改元に際して、「新しい時代になった」という感想が見られたのは、この「新代」の意識による。ならば、元号を成り立たせている時空意識が、西暦のような直線的な時間意識とは、決定的に異なっているのは明らかであろう。

まずは、一日のありかたを考えてみたい。(2)一日は、大きく分けると昼と夜から構成されるが、その昼と夜も時間ではなく、もともとは空間性をあわせもつ時空として意識されていた。夜が神の世界としてあり、昼が人の活動の許される世界としてあったことが、その基本になる。そのことは、*『日本書紀』*「崇神紀」の箸墓伝説の記事を見ることによっても、確かめられる。

故、時人、その墓を号けて箸墓と謂ふ。是の墓は、日は人作り、夜は神作る。　（「崇神紀」十年九月条）

〔ときの人はその墓を名づけて箸墓という。その墓は昼は人が造り、夜は神が造った。〕

箸墓は、近年、卑弥呼の墓ではないかとする説も示されているが、ここではその箸墓を、昼は人が作り、夜は神が作ったとある。夜、人は活動できないので、そこで神が作ったというのである。

夜が神の世界という時、その神には魔物や妖怪の類、悪鬼、悪霊なども含まれる。夜とは、そうした恐ろしいモノたちの*跳梁・跋扈する世界としてあった。そこで人は、夜の明けるまで、じっと家の中に隠ることを余儀なくされた。

その夜と昼の境界が、アシタ（朝）とユフへ（夕）になる。この境界の時間帯は、どちらも夜と昼との接点でもあるから、人は恐ろしいモノたちと遭遇することもあった。アシタ、ユフへは、カハタレ時、タソカレ時とも呼ばれた。それは、明け方や夕暮れに、偶然出遭った怪しい人影に向かって、「彼は誰（あれは誰か）」「誰そ彼（誰だあれは）」と*誰何して、その正体を問いただす必要があったからである。

夜と昼の切り替わりを一瞬のものとして感じ取る場合もあるが、たとえば朝の場合には、どこか遠くの世界から、少しずつ朝の気配がこの世界に侵入し、気づいて見ると、いつの間にか朝になっていたというのが、実際であっただろう。ひそかに忍び寄る朝の気配は、人にはなかなか察知できない。それを真っ先に*受感するのは鳥たち、とりわけ「庭つ鳥」と呼ばれる鶏である。鶏の鳴く音によって、人は朝が近づいたことを知った。

季節の推移についても同様なことがいえる。季節は、現在では、春夏めに、リンゴが実っている幹を見定めることができなくなるように、いつの間にか情報収集能力が衰えていくから。

ウ いくら情報を大量に集めても知識にはなり得ないにもかかわらず、AIによる補助があると、もっともらしい回答が得られるために、検索システムの方がより優秀に感じられるから。

エ インターネットによる検索結果は早い上に正確であり、その結果と体系的な知識を持った人が出した答えに違いがなければ、両者に質的な違いはないために、評価が曖昧になるから。

〔問5〕(5)本を読んだり書いたりすることが可能にするのは、これらとは対照的な経験です。とあるが、どのような経験か。その説明として最も適切なものを、次のうちから選べ。

ア 最初に求めていた情報を得られなくとも、読書を通して自己の議論や考察が深められ、有益な事例と出会うことになるという経験。

イ 著者の論理の創造的展開をとらえ、自分の議論の有益な情報として引用しつつ、自分の意見との違いを詳しく検証するという経験。

ウ 検索システムとは異なり、情報を有機的に結びつけて体系化していく方法や、論述における論理の展開を発見していくという経験。

エ 表面上の記述に囚われたり、自分勝手な論理に陥ることなく、著者が著した情報を模倣して自己の論理を補強していくという経験。

〔問6〕この文章の論理展開を説明したものとして、最も適切なものを次のうちから選べ。

ア はじめにインターネットの発展を歴史的に紹介し、次に現代における検索システム利用の問題点を比喩を用いて述べ、最後に読書体験の重要性と検索システムの優秀性を平行して論じている。

イ はじめに情報社会が日本発の概念であることを紹介し、次にインターネットの発展による生産の変化を書籍との相違に基づいて説明し、最後にAIと比較した知識の優位について論じている。

ウ はじめに情報社会の発展の歴史を述べ、次に今後AIの更なる活躍によって情報と知識の質的な相違が曖昧になることを予測し、最後に読書体験と検索システムの違いを比較して論じている。

エ はじめに情報社会の到来を歴史的に紹介し、次に情報と知識における作者性と構造性の違いを解説しながら検索システムの問題点を指摘し、最後に検索システムの優位点と限界を論じている。

〔問7〕(6)知識の構造とは何か。あなたの考えを、**二百字以内**にまとめて書け。さらに、あなたの書いた文章にふさわしい**題名**を解答用紙の所定の欄に書け。なお、、や。や「などのほか、書き出しや改行の際の空欄も一字と数えよ。

五

次の文章を読んで、あとの各問に答えよ。（〔　〕内は現代語訳を補ったものである。＊印の付いている言葉には、本文のあとに〔注〕がある。）

＊瑞祥の出現によって、年号を改めることがあった。奈良時代には、不思議な亀の出現によって、年号を改めた例がある。「霊亀」「神亀」がそれである。そうした亀の出現が「新代」の始まりとして意識されている。

それでは、「新代」とは何か。その「代」を、ここで問題としたい。

その「代」＝ヨだが、同音の文字を見ていくと、「世、齢、寿、節」などがある。この中で、(1)ヨの意義をもっともよく示すのが「節」である。竹の節がわかりやすいが、節と節の間の空洞もヨと呼んだ。『竹取物語』で、かぐや姫を発見したあと、竹取翁は「よごとに黄金ある竹」

〔問1〕 (1)質的な構造次元を捨象*して、すべてを量的な変化で一元的に把握(はあく)されていました。とは、どういうことか。その説明として最も適切なものを、次のうちから選べ。

ア　情報ネットワークの発展を予測することができず、誰もが情報を気軽に手に入れて発信するようなことは、大型電子計算機の発展に比べれば取るに足らない社会変化だと考えていたということ。

イ　インターネットの爆発的な普及やSNSの大流行といった現象も、情報の量的な増加という次元でとらえ、情報技術の革新こそが社会構造を進化させるという側面を重要視していたということ。

ウ　社会に流通する情報量や情報産業の割合の劇的な増加が、社会構造を変容させると専(もっぱ)ら考え、インターネットの開発やモバイル端末の普及といった質的な変化を考慮(こうりょ)していなかったということ。

エ　情報へのアクセスが容易になり、誰もが発信できる社会の到来を予測していたが、モバイル端末を代表とするネットワーク中心の未来ではなく大型電子計算機の活躍を予測していたということ。

〔問2〕 (2)人々の日常のコミュニケーションが情報社会においてどのように根底から変容してしまうか とあるが、どのように変容したのか。その説明として最も適切なものを、次のうちから選べ。

ア　大型コンピュータの開発によって人々の生活形態が変わり、物の生産を中心とした社会から、知的サービスの提供を中心とする情報生産を主眼とする社会へと変わっていった。

イ　情報を検索できるツールの開発によって、誰でも気軽に情報にアクセスできるようになっただけでなく、一部のメディアが占有(せんゆう)していた情報発信を誰もが行えるようになった。

ウ　これまで対面中心だったコミュニケーションがインターネットやモバイル端末の開発によって、いつでもどこでも利用可能になり、遠隔(えんかく)地(ち)でも対話できるようになっていった。

エ　誰もが情報発信者となるシステムが構築され、意見や感想を気軽に発信できるようになったため、マスコミや知識人やジャーナリストの地位が相対的に低下することになった。

〔問3〕 (3)ネット情報と図書館に収蔵されている本の間には、そもそもどんな違いがあるのでしょう。とあるが、どのような違いがあるというのか。その説明として最も適切なものを、次のうちから選べ。

ア　著作物は特定の著者が社会的評価を手に入れるために書かれるので責任が集中し、ネット情報は集合的に作られ責任が分散されるという違いがあるということ。

イ　特定の著者が存在するかどうかという作者性の違いと、単なるデータの集積ではなく、情報が体系化されているかどうかという構造性の違いがあるということ。

ウ　著作物は単なる情報の集合体ではなく、既存の概念や記述が相互に結びついて、状況を解釈できる体系的な意味を有するという構造的な違いがあるということ。

エ　単独の著者よりも複数がチェックする情報の方が相対的に正しいという違いと、情報が複雑に組み合わさった体系が成立しているという違いがあるということ。

〔問4〕 (4)情報と知識の質的な違いを曖昧(あいまい)にしてしまう のは、なぜか。その説明として最も適切なものを、次のうちから選べ。

ア　検索システムでは知識を断片化して情報として処理速度を高めるために、体系的な知識の構造を犠牲(ぎせい)にしているにもかかわらず、目的に即した結果が得られ、同等に感じられるから。

イ　樹木と幹や枝の関係を知らなくても、おいしいリンゴが手に入るたで最も重要なのは、そこに書かれている情報を手に入れることではありません。その本の中には様々な事実についての記述が含まれていると思いますが、重要なのはそれらの記述自体ではなく、著者がそれらの記述をどのように結びつけ、いかなる論理に基づいて全体の論述に展開しているのかを読みながら見つけ出していくことなのです。この要素を体系化していく方法に、それぞれの著者の理論的な個性が現れます。

古典とされるあらゆる本は、そうした論理の創造的展開を含んでおり、よい読書と悪い読書の差は、その論理的展開を読み込んでいけるか、それとも表面上の記述に囚われて、そのレベルで自分の議論の権威づけに引用したり、自分との意見の違いを強調したりしてしまうかにあります。最近では、おそらくはインターネットの影響で、出版された本の表面だけをつまみ食いし、それらの部分部分を自分勝手な論理でつないで読んだ気分になって書かれるコメントが蔓延しています。著者が本の中でしている論理の展開を読み取れなければ、いくら表面の情報を拾い集めてみても本を読んだことにはなりません。

今のところ、必要な情報を即座に得るためならば、ネット検索よりも優れた仕組みはありません。この点で紙の本の読書は、ネットに敵わない。わざわざ図書館まで行って、関係のありそうな本を何冊も借りて一生懸命読んでみても、知りたかった情報に行き当たらないというのはよくある経験です。見当違いの本を選んでしまったのかもしれません。借りてきた本を隅から隅まで読んでも、肝心なことは書かれていなかったということも起こり得ます。しかしネット検索ならば、はるかに短時間で、関係のありそうな本を読むよりもかなり高い確率で求めていた情報には行き当ります。したがって、ある単一の情報を得るには、ネット検索のほうが読書よりも優れているとも言えるのです。

同じ理由で、論文の剽窃チェックなども、コンピュータの検索システムのほうが熟達した研究者よりも高い確率で問題点を抽出します。人間は、論文で展開されている論理を読み解こうとしますから、表面的な記述の異同は気づきにくくなります。その論文が、誰の先行する理論に影響を受けているのか、論理展開の背景にどんなこだわりがあるのかは読み取るのですが、個々の表現の表面的な変化や異同は、なかなか細かくは見きれません。そこのところは、人間よりもコンピュータのほうがよほど精密にチェックできるのです。

それでも、本の読者は一般的な検索システムよりもはるかに深くそこにある(6)知識の構造を読み取ることができます。これが、ポイントです。調べものをしていて、なかなか最初に求めていた情報に行きつかなくても、自分が考えを進めるにはもっと興味深い事例があるのを読書を通じて発見するかもしれません。それに図書館まで行って本を探していたならば、その目当ての本の近くには、関連するいろいろな本が並んでいて、そのなかの一冊に手を伸ばすことから研究を大発展させるきっかけが見つかるかもしれません。このように様々な要素が構造的に結びつき、さらに外に対して体系が開かれているのが知識の特徴です。ネット検索では、このような知識の構造には至らない。なぜなら検索システムは、そもそも知識を断片化し、情報として扱うことによって大量の迅速処理を可能にしているからです。

（吉見俊哉「知的創造の条件」による）

〔注〕捨象 —— ある要素や性質を考察するとき、他の要素や性質を考察の対象から切り捨てること。

アクセシビリティ —— 入手しやすさ。

剽窃 —— 他人の文章などを盗用し、自分のものとして発表すること。

人もいます。(3)ネット情報と図書館に収蔵されている本の間には、そもそもどんな違いがあるのでしょう。私の考えでは、両者には作者性と構造性という二つの面で質的な違いがあります。まず本の場合、誰が書いたのか作者がはっきりしていることが基本です。著作権の概念そのものが、ある著作物には特定の作者がいることを前提に発展してきたわけです。つまり、本というのは、基本的にはその分野で定評のある書き手、あるいは定評を得ようとする書き手が、社会的評価をかけて出版するものです。ですから、書かれた内容に誤りがあったり、誰か他人の著作の*剽窃があったりした場合、責任の所在は明確です。その本の作者が責任を負うのです。

これに対してネット上のコンテンツでは、特定の個人だけが書くというよりも、みんなで集合的に作り上げるという発想が強まる傾向にあります。作者性が匿名化され、誰にでも開かれていることが、ネットのコンテンツの強みでもあります。そこでは複数の人がチェックしているから相対的に正しいという前提があって、この仮説は実際、相当程度正しいのです。つまり、本の場合は、その内容について著者が責任を取るのに対し、ネットの場合は、みんなが共有して責任を取る点に違いがあるわけです。

二つ目の、構造性における違いですが、これを説明するためには、「情報」と「知識」の決定的な違いを確認しておく必要があります。一言でいうならば、「情報」とは要素であり、「知識」とはそれらの要素が集まって形作られる体系です。たとえば、私たちが何か知らない出来事についてのニュースを得たとき、それは少なくとも情報ですが、知識と言えるかどうかはまだわかりません。その情報が、既存の情報や知識と結びついてある状況を解釈するための体系的な仕組みとなったとき、そのニュースは初めて知識の一部となるのです。

知識というのはバラバラな情報やデータの集まりではなく、様々な概念や事象の記述が相互に結びつき、全体として体系をなす状態を指します。いくら葉や実や枝を大量に集めても、それらは情報の山にすぎず、知識ではありません。情報だけでは、そこから新しい樹木が育ってくることはできないのです。そして(4)インターネットの検索システムの、さらにはＡＩの最大のリスクは、この情報と知識の質的な違いを曖昧にしてしまうことにあると私は考えています。

というのもインターネット検索の場合、社会的に蓄積されてきた知識の構造やその中での個々の要素の位置関係など知らなくても、つまり樹木の幹と枝の関係など何もわからなくても、知りたい情報を瞬時に得ることができるわけです。つまり、ネットのユーザーは、その森のどのあたりがリンゴの樹の群生地で、その中のどんな樹においしいリンゴの実がなっていることが多いかを知らなくても、瞬時にちょうどいい具合のリンゴの実が手に入る魔法を手に入れているようなものです。それで、その魔法の使用に慣れてしまうと、いつもリンゴの実ばかりを集めていて、そのリンゴが実っている樹の幹を見定めたり、そこから出ているいくつもの枝の関係を見極めたりすることができなくなってしまうのです。

さらにＡＩに至っては、ユーザーは自分がリンゴを探しているのか、オレンジを探しているのかがわからなくても、目的を達成するにはリンゴが適切であることをＡＩが教えてくれて、しかもまだ検索もしていない間に、適当なリンゴをいくつも探し出してきてくれるかもしれません。結局、私たちは検索システムやＡＩが発達すればするほど、自力で自分がどんな森を歩いているのかを知る能力を失っていく可能性があります。

(5)本を読んだり書いたりすることが可能にするのは、これらとは対照的な経験です。文学については言明を差し控えますが、少なくとも哲学や社会学、人類学、政治学、歴史学などの本に関する限り、それらの読書

四 次の文章を読んで、あとの各問に答えよ。（＊印の付いている言葉には、本文のあとに〔注〕がある。）

「情報社会（information society）」という概念は、日本から欧米に広まっていった概念であると言われています。その主役は増田米二で、彼は「情報社会」という名称を造語しただけでなく、海外での講演で彼が考える情報社会の未来像や政策的提案を持ち歩き、自らの命名を世界に広めたとされます。一九七〇年代半ば以降、欧米でも「情報社会」や「情報化」の概念が、新しい通信システムやコンピュータの発達を背景に広がります。そもそも「情報社会」についての想像力は、日本がアメリカに先行していたらしいのです。

とはいえ当時の情報社会論は、今日のネット社会の到来を正確に予言していたのでは必ずしもありません。まず、そこでは情報が、その(1)質的な構造次元を捨象＊して、すべてを量的な変化で一元的に把握されていました。情報社会論は、社会的に流通する情報の総量や経済活動の中の情報産業の割合などの量的変化が社会の構造的な変容をもたらすと考えました。

また、一九六〇年代の日本の情報社会論は、情報技術の革新が社会を根底から変えるという技術決定論を前提にしていました。その場合、彼らが社会革新の原動力として考えていたコンピュータは、今日のようなPCやモバイルを端末とするネットワークではなく、まだなお大型電子計算機でした。増田の議論では、工業社会から情報社会への移行によって、蒸気機関はコンピュータに、近代工場は情報ネットワークに、物的生産力は知的生産力に、市場経済は共働経済に、労働運動は市民運動に取って代わられていくことになっていました。すでに当時から、専門的技術サービス職による知的労働の拡大は予見されていましたが、産業の変化を超えて、(2)人々の日常のコミュニケーションが情報社会においてどのように根底から変容してしまうかを見通せていたわけではありません。

しかし、一九九〇年代以降、この一九六〇年代の情報社会論のビジョンは、そこで想像されていた射程を超えて実現していきます。この変化は、一九九五年にインターネットが爆発的に社会に普及していくなかで決定的なものとなりました。そこでの変化のポイントは二つあって、一つは普通の人々にとっての情報や知識へのアクセシビリティ＊が爆発的に拡大したことです。新しい検索システムが次々に登場し、ネット上の情報が豊かになっていくことによって、いつでも、どこでも、その時に必要だと思った情報に即時に容易にアクセスできる状況が実現していったのです。もう一つは、インターネットを通じ、誰もが情報発信者になっていったことです。それまでは、知識人やジャーナリストがメディアを介して情報を発信し、一般人はその受け手という構図が支配的でした。ネット普及を機に誰もが情報発信者となり、この構図が決定的に崩れていったのです。

検索によるネット上の莫大な情報へのアクセシビリティの拡大と、それらの情報の編集可能性の拡大は、私たちの知的生産のスタイルを大きく変えました。この変化の中で、今日、ネット情報をコピーしてレポートを作成する学生や、報道機関の記者が十分な取材をしないままネット情報を利用して記事を書いてしまい、後でその情報が間違っていたことがわかって問題となるケースなどが生じています。

こうした状況を受け、レポートや記事を書く際、ネット情報の利用はあくまで補助的で、図書館に行って直接文献を調べ、現場へ足を運んで取材をすべきだと主張する人もいます。他方、そんなことをしていては変化に追いつけないので、ネット検索で得た情報をもとに書くことも認めるべき、さらに踏み込んで、書物や事典を参照して書くことと、ネット検索で得た情報をもとに書くことの間に本質的な差はないと主張する

〔問3〕 (3)幸の目に、先ほどまでは曇っていて窺うことのできなかったはずの光が戻ってきた。とあるが、なぜこのように変わったのか。その説明として最も適切なものを、次のうちから選べ。

ア　幸は、彼女の演奏に衝撃を受けた廉太郎のピアノが明瞭でさわやかな音色になったことに気付き、その変化に応じようとする意欲を抱き始めたから。

イ　幸は、ケーベルの指示で重奏した時よりも廉太郎がピアノの腕を上げていることに気付き、自分も負けてはいられないという思いを抱き始めたから。

ウ　幸は、廉太郎が彼女の演奏とは関わりなくのびのびと演奏していることに気付き、自分も別に悩み苦しまなくてもよいという思いを抱き始めたから。

エ　幸は、彼女の演奏に合わせて廉太郎がピアノの音色を変化させてきたことに気付き、嫌な出来事を忘れ音楽を楽しもうという思いを抱き始めたから。

〔問4〕 (4)そんな幸は、ばつ悪げに自分の視線を足元に落とした。とあるが、このときの心情はどのようなものか。その説明として最も適切なものを、次のうちから選べ。

ア　重奏中に、廉太郎のピアノの腕が上達したことを感じ取り、先入観にとらわれて慢心し練習をおろそかにしていた自分の演奏の拙さを情けなく思う心情。

イ　重奏中に、今まで問題にもしていなかった廉太郎に音楽の才能があることを感じ取り、自分の失礼な言動が恥ずかしくなって心から謝りたいと思う心情。

ウ　重奏中に、候補者の中で留学生に選ばれなかったにも関わらず祝辞を述べに来た廉太郎の度量の大きさを感じ取り、自分の狭量さを申し訳なく思う心情。

エ　重奏中に、祝辞を述べに来た廉太郎の誠意にうそがないと感じ取り、純粋な音楽の世界とは関わりの無い世評にとらわれていた自分を恥ずかしく思う心情。

〔問5〕 波線部 X ずるい。思わず口をついて出た。と、Y「だから、僕も頑張らなくちゃなりません。」では、廉太郎の心情はどのように変化したか。**六十字以内**で説明せよ。

〔問6〕 本文の表現や内容について述べたものとして最も適切なものはどれか。次のうちから選べ。

ア　「瀧君か。よく来たな。」「すまんな。」など、延の言葉をあえて男女の区別がつかないように表現し、様々な分野で女性が活躍し始めた明治という時代の風潮を感じ取れるようにしている。

イ　「手を緩めているかのようだった。」「追い立て、焼き尽くす。」など、ピアノやバイオリンの音色を擬人化して表現し、演奏することの戦いのような厳しさを感じ取れるようにしている。

ウ　「バイオリンの暴風」「蓋の奏でる密やかな音」など、見えない「音」を文学的に表現し、音楽に込められた激しい熱情や、一つの場面が終わるときの静かな調和を感じ取れるようにしている。

エ　「嫌味な人だわ。」「近くにいると腹立たしくもなる」など、幸が廉太郎を評する言葉を批判的に表現し、彼女が廉太郎を敵視しつつも高く評価していることを感じ取れるようにしている。

の鳴り響く場だけはこんなにも純粋なんだって信じられる。」

そこまで一息に言い切ると、幸は手早くバイオリンをしまい、部屋から出ていってしまった。入ってきた時よりも足取りははるかに軽かった。

その後ろ姿を見送っている延は呆れているようだったが、その顔に、穏やかな笑みが混じっているのを廉太郎は見逃さなかった。

「どうやら、妹は一つ皮が剥けたらしい。礼を言う。」

「いえ、僕こそです。僕がここまでやってこられたのは、幸さんのおかげですから。」

*予科の時、もし幸の演奏を耳にしていなければ、もしかしたら今頃官吏の道に進んでいたかもしれない。入学してからも、ことあるごとに幸が廉太郎の前に立ちはだかる壁であり続けてくれた。そのおかげで成長できたという思いがある。

「そうか。ありがたいことだ。」

y「だから、僕も頑張らなくちゃなりません。」

廉太郎はアップライトピアノの蓋をゆっくりと閉じ、立ち上がった。ことり、という蓋の奏でる密やかな音が、部屋の中に満ちた。

（谷津矢車「廉太郎ノオト」による）

〔注〕小山作之助 —— 東京音楽学校教授。
掃き出し —— 室内の塵を掃き出すための小窓。
アップライトピアノ —— 弦を垂直に張った家庭用・教育用の縦型ピアノ。
モーツァルト『ピアノとバイオリンのためのソナタKV380』—— ウィーン古典派の作曲家、モーツァルトの曲名。
ケーベル —— ラファエル・フォン・ケーベル。廉太郎の師。
予科 —— 戦前の旧制学校における、大学へ進む前の教育課程。

〔問1〕(1)紙が裂けるような声が部屋に満ちる。とあるが、この表現から読み取れる様子はどのようなものか。その説明として最も適切なものを、次のうちから選べ。

ア 新聞の根も葉もない報道に憤慨した幸の、他者に自分の怒りを共有してもらおうとして故意に発した大声が部屋中に響く様子。

イ 新聞の心ない報道に傷つきいらだった幸の、他者に留学について触れられることを鋭く拒絶する声が部屋中に響きわたる様子。

ウ 新聞の悪意ある記事に意気消沈している幸の、他者と関わりたくないという思いが不意に声となって部屋中に響きわたる様子。

エ 新聞の批判的な記事に自信を失いつつある幸の、他者の留学についての意見を一切受け付けまいとする声が部屋中に響く様子。

〔問2〕(2)「幸さん、僕と重奏をしてくれませんか。」とあるが、なぜこのように言ったのか。その説明として最も適切なものを、次のうちから選べ。

ア 幸の悲しみを癒やして心の重荷を軽くするには、志を共にする自分が渾身の演奏をするしかないと決意を固めたから。

イ 幸の瞳から消えてしまった輝きを取り戻すには、美しい音楽によって心を慰め励ますことが最善であると思ったから。

ウ 幸の音楽を諦めようとしている思いを翻すには、バイオリンの演奏により自信を取り戻させるのがよいと考えたから。

エ 幸の音楽に対する純粋な情熱を呼び覚ますには、言葉で説得するよりも音楽の力を借りたほうがよいと判断したから。

だが、音がわずかに柔らかく、固い打鍵感も和らいでいる。まるで、持ち主の心配を汲んで、この日ばかりはと手を緩めているかのようだった。

慌てて幸が続く形で曲が始まった。

幸のバイオリンは精彩を欠いていた。いつもの思い切りがなく、萎れてしまっている。

廉太郎はピアノで幸を先導する。グランドピアノよりもわずかに遅い鍵盤の戻りがもどかしい。だが、納得できるだけの演奏にはなっている。もっとも、右手の旋律は未だにわずかに弱い。

心中でため息をつきながらも廉太郎が曲全体を引っ張ってゆくと、次第に幸の演奏にも変化が訪れ始めた。ふいごで空気を送ってやったかのように熱が上がった。周囲のものをちりちりと焼くほどの熱気に思わず振り返ると、幸の目は依然として輝かないものの、完成した立ち姿、まるで精巧なからくり人形のように体に染みついた動作を繰り返している。それはあたかも、廉太郎の放つ音に無意識に反応しているようだった。

廉太郎は舌を巻く。こちらはアップライトピアノとはいえ、心の入らない演奏で廉太郎を凌ぐ腕を見せている。

天才、の二文字が頭を掠める。これまでおいそれと使ってこなかった言葉だが、幸になら使ってもいいか、という気にもなる。

X ずるい。思わず口をついて出た。

幸に対する妬みが、指先に宿って激流となる。

廉太郎のピアノが音色を変えた。今の今までよりも音の一つ一つがよりシャープに、そして清涼なものへと変わった。その変化に誰よりも戸惑っていたのは廉太郎だった。ピアノは均質な音を発するための楽器だ。音色まで変化することはありえない。

戸惑っているうちに、曲の底流に揺蕩っていた幸の演奏にも力が戻ってきた。思わず振り返ると、(3)幸の目に、先ほどまでは曇っていて窺うことのできなかったはずの光が戻ってきた。顔はわずかに上気している。先ほどまでとは比べ物にならぬほどに研ぎ澄まされたバイオリンの音色が曲を底上げする。これこそが本来の幸田幸だ。共に曲を形作る仲間すらも追い立て、焼き尽くす。

廉太郎は高鳴る心音と共に鍵盤を必死で叩いた。もはや何かを考えている暇はなかった。あらん限りの技術を用いて曲を追いかけ、次々にやってくる幸のバイオリンの暴風に耐えた。

長いようで短い旅の末、最後の一音に至った時には、廉太郎は疲労困憊の中にあった。二の腕が痛みを発し、指も攣りかけている。

振り返ると、ぎらぎらと目を輝かせた幸がそこに立っていた。

バイオリンを肩から降ろした幸が廉太郎に話しかけてきた。

「あなた、この演奏の途中で腕を上げたんじゃない？」

「かも、しれません。」

「嫌味な人だわ。自分の伸びしろを見せつけるなんて。」

「いや、そんなつもりは。」

慌てて言葉を否んだものの、どこかほっとしている廉太郎もいた。口ぶりが、いつもの幸に戻っていることに気づいた。

(4)そんな幸は、ばつ悪げに自分の視線を足元に落とした。

「わたしの留学を祝いに来たっていうのは本当みたいね。あなたのお祝い、確かに受け取った。あなたを見てると、深く考えるのが馬鹿馬鹿しくなるわ。あなたは自分が伸び続けるんだって頭から信じているんだもの。口ではいろいろ言ってても。」

そうだろうか。今も壁にぶつかって悩んでいる。実際、先の演奏だって音色が変化しただけで、右手が弱いという問題はまるで解決していない。

「あなたって屈託がないのよね。だから近くにいると腹立たしくもなるけど、今日だけはありがたかったわ。世間がどんなに汚くったって、音目だ。いつも、真夏の太陽を思わせるその目から輝きが失われている。目の下には隈ができてしまっているのも、暗く沈んだ目をなおのこと際立てている。

幸は、まるでうわ言のように口を開いた。

「何か用。」

これ、と延にたしなめられるものの、幸は意にも介さない。

廉太郎は息を呑みながらも言葉を発した。

「お祝いに来たんです。海外留学の。」

幸は声を荒らげた。(1)紙が裂けるような声が部屋に満ちる。

「あなたも笑いに来たんでしょう。」

「そんなわけないじゃないですか。」

「本心を言えばいいじゃない。散々新聞で叩かれているわたしを笑いに来たって。」

ここまで荒れているとは、思いも寄らなかった。

過熱していた留学生候補報道は、正式発表で最高潮に達した。かねてより幸を推していた新聞は手を替え品を替えて幸のこれまでの実績の数々を筆で修飾し、前途を寿いだ。一方、他の候補者を推していた新聞は音楽学校の決定に疑惑ありと書き立てた。曰く、幸が選ばれたのは、音楽学校教授である延の横車が働いた結果であると。またある新聞は女性留学無用論を展開した。

横車などありえない。東京音楽学校は演奏という実力主義によって貫かれている公平な場だ。いくら延が妹を無理矢理海外に送ろうと考えても、他の教授陣をうんと言わせることはできない。女性留学無用論も当たらない。性別など関係なしに、幸は最も優れた演奏者だ。幸とてそれは分かっているだろうが、新聞記事の内容は、あれほど揺らぐことのなかった幸の眼の光をかき消してしまうほどにひどかった。

廉太郎は立ち上がった。

(2)「幸さん、僕と重奏をしてくれませんか。」

虚を衝かれたように幸は目を丸くした。

「僕らは音楽家です。百万語を費やすより、音で語ったほうが手っ取り早いと思いませんか。」

ややあって頷いた幸は、いったん奥に戻った。その間に、廉太郎は部屋の隅に置かれている*アップライトピアノに向かい、鍵盤の表面を手ぬぐいで払った。

二人きりの時に、延に声を掛けられた。

「すまんな。」

「何がですか。」

「いや、幸のことだ。あまりに君に頼りすぎている。」

「たぶん、そういう星の巡りだったんでしょう。」

「君には勝てないな。」

延がそう呆れ半分に口にした時、幸はバイオリンケースを抱えて戻ってきた。手早くバイオリンをケースから取り上げた幸は、光の戻らない目でピアノの前に座る廉太郎に一瞥をくれる。

「何をやるの。」

「*モーツァルト『ピアノとバイオリンのためのソナタKV380』。」

廉太郎が口にしたその時、幸の顔が凍った。

因縁の曲だ。*ケーベルに弾いてみるようにと言われ、二人で思い切り斬り合った。あの時は幸に勝ちを譲る形になってしまったが、ケーベルの評はむしろ幸に対して辛かった。

「いいの?」怯えたような声で幸が言う。「アップライトピアノは連打に向かないんでしょう? あの曲は連打が多いんじゃ。」

「大丈夫です。戦うのではなく、語らうだけならば。」

廉太郎は息をつき、幸と息を合わせることなく、第一音を奏で始めた。

持ち主の性格を反映してか四角四面で硬質な音質を持つこの家のピアノ

二〇二一年度 都立西高等学校

【国　語】（五〇分）〈満点：一〇〇点〉

【一】 次の各文の――を付けた漢字の読みがなを書け。

(1) 岩石が川の底に堆積する。

(2) 人心の掌握に努める。

(3) もっと自重した行動をとるべきだ。

(4) 経世済民の志を抱く。

【二】 次の各文の――を付けたかたかなの部分に当たる漢字を楷書（かいしょ）で書け。

(1) 北アルプスの山をジュウソウする。

(2) 国家のチュウセキと言える人物だ。

(3) 絶滅回避（かいひ）のため生物のイキナイ保全を図る。

(4) 松尾芭蕉（まつおばしょう）はフエキリュウコウを提唱した。

【三】 次の文章を読んで、あとの各問に答えよ。（＊印の付いている言葉には、本文のあとに〔注〕がある。）

明治三十年代、東京音楽学校（現東京藝術大学（とうきょうげいじゅつだいがく））でピアノを専攻（せんこう）する瀧廉太郎（たきれんたろう）は、バイオリニスト幸田延（こうだのぶ）・幸（こう）姉妹と知り合う。延は廉太郎の師であり、幸は彼の一学年上であった。廉太郎と幸は共に東京音楽学校留学生の候補に挙がっていたが、日本でまだ学ぶことがあると考える廉太郎は、ひそかに辞退していた。

一月ほどのち、延以来中断されていた音楽学校留学生派遣（はけん）が正式に発表された。

選ばれたのは、幸田幸だった。＊小山作之助（こやまさくのすけ）の辞退は報じられたものの、廉太郎の話は表沙汰（おもてざた）にならなかった。

廉太郎は祝いの言葉を述べるために、日曜日、南千住（みなみせんじゅ）の延の家へと自転車を走らせた。

延の借家は驚くほどに静かだった。廉太郎が自転車を引いて小さな木の門をくぐると、演奏室の＊掃（は）き出しの近くに立っていた延が廉太郎に気づき、玄関へと回ってきた。

「瀧君か。よく来たな。」

「幸さんにお祝いの言葉をと思いまして。」

「ああ、わざわざすまない。上がってゆくといい。」

廉太郎は演奏室に通され、部屋の真ん中に置かれたティーテーブルに座らされた。紅茶を用意してから、延は家の奥へと向かっていった。

一人、しばらく待っていると、延に連れられて幸がやってきた。

だが、常ならぬ様子に廉太郎は驚いた。

なりはいつもと変わらない。だが、何かがあまりに違う。違和感を見（み）極（きわ）めようと首をひねるうち、ようやく正体に行き当（あた）った。

英語解答

1 A ＜対話文１＞ ア
＜対話文２＞ エ
＜対話文３＞ ウ
B Q１ イ
Q２ To tell her about their school.

2 〔問１〕 (a)…ウ (b)…オ (c)…ア (d)…イ (e)…エ
〔問２〕 culture 〔問３〕 エ
〔問４〕 (a) fire (b) perfume (c) improve (d) health

3 〔問１〕 ウ 〔問２〕 ウ
〔問３〕 エ
〔問４〕 find small flowers telling you about the arrival of spring
〔問５〕 ア

4 〔問１〕 have discovered which part of the brain we use for
〔問２〕 イ 〔問３〕 ク
〔問４〕 get lost 〔問５〕 ケ
〔問６〕 (例)Internet communication tools are an example. They help us with sending messages but can have bad effects on our communication skills. If we use such tools too much, we will not be able to communicate well when we meet or talk to someone on the telephone.
(46語)

1 〔放送問題〕

〔問題Ａ〕＜対話文１＞≪全訳≫ユミ(Ｙ)：デービッド，私たちはこの建物の最上階にいるの。ここからの眺めはきれいね。／デービッド(Ｄ)：お寺がいくつか見えるね，ユミ。／Ｙ：見て！ 向こうに私たちの学校が見えるわ。／Ｄ：どこ？／Ｙ：あの公園が見える？ その公園のそばよ。／Ｄ：ああ，見えた。これはすごくすてきな景色だね。／Ｙ：あなたが気に入ってくれてよかったわ。もうすぐ正午ね。７階まで降りましょう。そこにいいレストランがあるの。

Ｑ：「ユミとデービッドはどこで話しているか」―ア．「建物の最上階」

＜対話文２＞≪全訳≫タロウ(Ｔ)：やあ，ジェーン。宿題を手伝ってくれない？ 僕には難しくて。／ジェーン(Ｊ)：いいわよ，タロウ。でも，今は職員室に行かなきゃならないの。スミス先生のところへ行ってこの辞書を返さないといけないのよ。／Ｔ：わかった。じゃあ，僕は図書館に行ってる。返す本があるし，宿題のために新しい本を借りるよ。／Ｊ：後でそこへ行ってあなたを手伝うわね。／Ｔ：ありがとう。

Ｑ：「なぜジェーンは図書館へ行くのか」―エ．「タロウを手伝うため」

＜対話文３＞≪全訳≫女性(Ｗ)：すみません。ミナミ駅へ行きたいんです。次の電車は何時に出ますか？／男性(Ｍ)：えっと，今は11時ですね。次の電車は11時15分に発車します。／Ｗ：母がまだ来ないんです。11時20分頃にはここに着くと思うんですが。／Ｍ：わかりました。それなら11時30分発の電車に乗れますよ。ミナミ駅には11時55分に到着します。／Ｗ：ありがとうございます。その電車に乗ることにします。

Ｑ：「この女性はいつ電車に乗るか」―ウ．「11時30分」

〔問題Ｂ〕≪全訳≫皆さん，おはようございます。私の名前はマーガレット・グリーンです。オーストラリア出身です。オーストラリアはとても広い国です。皆さんはそこへ行ったことがありますか？ 毎年，大勢の日本人が私の国を訪れます。日本に来る前，私は中国で５年間英語を教えていました。

そこで楽しく過ごしました。／私は日本に住んで6年になります。日本に来た後，1年間はこの国中を旅して楽しみました。数多くの有名な場所を訪れました。それから，2年間学校へ通って日本語を学びました。今は英語を教えて3年になります。この学校は私が日本で英語教師として勤める2つ目の学校となります。どうぞ皆さんの学校について私に教えてください。この学校のことを知りたいのです。この学校の先生になれてうれしく思います。ありがとうございます。

Q1：「グリーン先生はどのくらいの間，日本で英語を教えているか」―イ．「3年間」

Q2：「グリーン先生が生徒にしてほしいことは何か」―「彼らの学校について彼女に教えること」

2〔長文読解総合―会話文〕

≪全訳≫1日本人生徒のトモヤとナギサ，イギリス人生徒ソフィア，フランス人生徒ミシェルは，授業のグループ発表について話し合うためにトモヤの家にいる。2トモヤ(T)：最初に僕たちの発表のテーマを決めよう。3ナギサ(N)：いいテーマを選ぶことはいい発表の準備をするのに一番重要なところだと思う。4ソフィア(S)：ミシェル！　腕に蚊がいるわよ！5ミシェル(M)：ああ！6N：窓が開いてるわ！7T：今日は暑いから窓は開けておいて。ちょっと待って。すぐ戻るから。8トモヤは出ていき，手に何かを持って戻ってくる。9S：それは何，トモヤ？10T：蚊取り線香だよ。蚊はこれから出る煙が嫌いなんだ。11S：それは今まで見たことも聞いたこともないわ。効果はあるの，トモヤ？12T：うん，あるよ！　よし，煙が出てきた。どうしたの，ソフィア？　悪い香りがする？13S：悪い香り…。言いたいことはわかるし，答えはイエスだけど，あなたの英語はちょっと変よ。14M：(a)僕もそう思った。15T：変ってどんなふうに？16S：perfumeは甘いとか心地よいにおいという意味なの，だからbad perfumeとは言わないのよ。17N：perfumeって肌や服につけるいいにおいの液体のことだと思ってた。18S：もちろん，perfumeはその意味もあるけど，fragranceやscentと同じ意味もあるの。どちらも心地よいにおいを意味するの。私はこの蚊取り線香のにおいは心地よいとは思わないわ。19M：このにおいは初めてだけど，僕は好きだな。20N：私もこのにおいが大好き。21T：僕も。22M：つまり，同じにおいでもある人にとっては心地よくて，別の人にとっては不快なんだ。23N：そうね。24T：ともかく，コーヒーを飲もうよ。母がいれてくれたから。25M：うーん…。このaroma，いいなあ。26T：aroma？　味か何かのこと？27M：ううん，そうじゃない。aromaは心地よい強いにおいという意味だよ。28S：英語では食べ物のいいにおいのことを言うことが多いわ。aroma…。あなたのお母さんはアロマセラピーをやってるんだってね，ナギサ。29N：そうよ。月に1回やってるわ。30M：僕の母もアロマセラピーをやってるよ！31T：アロマセラピーって何？32N：母は治療の一種だって言ってる。植物からつくられるいい香りの精油を使うの。例えば，精油の香りをかいだり，体に塗ったり，それでマッサージをしたりする。これで痛みが和らいで，体と心が癒されるのよ。33T：なるほど。それは君の国で始まったの，ソフィア？34S：(b)知らないけど，そうじゃないと思う。35M：実は，僕の国で始まったんだ。ある科学者が精油は体にいいことを発見して，1937年にアロマセラピーという言葉を自分で書いた本の中で初めて使ったんだ。36N：アロマセラピーは多くの国で人気があると聞いたわ。37M：そのとおり，でも最初は，フランスと他の国ではやり方に違いがあったんだ。38N：母によると，イギリスでは，精油のアロマの助けを借りて体と心のバランスを保つことによってより健康になるためにそれを使ったんだって。精油を使ったマッサージもイギリスで始まったんだって。39M：僕の国では，最初，精油は薬として使えると考えられていたので，けがの治療に使ったんだ。でも今は，僕の国のアロマセラピーの使い方はイギリスや他の国と同じだよ。40T：英語にはにおいを表現するのに異なる言葉がいくつかあるんだね，perfume，scent，fragrance，aromaとか。他にもある，ソフィア？41S：うん，あるわ。悪臭を表す言葉もいくつかある。42T：(c)おもしろそうだね。それについて教えて。43S：odorという言葉を聞いたことある，トモヤ？44T：ううん，ないな。45

S：それは不快なにおいを意味するの。stinkもひどい悪臭という意味で，stenchは強烈な悪臭という意味よ。46N：とてもおもしろいわ。英語にはにおいを表す言葉がいろいろあるのね。でもどうして？ 47M：それらの言葉は語源が違うと思う。48S：aromaは香料を意味する古い言葉からきてるんだって。49T：だからaromaは食べ物のいいにおいを意味するんだ！50S：そしてperfumeは「煙を通って」からきているのよ。51N：その2つがどう関係してるのかわからないわ。52M：スマホで調べてみるよ。ほらあった。それについて興味深い話を見つけたよ。人は火を使い始めてすぐ，いいにおいを楽しむようになった。彼らは草や木を燃やしていいにおいをつくった。「煙を通って」というのはここからきたんだと思う。53T：へえ！　じゃあ，人は長い間いいにおいを楽しんできたんだね。54M：他にも記事を見つけた。ヨーロッパの人々はいいにおいを得るために精油や香水をつくり，アジアの人々はお香を燃やすことでそのにおいの楽しみ方を見つけた。いいにおいは世界のあちこちで人々の生活を良くしてきたんだね。55N：(d)それもおもしろいね。日本人がどうして長い間お香のにおいを楽しんできたのかわかったわ。それぞれの国に独自のにおいの文化があるのね。56S：お香って何？57N：いいにおいのする木からつくるの。お香はいろんな形があって，使い方もいろいろよ。日本では棒状のお香がよくあるわ。燃やすといい香りの煙が出てくるの。58S：じゃあ，お香の使い方はその蚊取り線香と似てるのね。59N：においも似てるわ。60S：本当？　お香はいいにおいなの？　私はあの蚊取り線香の煙のにおいが好きじゃない。だから，お香のにおいも私にとっては心地よくないと思う。61T：(e)残念だなあ。62N：私はお香の香りも蚊取り線香のにおいも好きよ。私の祖父母は家でときどきお香をたいてるし，夏には蚊取り線香もほとんど毎日使ってるわ。小さいときはよく祖父母の家に行ったから，そのにおいがするといつも子どもの頃を思い出すの。63M：いい指摘だね，ナギサ。においは過去の経験に強く結びついている。64N：においの歴史と文化について知るのはおもしろいわね。65T：じゃあ，それについて発表しようよ。

〔問1〕<適文選択>(a)この発言がなくても前後がつながっているので，空所はその前のソフィアの発言に同意しているだけだと考えられる。　(b)アロマセラピーは君の国で始まったのかという質問に対する答えとなるのはオだけ。　(c)これに答えて，ソフィアが悪臭を表す語を教えている。アにある them は some words for bad smells を受けている。　(d)世界のあちこちで人はいいにおいを暮らしに役立ててきたという話を受けての言葉。　(e)蚊取り線香と同様に，お香のにおいも好きになれないだろうと言うソフィアに対し，残念だと答えるエが適切。

〔問2〕<適語補充>ここまでの会話は，においと人の生活の関係を歴史や地域の視点から話し合っている。空所(d)のあるナギサの発言(第55段落)に Each country has its own culture of smells.「それぞれの国に独自のにおいの文化がある」とあり，これはその内容をまとめた1文になっている。

〔問3〕<内容真偽>①「perfumeという言葉はいいにおいのする液体を意味するだけでなく，stinkやfragranceのような心地よいにおいを意味する」…×　stink は「悪臭」(第45段落)。　②「ミシェルはトモヤの家で初めて蚊取り線香のにおいをかいで，不快だと感じた」…×　ミシェルは好きだと言っている(第19段落)。　③「aromaという語はperfumeやfragrance，stenchのようにいいにおいを意味し，何か飲んだり食べたりするときによく使われる」…×　stench は「悪臭」(第45段落)。　④「アロマセラピーは20世紀にイギリスで始まり，人々はそれ以来長い間，より健康になるためにそれをしてきた」…×　アロマセラピーはミシェルの国(＝フランス)で始まった(第35段落)。　⑤「精油を使ったマッサージはフランスで始まったが，それは人々が精油を治療のための薬として使えると思ったからだ」…×　このマッサージはイギリスで始まった(第38段落)。⑥「ヨーロッパでは，人々は精油や香水を燃やした煙の香りを楽しんだが，アジアでは他の方法でいいにおいを楽しんだ」…×　第54段落参照。　⑦「お香は蚊取り線香の煙に似たにおいだとナギサが言ったので，ソフィアは自分はそのにおいを楽しめないと思った」…○　第58～60段落に一致する。　⑧「ナギサは幼い頃祖父母の家でお香の香りや蚊取り線香のにおいをよくかいだので，その両方とも好きだ」…○　第62段落に一致する。

〔問４〕＜内容一致＞≪全訳≫❶皆さん，こんにちは。今日，私たちはにおいについて発表します。人間は遠い昔，火の使い方を発見したときにいいにおいを楽しむことを知りました。彼らは多くの場合，草や木を燃やすことでいいにおいをつくり出しました。実際，英語ではperfumeという言葉の語源はこのことに結びついています。それ以来，人間はいろいろな方法でいいにおいを楽しんできました。❷人々は生活を改善し，楽しむためにいいにおいを使ってきました。例えばいいにおいはアロマセラピーに使われます。皆さんの中にはそれについて知っている人もいるかもしれません。精油のいいにおいは私たちの体と心の健康に良いと考えられているのです。

＜解説＞(a)第52段落第４文参照。　(b)第50～52段落参照。　(c)第54段落最終文に Nice smells have made people's lives better … とある。make ～ better「～を良くする」は improve「～を改善する」で言い換えられる。　(d)第32段落および第38段落参照。ナギサはアロマセラピーの効用について，体と心を健康にすると言っている。

３〔長文読解総合―説明文〕

≪全訳≫❶私たちは１日を24時間より長くできるだろうか。それは可能だ，でもどうやって？❷答えを見つけるために，まず次の質問について考えてみよう。今何時か，あるいは時間がどのくらい過ぎたかを私たちはどうやってわかるのだろうか。時計がなくても何時かわかることはよくある。例えば，私たちは時計を見なくても毎日同じぐらいの時間に目を覚ましたり眠くなったりする。どうしてそんなことができるのだろう。科学者たちによると人間や他の動物は概日リズム，つまり一種の体内時計を持っている。概日リズムは体温やホルモンレベルを制御するので，私たちは今何時かを知ることができる。早朝，私たちの体温は上がり始め，私たちのメラトニンのレベルは下がり始める。メラトニンはホルモンの１つで私たちが眠るのを助ける。夜遅くなると，私たちの体温は下がり始め，メラトニンレベルは上がり始める。このおかげで，私たちは毎日だいたい同じ時間に目覚めたり眠ったりできるのだ。❸私たちは時計を使わなくても，何秒あるいは何分経過したかを知ることができる。私たちはインターバルタイミングクロックと呼ばれるもう１つの体内時計を持っている。それはストップウォッチのようなものだ。この体内時計のおかげで，私たちは何秒あるいは何分経過したかを知ることができる。科学者たちは動物の中にもインターバルタイミングクロックを持つものがいることを発見した。インターバルタイミングクロックは動物が自然の中で生き抜くのを助ける。彼らはエサを見つけ，すぐにねぐらに帰ることができる。❹これら２種類の体内時計のおかげで，私たちは今何時か，そして何秒あるいは何分経過したかを知ることができる。しかし，なぜ私たちは時間がたつのが速い，あるいはゆっくりだと感じることがあるのだろう。科学者たちは，１日の間に私たちのインターバルタイミングクロックがどのように変化するかを知るための実験を行った。その実験で，人々はストップウォッチなしに10秒数えるよう言われた。数え終わったとき，科学者たちは実際に何秒過ぎたかを記録した。彼らはこれを９時，13時，17時，21時，翌日の１時，５時，そして９時に行った。彼らの深部体温とメラトニンレベルは１時間ごとにチェックされた。記録された時間は最初の２回のテストでは10秒より長く，夜に向かってだんだん短くなった。それは深部体温が上がりメラトニンレベルが下がるにつれて短くなった。夜遅くに深部体温は下がり始め，メラトニンレベルは上がり始めた。記録された時間は，早朝に向かって深部体温が下がりメラトニンレベルが上がっていくにつれて長くなった。午前中，彼らは時間が速く過ぎると感じた。午後から夜にかけては時間がたつのがゆっくりになると感じた。このことは，私たちの概日リズムがインターバルタイミングクロックに影響することを示している。❺私たちが時間をどう使うかは私たちの時間の感覚にも影響する。どうして私たちは時間がたつのがゆっくりだと感じるのだろう。1つの例を見てみよう。数年前，あるアメリカの空港で手荷物受取所のスタッフを増やし，旅行者が空港到着後に荷物を待っている間のストレスを減らそうとした。空港は待ち時間を減らすことができたが，旅行者たちはそれを喜ばなかった。なぜか。荷物は早く受け取れたが，彼らは手荷物受取所でほとんどの時間を立って待っていたからだ。そこで，空港は別のことを試みた。到着ゲートを手荷物受取所から遠くに動かしたのだ。旅行者は手荷物受取所まで歩いていったので，待つのは2分だけで済んだ。旅行者は空港が彼らの荷物を早く運んでくれたと感じた。空港は待ち時間を短くするのではなく，その間に彼らにすることを与えたのだ。特にやることがなくただ時計を見て何分経過したかを気にしているだけのとき，私たちは時間がゆっくり流れると感じるのだ。❻なぜ私たちは時間が速く過ぎると感じるのだろう。あなたは今年，正月がくるのが去年より早いと感じたことはあるだろうか。多くの人が，年を取ると時間が速く過ぎると言う。これには理由があることを科学者たちは発見した。私たちがどれほどの量の情報を受け取るかが時間の感覚に影響するのだ。多くの情報を受け取るとそれを処理するのに長い時間がかかるため，時間がゆっくり流れると感じる。新しい物事を経験するときや，不安や恐れ，興奮などの強い感情を覚えるとき，私たちは周囲で起こるさまざまな物事により大きな注意を払い，より多くのことを記憶する。このため私たちは時間がゆっくり過ぎると感じるのだ。他方，もし私たちが慣れ親しんだ情報を取り込めば，それを処理するのに大した時間を要しないので，時間が速く過ぎると感じる。だから私たちは年を取るにつれて時間の速度が上がってくると思うのだ。世界との親密度が増すにつれ，私たちが得る新しい情報は少なくなり，時間が速く経過すると感じるのである。❼時間はとても速く過ぎていく。私たちはそれをどうやって止めるのだろう。日々を長くし，人生を楽しむために私たちは何ができるだろう。新しいことをやってみる，知らない場所を訪れる，新しい人々に会う。これらのことは私たちに多くの新しい情報を与えてくれる。これらのことをするのが難しければ，日常生活のあらゆるものに注意を払おう。本を一度読んだ後で，もう一度注意深く読み直そう。新しくおもしろいことが見つかるだろう。家族や友達とは長いつき合いだ，たとえそうでも彼らがどうしているか調べてみよう。彼らについて自分がほんの少ししか知らないことを発見するかもしれない。毎日学校に行くのに同じ道を通っているなら，歩いているときに周囲のものに注意を払おう。何か新しいものが見つかるだろう。暖かい風を感じ，あるいは(4)春の訪れを告げる小さな花を見つけるかもしれない。あなたは日々の生活の中で新しい物事を経験することができる。学び続けることで若さを保ち人生を楽しむことができるのだ。

〔**問1**〕<**要旨把握**>第4段落の後半を読み解く。記録時間は最初の9時と13時は10秒より長く，その後は夜に向かって短くなる(第8文)。記録時間は，深部体温の上昇・メラトニンレベルの下降に伴い短くなる(第9文)。夜遅く深部体温の下降・メラトニンレベルの上昇が始まる(第10文)。記録時間は，早朝に向かって深部体温が下がりメラトニンレベルが上がるにつれて長くなる(第11文)。以上より，記録時間のグラフはA，深部体温はF，メラトニンレベルはHになる。

〔**問2**〕<**適語(句)選択**>a・b．10秒をカウントしたつもりでも，実際の時間の長さは午前〜午後1時くらいまでは10秒より長く，それから夜に向かっては短くなる。10秒のつもりなのにそれより長く経過していたということは，自分の中では「時間が速く過ぎた」と感じていることになる。実際が10秒より短い場合はその逆になる。　c・d．2文前に，慣れ親しんだ情報を取り入れる場合は情報処理にかかる時間が少なく，時間が速く過ぎるように感じると述べられている。つまり，周囲の世界に慣れるほど新しい情報は減り，時間が速く過ぎていくということになる。

〔**問3**〕<**要旨把握**>空港が行ったことは直後の3文に書かれている。その内容に合うのは，エ．「空港が到着ゲートを移動させたことで，旅行客は手荷物受取所に着いた後に待つ時間が短くなった」。

〔**問4**〕<**整序結合**>通学中，周りによく注意を向けてみれば新たな発見があるかもしれないという文脈で，ここはその具体例が述べられた部分。まず the arrival of spring「春の訪れ」がまとまり，さらに‘tell＋人＋about ～’「〈人〉に～について話す」の形で telling you about the arrival of spring とまとめる。春の訪れを告げるものとなる small flowers を telling の前に置いて「…を告げる小さな花」とし，これを find の目的語とする。feel warm wind と find small flowers ... が or で結ばれた形になる。

〔問5〕＜内容真偽＞①「人間や他の動物は時計を見なくても，体内時計のおかげで今何時なのか，また何秒あるいは何分たったのかがわかる」…○　第2段落第6，7文，および第3段落第1～4文に一致する。　②「メラトニンレベルが早朝に上がり始め夜遅くに下がり始めるため，私たちは毎日ほぼ同じ時間に目覚めたり眠ったりできる」…×　第2段落終わりの2文参照。メラトニンレベルの上下が逆。　③「一部の動物は，概日リズムという体内時計のおかげで時間の経過がわかるので，エサを見つけてすぐにねぐらに帰ることができる」…×　第3段落後半参照。時間の経過の認識に関係するのはインターバルタイミングクロック。　④「インターバルタイミングクロックが概日リズムに影響するので，私たちは時の経過を速い，あるいは遅いと感じることがある」…×　第4段落最終文参照。概日リズムがインターバルタイミングクロックに影響する。　⑤「実験によると，私たちはどれだけ時間がたったか知るために時計を確認するとき時間がゆっくり流れると感じる」…×　本文の実験とは無関係の内容である。　⑥「私たちは，不安だったり怖かったり興奮しているときに時間がゆっくり流れると感じるが，それは処理すべき多くの情報を受け取るからである」…○　第6段落第6～8文に一致する。　⑦「年を取ると物事を覚えるのにかかる時間が長くなるので，私たちはいろいろな新しいものに注意を払うべきだ」…×　because 以下についての記述はない。　⑧「新しいことを試みた後でも新しい情報をたくさん得ることが難しいなら，日常生活のあらゆるものに注意を払うべきである」…×　第7段落第6文参照。If it is difficult to do these things の these things とは新しいことを試みることを指しており，そうすれば新しい情報がたくさん入る，と書かれている。

4〔長文読解総合―説明文〕

≪全訳≫❶あなたは街や山の中で道に迷ったことがあるだろうか。多くの人があると答えるだろうが，おそらく中には一度も迷ったことがなく，「もし自分がある場所に以前行ったことがあって10年後にまたそこに行ったとしても，道を覚えているだろう」と言う人もいるかもしれない。このような人々はこの特別な能力を持って生まれたのだろうか。この質問への答えは脳の活動の中にある。彼らが道に迷わないのは，自分がどこにいるかを知って空間記憶を使う能力が非常に優れているからなのだ。❷ここ数年で科学者たちは，ある区域で道を探す(1)ために私たちが脳のどの部分を使うかを発見した。彼らによると，私たちは脳の中の2種類の細胞を使う。海馬の中の場所細胞は自分がどこにいるかがわかり，海馬の外の格子細胞はその場所と他の場所の空間的関係を理解するのに役立つ。脳内の場所細胞と格子細胞に助けられて，私たちは場所の感覚を持って道を探す能力を使うことができる。❸私たちの脳はこれらの細胞のどちらか，あるいは両方を使って道を探す。ある人々は，周囲の物体を記憶することによって道を探すのがとても得意だ。彼らは例えば「私はガソリンスタンドに行って右に曲がります」と言うだろう。また別の人々は空間記憶に頼って「北へ50メートル行って，それから東に50メートル行きます」と言うかもしれない。私たちはみんな両方の記憶に頼っているが，脳は一方を他方に優先して使うのだろう。❹人間の道を探すこの種の能力は長い間あまり知られていなかったが，21世紀になって，科学者たちはロンドンのタクシー運転手の海馬を調べることによって，この能力についてより多くを理解するようになった。イ運転手は記憶の中に描いた市内の地図をたくさん持っていて，海馬が他の人々より大きいことを彼らは発見した。タクシー運転手の中には40年以上仕事をしている者もいて，彼らの海馬は非常に発達していた。タクシー運転手が仕事に費やす時間が長ければ，海馬は道を探す経験のための空間をさらに多く発達させるようになる。この研究は，道を探す経験が脳そのものに直接影響を与えることを示している。❺しかし最近，この種の道を探すスキルはGPS，すなわち全地球測位システムの世界において失われつつある。GPSは人々が目的地に到達するのを助ける。ますます多くの人々が見知らぬ場所で自力で道を探す能力を失いつつある。ここで１つの例を見てみよう。／→D．イギリスの一部地域では人々が山の中で長い距離を歩く。／→A．警察は彼らにGPSつきスマートフォンだけに頼らず道を探すスキルを習得するように言った。／→C．警察は山の中で迷った人々を何度も救助して，これらの人々の数を減らすためにはこの種のアドバイスが必要だと考えたのだ。このようなスマートフォンの利用の増加は，人々が周囲の世界を理解せずにテクノロジーに頼りすぎるため，大きな問題につながると彼らは言う。❻実際，科学者たちはGPSの使用は脳の活動に悪影響を及ぼすのではないかと考えている。彼らはGPSの使用が人間の記憶に及ぼす影響を非常に心配している。このようなテクノロジーのせいで，人は自分の頭の中に新しい場所の空間地図をつくる必要がなくなり，周囲の状況を記憶し観察するための内的空間が狭まりつつあるのだ。そしてもし，テクノロジーが突然全く機能しなくなれば，人は自分がどこにいるかを自分で調べることができないだろう。❼科学者たちは，人が周囲の状況を通じて道を探す能力にGPSの使用がどのように影響するかを調査した。彼らは２つのグループの人々に，異なる方法で市内を歩き(目的地への)道を見つけるよう頼んだ。目的地に着くために，一方のグループはGPSつきのスマートフォンを使い，もう一方のグループは紙の地図と磁石を使った。その研究では，GPSグループは地図グループより歩くのが遅く，多く立ち止まり，長い距離を歩いたことがわかった。GPSグループの方が間違えることが多く，目的地に着くのに長い時間がかかった。さらに歩いた後で地図をかくように言われると，GPSグループの人々は土地の形状や目的地までの道をはっきり覚えていなかった。この調査では地図グループの人々の方がずっと成績が良かった。GPSグループはスマートフォンを見るばかりで周囲の状況をよく見ていなかった。しかし，地図グループはテクノロジーに頼らず，地図と磁石を使うことで周囲のありのままの世界に注意を払い，それを記憶した。空間的な環境の中を移動するために地図を読んで道を探すスキルを使うことは，脳を発達させ，(脳内の)一部の領域の成長に役立つことがこの実験で示されたのだ。それはまた，現代の道探しのテクノロジーが脳，特に記憶に悪影響を及ぼすおそれがあることを明らかにした。つまり，人々は脳の弱体化を防ぐために，他の思考スキルと同様，地図を読んで道を探すスキルを訓練する必要があるということだ。❽科学者たちによると，このような脳の訓練は私たちが晩年になってからでも役立つ。別の実験では，ある人々はコンピュータ上の迷路の中で正しい道を覚えるまで繰り返すことによって目的地への道を見つけた。そして，それよりずっと年配の人々は，脳内で地図をつくり頭の中で場所の感覚を得ることだけによって同じことを行ったのだ。年配の人々の海馬がその実験を通して成長したことを科学者たちは発見した。現在，一部の人々は年を取ると脳と記憶に障害をきたして，普通に考え物事を行う能力をだんだん失っていく。この実験のような脳の訓練は，人間の記憶に関連する病気を食い止める新しい方法の発見に役立つだろう。❾ここまで見てきたように，私たちは道を探す能力をこれらのスキルの訓練によって高めることができる。より多く外出していろいろな場所に行くなら，その方がよい。私たちは決して迷わないだろう。体を使うことは脳を改善し，脳を使うことは脳内の新しい細胞の成長を助ける。私たちは道を探すのにいろいろなスキルを使うことができる。重要なのはこれらのスキルを訓練し，周囲の状況になじむことだ。テクノロジーは非常に便利なツールだが，結局のところやはり，人間の脳が，より高度で難解なレベルではたらく最も優れた地図の読み手なのである。❿人間は１つの場所から別の場所へと目的を持って，あるいは無目的に移動する。自分がいる場所や自分と場所のつながりを自分自身の脳内「GPS」を使うことによって見出すとき，私たちは安全だと感じ，本当に生きていると感じる。このことがどれほど真実なのかを私たちは忘れてはならない。

〔問1〕＜整序結合＞主語 scientists を受ける動詞は have discovered。which があるので，discovered の目的語が'疑問詞＋主語＋動詞...'の語順の間接疑問になると考える。'疑問詞'は which だけにするとこの後がまとまらないので，which part of the brain「脳のどの部分」とまとめ，この後に we use と続ける。最後に for を置いて finding 以下につなげる。

〔問2〕＜適所選択＞この段落は，ロンドンのタクシー運転手の脳と道探しの能力の関係についての研究を紹介する部分。脱落文の主語 They が指すものを考える。この段落で'人'を指す複数形の名詞は taxi drivers と scientists しかなく，脱落文の内容からこの they は scientists を指すと判断できる。scientists を含む文の直後であるイに入ると自然につながる。

〔問3〕＜文整序＞道を探す能力を失いつつある人々の「1つの例」を挙げた部分。最初に導入部と考えられるDを置く。Dの「山の中で長い距離を歩く人々」を them で受けて，警察がそれらの人にした助言を紹介するA，その助言を that kind of advice で受けて，警察がそういう助言をした理由を述べたCの順に続ける。

〔問4〕＜適語句補充＞この前までで，脳を訓練することで道探しの能力を向上させることができると述べている。たくさん外に出て，いろいろな場所に行って訓練すれば，その結果として「道に迷わなくなる」のである。get lost で「道に迷う」。第1段落最終文にある。

〔問5〕＜内容真偽＞①「多くの人は優れた空間記憶と自分の居場所を察する能力を持つおかげである場所に戻ることができる」…×　第1段落参照。多くの人は道に迷ったことがある。　②「格子細胞は私たちがどこにいるかがわかり，場所細胞はある場所と別の場所との関係を理解する」…×　第2段落第3，4文参照。逆である。　③「私たちはみんな道を探すために格子細胞と場所細胞に頼っているが，脳はこれらの細胞のどちらか一方あるいは両方を使っているのかもしれない」…○　第3段落第1文および最終文に一致する。　④「科学者たちはGPSが人々に与える影響について心配しているが，それは人々の頭の中にある記憶のための空間と周囲の状況に注意を払うための空間を減らしてしまうからだ」…○　第6段落第2，3文に一致する。　⑤「GPSグループは目的地に到達するのに地図グループより時間がかかったが，土地の形状や経路をたやすく思い出せた」…×　第7段落第6文参照。　⑥「コンピュータ上の迷路を使った実験で，年配の人々の海馬は正しい道を覚えることを繰り返す過程を通じて大きくなった」…×　第8段落第2，3文参照。
⑦「人々は道を見つけるスキルを訓練することができるが，周囲の状況について多くを知るのは実際は難しい」…×　前半は第9段落第1文に一致するが，後半については述べられていない。
⑧「脳内に描く地図によってつくられた場所の感覚によって安全に感じ，人生を実感できるのだということを私たちは忘れてはならない」…○　第10段落第2，3文に一致する。

〔問6〕＜テーマ作文＞「テクノロジーはとても便利なツールだが，GPSのように，日常生活で使いすぎると私たちに悪影響を与えることがある。このようなテクノロジーの例は他に何があるか，またその理由は何か」　解答例の訳は「インターネットのコミュニケーションツールはその一例だ。メッセージを送るのには役立つが，コミュニケーションスキルに悪い影響を与えることもある。このようなツールを使いすぎると，誰かと会ったり，電話で話したりするときに，コミュニケーションがうまく取れなくなってしまうだろう」　（その他の表現例）～ is very convenient「～はとても便利だ」　We can ～ easily by using …「…を使うことによって簡単に～できる」　However, we tend to spend too much time on ～「しかし，私たちは～に時間をかけすぎる傾向がある」　Depending too much on ～ is dangerous because …「～に頼りすぎるのは危険だ，なぜなら…」

数学解答

1 〔問1〕 $-\frac{1}{9}$　〔問2〕 $x=\frac{1\pm\sqrt{22}}{3}$

〔問3〕 $\frac{1}{5}$　〔問4〕 52°

〔問5〕 右下図

2 〔問1〕 (1) $-1+\sqrt{5}$　(2) $\left(1,\ \frac{3}{2}\right)$

〔問2〕 $y=\frac{1}{4}x+1$

3 〔問1〕 90°

〔問2〕 (例)頂点Aと頂点Cを結ぶと，仮定より，点Iは対角線AC上にある。△AIEと△CIGにおいて，点Iは▱ABCDの対角線の交点より，AI＝CI……①　対頂角は等しいから，∠AIE＝∠CIG……②　平行四辺形の対辺なので，AB∥DC……③　③より，錯角は等しいので，∠EAI＝∠GCI……④　①，②，④より，1組の辺とその両端の角がそれぞれ等しいので，△AIE≡△CIG　合同な図形の対応する線分の長さは等しいので，EI＝GI……⑤　頂点Bと頂点Dを結ぶと，仮定より，点Iは対角線BD上にある。△BIFと△DIHにおいて，同様にして，△BIF≡△DIHであるから，FI＝HI……⑥　四角形EFGHにおいて，⑤，⑥より，対角線がそれぞれの中点で交わるので，四角形EFGHは平行四辺形である。

〔問3〕 $(m+2):(4-m)$

4 〔問1〕 12

〔問2〕 (例)N＝$x+y$について，$xy=m^2-n^2$より，$xy=(m+n)(m-n)$　x，y，m，nは自然数で，$xy>0$，$m+n>0$なので，$m-n>0$となる。また，$m+n>m-n$である。$x>y$なので，$x=m+n$……①，$y=m-n$……②とすると，①＋②より，$m=\frac{x+y}{2}$　①－②より，$n=\frac{x-y}{2}$　ここで，m，nが自然数となるには，$x+y$と$x-y$がともに偶数とならなければならない。$x+y$と$x-y$がともに偶数となるのは，【表】より，xとyがどちらとも偶数か，どちらとも奇数の場合である。このとき，N＝$x+y$より，Nは偶数となる。

〔問3〕 10組

(例)

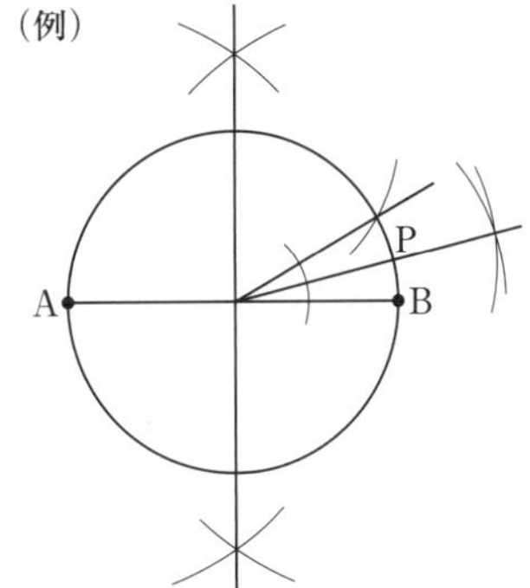

1 〔独立小問集合題〕

〔問1〕＜平方根の計算＞与式＝$-\frac{8}{6\sqrt{6}}-\frac{4}{2\sqrt{6}}\times\frac{\sqrt{6}-12}{18}=-\frac{4}{3\sqrt{6}}-\frac{\sqrt{6}-12}{9\sqrt{6}}=-\frac{12}{9\sqrt{6}}-\frac{\sqrt{6}-12}{9\sqrt{6}}=\frac{-12-(\sqrt{6}-12)}{9\sqrt{6}}=\frac{-12-\sqrt{6}+12}{9\sqrt{6}}=-\frac{\sqrt{6}}{9\sqrt{6}}=-\frac{1}{9}$

〔問2〕＜二次方程式＞両辺に4をかけて，$(x+1)(x-1)-2(x-2)(2x+3)=4$，$x^2-1-2(2x^2+3x-4x-6)=4$，$x^2-1-4x^2+2x+12=4$，$-3x^2+2x+7=0$，$3x^2-2x-7=0$として，解の公式を用いると，$x=\frac{-(-2)\pm\sqrt{(-2)^2-4\times3\times(-7)}}{2\times3}=\frac{2\pm\sqrt{88}}{6}=\frac{2\pm2\sqrt{22}}{6}=\frac{1\pm\sqrt{22}}{3}$となる。

〔問3〕＜確率―カード＞袋Aには5枚，袋Bには4枚のカードが入っているので，1枚ずつカードを取り出すとき，取り出し方は全部で$5\times4=20$(通り)あり，a，bの組も20通りある。$\sqrt{2a+b}$が自然数になるのは，$2a+b$が自然数を2乗した数になるときである。$2a+b$の最大の値は$2\times6+4=16$だから，$2a+b=1$，4，9，16になるときを考える。$a=1$のとき，$2a+b=2\times1+b=2+b$だから，$2+(-1)=1$より，$b=-1$の1通りある。$a=2$のとき，$2a+b=4+b$だから，適するbはない。$a=3$のとき，$2a+b=6+b$だから，$6+(-2)=4$，$6+3=9$より，$b=-2$，3の2通りある。$a=4$のとき，$2a+b=8+b$だから，適するbはない。$a=6$のとき，$2a+b=12+b$だから，$12+4=16$より，$b=4$の1通りある。以上より，$\sqrt{2a+b}$が自然数になるa，bの組は$1+2+1=4$(通り)だから，求める確率は$\frac{4}{20}=\frac{1}{5}$である。

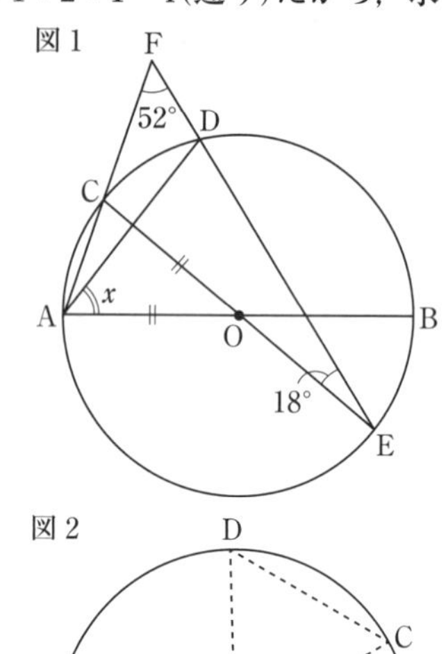

〔問4〕＜図形—角度＞右図1で，$\overset{\frown}{CD}$に対する円周角より，$\angle CAD=\angle CED=18°$である。また，△FCEで内角と外角の関係より，$\angle OCA=\angle CFE+\angle CEF=52°+18°=70°$となり，OA＝OCだから，$\angle OAC=\angle OCA=70°$である。よって，$\angle BAD=x=\angle OAC-\angle CAD=70°-18°=52°$となる。

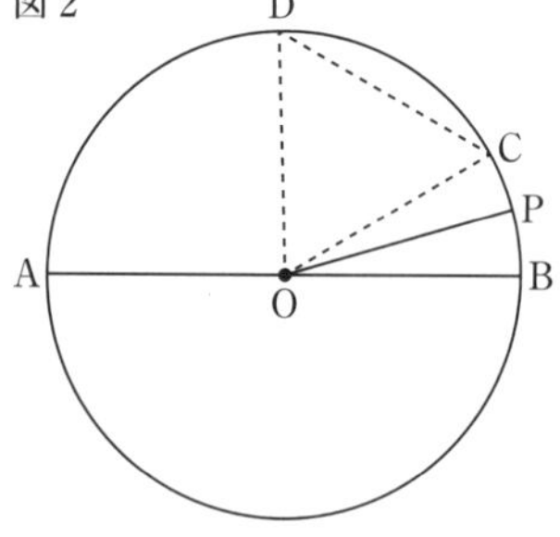

〔問5〕＜図形—作図＞右下図2で，円の中心をOとすると，点Aを含まない$\overset{\frown}{BP}$の長さと点Aを含む$\overset{\frown}{BP}$の長さの比が1：23より，点Aを含まない$\overset{\frown}{BP}$の長さと円Oの周の長さの比は$1:(1+23)=1:24$だから，$\angle BOP=\frac{1}{24}\times360°=15°$となる。$15°=30°\div2$だから，図2のように，$\angle BOC=30°$となる点Cを円Oの周上にとると，OPは∠BOCの二等分線となる。また，$30°=90°-60°$だから，$\angle BOD=90°$となる点Dを円Oの周上にとると，$\angle COD=60°$であり，OC＝ODだから，△OCDは正三角形となる。よって，CD＝ODである。解答参照。

2 〔関数—関数 $y=ax^2$ と直線〕

≪基本方針の決定≫〔問1〕(2)　点Cの座標をtを用いて表す。　〔問2〕　線分ABと線分PQの位置関係に気づきたい。

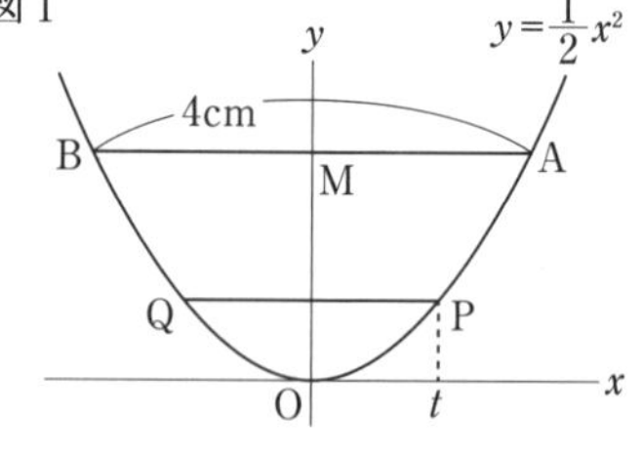

〔問1〕＜tの値，座標＞(1)右図1で，線分ABとy軸の交点をMとする。2点A，Bは関数$y=\frac{1}{2}x^2$のグラフ上にあり，線分ABはx軸に平行だから，2点A，Bはy軸について対称である。よって，$AM=MB=\frac{1}{2}AB=\frac{1}{2}\times4=2$となるので，点Aの$x$座標は2であり，$y$座標は$y=\frac{1}{2}\times2^2=2$となる。また，点Pは関数$y=\frac{1}{2}x^2$のグラフ上にあり，$x$座標は$t$だから，$y$座標は$y=\frac{1}{2}t^2$である。点Aの$y$座標と点Pの$y$座標の差が$t$なので，$2-\frac{1}{2}t^2=t$が成り立つ。これを解くと，$t^2+2t-4=0$より，$t=\frac{-2\pm\sqrt{2^2-4\times1\times(-4)}}{2\times1}=\frac{-2\pm\sqrt{20}}{2}=\frac{-2\pm2\sqrt{5}}{2}=-1\pm\sqrt{5}$となる。$0<t<2$だから，$t=-1+\sqrt{5}$である。　(2)次ページの図2で，点Aは関数$y=\frac{1}{2}x^2$のグラフ上にあり$x$座標が3だから，$y=\frac{1}{2}\times3^2=\frac{9}{2}$より，$A\left(3,\ \frac{9}{2}\right)$である。2点A，Bは$y$軸について対称だから，$B\left(-3,\ \frac{9}{2}\right)$となり，

$AB=3-(-3)=6$ となる。△ABD と△CPD が相似で，相似比が 8：1 だから，AB：CP＝8：1 であり，$CP=\frac{1}{8}AB=\frac{1}{8}\times6=\frac{3}{4}$ となる。(1)より，$P\left(t,\ \frac{1}{2}t^2\right)$ だから，点Cの x 座標は $t-\frac{3}{4}$ となり，$C\left(t-\frac{3}{4},\ \frac{1}{2}t^2\right)$ と表せる。また，$A\left(3,\ \frac{9}{2}\right)$ より，直線 OA の傾きは $\frac{9}{2}\div3=\frac{3}{2}$ だから，直線 OA の式は $y=\frac{3}{2}x$ である。点Cは直線 OA 上にあるので，$\frac{1}{2}t^2=\frac{3}{2}\left(t-\frac{3}{4}\right)$ が成り立ち，$4t^2-12t+9=0$，$(2t)^2-2\times2t\times3+3^2=0$，$(2t-3)^2=0$ より，$t=\frac{3}{2}$ となる。$\frac{1}{2}t^2=\frac{1}{2}\times\left(\frac{3}{2}\right)^2=\frac{9}{8}$ となるので，$P\left(\frac{3}{2},\ \frac{9}{8}\right)$ である。よって，2点B，Pの座標より，直線 BP の傾きは $\left(\frac{9}{8}-\frac{9}{2}\right)\div\left\{\frac{3}{2}-(-3)\right\}=-\frac{3}{4}$ となるので，その式は $y=-\frac{3}{4}x+b$ とおける。点Bを通ることから，$\frac{9}{2}=-\frac{3}{4}\times(-3)+b$，$b=\frac{9}{4}$ となり，直線 BP の式は $y=-\frac{3}{4}x+\frac{9}{4}$ である。点Dは直線 $y=\frac{3}{2}x$ と直線 $y=-\frac{3}{4}x+\frac{9}{4}$ の交点だから，$\frac{3}{2}x=-\frac{3}{4}x+\frac{9}{4}$ より，$x=1$ となり，$y=\frac{3}{2}\times1=\frac{3}{2}$ となるので，$D\left(1,\ \frac{3}{2}\right)$ である。

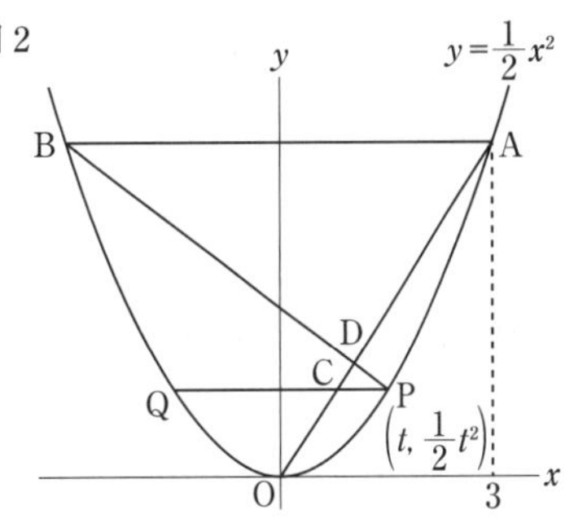

〔問２〕＜直線の式＞右図３で，線分 AB と y 軸の交点をSとし，点Sと2点P，Qを結ぶ。点Rが線分 AB 上のどこにあっても常に△RQP＝3△OPQ なので，△SQP＝3△OPQ となる。よって，△RQP＝△SQP となるから，AB∥PQ である。直線 PQ の傾きは$\frac{1}{4}$なので，直線 AB の傾きも$\frac{1}{4}$となる。次に，点Qは関数 $y=\frac{1}{2}x^2$ のグラフ上にあり，x 座標が$-\frac{t}{2}$なので，$y=\frac{1}{2}\times\left(-\frac{t}{2}\right)^2=\frac{1}{8}t^2$ より，$Q\left(-\frac{t}{2},\ \frac{1}{8}t^2\right)$ である。$P\left(t,\ \frac{1}{2}t^2\right)$ だから，直線 PQ の傾きは $\left(\frac{1}{2}t^2-\frac{1}{8}t^2\right)\div\left\{t-\left(-\frac{t}{2}\right)\right\}=\frac{3}{8}t^2\div\frac{3}{2}t=\frac{1}{4}t$ と表せる。これが$\frac{1}{4}$だから，$\frac{1}{4}t=\frac{1}{4}$ が成り立ち，$t=1$ となる。$\frac{1}{2}t^2=\frac{1}{2}\times1^2=\frac{1}{2}$ となるので，$P\left(1,\ \frac{1}{2}\right)$ である。直線 PQ の式を $y=\frac{1}{4}x+c$ とおくと，点Pを通ることより，$\frac{1}{2}=\frac{1}{4}\times1+c$，$c=\frac{1}{4}$ となるので，線分 PQ と y 軸の交点をTとすると，$T\left(0,\ \frac{1}{4}\right)$ となり，$OT=\frac{1}{4}$ である。また，点Qの x 座標は$-\frac{1}{2}$なので，△OPT，△OQT は，底辺を辺 OT と見ると，2点P，Qの x 座標より，高さはそれぞれ 1，$\frac{1}{2}$となり，△OPQ＝△OPT＋△OQT＝$\frac{1}{2}\times\frac{1}{4}\times1+\frac{1}{2}\times\frac{1}{4}\times\frac{1}{2}=\frac{3}{16}$ となる。よって，△SQP＝$3\times\frac{3}{16}=\frac{9}{16}$ である。$S(0,\ s)$ とおくと，$ST=s-\frac{1}{4}$ となり，辺 ST を底辺と見ると，△SPT の高さは 1，△SQT の高さは$\frac{1}{2}$だから，△SQP＝△SPT＋△SQT＝$\frac{1}{2}\times\left(s-\frac{1}{4}\right)\times1+\frac{1}{2}\times\left(s-\frac{1}{4}\right)\times\frac{1}{2}=\frac{3}{4}s-\frac{3}{16}$ となる。したがって，$\frac{3}{4}s$

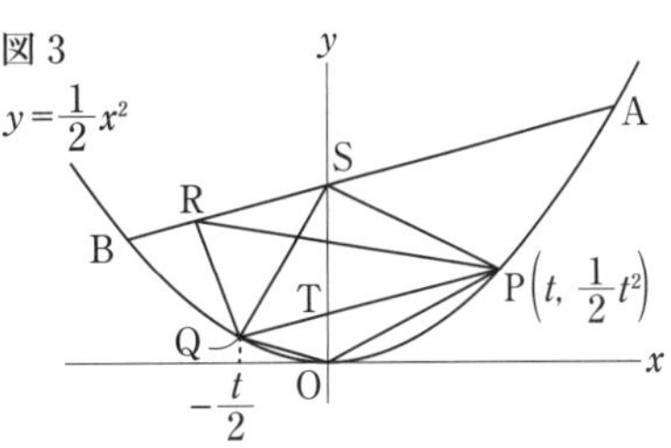

$-\frac{3}{16}=\frac{9}{16}$ が成り立ち，$s=1$ となり，直線 AB の切片は 1 なので，直線 AB の式は $y=\frac{1}{4}x+1$ である。

3 〔平面図形―平行四辺形〕

≪基本方針の決定≫〔問３〕 AB∥HF∥DC となる。

〔問１〕＜**角度**＞右図１で，点Eと点Fを結ぶ。BE＝BF，∠EBF＝60° より，△BEF は正三角形だから，∠BEF＝60° である。∠BEC＝90° なので，∠FEC＝∠BEC－∠BEF＝90°－60°＝30° となる。また，△EBC で，∠FCE＝180°－∠BEC－∠EBC＝180°－90°－60°＝30° となる。よって，∠FEC＝∠FCE となるから，△EFC は FE＝FC の二等辺三角形である。EI＝IC だから，FI⊥EC となり，∠EIF＝90° である。

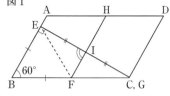

図１

≪別解≫図１で，∠EBC＝60°，∠BEC＝90° より，△EBC は３辺の比が $1:2:\sqrt{3}$ の直角三角形だから，BC＝2BE である。BE＝BF だから，FC＝BC－BF＝2BE－BE＝BE となり，BF＝FC である。EI＝IC だから，△EBC で中点連結定理より，EB∥IF となり，∠FIC＝∠BEC＝90° となるから，∠EIF＝180°－90°＝90° である。

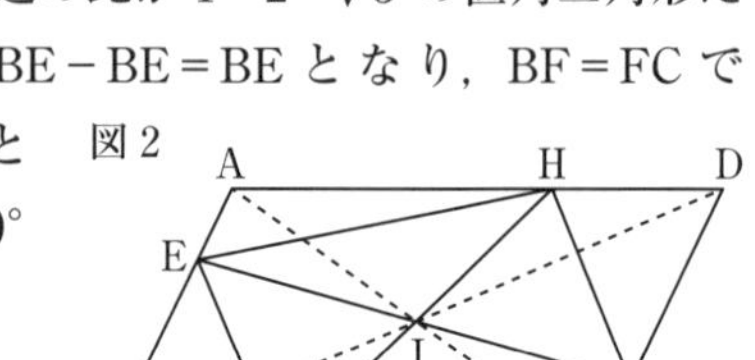

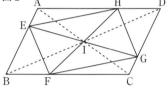

〔問２〕＜**論証**＞右図２で，△AIE と△CIG，△BIF と△DIH に着目して，EI＝GI，FI＝HI を導く。解答参照。

〔問３〕＜**長さの比―相似**＞右図３で，点Eと点Dを結び，線分 ED と線分 HF の交点を J とし，AB＝CD＝k とする。AB∥DC，BF：FC＝AH：HD＝$m:(2-m)$ より，AB∥HF∥DC となり，AH∥BF だから，四角形 ABFH は平行四辺形である。これより，HF＝AB＝k となる。また，AE：EB＝CG：GD＝1：2 より，AE $=\frac{1}{1+2}$AB$=\frac{1}{3}k$，GD$=\frac{2}{1+2}$CD$=\frac{2}{3}k$ と表せる。∠ADE＝∠HDJ，∠EAD＝∠JHD より，△AED∽△HJD となるから，AE：HJ＝AD：HD＝$\{m+(2-m)\}:(2-m)=2:(2-m)$ である。よって，HJ$=\frac{2-m}{2}$AE$=\frac{2-m}{2}\times\frac{1}{3}k=\frac{2-m}{6}k$ となる。同様にして，△EIJ∽△EGD となるから，IJ：GD＝EI：EG である。AB∥HF∥DC より，EI：EG＝AH：AD＝$m:2$ だから，IJ：GD＝$m:2$ となり，IJ$=\frac{m}{2}$GD$=\frac{m}{2}\times\frac{2}{3}k=\frac{m}{3}k$ である。したがって，HI＝HJ＋IJ$=\frac{2-m}{6}k+\frac{m}{3}k=\frac{m+2}{6}k$ となり，IF＝HF－HI$=k-\frac{m+2}{6}k=\frac{4-m}{6}k$ となるから，HI：IF$=\frac{m+2}{6}k:\frac{4-m}{6}k=(m+2):(4-m)$ である。

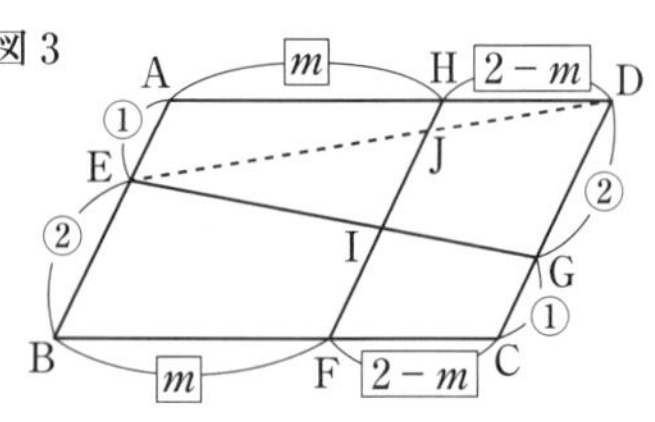

4 〔数と式―数の性質〕

≪基本方針の決定≫〔問３〕 1984×37 は偶数になる。

〔問１〕＜**x，y の積**＞N＝7 のとき，7＝6＋1，5＋2，4＋3 だから，$(x,\ y)$ の組は $(x,\ y)=(6,\ 1)$，$(5,\ 2)$，$(4,\ 3)$ である。このとき，積 xy は，$xy=6\times1=6$，$5\times2=10$，$4\times3=12$ となる。【太郎さんと花子さんの会話】の中の「$6\times2=4^2-2^2$」より，$12=4^2-2^2$ であるから，6，10，12のうち，自然数の平方の差で表すことができる積 xy は12である。

〔問２〕＜**理由**＞$xy=m^2-n^2$ より，$xy=(m+n)(m-n)$ となる。x，y，m，n は自然数より，$xy>0$ であり，$m+n>m-n>0$ となる。$x>y$ だから，$x=m+n$……①，$y=m-n$……②とおくと，①＋

②より，$x+y=2m$，$m=\dfrac{x+y}{2}$となり，①－②より，$x-y=2n$，$n=\dfrac{x-y}{2}$となる。m，nが自然数になる条件を示す。解答参照。なお，【表】のアは偶数，イは奇数，ウは偶数，エは偶数，オは奇数である。

〔問3〕＜m，nの組数＞$x=1984$，$y=37$より，$xy=1984\times37=2^6\times31\times37$だから，これを2つの偶数の積か，2つの奇数の積で表すことを考える。1984×37は偶数なので，2つの奇数の積で表すことはできない。積が$2^6\times31\times37$となる2つの偶数はどちらも素因数2を含むから，2と$2^5\times31\times37$，2^2と$2^4\times31\times37$，2^3と$2^3\times31\times37$，2^4と$2^2\times31\times37$，2^5と$2\times31\times37$，2×31と$2^5\times37$，$2^2\times31$と$2^4\times37$，$2^3\times31$と$2^3\times37$，$2^4\times31$と$2^2\times37$，$2^5\times31$と2×37の10組ある。それぞれにおいて，大きい方をx'，小さい方をy'とすると，$m=\dfrac{x'+y'}{2}$，$n=\dfrac{x'+y'}{2}$だから，自然数(m, n)の組も10組となる。なお，自然数(m, n)の組は，$(m, n)=(18353, 18351)$，$(9178, 9174)$，$(4592, 4584)$，$(2302, 2286)$，$(1163, 1131)$，$(623, 561)$，$(358, 234)$，$(272, 24)$，$(322, 174)$，$(533, 459)$の10組である。

＝読者へのメッセージ＝

4〔問3〕は，実際に全ての自然数(m, n)の組を求めようとするとかなりの計算を要します。この問題は，自然数(m, n)の組数を求める問題で，自然数m，nの値まで求める必要はありません。m，nが自然数になる条件のもとで，積が$1984\times37(=2^6\times31\times37)$となる2つの数の組を求めたので，この2つの数の組数がそのまま自然数(m, n)の組数になります。試験では，省ける作業を省くことも大事になります。

国語解答

一 (1) たいせき　(2) しょうあく
(3) じちょう　(4) けいせいさいみん

二 (1) 縦走　(2) 柱石　(3) 域内
(4) 不易流行

三 〔問1〕 イ　〔問2〕 エ
〔問3〕 ア　〔問4〕 エ
〔問5〕 無意識でも廉太郎を凌ぐ演奏をする幸への妬みが，幸がいたからこそ成長できたという自覚により，自分を鼓舞する思いに変化した。(60字)
〔問6〕 ウ

四 〔問1〕 ウ　〔問2〕 イ
〔問3〕 イ　〔問4〕 ア
〔問5〕 ウ　〔問6〕 エ
〔問7〕 (省略)

五 〔問1〕 イ
〔問2〕 この世界にいつのまにかやってくる不思議な力の現れ
〔問3〕 エ　〔問4〕 ア
〔問5〕 エ

一〔漢字〕

(1)「堆積」は，幾重にも積み重なること。　(2)「掌握」は，手に入れること，または自分の思いどおりにすること。　(3)「自重」は，言動を慎み，軽はずみなことをしないこと。　(4)「経世済民」は，世の中をよく治め，人々を苦しみから救済すること。

二〔漢字〕

(1)「縦走」は，登山の方法の一つで，尾根伝いにいくつかの山頂を通って歩くこと。　(2)「柱石」は，国家や組織を支える重要な人物のこと。　(3)「域内」は，一定の区域の中のこと。　(4)「不易流行」は，永遠に変わらない本質的なもの(不易)の中に新しさを求めて移り変わるもの(流行)を取り入れていくという，松尾芭蕉とその門下生が唱えた俳諧の理念の一つ。

三〔小説の読解〕出典；谷津矢車『廉太郎ノオト』。

〔問1〕<文章内容>留学生に選ばれたのは幸の実力だったのに，一部の新聞で姉の力で選ばれた，女性の留学生はいらないと悪意ある記事が書かれ，傷つき気持ちが高ぶった幸は，荒々しい声を出すことで，廉太郎にそれ以上留学の話をさせまいという拒絶の気持ちをあらわにしたのである。

〔問2〕<心情>幸を中傷する新聞記事の内容は，「揺らぐことのなかった幸の眼の光をかき消してしまうほど」ひどいものだった。廉太郎は，幸の音楽に対する情熱を取り戻すには，「百万語を費やすより，音で語らったほうが手っ取り早い」と思い，重奏に誘ったのである。

〔問3〕<心情>「心の入らない演奏」でも優れた腕前を見せつける幸の才能への妬みが，廉太郎のピアノの音色を変化させ，その音色の変化に気づいた幸は，「よりシャープ」で「清涼」になったピアノの音に合わせ，本気で演奏する気持ちになってきたのである。

〔問4〕<心情>「あらん限りの技術を用いて」幸のバイオリンを追いかけ「鍵盤を必死で叩いた」廉太郎から，音楽への純粋な情熱と心からの祝福の気持ちを受け取った幸は，世間の評判に気を取られて音楽への情熱を忘れていた自分を恥ずかしく感じてうつむいたのである。

〔問5〕<心情>廉太郎は，「無意識に反応」しているだけでも自分より優れた演奏をする幸に対し妬みを感じていた。しかし，その思いを契機に自分の音色が変わったことに気づき，幸のリードを追いかけて必死で演奏する中で，幸が自分の「前に立ちはだかる壁であり続けてくれた」からこそ自分も「成長できた」ことを自覚し，嫉妬の気持ちは，これからもピアノをがんばろうと自分を奮い立たせる気持ちへと変わったのである。

〔問６〕<表現>幸の力のこもった演奏で「次々にやってくる」荒々しく激しいバイオリンの音が「暴風」とたとえられたり，ピアノの蓋が閉まるときの小さな音が「蓋の奏でる密やかな音」と擬人法を使って表現されたりすることによって，目には見えない音の激しさや静かさが読者に伝わるように工夫されている。

四〔論説文の読解―社会学的分野―情報〕出典；吉見俊哉『知的創造の条件』。

≪本文の概要≫一九六〇年代の情報社会論では，社会に流通する情報の量や情報産業の割合などの量的な変化が社会の変容をもたらすと考えられていたが，その想定をはるかに超えてインターネットが普及したことで，人々は，いつでもどこでも即時に容易に情報にアクセスし，誰もが情報発信できるようになり，日常のコミュニケーションは，質的に変容することになった。ネット情報と従来の本を比較してみると，ネット情報は作者がはっきりしていないが本は作者が明確だという作者性に違いがある。また，ネット情報は情報やデータの集まりであり，検索システムでは知識を断片化して処理速度を速めているために体系的な知識の構造を知らなくても求めた情報が瞬時に手に入るのに対し，本を読む際には，著者の論理展開を発見することで，読者は本から知識の構造を読み取ることができるという，構造性における違いがある。検索システムは，ある単一の情報を得たり剽窃を発見したりするには優れているが，知識の構造を手に入れることができないという限界もある。

〔問１〕<文章内容>一九六〇年代の情報社会論では，「社会的に流通する情報の総量」や「情報産業の割合など」の量的な増加によって社会構造が変容すると考えられており，「PCやモバイルを端末とするネットワーク」の爆発的な普及による人々の日常コミュニケーションの変容という質的変化は想定されていなかったのである。

〔問２〕<文章内容>インターネットの普及によって，新しい検索システムを使い誰でもいつでも「情報に即時に容易にアクセスできる」ようになり，さらに「知識人やジャーナリスト」に占有されていた情報発信を，誰でもできるようになったのである。

〔問３〕<文章内容>本は書いた人が誰か「作者がはっきりしている」のに対し，「編集可能性の拡大」されたネット情報は，誰でも編集できるが「作者性が匿名化」されている。また，本は著者が情報を体系化した知識が書かれ，著者による論理展開が含まれているのに対し，ネット情報は，体系化されていない情報の集まりであるという違いがある。

〔問４〕<文章内容>インターネットの検索システムでは，「知識の構造やその中での個々の要素の位置関係」を知らなくても，求めていた情報を高い確率で即座に得て目的を達成することができるため，断片化された情報と体系化された知識との区別がつかなくなるのである。

〔問５〕<文章内容>検索システムを使えば，求めていた情報だけが瞬時に得られるが，読書において重要なのは，書かれている情報そのものではなく，「いかなる論理に基づいて全体の論述に展開して」いるかを読み取り，著者の体系化の方法を見つけ出すことである。

〔問６〕<要旨>前半では，情報社会の発展が歴史的に紹介され，インターネットが日常生活にもたらした二つの変化が挙げられた後，ネット情報と本には「作者性」と「構造性」という質的違いがあることが指摘されている。後半では「構造性」の問題が深く掘り下げられ，要素である「情報」と要素を体系化した「知識」を対比し，検索システムには体系化された知識が得られないという「リスク」がある一方で，本を読むことからは著者による知識の体系化の方法や論理の展開を読み取るという経験が得られると述べられている。終盤では，検索システムは単一の情報を得たり論文の剽窃をチェックしたりすることには優れているが，知識を断片化し情報として扱うことで大量の情報の迅速処理が可能になっているために，ネット検索では「知識の構造」には至らないという限界があることも指摘されている。

〔問７〕＜作文＞情報と知識の違い，ネット情報と本の違いをふまえ，著者それぞれの論理によって体系化された情報によってつくられた，「知識の構造」についての筆者の説明を押さえたうえで，自分の考えをまとめる。字数やきまりを守って書く。

五〔論説文の読解―芸術・文学・言語学的分野―日本語〕出典；多田一臣「『万葉集』の言葉の世界」。

〔問１〕＜文章内容＞「ヨ」には，「代，世，齢，寿」のように，物事を時間的に区切るという意味があるが，他にも「節」が竹などのふくれた区切りを指したり，「節と節の間の空洞もヨ」と呼ばれたりしているように，「前後に明確なしきりをもつ空間」性も併せ持っているのである。

〔問２〕＜文章内容＞古代日本では「神の世界」である夜と「人の活動の許される世界」である昼との切りかわりや季節の移り変わりは，少しずつ「この世界に侵入」してくる「空間性をあわせもつ時空」としてとらえられ，「不思議な力の現れ」と意識されていたのである。

〔問３〕＜指示語＞古代の人々にとっての季節の到来は，例えば，木の葉を色づかせる「秋の気配」が，山から野を通じて人里へ下り空間的に広がっていくのが「視覚的にも捉えられ」，いつの間にか周りの世界全体が「秋の気配にすっかり覆われ」ることで秋の到来を実感するように，空間性を持っていたのである。

〔問４〕＜語句＞「筆を起こす」は，文章を書き始める，という意味。アの「起こす」は，新しく物事を始めるという意味なので，「筆を起こす」の「起こす」と同じ意味・用法である。イの「起こす」は，録音の音声などを文字にする，という意味。ウの「起こす」は，ある影響をもたらす，という意味。エの「起こす」は，ある感情などを生じさせる，という意味。

〔問５〕＜文章内容＞古代の日本人は，外界＝自然を「絶対的なものとして捉え」，外界からやってくる「霊威」を謙虚な姿勢で受けとめるような「受動的な感性」を持っており，「朝の気配」が鶏の音，春の訪れが桜の開花，秋の深まりが木の葉の色づきに見られるように，神秘的な自然の力によって身の回りで見られる現象や変化が生じると考えていたのである。

●2021年度

東京都立高等学校

共　通　問　題

【社会・理科】

2021年度 東京都立高等学校(共通問題)

【社　会】 (50分) 〈満点：100点〉

1　次の各問に答えよ。

〔問1〕 次のページのⅠの地形図は，2006年と2008年の「国土地理院発行2万5千分の1地形図(川越南部・川越北部)」の一部を拡大して作成したものである。3ページのⅡの図は，埼玉県川越市中心部の地域調査で確認できる城下町の痕跡を示したものである。Ⅰの**ア**～**エ**の経路は，地域調査で地形図上に●で示した地点を起点に矢印(➡)の方向に移動した様子を ―― で示したものである。Ⅱの図で示された痕跡を確認することができる経路に当てはまるのは，Ⅰの**ア**～**エ**のうちではどれか。

I

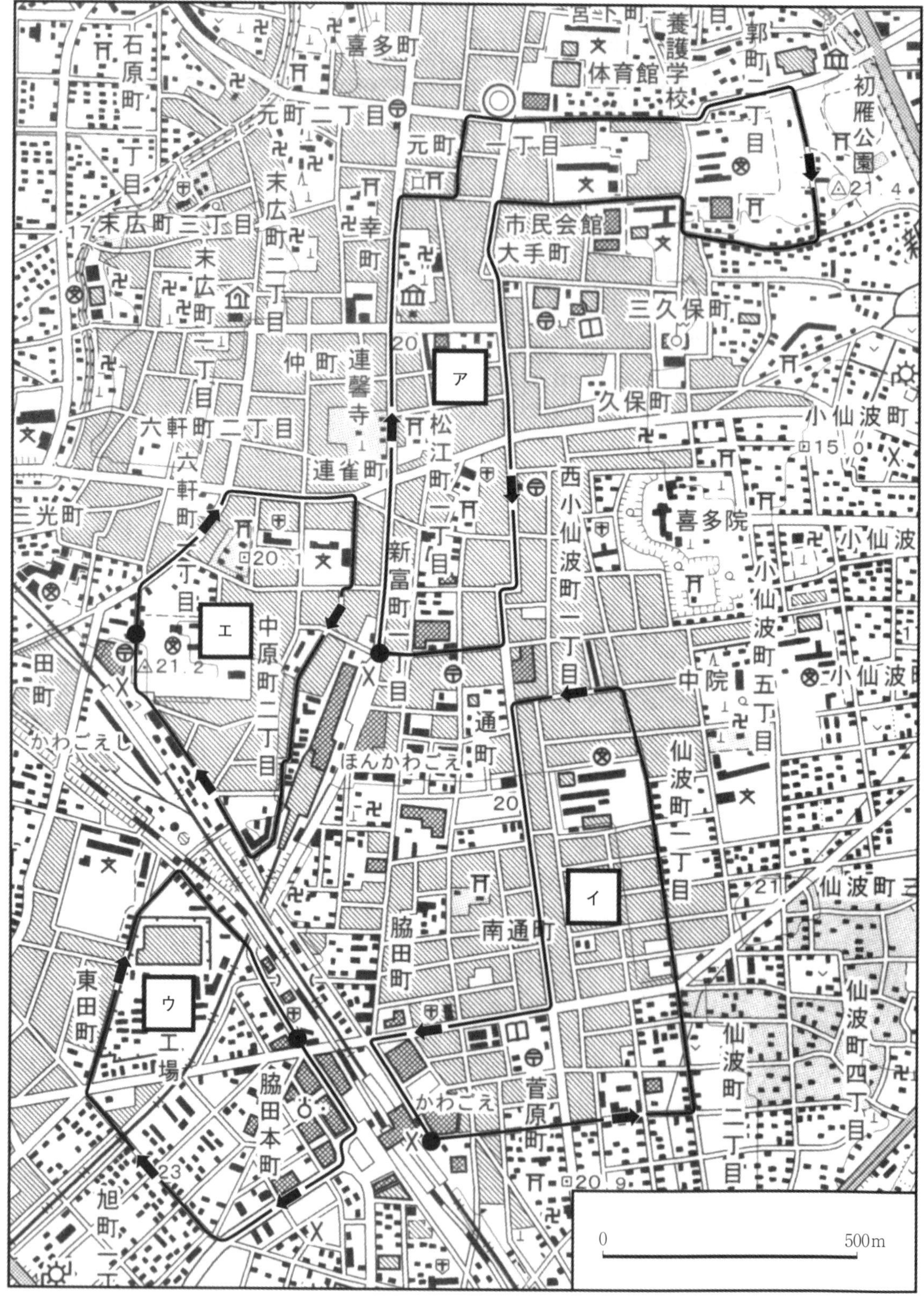

Ⅱ

城下町の痕跡を探そう

調 査 日　令和２年10月３日(土)　　集合時刻　午前９時

集合場所　駅前交番前

移動距離　約4.1km

痕跡１　城に由来するものが，現在の町名に残っている。

郭町　城の周囲にめぐらした郭に由来する。

大手町　川越城の西大手門に由来する。

痕跡２　城下に「時」を告げてきた鐘つき堂

地形図上では，「高塔」の地図記号で示されている。

痕跡３　見通しを悪くし，敵が城に侵入しづらくなるようにした鍵型の道路

通行しやすくするために，鍵型の道路は直線的に結ばれている。

（↓は写真を撮った向きを示す。）

〔問２〕　次の文章で述べている我が国の歴史的文化財は，下の**ア**～**エ**のうちのどれか。

平安時代中期の貴族によって建立された，阿弥陀如来坐像を安置する阿弥陀堂であり，極楽浄土の世界を表現している。1994年に世界遺産に登録された。

ア　法隆寺　　**イ**　金閣　　**ウ**　平等院鳳凰堂　　**エ**　東大寺

〔問３〕　次の文章で述べている人物は，下の**ア**～**エ**のうちのどれか。

この人物は，江戸を中心として町人文化が発展する中で，波間から富士山を垣間見る構図の作品に代表される「富嶽三十六景」などの風景画の作品を残した。大胆な構図や色彩はヨーロッパの印象派の画家に影響を与えた。

ア　雪舟　　**イ**　葛飾北斎　　**ウ**　菱川師宣　　**エ**　狩野永徳

〔問４〕 次の条文がある法律の名称は，下のア～エのうちのどれか。

○労働条件は，労働者と使用者が，対等の立場において決定すべきものである。
○使用者は，労働者に，休憩時間を除き一週間について四十時間を超えて，労働させてはならない。

ア 男女共同参画社会基本法　　**イ** 労働組合法
ウ 男女雇用機会均等法　　**エ** 労働基準法

2 次の略地図を見て，あとの各問に答えよ。

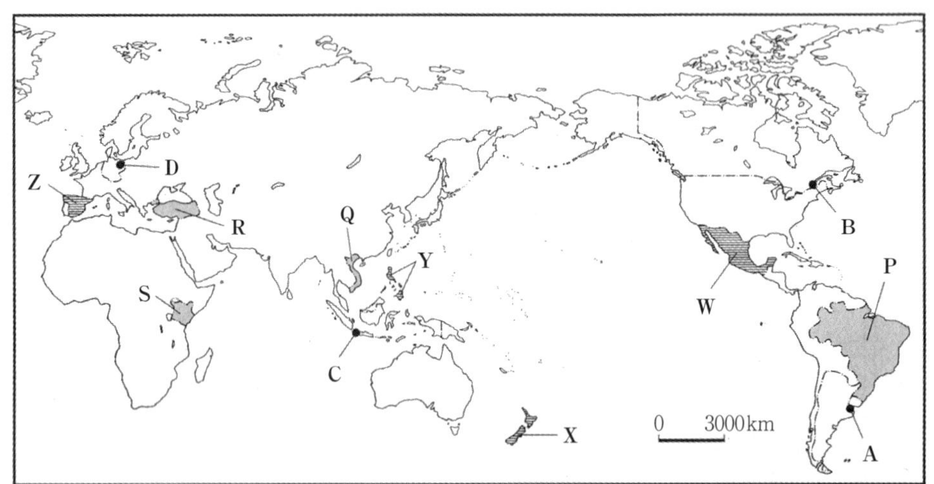

〔問１〕 次のⅠの**ア**～**エ**のグラフは，略地図中に**A**～**D**で示した**いずれか**の都市の，年平均気温と年降水量及び各月の平均気温と降水量を示したものである。Ⅱの表の**ア**～**エ**は，略地図中に**A**～**D**で示した**いずれか**の都市を含む国の，2017年における米，小麦，とうもろこし，じゃがいもの生産量を示したものである。略地図中の**D**の都市のグラフに当てはまるのは，Ⅰの**ア**～**エ**のうちのどれか，また，その都市を含む国の，2017年における米，小麦，とうもろこし，じゃがいもの生産量に当てはまるのは，Ⅱの表の**ア**～**エ**のうちのどれか。

Ⅰ
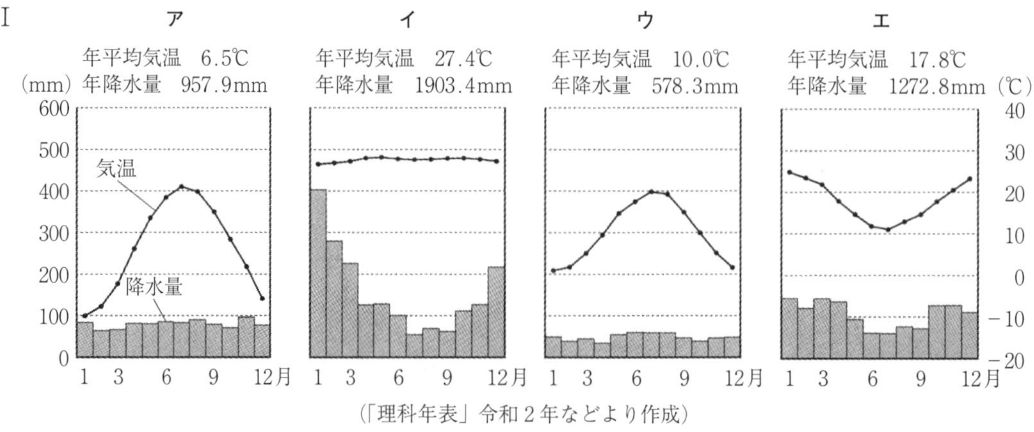

（「理科年表」令和２年などより作成）

Ⅱ

	米(万t)	小麦(万t)	とうもろこし(万t)	じゃがいも(万t)
ア	8138	—	2795	116
イ	133	1840	4948	245
ウ	—	2998	1410	441
エ	—	2448	455	1172

（注）—は，生産量が不明であることを示す。（「データブック オブ・ザ・ワールド」2020年版などより作成）

〔問２〕 次の表の**ア**～**エ**は，略地図中に ▒▒ で示した**P**～**S**の**いずれか**の国の，2017年におけるコーヒー豆と茶の生産量，国土と食文化の様子についてまとめたものである。略地図中の**P**～**S**のそれぞれの国に当てはまるのは，次の表の**ア**～**エ**のうちではどれか。

	コーヒー豆(百t)	茶(百t)	国土と食文化の様子
ア	—	2340	○北西部には二つの州を隔てる海峡が位置し，北部と南部も海に面し，中央部には首都が位置する高原が広がっている。 ○帝国時代からコーヒーが飲まれ，共和国時代に入り紅茶の消費量も増え，トマトや羊肉のスープを用いた料理などが食べられている。
イ	26845	5	○北部の盆地には流域面積約700万 km^2 の河川が東流し，南部にはコーヒー栽培に適した土壌が分布し，首都が位置する高原が広がっている。 ○ヨーロッパ風に，小さなカップで砂糖入りの甘いコーヒーが飲まれ，豆と牛や豚の肉を煮込んだ料理などが食べられている。
ウ	15424	2600	○南北方向に国境を形成する山脈が走り，北部には首都が位置する平野が，南部には国内最大の稲作地域である三角州が広がっている。 ○練乳入りコーヒーや主に輸入小麦で作られたフランス風のパンが見られ，スープに米粉の麺と野菜を入れた料理などが食べられている。
エ	386	4399	○中央部には標高5000ｍを超える火山が位置し，西部には茶の栽培に適した土壌が分布し，首都が位置する高原が広がっている。 ○イギリス風に紅茶を飲む習慣が見られ，とうもろこしの粉を湯で練った主食と，野菜を炒め塩で味付けした料理などが食べられている。

（注）—は，生産量が不明であることを示す。（「データブック オブ・ザ・ワールド」2020年版などより作成）

〔問３〕 次のⅠとⅡの表の**ア**～**エ**は，略地図中に ▒▒ で示した**W**～**Z**の**いずれか**の国に当てはまる。Ⅰの表は，1999年と2019年における日本の輸入総額，農産物の日本の主な輸入品目と輸入額を示したものである。Ⅱの表は，1999年と2019年における輸出総額，輸出額が多い上位３位までの貿易相手国を示したものである。Ⅲの文章は，ⅠとⅡの表における**ア**～**エ**の**いずれか**の国について述べたものである。Ⅲの文章で述べている国に当てはまるのは，ⅠとⅡの表の**ア**～**エ**のうちのどれか，また，略地図中の**W**～**Z**のうちのどれか。

Ⅰ

		日本の輸入総額(億円)	農産物の日本の主な輸入品目と輸入額(億円)					
ア	1999年	2160	野菜	154	チーズ	140	果実	122
	2019年	2918	果実	459	チーズ	306	牛肉	134
イ	1999年	6034	果実	533	野菜	34	麻類	6
	2019年	11561	果実	1033	野菜	21	植物性原材料	8
ウ	1999年	1546	アルコール飲料	44	果実	31	植物性原材料	11
	2019年	3714	豚肉	648	アルコール飲料	148	野菜	50
エ	1999年	1878	豚肉	199	果実	98	野菜	70
	2019年	6440	豚肉	536	果実	410	野菜	102

（財務省「貿易統計」より作成）

Ⅱ

		輸出総額（億ドル）	輸出額が多い上位３位までの貿易相手国		
			1位	2位	3位
ア	1999年	125	オーストラリア	アメリカ合衆国	日本
	2019年	395	中華人民共和国	オーストラリア	アメリカ合衆国
イ	1999年	350	アメリカ合衆国	日本	オランダ
	2019年	709	アメリカ合衆国	日本	中華人民共和国
ウ	1999年	1115	フランス	ドイツ	ポルトガル
	2019年	3372	フランス	ドイツ	イタリア
エ	1999年	1363	アメリカ合衆国	カナダ	ドイツ
	2019年	4723	アメリカ合衆国	カナダ	ドイツ

（国際連合貿易統計データベースより作成）

Ⅲ

現在も活動を続ける造山帯に位置しており，南部には氷河に削られてできた複雑に入り組んだ海岸線が見られる。偏西風（へんせいふう）の影響を受け，湿潤（しつじゅん）な西部に対し，東部の降水量が少ない地域では，牧羊が行われている。一次産品が主要な輸出品となっており，1999年と比べて2019年では，日本の果実の輸入額は３倍以上に増加し，果実は外貨獲得（かくとく）のための貴重な資源となっている。貿易の自由化を進め，2018年には，日本を含む６か国による多角的な経済連携協定（けいざいれんけいきょうてい）が発効したことなどにより，貿易相手国の順位にも変化が見られる。

3　次の略地図を見て，あとの各問に答えよ。

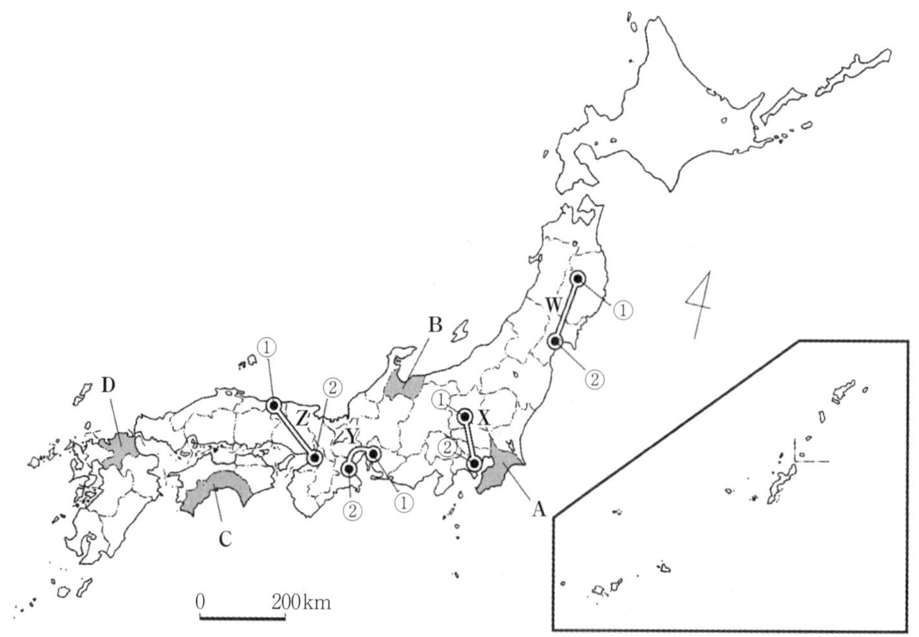

〔問１〕　次の表の**ア**～**エ**は，略地図中に ▒ で示した，**A**～**D**の**いずれか**の県の，2019年における人口，県庁所在地（市）の人口，県内の自然環境と情報通信産業などの様子についてまとめたものである。**A**～**D**のそれぞれの県に当てはまるのは，次の表の**ア**～**エ**のうちではどれか。

	人口(万人) 県庁所在地(市)の人口(万人)	県内の自然環境と情報通信産業などの様子
ア	70	○北部には山地が位置し，中央部には南流する複数の河川により形成された平野が見られ，沖合を流れる暖流の影響で，気候が温暖である。
	33	○県庁が所在する平野部には，園芸農業を行う施設内の環境を自動制御するためのシステムを開発する企業が立地している。
イ	510	○北西部に広がる平野の沖合には暖流が流れ，北東部には潮流が速い海峡が見られ，南西部に広がる平野は干満差の大きい干潟のある海に面している。
	154	○県庁所在地の沿岸部には，住宅地開発を目的に埋め立てられた地域に，報道機関やソフトウェア設計の企業などが集積している。
ウ	104	○冬季に降水が多い南部の山々を源流とし，北流する複数の河川が形成する平野が中央部に見られ，東部には下流に扇状地を形成する河川が見られる。
	42	○県庁が所在する平野部には，豊富な水を利用した医薬品製造拠点があり，生産管理のための情報技術などを開発する企業が立地している。
エ	626	○平均標高は約40mで，北部にはローム層が堆積する台地があり，西部には大都市が立地し，南部には温暖な気候の丘陵地帯が広がっている。
	97	○県庁所在地に近い台地には，安定した地盤であることを生かして金融関係などの情報を処理する電算センターが立地している。

（「日本国勢図会」2020/21年版などより作成）

〔問２〕　略地図中に①●═●②で示した**W**～**Z**は，それぞれの①の府県の府県庁所在地と②の府県の府県庁所在地が，鉄道と自動車で結び付く様子を模式的に示したものである。次の表の**ア**～**エ**は，**W**～**Z**の**いずれか**の府県庁所在地間の直線距離，2017年における，府県相互間の鉄道輸送量，自動車輸送量，起点となる府県の産業の様子を示したものである。略地図中の**W**～**Z**のそれぞれに当てはまるのは，次の表の**ア**～**エ**のうちではどれか。

	起点→終点	直線距離(km)	鉄道(百ｔ)	自動車(百ｔ)	起点となる府県の産業の様子
ア	①→②	117.1	1078	32172	輸送用機械関連企業が南部の工業団地に立地し，都市部では食品加工業が見られる。
	②→①		10492	25968	沿岸部では鉄鋼業や石油化学コンビナートが，内陸部では電子機械工業が見られる。
イ	①→②	161.1	334	41609	中山間部には畜産業や林業，木材加工業が，南北に走る高速道路周辺には電子工業が見られる。
	②→①		3437	70931	平野部には稲作地帯が広がり，沿岸部では石油精製業が見られる。
ウ	①→②	147.9	209	11885	漁港周辺には水産加工業が，砂丘が広がる沿岸部には果樹栽培が見られる。
	②→①		33	9145	沿岸部には鉄鋼業が，都市中心部には中小工場が，内陸部には電気機械工業が見られる。
エ	①→②	61.8	1452	79201	世界を代表する輸送用機械関連企業が内陸部に位置し，沿岸部には鉄鋼業などが見られる。
	②→①		1777	95592	石油化学コンビナートや，岬と入り江が入り組んだ地形を生かした養殖業が見られる。

（国土交通省「貨物地域流動調査」などより作成）

〔問３〕 次のⅠとⅡの地形図は，千葉県八千代市の1983年と2009年の「国土地理院発行２万５千分の１地形図（習志野）」の一部である。Ⅲの略年表は，1980年から1996年までの，八千代市（萱田）に関する主な出来事についてまとめたものである。ⅠとⅡの地形図を比較して読み取れる，◯で示した地域の変容について，宅地に着目して，簡単に述べよ。また，Ⅰ〜Ⅲの資料から読み取れる，◯で示した地域の変容を支えた要因について，八千代中央駅と東京都（大手町）までの所要時間に着目して，簡単に述べよ。

Ⅰ

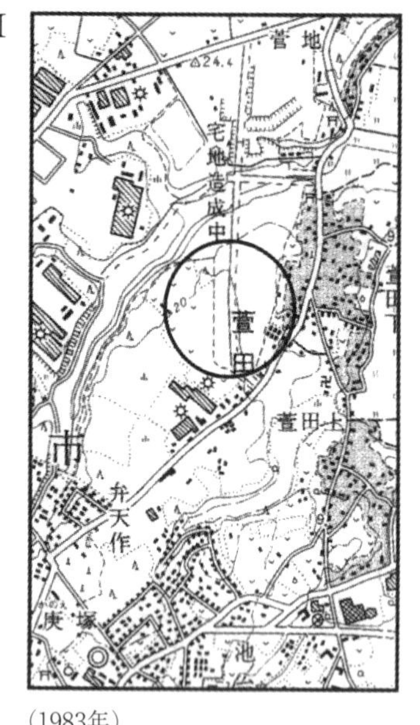

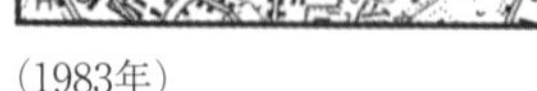

（1983年）

Ⅱ

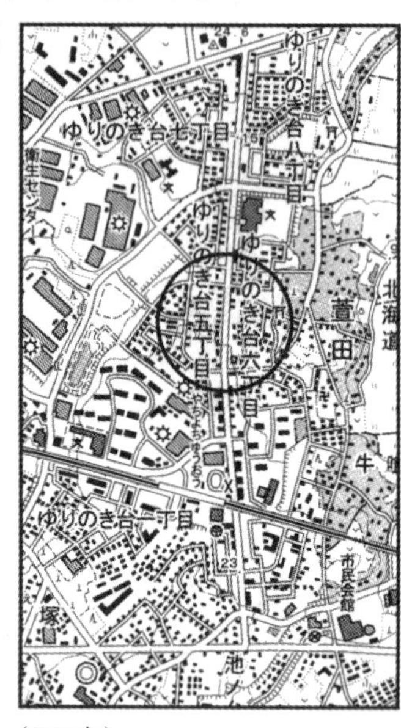

（2009年）

Ⅲ

西暦	八千代市（萱田）に関する主な出来事
1980	●萱田の土地区画整理事業が始まった。
1985	●東葉高速鉄道建設工事が始まった。
1996	●東葉高速鉄道が開通した。 ●八千代中央駅が開業した。 ●東京都（大手町）までの所要時間は60分から46分に，乗換回数は３回から０回になった。

（注） 所要時間に乗換時間は含まない。

（「八千代市統計書」などより作成）

4 次の文章を読み，あとの各問に答えよ。

> 政治や行政の在り方は，時代とともにそれぞれ変化してきた。
>
> 古代では，クニと呼ばれるまとまりが生まれ，政治の中心地が，やがて都となり，行政を行う役所が設けられるようになった。さらに，(1)都から各地に役人を派遣し，土地や人々を治める役所を設け，中央集権体制を整えた。
>
> 中世になると，武家が行政の中心を担うようになり，(2)支配を確実なものにするために，独自の行政の仕組みを整え，新たな課題に対応してきた。
>
> 明治時代に入ると，近代化政策が推進され，欧米諸国を模範として，(3)新たな役割を担う行政機関が設置され，地方自治の制度も整備された。そして，社会の変化に対応した政策を実現するため，(4)様々な法律が整備され，行政が重要な役割を果たすようになった。

〔問１〕 (1)都から各地に役人を派遣し，土地や人々を治める役所を設け，中央集権体制を整えた。とあるが，次の**ア**〜**エ**は，飛鳥時代から室町時代にかけて，各地に設置された行政機関について述べたものである。時期の古いものから順に記号を並べよ。

ア 足利尊氏は，関東への支配を確立する目的で，関東８か国と伊豆・甲斐の２か国を支配する機関として，鎌倉府を設置した。

イ 桓武天皇は，支配地域を拡大する目的で，東北地方に派遣した征夷大将軍に胆沢城や志波城を設置させた。

ウ　中大兄皇子は，白村江の戦いに敗北した後，大陸からの防御を固めるため，水城や山城を築き，大宰府を整備した。

エ　北条義時を中心とする幕府は，承久の乱後の京都の治安維持，西国で発生した訴訟の処理，朝廷の監視等を行う機関として，六波羅探題を設置した。

〔問２〕 (2)<u>支配を確実なものにするために，独自の行政の仕組みを整え，新たな課題に対応してきた。</u>とあるが，次のⅠの略年表は，室町時代から江戸時代にかけての，外国人に関する主な出来事をまとめたものである。Ⅱの略地図中の**A**～**D**は，幕府が設置した奉行所の所在地を示したものである。Ⅲの文章は，幕府直轄地の奉行への命令の一部を分かりやすく書き改めたものである。Ⅲの文章が出されたのは，Ⅰの略年表中の**ア**～**エ**の時期のうちではどれか。また，Ⅲの文章の命令を主に実行する奉行所の所在地に当てはまるのは，Ⅱの略地図中の**A**～**D**のうちのどれか。

Ⅰ

西暦	外国人に関する主な出来事	
1549	●フランシスコ・ザビエルが，キリスト教を伝えるため来航した。	
		ア
1600	●漂着したイギリス人ウィリアム・アダムスが徳川家康と会見した。	
		イ
1641	●幕府は，オランダ商館長によるオランダ風説書の提出を義務付けた。	
		ウ
1709	●密入国したイタリア人宣教師シドッチを新井白石が尋問した。	
		エ
1792	●ロシア使節のラクスマンが来航し，通商を求めた。	

Ⅱ

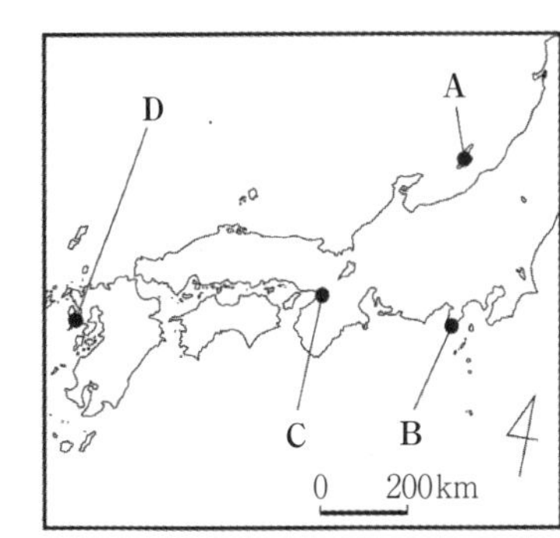

Ⅲ

> ○外国へ日本の船を行かせることを厳禁とする。
> ○日本人を外国へ渡航させてはならない。

〔問３〕 (3)<u>新たな役割を担う行政機関が設置され，</u>とあるが，次の文章は，帝都復興院総裁を務めることになる後藤新平が，1923年９月６日に，閣議に文書を提出する際に記した決意の一部を分かりやすく書き改めたものである。この決意をした時期の東京の様子について述べているのは，下の**ア**～**エ**のうちではどれか。

> ○大変災は突如として帝都を震え上がらせた。
> ○火災に包まれる帝都を目撃し，自分の任務が極めて重要であることを自覚すると同時に，復興の計画を策定することが急務であることを痛感した。
> ○第一に救護，第二に復旧，第三に復興の方針を執るべきである。

ア　新橋・横浜間に鉄道が開通するなど，欧米の文化が取り入れられ始め，現在の銀座通りに洋風れんが造りの２階建ての建物が建設された。

イ　我が国の国際的な地位を高めるために，イギリスと同盟を結び，我が国最初の国立図書館である帝国図書館が上野公園内に建設された。

ウ　大日本帝国憲法が制定され，近代的な政治制度が整えられ，東京では，都市の整備が進み，我が国最初のエレベーターを備える凌雲閣が浅草に建設された。

エ　東京駅が開業し，都市で働くサラリーマンや工場労働者の人口が大きく伸び，バスの車掌やタイピストなどの新しい職業に就く女性が増え，丸の内ビルヂング(丸ビル)が建設された。

〔問４〕 (4)様々な法律が整備され，行政が重要な役割を果たすようになった。とあるが，次の略年表は，大正時代から昭和時代にかけての，我が国の法律の整備に関する主な出来事についてまとめたものである。略年表中の**A**～**D**のそれぞれの時期に当てはまるのは，下の**ア**～**エ**のうちではどれか。

西暦	我が国の法律の整備に関する主な出来事	
1921	●工業品規格の統一を図るため，度量衡法が改正され，メートル法への統一が行われた。	
		A
1931	●国家による電力の管理体制を確立するため，電気事業法が改正され，国家経済の基礎となる産業への優先的な電力供給が始まった。	
		B
1945	●我が国の民主化を進めるため，衆議院議員選挙法が改正され，女性に選挙権が与えられた。	
1950	●我が国の文化財の保護・活用のため，文化財保護法が公布され，新たに無形文化財や埋蔵文化財が保存の対象として取り入れられた。	C
1961	●所得格差の改善を図るため，農業基本法が公布され，農業の生産性向上及び農業総生産の増大などが国の施策として義務付けられた。	
		D
1973	●物価の急激な上昇と混乱に対処するため，国民生活安定緊急措置法が公布され，政府は国民生活に必要な物資の確保と価格の安定に努めることを示した。	

ア　普通選挙などを求める運動が広がり，連立内閣が成立し，全ての満25歳以上の男子に選挙権を認める普通選挙法が制定され，国民の意向が政治に反映される道が開かれた。

イ　急速な経済成長をとげる一方で，公害が深刻化し，国民の健康と生活環境を守るため，公害対策基本法が制定され，環境保全に関する施策が展開された。

ウ　農地改革などが行われ，日本国憲法の精神に基づく教育の基本を確立するため，教育基本法が制定され，教育の機会均等，男女共学などが定められた。

エ　日中戦争が長期化し，国家総動員法が制定され，政府の裁量により，経済，国民生活，労務，言論などへの広範な統制が可能となった。

5　次の文章を読み，あとの各問に答えよ。

地方自治は，民主政治を支える基盤である。地方自治を担う地方公共団体は，住民が安心した生活を送ることができるように，地域の課題と向き合い，その課題を解決する重要な役割を担っている。(1)日本国憲法では，我が国における地方自治の基本原則や地方公共団体の仕組みなどについて規定している。

地方自治は，住民の身近な生活に直接関わることから，(2)住民の意思がより反映できるように，直接民主制の要素を取り入れた仕組みになっている。

国は，民主主義の仕組みを一層充実させ，住民サービスを向上させるなどの目的で，(3)1999年に地方分権一括法を成立させ，国と地方が，「対等・協力」の関係で仕事を分担できることを目指して，地方公共団体に多くの権限を移譲してきた。現在では，全国の地方公共団体が地域の課題に応じた新たな取り組みを推進できるように，国に対して地方分権改革に関する提案を行うことができる仕組みが整えられている。

〔問１〕 (1)日本国憲法では，我が国における地方自治の基本原則や地方公共団体の仕組みなどについて規定している。とあるが，日本国憲法が規定している地方公共団体の仕事について述べているのは，次の**ア**～**エ**のうちではどれか。

ア　条約を承認する。

イ　憲法及び法律の規定を実施するために，政令を制定する。

ウ　条例を制定する。

エ　一切の法律，命令，規則又は処分が憲法に適合するかしないかを決定する。

〔問２〕 (2)住民の意思がより反映できるように，直接民主制の要素を取り入れた仕組みになっている。とあるが，住民が地方公共団体に対して行使できる権利について述べているのは，次の**ア**～**エ**のうちではどれか。

ア　有権者の一定数以上の署名を集めることで，議会の解散や，首長及び議員の解職，事務の監査などを請求することができる。

イ　最高裁判所の裁判官を，任命後初めて行われる衆議院議員総選挙の際に，直接投票によって適任かどうかを審査することができる。

ウ　予算の決定などの事項について，審議して議決を行ったり，首長に対して不信任決議を行ったりすることができる。

エ　国政に関する調査を行い，これに関して，証人の出頭及び証言，記録の提出を要求することができる。

〔問３〕 (3)1999年に地方分権一括法を成立させ，国と地方が，「対等・協力」の関係で仕事を分担できることを目指して，地方公共団体に多くの権限を移譲してきた。とあるが，次のⅠのグラフは，1995年から2019年までの我が国の地方公共団体への事務・権限の移譲を目的とした法律改正数を示したものである。Ⅱの文章は，2014年に地方公共団体への事務・権限の移譲を目的とした法律改正が行われた後の，2014年６月24日に地方分権改革有識者会議が取りまとめた「個性を活かし自立した地方をつくる～地方分権改革の総括と展望～」の一部を分かりやすく書き改めたものである。ⅠとⅡの資料を活用し，1995年から2014年までの期間と比較した，2015年から2019年までの期間の法律改正数の動きについて，地方分権改革の推進手法と，毎年の法律改正の有無及び毎年の法律改正数に着目して，簡単に述べよ。

Ⅰ

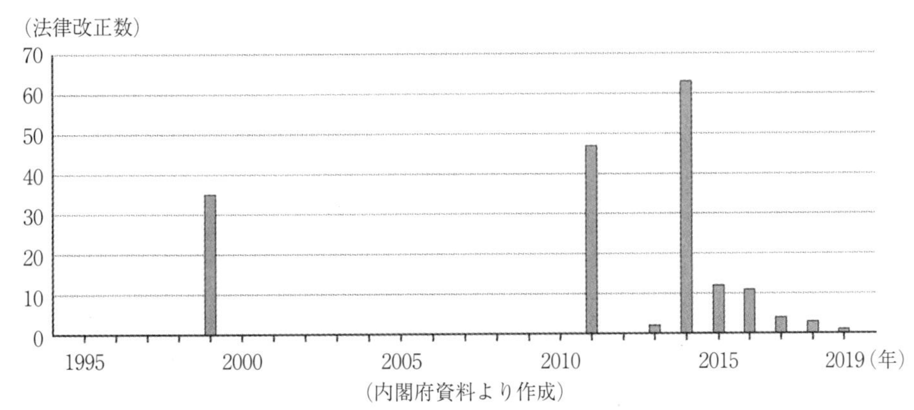

（内閣府資料より作成）

Ⅱ

○これまでの地方分権改革の推進手法は，国が主導する短期集中型の方式であり，この取組を実施することで一定の成果を得ることができた。
○今後は，これまでの改革の理念を継承し，更に発展させていくことが重要である。
○今後の地方分権改革の推進手法については，地域における実情や課題を把握している地方公共団体が考え提案する長期継続型の方式を導入する。

6 次の文章を読み，あとの各問に答えよ。

世界各国では，株式会社や国営企業などが，(1)利潤を追求するなどの目的で誕生してきた。

人口が集中し，物資が集積する交通の要衝に設立された企業や，地域の自然環境や地下資源を生かしながら発展してきた企業など，(2)企業は立地条件に合わせ多様な発展を見せてきた。

(3)我が国の企業は，世界経済の中で，高度な技術を生み出して競争力を高め，我が国の経済成長を支えてきた。今後は，国際社会において，地球的規模で社会的責任を果たしていくことが，一層求められている。

〔問1〕 (1)利潤を追求するなどの目的で誕生してきた。とあるが，次の**ア**～**エ**は，それぞれの時代に設立された企業について述べたものである。時期の古いものから順に記号を並べよ。

ア 綿織物を大量に生産するために産業革命が起こったイギリスでは，動力となる機械の改良が進み，世界最初の蒸気機関製造会社が設立された。

イ 南部と北部の対立が深まるアメリカ合衆国では，南北戦争が起こり，西部開拓を進めるために大陸を横断する鉄道路線を敷設する会社が設立された。

ウ 第一次世界大戦の休戦条約が結ばれ，ベルサイユ条約が締結されるまでのドイツでは，旅客輸送機の製造と販売を行う会社が新たに設立された。

エ スペインの支配に対する反乱が起こり，ヨーロッパの貿易で経済力を高めたオランダでは，アジアへの進出を目的とした東インド会社が設立された。

〔問2〕 (2)企業は立地条件に合わせ多様な発展を見せてきた。とあるが，下の表の**ア**～**エ**の文章は，略地図中に示した**A**～**D**の**いずれか**の都市の歴史と，この都市に立地する企業の様子についてまとめたものである。**A**～**D**のそれぞれの都市に当てはまるのは，下の表の**ア**～**エ**のうちではどれか。

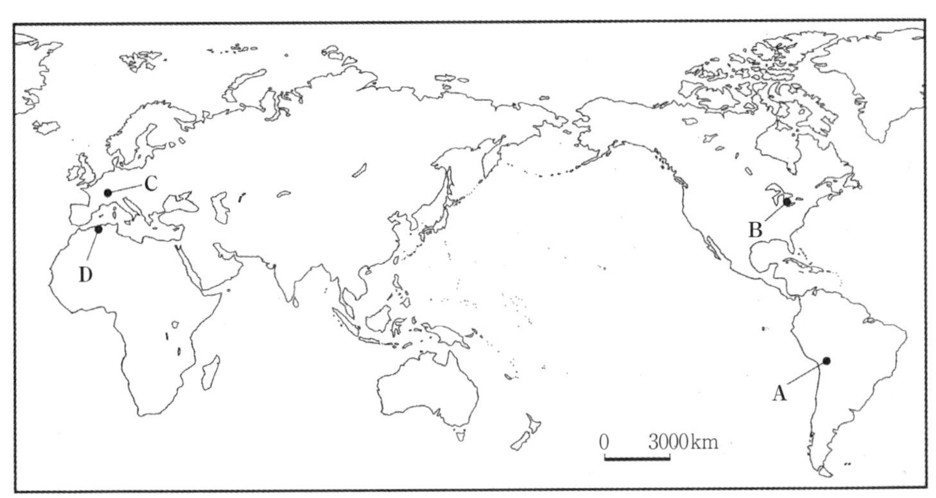

	都市の歴史と，この都市に立地する企業の様子
ア	○この都市は，標高3000mを超え，強風を遮(さえぎ)るすり鉢(ばち)状の地形に位置する首都で，1548年にスペイン人により建設され，金鉱もあったことから発展し，政治と経済の拠点となった。 ○国営企業が，銀，亜鉛(あえん)などの鉱山開発を行っており，近年では，新たに国営企業が設立され，塩湖でのリチウムイオン電池の原料の採取を複数の外国企業と共同で行っている。
イ	○この都市は，標高3000mを超える山脈の北側に位置する首都で，内陸部にはイスラム風の旧市街地が，沿岸部にはフランスの影響を受けた建物が見られる港湾都市となっている。 ○独立後に設立された，砂漠(さばく)地帯で採掘(さいくつ)される天然ガスや石油などを扱う国営企業は，近年，石油の増産と輸出の拡大に向けて外国企業との共同開発を一層進めている。
ウ	○この都市は，1701年にフランス人により砦(とりで)が築かれ，毛皮の交易が始まり，水運の拠点となり，1825年に東部との間に運河が整備され，20世紀に入り海洋とつながった。 ○19世紀後半には自動車の生産が始まり，20世紀に入ると大量生産方式の導入により，自動車工業の中心地へと成長し，現在でも巨大自動車会社が本社を置いている。
エ	○この都市は，20世紀に入り，湖の南西部に広がる市街地に国際連盟の本部が置かれ，第二次世界大戦後は200を超える国際機関が集まる都市となった。 ○16世紀後半に小型時計製造の技術が伝わったことにより精密機械関連企業が立地し，近年では生産の合理化や販売網の拡大などを行い，高価格帯腕時計の輸出量を伸ばしている。

〔問３〕 (3)我が国の企業は，世界経済の中で，高度な技術を生み出して競争力を高め，我が国の経済成長を支えてきた。とあるが，次のⅠのグラフは，1970年度から2018年度までの我が国の経済成長率と法人企業の営業利益の推移を示したものである。Ⅱの文章は，Ⅰのグラフの**ア**～**エのいずれか**の時期における我が国の経済成長率と法人企業の営業利益などについてまとめたものである。Ⅱの文章で述べている時期に当てはまるのは，Ⅰのグラフの**ア**～**エ**の時期のうち

ではどれか。

Ⅰ

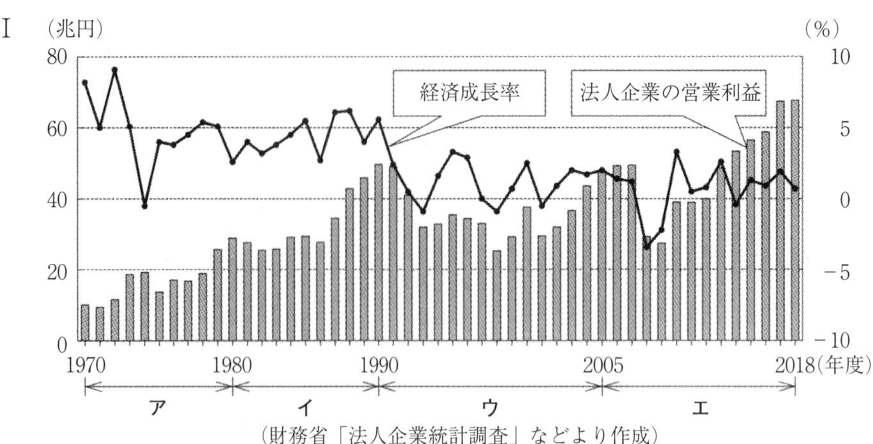

(財務省「法人企業統計調査」などより作成)

Ⅱ

○この時期の前半は，アメリカ合衆国の経済政策によって円安・ドル高が進行し，自動車などの輸送用機械や電気機械の輸出量が増えたことで，我が国の貿易収支は大幅な黒字となり，経済成長率は上昇傾向を示した。

○この時期の後半は，国際社会において貿易収支の不均衡(ふきんこう)を是正(ぜせい)するために為替相場(かわせそうば)を円高・ドル安へ誘導(ゆうどう)する合意がなされ，輸出量と輸出額が減少し，我が国の経済成長率は一時的に下降した。その後，日本銀行が貸付のための金利を下げたことなどで，自動車や住宅の購入(こうにゅう)，株式や土地への投資が増え，株価や地価が高騰(こうとう)する好景気となり，法人企業の営業利益は増加し続けた。

【理　科】 (50分)〈満点：100点〉

1 　次の各問に答えよ。

〔問1〕 図1は，ヒトのからだの器官を模式的に表したものである。消化された養分を吸収する器官を図1のA，Bから一つ，アンモニアを尿素(にょうそ)に変える器官を図1のC，Dから一つ，それぞれ選び，組み合わせたものとして適切なのは，次のうちではどれか。

図1

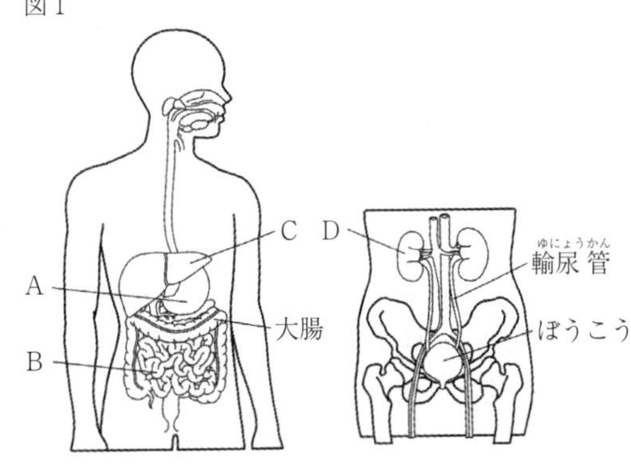

ア　A，C
イ　A，D
ウ　B，C
エ　B，D

〔問2〕 音さXと音さYの二つの音さがある。音さXをたたいて出た音をオシロスコープで表した波形は，図2のようになった。図中のAは1回の振動にかかる時間を，Bは振幅を表している。音さYをたたいて出た音は，図2で表された音よりも高くて大きかった。この音をオシロスコープで表した波形を図2と比べたとき，波形の違いとして適切なのは，次のうちではどれか。

図2

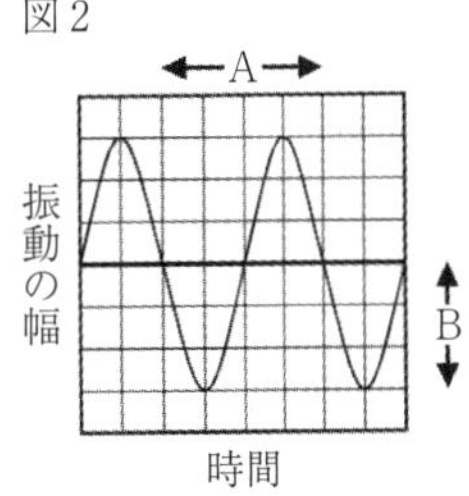

ア　Aは短く，Bは大きい。　　**イ**　Aは短く，Bは小さい。
ウ　Aは長く，Bは大きい。　　**エ**　Aは長く，Bは小さい。

〔問3〕 表1は，ある場所で起きた震源が浅い地震の記録のうち，観測地点A～Cの記録をまとめたものである。この地震において，震源からの距離(きょり)が90kmの地点で初期微動の始まった時刻は10時10分27秒であった。震源からの距離が90kmの地点で主要動の始まった時刻として適切なのは，下の**ア**～**エ**のうちではどれか。

ただし，地震の揺(ゆ)れを伝える2種類の波は，それぞれ一定の速さで伝わるものとする。

表1

観測地点	震源からの距離	初期微動の始まった時刻	主要動の始まった時刻
A	36km	10時10分18秒	10時10分20秒
B	54km	10時10分21秒	10時10分24秒
C	108km	10時10分30秒	10時10分36秒

ア　10時10分28秒　　**イ**　10時10分30秒
ウ　10時10分31秒　　**エ**　10時10分32秒

〔問4〕 スライドガラスの上に溶液Aをしみ込ませたろ紙を置き，図3のように，中央に ✕ 印を付けた2枚の青色リトマス紙を重ね，両端をクリップで留めた。薄い塩酸と薄い水酸化ナトリウム水溶液を青色リトマス紙のそれぞれの ✕ 印に少量付けたところ，一方が赤色に変色した。両端のクリップ

図3

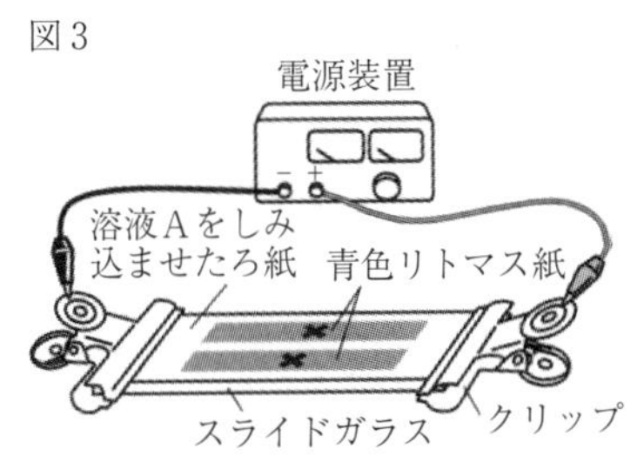

を電源装置につないで電流を流したところ，赤色に変色した部分は陰極側に広がった。このとき溶液Aとして適切なのは，下の ① の**ア**～**エ**のうちではどれか。また，青色リトマス紙を赤色に変色させたイオンとして適切なのは，下の ② の**ア**～**エ**のうちではどれか。

① **ア**　エタノール水溶液　**イ**　砂糖水　**ウ**　食塩水　**エ**　精製水(蒸留水)

② **ア**　H^+　**イ**　Cl^-　**ウ**　Na^+　**エ**　OH^-

〔問5〕 エンドウの丸い種子の個体とエンドウのしわのある種子の個体とをかけ合わせたところ，得られた種子は丸い種子としわのある種子であった。かけ合わせた丸い種子の個体としわのある種子の個体のそれぞれの遺伝子の組み合わせとして適切なのは，下の**ア**～**エ**のうちではどれか。

ただし，種子の形の優性形質(丸)の遺伝子をA，劣性形質(しわ)の遺伝子をaとする。

ア　AAとAa　**イ**　AAとaa

ウ　AaとAa　**エ**　Aaとaa

〔問6〕 図4のA～Cは，机の上に物体を置いたとき，机と物体に働く力を表している。力のつり合いの関係にある2力と作用・反作用の関係にある2力とを組み合わせたものとして適切なのは，下の表の**ア**～**エ**のうちではどれか。

ただし，図4ではA～Cの力は重ならないように少しずらして示している。

図4

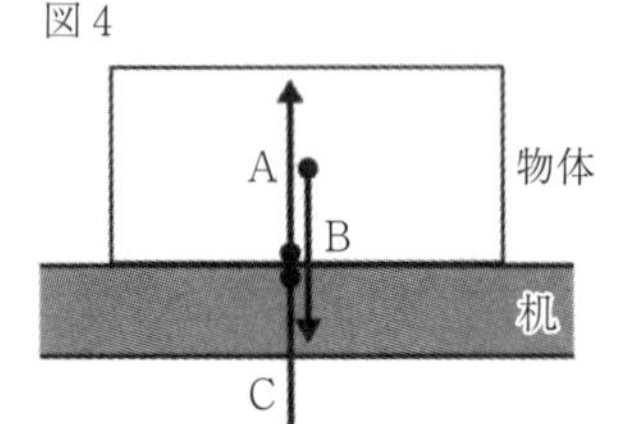

A：机が物体を押す力
B：物体に働く重力
C：物体が机を押す力

	力のつり合いの関係にある2力	作用・反作用の関係にある2力
ア	AとB	AとB
イ	AとB	AとC
ウ	AとC	AとB
エ	AとC	AとC

2 生徒が，毎日の暮らしの中で気付いたことを，科学的に探究しようと考え，自由研究に取り組んだ。生徒が書いたレポートの一部を読み，次の各問に答えよ。

<レポート1>　しらす干しに混じる生物について

食事の準備をしていると，しらす干しの中にはイワシの稚魚だけではなく，エビのなかまやタコのなかまが混じっていることに気付いた。しらす干しは，製造する過程でイワシの稚魚以外の生物を除去していることが分かった。そこで，除去する前にどのような生物が混じっているのかを確かめることにした。

表1

グループ	生物
A	イワシ・アジのなかま
B	エビ・カニのなかま
C	タコ・イカのなかま
D	二枚貝のなかま

しらす漁の際に捕れた，しらす以外の生物が多く混じっているものを購入(こうにゅう)し，それぞれの生物の特徴を観察し，表1のように4グループに分類した。

〔問1〕 **<レポート1>**から，生物の分類について述べた次の文章の ① と ② にそれぞれ当てはまるものとして適切なのは，下の**ア**～**エ**のうちではどれか。

表1の4グループを，セキツイ動物とそれ以外の生物で二つに分類すると，セキツイ動物のグループは，[①]である。また，軟体動物（なんたいどうぶつ）とそれ以外の生物で二つに分類すると，軟体動物のグループは，[②]である。

[①] **ア** A　**イ** AとB　**ウ** AとC　**エ** AとBとD

[②] **ア** C　**イ** D　**ウ** CとD　**エ** BとCとD

<レポート2>　おもちゃの自動車の速さについて

ぜんまいで動くおもちゃの自動車で弟と遊んでいたときに，本物の自動車の速さとの違いに興味をもった。そこで，おもちゃの自動車が運動する様子をビデオカメラで撮影し，速さを確かめることにした。

ストップウォッチのスタートボタンを押すと同時におもちゃの自動車を走らせて，方眼紙の上を運動する様子を，ビデオカメラの位置を固定して撮影した。おもちゃの自動車が運動を始めてから0.4秒後，0.5秒後及び0.6秒後の画像は，図1のように記録されていた。

図1

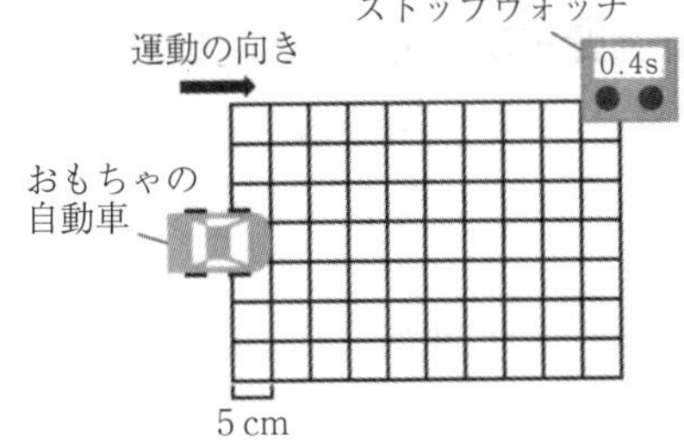

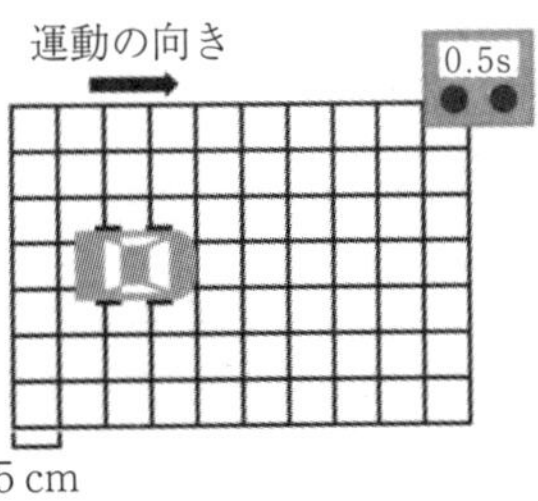

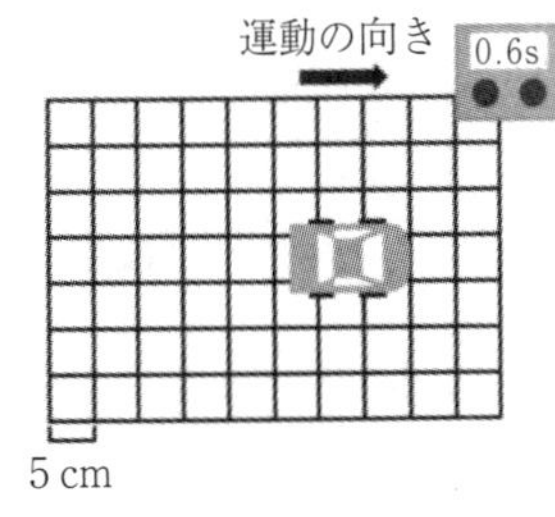

〔問2〕 **<レポート2>**から，おもちゃの自動車が運動を始めて0.4秒後から0.6秒後までの平均の速さとして適切なのは，次のうちではどれか。

ア 2.7km/h　**イ** 5.4km/h　**ウ** 6.3km/h　**エ** 12.6km/h

<レポート3>　プラスチックごみの分別について

ペットボトルを資源ごみとして分別するため，ボトル，ラベル，キャップに分けて水を入れた洗いおけの中に入れた。すると，水で満たされたボトルとラベルは水に沈み，キャップは水に浮くことに気付いた。ボトルには，図2の表示があったのでプラスチックの種類はPETであることが分かったが，ラベルには，プラスチックの種類の表示がなかったため分からなかった。そこで，ラベルのプラスチックの種類を調べるため食塩水を作り，食塩水への浮き沈みを確かめることにした。

図2

1
PET

水50cm^{3}に食塩15gを加え，体積を調べたところ55cm^{3}であった。この食塩水に小さく切ったラベルを，空気の泡が付かないように全て沈めてから静かに手を放した。すると，小さく切ったラベルは食塩水に浮いた。

また，ペットボトルに使われているプラスチックの種類を調べたところ，表2のうちの，いずれかであることが分かった。

表2

プラスチックの種類	密度〔g/cm^3〕
ポリエチレンテレフタラート	1.38～1.40
ポリスチレン	1.05～1.07
ポリエチレン	0.92～0.97
ポリプロピレン	0.90～0.92

〔問3〕 ＜**レポート3**＞から，食塩水に浮いたラベルのプラスチックの種類として適切なのは，下の**ア**～**エ**のうちではどれか。

ただし，ラベルは1種類のプラスチックからできているものとする。

ア ポリエチレンテレフタラート

イ ポリスチレン

ウ ポリエチレン

エ ポリプロピレン

＜レポート4＞ 夜空に見える星座について

毎日同じ時刻に戸じまりをしていると，空に見える星座の位置が少しずつ移動して見えることに気付いた。そこで，南の空に見られるオリオン座の位置を，同じ時刻に観察して確かめることにした。

方位磁針を使って東西南北を確認（かくにん）した後，午後10時に地上の景色と共にオリオン座の位置を記録した。11月15日から1か月ごとに記録した結果は，図3のようになり，1月15日のオリオン座は真南に見えた。

図3

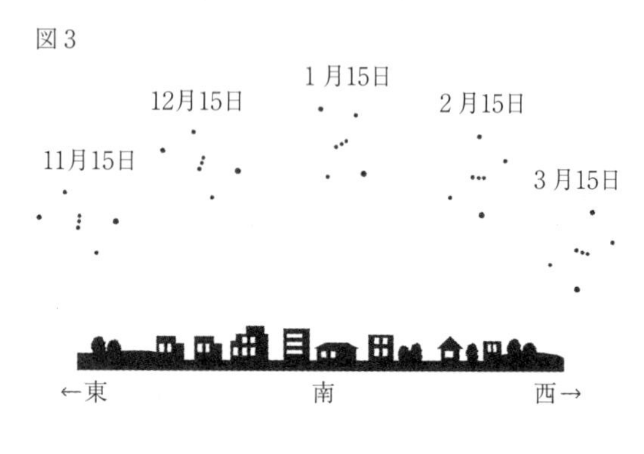

〔問4〕 ＜**レポート4**＞から，2月15日にオリオン座が真南に見える時刻として適切なのは，次のうちではどれか。

ア 午前0時頃（ごろ）

イ 午前2時頃

ウ 午後6時頃

エ 午後8時頃

3 天気の変化と気象観測について，次の各問に答えよ。

＜**観測**＞を行ったところ，＜**結果**＞のようになった。

＜**観測**＞

天気の変化について調べるために，ある年の3月31日から連続した3日間，観測地点Pにおいて，気象観測を行った。気温，湿度，気圧は自動記録計により測定し，天気，風向，風力，天気図はインターネットで調べた。図1は観測地点Pにおける1時間ごとの気温，湿度，気圧の気象データを基に作成したグラフと，3時間ごとの天気，風向，風力の気象データを基に作成した天気図記号を組み合わせたものである。図2，図3，図4はそれぞれ3月31日から4月2日までの12時における日本付近の天気図であり，前線X（▼▼）は観測を行った期間に観測地点Pを通過した。

＜**結果**＞

図1

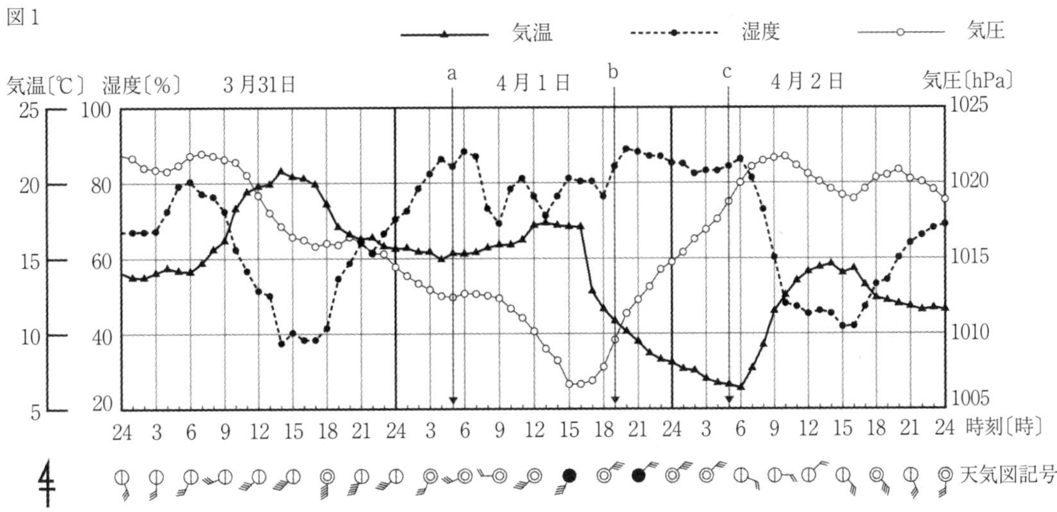

図2　3月31日12時の天気図

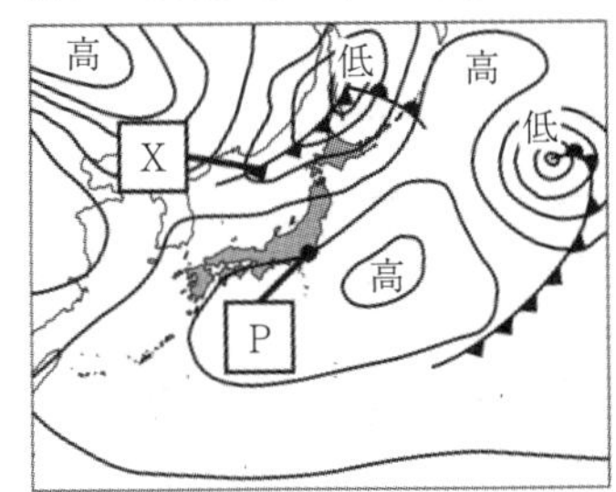

図3　4月1日12時の天気図

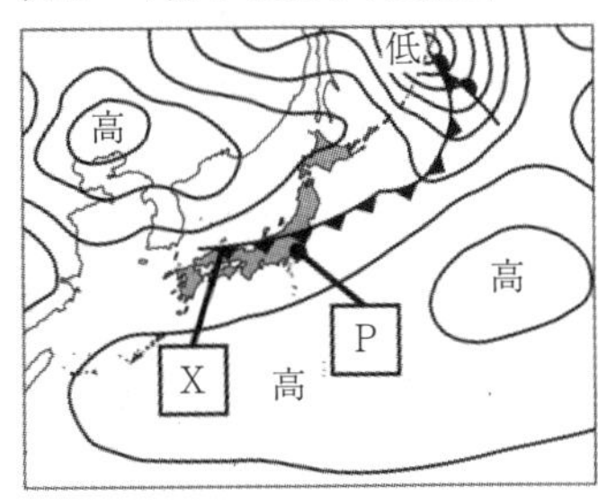

図4　4月2日12時の天気図

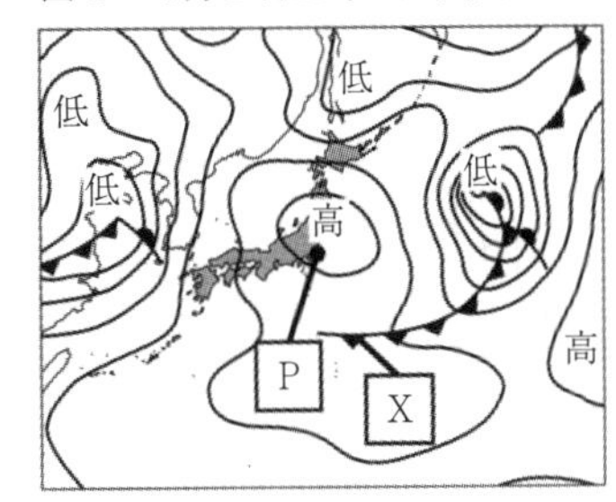

〔問1〕　＜**結果**＞の図1のa，b，cの時刻における湿度は全て84%であった。a，b，cの時刻における空気中の水蒸気の量をそれぞれA〔g/m^3〕，B〔g/m^3〕，C〔g/m^3〕としたとき，A，B，Cの関係を適切に表したものは，次のうちではどれか。

ア　A＝B＝C　　**イ**　A＜B＜C　　**ウ**　B＜A＜C　　**エ**　C＜B＜A

〔問2〕　＜**結果**＞の図1から分かる，3月31日の天気の概況について述べた次の文章の ① ～ ③ にそれぞれ当てはまるものとして適切なのは，下の**ア**～**ウ**のうちではどれか。

> 日中の天気はおおむね ① で， ② が吹く。 ③ は日が昇るとともに上がり始め，昼過ぎに最も高くなり，その後しだいに下がる。

① **ア**　快晴　　**イ**　晴れ　　**ウ**　くもり

② **ア**　東寄りの風　　**イ**　北寄りの風　　**ウ**　南寄りの風

③ **ア**　気温　　**イ**　湿度　　**ウ**　気圧

〔問3〕　＜**結果**＞から，4月1日の15時～18時の間に前線Xが観測地点Pを通過したと考えられる。前線Xが通過したときの観測地点Pの様子として適切なのは，下の ① の**ア**～**エ**のうちではどれか。また，図4において，観測地点Pを覆(おお)う高気圧の中心付近での空気の流れについて述べたものとして適切なのは，下の ② の**ア**～**エ**のうちではどれか。

① **ア**　気温が上がり，風向は北寄りに変化した。

イ　気温が上がり，風向は南寄りに変化した。

ウ　気温が下がり，風向は北寄りに変化した。

エ　気温が下がり，風向は南寄りに変化した。

②　**ア**　地上から上空へ空気が流れ，地上では周辺から中心部へ向かって風が吹き込む。

イ　地上から上空へ空気が流れ，地上では中心部から周辺へ向かって風が吹き出す。

ウ　上空から地上へ空気が流れ，地上では周辺から中心部へ向かって風が吹き込む。

エ　上空から地上へ空気が流れ，地上では中心部から周辺へ向かって風が吹き出す。

〔問4〕　日本には，季節の変化があり，それぞれの時期において典型的な気圧配置が見られる。次の**ア**～**エ**は，つゆ(6月)，夏(8月)，秋(11月)，冬(2月)のいずれかの典型的な気圧配置を表した天気図である。つゆ，夏，秋，冬の順に記号を並べよ。

ア

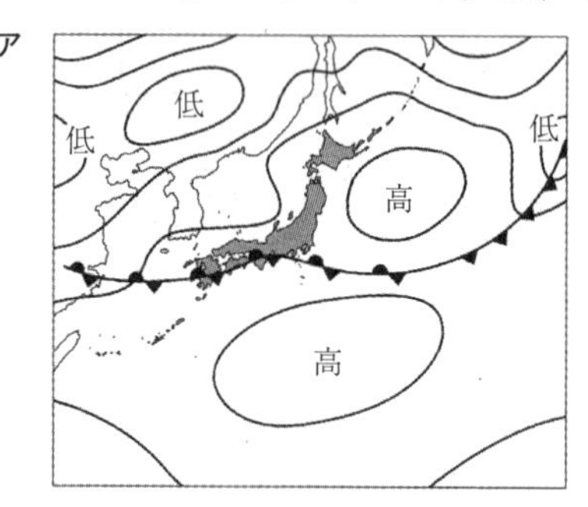

イ

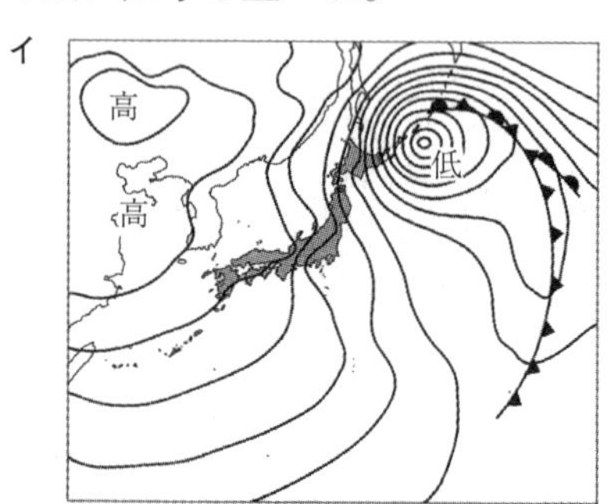

ウ

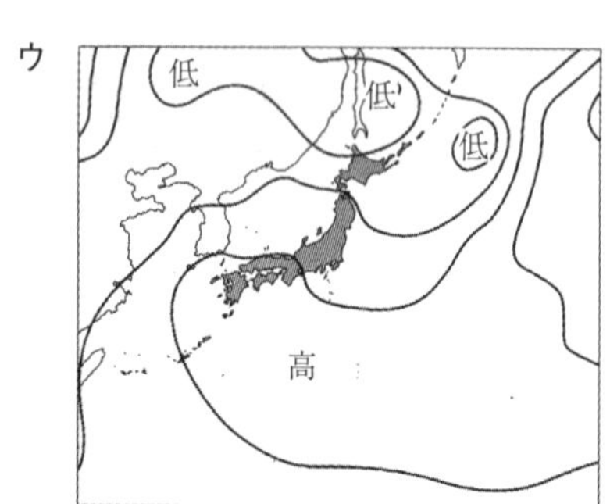

エ

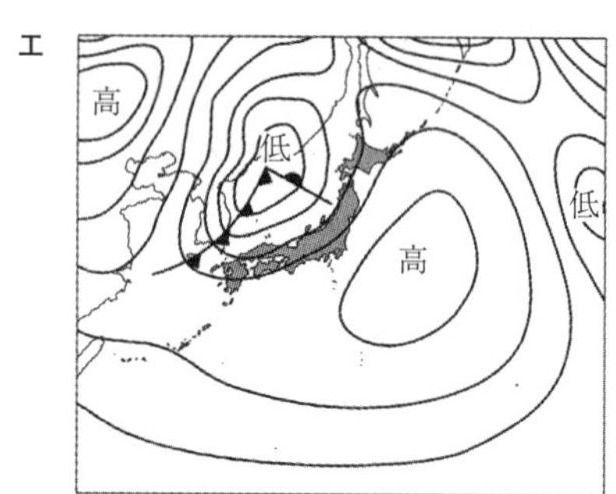

4　ツユクサを用いた観察，実験について，次の各問に答えよ。

＜**観察**＞を行ったところ，＜**結果1**＞のようになった。

＜**観察**＞

(1)　ツユクサの葉の裏側の表皮をはがし，スライドガラスの上に載せ，水を1滴落とし，プレパラートを作った。

(2)　(1)のプレパラートを顕微鏡で観察した。

(3)　(1)の表皮を温めたエタノールに入れ，脱色されたことを顕微鏡で確認した後，スライドガラスの上に載せ，ヨウ素液を1滴落とし，プレパラートを作った。

(4)　(3)のプレパラートを顕微鏡で観察した。

図1

A

B

＜**結果1**＞

(1)　＜**観察**＞の(2)では，図1のAのような2個の三日月形の細胞で囲まれた隙間が観察された。三日月形の細胞にはBのような緑色の粒が複数見られた。

(2) ＜**観察**＞の(4)では，＜**結果１**＞の(1)のＢが青紫色に変化した。

〔問１〕 ＜**結果１**＞で観察されたＡについて述べたものと，Ｂについて述べたものとを組み合わせたものとして適切なのは，次の表の**ア**～**エ**のうちではどれか。

	Ａについて述べたもの	Ｂについて述べたもの
ア	酸素，二酸化炭素などの気体の出入り口である。	植物の細胞に見られ，酸素を作る。
イ	酸素，二酸化炭素などの気体の出入り口である。	植物の細胞の形を維持する。
ウ	細胞の活動により生じた物質を蓄えている。	植物の細胞に見られ，酸素を作る。
エ	細胞の活動により生じた物質を蓄えている。	植物の細胞の形を維持する。

次に，＜**実験１**＞を行ったところ，＜**結果２**＞のようになった。

＜**実験１**＞

(1) 無色透明なポリエチレンの袋４枚と，ツユクサの鉢植えを１鉢用意した。大きさがほぼ同じ４枚の葉を選び，葉Ｃ，葉Ｄ，葉Ｅ，葉Ｆとした。

(2) 図２のように，葉Ｄ，葉Ｆは，それぞれアルミニウムはくで葉の両面を覆った。葉Ｃ，葉Ｄは，それぞれ袋で覆い，紙ストローで息を吹き込み密封した。葉Ｅ，葉Ｆは，それぞれ袋で覆い，紙ストローで息を吹き込んだ後，二酸化炭素を吸収する性質のある水酸化ナトリウム水溶液をしみ込ませたろ紙を，葉に触れないように入れて密封した。

図２

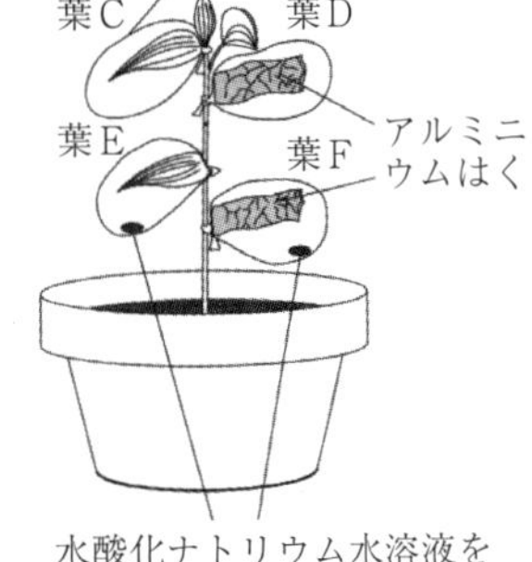

(3) <u>＜**実験１**＞の(2)のツユクサの鉢植えを暗室に24時間置いた。</u>

(4) ＜**実験１**＞の(3)の鉢植えを明るい場所に３時間置いた後，葉Ｃ～Ｆをそれぞれ切り取った。

(5) 切り取った葉Ｃ～Ｆを温めたエタノールに入れて脱色し，ヨウ素液に浸して色の変化を調べた。

＜**結果２**＞

	色の変化
葉Ｃ	青紫色に変化した。
葉Ｄ	変化しなかった。
葉Ｅ	変化しなかった。
葉Ｆ	変化しなかった。

〔問２〕 ＜**実験１**＞の(3)の下線部のように操作する理由として適切なのは，下の ① の**ア**～**ウ**のうちではどれか。また，＜**結果２**＞から，光合成には二酸化炭素が必要であることを確かめるための葉の組合せとして適切なのは，下の ② の**ア**～**ウ**のうちではどれか。

① **ア** 葉にある水を全て消費させるため。
イ 葉にある二酸化炭素を全て消費させるため。
ウ 葉にあるデンプンを全て消費させるため。

② **ア** 葉Ｃと葉Ｄ **イ** 葉Ｃと葉Ｅ **ウ** 葉Ｄと葉Ｆ

次に，＜**実験２**＞を行ったところ，＜**結果３**＞のようになった。

＜**実験２**＞

(1)　明るさの度合いを１，２の順に明るくすることができる照明器具を用意した。葉の枚数や大きさ，色が同程度のツユクサを入れた同じ大きさの無色透明なポリエチレンの袋を３袋用意し，袋Ｇ，袋Ｈ，袋Ｉとした。

(2)　袋Ｇ～Ｉのそれぞれの袋に，紙ストローで息を十分に吹き込み，二酸化炭素の割合を気体検知管で測定した後，密封した。

図３

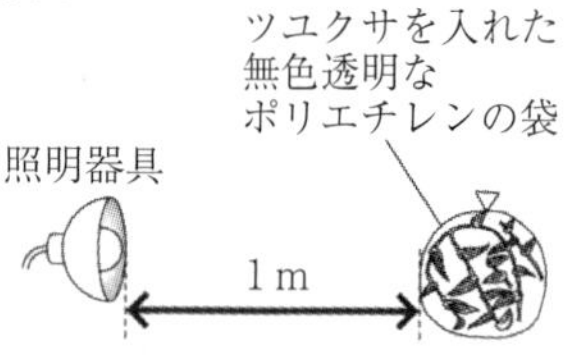

ツユクサを入れた
無色透明な
ポリエチレンの袋
照明器具
１ｍ

(3)　袋Ｇは，暗室に５時間置いた後，袋の中の二酸化炭素の割合を気体検知管で測定した。

(4)　袋Ｈは，図３のように，照明器具から１ｍ離れたところに置き，明るさの度合いを１にして５時間光を当てた後，袋の中の二酸化炭素の割合を気体検知管で測定した。

(5)　袋Ｉは，図３のように，照明器具から１ｍ離れたところに置き，明るさの度合いを２にして５時間光を当てた後，袋の中の二酸化炭素の割合を気体検知管で測定した。

＜**結果３**＞

		暗い → 明るい		
		袋Ｇ 暗室	袋Ｈ 明るさの度合い１	袋Ｉ 明るさの度合い２
二酸化炭素の割合〔％〕	実験前	4.0	4.0	4.0
	実験後	7.6	5.6	1.5

〔問３〕　＜**結果３**＞から，袋Ｈと袋Ｉのそれぞれに含(ふく)まれる二酸化炭素の量の関係について述べたものとして適切なのは，下の ① の**ア**～**ウ**のうちではどれか。また，＜**結果２**＞と＜**結果３**＞から，袋Ｈと袋Ｉのそれぞれのツユクサでできるデンプンなどの養分の量の関係について述べたものとして適切なのは，下の ② の**ア**～**ウ**のうちではどれか。

①　**ア**　呼吸によって出される二酸化炭素の量よりも，光合成によって使われた二酸化炭素の量の方が多いのは，袋Ｈである。

イ　呼吸によって出される二酸化炭素の量よりも，光合成によって使われた二酸化炭素の量の方が多いのは，袋Ｉである。

ウ　袋Ｈも袋Ｉも呼吸によって出される二酸化炭素の量と光合成によって使われた二酸化炭素の量は，同じである。

②　**ア**　デンプンなどの養分のできる量が多いのは，袋Ｈである。

イ　デンプンなどの養分のできる量が多いのは，袋Ｉである。

ウ　袋Ｈと袋Ｉでできるデンプンなどの養分の量は，同じである。

5　物質の変化やその量的な関係を調べる実験について，次の各問に答えよ。

＜**実験１**＞を行ったところ，＜**結果１**＞のようになった。

＜**実験１**＞

(1)　乾いた試験管Ａに炭酸水素ナトリウム2.00ｇを入れ，ガラス管をつなげたゴム栓(せん)をして，試験管Ａの口を少し下げ，スタンドに固定した。

図１

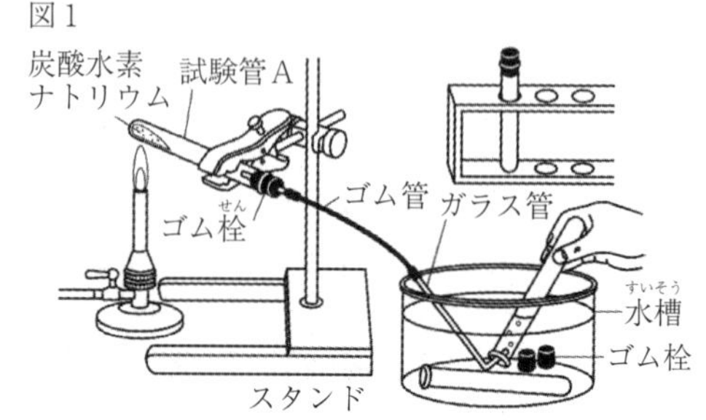

(2)　図1のように，試験管Aを加熱したところ，ガラス管の先から気体が出てきたことと，試験管Aの内側に液体が付いたことが確認できた。出てきた気体を3本の試験管に集めた。

(3)　<u>ガラス管を水槽の水の中から取り出した後，試験管Aの加熱をやめ，</u>試験管Aが十分に冷めてから試験管Aの内側に付いた液体に青色の塩化コバルト紙を付けた。

(4)　気体を集めた3本の試験管のうち，1本目の試験管には火のついた線香を入れ，2本目の試験管には火のついたマッチを近付け，3本目の試験管には石灰水を入れてよく振った。

(5)　加熱後の試験管Aの中に残った物質の質量を測定した。

(6)　水$5.0cm^3$を入れた試験管を2本用意し，一方の試験管には炭酸水素ナトリウムを，もう一方の試験管には<**実験1**>の(5)の物質をそれぞれ1.00g入れ，水への溶け方を観察した。

<**結果1**>

塩化コバルト紙の色の変化	火のついた線香の変化	火のついたマッチの変化	石灰水の変化	加熱後の物質の質量	水への溶け方
青色から赤色(桃色)に変化した。	線香の火が消えた。	変化しなかった。	白く濁った。	1.26g	炭酸水素ナトリウムは溶け残り，加熱後の物質は全て溶けた。

〔問1〕　<**実験1**>の(3)の下線部のように操作する理由として適切なのは，下の ① の**ア**～**エ**のうちではどれか。また，<**実験1**>の(6)の炭酸水素ナトリウム水溶液と加熱後の物質の水溶液のpHの値について述べたものとして適切なのは，下の ② の**ア**～**ウ**のうちではどれか。

①　**ア**　試験管A内の気圧が上がるので，試験管Aのゴム栓が飛び出すことを防ぐため。
　　イ　試験管A内の気圧が上がるので，水槽の水が試験管Aに流れ込むことを防ぐため。
　　ウ　試験管A内の気圧が下がるので，試験管Aのゴム栓が飛び出すことを防ぐため。
　　エ　試験管A内の気圧が下がるので，水槽の水が試験管Aに流れ込むことを防ぐため。

②　**ア**　炭酸水素ナトリウム水溶液よりも加熱後の物質の水溶液の方がpHの値が小さい。
　　イ　炭酸水素ナトリウム水溶液よりも加熱後の物質の水溶液の方がpHの値が大きい。
　　ウ　炭酸水素ナトリウム水溶液と加熱後の物質の水溶液のpHの値は同じである。

〔問2〕　<**実験1**>の(2)で試験管A内で起きている化学変化と同じ種類の化学変化として適切なのは，下の ① の**ア**～**エ**のうちではどれか。また，<**実験1**>の(2)で試験管A内で起きている化学変化をモデルで表した図2のうち，ナトリウム原子1個を表したものとして適切なのは，下の ② の**ア**～**エ**のうちではどれか。

①　**ア**　酸化銀を加熱したときに起こる化学変化
　　イ　マグネシウムを加熱したときに起こる化学変化
　　ウ　鉄と硫黄の混合物を加熱したときに起こる化学変化
　　エ　鉄粉と活性炭の混合物に食塩水を数滴加えたときに起こる化学変化

図2

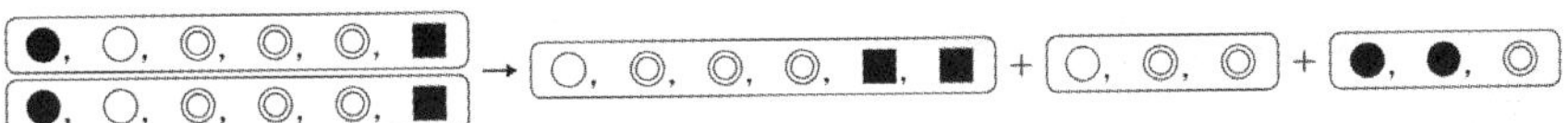

②　**ア**　●　　**イ**　○　　**ウ**　◎　　**エ**　■

次に，<**実験2**>を行ったところ，<**結果2**>のようになった。

<**実験２**>

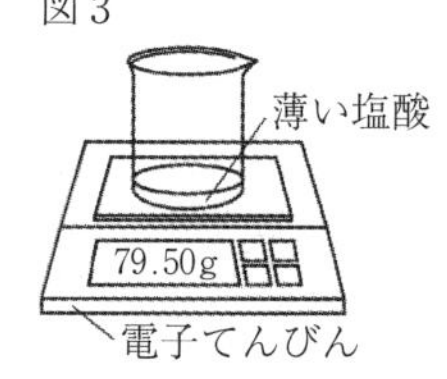

(1) 乾いたビーカーに薄い塩酸10.0cm^{3}を入れ，図３のようにビーカーごと質量を測定し，反応前の質量とした。

(2) 炭酸水素ナトリウム0.50ｇを，<**実験２**>の(1)の薄い塩酸の入っているビーカーに少しずつ入れたところ，気体が発生した。気体の発生が止まった後，ビーカーごと質量を測定し，反応後の質量とした。

(3) <**実験２**>の(2)で，ビーカーに入れる炭酸水素ナトリウムの質量を，1.00ｇ，1.50ｇ，2.00ｇ，2.50ｇ，3.00ｇに変え，それぞれについて<**実験２**>の(1)，(2)と同様の実験を行った。

<**結果２**>

反応前の質量〔ｇ〕	79.50	79.50	79.50	79.50	79.50	79.50
炭酸水素ナトリウムの質量〔ｇ〕	0.50	1.00	1.50	2.00	2.50	3.00
反応後の質量〔ｇ〕	79.74	79.98	80.22	80.46	80.83	81.33

〔問３〕 <**結果２**>から，炭酸水素ナトリウムの質量と発生した気体の質量との関係を表したグラフとして適切なのは，次のうちではどれか。

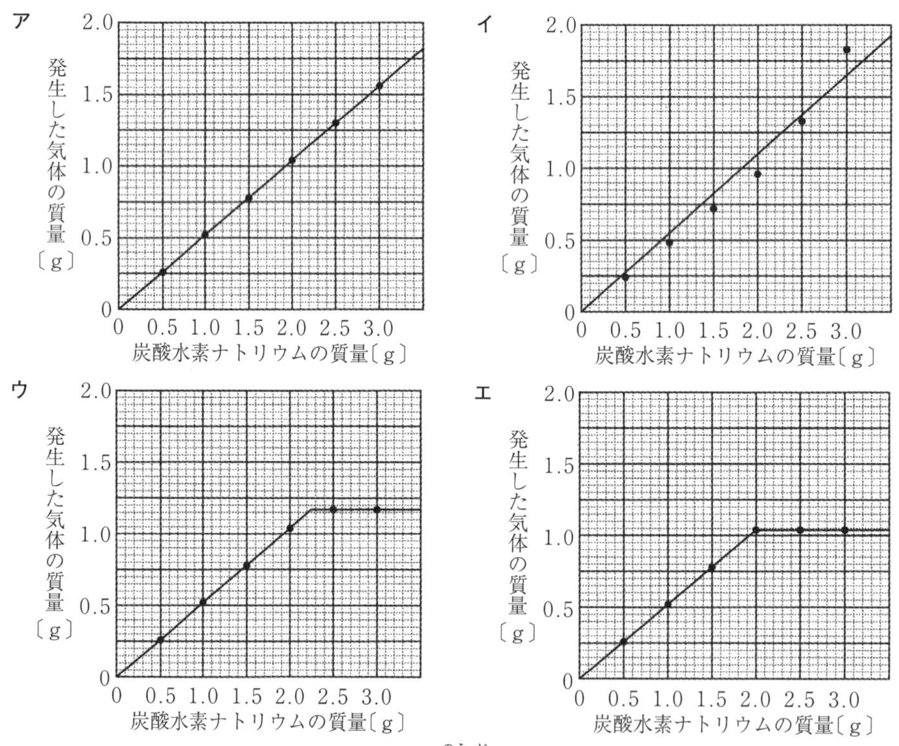

〔問４〕 <**実験２**>で用いた塩酸と同じ濃度（のうど）の塩酸10.0cm^{3}に，炭酸水素ナトリウムが含（ふく）まれているベーキングパウダー4.00ｇを入れたところ，0.65ｇの気体が発生した。ベーキングパウダーに含まれている炭酸水素ナトリウムは何％か。答えは，小数第一位を四捨五入して整数で求めよ。

ただし，発生した気体はベーキングパウダーに含まれている炭酸水素ナトリウムのみが反応して発生したものとする。

6　電流と磁界に関する実験について，次の各問に答えよ。

＜**実験１**＞を行ったところ，＜**結果１**＞のようになった。

＜**実験１**＞

(1)　木の棒を固定したスタンドを水平な机の上に置き，図１のように電源装置，導線，スイッチ，20Ωの抵抗器（ていこうき），電流計，コイルAを用いて回路を作った。

(2)　コイルAの下にN極が黒く塗（ぬ）られた方位磁針を置いた。

(3)　電源装置の電圧を５Ｖに設定し，回路のスイッチを入れた。

(4)　＜**実験１**＞の(1)の回路に図２のようにU字型磁石をN極を上にして置き，＜**実験１**＞の(3)の操作を行った。

＜**結果１**＞

(1)　＜**実験１**＞の(3)では，磁針は図３で示した向きに動いた。

(2)　＜**実験１**＞の(4)では，コイルAは図２のHの向きに動いた。

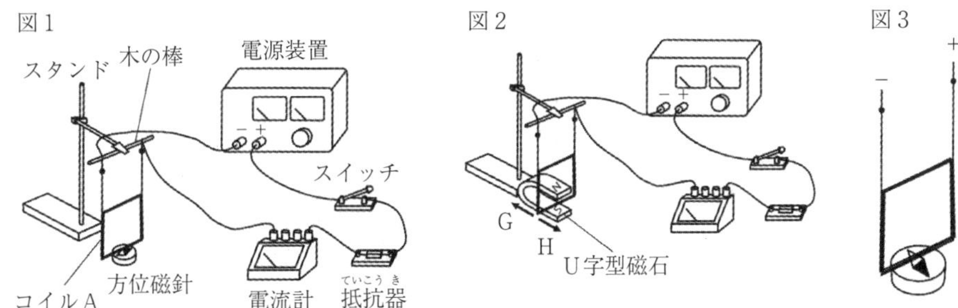

〔問１〕　＜**実験１**＞の(1)の回路と木の棒を固定したスタンドに図４のようにアクリル板２枚を取り付け，方位磁針２個をコイルAの内部と上部に設置し，＜**実験１**＞の(3)の操作を行った。このときの磁針の向きとして適切なのは，次のうちではどれか。

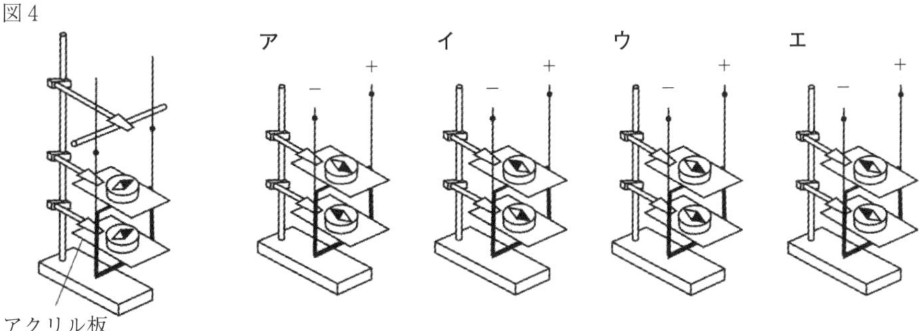

次に，＜**実験２**＞を行ったところ，＜**結果２**＞のようになった。

＜**実験２**＞

(1)　図５のようにコイルAに導線で検流計をつないだ。

(2)　コイルAを手でGとHの向きに交互に動かし，検流計の針の動きを観察した。

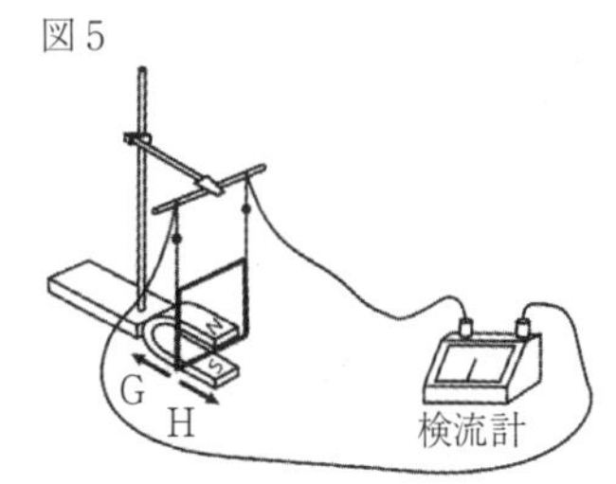

＜**結果２**＞

コイルAを動かすと，検流計の針は左右に振れた。

〔問２〕　＜**結果２**＞から，コイルAに電圧が生じていることが分かる。コイルAに電圧が生じる理由を簡単に書け。

次に，<**実験３**>を行ったところ，<**結果３**>のようになった。

<**実験３**>

(1) 図６において，電流をｅからｆに流すとき，ａ→ｂ→ｃ→ｄの向きに電流が流れるようエナメル線を巻き，左右に軸を出した。ｅ側の軸のエナメルを下半分，ｆ側の軸のエナメルを全てはがしたコイルＢを作った。

なお，図６のエナメル線の白い部分はエナメルをはがした部分を表している。

(2) 図７のように，磁石のＳ極を上にして置き，その上にコイルＢをａｂの部分が上になるように金属製の軸受けに載せた。電源装置，導線，スイッチ，20Ωの抵抗器，電流計，軸受けを用いて回路を作り，<**実験１**>の(3)の操作を行った。

<**結果３**>

コイルＢは，同じ向きに回転し続けた。

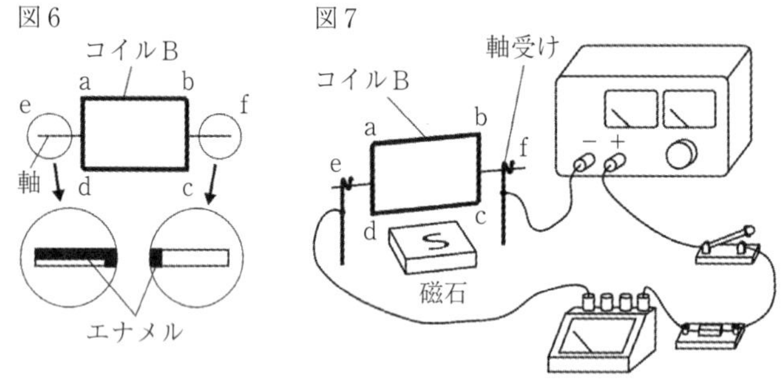

〔問３〕 <**実験３**>の(2)において，コイルＢを流れる電流を大きくするとコイルの回転が速くなる。次の**ア**～**エ**は，図７の回路の抵抗器にもう一つ抵抗器をつなぐ際の操作を示したものである。<**実験１**>の(3)の操作を行うとき，コイルＢが速く回転するつなぎ方の順に記号を並べよ。

ア　５Ωの抵抗器を直列につなぐ。　　**イ**　５Ωの抵抗器を並列（へいれつ）につなぐ。

ウ　10Ωの抵抗器を直列につなぐ。　　**エ**　10Ωの抵抗器を並列につなぐ。

〔問４〕 <**結果３**>において，図８と図９はコイルＢが回転しているときのある瞬間の様子を表したものである。下の文章は，コイルＢが同じ向きに回転し続けた理由を述べたものである。文章中の ① ～ ④ にそれぞれ当てはまるものとして適切なのは，下の**ア**～**ウ**のうちではどれか。

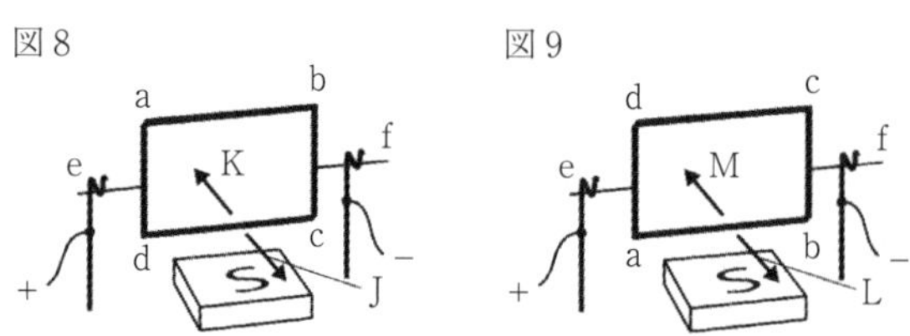

> 図８の状態になったときには，コイルＢのｃｄの部分には ① ため，磁界から ② 。半回転して図９の状態になったときには，コイルＢのａｂの部分には ③ ため，磁界から ④ 。そのため，同じ向きの回転を続け，さらに半回転して再び図８の状態になるから。

①	ア	c→dの向きに電流が流れる
	イ	d→cの向きに電流が流れる
	ウ	電流が流れない
②	ア	Ｊの向きに力を受ける
	イ	Ｋの向きに力を受ける
	ウ	力を受けない
③	ア	a→bの向きに電流が流れる
	イ	b→aの向きに電流が流れる
	ウ	電流が流れない
④	ア	Ｌの向きに力を受ける
	イ	Ｍの向きに力を受ける
	ウ	力を受けない

社会解答

1 〔問1〕 ア　〔問2〕 ウ
〔問3〕 イ　〔問4〕 エ

2 〔問1〕 Ⅰのア～エ…ウ
Ⅱの表のア～エ…エ
〔問2〕 P…イ　Q…ウ　R…ア
S…エ
〔問3〕 ⅠとⅡの表のア～エ…ア
略地図中のW～Z…X

3 〔問1〕 A…エ　B…ウ　C…ア
D…イ
〔問2〕 W…イ　X…ア　Y…エ
Z…ウ
〔問3〕 変容　(例)畑や造成中だった土地に，住宅がつくられた。
要因　(例)八千代中央駅が開業し，東京都(大手町)までの所要時間が短くなり，移動が便利になった。

4 〔問1〕 ウ→イ→エ→ア
〔問2〕 Ⅰの略年表中のア～エ…イ
Ⅱの略地図中のA～D…D
〔問3〕 エ
〔問4〕 A…ア　B…エ　C…ウ
D…イ

5 〔問1〕 ウ　〔問2〕 ア
〔問3〕 (例)国が主導する短期集中型の方式から地方公共団体が考え提案する長期継続型の方式となり，毎年ではなく特定の年に多く見られていた法律改正数は，数は少なくなったものの毎年見られるようになった。

6 〔問1〕 エ→ア→イ→ウ
〔問2〕 A…ア　B…ウ　C…エ
D…イ
〔問3〕 イ

1 〔三分野総合―小問集合問題〕

〔問1〕＜**地形図の読み取り**＞特にことわりのないかぎり，地形図上では上が北となる。Ⅱの図中の痕跡1～3に書かれた内容が，Ⅰの地形図中のア～エのどの経路で見られるかを読み取る。痕跡1については，アの経路の北東端付近に「郭町二丁目」，そこから矢印(➡)の向きに経路を進んだ先に「大手町」の地名が見られる。痕跡2については，アの経路沿いの「元町」付近に「高塔」の地図記号(□)があり，これが鐘つき堂だと考えられる。痕跡3については，「大手町」のすぐ西側に鍵型の道路が見られる。以上から，Ⅱの図はアの経路についてのものである。

〔問2〕＜**平等院鳳凰堂**＞平安時代には，阿弥陀如来にすがって死後に極楽浄土に生まれ変わることを願う浄土信仰が広まり，阿弥陀如来像とそれを納める阿弥陀堂が各地につくられた。平等院鳳凰堂は，1053年に藤原頼通が京都の宇治に建てた阿弥陀堂であり，世界文化遺産に登録されている。なお，法隆寺は飛鳥時代に聖徳太子が建てた寺院，金閣は室町時代に足利義満が建てた建物，東大寺は奈良時代に聖武天皇が建てた寺院である。

〔問3〕＜**葛飾北斎**＞葛飾北斎は，江戸時代後期に栄えた化政文化を代表する浮世絵画家で，「富嶽三十六景」などの作品を残した。北斎などによる浮世絵は，幕末に始まった貿易を通じて欧米諸国に広まり，印象派の画家などに影響を与えた。なお，雪舟は室町時代に日本の水墨画を大成した人物，菱川師宣は江戸時代前期に栄えた元禄文化の頃に「見返り美人図」などの浮世絵を描いた人物，狩野永徳は安土桃山時代に「唐獅子図屏風」などの屏風絵やふすま絵を描いた人物である。

〔問4〕＜**労働基準法**＞労働基準法は，労働条件の最低基準を定めた法律である。労働条件は労働者と使用者が対等の立場で決定するものとし，労働時間を週40時間以内，1日8時間以内とすること，毎週少なくとも1日を休日とすること，男女同一賃金とすることなどを定めている。なお，男女共同参画社会基本法は男女が個人として尊厳を重んじられ対等な立場で能力を発揮しながら活動できる社会を目指すための法律，労働組合法は労働者の団結権や労働組合の活動を守るための法律，男女雇用機会均等法は雇用における男女平等を目指すための法律である。

2〔**世界地理―世界の諸地域**〕

〔**問1**〕<**世界の気候と農業**>**Ⅰのア～エ**．Dの都市はベルリン(ドイツ)で，温帯の西岸海洋性気候に属する。したがって，温暖で季節による気温の変化があり，年間を通して少しずつ雨が降るウがDの気候を示したグラフである。なお，Aの都市はブエノスアイレス(アルゼンチン)で，温暖で夏の降水量が多い温帯の温帯〔温暖〕湿潤気候(エ)，Bの都市はモントリオール(カナダ)で，夏と冬の気温差が大きく冬の寒さが厳しい冷帯〔亜寒帯〕気候(ア)，Cの都市はジャカルタ(インドネシア)で，1年中高温で降水量が多い熱帯の熱帯雨林気候(イ)に属する。　**Ⅱの表のア～エ**．A～Dの都市を含む国とは，アルゼンチン(A)，カナダ(B)，インドネシア(C)，ドイツ(D)である。ドイツは，じゃがいもの生産量が世界有数であり，また混合農業などによる小麦の生産も盛んである。したがって，Ⅱの表中でじゃがいもの生産量が最も多く，小麦の生産量も2番目に多いエがドイツとなる。なお，米の生産量が最も多いアはインドネシア，とうもろこしの生産量が最も多いイはアルゼンチン，小麦の生産量が最も多いウはカナダである。

〔**問2**〕<**国々の特徴**>Pはブラジル，Qはベトナム，Rはトルコ，Sはケニアである。　ア.「二つの州を隔てる海峡」とは，トルコにあるボスポラス海峡であり，アジア州とヨーロッパ州の境界となっている。北部が黒海，南部が地中海に面しているトルコでは，20世紀初めまでおよそ600年にわたってオスマン帝国が存続したが，第一次世界大戦後に現在のトルコ共和国が成立した。イ．ブラジルの北部には，世界最大の流域面積を持つアマゾン川がおよそ西から東へ流れている。ブラジル南東部に位置するブラジル高原の南部ではコーヒーの栽培が盛んに行われ，内陸には首都のブラジリアが位置している。　ウ．ベトナムは，国土が南北に細長く，西側に位置するラオスとの国境地帯には山脈(アンナン山脈)が走っている。北部には首都のハノイがあり，メコン川の三角州が広がる南部では稲作が盛んである。ベトナムコーヒーと呼ばれる練乳入りのコーヒーがよく知られているほか，かつてこの地域を植民地としていたフランスの影響を受けた食生活も見られる。エ．ケニアは，中央部に標高5000mを超えるケニア〔キリニャガ〕山がそびえ，首都のナイロビをはじめ国土の大部分が高原になっている。高原の気候や土壌が茶の栽培に適しており，茶の生産量は世界有数となっている。

〔**問3**〕<**ニュージーランドの特徴と各国の貿易**>Wはメキシコ，Xはニュージーランド，Yはフィリピン，Zはスペインである。まず，Ⅲの文章がどの国について述べたものかを考える。「南部には氷河に削られてできた複雑に入り組んだ海岸線が見られる」という記述に注目すると，高緯度地域に分布するフィヨルドが国土の南部に見られることから，南半球に位置するニュージーランドであると推測できる。また，偏西風の影響を受けた気候(温帯の西岸海洋性気候)であること，牧羊が盛んであることもニュージーランドの特徴に当てはまる。なお，2018年に発効した「日本を含む6か国による多角的な経済連携協定」とは環太平洋経済連携協定〔TPP〕を指す。次にⅠとⅡの表を見ると，アは，日本の主な輸入品目にチーズが含まれていること，貿易相手国の上位にオーストラリアが含まれていることからニュージーランドである。また，Ⅲの文章中には「1999年と比べて2019年では，日本の果実の輸入額は3倍以上に増加し」とあり，Ⅰの表中のアで日本の果実の輸入額を見ると，2019年(459億円)は1999年(122億円)の3倍以上であることが確認できる。なお，イは，1999年，2019年とも日本の最大の輸入品目が果実であることから，日本がバナナを多く輸入しているフィリピンである。ウは，日本の主な輸入品目にアルコール飲料(ワインなど)が含まれていること，貿易相手国の上位がヨーロッパの国々であることからスペインである。エは貿易相手国の上位にアメリカ合衆国とカナダが含まれていることから，これらの国と自由貿易協定を結んでいるメキシコである。

3〔**日本地理―日本の諸地域，地形図**〕

〔問１〕＜**都道府県の特徴**＞Ａは千葉県，Ｂは富山県，Ｃは高知県，Ｄは福岡県である。　ア．４県の中で最も人口が少ないのは高知県である。高知県は，北部に四国山地，中央部に高知平野が分布し，沖合を流れる黒潮〔日本海流〕の影響で温暖な気候である。高知平野では，ビニールハウスなどを用いて野菜の促成栽培を行う施設園芸農業が行われている。　イ．県の北東部に海峡が見られるのは福岡県である。福岡県の北西部には福岡平野が広がり，沖合には暖流の対馬海流が流れる。北東部の海峡は，山口県との県境である関門海峡である。また，南西部の筑紫平野は，干潟のある有明海に面する。県庁所在地の福岡市は九州地方の中心都市であり，報道機関や大企業，政府の出先機関などが集中している。　ウ．冬季に降水(雪)が多いのは北陸地方に位置する富山県である。富山県では，南部の山地から神通川などの河川が北へ向かって流れ，富山平野を通って日本海へ注いでいる。また，東部を流れる黒部川の下流には扇状地が見られる。地場産業として古くから製薬・売薬が行われており，また豊富な雪解け水を利用した産業が盛んである。　エ．４県の中で最も人口が多いのは千葉県である。千葉県は，北部に関東ロームと呼ばれる赤土におおわれた下総台地が広がり，南部の房総半島は温暖な丘陵地帯となっている。県庁所在地の千葉市をはじめとする大都市は東京湾沿いの西部に集まっている。

〔問２〕＜**都道府県の産業や交通**＞ア．②→①の鉄道輸送量が最も多く，②は，沿岸部に重化学工業が発達していることから神奈川県横浜市である。よって，Ｘが当てはまる。なお，①は，県の南部で輸送用機械工業(自動車工業)などが発達している群馬県前橋市である。　イ．２地点間の直線距離が最も長く，①は，畜産業や林業が盛んで，南北に走る高速道路周辺で電子工業が見られることから岩手県盛岡市である。よって，Ｗが当てはまる。なお，②は，仙台平野で稲作が盛んな宮城県仙台市である。　ウ．２地点間の直線距離が２番目に長く，①は，水産加工業が盛んで砂丘が広がることから鳥取県鳥取市である。よって，Ｚが当てはまる。なお，②は，都市中心部に中小工場が密集する大阪府大阪市である。　エ．２地点間の直線距離が最も短く，①は，輸送用機械工業(自動車工業)が特に盛んであることから愛知県名古屋市である。よって，Ｙが当てはまる。なお，②は，石油化学コンビナートが見られ，リアス海岸が広がることなどから三重県津市である。

〔問３〕＜**地形図と資料の読み取り**＞**変容**．Ⅰの地形図では，○で示した地域には畑(∨)が広がり，付近一帯は「宅地造成中」となっている。Ⅱの地形図では，同じ地域に小規模な建物(▪▪▪)が多く見られ，住宅地が形成されていることがわかる。　**要因**．Ⅱの地形図中には，Ⅰの地形図中にはなかった鉄道線路と「やちよちゅうおう」駅が見られる。Ⅲの資料から，八千代中央駅は1996年に開業し，これにより東京都(大手町)までの所要時間が短縮されたことがわかる。そのため，東京への通勤通学が便利になったこの地域で宅地開発が進んだと考えられる。

4 〔歴史―古代～現代の日本〕

〔問１〕＜**年代整序**＞年代の古い順に，ウ(飛鳥時代)，イ(平安時代)，エ(鎌倉時代)，ア(室町時代)となる。

〔問２〕＜**鎖国政策**＞江戸幕府は，キリスト教の禁止や貿易の統制を徹底するため，外国船の来航や日本人の海外渡航などを段階的に禁止していった。Ⅲは，この過程で1635年に出されたものであり，日本人の海外渡航と帰国を全面的に禁止した。同年，外国船の来航地が平戸と長崎のみに制限され，1641年にはオランダ商館が平戸から出島(どちらも現在の長崎県)に移されて，以後は中国とオランダのみが長崎での貿易を許されることになった。したがって，Ⅲの命令を主に実行したのは，略地図中のＤに置かれた長崎奉行所であったと考えられる。

〔問３〕＜**大正時代の様子**＞問題中の文章は，1923年９月１日に発生した関東大震災に関する内容である。大正時代にあたるこの時期には，工業の発展とともに都市人口が増え，職業について働く女性も見られるようになった。また，東京駅が開業し，鉄筋コンクリートの丸の内ビルヂングが建設された。なお，新橋・横浜間に日本初の鉄道が開通したのは1872年，イギリスとの間に日英同盟を結んだのは1902年，大日本帝国憲法が制定されたのは1889年であり，いずれも明治時代のことである。

〔問4〕<大正時代～昭和時代の出来事>ア．第二次護憲運動の結果，1924年に連立内閣である加藤高明内閣が成立し，翌1925年に満25歳以上の全ての男子に選挙権を認める普通選挙法が制定された(A)。　イ．高度経済成長期に公害が深刻化し，1967年に公害対策基本法が制定された(D)。　ウ．第二次世界大戦が終結した1945年から日本の民主化が進められ，農地改革や教育基本法の制定などが行われた(C)。　エ．1937年に始まった日中戦争が長期化する中，1938年に国家総動員法が制定された(B)。

5〔公民―地方自治〕

〔問1〕<地方公共団体の仕事>日本国憲法第94条では，地方公共団体は「法律の範囲内で条例を制定することができる」と定めている。なお，アの条約の承認は国会，イの政令の制定は内閣，エの違憲審査は裁判所の仕事である。

〔問2〕<直接請求権>住民は，一定数以上の署名を集めることにより，地方公共団体に政治上の請求を行うことが認められている。これを直接請求権といい，条例の制定・改廃，議会の解散，首長・議員などの解職，事務の監査を請求することができる。なお，イの最高裁判所の裁判官に対する国民審査は地方公共団体に対して行使する権利ではない。ウは地方議会が持つ権限，エは国会が持つ権限である。

〔問3〕<資料の読み取り>この問題で求められているのは，「1995年から2014年までの期間と比較した，2015年から2019年までの期間の法律改正数の動き」について，①「地方分権改革の推進手法」と②「毎年の法律改正の有無及び毎年の法律改正数」に着目して述べることである。これをふまえて，Ⅰ，Ⅱからわかることを整理する。まず，Ⅰのグラフから，1995年から2014年までは法律改正が毎年ではなく特定の年に多く行われており，2015年から2019年までは法律改正が毎年行われているが，年ごとの改正数は少ないことがわかる(着目点②)。次に，Ⅱの文章から，2014年までは国が主導する短期集中型の推進手法が行われており，2014年より後は地方公共団体が考え提案する長期継続型の推進手法が導入されたことがわかる。以上の内容を組み合わせ，「1995年から2014年まで」と「2015年から2019年まで」の特徴を比較する形で説明する。

6〔三分野総合―企業を題材とする問題〕

〔問1〕<年代整序>年代の古い順に，エ(オランダ東インド会社の設立―1602年)，ア(ワットによる蒸気機関の改良―1765～69年)，イ(アメリカ南北戦争―1861～65年)，ウ(ベルサイユ条約の締結―1919年)となる。

〔問2〕<世界の都市>ア．標高3000mを超えること，16世紀にスペイン人が進出していることから，アンデス山脈中に位置するAのラパス(ボリビア)である。ボリビアでは，銀や亜鉛などの鉱産資源が豊富に産出する。　イ．山脈の北側に位置する港湾都市であること，イスラム教とフランスの影響が見られること，砂漠地帯があることから，アトラス山脈の北側に位置するDのアルジェ(アルジェリア)である。アルジェリアは，天然ガスや石油の産出量が多い。　ウ．水運の拠点であったこと，20世紀に自動車工業の中心地となったことから，五大湖沿岸に位置するBのデトロイト(アメリカ合衆国)である。　エ．国際連盟の本部が置かれたこと，時計などの精密機械工業が盛んであることから，Cのジュネーブ(スイス)である。

〔問3〕<1980年代の日本経済>Ⅱの文章の内容と，Ⅰのグラフのア～エの時期を照らし合わせて考える。Ⅱの文中には，この時期の前半は，「経済成長率は上昇傾向を示した」とあり，またこの時期の後半は，「経済成長率は一時的に下降した。その後，(中略)法人企業の営業利益は増加し続けた」とまとめられている。これらをもとにⅠのグラフを確認すると，当てはまる期間はイとなる。Ⅱの文中の「株価や地価が高騰する好景気」とは，1980年代後半から1990年代初めに見られたバブル経済のことである。

理科解答

1 〔問1〕 ウ　〔問2〕 ア
〔問3〕 エ　〔問4〕 ①…ウ　②…ア
〔問5〕 エ　〔問6〕 イ

2 〔問1〕 ①…ア　②…ウ　〔問2〕 ウ
〔問3〕 イ　〔問4〕 エ

3 〔問1〕 エ
〔問2〕 ①…イ　②…ウ　③…ア
〔問3〕 ①…ウ　②…エ
〔問4〕 ア→ウ→エ→イ

4 〔問1〕 ア　〔問2〕 ①…ウ　②…イ
〔問3〕 ①…イ　②…イ

5 〔問1〕 ①…エ　②…イ
〔問2〕 ①…ア　②…エ
〔問3〕 ウ　〔問4〕 31％

6 〔問1〕 ア
〔問2〕 (例)コイルAの中の磁界が変化するから。
〔問3〕 イ→エ→ア→ウ
〔問4〕 ①…ア　②…ア　③…ウ　④…ウ

1 〔小問集合〕

〔問1〕＜**吸収，排出**＞図1で，消化された養分を吸収するのはBの小腸，アンモニアを尿素に変えるのはCの肝臓である。なお，Aは胃で，タンパク質が消化され，Dはじん臓で，血液中から尿素などがこし取られて尿がつくられる。

〔問2〕＜**音**＞音が高くなると振動数が大きくなり，音が大きくなると振幅が大きくなる。よって，図2のときと比べて，音が高くなると振動数が大きくなり，振動数は1秒間に振動する回数なので，Aは短くなる。また，音が大きくなると，Bは大きくなる。

〔問3〕＜**地震**＞初期微動はP波によって伝えられ，主要動はS波によって伝えられる。地震の揺れを伝えるP波とS波はそれぞれ一定の速さで伝わるから，2種類の波の到着時刻の差である初期微動継続時間は，震源からの距離に比例する。震源からの距離が36kmの観測地点Aでの初期微動継続時間は，10時10分20秒－10時10分18秒＝2秒だから，震源からの距離が90kmの地点での初期微動継続時間をx秒とすると，36：90＝2：xが成り立つ。これを解くと，36×x＝90×2より，x＝5(秒)となるから，主要動が始まった時刻は，初期微動が始まった10時10分27秒の5秒後で，10時10分32秒である。

〔問4〕＜**酸・アルカリ**＞溶液Aには，電流を流れやすくし，結果に影響を与えない中性の電解質の水溶液である食塩水を使う。なお，エタノール水溶液や砂糖水，精製水には電流が流れない。また，青色リトマス紙を赤色に変色させる酸性の性質を示すイオンは，水素イオン(H^+)である。薄い塩酸は塩化水素(HCl)の水溶液で，水溶液中でH^+と塩化物イオン(Cl^-)に電離している。このうち，＋の電気を帯びたH^+が陰極側に引かれるため，青色リトマス紙の赤色に変色した部分が陰極側に広がる。なお，薄い水酸化ナトリウム水溶液には，アルカリ性の性質を示す水酸化物イオン(OH^-)が含まれ，赤色リトマス紙を青色に変色させる。

〔問5〕＜**遺伝の規則性**＞エンドウの種子の形は丸が優性(顕性)形質だから，丸い種子の遺伝子の組み合わせはAAかAa，しわのある種子の遺伝子の組み合わせはaaである。まず，AAとaaをかけ合わせた場合，AAがつくる生殖細胞の遺伝子はAのみ，aaがつくる生殖細胞の遺伝子はaのみだから，かけ合わせてできる子の遺伝子の組み合わせは全てAaで，丸い種子しか得られない。一方，Aaとaaをかけ合わせた場合，Aaがつくる生殖細胞の遺伝子はAとaだから，aaとかけ合わせてできる子の遺伝子の組み合わせはAaとaaになり，丸い種子(Aa)としわのある種子(aa)ができる。よって，かけ合わせたエンドウの遺伝子の組み合わせは，Aaとaaである。

〔問6〕＜**力**＞力のつり合いの関係にある2力は，1つの物体にはたらくので，図4では，机が物体を押す力(垂直抗力)Aと物体にはたらく重力Bである。また，作用・反作用の関係にある2力は，2

つの物体の間で互いにはたらくので，図４では，机が物体を押す力Ａと物体が机を押す力Ｃである。

2〔**小問集合**〕

〔**問１**〕**＜動物の分類＞**表１で，セキツイ動物のグループはＡの魚類である。また，ＢとＣ，Ｄは無セキツイ動物のグループで，このうち，軟体動物のグループはＣとＤで，Ｂは節足動物の甲殻類のグループである。

〔**問２**〕**＜速さ＞**おもちゃの自動車は，0.6－0.4＝0.2(秒)で，図１より，5×7＝35(cm)運動している。よって，平均の速さは，35÷0.2＝175(cm/s)である。これより，１秒間に175cm運動するので，１時間，つまり，60×60＝3600(秒)で運動する距離は，175×3600＝630000(cm)で，630000÷100÷1000＝6.3(km)となる。したがって，平均の速さは 6.3km/hである。

〔**問３**〕**＜浮き沈み＞**水の密度を1.0g/cm^3とすると，液体の密度より密度が大きい物質は液体に沈み，密度が小さい物質は液体に浮くから，水に沈んだラベルの密度は1.0g/cm^3より大きいことがわかる。また，水50cm^3の質量は50gとなるから，食塩水の質量は50＋15＝65(g)で，体積が55cm^3より，食塩水の密度は，65÷55＝1.181…となり，約1.18g/cm^3である。よって，ラベルが食塩水に浮いたことから，ラベルの密度は，1.18g/cm^3より小さいことがわかる。したがって，ラベルは，表２で，密度が1.0g/cm^3より大きく，1.18g/cm^3より小さいポリスチレンである。

〔**問４**〕**＜星の動き＞**星の南中する時刻は１か月に約２時間ずつ早くなるので，１月15日午後10時に南中したオリオン座は，１か月後の２月15日には午後10時の２時間前の午後８時頃に南中する。なお，地球の公転により，南の空の星は東から西へ，１か月に360°÷12＝30°動いて見えるので，午後10時のオリオン座は，１月15日から２月15日までの１か月で約30°動いて見える。また，１日のうちでは，地球の自転により，南の空の星は東から西へ，１時間に360°÷24＝15°動いて見える。よって，２月15日午後10時のオリオン座が約30°東に見えていたのは，午後10時の30°÷15°＝2(時間)前の午後８時頃である。

3〔**気象とその変化**〕

〔**問１**〕**＜水蒸気量＞**湿度は，その気温での飽和水蒸気量に対する実際に含まれる水蒸気の量の割合である。よって，気温が高くなるほど飽和水蒸気量は大きくなるため，湿度が同じとき，気温が高いほど空気中の水蒸気の量は大きくなる。図１より，それぞれの時刻の気温は，大きい順にa＞b＞cだから，空気中の水蒸気の量は，Ａ＞Ｂ＞Ｃである。

〔**問２**〕**＜天気＞**図１で，３月31日の天気記号の⏀は晴れ，◎はくもりだから，日中の天気はおおむね晴れである。天気図の記号で風向は矢の向きで表されるから，日中は南寄りの風である。また，日が昇るとともに上がり始め，昼過ぎに最も高くなり，その後下がっているのは気温である。

〔**問３**〕**＜前線，高気圧＞**図１より，４月１日の15時から18時の間に前線Ｘ(寒冷前線)が通過したとき，気温は急激に下がり，風向は南寄りから北寄りに変化している。また，高気圧の中心付近では，上空から地上へ向かう空気の流れである下降気流が生じ，地上では中心部から周辺へ向かって風が吹き出している。なお，低気圧の中心付近では上昇気流が生じ，地上では周辺から中心部へ向かって風が吹き込んでいる。

〔**問４**〕**＜日本の気象＞**つゆ(６月)の天気図は，日本列島付近に東西にのびる停滞前線(梅雨前線)が見られるアである。夏(８月)の天気図は，日本の南側に高気圧，北側に低気圧がある南高北低の気圧配置のウである。秋(11月)の天気図は，日本付近を西から東へ移動性高気圧と温帯低気圧が交互に通過するエであり，冬(２月)の天気図は，日本の西側に高気圧(シベリア高気圧)，東側に低気圧がある西高東低の気圧配置のイである。

4〔**植物の生活と種類**〕

〔**問１**〕**＜葉のはたらき＞**図１のＡは気孔で，呼吸や光合成で吸収・放出する酸素や二酸化炭素の出入り口であり，蒸散で放出する水蒸気の出口である。また，Ｂは葉緑体で，水と二酸化炭素を原料に光のエネルギーを利用して光合成を行い，デンプンと酸素をつくる。なお，細胞の活動により生じた物質を蓄えているのは液胞であり，植物の細胞の形を維持するのは細胞壁である。

〔問2〕<光合成>実験1では，光合成に必要な条件を調べているので，実験前に葉にあったデンプンを全て消費しておく必要がある。暗室に24時間置くと，葉にあるデンプンは水に溶けやすい物質に変えられて，体全体に運ばれる。また，光合成に二酸化炭素が必要であることは，袋の中の二酸化炭素の有無だけが異なり，それ以外の光合成に必要な条件(光)は同じもので比較する。息には二酸化炭素が多く含まれているから，光が当たっている条件は同じで，二酸化炭素がある葉Cと，水酸化ナトリウム水溶液をしみ込ませたろ紙を入れたため，二酸化炭素が吸収され，ほとんど含まれていない葉Eで比較する。なお，結果2より，青紫色に変化した葉Cでは，デンプンがつくられたことから，光合成が行われ，変化しなかった葉Eでは，デンプンがつくられなかったことから，光合成が行われていない。よって，葉Cと葉Eの結果から，光合成には二酸化炭素が必要であることがわかる。

〔問3〕<光合成と呼吸>結果3より，実験後の二酸化炭素の割合は，袋Hでは増加し，袋Ⅰでは減少している。二酸化炭素は，呼吸によって出され，光合成によって吸収されるから，呼吸によって出される二酸化炭素の量よりも，光合成によって使われた二酸化炭素の量の方が多いのは袋Ⅰで，袋Ⅰでは呼吸よりも光合成が盛んに行われたことになる。また，光合成によってデンプンなどの養分がつくられるので，デンプンなどの養分のできる量も多いのは，二酸化炭素を多く使った袋Ⅰである。なお，二酸化炭素の割合が増加していた袋Hでは，光合成は行われたが，光の強さが弱かったため，呼吸よりも光合成のはたらきの方が小さかったと考えられる。

5 〔化学変化と原子・分子〕

〔問1〕<炭酸水素ナトリウムの分解>ガラス管を水槽の水の中に入れたまま試験管Aの加熱をやめると，試験管A内の気体が冷えて気圧が下がり，水槽の水が試験管Aに流れ込む。流れ込んだ水が，加熱部分に触れると，試験管Aが割れるおそれがあり，危険である。そのため，ガラス管を水槽の中から取り出してから加熱をやめる必要がある。また，加熱後の物質は炭酸ナトリウムで，炭酸水素ナトリウム水溶液は弱いアルカリ性を示すが，炭酸ナトリウム水溶液は強いアルカリ性を示す。pHの値は中性で7で，数値が大きいほどアルカリ性が強くなるので，炭酸水素ナトリウム水溶液よりも加熱後の物質(炭酸ナトリウム)の水溶液の方がpHの値は大きい。

〔問2〕<分解>試験管A内で起こっている化学変化は，1種類の物質が2種類以上の別の物質に分かれる分解である。①のア～エのうち，分解が起こっているのは，酸化銀を加熱したときで，酸化銀は銀と酸素に分解する。なお，イ，ウ，エで起こっている化学変化は，2種類以上の物質が結びついて別の新しい物質ができる化合である。また，炭酸水素ナトリウム($NaHCO_3$)は，加熱すると，炭酸ナトリウム(Na_2CO_3)と二酸化炭素(CO_2)と水(H_2O)に分解する。加熱後の3つの物質全てに酸素原子(O)が含まれているので，図2で酸素原子を表しているのは◎である。さらに，◎2個と○1個がCO_2を表しているから，○は炭素原子(C)で，◎1個と●2個がH_2Oを表しているから，●は水素原子(H)となる。よって，ナトリウム原子(Na)を表しているのは■である。

〔問3〕<反応する物質の質量>実験2で発生した気体は二酸化炭素だけで，空気中に逃げるから，発生した気体の質量は，結果2の反応前の質量と加えた炭酸水素ナトリウムの質量の和から，反応後の質量をひくことで求められる。よって，加えた炭酸水素ナトリウムの質量が0.50gのときに発生した気体の質量は，$79.50+0.50-79.74=0.26$(g)となる。以下同様に，発生した気体の質量を求めると，加えた炭酸水素ナトリウムの質量が1.00gのときは0.52g，1.50gのときは0.78g，2.00gのときは1.04g，2.50gのときは1.17g，3.00gのときは1.17gとなる。よって，グラフは，点(0.50，0.26)，(1.00，0.52)，(1.50，0.78)，(2.00，1.04)，(2.50，1.17)，(3.00，1.17)を通る。なお，この反応を化学反応式で表すと，$NaHCO_3+HCl \longrightarrow NaCl+H_2O+CO_2$となる。

〔問４〕＜反応する物質の質量＞〔問３〕で，ウより，発生した気体の質量が1.17g以下のとき，グラフは原点を通る直線なので，加えた炭酸水素ナトリウムの質量と発生した気体の質量は比例している。よって，炭酸水素ナトリウムの質量が1.00gのときに発生した気体の質量は0.52gより，発生した気体の質量が0.65gのときに反応した炭酸水素ナトリウムの質量をx gとすると，$1.00 : x = 0.52 : 0.65$が成り立つ。これを解くと，$x \times 0.52 = 1.00 \times 0.65$より，$x = 1.25$(g)となる。したがって，ベーキングパウダー4.00gに含まれている炭酸水素ナトリウムは1.25gなので，$1.25 \div 4.00 \times 100 = 31.25$より，炭酸水素ナトリウムは約31％含まれている。

6〔電流とその利用〕

〔問１〕＜電流と磁界＞右図のように，コイルの内側と外側には，逆向きの磁界ができる。よって，コイルＡの内部に置いた方位磁針のN極は，コイルの下部に置いた方位磁針のN極と反対の向きに動き，コイルの上部に置いた方位磁針のN極は，コイルの下部に置いた方位磁針のN極と同じ向きに動く。

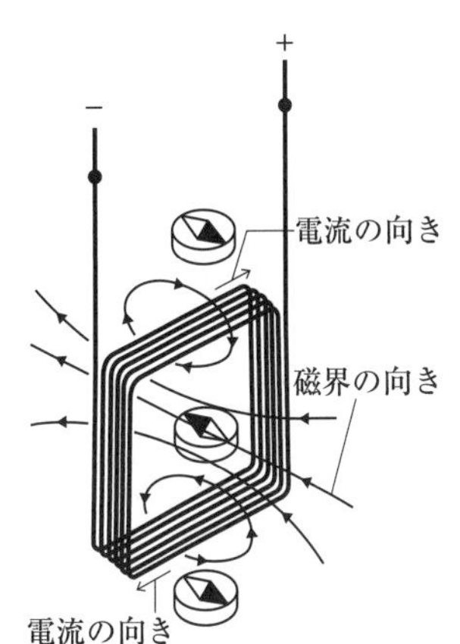

〔問２〕＜電磁誘導＞コイルＡを動かして，コイルＡの中の磁界が変化すると，コイルＡに電圧が生じて電流が流れる。この現象を電磁誘導といい，流れる電流を誘導電流という。

〔問３〕＜回路と電流＞電源装置の電圧が同じとき，オームの法則〔電流〕$=\frac{〔電圧〕}{〔抵抗〕}$より，コイルＢに流れる電流は，２つの抵抗器全体の抵抗(合成抵抗)が小さいほど大きくなり，コイルの回転が速くなる。まず，直列つなぎでも並列つなぎでも，抵抗の小さな抵抗器をつないだ方が合成抵抗は小さくなるから，合成抵抗は，ア＜ウ，イ＜エである。次に，抵抗器を直列につなぐと合成抵抗は各抵抗の和になるから，アの合成抵抗は$5+20=25(\Omega)$となる。また，抵抗器を並列につなぐと合成抵抗は各抵抗より小さくなるから，エの合成抵抗は10Ωより小さい。よって，合成抵抗は，エ＜アとなり，合成抵抗の大きさは，イ＜エ＜ア＜ウである。したがって，コイルが速く回転する順も，イ，エ，ア，ウとなる。

〔問４〕＜モーター＞図８の状態のとき，ｅ側の軸はエナメルをはがした部分が軸受けに接していて，電流はｅからｆに流れるから，コイルＢにはａ→ｂ→ｃ→ｄの向きに電流が流れる。このとき，流れる電流の向きと，磁石からの磁界の向きは，実験１の(4)と同じだから，結果１の(2)より，図８ではコイルＢは磁界からＪの向きに力を受ける。次に，図９の状態のとき，ｅ側の軸はエナメルをはがしていない部分が軸受けに接しているので，コイルＢに電流は流れず，磁界から力を受けない。そのため，コイルＢは慣性で回転し，再び図８の状態になって同じ向きに回転を続ける。

Memo

Memo

Memo

●2020年度

都立西高等学校

独自問題

【英語・数学・国語】

2020年度 都立西高等学校

【英　語】（50分）〈満点：100点〉

1 リスニングテスト（**放送**による**指示**に従って答えなさい。）

〔**問題A**〕 次の**ア**～**エ**の中から適するものをそれぞれ**一つずつ**選びなさい。

<対話文 1>

ア Tomorrow.　**イ** Next Monday.

ウ Next Saturday.　**エ** Next Sunday.

<対話文 2>

ア To call Ken later.　**イ** To leave a message.

ウ To do Bob's homework.　**エ** To bring his math notebook.

<対話文 3>

ア Because David learned about *ukiyoe* pictures in an art class last weekend.

イ Because David said some museums in his country had *ukiyoe*.

ウ Because David didn't see *ukiyoe* in his country.

エ Because David went to the city art museum in Japan last weekend.

〔**問題B**〕 <Question 1> では，下の**ア**～**エ**の中から適するものを**一つ**選びなさい。

<Question 2> では，質問に対する答えを英語で書きなさい。

<Question 1>

ア In the gym.　**イ** In the library.

ウ In the lunch room.　**エ** In front of their school.

<Question 2>

（15 秒程度，答えを書く時間があります。）

※（編集部注）<**英語学力検査リスニングテストCD台本**>を英語の問題の終わりに掲載しています。

2 次の対話の文章を読んで，あとの各問に答えなさい。
（＊印の付いている単語・語句には，本文のあとに〔注〕がある。）

*Nao, Mark, and Yuta are high school students. They have finished their homework about *ecosystems, and they are talking about it.*

Nao: Mark, what did you write your report about?

Mark: I wrote about a problem in my hometown, New South Wales, Australia.

Nao: What problem?

Mark: The other day, my uncle who lives there sent me an email with a picture. Look at this picture he took of the swimming pool in his garden.

Yuta: Oh, cute koala! But why was the koala there?

Mark: The koala was drinking water from the swimming pool.

Yuta: What?

Nao: Usually, koalas live in forests, right?

Mark: Yes, they spend most of their time in *eucalyptus trees. Usually, koalas eat only eucalyptus leaves and also get water from them. They only leave a tree when they have to go to another tree. Koalas were never seen in the town before.

Yuta: Does this mean that koalas cannot get enough water in the forest now?

Mark: That's right. The forests were full of eucalyptus trees before, but now many trees are *damaged.

Nao: Why? Because of *climate change?

Mark: Yes. But this is not the only reason. Many of the eucalyptus trees were cut down.

Yuta: So sad. Koalas are losing their homes because of humans.

Nao: I heard that the number of koalas continues to *decrease.

Yuta: ［ (a) ］

Mark: Yes. In New South Wales, we have already lost about 25% of the koalas in the last 20 years and now there are only about 36,000 koalas. Scientists say that koalas in Australia will be *extinct in 30 years.

Nao: Oh, that is a serious problem. Forests have many kinds of living things. If we lose one *species, that means we also lose many other living things in the same ecosystem.

Mark: Yes. We have to think about how ecosystems work.

Nao: Right. Plants give animals and insects food. Plants also need animals and insects to live.

Pollination is *essential for vegetables and fruits to grow, right?

Yuta: What is pollination?

Nao: When *butterflies, *bees, or some birds fly from one flower to another, they help vegetables and fruits to spread their *seeds.

Yuta: I think I understand. [(b)]

Mark: Sure. Some animals eat insects which carry *diseases. Thanks to this, other animals are protected from those diseases.

Yuta: Oh, every living thing is an important part of the ecosystem. Well, what did you write about, Nao?

Nao: I wrote about an animal damaging an ecosystem.

Yuta: What did it do?

Nao: When I joined a tour to climb mountains, the tour guide showed me big and special *frogs.

Mark: Why were they special?

Nao: Originally, they did not live there. But people brought them to the area from other countries.

Yuta: Why did people bring them to that area?

Nao: Because people heard that the special frogs had the *habit of eating *certain insects. Those insects are bad for some plants. People wanted to reduce the number of those insects.

Mark: Were they able to do so?

Nao: No. The special frogs ate only some of the insects. Instead, the frogs ate different insects and small animals. Now the number of small animals has decreased.

Yuta: Oh, no. Well, what happened to the frogs?

Nao: The frogs have strong *poison, so there are almost no animals that try to eat them. Now the number of the frogs has increased.

Yuta: So, the frogs are damaging the ecosystem.

Nao: But I feel sorry for the frogs.

Yuta: [(c)]

Nao: They didn't damage ecosystems before they were brought to the area. In the place the frogs originally lived in, some animals ate the frogs without becoming sick.

Yuta: I see.

Mark: Well, what did you write about, Yuta?

Yuta: I wrote about the Cat Project. When I visited an island, people who live there told me about the project.

Mark: Cat Project?

Yuta: Cats were brought to the island to reduce the number of *mice, but they became *wild in the forest. They are dangerous for birds, especially for birds people can see only on that island.

Mark: So, were the cats caught to protect the birds as a part of the project?

Yuta: Yes, they were. [(d)]

Nao: What happened to them after that?

Yuta: The cats were *trained to live with people. Now new owners take care of the cats.

Mark: Wow, it's a wonderful project which protects both the birds and the cats.

Yuta: Right. I remember the things people on the island told me. "Don't take plants and animals away from the forest." "Don't leave anything in the forest."

Nao: The tour guide said so, too. When we do something, we have to think about living things in ecosystems.

Mark: That's true. When we lose a species, we can never get it back.

Yuta: People need to understand that their actions can damage ecosystems.

Nao: Yes. We should always remember that we are part of an ecosystem and should respect nature.

〔注〕
ecosystem 生態系	eucalyptus ユーカリ	damage 損なう
climate change 気候変動	decrease 減少する	extinct 絶滅した
species 種（しゅ）	essential 不可欠な	butterfly 蝶
bee 蜂	seed 植物の種子	disease 病気
frog カエル	habit 習性	certain ある
poison 毒	mice （mouse の複数形）ねずみ	
wild 野生の	train 訓練する	

〔問１〕 本文の流れに合うように，[(a)] ～ [(d)] の中に，英文を入れるとき，最も適切なものを次の中からそれぞれ**一つ**ずつ選びなさい。ただし，同じものは二度使えません。

ア What do you mean?

イ But this is not the end.

ウ I didn't know that. Is that true?

エ Are there any other examples?

〔問２〕 次の英文が本文の内容に合うように，［　　］の中に入る**算用数字**を答えなさい。

About ［　　］ koalas lived in New South Wales in Australia 20 years ago.

〔問３〕 本文の内容に合う英文の組み合わせとして最も適切なものは，下の**ア**～**シ**の中ではどれか。

① Mark took a picture of a koala drinking water from the swimming pool in the garden in his hometown.

② Koalas are losing their homes because climate change damaged eucalyptus trees and many of them were cut down.

③ Nao joined the tour, climbed mountains, and showed the tour guide many kinds of special frogs.

④ The number of the special frogs has increased because there are almost no animals that try to eat them.

⑤ People brought cats to the island because mice were dangerous, especially for birds in the forest.

⑥ Yuta heard that people caught birds to protect them because they are seen only on the island.

⑦ Nao remembers the things people on the island said, so she thinks we should not take plants and animals away from the forest.

⑧ It is very important for us to think about living things because our actions can damage ecosystems.

ア	① ⑤	**イ**	② ⑥	**ウ**	③ ④
エ	⑤ ⑧	**オ**	① ③ ⑥	**カ**	② ④ ⑧
キ	② ⑥ ⑦	**ク**	④ ⑥ ⑧	**ケ**	① ④ ⑤ ⑦
コ	② ③ ⑦ ⑧	**サ**	② ④ ⑥ ⑦	**シ**	③ ⑤ ⑦ ⑧

〔問 4〕 次の文章は，本文の中で述べられている内容についてまとめたものである。(a)～(d) の中に，それぞれ適切な**英語 1 語**を入れなさい。

Plants and animals (a) each other in an ecosystem. Plants give other living things food. Thanks to animals and insects, plants can spread their seeds. Some animals eat insects which carry diseases, and other animals are safe from those diseases. However, we see some examples of how ecosystems are damaged. In Australia, koalas have to (b) forests because they cannot get enough water there. Frogs with a strong poison were taken from another ecosystem to reduce the number of insects. Now they are damaging the ecosystem. Cats were also damaging the ecosystem of an island. However, because of the (c) people started, not only the birds but also the cats are protected. We should not (d) that we belong to an ecosystem and have to respect nature.

3 次の文章を読んで，あとの各問に答えなさい。なお，[1] ～ [8] は段落の番号を表している。(＊印の付いている単語・語句には，本文のあとに〔注〕がある。)

[1] What is laughing? Some people say that we don't have to learn to laugh. It's just something we're born with. Many babies laugh for the first time when they're 3 or 4 months old, long before they can speak. They laugh when they see something like their favorite toy, a pet, or their mother or father. When babies are *tickled, they laugh. The *laughter means they enjoy that very much. Laughing is a kind of language that babies use to communicate.

[2] A famous person once said, "Humans are the only animals that laugh." However, do you know that some *apes also laugh? When chimpanzees or gorillas are tickled, they make sounds. This means they are laughing. Of course, (1)【 very / make / are / from / they / the sounds / ours / different 】, but they're the beginning of human laughter. Some animals, such as dogs and dolphins, also use sounds to show that they're having fun during play. Like human babies, they communicate with each other by using sounds.

[3] One of the amazing things about laughing is that it does not happen for no reason. Let's try a simple *experiment. Try to laugh out loud right now. Or ask someone around you to laugh. (2)We all know that it's difficult to do so. That's because we need reasons to laugh, and laughing is one of the ways to express our *emotions and ideas.

[4] In many cases, we laugh when we're with other people. We laugh to show that we agree

with them. By laughing with them, we also show that we like them. We want to show that we have something to share. Laughing is a message that we send to others.

[5] Laughing is *social and contagious. Contagious means that something spreads quickly among a group of people. If someone starts to laugh, then another person will also start to laugh. When we laugh together, a positive *relationship is created. If we share a laugh, we'll both feel happier, better and more positive. Shared laughter is one of the greatest ways of keeping our relationships fresh and exciting. So laughing plays an important part in social relationships.

[6] Some scientists wanted to know how shared laughter would change a relationship between *strangers. So they did an experiment. In a room, *subject A watched some videos on TV. In a different room, subject B watched the same videos. While they were watching those videos, a *screen was showing what the other was doing through a camera. So subject A and subject B could see each other on the screen. When one subject laughed a lot at a video, the other subject also laughed a lot. When one subject laughed a little at another video, the other subject also laughed a little. After the experiment, both subjects felt positive emotions toward each other. They said, "We want to know more about each other because we laughed at almost all the same scenes. So maybe we have something *in common."

[7] There is another purpose for laughter. It works like medicine. Laughing makes our *immune systems stronger. Some university teachers in the US did an experiment. They *studied the stress levels and *short-term memory of 20 healthy people in their 60s and 70s. One group was asked to watch a funny video for 20 minutes. This group was called "*humor group." The other group was asked to sit without talking, reading, or using their smart phones for 20 minutes. This group was called "non-humor group." After 20 minutes, the subjects of both groups gave *saliva *samples and took short memory tests. Can you guess the results? When their saliva samples were studied, the "humor group" showed much lower levels of the stress *hormone than the "non-humor" group. In addition, the "humor group" did better on short-term memory tests than the "non-humor group." By laughing, we can improve our health.

[8] So what should you do in your everyday life? There are lots of things to do. First of all, smile. Smiling is the beginning of laughter, and smiling is also contagious. Many people these days are busy with their phones, and they do not pay any attention to their *surroundings, but you should not look down at your phone. Instead, look up and smile at your classmates, your teachers and your parents. Maybe they will start smiling too, and then you will start talking. Also, if people are laughing and you hear them, move toward them and ask, "What's so funny?" Sometimes humor and laughter are personal among a small group, but usually not. More often,

people are very happy to share something funny because it gives them a chance to laugh again. Why don't you spend time with fun, happy people? Maybe you do not think of yourself as a funny person, but still you can look for people who like to laugh and want others to laugh. Why don't you bring humor into your life? Laughter is the key to happiness and is the best [(4)] to help us to enjoy our health.

〔注〕
tickle　くすぐる
experiment　実験
relationship　人間関係
screen　画面
study　研究する
saliva　唾液
surrounding　周囲
laughter　笑うこと
emotion　感情
stranger　他人
in common　共通して
short-term　短期間の
sample　サンプル
ape　類人猿
social　社会性のある
subject　被験者
immune　免疫
humor　ユーモア
hormone　ホルモン

〔問１〕 (1)【 very / make / are / from / they / the sounds / ours / different 】とあるが，本文の流れに合うように，【　　　　　】内の単語・語句を正しく並べかえなさい。

〔問２〕 (2)We all know that it's difficult to do so. とあるが，この内容を最もよく表しているものを，次のア～オの中から一つ選びなさい。

ア　We all know that it's difficult to ask someone around you to laugh.
イ　We all know that it's difficult to try a simple experiment right now.
ウ　We all know that it's difficult to laugh at one of the amazing things.
エ　We all know that it's difficult to laugh without anything to laugh at.
オ　We all know that it's difficult to express our emotions and ideas by laughing.

〔問3〕 [6]の段落に書かれている実験内容を，最もよく表している絵は次の中ではどれか。

〔問4〕 本文の流れに合うように，［ (4) ］の中に**本文中の英語1語**を書きなさい。

〔問5〕 本文の内容に合う英文の組み合わせとして最も適切なものは，下の**ア～シ**の中ではどれか。

① Many babies start talking before laughing when they see their favorite things because they want to say that they enjoy those things very much.

② Animals, such as dogs and dolphins, try to communicate with human babies while they are having fun together during play.

③ We often laugh as a way of communicating that we like or agree with other people when we are together.

④ If you share a laugh together with other people, a positive relationship is created and you want to know more about them.

⑤ The "non-humor group" used their smart phones for 20 minutes before the short-memory test, so they did better than the "humor group."

⑥ The "humor group" showed less stress hormone than the "non-humor group" though both groups watched videos in the experiment.

⑦ When you hear the sound of laughing, you need to ask what is so funny before moving toward it because laughter is a personal thing.

⑧ If you are not a funny person, you should spend time with people who don't like to laugh and want others to laugh.

ア	① ③	イ	② ⑤	ウ	③ ④
エ	④ ⑥	オ	⑤ ⑦	カ	① ② ⑤
キ	② ④ ⑦	ク	② ⑥ ⑧	ケ	③ ⑤ ⑥
コ	④ ⑦ ⑧	サ	① ③ ④ ⑧	シ	② ③ ⑤ ⑥

4 次の文章を読んで，あとの各問に答えなさい。なお，[1] ～ [8] は段落の番号を表している。（＊印の付いている単語・語句には，本文のあとに〔注〕がある。）

[1] Many of the things we use in our homes and at school need electricity. But do you know when and where people began to use electricity in Japan? In 1878, electricity was first used in Tokyo when a light was turned on there. In those days, electricity was not well known to people. Electricity was usually used for light, and slowly began to be used for other things. Now, in our daily lives, we not only *depend on electricity but also think it will always be there when we need it. When we open the *refrigerator, we think food will be cold. When we need to talk to someone on the phone, watch TV, or even use the washing machine, everything works because of electricity. But how did people discover electricity and find ways to use it in their daily lives?

[2] In the past, people all over the world were very interested in lightning, the bright light in the sky caused by electricity. In fact, some people (1)【 how / that kind / use / thought / energy / about / of / to 】 in their lives. In the 18th century, the *path to the everyday use of electricity first began to take shape. In 1752, an American did an *experiment with a key and a *kite and showed that lightning and electricity are connected.

[3] Now we know that lightning happens when static electricity moves from one place to another. When electricity does not move and stays in one place, it is known as static electricity. Why does static electricity happen in the rain? ［ア］ When small pieces of ice move up and down

within rain clouds and *rub against each other, static electricity is created. [イ] At that time, the small pieces of ice get *positive or *negative electric charges. [ウ] Electric charges are the *amount of electricity on things. [エ] When rain clouds with more positive charges touch other clouds with more negative charges, *electrons move from the clouds with more negative charges into the clouds with more positive charges. [オ]

[4] We see this kind of static electricity in everyday situations. It even gathers on our bodies. Let's look at an example. [(3)]

Electricity in lightning happens in the same way.

[5] Here is a simple experiment you can do to see how static charges work. Prepare a balloon, some very small pieces of paper, and a wool blanket. Keep the balloon in the air over the pieces of paper. Nothing will happen. Now, rub the balloon over the wool blanket for a short time. Then, keep the balloon in the air over the pieces of paper again. This time, the pieces of paper will be pulled to the balloon and continue to *stick to it.

[6] Why did that happen? Before the experiment, the balloon and the paper *respectively had the same amount of positive and negative electric charges. So the balloon did not pull the pieces of paper and also did not push away the pieces of paper. By rubbing the balloon on the wool, some electrons moved from the wool to the balloon. The wool now has [a] negative charges, and the balloon has [b] negative charges. When you now put the balloon close to the pieces of paper, the balloon and the papers move toward each other because the balloon now has more negative charges and the papers have a positive charge. There are *forces between charges like *magnets. This means that [c] charges pull each other and [d] charges push away from each other. Electricity happens when these kinds of forces work together.

[7] From the 19th century to the 20th century, by studying earlier findings about electricity, scientists began to understand the forces behind magnets and electricity, and this led to the *invention of technology which uses electricity. In 1825, an English scientist discovered a kind of magnet which is produced by the *flow of electrons known as an electric current. This is called an electromagnet. When electricity runs through a *coil of *wire, it works like a magnet. Through this finding, scientists understood how electricity works. In 1831, another English scientist discovered that magnets can create an electric current. By passing a magnet through a coil of *copper wire, he produced an electric current and created the first machine for producing

electricity. It was really a great invention for humans. Almost all the electricity we use today is made by using magnets and coils of copper wire. In 1879, an American scientist was able to control an electric current to create a *bulb which produced light for more than 13 hours. In 1911, a scientist showed that electricity can move faster across wires at lower temperatures. Thanks to this finding, information and energy could be passed along wires. After that, many technologies were created that led to today's information systems.

[8] As we have seen, technology using electricity is one of the greatest inventions in human history. Electricity is now an important part of homes, businesses and *industries, and we cannot think of a world without it. But this is not true in some countries. About 15 percent of the people in the world do not have electricity. Engineers are now working hard to create ways for them to use electricity. In the near future, they will be able to use electricity for the first time. How will this influence their societies?

〔注〕

depend on ～　～に頼る	refrigerator　冷蔵庫	path　道筋
experiment　実験	kite　凧	rub　こする
positive　正の	negative　負の	amount　量
electron　電子	stick to ～　～にくっつく	
respectively　それぞれ	force　物理的な力	magnet　磁石
invention　発明	flow　流れ	coil　コイル
wire　針金	copper　銅	bulb　電球
industry　産業		

〔問1〕 (1)【 how / that kind / use / thought / energy / about / of / to 】とあるが，本文の流れに合うように，【　　　　　　】内の単語・語句を正しく並べかえなさい。

〔問2〕 次の英文は，[3] の段落の［ア］～［オ］のいずれかに入る。この英文を入れるのに最も適切な場所を選びなさい。

This action produces a lot of heat and the bright light that we see as lightning.

〔問３〕 ［ (3) ］ の中には，次のA～Dのうち三つの文が入る。本文の流れに合うように正しく並べかえたとき，その組み合わせとして最も適切なものは，下のア～クの中ではどれか。

A　You will find there are two kinds of electricity.

B　Then, you will get a small 'shock' that gives you an electric charge.

C　You rub your feet on the carpet and touch a metal part of a door.

D　That's exactly what static electricity is.

ア　A → B → C

イ　A → D → B

ウ　B → C → A

エ　B → C → D

オ　C → A → D

カ　C → B → D

キ　D → A → B

ク　D → A → C

〔問４〕 [6] の段落の ［ a ］ ～ ［ d ］ の中に，次の①～④の単語を本文の流れに合うように入れたとき，その組み合わせとして最も適切なものは，下の中ではどれか。

①　more　　②　less　　③　similar　　④　different

	a	b	c	d
ア	①	②	③	④
イ	②	①	③	④
ウ	①	②	④	③
エ	②	①	④	③

〔問５〕 本文の内容に合う英文の組み合わせとして最も適切なものは，下の**ア〜コ**の中ではどれか。

① In 1878, when electricity was used for turning on a light in Tokyo, people already depended on electricity in their daily lives.

② An American did an experiment using a key and a kite and found that lightning was not connected with electricity.

③ When the balloon and the paper in the experiment have the same amount of positive and negative electric charges, the balloon pulls the paper.

④ In 1825, an English scientist discovered that an electromagnet is produced by an electric current and works like a magnet.

⑤ The machine for producing electricity was created by passing a coil of copper wire through a magnet, and it was a great invention.

⑥ In 1911, a scientist showed that electricity can move faster at higher temperatures, and this led to today's information systems.

⑦ The technology to use electricity is one of the greatest inventions in human history, but people in some countries do not have electricity.

⑧ About 15 percent of the people in the world are now working hard to create a way to use electricity.

ア	① ⑤	イ	② ④	ウ	③ ⑦
エ	④ ⑥	オ	④ ⑦	カ	① ③ ⑤
キ	① ④ ⑦	ク	① ⑤ ⑥	ケ	② ⑥ ⑧
コ	⑤ ⑦ ⑧				

〔問６〕 下の質問について，あなたの考えや意見を，**40語以上50語以内の英語**で述べなさい。「.」「,」「!」「?」などは，語数に含めません。これらの符号は，解答用紙の下線部と下線部の間に入れなさい。

What is an important invention in the history of science and technology, and why?

2020 年度　英語学力検査リスニングテスト台本

開始時の説明

これから，リスニングテストを行います。

問題用紙の１ページを見なさい。リスニングテストは，全て放送による指示で行います。リスニングテストの問題には，問題Ａと問題Ｂの二つがあります。問題Ａと，問題Ｂの ＜Question 1＞ では，質問に対する答えを選んで，その記号を答えなさい。問題Ｂの ＜Question 2＞ では，質問に対する答えを英語で書きなさい。

英文とそのあとに出題される質問が，それぞれ全体を通して二回ずつ読まれます。問題用紙の余白にメモをとってもかまいません。答えは全て解答用紙に書きなさい。

（２秒の間）

〔問題Ａ〕

問題Ａは，英語による対話文を聞いて，英語の質問に答えるものです。ここで話される対話文は全部で三つあり，それぞれ質問が一つずつ出題されます。質問に対する答えを選んで，その記号を答えなさい。

では，＜対話文１＞を始めます。

（３秒の間）

Tom: I am going to buy a birthday present for my sister. Lisa, can you go with me?
Lisa: Sure, Tom.
Tom: Are you free tomorrow?
Lisa: Sorry, I can't go tomorrow. When is her birthday?
Tom: Next Monday. Then, how about next Saturday or Sunday?
Lisa: Saturday is fine with me.
Tom: Thank you.
Lisa: What time and where shall we meet?
Tom: How about at eleven at the station?
Lisa: OK. See you then.

（３秒の間）

Question : When are Tom and Lisa going to buy a birthday present for his sister?

（５秒の間）

繰り返します。

（２秒の間）

（対話文１の繰り返し）

（３秒の間）

Question： When are Tom and Lisa going to buy a birthday present for his sister?
(10秒の間)

<対話文2>を始めます。
(3秒の間)

(呼び出し音)
Bob's mother: Hello?
Ken: Hello. This is Ken. Can I speak to Bob, please?
Bob's mother: Hi, Ken. I'm sorry, he is out now. Do you want him to call you later?
Ken: Thank you, but I have to go out now. Can I leave a message?
Bob's mother: Sure.
Ken: Tomorrow we are going to do our homework at my house. Could you ask him to bring his math notebook? I have some questions to ask him.
Bob's mother: OK, I will.
Ken: Thank you.
Bob's mother: You're welcome.

(3秒の間)
Question： What does Ken want Bob to do?
(5秒の間)
繰り返します。
(2秒の間)
(対話文2の繰り返し)
(3秒の間)
Question： What does Ken want Bob to do?
(10秒の間)

<対話文3>を始めます。
(3秒の間)

Yumi: Hi, David. What kind of book are you reading?
David: Hi, Yumi. It's about *ukiyoe* pictures. I learned about them last week in an art class.
Yumi: I see. I learned about them, too. You can see *ukiyoe* in the city art museum now.
David: Really? I want to visit there. In my country, there are some museums that have *ukiyoe*, too.
Yumi: Oh, really? I am surprised to hear that.
David: I have been there to see *ukiyoe* once. I want to see them in Japan, too.
Yumi: I went to the city art museum last weekend. It was very interesting. You should go there.

（３秒の間）

Question： Why was Yumi surprised?

（５秒の間）

繰り返します。

（２秒の間）

（対話文３の繰り返し）

（３秒の間）

Question： Why was Yumi surprised?

（10秒の間）

これで問題Ａを終わり，問題Ｂに入ります。

〔問題Ｂ〕

（３秒の間）

これから聞く英語は，カナダの高校に留学している日本の生徒たちに向けて，留学先の生徒が行った留学初日の行動についての説明及び連絡です。内容に注意して聞きなさい。

あとから，英語による質問が二つ出題されます。＜Question 1＞では，質問に対する答えを選んで，その記号を答えなさい。＜Question 2＞では，質問に対する答えを英語で書きなさい。

なお，＜Question 2＞のあとに，15秒程度，答えを書く時間があります。

では，始めます。（２秒の間）

Welcome to our school. I am Linda, a second-year student of this school. We are going to show you around our school today.

Our school was built in 2015, so it's still new. Now we are in the gym. We will start with the library, and I will show you how to use it. Then we will look at classrooms and the music room, and we will finish at the lunch room. There, you will meet other students and teachers.

After that, we are going to have a welcome party.

There is something more I want to tell you. We took a group picture in front of our school. If you want one, you should tell a teacher tomorrow. Do you have any questions? Now let's start. Please come with me.

（３秒の間）

＜Question 1＞ Where will the Japanese students meet other students and teachers?

（５秒の間）

＜Question 2＞ If the Japanese students want a picture, what should they do tomorrow?

（15秒の間）

繰り返します。

（２秒の間）

（問題Bの英文の繰り返し）

（３秒の間）

＜Question 1＞　Where will the Japanese students meet other students and teachers?

（５秒の間）

＜Question 2＞　If the Japanese students want a picture, what should they do tomorrow?

（15秒の間）

以上で，リスニングテストを終わります。２ページ以降の問題に答えなさい。

【数　学】（50分）〈満点：100点〉

1　次の各問に答えよ。

〔問1〕　$\dfrac{(\sqrt{10}-1)^2}{5}-\dfrac{(\sqrt{2}-\sqrt{6})(\sqrt{2}+\sqrt{6})}{\sqrt{10}}$　を計算せよ。

〔問2〕　2次方程式　$3(x+3)^2-8(x+3)+2=0$　を解け。

〔問3〕　右の**図1**は正五角形ABCDEで，点Pは頂点Aの位置にある。

1から6までの目の出る大小1つずつのさいころを同時に1回投げる。

大きいさいころの出た目の数をa，小さいさいころの出た目の数をbとする。

点Pは，頂点Aを出発して，出た目の数の和$a+b$だけ正五角形の頂点上を反時計回り（矢印の方向）に移動する。例えば$a+b=6$のとき，点Pは頂点Bの位置にある。

点Pが頂点Eの位置にある確率を求めよ。

ただし，大小2つのさいころはともに，1から6までのどの目が出ることも同様に確からしいものとする。

図1

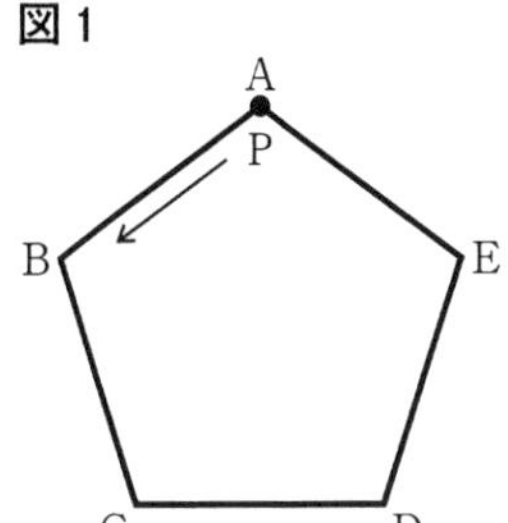

〔問4〕　2つの自然数x，yは，$x^2-4y^2=13$を満たしている。このとき，2つの自然数x，yの値をそれぞれ求めよ。

〔問5〕　右の**図2**で，四角形ABCDは，$\angle ABC=60°$のひし形で，対角線BDを引いたものである。

解答欄に示した図をもとにして，ひし形ABCDを定規とコンパスを用いて作図し，頂点A，頂点Cの位置を示す文字A，Cもそれぞれ書け。

図2

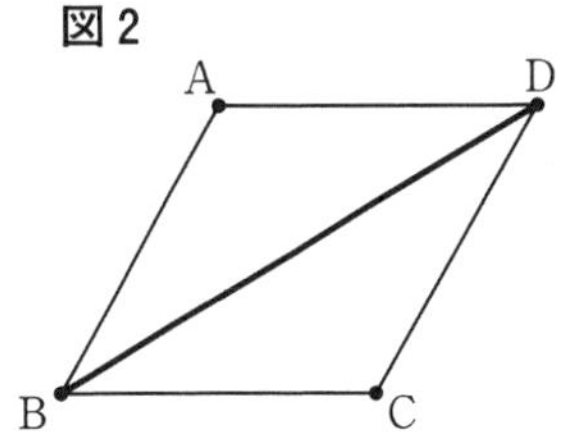

2 右の**図1**で，点Oは原点，曲線fは関数$y = ax^2$（$a > 0$）のグラフである。

2点A，Bはともに曲線f上にあり，点Aのx座標は負の数，点Bのx座標は正の数であり，点Aと点Bのx座標の絶対値は等しい。

点Aと点Bを結ぶ。

点Oから点（1，0）までの距離，および点Oから点（0，1）までの距離をそれぞれ1cmとして，次の各問に答えよ。

図1

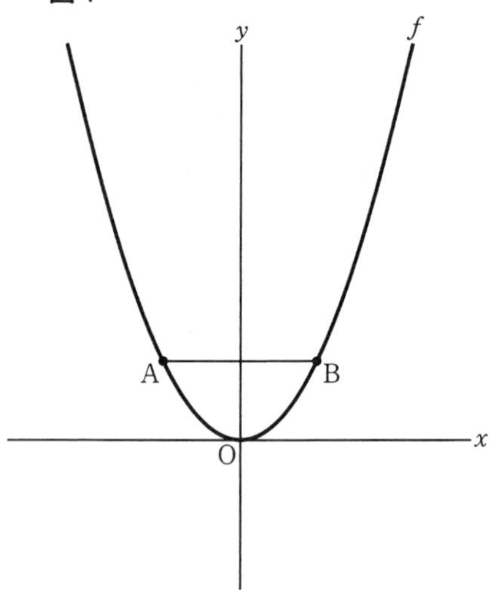

〔問1〕 右の**図2**は，**図1**において，$a = \frac{1}{2}$，点Aのx座標を-1とし，四角形ABCDが正方形となるようにy座標はともに正の数となる点Cと点Dをとり，点Bと点C，点Cと点D，点Dと点Aをそれぞれ結んだ場合を表している。

2点B，Dを通る直線の式を求めよ。

図2

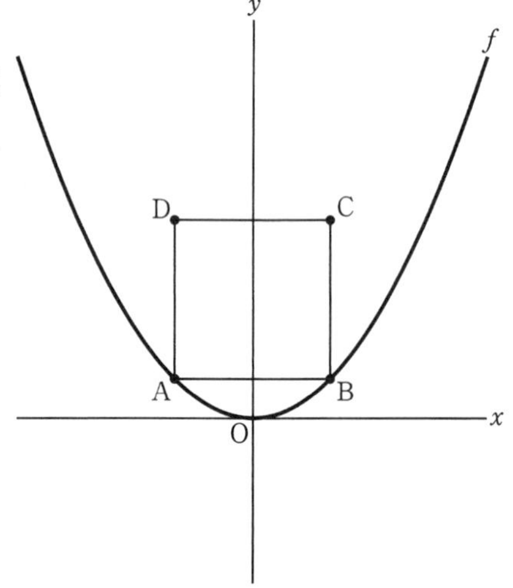

〔問 2〕　右の**図 3** は，**図 1** において，点 A の x 座標を -1 とし，点 E は曲線 f 上にあり，x 座標が 3 となる点とし，点 F は曲線 f 上にあり，x 座標が負の数で，y 座標が点 A の y 座標より大きい点とし，点 O と点 B，点 B と点 E，点 E と点 O，点 B と点 F，点 F と点 A をそれぞれ結んだ場合を表している。

△BEO と △ABF の面積が等しくなるとき，点 F の x 座標を求めよ。

ただし，答えだけでなく，答えを求める過程が分かるように，途中の式や計算なども書け。

図 3

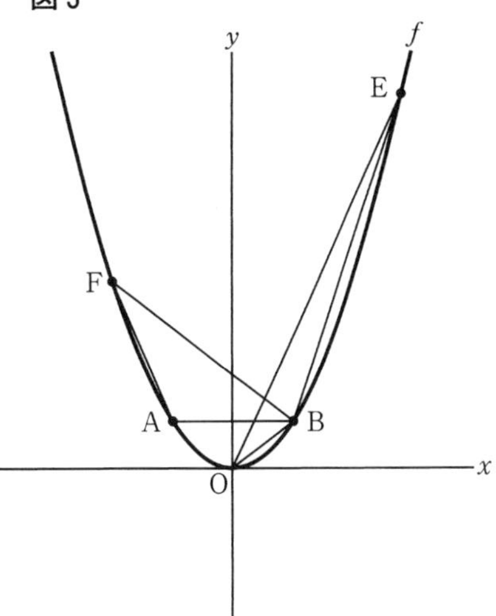

〔問 3〕　右の**図 4** は，**図 1** において，点 A を通り，傾きが曲線 f の式における比例定数 a と等しい直線を ℓ とし，点 B から直線 ℓ に引いた垂線と直線 ℓ との交点を G とし，点 B と点 G を結んだ場合を表している。

点 A の x 座標が $-\sqrt{7}$，△ABG の面積が 7 cm^2 のとき，a の値を求めよ。

図 4

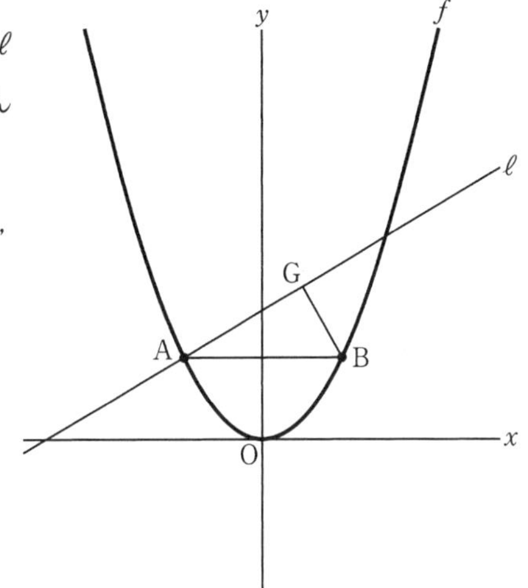

3 右の**図1**で，△ABCは，$\angle B = 90°$の直角三角形で，辺AC上にあり頂点A，Cと異なる点をDとし，$DA \geqq DB$とする。点Dと頂点Bを結んだ線分を頂点Bの方向に伸ばした直線上にあり，$DA = DE$となる点をEとする。

点Dを中心とし，線分DAの長さを半径とする円D上の2点A，Eを結ぶ$\overset{\frown}{AE}$，線分DA，線分DEで囲まれた図形を，おうぎ形DAEとする。ただし，おうぎ形DAEの中心角は180°より小さいものとする。

次の各問に答えよ。

図1

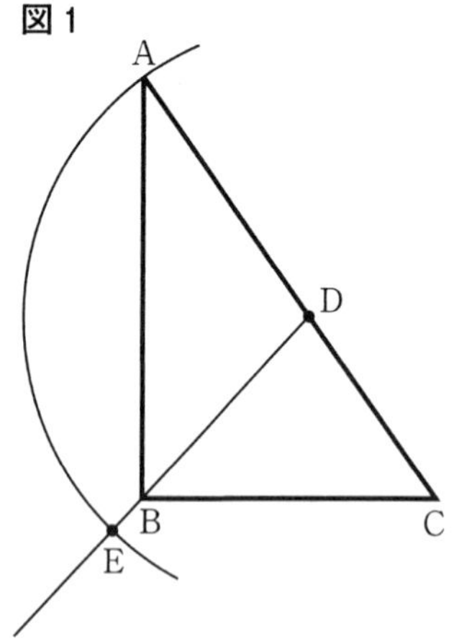

〔問1〕 右の**図2**は，**図1**において，頂点Bと点Eが一致した場合を表している。

$DA = 3$ cm，$BC = 2\sqrt{3}$ cmのとき，△DBCの面積は何cm^2か。

図2

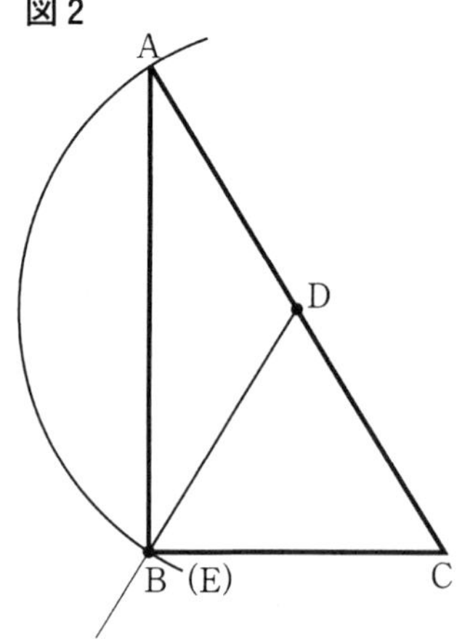

〔問2〕 右の**図3**は，**図1**において，点Dが$AD^2 + BD^2 = AB^2$を満たし，点Dを通り，辺ABに垂直な直線を引き，線分ABとの交点をF，直線DF上にある点をGとし，点Gと点Eを結んだ直線が円Dの点Eにおける接線となる場合を表している。

$AB = DG$であることを証明せよ。

図3

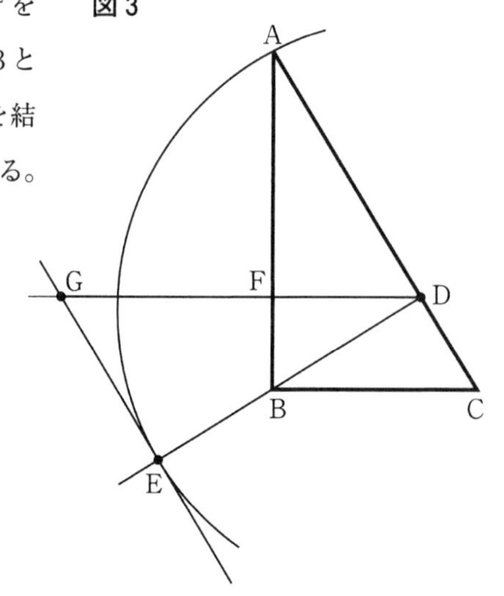

〔問3〕　右の**図4**は，**図1**において，$\angle ADB = 90^\circ$の場合を表している。

$AB = 4\sqrt{3}$ cm，$CD = 2$ cm のとき，おうぎ形DAEの$\overset{\frown}{AE}$，線分EB，線分BC，線分CAで囲まれた図形を，直線ACを軸として1回転させたときにできる回転体の体積は何cm^3か。

ただし，円周率はπとする。

図4

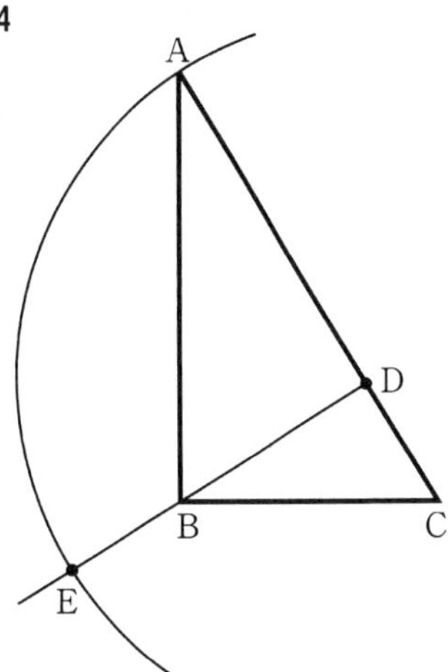

4　Mさんが，自由研究で自然数の性質について図書館で調べたところ，本の中に，次のような**操作**で，自然数がどのように変わっていくかが書かれていた。

本の内容

操作

ある自然数aが

① 偶数ならaを2で割る。

② 奇数ならaを3倍して1を加える。

自然数aに**操作**を行い，得られた数をbとし，bに対して**操作**を行ってcを得ることを自然数aに2回の**操作**を行うとし，3回，4回，5回，… の**操作**は同様とする。

例えば，7に3回の**操作**を行うと　7→22→11→34　となる。

自然数aが10000以下のとき，自然数aに**操作**を繰り返し行うと必ず1になることは分かっている。

Mさんは自然数aが初めて1になるまでの**操作**の回数に興味を持った。そこで，自然数aに**操作**を繰り返し行い，初めて1になるまでの**操作**の回数を$N(a)$とし，$N(1) = 0$とした。

例えば，10に**操作**を繰り返し行うと，6回の**操作**で初めて1になるので，$N(10) = 6$である。

次の各問に答えよ。

〔問 1〕　$N(6)$を求めよ。

〔問 2〕　$N(168) - N(8 \times d) = 3$ を満たす自然数 d を求めよ。
ただし，答えだけでなく，答えを求める過程が分かるように，途中の式や計算なども書け。

Mさんは，**操作**の回数だけでなく，1になるまでの自然数の変化にも着目してみた。下の表は2020に**操作**を繰り返し行い，2020が1になるまでに現れたすべての自然数を2020も含めて左から小さい順に並べたとき，最初から x 番目の自然数を y として，x と y の関係を表したものである。ただし，e，f，g にはそれぞれある自然数があてはまり，表の中の … の部分は自然数が省略されている。

x	1	2	3	4	…	$e-2$	$e-1$	e	$e+1$	…	$N(2020)$	$N(2020)+1$
y	1	2	4	5	…	172	f	g	344	…	2020	2752

表の y の値の中央値は233.5で，f は2020から37回**操作**を行ったときに現れる自然数で，2020から38回**操作**を行ったときに現れる自然数は98であり，$N(2020) = 53 + N(160)$ が成り立つ。

〔問 3〕　このとき自然数の組（e，g）を求めよ。

〔問4〕(4)それは、「日本の旅人」の旅の特色をよく示すであろう。とはどういうことか。その説明として最も適切なものを、次のうちから選べ。

ア　旅の記録が描かれた文芸作品を数多く読んでいくと、旅の様子だけでなく、その土地を旅した人々の歴史そのものを描くことが文芸の意味であることが明らかになるということ。

イ　旅の様子を記すということは、文芸上での約束ごとを忠実に再現していくということであり、それが旅をテーマとした文芸作品として評価される大事な要素であったということ。

ウ　旅を記した文芸作品を読むと、日本の旅人にとって、旅は全く未知の世界を訪ねていくことではなくて、既知のことがらをたどるものであるということがよくわかるということ。

エ　旅の記録は、日本を旅する人々やその旅の様子を丁寧に観察し記録したことをありのままに表現することが、文芸作品自体を生み出す源となったことを証明しているということ。

〔問5〕(5)文学は、歴史に先行する。文学は、自然に先行する。とは、どういうことか。その説明として最も適切なものを、次のうちから選べ。

ア　在原業平の存在が、日本の旅人の典型としてその後の旅の文学の歴史を形成していったのと同様に、『伊勢物語』の中で描かれた自然描写だけが、自然なものとされたということ。

イ　優れた歌人である在原業平の存在が『伊勢物語』を作り、その後の文学作品の歴史を作り出したように、文学に描かれたものの描写が人々にとって自然の様相だったということ。

ウ　日本人にとって、自分たちの文学はこの世界を形作る歴史そのものであり、自然の情景は文学上の約束ごとをもとにして心情と結びつけることによって理解されてきたということ。

エ　日本においては、文学作品に描かれた人やできごとが歴史として人々に受容されてきたように、文学作品の中に描かれ受け継がれて残ってきたものが、自然であるということ。

の旅人としての業平の経験は、かりに宇津の山に関してだけいっても、はなはだ貴重なものであったといえるであろう。

(5)文学は、歴史に先行する。

あるいはこうもいえるだろう。

日本の自然は、文学に把握されたもののみがそこに存在する。日本の歴史は、文学の選択と濾過とを経て、はじめてその叙述の形式を得てそこに存在する。

（池田弥三郎「日本の旅人　在原業平」による）

〔注〕『伊勢物語』――平安前期の在原業平らしき男を主人公とした歌物語。

八橋――現在の愛知県東部、知立市にあったとされる場所。

宇津の山――「宇都の山」とも書く。静岡県静岡市と志太郡との境にある山。

道行き――旅して行く道々の光景と旅情を記した韻文体の文章。「海道下り」はその典型的なもの。

『蔦紅葉宇都谷峠』――河竹黙阿弥作。歌舞伎脚本の一つ。

俊基朝臣の海道下り――政変で捕らえられた日野俊基が、京都から鎌倉へと送られる道中を描いた文章。

嶋田・藤枝・岡辺・鳴海――地名。

『太平記』――軍記物語。

重衡の中将の海道下り――平清盛の子である平重衡が戦で敗れ、鎌倉に送られる道中を描いた文章。

唐衣――唐風の美しい衣服。

宝井其角――江戸前期の俳人。芭蕉の門下の一人。

餞――旅立ちや門出に贈る品物や金銭、詩歌のこと。

〔問1〕(1)「宇津の谷峠」を、筆者はどのような場所だと考えているか。その説明として最も適切なものを、次のうちから選べ。

ア　宇津の谷峠は、夢の中でさえも恋しい人に会えないと感じるような心細く寂しい山道でありながら、人に出会う場所として印象づけられてきた場所。

イ　江戸時代には歌舞伎脚本や俳句にその地名がよみ込まれ、近代では鉄道唱歌にも登場するほど、街道の重要地点として多くの旅人が行き交った場所。

ウ　宇津の谷峠は軍記物語では「海道下り」の場として、捕らわれの身となった者達が涙ながらに越えてゆく、もの寂しい場所として描かれている場所。

エ　道行きの名場面の舞台として人々に古くからその名を知られ、夢の中でさえも会えない人に会うために、その寂しく険しい山道を越えて旅する場所。

〔問2〕(2)八橋は語らずに通りすぎてしまう。とあるが、「八橋」は文学上どのような場所として位置づけられているか。□で囲まれた現代語訳の中から該当する箇所を**十字**で抜き出せ。

〔問3〕(3)「動く・動かざる」の弁と同じ意味で用いられている「弁」を、次のうちから選べ。

ア　弁論大会に参加する。

イ　旅の費用を自弁する。

ウ　事の善悪を弁別する。

エ　合弁会社を設立する。

文芸として扱っている、『平家物語』の*重衡の中将の海道下りでは、ちゃんと両方にじんぎを立てて、

いかに*鳴海の塩干潟、涙に袖は萎れつつ、
彼の在原のなにがしの、*唐衣きつつなれにしとながめけん、
三河の国八橋にもなりぬれば、
蜘蛛手にものをと、あはれなり。
……
宇都の山辺の蔦の道、
心細くも打ち越えて、

わが身はどうなることかと思いつつ鳴海の塩干潟を過ぎ、袖を涙でぬらしながら行くうちに、
あの在原のなにがし（＝業平のこと）が「着慣れた唐衣のように慣れ親しんだ……」と、物思いに沈んだ顔で歌に詠んだという、
三河の国の八橋にも着くと、
「唐衣」の歌にもあるように、八方に広がる蜘蛛の足のようにあれこれと物思いすることだと感慨深い。
……
宇都の山の辺の蔦の生え茂った道を、
心細く思いながら越えて、

と、唱い語っている。『平家物語』では、宇津の山はひどく簡単となり、後の『太平記』は、同じ道行きの詞章であるところから、十分に『平家物語』を意識して、宇津の山に厚く、その語りの筆を費したものと思われる。

八橋の場合、「蜘蛛手にものを」というのが、『伊勢物語』本文のエッセンスとなっていて、きまり文句として引用されているが、それでは、宇津の山の場合はどうだったか。

いそがしや足袋売りに逢ふ宇津の山

江戸の*宝井其角が歳暮押し詰まって、西に向って東海道をのぼろうとしている友人を送り、その*餞に作った句である。

足袋は、その工夫について、さまざまな伝説があるが、江戸の初期には、江戸では、製造販売されておらず、木綿の生産が増加するにつれて、製品は次第に普及してきたが、それでも製造はもっぱら関西であって、それが、人力によって、江戸に運ばれた。その「足袋売り」の東下りの群れは、東海道の季節の景物であった。だからその時季に西に向えば、どこでも、その姿をみかけ、箱根八里の山中でも、越すに越されぬ大井川でも、どこででも逢ったはずであった。それをなぜ其角は、特にその場所を選んで宇津の山としたか。(3)「動く・動かざる」の弁のやかましい俳諧で、読者が、宇津の山という其角の選択に、適切さを感じて納得したのはなぜか。

それは、文芸の上の約束ごととして、宇津の山は、「人に逢うところ」であったからである。

ここでは、筆の運びが、逆に、近代から近世へとさかのぼってきたが、「宇津の山」一つに集中して、その地誌の記述を蒐集していってみると、日本文学における「旅の記」というものが、どういう性質のものであるかということがよくわかる。(4)それは、「日本の旅人」の旅の特色をよく示すであろう。

すなわち、日本の旅人が、旅中で経験することは、あることがらは、すでに旅行への出発前からきまっていた、ということだ。「旅の記」が、記述にとどめるために選択する場所についても、旅行以前からきまっており、そこでのできごとも、そこの光景も、その旅人の出発前から約束されていた。宇津の山は、道が細く、暗く、従って心細く、季節のいつを問わず、蔦が茂り、楓が繁り、そして旅行者は、できればかつて見知っていた人に、そうでなくとも、誰か人に、逢うことになっていた。日本の旅人の「道」は、だから、日本の旅人に、対立して、向うにあるのではなく、旅人の側に、前々から用意されていた道であった。

そして宇津の山の場合は、明らかに、『伊勢物語』の知識が、現実の宇津の山の旅行者の経験を支配しているのである。こう考えると、日本

に今後の人間の生きる道について悲観的な観測をしている。

〔問7〕 (6)その意味で人間は二重存在的になるだろう。とあるが、人間はどうなっていくと考えるか。あなたの考えを、**二百字以内**にまとめて書け。さらに、あなたの書いた文章にふさわしい**題名**を解答用紙の所定の欄に書け。なお、、や。や「などのほか、書き出しや改行の際の空欄も一字と数えよ。

五

次の文章を読んで、あとの各問に答えよ。（［　］で囲った文章は現代語訳である。*印の付いている言葉には、本文のあとに〔注〕がある。）

『伊勢物語』*に書き記された東下りの文中の諸所は、以後、東海道の「業平名所」として、後世の文芸類を陰に陽に支配していくのであるが、それらを大観すると、八橋*よりも、宇津*の山の方が、いっそう知れ渡っていたようである。

東海道の道行き*の詞章の、道行きの詞章というよりは名所尽しの詞章といった方がいっそう適切だと思われる、例の「鉄道唱歌」（明治三十三年五月）にも、

わたればここぞ宇津の谷　山きりぬきし洞の道
駿州一の大都会　静岡出でて阿部川を

と、宇津の山は後の呼称、宇津の谷峠の名をもって、かろうじて出てくるが、八橋の方は唱われていない。

もっとも、トンネルを「ほらのみち」とは、いかにも明治式翻訳和文調でおかしいが、ともかく「ここぞ宇津の谷」と、みなさん先刻御承知のと、ばかに力をこめている。

これは、明治時代の人々にとっては、『伊勢物語』直接の知識というよりは、間に歌舞伎芝居があって、古い知識を中継して、印象を新しく呼びさましていたかもしれない。

すなわち、幕末、安政三年（一八五六）初演の『蔦紅葉宇都谷峠』*で、しばしば上演されていたから、(1)「宇津の谷峠」の名は、それによって、いっそう、耳に親しいものとなっていたと思われる。

「鉄道唱歌」のようなものも、新時代の道行き詞章として、わたしは類別している。その道行きの、一つの典型的なものといわれる、例の、「落下の雪に踏み迷ふ……（桜吹雪にどこに道があるかと踏み迷う）」の、俊基朝臣*の海道下りでも、(2)八橋は語らずに通りすぎてしまう。そして、宇津の山では、

嶋田*、藤枝*にかかりて、
岡辺*の真葛うら枯れて、
もの悲しき夕暮れに、
宇都の山辺を越え行けば、
蔦楓いと茂りて道もなし。
昔、業平の中将の住み所を求むとて、東の方に下るとて、
「夢にも人に逢はぬなりけり」とよみたりしも、
かくやと思ひ知られたり。

［嶋田、藤枝を通りかかり、
岡部の真葛が原の葛の枝先や葉先が秋の霜に枯れて、
なんとなくもの悲しい夕暮れ時に、
宇都の山路を越えて行くと、
蔦や楓がたいそう生い茂って道もわからぬありさまである。
昔、在原業平中将が住むところを求めるということで、東国へ下っていくというので、
「宇津の名の現にも、夢の中でさえも恋しいあなたにお会いできなかったことだ」という歌を詠んだのも、
まことにもっともなことだと思われた。］

と、相当に筆を費している。この『太平記』*の道行きが、明らかに先行

界を支配する時代がやってくるから。

イ　インターネットの普及に見られるように、テキストだけでは伝達できない情報も、映像データで伝えられるため、写真の存在しない社会など想定することすら不可能だから。

ウ　写真は複合的な科学技術によって成立しており、写真だけでなく、写真技術の応用によって日常が形成されているため、写真の介在しない現実など考えられなくなったから。

エ　SNSの流行に見られるように、もはや写真や動画は情報交換の重要な道具になっているため、いずれは3Dデータを持ち運び、別の場所で出力することが一般化するから。

〔問4〕(4)物質性を持ちながら、物質性を超えて増殖し、イメージの惑星を形成するスーパーマガジンである。とは、どういうことか。その説明として最も適切なものを、次のうちから選べ。

ア　過去の映像を取り込んだり未来の予測をデータ化して可視化する写真技術は、今後も人類の記憶の新たな保管庫として機能し続けていくだろうということ。

イ　写真と他の技術の組み合わせによって新たなイメージ空間が生み出されており、新しい技術が過去や未来を映像化しつつ記憶を作り出し続けるということ。

ウ　衛星技術との連携によって宇宙までも複製する写真技術は、時間の次元を取り込みながら過去や未来に向かって4次元的な増殖を支える基盤だということ。

エ　写真は異なるデータや情報を複合して変形が繰り返されていく物質性を超えた存在であり、記憶や思考にまで影響を与えながら増え続けていくということ。

〔問5〕(5)物体とイメージの二項関係はもはや消えている。といえるのは、なぜか。その説明として最も適切なものを、次のうちから選べ。

ア　写真の映像はデータという非物質であり、すべてが写真化される社会の中では物体は物体としての機能を失った非物質と考えられ、もはやモノや物体はイメージの一形態に過ぎないといえるから。

イ　今日までに生産されたデータの総量を超えるデータが生み出される社会になると、あまりの量の多さに物質と非物質の境界線がわからなくなり、超物質と呼ぶしかないモノで埋もれてしまうから。

ウ　物質として存在しているモノと、写真や映像といったイメージは一対一の対応関係を失い、モノが異なる技術によって異なるモノになりうるデータという中間的で多元的な存在になっているから。

エ　すべての物質は事故や故障といった緊急事態において、はじめて他のモノとの複雑な関係性を意識されるのであり、その時モノは単独で存在するというよりプロセスであることが明確になるから。

〔問6〕　この文章の論理展開を説明したものとして、最も適切なものを、次のうちから選べ。

ア　展覧会の例をあげて現実の不思議さを説明し、次に写真技術の複雑さを説明するために様々な技術を紹介して、最後にモノがプロセスと化す中で、人間社会に対する脅威となることを訴えている。

イ　現実が変容していく端緒として展覧会を紹介し、次に様々な種類の情報を結びつける写真技術の複合性を説明して、最後にモノが超物質性を獲得して複雑になる中で、人間のあり方を問うている。

ウ　展覧会を取り上げて話題を非物質に限定し、次に写真が非物質であることの意義を技術的な側面から補強して、最後に写真がすべての生活の基盤になった社会の危険性について問題提起している。

エ　非物質を取り上げた展覧会の先進性を訴え、次に化学と光学の複合技術である写真が構造の複雑さを増加させていくさまを描いて、最後生体情報や遺伝情報まで、徹底的にデータ化される人間は、それでも、もって生まれた身体と感覚をたよりに生きてゆくしかない。このようなデータ化を受け入れて生きる、回線に接続された生活とは、超物質性そのものであり、(6)その意味で人間は二重存在的になるだろう。そしてこの特殊な存在様式が、外から与えられたのではなく、人間の特殊性に由来するものである以上、わたしたちは自分自身で考え、答えを見つけるほかはない。

特に今日、ひときわ痛切な問いは、生の意味である。生命がモノとして、ほぼ無際限に操作され、細胞のレベルで時間の巻き戻しが可能になった現在ほど、生きることの意味が分からなくなってしまった時代はないだろう。生命のメカニズムが明らかになればなるほど、生命は無意味になってゆく。現代の文明は、生命と意味とを完全に切断し、意味の代わりに無意味を据えることで、取り返しのつかない結果をもたらそうとしているのではないだろうか。

（港　千尋「インフラグラム」による）

〔注〕インタラクティヴ――双方向。相互作用。
メタコード――より高いレベルの規則や原理。
ホログラム――三次元の映像を記録した写真。
フォトジェニック・ドローイング――光によって描かれた画像。
ダゲレオタイプ――世界初の写真撮影技法。
IoT――様々なモノがインターネットに接続され、相互に制御する仕組み。

〔問1〕(1)わたしにとって「非物質」という言葉の意味を考えるうえで、ひとつの契機となったとは、どういうことか。その説明として最も適切なものを、次のうちから選べ。

ア　現在の技術からするとゲームにすら届かないレベルの展示物ばかりだったことを思い返すと、技術の進歩の速さに感嘆を覚え、「非物質」なる名称は間違いではないと思われたということ。

イ　展覧会の企画内容の奇抜さだけでなく、薄暗い会場の様子や迷路のような構造が思い出に深く刻まれて、「非物質」という概念を自分なりに検討しなければならないと考えたということ。

ウ　いま展覧会を再現しようとしても機材も作品も作り直さなければならないという事実が、時代の流れや技術的な進歩を象徴しているため、「非物質」を考える良い機会になったということ。

エ　その当時の機材や素材といった物質は既に失われているにも関わらず、思想や言葉といった「非物質」は年月を経ても残っているということが、考えを巡らせる動機となったということ。

〔問2〕(2)それまでとは異なる現実が登場しはじめたとは、どういうことか。その説明として最も適切なものを、次のうちから選べ。

ア　確固たる実在として捉えられていた物質や人間の存在が、科学技術の発展によって曖昧になる時代が始まったということ。

イ　インターネットの出現以後に、物質だけでなく人間の存在や身体性までもが非物質化することを予測していたということ。

ウ　物質や存在が前提であった現実から、世界を構成する全てのモノが非物質に変換される新しい現実に移行したということ。

エ　インターネットの登場によって、人間の身体性までもがネットワーク空間に遍在する非物質のデータになったということ。

〔問3〕(3)モノの世界はもはやインフラグラム無しでは成立しない。といえるのは、なぜか。その説明として最も適切なものを、次のうちから選べ。

ア　写真は光学的な応用範囲を拡張した技術であり、今後とも新しい技術が生み出され、発展することが予想されるため、いずれは写真が世が、すでに手持ちのスキャナが開発されていることからも、立体的な撮影記録が日常化すると考えられる。スキャンした物体をデータとして転送し、別の場所で出力することが一般化すれば、物体とイメージの区別は次第になくなってゆくだろう。

もともと人間は立体的な再現に対する強い欲望をもっている。一九世紀後半にはすでに*ダゲレオタイプによる「ステレオ写真」(立体写真)が作られたが、これは物理的には存在していない写真の奥行きを見たいという欲望の産物である。その先には3Dホログラフィーがあり、さらに3D描画から立体を作り出す今日の技術がある。写真史の最初の160年を2D中心の時代とするならば、現在は写真が3D中心の時代に入っているとも言えるだろう。すでに述べたように、写真がインフラグラムとして今日わたしたちの生活に深く広く浸透しているのも、主に3次元的利用のためにほかならない。

写真と地図製作技術との結びつきによって生まれた、新たなイメージ空間としてのストリートビューについては、いまや地球はもとより、月から他の惑星までをデータ化するのだから、そのデータ量はまさに「天文学的」なものになってゆくだろう。GPSによる位置情報と一体化した写真は、地球上に位置しているというよりは、複製された宇宙モデルの一部ということになる。逐次更新されるという点では時間の次元を加えた、4次元的利用とも言えるだろう。

こうして写真は異なる種類の情報を結びつけ、過去に向けても未来に向けても増殖を続けてゆく記憶の建築物であるとともに、あらゆる種類の映像を取り込みつつ24時間常に編集が続く、雑誌のようでもある。撮影され、印刷され、投影され、スキャンされ、コピーされ、立体化され、平面化され、切られ、貼られ、消され、共有され、保存される。それは(4)物質性を持ちながら、物質性を超えて増殖し、イメージの惑星を形成するスーパーマガジンである。

言うまでもなく、これは今日の写真の使用法のほんの一部に過ぎない。医療技術やセキュリティ産業も含め、二一世紀は「光による描画」の爆発的な応用の時代とも言えるだろう。そこでは(5)物体とイメージの二項関係はもはや消えている。物体はイメージの一形態であり、イメージは物体の一形態と言ったほうがよい。あるいは物体としての存在様式と、イメージとしての存在様式が二重化しているのがモノであると言ったほうがいいだろう。このようなモノの持つ性質を「超物質性」と呼びたい。それは文明の夜明けから二一世紀初頭までに人類が生産したデータの総量を、数日分あるいは数時間分、やがて数秒分の総データ量が凌駕(りょうが)する時代に特有の物質観になるだろう。たとえば*IoTのように常時データ化されているモノがある。データ化されるだけでなく、それが常時接続されて存在するモノの様態は、もはや物質―非物質という二項的なカテゴリーには収まらない。

超物質性は、モノがある種のプロセスにあることを示している。3Dスキャンされたデータそれ自体はモノではない。それはイメージとしての存在様式であり、それは別のモノを生み出すことができる状態でもある。その意味でモノは多元的な様態をもち、またモノは技術を介して、別のモノとの関係性のうちにある。あるモノが作り出されるためには、道具や技術といった別のモノが必要であり、どのモノも他と無関係に存在しえない。その関係は、ふだんは目に見えず、意識されることもないが、何かのきっかけで複雑な関係性の網の目が浮上する。たとえば故障や事故が起きたとき、わたしたちははじめて、それに気がつく。

アートはこのようなモノの特殊な存在様式を顕(あら)わにすることができる。イメージと物質の関係に介入し、それを別の関係へと変換することによって、問いを立てるのである。その究極の問いは、やはり人間についての問いだろう。人間とは何なのか、なぜイメージを創るのか、生に意味はあるのか、わたしたちはどこへ行くのか……これらの問いは、科学技術がどれほど発展しても、それだけでは答えられないものである。データ化の最大のターゲットは人間である。日々の行動や個人情報からそうして苦労の末に再構成した展覧会に、おそらく多くの人はとまどうだろう。それは大昔の技術を展示する産業資料館のようで、退屈するかもしれない。そこで言われている「インタラクティヴ*」や「シミュレーション」は、今日のオンラインゲームにすら届かないレベルである。反応は遅く、解像度は粗く、全体に暗い。唯一の救いは、ヘッドホンに届くさまざまな声になるだろう。

ひとことで言えば、近未来的な物質を扱った展覧会の35年後に残っているのは、実は物質のほうではなく、思想や言葉といった「非物質」のほうだということである。35年前に使われた電子的なメディアのほとんどは、過渡期的なものとして、すでに姿を消しているのだ。そのことを監修者らが予想していたかどうかは別にして、展覧会の名称としては、間違ってはいなかったということになる。

したがって今日の「物質」を考えるうえで参考になるのは、この展覧会に何がなかったか、になるだろう。おそらくそれは、この数年後に商用が開始になるインターネットである。表現の非物質化、身体性の消滅、場所に固定されない存在などのアイデアが、具体的に何によって実現されることになるのか、それが分かっていなかった。音響も映像もすべてが、マルチメディアによって一元化される可能性も、まだはっきりとは意識されていなかったのである。

だがここで注意したいのは、そこにこそ『非物質』展の歴史的な重要性があるということだ。インターネットの爆発的な成長を前提とせずに非物質性に注目したのであり、それは科学技術の発展によって、現実がそれ以前とは異なる様相を呈してきたこと、(2)それまでとは異なる現実が登場しはじめたことを示している。展覧会のレジュメでは、そのことが「モノの複雑さ」と表現されている。リオタールらの展覧会は、わたしたちの世界を構成しているモノが、もはや以前のようなモノではなくなるのではないか、という問題提起だった。

今から思えばその複雑なモノの様態こそがメタコード*であり、その技術的な帰結として現れた代表がインフラグラムである。(3)モノの世界はもはやインフラグラム無しでは成立しない。デジタル化によって写真表現が大きく変わっても、商品広告の圧倒的多数が、依然として写真というメディアによっていることからも明らかだろう。同時に「モノがそれ以前のようなモノではなくなる」ことが、直接的に影響するのも写真である。それは写真というメディア自体が、もともと複雑性をもっていることと関係している。

写真は光学と化学、さらに電子工学という複合的な科学技術の産物である。だがそれだけが写真を成立させているのではない。写真はすぐれて知的道具であると同時に社会的な産物でもある。今日の文明は、そのあらゆる局面において写真抜きで成立するとは誰にも想像できない。写真はそれほど広く深く浸透しており、その力は物質的な存在としての写真だけでなく、記憶や思考といった心の働きにも影響をもっている。写真の複雑性は、物質的な面だけのものではない。

まず写真はその発展を通じて、光の応用範囲を拡張してきたという歴史がある。一九世紀以降の科学技術は、電磁波の研究を通じて、科学的な描画の可能性を拡張してきた。日常的な意味での写真は可視光線の幅で扱われるが、X線を使ったレントゲン写真、赤外線フィルム、レーザー光を使ったホログラム*等々と、これらも広義の光の描画だと言えるだろう。これらには、コピー機やスキャナのように通常「カメラ」とは呼ばれない機械も含まれる。

第二に、そこに一定の手続きや操作が含意されているという点である。今日以上のような応用領域を拡張している光のひとつはレーザーだが、3Dスキャナのような機械はまさに二一世紀のフォトジェニック・ドローイング*を可能にしていると言えるだろう。物体の形状をレーザー光で計測し、これを3次元データとして取り出し、これを3Dプリンタで出力する。この一連の過程は3次元のフォトジェニック・ドローイングである。「撮影」できる対象はまだスキャナのサイズによって制限される

イ　将棋に詳しくない両親が、翔太の将棋の才能や将来性に対する有賀先生の思いがけない評価を聞き、わけがわからずぼんやりしている様子。

ウ　翔太より年下の山沢君の才能を知らない両親が、翔太が今からプロを目指しても遅すぎるという有賀先生の判断を聞き、落胆している様子。

エ　将棋に無関心だった両親が、翔太の将棋の早熟な才能について手放しで褒めている有賀先生の言葉を聞き、すっかり信用し喜んでいる様子。

〔問5〕　波線部x自分以外は全員が敵なのだ。と、y「自分以外はみんな敵だ。」と、ぼくだって思っていた。では、翔太の心情はどのように変化したか。変化のきっかけを含めて**六十字以内**で説明せよ。

〔問6〕　本文の表現や内容について述べたものとして最も適切なものはどれか。次のうちから選べ。

ア　翔太の思いを（将棋は、ある意味、野球よりきついよな。）と（　）内で表し、さらに「ぼくは初めて将棋が怖くなった。」と直接描写して、物語の展開に即した主人公の心情を細やかに表している。

イ　「山沢君の顔が頭に浮かんだ。」「見てろよ、山沢」と翔太の強い敵対心を強調する一方で、山沢君の翔太への態度は淡々とした変化の無い描写にすることで、二人の人物像を対比的に描いている。

ウ　「横歩取り」「大駒を切り合う」などの将棋用語を多用し、対局場面では短文を重ね臨場感を出すとともに、登場人物の心情表現を排除する工夫により、将棋の世界の厳しさを効果的に表している。

エ　簡潔な会話の連続で物語をスムーズに展開させる一方で、人物描写における「困ったように」のような直喩表現の多用や、心情を（　）内で詳しく説明する工夫により、人物像を明確に描いている。

四

次の文章を読んで、あとの各問に答えよ。（＊印の付いている言葉には、本文のあとに〔**注**〕がある。）

わたしが見るところ、写真や映像がインフラ化する兆候を捉えたのが、一九八五年春にパリのポンピドゥーセンターで開催された、大がかりな展覧会である。タイトルは『非物質』展、主催はポンピドゥーセンター内にある産業創造センターで、哲学者ジャン＝フランソワ・リオタールが監修したものだった。当初、この企画は新しい技術によって起きつつある、人間と物質との関係をテーマにするはずだったが、監修にリオタールが加わることになって、その内容は大きく変わったと言われる。ポンピドゥーセンターを訪れるのは初めてではなかったが、この展覧会はわたしにとってすべてが未知の体験で、その名状しがたい雰囲気はいまでも憶えている。

まず会場入口ではヘッドホンを装着する。会場はポンピドゥーセンターで大きな企画展が開かれる五階だが、それまでの展覧会とは打って変わって非常に薄暗く、仮設のような金属板やカーテンがぶら下がり、どこが壁なのか分からない。展覧会の動線も不明で、観客はまるで迷路のようになった会場をのそりのそりと進んでゆくという、見たことのない光景だった。ともあれ、この展覧会が(1)わたしにとって「非物質」という言葉の意味を考えるうえで、ひとつの契機となったことは間違いない。

仮にいま、この『非物質』展を再構成して開催したらどうだろうか。おそらく当時と完全に同じものを作るのは困難だろう。作品は保存されているかもしれないが、そこで使われていた機材のほとんどは、すでに廃棄されているか、生産も中止されているはずだ。音響作品も映像作品もアナログ機材によるものだから、デジタルに変換しなければならない。写真のプリント、照明等も含めて、オリジナルと同じ雰囲気を作り出すことは難しい。その当時の新素材や人工皮膚といった物質さえも、おそらく揃えるのに苦労することだろう。

大熊（おおくま）君――現在の小学校での友人。
航介（こうすけ）君――ファルコンズのチームメイト。航介の父はファルコンズのジュニアチームの監督だった。
田坂（たさか）監督――ファルコンズのシニアチームの監督。
研修会・奨励会――奨励会はプロ棋士の養成機関。研修会に所属すると、奨励会の入会に有利になる。

〔問1〕(1)将棋一辺倒じゃなくて、野球もやっててよかったよな。とあるが、このときの心情はどのようなものか。その説明として最も適切なものを、次のうちから選べ。

ア　きちんとした礼儀を身につけられたことへの感謝を通して、将棋教室での厳しい指導を大切に感じながらも、少年野球で得られた経験の価値を再確認している。

イ　周囲に対して敬意を払う姿勢を身につけられたことへの感謝を通して、将棋の存在と比べて、少年野球での経験がいかに大きいものであったのかを実感している。

ウ　挨拶などのふるまいを身につけられたことへの感謝を通して、現在打ち込んでいる将棋だけでなく、少年野球で得られた経験にも大きな価値を見いだしている。

エ　日常的に挨拶ができるようになったことへの感謝を通して、少年野球の経験が将棋の指し方に影響していることを実感し、過去の日々をなつかしく思っている。

〔問2〕(2)山沢君はつまらなそうだった。とあるが、山沢君がつまらなそうにしているのはなぜか。その説明として最も適切なものを、次のうちから選べ。

ア　実力の優劣が明確になった相手であり、有賀先生を後回しにしてまで対局することには意味がないと感じているから。

イ　対局で実力差が明確になった相手であり、その相手と間を置かずに対局しても同じ結果の繰り返しになるだけだから。

ウ　経験の差が歴然としている相手であり、どんなに熱心に研究を重ねてきたといっても二人の差が埋まるはずないから。

エ　勝敗が明らかになっている相手であり、人数あわせで再度同じ対局をさせる有賀先生を内心うとましいと思ったから。

〔問3〕(3)そうこなくちゃと、ぼくは気合いが入った。とあるが、このときの心情はどのようなものか。その説明として最も適切なものを、次のうちから選べ。

ア　指導者である有賀先生との対局は魅力だが、山沢君との対局は積み重ねた努力の成果を見せるために待ち望んでいた機会であり、対局が継続することに喜びを感じている。

イ　偶然にも実現した山沢君との対局だが、努力のおかげで徐々に形勢が有利になってきており、対局の継続によって勝利が現実になりつつあることに気持ちが高ぶっている。

ウ　山沢君と対局できるとは思っていなかったが、山沢君は将棋で出会った初めてのライバルであり、対局の重要性を有賀先生が認めてくれたことに感謝の念を覚えている。

エ　プロ棋士の有賀先生と指す2局目を犠牲にすることにはなるが、山沢君との対局は自分の努力の成果を試せる好機でもあり、対局を続けられることに気分が高揚している。

〔問4〕(4)キツネにつままれたような顔をしている。とあるが、この表現から読み取れる様子はどのようなものか。その説明として最も適切なものを、次のうちから選べ。

ア　翔太が今将棋に夢中であることには賛成してきた両親が、翔太にプロを目指させたいという有賀先生の意向を聞き、不安を抱いている様子。

頭のなかで答えながら、ぼくはあらためてメガネをかけた小学2年生の実力に感心していた。

「プロ同士の対局では、時間切れ引き分けなんてない。それは研修会*でも、奨励会*でも同じで、将棋の対局はかならず決着がつく。でも、ここは、小中学生むけのこども将棋教室だからね。今日の野崎君と山沢君の対局は引き分けとします。」

有賀先生のことばに、ぼくはうなずいた。

「さあ、二人とも礼をして。」

「ありがとうございました。」

山沢君とぼくは同時に頭をさげた。そして顔をあげたとき、山沢君のうしろにぼくの両親が立っていた。

「えっ、あれっ。ああ、そうか。」

ぼくは母が3時前に来る約束になっていたことを思いだしたが、まさか父まで来てくれるとは思ってもみなかった。もうBコースの生徒たちが部屋に入ってきていたので、ぼくは急いで駒を箱にしまった。

「みなさん、ちょっと注目。これから野崎君に認定書を交付します。」

ふつうは教室が始まるときにするのだが、有賀先生はぼくの両親に合わせてくれたのだ。

「野崎翔太殿。あなたを、朝霞こども将棋教室初段に認定します。」

みんなの前で賞状をもらうなんて、生まれて初めてだ。そのあと有賀先生の奥さんが賞状を持ったぼくと有賀先生のツーショット写真を撮ってくれた。両親が入った4人での写真も撮ってくれた。

「野崎さん、ちょっといいですか。翔太君も。」

有賀先生に手招きされて、ぼくと両親は廊下に出た。

「もう少し、むこうで話しましょうか。」

どんな用件なのかと心配になりながら、ぼくは先生についていった。

「翔太君ですが、成長のスピードが著しいし、とてもまじめです。今日の一局も、じつにすばらしかった。」

有賀先生によると、山沢君は小学生低学年の部で埼玉県のベスト4に入るほどの実力者なのだという。来年には研修会に入り、奨励会試験の合格、さらにはプロの棋士になることを目標にしているとのことだった。

「小学5年生の5月でアマチュア初段というのは、正直に言えば、プロを目ざすには遅すぎます。しかし野崎君には伸びしろが相当あると思いますので、親御さんのほうでも、これまで以上に応援してあげてください。」

そう言うと、有賀先生は足早に廊下を戻っていった。

まさか、ここまで認めてもらっているとは思わなかったので、ぼくは呆然（ぼうぜん）としていた。将棋界のことをなにも知らない父と母は(4)キツネにつままれたような顔をしている。二人とも、すぐに仕事に戻らなければならないというので、詳しいことは今晩話すことにした。

103号室に戻り、カバンを持って出入り口にむかうと、山沢君が立っていた。ぼくより20センチは小さくて、腕も脚もまるきり細いのに、負けん気の強そうな顔でこっちを見ている。

「つぎの対局は負けないよ。絶対に勝ってやる。」

「うん、また指そう。そして、一緒に強くなろうよ。」

ぼくが言うと、山沢君がメガネの奥の目をつりあげた。

「なに言ってんだよ。将棋では、自分以外はみんな敵なんだ。」

小学2年生らしいムキになった態度がおかしかったし、y「自分以外はみんな敵だ。」と、ぼくだって思っていた。

「たしかに対局中は敵だけど、盤を離れたら、同じ将棋教室に通うライバルでいいんじゃないかな。ぼくは初段になったばかりだから、三段になろうとしているきみをライバルっていうのは、おこがましいけど。」

ぼくの心ははずんでいた。

（佐川光晴「駒音高く」による）

〔注〕対局を並べる――実戦通りに駒を動かして、一人で研究をする。

崎君で。」
「はい。」
ぼくは自分を奮い立たせるように答えたが、(2)山沢君はつまらなそうだった。
(よし。目にもの見せてやる。)
ぼくは椅子にすわり、盤に駒を並べていった。
「おねがいします。」
二人が同時に礼をした。山沢君が対局時計のボタンを押すと、ぼくはすぐに角道を開けた。山沢君もノータイムで角道を開けた。続いて、ぼくが飛車先の歩を突くと、山沢君は少し考えてから、同じく飛車先の歩を突いた。どうせまた振り飛車でくると思っていたはずだから、居飛車を選んだぼくに合わせようとしているのだ。
(よし、そうこなくちゃな。)
ぼくは飛車先の歩を突き、山沢君も飛車先の歩を突いた。ぼくが飛車先の歩を伸ばせば、山沢君も飛車先の歩を伸ばす。この流れなら、まずまちがいなく横歩取りになる。あとは、研究の成果と、自分の読みを信じて、一手一手を力強く指すのみ。
序盤から大駒を切り合う激しい展開で、80手を越えると双方の玉が露出して、どこからでも王手がかかるようになった。しかし、どちらにも決め手がない。ぼくも山沢君もとっくに持ち時間はつかいきり、ますます難しくなっていく局面を一手30秒以内で指し続ける。壁の時計に目をやる暇などないが、たぶん40分くらい経っているのではないだろうか。持ち時間が10分の将棋は30分あれば終わるから、ぼくはこんなに長い将棋を指したことはなかった。これでは有賀先生との2局目を指す時間がなくなってしまう。
「そのまま、最後まで指しなさい。」
有賀先生が言って、(3)そうこなくちゃと、ぼくは気合いが入った。かなり疲れていたが、絶対に負けるわけにはいかない。山沢君だって、そう思っているはずだ。
(勝ちをあせるな。相手玉を詰ますことよりも、自玉が詰まされないようにすることを第一に考えろ。)
細心の注意を払って指していくうちに、形勢がぼくに傾いてきた。ただし、頭が疲れすぎていて、目がチカチカする。指がふるえて、駒をまっすぐにおけない。
「残念だけど、今日はここまでにしよう。」
ぼくに手番がまわってきたところで、有賀先生が対局時計を止めた。
「もうすぐ3時だからね。」
そう言われて壁の時計を見ると、短針は「3」を指し、長針が「12」にかかっている。40分どころか、1時間半も対局していたのだ。
ぼくは盤面に視線を戻した。ぼくの玉はすでに相手陣に入っていて、詰まされることはない。山沢君も入玉をねらっているが、10手あれば詰ませられそうな気がする。ただし手順がはっきり見えているわけではなかった。
「すごい勝負だったね。ぼくが将棋教室を始めてから一番の熱戦だった。」
プロ五段の有賀先生から最高の賛辞をもらったが、ぼくは詰み筋を懸命に探し続けた。
「馬引きからの7手詰めだよ。」
山沢君が悔しそうに言って、ぼくの馬を動かした。
「えっ?」
まさか山沢君が話しかけてくるとは思わなかったので、ぼくはうまく返事ができなかった。
「こうして、こうなって。」
詰め将棋をするように、山沢君が盤上の駒を動かしていく。
「ほら、これで詰みだよ。」
(なるほど、そのとおりだ。)

そのことに、ぼくは初めて気づいた。ファルコンズのメンバーは全員同じ小学校だったし、どこに住んでいるのかも、きょうだいが何人いるのかも知っていた。食べものの好き嫌いや、勉強がどのくらいできるのかも知っていた。土まみれになって練習し、試合に勝てばみんなで喜び、負けてはみんなで悔しがった。

でも、一対一で戦う将棋では、勝っても、喜び合うチームメイトがいない。チームメイト同士で励まし合うこともない。将棋では、X<u>自分以外は全員が敵なのだ</u>。

野球と将棋のちがいを考えているうちに、ぼくはさみしくなってきた。

(でも、山沢君がどのくらい強いかは、いやというほど知ってるぜ。)

ぼくは山沢君との一局をくりかえし並べていた。おそらく、ぼくの指し手は全て読み筋にあったにちがいない。つまり、多少手強(てごわ)くはあっても、負ける気はしなかったはずだ。

(見てろよ、山沢。今度は、おまえが泣く番だ。)

ぼくは気合いを入れたが、ますますさみしくなってきた。

(自分以外は、全員が敵か。)

頭のなかでつぶやくと、涙がこぼれそうになった。

(将棋は、ある意味、野球よりきついよな。)

ぼくは初めて将棋が怖くなった。

前回の将棋教室から2週間がたち、ぼくは自転車で公民館にむかった。母は、午後3時前に来てくれることになっていた。介護施設での昼食の支度と片付けがあるため、Aコースが始まる午後1時に来るのはどうしても無理だからだ。そのことは、母の携帯電話からのメールで、有賀先生に伝えていた。

この2週間、ぼくはひたすら横歩取りを研究した。できれば、今日は山沢君とは対戦せずに、別の相手に研究の成果をぶつけてみたい。

ぼくは父と母にも山沢君のことを話していた。二人とも、*大熊(おおくま)君と同じく、ぼくが負けた相手が小学2年生だということに驚いていた。

「何回負けたって、いいんだぞ。おとうさんは、翔太が夢中になれるものを見つけたことがうれしいんだから。」

「おかあさん、将棋は野球よりも、ずっと大変だと思うの。だって、野球なら、味方の活躍で勝つこともあるけど、将棋には味方がいないじゃない。」

二人とも、駒の動かしかたすらわかっていないのだが、それなりに的確なアドバイスなのがおもしろかった。

公民館に着いて、こども将棋教室がおこなわれる103号室に入ると、ぼくは挨拶をした。

「こんにちは。お願いします。」

気合いが入りすぎて、いつもより大きな声が出た。

「おっ、いい挨拶だね。みんなも、野崎君みたいにしっかり挨拶をしよう。」

有賀先生が言ったのに、返事をした生徒はひとりもいなかった。先生も、困ったように頭をかいている。ファルコンズだったら、罰として全員でベースランニングをさせられるところだ。

(1)<u>(将棋一辺倒じゃなくて、野球もやっててよかったよな。)</u>

ぼくは*航介(こうすけ)君のおとうさんと*田坂(たさか)監督に胸のうちで感謝した。

朝霞こども将棋教室では、最初の30分はクラス別に講義がおこなわれる。ぼくは初段になったので、今日から山沢君たちと同じ、一番上のクラスだ。ところが、有段者で来ているのはぼくと山沢君だけだった。

「そうなんだ。みんな、かぜをひいたり、法事だったりでね。」

講義のあとは、ぼくと山沢君が対戦し、2局目は有賀先生がぼくたち二人を相手に二面指しをするという。前にも、先生が3人の生徒と同時に対局するところを見たが、手を読む速さに驚いた。プロが本気になったらどれほど強いのか、ぼくは想像もつかなかった。

「前回と同じ対局になってしまうけど、それでもいいかな？　先手は野

二〇二〇年度 都立西高等学校

【国語】（五〇分）〈満点：一〇〇点〉

一 次の各文の――を付けた漢字の読みがなを書け。

(1) 人手を割く。

(2) 筆舌に尽くしがたい。

(3) 大きな鐘声が響き渡る。

(4) 昔は弊衣破帽の風俗が流行した。

二 次の各文の――を付けたかたかなの部分に当たる漢字を楷書で書け。

(1) タダちに出発しよう。

(2) 文書のシハイに迫る意気をもって読み進める。

(3) 市民にベンエキを与える施設を作る。

(4) 学者たちの意見はヒャッカソウメイの様相を呈した。

三 次の文章を読んで、あとの各問に答えよ。（*印の付いている言葉には、本文のあとに〔注〕がある。なお、▼印の付いている言葉は、全て将棋の戦い方に関する語である。）

野崎翔太は、プロ棋士の有賀先生が指導する朝霞こども将棋教室に通う小学5年生である。以前は少年野球チーム「ファルコンズ」に所属して野球に打ち込んでいたが、小学4年生の時に転校したことをきっかけに、今度は将棋に熱中するようになった。順調に将棋の腕を上げていく翔太だったが、小学2年生の山沢と対戦し、完敗してしまう。

将棋とは、王将、飛車、角、歩など8種類の駒を用いて行うゲームである。お互いが一手（一つ）ずつ駒を動かし、相手の王将（「玉」とも呼ぶ。）がどこにも動けない状況（「詰み」と呼ぶ。）を作った側が勝ちとなる。「詰ます」というのは、相手を負かすことである。

ぼくは昼休みも教室に残り、頭のなかで▼横歩取りの研究をした。放課後は盤と駒をつかってプロ同士の対局*を並べる。そして▼詰め将棋をたっぷり解く。

アパートの部屋で、ひとりで将棋をしていると、山沢君の顔が頭に浮かんだ。小学2年生なのに厚いレンズのメガネをかけて、肌の色は白く、手足も細い。きっと、サッカーも野球も、あまりうまくはないだろう。ぼくが山沢君について知っているのは、その程度だった。どこの小学校なのかや、何歳で将棋を始めたのかも知らない。山沢君だって、ぼくのことは名前と学年しか知らないはずだ。

（同じ将棋教室に通っていても、ぼくたちはおたがいのことをほとんど知らずに対局しているんだ。）

2020年度／都立西高等学校

英語解答

1 A <対話文１> ウ
<対話文２> エ
<対話文３> イ
B Q１ ウ
Q２ They should tell a teacher.

2 〔問１〕 (a)…ウ (b)…エ (c)…ア (d)…イ
〔問２〕 48,000 〔問３〕 カ
〔問４〕 a help b leave c project d forget

3 〔問１〕 the sounds they make are very different from ours
〔問２〕 エ 〔問３〕 ア
〔問４〕 medicine 〔問５〕 ウ

4 〔問１〕 thought about how to use that kind of energy
〔問２〕 オ 〔問３〕 カ
〔問４〕 エ 〔問５〕 オ
〔問６〕 (例) The Internet is an important invention in the history of science and technology. Today, it has become a very important part of our lives. Through the Internet, we can get information faster than before and quickly communicate with people across the world. Now we cannot imagine life without the Internet.(50語)

1〔放送問題〕

〔問題Ａ〕<対話文１>≪全訳≫トム(Ｔ)：妹〔姉〕に誕生日プレゼントを買うつもりなんだ。リサ，僕と一緒に行ってくれる？／リサ(Ｌ)：もちろんよ，トム。／Ｔ：明日は空いてる？／Ｌ：ごめんなさい，明日は行けないの。妹〔お姉〕さんのお誕生日はいつ？／Ｔ：次の月曜日だよ。じゃあ，今度の土曜日か日曜日はどう？／Ｌ：私は土曜日がいいな。／Ｔ：ありがとう。／Ｌ：何時にどこで待ち合わせようか？／Ｔ：11時に駅でどう？／Ｌ：了解。じゃあそのときに。

Ｑ：「トムとリサはいつ彼の妹〔姉〕の誕生日プレゼントを買いに行くつもりか」―ウ.「次の土曜日」

<対話文２>≪全訳≫ボブの母(Ｂ)：もしもし。／ケン(Ｋ)：もしもし。ケンです。ボブとお話しできますか？／Ｂ：こんにちは，ケン。ごめんなさい，ボブは今，出かけてるの。後であの子からかけ直させましょうか？／Ｋ：ありがとうございます，でも，僕も今から出かけないといけなくて。伝言をお願いできますか？／Ｂ：もちろんよ。／Ｋ：明日，僕の家で一緒に宿題をすることになってるんです。彼に数学のノートを持ってきてくれるよう頼んでおいてもらえますか？　彼にききたい質問がいくつかあるんです。／Ｂ：わかったわ，伝えておくわね。／Ｋ：ありがとうございます。／Ｂ：どういたしまして。

Ｑ：「ケンがボブにしてほしいことは何か」―エ.「数学のノートを持ってくること」

<対話文３>≪全訳≫ユミ(Ｙ)：こんにちは，デービッド。何の本を読んでるの？／デービッド(Ｄ)：やあ，ユミ。浮世絵に関する本だよ。先週，美術の授業で浮世絵について習ったんだ。／Ｙ：なるほどね。私も浮世絵について習ったわ。今なら市の美術館で浮世絵が見られるわよ。／Ｄ：ほんと？　そこへ行ってみたいな。僕の国にも浮世絵を所蔵している美術館がいくつかあるんだ。／Ｙ：

えっ，ほんとに？　それはびっくりだな。／D：１度そこへ浮世絵を見に行ったことがあるんだ。日本でも見てみたいな。／Y：私は先週末，市の美術館に行ってきたわ。すごくおもしろかったな。あなたも行ってみるべきよ。

Q：「ユミが驚いたのはなぜか」―イ．「デービッドが自分の国にも浮世絵を所蔵する美術館があると言ったから」

〔問題B〕≪全訳≫私たちの学校へようこそ。私はリンダ，この学校の２年生です。今日は私たちが皆さんを連れてこの学校をご案内することになっています。／私たちの学校は2015年に建てられたので，まだ新しいです。今，私たちがいるのが体育館です。図書館からスタートして，図書館の利用の仕方を説明します。それから教室と音楽室を見て，最後に食堂へ行く予定です。そこで他の生徒や先生方と会うことになっています。／その後，歓迎会を開く予定です。／他にも皆さんにお伝えしたいことがあります。校舎の前で集合写真を撮影しましたよね。そのときの写真が欲しい方は，明日先生に申し出てください。何かご質問はありますか？　では出発しましょう。一緒に来てください。

Q１：「日本の生徒たちはどこで他の生徒や先生と会うか」―ウ．「食堂」

Q２：「日本の生徒たちは写真が欲しい場合，明日何をすればよいか」―「先生に伝えればよい」

2〔長文読解総合―会話文〕

≪全訳≫**1**ナオとマークとユウタは高校生である。彼らは生態系についての宿題を終えたところで，それについて話している。**2**ナオ(N)：マーク，あなたは何についてレポートを書いたの？**3**マーク(M)：僕は故郷の町，オーストラリアのニューサウスウェールズの問題について書いたんだ。**4**N：どんな問題？**5**M：この間，そこに住んでいる僕のおじが写真と一緒にEメールを送ってきたんだ。彼が自分の家の庭のプールを撮ったこの写真を見て。**6**ユウタ(Y)：わあ，かわいいコアラだ！　でもどうしてそこにコアラがいたの？**7**M：コアラはプールの水を飲んでいるんだよ。**8**Y：何だって？**9**N：普通，コアラは森にいるんでしょ？**10**M：うん，彼らはほとんどの時間をユーカリの木で過ごすんだ。普通，コアラはユーカリの葉だけを食べて，水分もそこからとるんだ。彼らが１本の木を離れるのは別の木に行かなくてはならないときだけ。以前，コアラは町では絶対見かけなかったんだ。**11**Y：つまり，今は森で十分な水分がとれないということ？**12**M：そのとおり。前は森にユーカリの木がいっぱいあったんだけど，今では多くの木が傷んでいるんだ。**13**N：どうして？　気候変動のせい？**14**M：うん。だけど理由はそれだけじゃない。ユーカリの木がたくさん伐採されたんだ。**15**Y：かわいそうに。人間のせいでコアラは家を失いつつあるんだ。**16**N：コアラの数は減り続けているって聞いたわ。**17**Y：(a)それは知らなかった。本当なの？**18**M：ああ。ニューサウスウェールズでは，この20年ですでに約25パーセントのコアラがいなくなって，今ではおよそ３万6000頭のコアラしかいないんだ。オーストラリアのコアラはあと30年で絶滅すると科学者たちは言っている。**19**N：まあ，それは深刻な問題ね。森には多くの種類の生き物がいる。もし１つの種を失えば，それはつまり，同じ生態系の中にいる他の多くの生き物を失うことになるわ。**20**M：そうだね。僕たちは生態系がどう機能しているか考えなければならない。**21**N：そうね。植物は動物や昆虫の食べ物になる。植物も生きるために動物や昆虫が必要よ。授粉は野菜や果実が成長するのに欠かせないものでしょう？**22**Y：授粉って何？**23**N：チョウやハチや一部の鳥が花から花へ飛んでいくとき，野菜や果物が種子を拡散するのを助けるの。**24**Y：わかったと思う。(b)他にも例はある？**25**M：もちろん。動物の中には病気を運ぶ虫を食べるのもいる。そのおかげで，他の動物はそれらの病気から守られているんだ。**26**Y：ああ，生き物はみんな生態系の大事な一部なんだね。で，君は何を書いたの，ナオ？**27**N：私は生態系を壊しているある動物について書いたわ。**28**Y：

それは何をしたんだい？29N：登山のツアーに参加したとき，ツアーガイドが大きくて特殊なカエルを見せてくれたの。30M：どうして特殊なの？31N：もともと，そのカエルはそこにすんでいなかったの。だけど人々が他の国からその地域に持ち込んだのよ。32Y：どうして人々はそのカエルをその地域に持ち込んだの？33N：その特殊なカエルがある種の虫を食べる習性があると聞いたからよ。それらの虫は一部の植物にとって害になるの。人々はその虫の数を減らしたかったわけ。34M：そのカエルはそれができたの？35N：いいえ。その特別なカエルが食べたのはその虫の一部だけだったの。その代わり，カエルは違う虫や小動物を食べたの。今では小動物の数が減ってしまったのよ。36Y：なんと，まあ。それで，そのカエルはどうなったんだい？37N：そのカエルには強い毒があるから，それを食べようとする動物がほとんどいないの。だからカエルの数が増えてしまったのよ。38Y：ということは，そのカエルは生態系を壊しているんだ。39N：でも，私はカエルをかわいそうに思うわ。40Y：(c)どういう意味？41N：カエルたちはその地域に連れてこられる前は生態系を壊していなかった。もともとそのカエルがすんでいた場所では，そのカエルを食べても具合が悪くならない動物がいたんだもの。42Y：なるほど。43M：ところで，君は何を書いたの，ユウタ？44Y：僕はキャット・プロジェクトについて書いたよ。ある島を訪れたとき，そこに住んでいる人たちがその計画について話してくれたんだ。45M：キャット・プロジェクト？46Y：ネコたちはネズミの数を減らすためにその島に連れてこられたんだけど，それが森で野生化したんだ。ネコは鳥たち，特にその島でしか見られない鳥にとって危険なんだ。47M：じゃあ，その計画の一環として，鳥を守るためにネコを捕まえたのかい？48Y：うん，そうだよ。(d)でもこれで終わりじゃないんだ。49N：その後，そのネコたちはどうなったの？50Y：ネコは人と一緒に暮らすように訓練された。今では新しい飼い主たちがネコたちの世話をしているんだ。51M：すごい，それは鳥とネコの両方を守るすばらしい計画だ。52Y：そうなんだ。島の人たちが話してくれたことを覚えてるよ。「森から植物や動物を持ち出さないで」「森には何も置いてこないで」ってね。53N：ツアーガイドもそう言ってたわ。私たちが何かをするときは生態系の中の生き物のことを考えないといけない，って。54M：そのとおりだ。1つの種を失ったら，二度とそれを取り戻すことはできないからね。55Y：人々は，自分たちの行動が生態系を壊すことがあるということを理解する必要があるんだね。56N：そうね。私たちは常に，自分たちが生態系の一部であり，自然を尊重すべきだということを覚えておくべきよ。

〔問1〕＜適文選択＞(a)この後マークが Yes. と答え，それからコアラの減少について数字を挙げて説明していることから，コアラの数が減っているというナオの発言を受けて，ユウタはそれについて説明を求めたのだと考えられる。　(b)これに答えてマークが生態系について他の例を挙げて説明している。　(c)生態系を壊しているカエルがかわいそうだとナオが言ったことに対して，ユウタはその意図を尋ねたのである。　(d)この直後にナオが，話の続きを尋ねていることから，「終わりではない」というイが適切。

〔問2〕＜内容一致＞「20年前，オーストラリアのニューサウスウェールズには約(　)のコアラが生息していた」　第18段落のマークの発言より，20年前から25パーセント減少した結果が3万6000頭だから，20年前の頭数は36,000÷(1－0.25)＝48,000頭となる。

〔問3〕＜内容真偽＞①「マークは故郷で庭のプールの水を飲むコアラの写真を撮った」…×　第5段落参照。撮影したのはマークのおじである。　②「ユーカリの木が気候変動により傷んだり，その多くが伐採されたりしたため，コアラはすみかを失いつつある」…○　第12～15段落に一致する。③「ナオはツアーに参加し，山に登り，ツアーガイドに多くの種類の特殊なカエルを見せた」…×

第29段落参照。ナオがツアーガイドにカエルを見せたのではなくその逆。また，発言内容から，他の場所から持ち込まれたカエルは１種類だったと考えられる。　④「特殊なカエルの数は，他の動物のほとんどがそれを食べようとしなかったので増えた」…○　第37段落に一致する。　⑤「人々がネコを島に連れてきたのは，ネズミが特に森の鳥にとって危険だったためである」…×　第46段落参照。ネコは，ネズミを殺すために連れてこられたのに，野生化してしまい，鳥にとって危険になった。　⑥「ユウタは，人々が鳥を保護するために捕らえたのはそれらがその島でしか見られないからだと聞いた」…×　このような記述はない。　⑦「ナオは島の人々が言った言葉を覚えているので，森から植物や動物を持ち出してはいけないと考えている」…×　第52段落参照。島の人々の言葉を聞いたのはナオではなくユウタ。　⑧「私たちの行動によって生態系を壊すことがあるので，生き物のことを考えるのはとても大切だ」…○　第53～55段落に一致する。

〔問４〕＜要約文完成＞≪全訳≫１つの生態系の中で植物と動物は互いに助け合っている。植物は他の生き物の食べ物になる。動物と昆虫のおかげで，植物は種子を拡散できる。病気を運ぶ虫を食べる動物もいるので，他の動物がそれらの病気にかからずに済む。しかし，いかに生態系が壊れているかという例も見られる。オーストラリアでは，コアラは十分な水が得られないので森を離れなくてはならない。強い毒を持つカエルは，虫の数を減らすために別の生態系から連れてこられた。今や彼らは生態系を壊しつつある。ネコもある島の生態系を壊していた。しかし人々が始めた計画のおかげで，鳥だけでなくネコたちも守られている。私たちは，自分たちが１つの生態系に属しており，自然を尊重しなければならないということを忘れてはならない。

＜解説＞ａ．第21～26段落の内容から，「植物と動物は互いに助け合っている」と考えられる。

ｂ．コアラは森で十分な水分がとれないため，森を離れて人家のプールで水を飲んでいたのである。

ｃ．the の後ろなので名詞が入る。鳥もネコも守られたのは島の人々が「キャット・プロジェクト」という計画を実行したおかげである。　ｄ．空所の後ろの that節は，最終段落でナオが should remember「覚えておくべき」だと言っていること。ここでは not があるので should not forget「忘れてはならない」とする。

３〔長文読解総合─説明文〕

≪全訳≫❶笑いとは何だろうか。私たちは笑うのを学ぶ必要はないのだと言う人がいる。それは私たちが生まれながらに持っているものであると。多くの赤ちゃんは３か月か４か月で初めて笑うが，それは話せるようになるよりずっと早い。彼らが笑うのは，お気に入りのおもちゃやペット，母親や父親を見たときだ。くすぐられると赤ちゃんは笑う。笑いは彼らがそれをとても楽しんでいることを意味する。笑うことは，赤ちゃんがコミュニケーションのために使うある種の言語である。❷ある有名人がかつてこう言った，「人間は笑う唯一の動物である」。しかし，類人猿の中にも笑うものがいることをご存じだろうか。チンパンジーやゴリラはくすぐられると声を出す。これは彼らが笑っていることを示す。もちろん，(1)彼らが出す声は人間のものとはずいぶん違うが，それは人間の笑いの始まりだ。犬やイルカなどの動物も，遊びの最中に楽しんでいることを表すために声を使う。人間の赤ちゃんのように，彼らも声を使って互いにコミュニケーションをとるのだ。❸笑うことについて驚くべきことの１つは，それは理由がなくては起こらないということだ。簡単な実験をしてみよう。今すぐ大声で笑おうとしてみよう。あるいは周りの誰かに笑ってと頼もう。それをするのは難しいことを私たちはみんな知っている。それは笑うためには理由が必要だからで，笑いは私たちの感情や考えを表現する方法の１つなのだ。❹多くの場合，私たちは他の人々と一緒にいるときに笑う。私たちは彼らに同意していることを示すために笑う。彼らと一緒に笑うことで，彼らに好意を持っていることも示す。共有するものがあることを示したいのである。笑うことは私たちが他の人々に送るメッセージである。5笑うことは社会的で伝染性がある。伝染性があるとは，何かがある集団の人々の間に急速に広がることを意味する。もし誰かが笑い出せば，次に別の人も笑い出す。私たちが一緒に笑うとき，肯定的な関係がつくり出される。もし笑いを共有すればともにより幸福に，気分良く，肯定的に感じる。笑いを共有することは，私たちの関係をすばらしくてわくわくするものにしておくのに最高の方法の1つだ。だから笑うことは社会的関係に重要な役割を果たしている。6一部の科学者たちは，共有された笑いが知らない人どうしの関係をどのように変えるかを知りたいと考えた。そこで彼らはある実験を行った。ある部屋の中で被験者Aがテレビでいくつかのビデオを見た。別の部屋で被験者Bが同じビデオを見た。彼らがこのビデオを見ている間，スクリーンにもう一方の人が何をしているかがカメラを通し映っていた。だから被験者Aと被験者Bはスクリーン上でお互いを見ることができた。あるビデオで一方の被験者が大笑いすると，他方の被験者も大笑いした。一方の被験者が別のビデオでちょっと笑うと，他方の被験者もちょっと笑った。その実験後，被験者はどちらも相手に対して肯定的な感情を抱いた。彼らは「私たちはお互いについてもっと知りたいと思いました。なぜなら私たちはほとんど同じ場面で笑ったからです。だからたぶん私たちには共通点があるのでしょう」と言った。7笑いには別の目的がある。それは薬のようなはたらきをする。笑うことは私たちの免疫系を強化する。アメリカの大学の教員たちがある実験をした。彼らは，健康な60代と70代の20人のストレスレベルと短期記憶について研究した。一方のグループは20分間の愉快なビデオを見るように言われた。このグループは「ユーモアグループ」と呼ばれた。もう一方のグループは，話したり読んだりスマートフォンを使ったりせずに20分間座っているように言われた。このグループは「非ユーモアグループ」と呼ばれた。20分後，両方のグループの被験者は唾液サンプルを提出し，短期記憶のテストを受けた。結果を推測できるだろうか。唾液サンプルを調べると「ユーモアグループ」は「非ユーモアグループ」よりストレスホルモンのレベルがずっと低かった。さらに，「ユーモアグループ」は「非ユーモアグループ」より短期記憶テストの成績が良かった。笑うことで，私たちは健康を増進できるのだ。8では，あなたは日常生活で何をすべきだろう。やることはたくさんある。まず最初に，ほほ笑むこと。ほほ笑みは笑いの始まりで，ほほ笑みも伝染性がある。近頃は多くの人々が電話にかまけていて周囲のことに注意を払わないが，あなたは電話に視線を落とすべきではない。そうではなく，目を上げてクラスメートや先生，両親にほほ笑みかけよう。おそらく彼らも笑顔になり，それからあなたたちは話し始めるだろう。また，もし人々が笑っていて，それが聞こえたら，そちらに行って尋ねよう，「何がそんなにおかしいのですか？」と。ユーモアや笑いは小さい集団の中だけの個別のものであることもあるが，たいていはそうではない。多くの場合，人々はおもしろいことを喜んで教えてくれる。そうすればもう1度一緒に笑えるからだ。愉快で楽しい人たちと一緒に時を過ごそう。あなたは自分自身を愉快な人間だと思っていないかもしれないが，それでも笑うのが好きで他人を笑わせたがっている人々を探すことはできる。人生にユーモアを取り入れよう。笑いは幸福へのかぎであり，健康を享受するのに役立つ最良の薬なのだ。

〔問1〕＜整序結合＞下線部直後の「～が，それは人間の笑いの始まりである」から，類人猿の笑いは人間のものとは異なるという内容であると見当がつく。different を中心に are very different from「～とずいぶん異なる」をつくり，その主語が類人猿の声を表す the sounds，比較の対象が ours(＝our sounds)となる。残りの make と they は「彼らがつくる(＝出す)」they make として sounds を修飾するよう，その直後に置く。

〔問２〕＜**英文解釈**＞下線部中の do so は直前の２文にある laugh(out loud right now)「(今すぐ大声で)笑うこと」を受ける代動詞。それが難しいのは，下線部直後に述べられた「笑うためには理由が必要だから」で，これに合致するのはエ.「私たちは皆，笑う対象なしに笑うのは難しいということを知っている」である。

〔問３〕＜**要旨把握―絵を見て答える問題**＞第３，４文より，被験者は１人ずつ別々の部屋にいることがわかるので，被験者が１つの部屋に２人いるイとエは誤り。また，第５，６文より，被験者はもう１人の様子をスクリーンで見られることがわかる。ウはスクリーンに映っているのが自分なので誤り。

〔問４〕＜**適語補充**＞空所直後の to help us to enjoy our health は「健康を享受するのを助けてくれる」の意味で空所の語を修飾する。笑いと健康の関係について述べられているのは第７段落。第２文に「それ(＝笑い)は medicine『薬』のようなはたらきをする」とあり，この medicine が空所に適する。

〔問５〕＜**内容真偽**＞①「多くの赤ちゃんは大好きなものを見たときに笑うより前に話し始めるが，それは彼らがそれらのものをとても楽しんでいると言いたいからだ」…×　第１段落第４文参照。赤ちゃんは話せるようになるよりずっと前に笑う。　②「犬やイルカなどの動物は，人間の赤ちゃんと一緒に楽しく遊びながらコミュニケーションをとろうとする」…×　このような記述はない。③「私たちは他人と一緒にいるときに彼らへの好意や同意を伝える方法としてしばしば笑う」…○　第４段落に一致する。　④「他人と笑いを共有すれば肯定的な関係が築かれ，彼らのことをもっと知りたくなる」…○　前半は第５段落第４文，後半は第６段落終わりから２文目に一致する。⑤「『非ユーモアグループ』は短期記憶のテストの前に20分間スマートフォンを使ったので，『ユーモアグループ』より成績が良かった」…×　テスト結果が第７段落終わりから２文目に反する。また，「非ユーモアグループ」はスマートフォンを使っていない(同段落第８文)。　⑥「両方のグループが実験でビデオを見たにもかかわらず，『ユーモアグループ』は『非ユーモアグループ』よりストレスホルモンのレベルが低かった」…×　「非ユーモアグループ」はビデオを見ていない(第７段落第８文)。　⑦「笑い声を聞いたら，そちらに向かう前に何がそんなにおかしいのか尋ねなくてはならない，なぜなら笑いは個人的なものだからだ」…×　第８段落第８，９文の内容に反する。　⑧「あなたが愉快な人でないなら，笑うのが好きではなく他の人に笑ってほしいと思っていない人々と一緒に過ごすべきだ」…×　第８段落終わりから３文目参照。もし自分が愉快な人でなくても笑うのが好きで他人を笑わせたがっている人々を探すことができる，とある。

4〔**長文読解総合―説明文**〕

≪**全訳**≫**1**私たちが家庭や学校で使うものの多くは電気を必要とする。だが，人々が日本で電気を使い始めたのはいつ，どこでかをご存じだろうか。1878年に東京で１つの明かりがともったとき，初めて電気が使われたのだ。当時，電気は人々によく知られていなかった。電気はたいてい照明に使われ，徐々に他のものに使われるようになった。私たちは現在，日常生活で電気に頼っているばかりでなく，電気とは必要なときに常にそこにあるものだと思っている。冷蔵庫を開けるとき，食品が冷たいだろうと思う。電話で誰かと話す必要があるとき，テレビを見るとき，あるいは洗濯機を使うときも全ては電気で動く。しかし，人々はどのように電気を発見し，日常生活でそれを使う方法を見つけたのだろうか。**2**昔，世界中の人々は稲妻，つまり電気によって生じる空の明るい光に大いに関心を抱いていた。実際，(1)その種類のエネルギーを生活の中でどうやって利用するかを考えた人々もいた。18世紀に，電気を日常で利用する道筋が初めて形をとり始めた。1752年，１人のアメリカ人がかぎと凧を使って実験を行い，稲妻と電気が関係していることを示した。❸現在，私たちは静電気がある場所から他へ移動するときに稲妻が発生することを知っている。電気が移動せず同じ場所にとどまっているとき，それは静電気として知られている。なぜ雨の中で静電気が起こるのだろうか。雨雲の中で氷の小さな粒が上下に動き互いにこすれ合うとき，静電気が生じる。そのとき小さな氷の粒は正または負の電荷を帯びる。電荷とは物質が帯びている電気の量のことだ。正の電荷の方が大きい雨雲が負の電荷の方が大きい別の雲に触れると，負の電荷の大きい雲から正の電荷の大きい雲へと電子が移動する。この動きが大量の熱と，私たちに稲妻として見える明るい光を生み出す。❹この種の静電気は日常的によく見られる。それは私たちの体にも集まる。１つの例を見てみよう。／→C．カーペットで足をこすり，ドアの金属部分に触れるとする。／→B．するとあなたに電荷を与える小さなショックを感じる。／→D．それがまさに静電気である。稲妻の電気はこれと同じように発生するのだ。❺静電気がどのようにはたらくかがわかる簡単な実験がある。風船１つ，小さな紙切れ何枚か，それにウールの毛布１枚を用意する。風船を紙の上にかざす。何も起こらない。今度は風船を少しの間毛布でこする。それから再度，紙切れの上で風船をかざす。今度は紙切れは風船に引き寄せられ，ずっとくっついているだろう。❻なぜそんなことが起きたのだろうか。実験の前に風船と紙切れはそれぞれ同じ量の正と負の電荷を帯びていた。だから風船は紙切れを引きつけることも，押しやることもしなかった。風船をウールでこすることで，いくらかの電子がウールから風船に移動した。するとウールは負の電荷が減り，風船は負の電荷が増える。そこで風船を紙切れに近づけると，風船は今や負の電荷が高くなっており紙切れは正の電荷を帯びているので，風船と紙切れは相手に向かって動く。電荷の間には磁石のような力がある。これは異なる電荷は引きつけ合い，同じ電荷は遠ざけ合うということである。電気はこれらの力が一緒にはたらくときに発生する。❼19世紀から20世紀にかけて，電気についてのそれまでの発見を研究することによって，科学者たちは磁石と電気の背後にある力を理解し始め，これが電気を使う技術の発明に結びついた。1825年，あるイギリスの科学者が，電流として知られる電子の流れによってつくられる一種の磁石を発見した。これは電磁石と呼ばれる。電気が針金のコイルを流れると，それは磁石のようにはたらく。この発見を通じて，科学者たちは電気がどのように作用するかを理解した。1831年，別のイギリスの科学者は，磁石が電流を生じさせることを発見した。彼は，銅線のコイルに磁石を通すことによって，電流を発生させ，初の発電機を製作した。これは人類にとってまさに偉大な発明だった。私たちが現在利用している電気のほとんどは，磁石と銅線のコイルを使ってつくられている。1879年，あるアメリカの科学者が，電流を制御して13時間以上発光し続ける電球をつくることができた。1911年，ある科学者が，電気は低い温度のとき導線中をより速く流れることを示した。この発見のおかげで，情報やエネルギーを導線を伝って送れるようになった。その後，現代の情報システムにつながる多くの技術が生み出された。❽ここまで見てきたように，電気を利用する技術は人類の歴史の中で最も偉大な発明の１つである。今や電気は家庭や企業，産業の重要な一部であり，それなしの世界は考えられない。しかし，これは一部の国々には当てはまらない。世界の約15パーセントの人々は電気を持たない。彼らが電気を利用できる道をつくるために，現在技術者たちが懸命に働いている。近い将来，彼らは初めて電気を利用することができるだろう。このことは彼らの社会にどのような影響をもたらすのだろうか。

〔問１〕＜整序結合＞次の文より，電気の使い方に関する内容であると見当をつける。前後の文が過去形であることから，述語動詞を過去形の thought とし，thought about「～について考える」とする。その後ろに how to use「～の使い方」を続け，use の目的語として that kind of energy

「その種類のエネルギー」を置く。

〔問2〕<**適所選択**>空所ア～オの間の本文は，稲妻の発生の仕組みを説明した部分。挿入文はこの部分を受けてまとめる内容になっている。

〔問3〕<**文整序**>直前の2文より，空所では人体に発生する静電気の例を挙げていると考える。Then や That's で始まるBとDが1文目にくるとは考えにくい。また，直前の「1つの例を見てみよう」からAの「電気には2種類あることがわかるだろう」へはつながらない。したがって，体に電気がたまる段階のCを最初に置き，それから(Then)ドアの金属部分に触ってショックを感じるB，以上を That で受けて「これが静電気だ」と述べるD，という順になる。

〔問4〕<**適語選択**>aとbは風船をウールでこすった後の双方の電荷を表している。直後の文の because 以下に着目すると，「風船は負の電荷が高く」とあるので，aには less，bには more が入るとわかる。cとdについては，直前の文に「電荷の間には磁石のような力がある」とあるので，異なる電荷は引きつけ合い，同類の電荷は退け合うとする。

〔問5〕<**内容真偽**>①「1878年，東京で電気が明かりをつけるために使われたとき，人々はすでに日常生活で電気に頼っていた」…×　第1段落第3～5文参照。　②「あるアメリカ人がかぎと凧を使って実験を行い，稲妻は電気と関係がないことを発見した」…×　第2段落最終文参照。　③「実験の風船と紙切れが同量の正と負の電荷を帯びているとき，風船は紙切れを引きつける」…×　第6段落第2，3文参照。　④「1825年にあるイギリスの科学者が，電流によって電磁石がつくられ磁石のようにはたらくことを発見した」…○　第7段落第2，3文に一致する。　⑤「電気をつくるための機械は，銅線のコイルを磁石に通すことによってつくり出され，それは偉大な発明だった」…×　第7段落第7文参照。「銅線のコイルに磁石を通す」ことによって電流を発生させた。　⑥「1911年，ある科学者が電気は高い温度のときより速く流れることを示し，このことが現在の情報システムにつながった」…×　第7段落終わりから3文目参照。電気は温度が低い方が速く流れる。　⑦「電気を使う技術は人類の歴史の中で最も偉大な発明の1つであるが，国によっては電気のない暮らしをしている人々もいる」…○　第8段落第1，3，4文に一致する。⑧「世界の約15パーセントの人々が電気を利用する方法を生み出すために懸命に働いている」…×　第8段落第4，5文参照。15パーセントというのは電気がない人々の割合である。

〔問6〕<**テーマ作文**>質問は「科学技術の歴史における重要な発明は何か，またそれはなぜか」。解答例の意味は「インターネットは科学技術の歴史の中で重要な発明だ。今ではそれは私たちの生活の重要な一部となっている。インターネットを通じて，私たちは以前より速く情報を入手し，世界中の人々とすぐに意思疎通できる。今やインターネットなしの生活は考えられない」。本文第8段落第1，2文などの表現が参考になる。　(表現例) I think ～ is an important invention in …「～は…における重要な発明だと思う」　We started to *do* … by using ～「～を利用することによって…するようになった」　We cannot imagine a world without ～「～なしの世界は想像できない」

数学解答

1 〔問１〕 $\frac{11}{5}$　〔問２〕 $x=\frac{-5\pm\sqrt{10}}{3}$

〔問３〕 $\frac{7}{36}$　〔問４〕 $x=7,\ y=3$

〔問５〕 右下図

2 〔問１〕 $y=-x+\frac{3}{2}$　〔問２〕 -2

〔問３〕 1

3 〔問１〕 $3\sqrt{2}\text{cm}^2$

〔問２〕 (例)△ABD と△DGE において，仮定より，DA＝ED……①　$AD^2+BD^2=AB^2$ より，三平方の定理の逆を用いて，△ABD は辺 AB を斜辺とする直角三角形である。よって，∠ADB＝90°……②　線分 GE が，円Dの点Eにおける接線なので，∠DEG＝90°……③　②，③より，∠ADB＝∠DEG＝90°……④　∠AFD＝∠ABC＝90° より，FD∥BC……⑤　⑤より，同位角は等しいので，∠ACB＝∠ADF……⑥　△ABC の内角の和と∠ABC＝90° より，∠BAC＝180°－(90°＋∠ACB)＝90°－∠ACB　∠BAD＝90°－∠ACB……⑦　②より，∠GDE＝90°－∠ADF……⑧　⑥，⑦，⑧より，∠BAD＝∠GDE……⑨　①，④，⑨より，１組の辺とその両端の角がそれぞれ等しいので，△ABD≡△DGE　合同な図形の対応する辺の長さは等しいので，AB＝DG

〔問３〕 $152\pi\text{cm}^3$

4 〔問１〕 8　〔問２〕 16

〔問３〕 $(e,\ g)=(33,\ 271)$

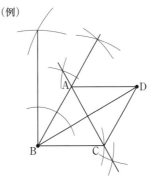

(例)

A D B C

1 〔独立小問集合題〕

〔問１〕＜平方根の計算＞与式$=\frac{10-2\sqrt{10}+1}{5}-\frac{(2-6)\times\sqrt{10}}{\sqrt{10}\times\sqrt{10}}=\frac{11-2\sqrt{10}}{5}-\frac{-4\sqrt{10}}{10}=\frac{11-2\sqrt{10}}{5}-\frac{-2\sqrt{10}}{5}=\frac{11-2\sqrt{10}-(-2\sqrt{10})}{5}=\frac{11-2\sqrt{10}+2\sqrt{10}}{5}=\frac{11}{5}$

〔問２〕＜二次方程式＞$3(x^2+6x+9)-8x-24+2=0$，$3x^2+18x+27-8x-24+2=0$，$3x^2+10x+5=0$ となるから，解の公式より，$x=\frac{-10\pm\sqrt{10^2-4\times3\times5}}{2\times3}=\frac{-10\pm\sqrt{40}}{6}=\frac{-10\pm2\sqrt{10}}{6}=\frac{-5\pm\sqrt{10}}{3}$ となる。

〔問３〕＜確率―さいころ＞大小１つずつのさいころを同時に１回投げるとき，目の出方は全部で６×６＝36(通り)あるから，a，b の組は36通りある。このうち，点Ｐが頂点Ｅの位置にあるのは，$a+b=4$，９になるときである。$a+b=4$ になるとき $(a,\ b)=(1,\ 3)$，$(2,\ 2)$，$(3,\ 1)$ の３通り，$a+b=9$ になるとき $(a,\ b)=(3,\ 6)$，$(4,\ 5)$，$(5,\ 4)$，$(6,\ 3)$ の４通りより，点Ｐが頂点Ｅの位置にある a，b の組は３＋４＝７(通り)だから，求める確率は$\frac{7}{36}$である。

〔問４〕＜整数の性質＞左辺を因数分解すると，$(x+2y)(x-2y)=13$ となる。x，y が自然数より，$x+2y$ は正の整数だから，$x-2y$ も正の整数となり，$x+2y>x-2y$ である。13＝13×１だから，$x+2y=13$……①，$x-2y=1$……②となる。①＋②より，$2x=14$，$x=7$ であり，①－②より，$4y=12$，

$y=3$ である。

〔問5〕＜図形―作図＞右図で，点Aと点Cを結び，線分ACと線分BDの交点をOとすると，四角形ABCDはひし形だから，AC⊥BD，BO＝DOとなる。よって，2点A，Cは線分BDの垂直二等分線上にある。また，$\angle ABD=\angle CBD=\frac{1}{2}\angle ABC=\frac{1}{2}\times60^\circ=30^\circ$ となる。図のように，線分BDを1辺とする正三角形BDPを考えると，$\angle PBD=60^\circ$ となり，$\angle ABD=\frac{1}{2}\angle PBD$ だから，直線BAは∠PBDの二等分線となる。したがって，点Aは，線分BDの垂直二等分線と∠PBDの二等分線の交点となる。点Cは線分BDの垂直二等分線上で，BA＝BCとなる点である。解答参照。

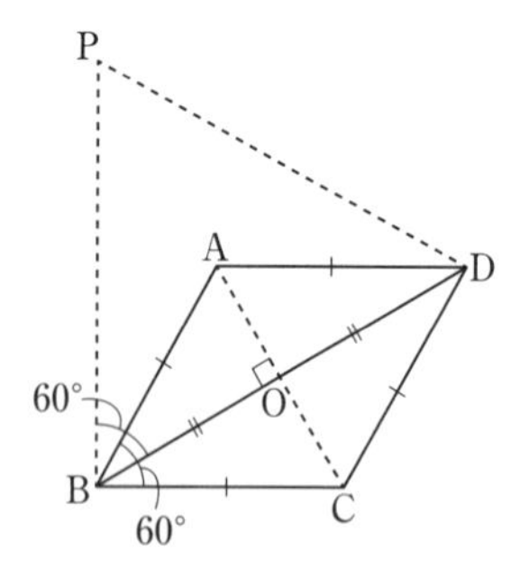

2 〔関数―関数 $y=ax^2$ と直線〕

〔問1〕＜直線の式＞右図1で，$a=\frac{1}{2}$ より，2点A，Bは関数 $y=\frac{1}{2}x^2$ のグラフ上の点となる。2点A，Bの x 座標の絶対値が等しいことより，2点A，Bは y 軸について対称だから，点Aの x 座標 -1 より，点Bの x 座標は1となる。よって，$y=\frac{1}{2}\times1^2=\frac{1}{2}$ より，$B\left(1,\ \frac{1}{2}\right)$ である。四角形ABCDは正方形だから，AB＝ADより，直線BDの傾きは $-\frac{AD}{AB}=-1$ となる。これより，直線BDの式は $y=-x+b$ とおけ，点Bを通るので，$\frac{1}{2}=-1+b$，$b=\frac{3}{2}$ となる。したがって，直線BDの式は $y=-x+\frac{3}{2}$ である。

図1

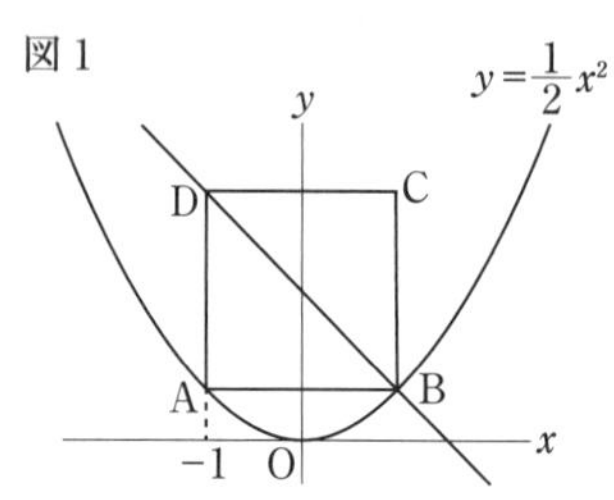

〔問2〕＜x 座標＞右図2で，点Eから x 軸に垂線EHを引き，点Bと点Hを結ぶと，△BEO＝△OHE－△OHB－△BHEである。点Eは関数 $y=ax^2$ のグラフ上にあり，x 座標が3だから，$y=a\times3^2=9a$ となり，$E(3,\ 9a)$ である。OH＝3，$EH=9a$ だから，$\triangle OHE=\frac{1}{2}\times3\times9a=\frac{27}{2}a$ となる。また，点Aの x 座標が -1 より，点Bの x 座標は1である。点Bは関数 $y=ax^2$ のグラフ上にあるから，$y=a\times1^2=a$ より，$B(1,\ a)$ である。OH＝3を底辺と見ると，△OHBの高さは a であり，$EH=9a$ を底辺と見ると，△BHEの高さは $3-1=2$ となる。よって，$\triangle OHB=\frac{1}{2}\times3\times a=\frac{3}{2}a$，$\triangle BHE=\frac{1}{2}\times9a\times2=9a$ となるので，$\triangle BEO=\frac{27}{2}a-\frac{3}{2}a-9a=3a$ と表せる。これより，$\triangle ABF=\triangle BEO=3a$ である。辺ABは x 軸に平行だから，$AB=1-(-1)=2$ となる。辺ABを底辺と見たときの△ABFの高さを h とすると，△ABFの面積について，$\frac{1}{2}\times2\times h=3a$ が成り立ち，$h=3a$ となる。点Bの y 座標が a なので，点Fの y 座標は $a+3a=4a$ となる。点Fは関数 $y=ax^2$ のグラフ上にあるので，$4a=ax^2$ より，$x^2=4$，$x=\pm2$ となり，点Fの x 座標は負なので，$x=-2$ である。

図2

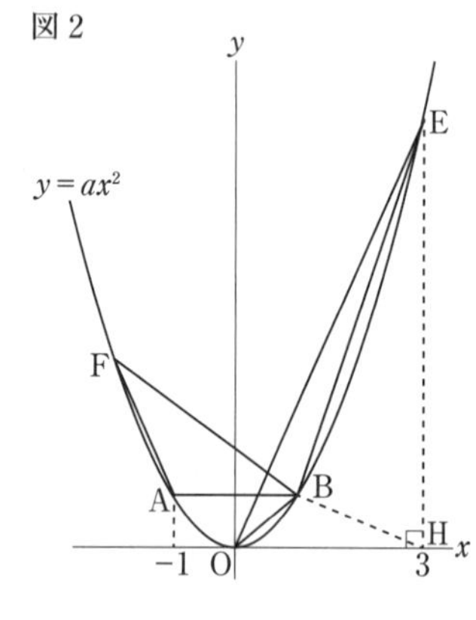

〔問3〕＜a の値＞右図3で，点Aの x 座標が $-\sqrt{7}$ より，点Bの x 座標は $\sqrt{7}$ だから，$AB=\sqrt{7}-(-\sqrt{7})=2\sqrt{7}$ である。点Gから辺AB

図3

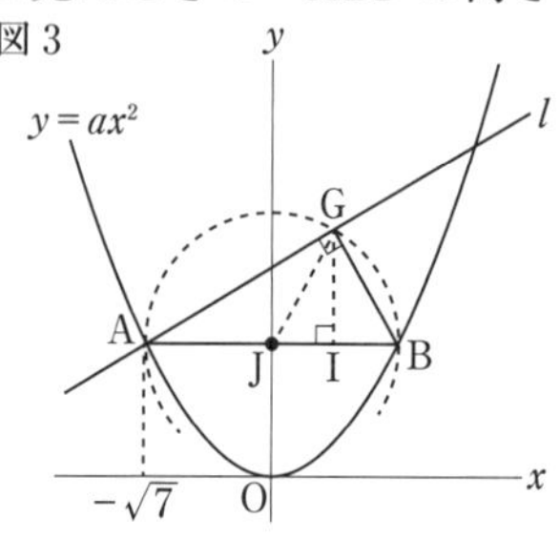

に垂線GIを引くと，△ABGの面積が7 cm^2であることから，$\frac{1}{2}\times 2\sqrt{7}\times GI=7$が成り立ち，$GI=\sqrt{7}$となる。また，辺ABと$y$軸の交点をJとし，点Gと点Jを結ぶと，∠AGB＝90°より，点Gは線分ABを直径とする円の周上にあり，点Jはその円の中心となる。これより，$GJ=AJ=\sqrt{7}$である。よって，GI＝GJであるから，2点I，Jは一致し，点Gは，右図4のように，y軸上の点となる。このとき，GJ＝AJより，直線lの傾きは$\frac{GJ}{AJ}=1$となる。直線lの傾きはaに等しいので，$a=1$である。

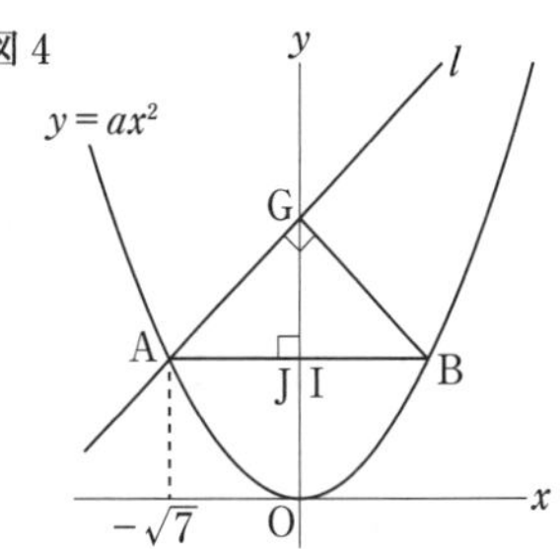

3〔平面図形―直角三角形〕

≪基本方針の決定≫〔問3〕　△ADBと△ABCに着目して線分ADの長さを求める。

〔問1〕＜面積―三平方の定理＞右図1で，点Dから辺ABに垂線DHを引くと，DA＝DBより，点Hは辺ABの中点となり，AH＝HBである。また，∠ABC＝90°より，∠AHD＝∠ABCだから，HD∥BCである。よって，AD＝DCとなるから，$\triangle ABD=\triangle DBC=\frac{1}{2}\triangle ABC$である。$AC=2AD=2\times3=6$となるから，△ABCで三平方の定理より，$AB=\sqrt{AC^2-BC^2}=\sqrt{6^2-(2\sqrt{3})^2}=\sqrt{24}=2\sqrt{6}$となる。したがって，$\triangle ABC=\frac{1}{2}\times BC\times AB=\frac{1}{2}\times2\sqrt{3}\times2\sqrt{6}=6\sqrt{2}$より，$\triangle DBC=\frac{1}{2}\times6\sqrt{2}=3\sqrt{2}$ (cm^2)である。

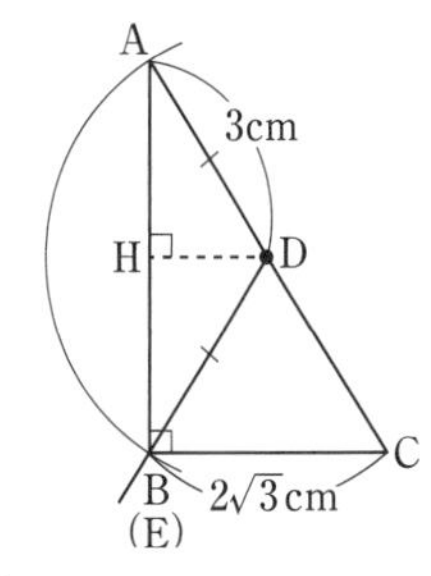

〔問2〕＜論証＞右図2で，△ABD≡△DGEであることが示せれば，AB＝DGとなる。円Dの半径だから，DA＝EDである。また，$AD^2+BD^2=AB^2$より，∠ADB＝90°であり，GEが円Dの接線より，∠DEG＝90°だから，∠ADB＝∠DEG＝90°である。∠BAD＝∠GDEであることがいえると，△ABD≡△DGEとなる。解答参照。

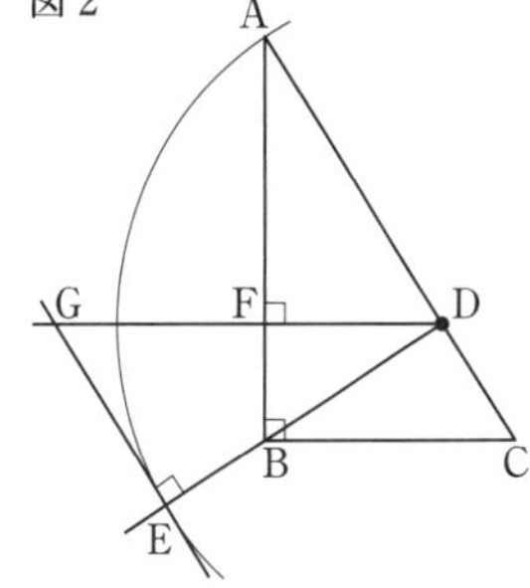

〔問3〕＜体積―回転体＞右下図3で，∠ADB＝90°だから，$\overset{\frown}{AE}$，線分EB，BC，CAで囲まれた図形を直線ACを軸として1回転させてできる立体は，おうぎ形DAEがつくる半球と△BCDがつくる円錐を合わせた立体となる。AD＝x(cm)とする。∠BAD＝∠CAB，∠ADB＝∠ABC＝90°より，△ADB∽△ABCである。よって，AD：AB＝AB：ACだから，$x:4\sqrt{3}=4\sqrt{3}:(x+2)$が成り立ち，$x(x+2)=(4\sqrt{3})^2$より，$x^2+2x-48=0$，$(x-6)(x+8)=0$　∴$x=6$，-8　$x>0$だから，$x=6$であり，半球の半径は6 cmとなる。したがって，おうぎ形DAEがつくる半球の体積は$\frac{4}{3}\pi\times6^3\times\frac{1}{2}=144\pi$である。また，△ADBで三平方の定理より，$BD^2=AB^2-AD^2=(4\sqrt{3})^2-6^2=12$となるから，△BCDがつくる円錐の体積は$\frac{1}{3}\times\pi\times BD^2\times CD=\frac{1}{3}\times\pi\times12\times2=8\pi$である。以上より，求める立体の体積は$144\pi+8\pi=152\pi$ (cm^3)となる。

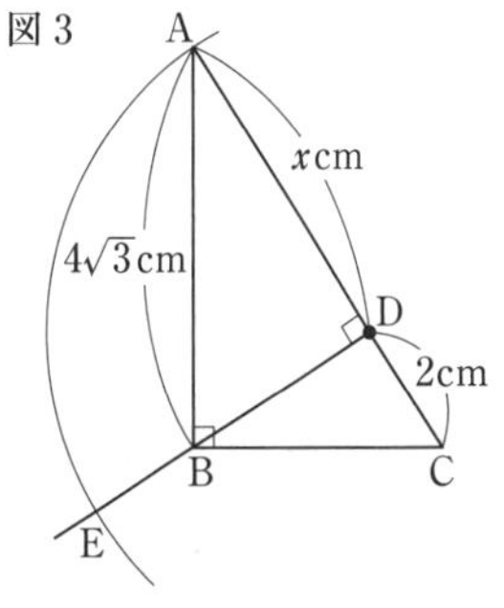

4〔特殊・新傾向問題〕

≪基本方針の決定≫〔問3〕　38回操作を行って現れた自然数から，自然数fが求まる。$N(160)$の値から，$N(2020)$，$N(2020)+1$の値もわかる。

〔問1〕＜**操作の回数**＞6は偶数だから，1回目は2でわって，$6\div2=3$ となる。3は奇数だから，2回目は3倍して1を加えて，$3\times3+1=10$ となる。以下同様にして，1になるまで操作をすると，$10\div2=5$，$5\times3+1=16$，$16\div2=8$，$8\div2=4$，$4\div2=2$，$2\div2=1$ となる。よって，操作の回数は8回だから，$N(6)=8$ である。

〔問2〕＜***d*の値**＞168が1になるまで操作を繰り返し行うと，得られる数は，168→84→42→21→64→32→16→8→4→2→1となるので，操作の回数は10回であり，$N(168)=10$ である。よって，$N(168)-N(8\times d)=3$ より，$10-N(8\times d)=3$，$N(8\times d)=7$ となるから，$8\times d$ は，操作を7回行うと1になる自然数である。$8\times d$ は，$8\times d\to4\times d\to2\times d\to d$ より，操作を3回行うと d になるので，d は，操作を $7-3=4$(回)行うと1になる自然数となる。操作は，2でわるか，3倍して1を加えるかのどちらかだから，操作をする前の自然数は，2倍した数か，1をひいて3でわった数となる。操作をして1になるとき，$1\times2=2$，$(1-1)\div3=0$ より，操作前の自然数は2である。操作をして2になるとき，$2\times2=4$，$(2-1)\div3=\frac{1}{3}$ より，操作前の自然数は4である。操作をして4になるとき，$4\times2=8$，$(4-1)\div3=1$ より，操作前の自然数として8と1が考えられるが，初めて1になるまでの操作の回数について考えているので，操作前の自然数が1になることはない。よって，操作をして4になるとき，操作前の自然数は8である。操作をして8になるとき，$8\times2=16$，$(8-1)\div3=\frac{7}{3}$ より，操作前の自然数は16である。したがって，操作を4回行って1になる自然数は16だから，$d=16$ となる。

〔問3〕＜**自然数の組**＞まず，38回操作を行ったときに98が現れるから，37回操作を行ったときに現れる自然数 f は，$98\times2=196$，$(98-1)\div3=\frac{97}{3}$ より，$f=196$ である。また，160→80→40→20→10→5→16→8→4→2→1より，160は，10回操作を行うと1になる自然数だから，$N(160)=10$ である。よって，$N(2020)=53+N(160)=53+10=63$ となるので，$N(2020)+1=63+1=64$ となり，$y=2752$ は，64番目の自然数である。このことから，中央値は，32番目の自然数と33番目の自然数の平均となる。中央値が233.5だから，32番目の自然数は233以下，33番目の自然数は234以上である。これより，32番目の自然数は，$y=f=196$，$y=g$ のいずれかとなる。32番目の自然数が $y=196$ とすると，33番目の自然数は $y=g$ だから，$\frac{196+g}{2}=233.5$ より，$g=271$ となる。これは32番目の自然数 $y=196$ より大きく34番目の自然数 $y=344$ より小さいので，適する。このとき，$e=33$ である。32番目の自然数が $y=g$ とすると，33番目の自然数は $y=344$ だから，$\frac{g+344}{2}=233.5$ より，$g=123$ となる。これは31番目の自然数 $y=196$ より小さいので，適さない。以上より，$(e,\ g)=(33,\ 271)$ である。

＝読者へのメッセージ＝

4では，ある自然数に対して，偶数なら2でわる，奇数なら3倍して1を加える，という操作を，自然数が1になるまで繰り返しました。これは，コラッツの問題といわれ，1930年代にドイツの数学者コラッツが提示した問題です。どんな自然数に対しても，最終的には1になることが予想されていますが，証明はされていません。

国語解答

一 (1) さ　(2) ひつぜつ　(3) しょうせい　(4) へいいはぼう

二 (1) 直　(2) 紙背　(3) 便益　(4) 百家争鳴

三 〔問1〕 ウ　〔問2〕 イ
〔問3〕 エ　〔問4〕 イ
〔問5〕 将棋は孤独な戦いだと実感した寂しさが，二回目の対局で強敵と互角に戦ったことを経て，競い合い共に向上する喜びへと変化した。(60字)
〔問6〕 ア

四 〔問1〕 エ　〔問2〕 ア
〔問3〕 ウ　〔問4〕 エ
〔問5〕 ウ　〔問6〕 イ
〔問7〕 (省略)

五 〔問1〕 ア
〔問2〕 あれこれと物思いする［場所］
〔問3〕 ウ　〔問4〕 ウ
〔問5〕 エ

一〔漢字〕
(1)音読みは「割愛」などの「カツ」。他の訓読みは「わ(る)」。　(2)「筆舌」は，書くことと口で言うこと。「筆舌に尽くしがたい」は，あまりにはなはだしくて，文章や言葉で表現できないこと。(3)「鐘声」は，鳴り響く鐘の音のこと。　(4)「弊衣破帽」は，旧制高校の学生が好んだぼろぼろの服装から，身なりに気を使わず，粗野でむさくるしいこと。

二〔漢字〕
(1)音読みは「直接」などの「チョク」や「正直」などの「ジキ」。他の訓読みは「なお(す)」。　(2)「紙背」は，紙の裏まで見通す，という意味から，文章に示されていない隠されている意味のこと。(3)「便益」は，便利で有益なこと。　(4)「百家争鳴」は，いろいろな立場にある学者や専門家などが自由に議論を戦わせること。

三〔小説の読解〕出典；佐川光晴『駒音高く』。
〔問1〕<心情>有賀先生に挨拶を褒められた翔太は，挨拶などの礼儀は，少年野球のとき礼儀正しくできなければ「罰として全員でベースランニング」をさせられたりする中で身についたものだったので，指導してくれた「航介君のおとうさんと田坂監督」に感謝するとともに，少年野球を経験していたことは自分にとって有意義だったと思ったのである。
〔問2〕<文章内容>前回の対局で山沢君は，翔太に完勝した。翔太に「負ける気はしなかったはず」の山沢君にとって，翔太は実力が明らかに下の相手であり，前回から２週間しかたっていないことから力の差がほとんど変わっていないだろう同じ相手と対戦しても，前回と同じような勝負内容になることが予想されたため，山沢君は，翔太との対戦に期待を持てなかったのである。
〔問3〕<心情>「本気になったらどれほど強いのか」想像もつかないプロの有賀先生と対局してみたかったので，その時間が足りなくなり，翔太は焦りを感じた。しかしそれ以上に，山沢君との対局は，前回と違って「研究の成果と，自分の読み」を試すチャンスであり，展開も互角で白熱した戦いになっていたので，途中でやめずに最後まで勝負を続けることができることがうれしくて，「絶対に負けるわけにはいかない」と気持ちが奮い立ったのである。
〔問4〕<表現>「キツネにつままれる」とは，キツネに化かされたように，意外なことが起こって何が何だかわからずぼう然とする，という意味。有賀先生から，先生が翔太の将棋の才能や将来性について高く評価していることを聞かされたが，「将棋界のことをなにも知らない」両親は，何をどう喜んでいいのかわからず，ぼんやりしてしまったのである。

〔問５〕<心情>将棋が，「喜び合うチームメイトがいない」，また「チームメイト同士で励まし合うこともない」孤独な戦いだと気づいたことで，翔太は，しみじみと寂しさを感じていたが，研究の成果もあって前回は完敗した山沢君との２回目の対局で，相手に引けを取らない戦いをしたことにより，「ライバル」と競い合いながら高め合う喜びを知り，心がはずんだのである。

〔問６〕<表現>「（自分以外は，全員が敵か。）頭のなかでつぶやくと，涙がこぼれそうになった」，「（なるほど，そのとおりだ。）頭のなかで答えながら～実力に感心していた」など，翔太の思ったことを（　）でせりふのように表し，同時に気持ちを直接描写することによって，読者が，物語の展開に沿って変わっていく翔太の心情をていねいに詳しく追えるように表現されている。

四〔論説文の読解―芸術・文学・言語学的分野―芸術〕出典；港千尋『インフラグラム　映像文明の新世紀』。

≪本文の概要≫一九八五年の『非物質』展は，「非物質」という言葉の意味を考えるきっかけとなった。近未来的な物質を扱った展覧会で使われていた物質自体はなくなってしまったが，思想や言葉といった「非物質」は残っている。科学技術の発展により，物質と非物質の区別が曖昧になり，世界を構成しているモノが，以前と異なる複雑さを示している。複雑なモノの代表として，生活基盤となった映像技術である写真がある。写真技術は，レーザーや地図製作技術などの技術と結びつき，３次元データや位置情報など異なる種類の情報を結びつけてきたように，物質性を超えて増え続けていく存在である。こうした二一世紀の「光による描画」の時代では，物質か非物質かということをも超え，モノが物体としての存在様式とイメージとしての存在様式を二重に持つという「超物質性」を獲得し，モノとモノの間に複雑な関係性が生じてくる。この現状においては，データ化されながら身体を持って生きていく人間も，二重的な存在となることを受け入れざるをえず，人間とは何か，今後どうなっていくか，生きることにはどんな意味があるかについて自分自身で考えなければならなくなっている。

〔問１〕<文章内容>「『非物質』展」は，「近未来的な物質を扱った展覧会」だったが，そこで使われていた機材や当時の新素材などの「物質」自体は，現在では失われてしまい，残っているのは，思想や言葉といった「非物質」だった。この展覧会は，非物質性に注目し，「モノの複雑さ」について問題提起しており，今日の「物質」について「わたし」が考えるきっかけになったのである。

〔問２〕<文章内容>これまでは物質も人も，実際にそこにある客観的な存在だったが，科学技術の発展により，表現は「非物質化」し，人間の「身体性」は消滅し，「場所に固定されない存在」が現れ，物質と非物質の区別が曖昧になる可能性が見え始めてきたのである。ただし，それらがインターネットによって実現されるということは，展覧会の時点では予測されていなかった。

〔問３〕<文章内容>写真は「光学と化学，さらに電子工学という複合的な科学技術の産物」であり，写真技術はレントゲン写真，ホログラム，３D描画，ストリートビューに至るまでさまざまに応用され，生活基盤として社会に「広く深く浸透」しているため，今日の文明が「あらゆる局面において写真抜きで成立するとは誰にも想像できない」のである。

〔問４〕<文章内容>写真は，それ自体は物質でありながら，レーザー技術や地図製作技術などと結びつき異なる種類のデータと「一体化」することにより，「コピーされ」「切られ」「共有され」るなど変形が可能となるという点で，物質性を超えた存在となり，「逐次更新されるという点で」時間を超えて増え続けていく存在となる。物質を超えた存在となった写真は，「記憶や思考といった心の働きにも影響」を与え，常に編集され増殖するイメージの集合体なのである。

〔問５〕<文章内容>物体とイメージの二項関係とは，ここでは，ある物体があればそのイメージが一つに決まるという関係をいう。これまでは物質としてのモノ一つに対して，写真や映像などのイメージ一つが対応していたが，モノが物質として存在するだけでなくイメージとして「別のモノを生み出すこと」ができる「多元的な様態」を持つデータとしても存在するようになったことで，物体とイメージの間に一対一で結びつく関係はなくなったのである。

〔問６〕<要旨>この文章は冒頭で，科学技術の発展により現実が「以前とは異なる様相を呈し」てきたことを示した『非物質』展を紹介し，モノの複雑性を論じるきっかけとしている。次に，写真の複雑性を，「記憶や思考といった心の働きにも影響をもっている」だけでなく，写真技術がレーザーや地図製作技術などの技術と結びつき，３次元データや位置情報など異なる種類の情報を結びつけてきたことから説明している。さらに，物質か非物質かということをも超え，モノが物体としての存在様式とイメージとしての存在様式を二重に持つという「超物質性」を獲得し，モノとモノの間に「複雑な関係性」が生じていることを指摘している。こうした現状において，データ化されながら身体を持って生きていく人間も二重的な存在となることを受け入れざるをえず，人間とは何か，今後どうなっていくか，生きることにはどんな意味があるかについて自分自身で考えなければならないと述べて論を終えている。

〔問７〕<作文>人間が二重存在的になるとはどういう意味かをふまえ，人間が今後どんな存在になっていくかについて自分の考えをまとめる。字数や決まりを守って書く。

五〔論説文の読解―芸術・文学・言語学的分野―文学〕出典；池田彌三郎『日本の旅人　在原業平』。

〔問１〕<文章内容>宇津の谷峠は，「道が細く，暗く」，「蔦や楓がたいそう生い茂って」，旅人が心細く思いながら越えていくような山道でありながら，以前知っていた人に偶然会ったり，そうでなくとも「誰か人に，逢」ったりする所だというのが，「文芸の上の約束ごと」だった。

〔問２〕<文章内容>八橋は，『平家物語』では「八方に広がる蜘蛛の足のように」と述べられ，『伊勢物語』の「蜘蛛手にものを」がきまり文句として引用されているように，「あれこれと物思いする」場所として描かれている。「蜘蛛手」とは，蜘蛛の八つの足のように，あれこれと心が乱れるさまを表す。

〔問３〕<漢字の知識>「『動く・動かざる』の弁」は，動くか動かないかを区別する，という意味。「弁別」は，物事を区別することで，「弁」は，分ける，という意味。「弁論大会」の「弁論」は，大勢の前で意見を述べることで，「弁」は，言葉で言い表す，という意味。「自弁」は，自分で費用を負担することで，「弁」は，準備する，という意味。「合弁」は，複数の異なる組織が提携し共同で事業経営することで，「弁」は，取りしきる，という意味。

〔問４〕<文章内容>日本の旅人にとっての旅は，旅を記した文芸作品によって「経験を支配」されるものであり，旅人は，文芸作品に書かれていたのと同じ場所を訪れ，同じことを旅中で追体験するために，旅をするのである。だから，旅人は知らない所へ旅をするのではなく，「前々から用意されて」いて，すでに知っていた場所や事柄をたどり，「旅の記」に書く内容も「旅行以前からきまって」いたのである。

〔問５〕<文章内容>日本においては，文学作品は，歴史的な出来事や人物の中から選ばれたものだけを叙述しており，文学作品で描かれた出来事や人物が，歴史として認められてきた。同様に，日本では自然も，『伊勢物語』や『太平記』のような文学作品で描かれ，後世の俳句や歌舞伎に残された「宇津の山」のような自然が，自然であると見なされてきたのである。

Memo

●2020年度

東京都立高等学校

共 通 問 題

【社会・理科】

2020年度 東京都立高等学校（共通問題）

【社　会】（50分）〈満点：100点〉

1　次の各問に答えよ。

〔問１〕　次の図は，神奈川県藤沢市の「江の島」の様子を地域調査の発表用資料としてまとめたものである。この地域の景観を，●で示した地点から矢印 ⬋ の向きに撮影した写真に当てはまるのは，下の**ア**～**エ**のうちではどれか。

発表用資料

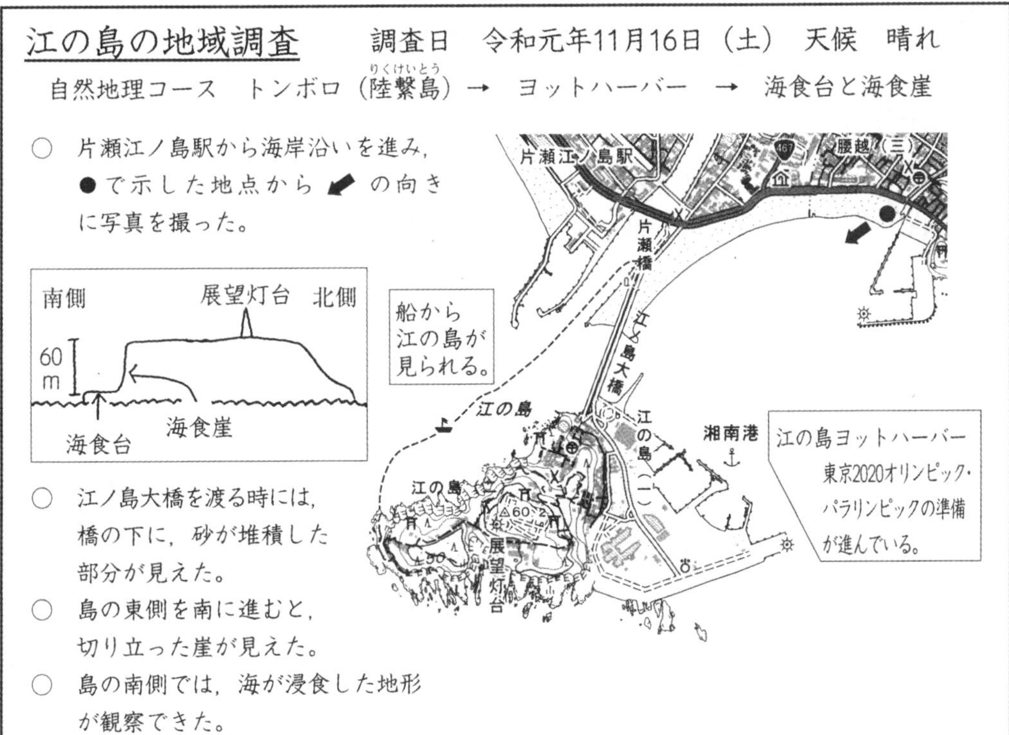

ア

イ

ウ

エ

〔問２〕 次のⅠの略地図中の**ア**～**エ**は，世界遺産に登録されている我が国の主な歴史的文化財の所在地を示したものである。Ⅱの文で述べている歴史的文化財の所在地に当てはまるのは，略地図中の**ア**～**エ**のうちのどれか。

Ⅰ

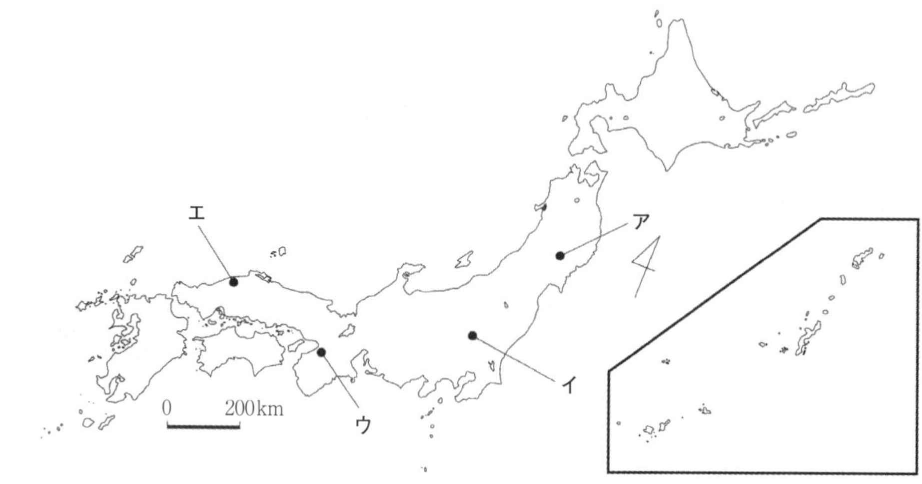

Ⅱ

5世紀中頃に造られた，大王（おおきみ）の墓と言われる日本最大の面積を誇る前方後円墳で，周囲には三重の堀が巡らされ，古墳の表面や頂上等からは，人や犬，馬などの形をした埴輪（はにわ）が発見されており，2019年に世界遺産に登録された。

〔問3〕 次の文で述べている国際連合の機関に当てはまるのは，下の**ア**～**エ**のうちのどれか。

国際紛争を調査し，解決方法を勧告する他，平和を脅（おびや）かすような事態の発生時には，経済封鎖や軍事的措置などの制裁を加えることができる主要機関である。

ア 国連難民高等弁務官事務所
イ 安全保障理事会
ウ 世界保健機関
エ 国際司法裁判所

2 次の略地図を見て，あとの各問に答えよ。

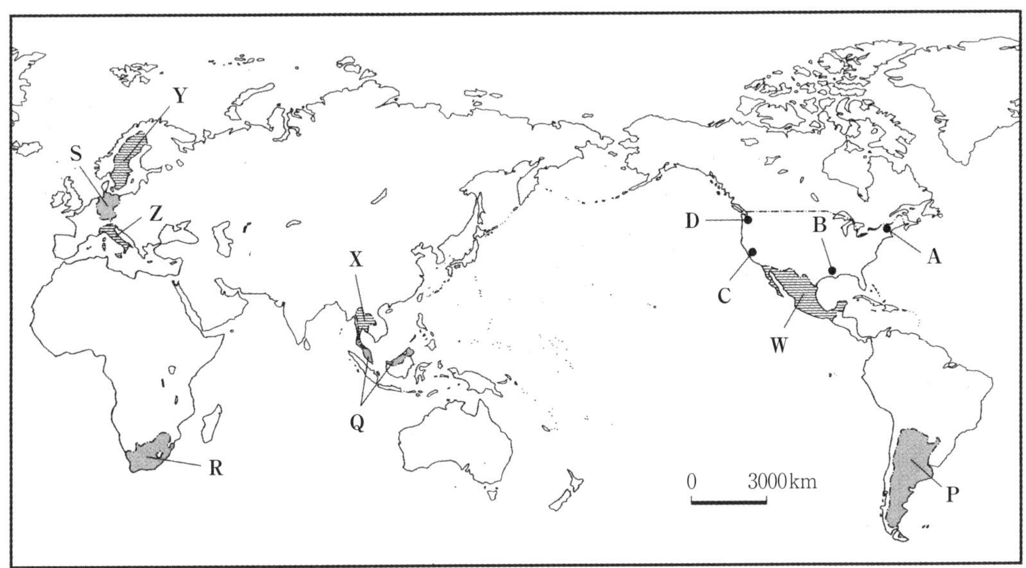

〔問1〕 次のⅠの文章は，略地図中の**A**～**D**の**いずれか**の都市の様子についてまとめたものである。Ⅱのグラフは，**A**～**D**の**いずれか**の都市の，年平均気温と年降水量及び各月の平均気温と降水量を示したものである。Ⅰの文章で述べている都市に当てはまるのは，略地図中の**A**～**D**のうちのどれか，また，その都市のグラフに当てはまるのは，Ⅱの**ア**～**エ**のうちのどれか。

Ⅰ

サンベルト北限付近に位置し，冬季は温暖で湿潤だが，夏季は乾燥し，寒流の影響で高温にならず，一年を通して過ごしやすい。周辺には1885年に大学が設立され，1950年代から半導体の生産が始まり，情報分野で世界的な企業が成長し，現在も世界各国から研究者が集まっている。

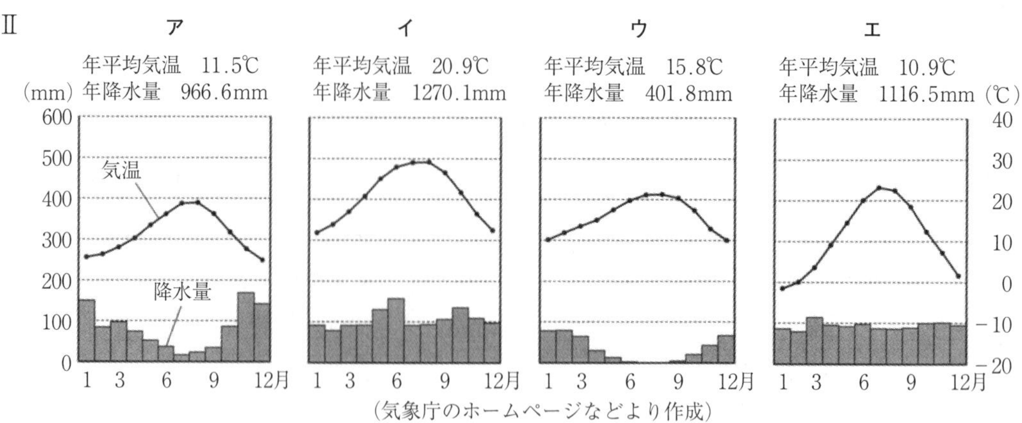

（気象庁のホームページなどより作成）

〔問２〕　次の表の**ア**～**エ**は，略地図中に　　　で示した**P**～**S**の**いずれか**の国の，2017年における自動車の生産台数，販売台数，交通や自動車工業の様子についてまとめたものである。略地図中の**P**～**S**のそれぞれの国に当てはまるのは，次の表の**ア**～**エ**のうちではどれか。

	自動車		交通や自動車工業の様子
	生産（千台）	販売（千台）	
ア	460	591	○年間数万隻の船舶が航行する海峡に面する港に高速道路が延び，首都では渋滞解消に向け鉄道が建設された。 ○1980年代には，日本企業と協力して熱帯地域に対応した国民車の生産が始まり，近年は政策としてハイブリッド車などの普及を進めている。
イ	472	900	○現在も地殻変動が続き，国土の西側に位置し，国境を形成する山脈を越えて，隣国まで続く高速道路が整備されている。 ○2017年は，隣国の需要の低下により乗用車の生産が減少し，パンパでの穀物生産や牧畜で使用されるトラックなどの商用車の生産が増加した。
ウ	5646	3811	○国土の北部は氷河に削られ，城郭都市の石畳の道や，1930年代から建設が始まった速度制限のない区間が見られる高速道路が整備されている。 ○酸性雨の被害を受けた経験から，自動車の生産では，エンジンから排出される有害物質の削減に力を入れ，ディーゼル車の割合が減少している。
エ	590	556	○豊富な地下資源を運ぶトラックから乗用車まで様々な種類の自動車が見られ，1970年代に高速道路の整備が始められた。 ○欧州との時差が少なく，アジアまで船で輸送する利便性が高いことを生かして，欧州企業が日本向け自動車の生産拠点を置いている。

（「世界国勢図会」2018/19年版などより作成）

〔問３〕　次のⅠとⅡの表の**ア**～**エ**は，略地図中に　　　で示した**W**～**Z**の**いずれか**の国に当てはまる。Ⅰの表は，1993年と2016年における進出日本企業数と製造業に関わる進出日本企業数，輸出額が多い上位３位までの貿易相手国，Ⅱの表は，1993年と2016年における日本との貿易総額，日本の輸入額の上位３位の品目と日本の輸入額に占める割合を示したものである。Ⅲの文章は，ⅠとⅡの表における**ア**～**エ**の**いずれか**の国について述べたものである。Ⅲの文章で述べている国に当てはまるのは，略地図中の**W**～**Z**のうちのどれか，また，ⅠとⅡの表の**ア**～**エ**のうちのどれか。

Ⅰ

		進出日本企業数		輸出額が多い上位３位までの貿易相手国		
			製造業	１位	２位	３位
ア	1993年	875	497	アメリカ合衆国	日本	シンガポール
	2016年	2318	1177	アメリカ合衆国	中華人民共和国	日本
イ	1993年	44	4	ドイツ	イギリス	アメリカ合衆国
	2016年	80	19	ノルウェー	ドイツ	デンマーク
ウ	1993年	113	56	アメリカ合衆国	カナダ	スペイン
	2016年	502	255	アメリカ合衆国	カナダ	中華人民共和国
エ	1993年	164	46	ドイツ	フランス	アメリカ合衆国
	2016年	237	72	ドイツ	フランス	アメリカ合衆国

（国際連合「貿易統計年鑑」2016などより作成）

Ⅱ

		貿易総額（億円）	日本の輸入額の上位３位の品目と日本の輸入額に占める割合(%)					
			１位		２位		３位	
ア	1993年	20885	魚介類	15.3	一般機械	11.3	電気機器	10.7
	2016年	51641	電気機器	21.1	一般機械	13.6	肉類・同調製品	8.0
イ	1993年	3155	電気機器	20.4	医薬品	16.7	自動車	15.3
	2016年	3970	医薬品	29.4	一般機械	11.9	製材	9.7
ウ	1993年	5608	原油・粗油	43.3	塩	8.1	果実及び野菜	7.8
	2016年	17833	原油	23.2	電気機器	17.0	自動車部品	7.9
エ	1993年	7874	一般機械	11.6	衣類	10.3	織物用糸・繊維製品	10.2
	2016年	14631	一般機械	12.1	バッグ類	10.9	医薬品	10.0

（国際連合「貿易統計年鑑」2016などより作成）

Ⅲ

雨季と乾季があり，国土の北部から南流し，首都を通り海に注ぐ河川の両側に広がる農地などで生産される穀物が，1980年代まで主要な輸出品であったが，1980年代からは工業化が進んだ。2016年には，製造業の進出日本企業数が1993年と比較し２倍以上に伸び，貿易相手国として中華人民共和国の重要性が高まった。また，この国と日本との貿易総額は1993年と比較し２倍以上に伸びており，電気機器の輸入額に占める割合も２割を上回るようになった。

3 次の略地図を見て，あとの各問に答えよ。

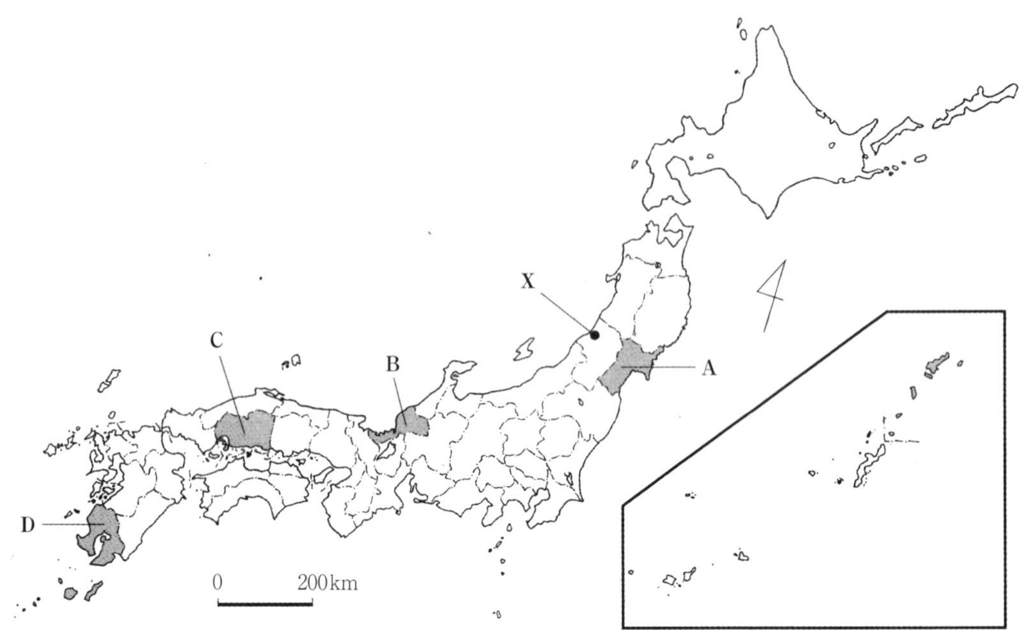

〔問１〕 次の表の**ア**～**エ**の文章は，略地図中に ▒▒ で示した，**A**～**D**の**いずれか**の県の，2017年における鉄道の営業距離，県庁所在地（市）の人口，鉄道と県庁所在地の交通機関などの様子についてまとめたものである。略地図中の**A**～**D**のそれぞれの県に当てはまるのは，次の表の**ア**～**エ**のうちではどれか。

	営業距離（km） 人口（万人）	鉄道と県庁所在地の交通機関などの様子
ア	710 119	○内陸部の山地では南北方向に，造船業や鉄鋼業が立地する沿岸部では東西方向に鉄道が走り，新幹線の路線には５駅が設置されている。 ○この都市では，中心部には路面電車が見られ，1994年に開業した鉄道が北西の丘陵地に形成された住宅地と三角州上に発達した都心部とを結んでいる。
イ	295 27	○リアス海岸が見られる地域や眼鏡産業が立地する平野を鉄道が走り，2022年には県庁所在地を通る新幹線の開業が予定されている。 ○この都市では，郊外の駅に駐車場が整備され，自動車から鉄道に乗り換え通勤できる環境が整えられ，城下町であった都心部の混雑が緩和されている。
ウ	642 109	○南北方向に走る鉄道と，西側に位置する山脈を越え隣県へつながる鉄道などがあり，1982年に開通した新幹線の路線には４駅が設置されている。 ○この都市では，中心となるターミナル駅に郊外から地下鉄やバスが乗り入れ，周辺の道路には町を象徴する街路樹が植えられている。
エ	423 61	○石油の備蓄基地が立地する西側の半島に鉄道が走り，2004年には北西から活動中の火山の対岸に位置する県庁所在地まで新幹線が開通した。 ○この都市では，路面電車の軌道を芝生化し，緑豊かな環境が整備され，シラス台地に開発された住宅地と都心部は，バス路線で結ばれている。

（「データでみる県勢」第27版などより作成）

〔問２〕 次のⅠとⅡの地形図は，1988年と1998年の「国土地理院発行２万５千分の１地形図(湯野浜)」の一部である。Ⅲの文章は，略地図中に**X**で示した庄内空港が建設された地域について，ⅠとⅡの地形図を比較して述べたものである。Ⅲの文章の P ～ S のそれぞれに当てはまるのは，下の**ア**と**イ**のうちではどれか。なお，Ⅱの地形図上において，**Y**－**Z**間の長さは８cm である。

Ⅰ

(1988年)

Ⅱ

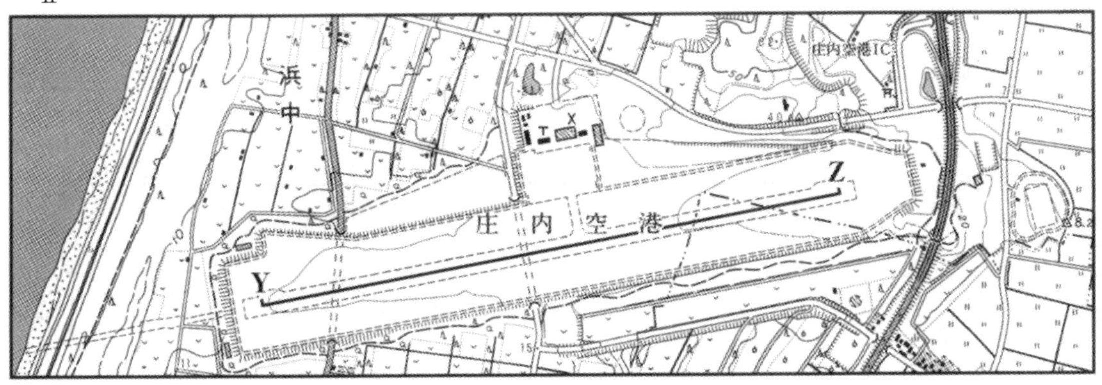

(1998年)

Ⅲ

> この空港は，主に標高が約10mから約 P mにかけて広がる Q であった土地を造成して建設された。ジェット機の就航が可能となるよう約 R mの長さの滑走路が整備され，海岸沿いの針葉樹林は， S から吹く風によって運ばれる砂の被害を防ぐ役割を果たしている。

P	**ア**	40	**イ**	80	Q	**ア**	果樹園・畑	**イ** 水田
R	**ア**	1500	**イ**	2000	S	**ア**	南東	**イ** 北西

〔問３〕 次のⅠの文章は，2012年４月に示された「つなぐ・ひろがる　しずおかの道」の内容の一部をまとめたものである。Ⅱの略地図は，2018年における東名高速道路と新東名高速道路の一部を示したものである。Ⅲの表は，Ⅱの略地図中に示した御殿場から三ヶ日までの，東名と新東名について，新東名の開通前(2011年４月17日から2012年４月13日までの期間)と，開通後(2014年４月13日から2015年４月10日までの期間)の，平均交通量と10km 以上の渋滞回数を示したものである。自然災害に着目し，ⅠとⅡの資料から読み取れる，新東名が現在の位置に建

設された理由と，平均交通量と10km 以上の渋滞回数に着目し，新東名が建設された効果について，それぞれ簡単に述べよ。

Ⅰ

○東名高速道路は，高波や津波などによる通行止めが発生し，経済に影響を与えている。
○東名高速道路は，全国の物流・経済を支えており，10km 以上の渋滞回数は全国1位である。

Ⅱ

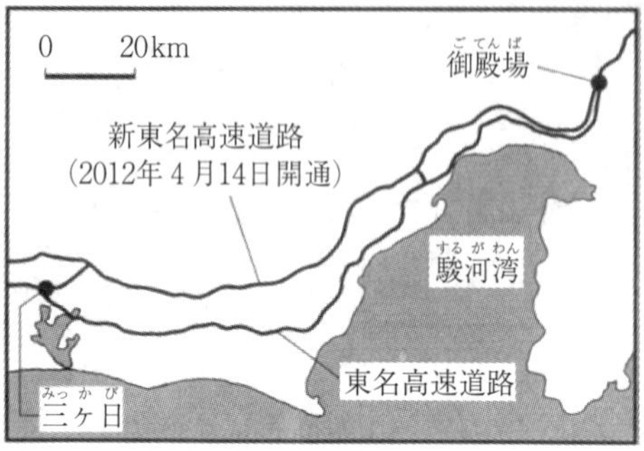

0　20km
御殿場
新東名高速道路
（2012年4月14日開通）
駿河湾
東名高速道路
三ケ日

Ⅲ

		開通前	開通後
東名	平均交通量（千台／日）	73.2	42.9
	10km 以上の渋滞回数（回）	227	4
新東名	平均交通量（千台／日）	—	39.5
	10km 以上の渋滞回数（回）	—	9

（注）—は，データが存在しないことを示す。
（中日本高速道路株式会社作成資料より作成）

4　次の文章を読み，あとの各問に答えよ。

紙は，様々な目的に使用され，私たちの生活に役立ってきた。

古代では，様々な手段で情報を伝え，支配者はクニと呼ばれるまとまりを治めてきた。我が国に紙が伝来すると，(1)支配者は，公的な記録の編纂や情報の伝達に紙を用い，政治を行ってきた。

中世に入ると，(2)屋内の装飾の材料にも紙が使われ始め，我が国独自の住宅様式の確立につながっていった。

江戸時代には，各藩のひっ迫した財政を立て直すために工芸作物の生産を奨励される中で，各地で紙が生産され始め，人々が紙を安価に入手できるようになった。(3)安価に入手できるようになった紙は，書物や浮世絵などの出版にも利用され，文化を形成してきた。

明治時代以降，欧米の進んだ技術を取り入れたことにより，従来から用いられていた紙に加え，西洋風の紙が様々な場面で使われるようになった。さらに，(4)生産技術が向上すると，紙の大量生産も可能となり，新聞や雑誌などが広く人々に行き渡ることになった。

〔問1〕　(1)支配者は，公的な記録の編纂や情報の伝達に紙を用い，政治を行ってきた。とあるが，次の**ア**～**エ**は，飛鳥時代から室町時代にかけて，紙が政治に用いられた様子について述べたものである。時期の古いものから順に記号を並べよ。

ア　大宝律令が制定され，天皇の文書を作成したり図書の管理をしたりする役所の設置など，大陸の進んだ政治制度が取り入れられた。

イ　武家政権と公家政権の長所を政治に取り入れた建武式目が制定され，治安回復後の京都に幕府が開かれた。

ウ　全国に支配力を及ぼすため，紙に書いた文書により，国ごとの守護と荘園や公領ごとの地頭を任命する政策が，鎌倉で樹立された武家政権で始められた。

エ　各地方に設置された国分寺と国分尼寺(こくぶんにじ)へ，僧を派遣したり経典の写本を納入したりするなど，様々な災いから仏教の力で国を守るための政策が始められた。

〔問２〕　(2)屋内の装飾の材料にも紙が使われ始め，我が国独自の住宅様式の確立につながっていった。とあるが，次のⅠの略年表は，鎌倉時代から江戸時代にかけての，我が国の屋内の装飾に関する主な出来事についてまとめたものである。Ⅱの略地図中の**A**～**D**は，我が国の主な建築物の所在地を示したものである。Ⅲの文は，ある時期に建てられた建築物について述べたものである。Ⅲの文で述べている建築物が建てられた時期に当てはまるのは，Ⅰの略年表中の**ア**～**エ**の時期のうちではどれか。また，Ⅲの文で述べている建築物の所在地に当てはまるのは，Ⅱの略地図中の**A**～**D**のうちのどれか。

Ⅰ

西暦	我が国の屋内の装飾に関する主な出来事	
1212	●鴨長明(かものちょうめい)が「方丈記(ほうじょうき)」の中で，障子(しょうじ)の存在を記した。	
		ア
1351	●藤原隆昌(ふじわらのたかまさ)と父が「慕帰絵(ぼきえ)」の中で，襖(ふすま)に絵を描く僧の様子を表した。	
		イ
1574	●織田信長(おだのぶなが)が上杉謙信(うえすぎけんしん)に「洛中洛外図屛風(らくちゅうらくがいずびょうぶ)」を贈った。	
		ウ
1626	●狩野探幽(かのうたんゆう)が二条城の障壁画(しょうへきが)を描いた。	
		エ
1688	●屛風の売買の様子を記した井原西鶴(いはらさいかく)の「日本永代蔵(にほんえいたいぐら)」が刊行された。	

Ⅱ

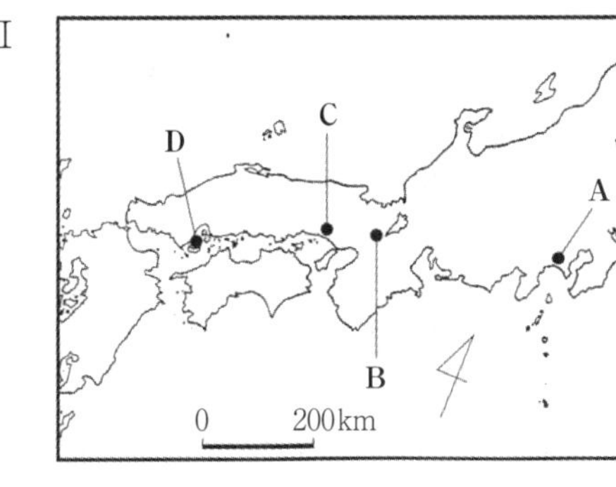

Ⅲ

慈照寺(じしょうじ)にある東求堂同仁斎(とうぐどうどうじんさい)には，障子や襖といった紙を用いた建具(たてぐ)が取り入れられ，我が国の和室の原点と言われる書院造(しょいんづくり)の部屋が造られた。

〔問３〕　(3)安価に入手できるようになった紙は，書物や浮世絵(うきよえ)などの出版にも利用され，文化を形成してきた。とあるが，次の文章は，江戸時代の医師が著した「後見草(のちみぐさ)」の一部を分かりやすく示したものである。下の**ア**～**エ**は，江戸時代に行われた政策について述べたものである。この書物に書かれた出来事の４年後から10年後にかけて主に行われた政策について当てはまるのは，下の**ア**～**エ**のうちではどれか。

○天明(てんめい)３年７月６日夜半，西北の方向に雷のような音と振動が感じられ，夜が明けても空はほの暗く，庭には細かい灰が舞い降りていた。７日は灰がしだいに大粒になり，８日は早朝から激しい振動が江戸を襲ったが，当初人々は浅間山(あさまやま)が噴火したとは思わず，日光か筑波山(つくばさん)で噴火があったのではないかと噂(うわさ)し合った。

○ここ３，４年，気候も不順で，五穀の実りも良くなかったのに，またこの大災害で，米価は非常に高騰し，人々の困窮は大変なものだった。

ア　物価の引き下げを狙って，公認した株仲間を解散させたり，外国との関係を良好に保つよう，外国船には燃料や水を与えるよう命じたりするなどの政策を行った。

イ　投書箱を設置し，民衆の意見を政治に取り入れたり，税収を安定させて財政再建を図ることを目的に，新田開発を行ったりするなどの政策を行った。

ウ　税収が安定するよう，株仲間を公認したり，長崎貿易の利益の増加を図るため，俵物（たわらもの）と呼ばれる海産物や銅の輸出を拡大したりするなどの政策を行った。

エ　幕府が旗本らの生活を救うため借金を帳消しにする命令を出したり，江戸に出稼ぎに来ていた農民を農村に返し就農を進め，飢饉（ききん）に備え各地に米を蓄えさせたりするなどの政策を行った。

〔問４〕 (4)生産技術が向上すると，紙の大量生産も可能となり，新聞や雑誌などが広く人々に行き渡ることになった。とあるが，次の略年表は，明治時代から昭和時代にかけての，我が国の紙の製造や印刷に関する主な出来事についてまとめたものである。略年表中の**A**の時期に当てはまるのは，下の**ア**～**エ**のうちではどれか。

西暦	我が国の紙の製造や印刷に関する主な出来事
1873	●渋沢栄一（しぶさわえいいち）により洋紙製造会社が設立された。
1876	●日本初の純国産活版洋装本が完成した。
1877	●国産第１号の洋式紙幣（しへい）である国立銀行紙幣が発行された。
1881	●日本で初めての肖像画入り紙幣が発行された。
1890	●東京の新聞社が，フランスから輪転印刷機を輸入し，大量高速印刷が実現した。
1904	●初の国産新聞輪転印刷機が大阪の新聞社に設置された。
1910	●北海道の苫小牧（とまこまい）で，新聞用紙国内自給化の道を拓（ひら）く製紙工場が操業を開始した。………（A ここから）
1928	●日本初の原色グラビア印刷が開始された。
1933	●３社が合併し，我が国の全洋紙生産量の85％の生産量を占める製紙会社が誕生した。………（A ここまで）
1940	●我が国の紙・板紙の生産量が過去最大の154万トンになった。

ア　国家総動員法が制定され国民への生活統制が強まる中で，東京市が隣組回覧板を10万枚配布し，毎月２回の会報の発行を開始した。

イ　官営の製鉄所が開業し我が国の重工業化が進む中で，義務教育の就学率が90％を超え，国定教科書用紙が和紙から洋紙に切り替えられた。

ウ　東京でラジオ放送が開始されるなど文化の大衆化が進む中で，週刊誌や月刊誌の発行部数が急速に伸び，東京の出版社が初めて１冊１円の文学全集を発行した。

エ　廃藩置県により，実業家や政治の実権を失った旧藩主による製紙会社の設立が東京において相次ぐ中で，政府が製紙会社に対して地券用紙を大量に発注した。

5　次の文章を読み，あとの各問に答えよ。

(1)我が国の行政の役割は，国会で決めた法律や予算に基づいて，政策を実施することである。行政の各部門を指揮・監督する(2)内閣は，内閣総理大臣と国務大臣によって構成され，国会に対し，連帯して責任を負う議院内閣制をとっている。

行政は，人々が安心して暮らせるよう，(3)社会を支える基本的な仕組みを整え，資源配分や経済の安定化などの機能を果たしている。その費用は，(4)主に国民から納められた税金により賄われ，年を追うごとに財政規模は拡大している。

〔問１〕 (1)我が国の行政の役割は，国会で決めた法律や予算に基づいて，政策を実施することである。とあるが，内閣の仕事を規定する日本国憲法の条文は，次の**ア**～**エ**のうちではどれか。

ア 条約を締結すること。但し，事前に，時宜(じぎ)によっては事後に，国会の承認を経ることを必要とする。

イ 両議院は，各々(おのおの)国政に関する調査を行ひ，これに関して，証人の出頭及び証言並びに記録の提出を要求することができる。

ウ すべて国民は，個人として尊重される。生命，自由及び幸福追求に対する国民の権利については，公共の福祉に反しない限り，立法その他の国政の上で，最大の尊重を必要とする。

エ 地方公共団体の組織及び運営に関する事項は，地方自治の本旨に基いて，法律でこれを定める。

〔問２〕 (2)内閣は，内閣総理大臣と国務大臣によって構成され，国会に対し，連帯して責任を負う議院内閣制をとっている。とあるが，次の表は，我が国の内閣と，アメリカ合衆国の大統領の権限について，「議会に対して法律案を提出する権限」，「議会の解散権」があるかどうかを，権限がある場合は「○」，権限がない場合は「×」で示そうとしたものである。表の**A**と**B**に入る記号を正しく組み合わせているのは，下の**ア**～**エ**のうちのどれか。

	我が国の内閣	アメリカ合衆国の大統領
議会に対して法律案を提出する権限	○	**A**
議会の解散権	**B**	×

	ア	**イ**	**ウ**	**エ**
A	○	○	×	×
B	○	×	○	×

〔問３〕 (3)社会を支える基本的な仕組みを整え，資源配分や経済の安定化などの機能を果たしている。とあるが，次の文章は，行政が担(にな)う役割について述べたものである。この行政が担う役割に当てはまるのは，下の**ア**～**エ**のうちではどれか。

> 社会資本は，長期間にわたり，幅広く国民生活を支えるものである。そのため，時代の変化に応じて機能の変化を見通して，社会資本の整備に的確に反映させ，蓄積・高度化を図っていくことが求められる。

ア 収入が少ない人々に対して，国が生活費や教育費を支給し，最低限度の生活を保障し，自立を助ける。

イ 国民に加入を義務付け，毎月，保険料を徴収し，医療費や高齢者の介護費を支給し，国民の負担を軽減する。

ウ 保健所などによる感染症の予防や食品衛生の管理，ごみ処理などを通して，国民の健康維持・増進を図る。

エ 公園，道路や上下水道，図書館，学校などの公共的な施設や設備を整え，生活や産業を支える。

〔問４〕 (4)主に国民から納められた税金により賄われ，年を追うごとに財政規模は拡大している。とあるが，次のⅠのグラフは，1970年度から2010年度までの我が国の歳入と歳出の決算総額の推移を示したものである。Ⅱの文章は，ある時期の我が国の歳入と歳出の決算総額の変化と経済活動の様子について述べたものである。Ⅱの文章で述べている経済活動の時期に当てはまるのは，Ⅰのグラフの**ア**～**エ**の時期のうちではどれか。

Ⅰ

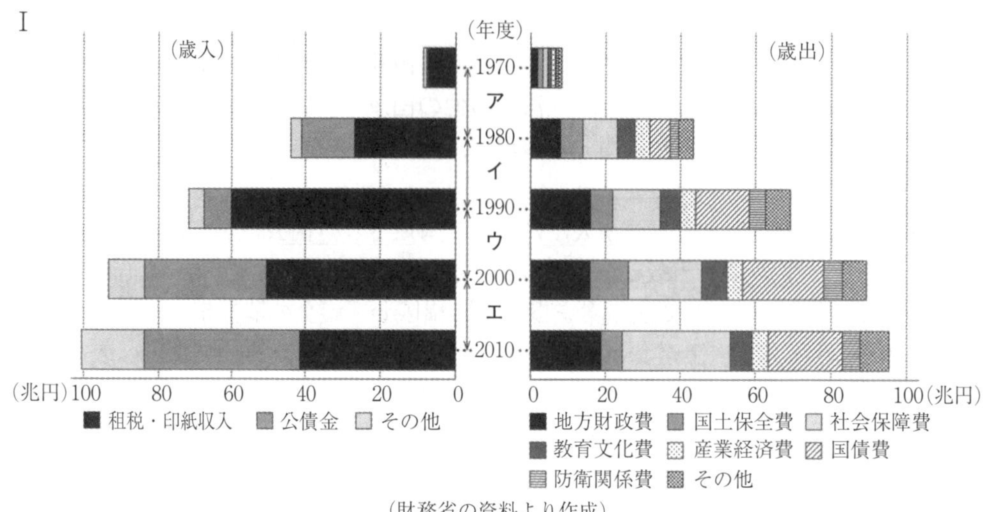

（財務省の資料より作成）

Ⅱ

○この10年間で，歳入総額に占める租税・印紙収入の割合の増加に伴い，公債金の割合が低下し，歳出総額は約1.5倍以上となり，国債費も約２倍以上に増加した。
○この時期の後半には，６％台の高い経済成長率を示すなど景気が上向き，公営企業の民営化や税制改革が行われる中で，人々は金融機関から資金を借り入れ，値上がりを見込んで土地や株の購入を続けた。

6 次の文章を読み，あとの各問に答えよ。

世界の国々は，地球上の様々な地域で，人々が活動できる範囲を広げてきた。そして，(1)対立や多くの困難に直面する度に，課題を克服し解決してきた。また，(2)科学技術の進歩や経済の発展は，先進国だけでなく発展途上国の人々の暮らしも豊かにしてきた。

グローバル化が加速し，人口増加や環境の変化が急速に進む中で，持続可能な社会を実現するために，(3)我が国にも世界の国々と協調した国際貢献が求められている。

〔問１〕 (1)対立や多くの困難に直面する度に，課題を克服し解決してきた。とあるが，次の**ア**～**エ**は，それぞれの時代の課題を克服した様子について述べたものである。時期の古いものから順に記号で並べよ。

ア 特定の国による資源の独占が国家間の対立を生み出した反省から，資源の共有を目的とした共同体が設立され，その後つくられた共同体と統合し，ヨーロッパ共同体(EC)が発足した。

イ アマゾン川流域に広がるセルバと呼ばれる熱帯林などの大規模な森林破壊の解決に向け，リオデジャネイロで国連環境開発会議(地球サミット)が開催された。

ウ パリで講和会議が開かれ，戦争に参加した国々に大きな被害を及ぼした反省から，アメリカ合衆国大統領の提案を基にした，世界平和と国際協調を目的とする国際連盟が発足した。

エ　ドイツ，オーストリア，イタリアが三国同盟を結び，ヨーロッパで政治的な対立が深まる一方で，科学者の間で北極と南極の国際共同研究の実施に向け，国際極年が定められた。

〔問２〕 (2)科学技術の進歩や経済の発展は，先進国だけでなく発展途上国の人々の暮らしも豊かにしてきた。とあるが，下のⅠのグラフの**ア**～**エ**は，略地図中に ▒ で示した**A**～**D**の**いずれか**の国の1970年から2015年までの一人当たりの国内総生産の推移を示したものである。Ⅱのグラフの**ア**～**エ**は，略地図中に ▒ で示した**A**～**D**の**いずれか**の国の1970年から2015年までの乳幼児死亡率の推移を示したものである。Ⅲの文章で述べている国に当てはまるのは，略地図中の**A**～**D**のうちのどれか，また，ⅠとⅡのグラフの**ア**～**エ**のうちのどれか。

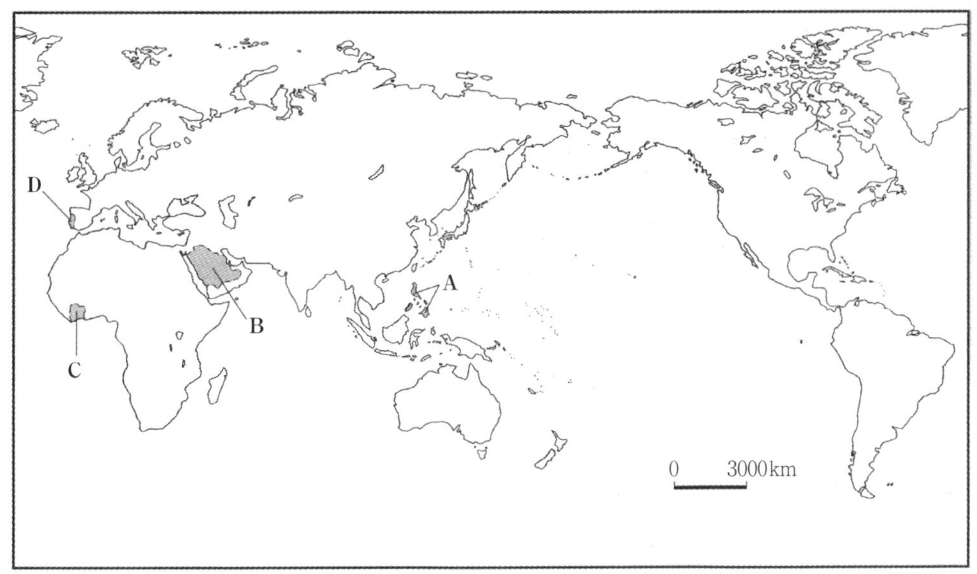

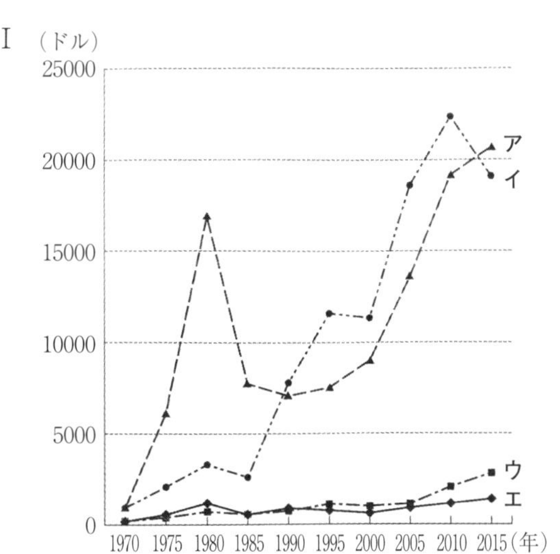

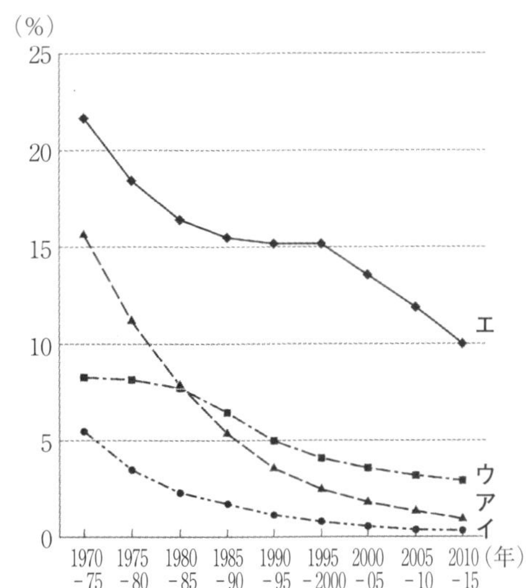

（注）　国内総生産とは，一つの国において新たに生み出された価値の総額を示した数値のこと。

（国際連合のホームページより作成）

Ⅲ

文字と剣が緑色の下地に描かれた国旗をもつこの国は，石油輸出国機構（OPEC）に加盟し，二度の石油危機を含む期間に一人当たりの国内総生産が大幅に増加したが，一時的に減少し，1990年以降は増加し続けた。また，この国では公的医療機関を原則無料で利用することができ，1970年から2015年までの間に乳幼児死亡率は約10分の1に減少し，現在も人口増加が続き，近年は最新の技術を導入し，高度な医療を提供する病院が開業している。

〔問3〕 (3)我が国にも世界の国々と協調した国際貢献が求められている。とあるが，次のⅠの文章は，2015年に閣議決定し，改定された開発協力大綱の一部を抜粋して分かりやすく書き改めたものである。Ⅱの表は，1997年度と2018年度における政府開発援助（ODA）事業予算，政府開発援助（ODA）事業予算のうち政府貸付と贈与について示したものである。Ⅲの表は，Ⅱの表の贈与のうち，1997年度と2018年度における二国間政府開発援助贈与，二国間政府開発援助贈与のうち無償資金協力と技術協力について示したものである。1997年度と比較した2018年度における政府開発援助（ODA）の変化について，Ⅰ～Ⅲの資料を活用し，政府開発援助（ODA）事業予算と二国間政府開発援助贈与の内訳に着目して，簡単に述べよ。

Ⅰ

○自助努力を後押しし，将来における自立的発展を目指すのが日本の開発協力の良き伝統である。

○引き続き，日本の経験と知見を活用しつつ，当該国の発展に向けた協力を行う。

Ⅱ

	政府開発援助（ODA）事業予算（億円）		
		政府貸付	贈　与
1997年度	20147	9767（48.5％）	10380（51.5％）
2018年度	21650	13705（63.3％）	7945（36.7％）

Ⅲ

	二国間政府開発援助贈与（億円）		
		無償資金協力	技術協力
1997年度	6083	2202（36.2％）	3881（63.8％）
2018年度	4842	1605（33.1％）	3237（66.9％）

（外務省の資料より作成）

【理　科】（50分）〈満点：100点〉

1　次の各問に答えよ。

〔問１〕 有性生殖では，受精によって新しい一つの細胞ができる。受精後の様子について述べたものとして適切なのは，次のうちではどれか。

ア　受精により親の体細胞に含まれる染色体の数と同じ数の染色体をもつ胚（はい）ができ，成長して受精卵になる。

イ　受精により親の体細胞に含まれる染色体の数と同じ数の染色体をもつ受精卵ができ，細胞分裂によって胚になる。

ウ　受精により親の体細胞に含まれる染色体の数の２倍の数の染色体をもつ胚ができ，成長して受精卵になる。

エ　受精により親の体細胞に含まれる染色体の数の２倍の数の染色体をもつ受精卵ができ，細胞分裂によって胚になる。

〔問２〕 図１のように，電気分解装置に薄い塩酸を入れ，電流を流したところ，塩酸の電気分解が起こり，陰極からは気体Ａが，陽極からは気体Ｂがそれぞれ発生し，集まった体積は気体Ａの方が気体Ｂより多かった。気体Ａの方が気体Ｂより集まった体積が多い理由と，気体Ｂの名称とを組み合わせたものとして適切なのは，次の表の**ア**～**エ**のうちではどれか。

図１

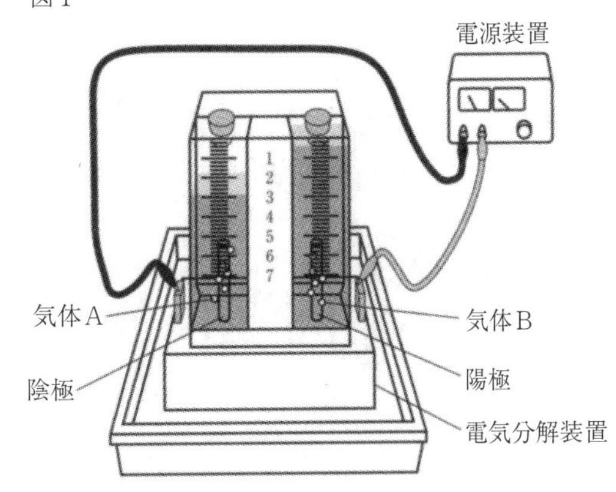

	気体Ａの方が気体Ｂより集まった体積が多い理由	気体Ｂの名称
ア	発生する気体Ａの体積の方が，発生する気体Ｂの体積より多いから。	塩素
イ	発生する気体Ａの体積の方が，発生する気体Ｂの体積より多いから。	酸素
ウ	発生する気体Ａと気体Ｂの体積は変わらないが，気体Ａは水に溶けにくく，気体Ｂは水に溶けやすいから。	塩素
エ	発生する気体Ａと気体Ｂの体積は変わらないが，気体Ａは水に溶けにくく，気体Ｂは水に溶けやすいから。	酸素

〔問３〕 150ｇの物体を一定の速さで1.6ｍ持ち上げた。持ち上げるのにかかった時間は２秒だった。持ち上げた力がした仕事率を表したものとして適切なのは，下の**ア**～**エ**のうちではどれか。

ただし，100ｇの物体に働く重力の大きさは１Ｎとする。

ア　1.2W　　**イ**　2.4W　　**ウ**　120W　　**エ**　240W

〔問4〕 図2は，ある火成岩をルーペで観察したスケッチである。観察した火成岩は有色鉱物の割合が多く，黄緑色で不規則な形の有色鉱物Aが見られた。観察した火成岩の種類の名称と，有色鉱物Aの名称とを組み合わせたものとして適切なのは，次の表の**ア**～**エ**のうちではどれか。

図2

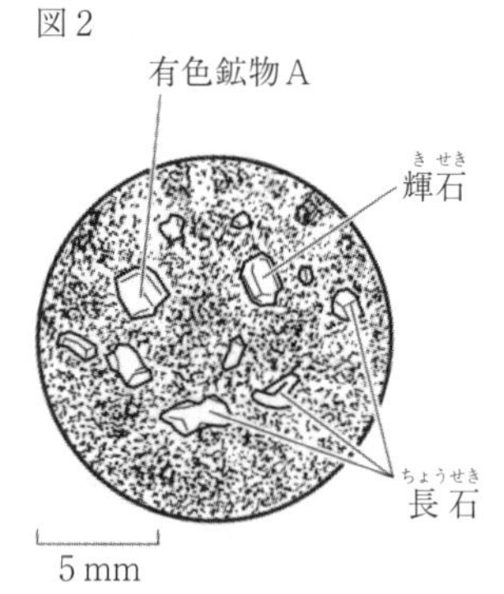

	観察した火成岩の種類の名称	有色鉱物Aの名称
ア	はんれい岩	石英
イ	はんれい岩	カンラン石
ウ	玄武岩	石英
エ	玄武岩	カンラン石

〔問5〕 酸化銀を加熱すると，白色の物質が残った。酸化銀を加熱したときの反応を表したモデルとして適切なのは，下の**ア**～**エ**のうちではどれか。

ただし，●は銀原子1個を，○は酸素原子1個を表すものとする。

ア ○●○ ○●○ → ● ● ＋ ○○ ○○
イ ●○● ●○● → ● ● ● ● ＋ ○○
ウ ●○ → ● ＋ ○
エ ●○● → ● ● ＋ ○

2 生徒が，水に関する事物・現象について，科学的に探究しようと考え，自由研究に取り組んだ。生徒が書いたレポートの一部を読み，次の各問に答えよ。

<レポート1> 空気中に含まれる水蒸気と気温について

雨がやみ，気温が下がった日の早朝に，霧が発生していた。同じ気温でも，霧が発生しない日もある。そこで，霧の発生は空気中に含まれている水蒸気の量と温度に関連があると考え，空気中の水蒸気の量と，水滴が発生するときの気温との関係について確かめることにした。

教室の温度と同じ24℃のくみ置きの水を金属製のコップAに半分入れた。次に，図1のように氷を入れた試験管を出し入れしながら，コップAの中の水をゆっくり冷やし，コップAの表面に水滴がつき始めたときの温度を測ると，14℃であった。教室の温度は24℃で変化がなかった。

図1

表1

温度〔℃〕	飽和水蒸気量〔g/m^3〕
12	10.7
14	12.1
16	13.6
18	15.4
20	17.3
22	19.4
24	21.8

また，飽和水蒸気量〔g/m^3〕は表1のように温度によって決まっていることが分かった。

〔問1〕 **<レポート1>**から，測定時の教室の湿度と，温度の変化によって霧が発生するときの空気の温度の様子について述べたものとを組み合わせたものとして適切なのは，次の表の**ア**～**エ**のうちではどれか。

	測定時の教室の湿度	温度の変化によって霧が発生するときの空気の温度の様子
ア	44.5%	空気が冷やされて，空気の温度が露点より低くなる。
イ	44.5%	空気が暖められて，空気の温度が露点より高くなる。
ウ	55.5%	空気が冷やされて，空気の温度が露点より低くなる。
エ	55.5%	空気が暖められて，空気の温度が露点より高くなる。

<レポート2>　凍結防止剤と水溶液の状態変化について

雪が降る予報があり，川にかかった橋の歩道で凍結防止剤が散布されているのを見た。凍結防止剤の溶けた水溶液は固体に変化するときの温度が下がることから，凍結防止剤は，水が氷に変わるのを防止するとともに，雪をとかして水にするためにも使用される。そこで，溶かす凍結防止剤の質量と温度との関係を確かめることにした。

３本の試験管Ａ～Ｃにそれぞれ10cm^{3}の水を入れ，凍結防止剤の主成分である塩化カルシウムを試験管Ｂには１ｇ，試験管Ｃには２ｇ入れ，それぞれ全て溶かした。試験管Ａ～Ｃのそれぞれについて－15℃まで冷却し試験管の中の物質を固体にした後，試験管を加熱して試験管の中の物質が液体に変化するときの温度を測定した結果は，表２のようになった。

表２

試験管	A	B	C
塩化カルシウム〔g〕	0	1	2
試験管の中の物質が液体に変化するときの温度〔℃〕	0	−5	−10

〔問２〕　**<レポート２>**から，試験管Ａの中の物質が液体に変化するときの温度を測定した理由について述べたものとして適切なのは，次のうちではどれか。

ア　塩化カルシウムを入れたときの水溶液の沸点が下がることを確かめるには，水の沸点を測定する必要があるため。

イ　塩化カルシウムを入れたときの水溶液の融点が下がることを確かめるには，水の融点を測定する必要があるため。

ウ　水に入れる塩化カルシウムの質量を変化させても，水溶液の沸点が変わらないことを確かめるため。

エ　水に入れる塩化カルシウムの質量を変化させても，水溶液の融点が変わらないことを確かめるため。

<レポート3>　水面に映る像について

池の水面にサクラの木が逆さまに映って見えた。そこで，サクラの木が水面に逆さまに映って見える現象について確かめることにした。

鏡を用いた実験では，光は空気中で直進し，空気とガラスの境界面で反射することや，光が反射するときには入射角と反射角は等しいという光の反射の法則が成り立つことを学んだ。水面に映るサクラの木が逆さまの像となる現象も，光が直進することと光の反射の法則により説明できることが分かった。

〔問３〕　**<レポート３>**から，観測者が観測した位置を点Ｘとし，水面とサクラの木を模式的に表したとき，点Ａと点Ｂからの光が水面で反射し点Ｘまで進む光の道筋と，点Ｘから水面を見たときの点Ａと点Ｂの像が見える方向を表したものとして適切なのは，下の**ア**～**エ**のうちではどれか。ただし，点Aは地面からの高さが点Xの2倍の高さ，点Bは地面からの高さが点Xと同じ高さとする。

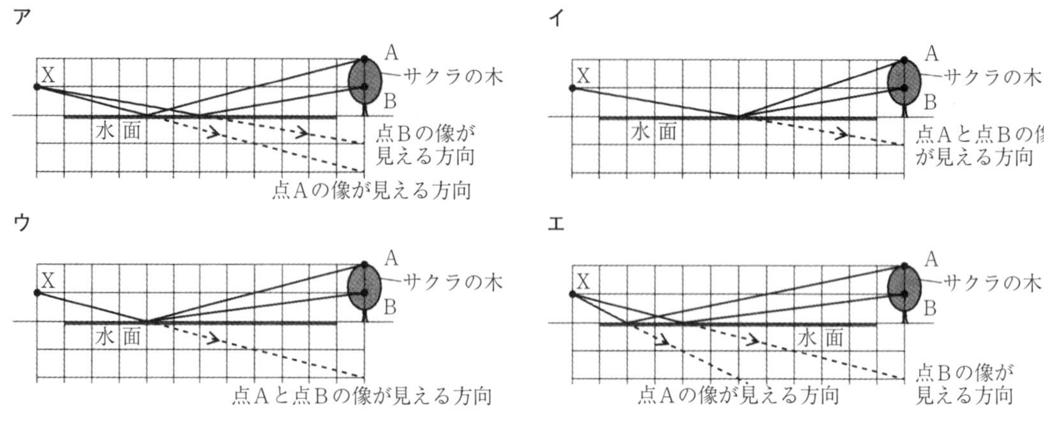

<レポート4> **水生生物による水質調査について**

川にどのような生物がいるかを調査することによって，調査地点の水質を知ることができる。水生生物による水質調査では，表3のように，水質階級はⅠ～Ⅳに分かれていて，水質階級ごとに指標生物が決められている。調査地点で見つけた指標生物のうち，個体数が多い上位2種類を2点，それ以外の指標生物を1点として，水質階級ごとに点数を合計し，最も点数の高い階級をその地点の水質階級とすることを学んだ。そこで，学校の近くの川について確かめることにした。

表3

水質階級	指標生物
Ⅰ きれいな水	カワゲラ・ナガレトビケラ・ウズムシ・ヒラタカゲロウ・サワガニ
Ⅱ ややきれいな水	シマトビケラ・カワニナ・ゲンジボタル
Ⅲ 汚い水	タニシ・シマイシビル・ミズカマキリ
Ⅳ とても汚い水	アメリカザリガニ・サカマキガイ・エラミミズ・セスジユスリカ

学校の近くの川で調査を行った地点では，ゲンジボタルは見つからなかったが，ゲンジボタルの幼虫のエサとして知られているカワニナが見つかった。カワニナは内臓が外とう膜で覆われている動物のなかまである。カワニナのほかに，カワゲラ，ヒラタカゲロウ，シマトビケラ，シマイシビルが見つかり，その他の指標生物は見つからなかった。見つけた生物のうち，シマトビケラの個体数が最も多く，シマイシビルが次に多かった。

〔問4〕 <**レポート4**>から，学校の近くの川で調査を行った地点の水質階級と，内臓が外とう膜で覆われている動物のなかまの名称とを組み合わせたものとして適切なのは，次の表の**ア**～**エ**のうちではどれか。

	調査を行った地点の水質階級	内臓が外とう膜で覆われている動物のなかまの名称
ア	Ⅰ	節足動物
イ	Ⅰ	軟体動物
ウ	Ⅱ	節足動物
エ	Ⅱ	軟体動物

3　太陽の１日の動きを調べる観察について，次の各問に答えよ。

東京の地点Ｘ(北緯35.6°)で，ある年の夏至の日に，<**観察**>を行ったところ，<**結果１**>のようになった。

<**観察**>

(1)　図１のように，白い紙に透明半球の縁と同じ大きさの円と，円の中心Ｏで垂直に交わる直線ACと直線BDをかいた。かいた円に合わせて透明半球をセロハンテープで固定した。

(2)　日当たりのよい水平な場所で，Ｎ極が黒く塗られた方位磁針の南北に図１の直線ACを合わせて固定した。

(3)　９時から15時までの間，１時間ごとに，油性ペンの先の影が円の中心Ｏと一致する透明半球上の位置に●印と観察した時刻を記入した。

(4)　図２のように，記録した●印を滑らかな線で結び，その線を透明半球の縁まで延ばして東側で円と交わる点をＦとし，西側で円と交わる点をＧとした。

図１

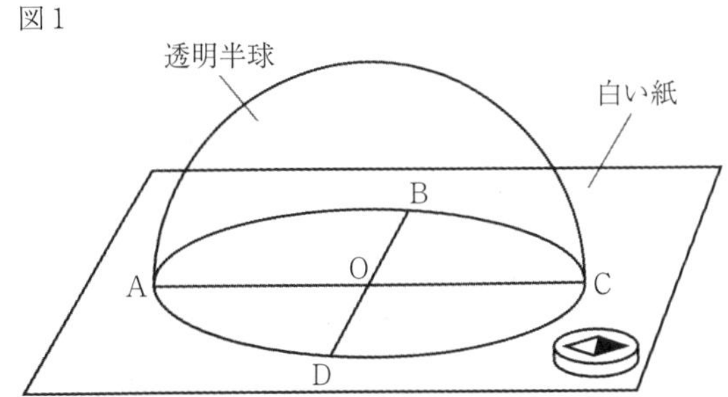

図２

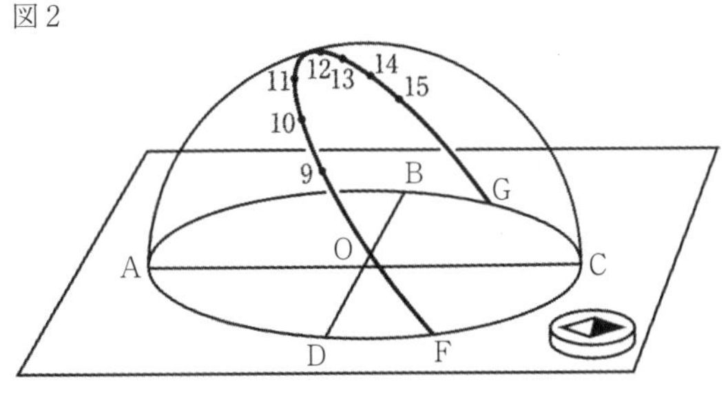

(5)　透明半球にかいた滑らかな線に紙テープを合わせて，１時間ごとに記録した●印と時刻を写し取り，点Ｆから９時までの間，●印と●印の間，15時から点Ｇまでの間をものさしで測った。

<**結果１**>

図３のようになった。

図３

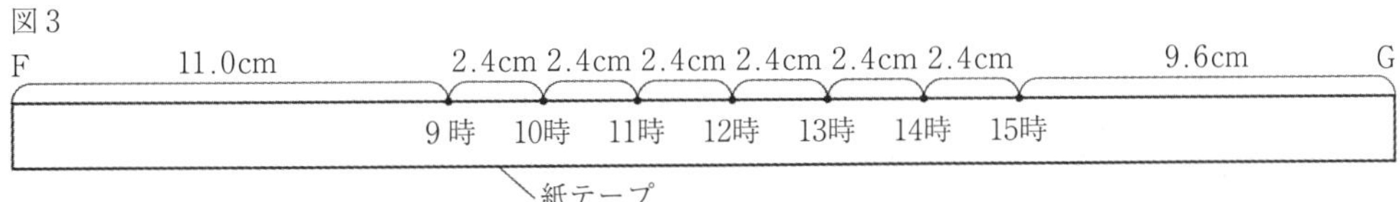

〔問１〕　<**観察**>を行った日の日の入りの時刻を，<**結果１**>から求めたものとして適切なのは，次のうちではどれか。

ア　18時　　**イ**　18時35分　　**ウ**　19時　　**エ**　19時35分

〔問２〕　<**観察**>を行った日の南半球のある地点Ｙ(南緯35.6°)における，太陽の動きを表した模式図として適切なのは，次のうちではどれか。

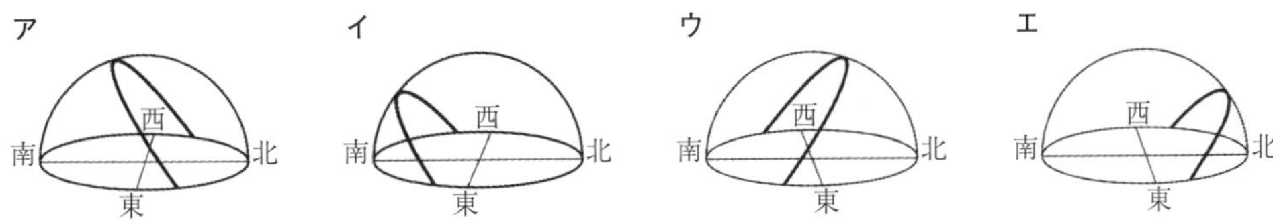

次に，＜**観察**＞を行った東京の地点Xで，秋分の日に＜**観察**＞の(1)から(3)までと同様に記録し，記録した●印を滑らかな線で結び，その線を透明半球の縁まで延ばしたところ，図4のようになった。

図4

次に，秋分の日の翌日，東京の地点Xで，＜**実験**＞を行ったところ，＜**結果2**＞のようになった。

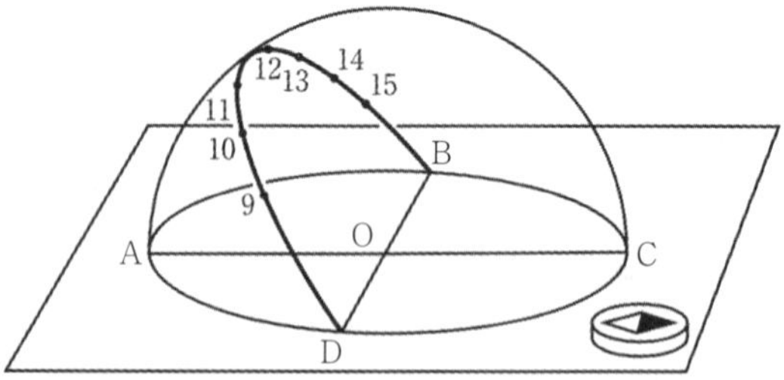

＜**実験**＞

(1) 黒く塗った試験管，ゴム栓，温度計，発泡ポリスチレンを二つずつ用意し，黒く塗った試験管に24℃のくみ置きの水をいっぱいに入れ，空気が入らないようにゴム栓と温度計を差し込み，図5のような装置を2組作り，装置H，装置Iとした。

図5

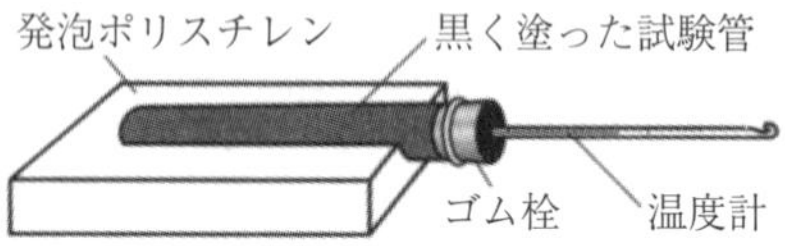

(2) 12時に，図6のように，日当たりのよい水平な場所に装置Hを置いた。また，図7のように，装置Iを装置と地面(水平面)でできる角を角a，発泡ポリスチレンの上端と影の先を結んでできる線と装置との角を角bとし，黒く塗った試験管を取り付けた面を太陽に向けて，太陽の光が垂直に当たるように角bを90°に調節して，12時に日当たりのよい水平な場所に置いた。

図6

図7

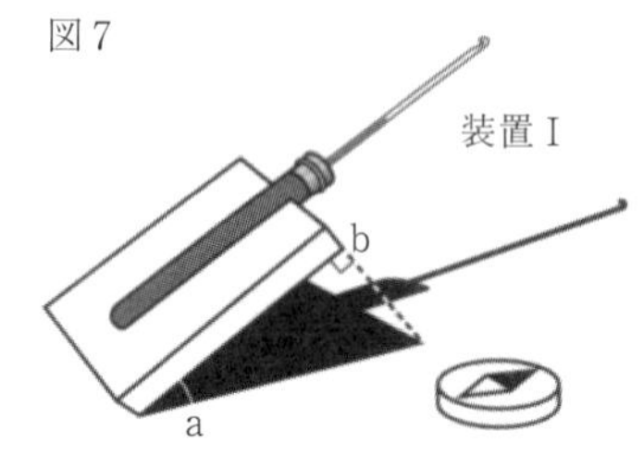

(3) 装置Hと装置Iを置いてから10分後の試験管内の水温を測定した。

＜**結果2**＞

	装置H	装置I
12時の水温〔℃〕	24.0	24.0
12時10分の水温〔℃〕	35.2	37.0

〔問3〕 南中高度が高いほど地表が温まりやすい理由を，＜**結果2**＞を踏まえて，同じ面積に受ける太陽の光の量(エネルギー)に着目して簡単に書け。

〔問4〕 図8は，＜**観察**＞を行った東京の地点X(北緯35.6°)での冬至の日の太陽の光の当たり方を模式的に表したものである。次の文は，冬至の日の南中時刻に，地点Xで図7の装置Iを用いて，黒く塗った試験管内の水温を測定したとき，10分後の水温が最も高くなる装置Iの角aについて述べている。

文中の ① と ② にそれぞれ当てはまるものとして適切なのは，下の**ア**～**エ**のうちではどれか。

ただし，地軸は地球の公転面に垂直な方向に対して23.4°傾いているものとする。

図8

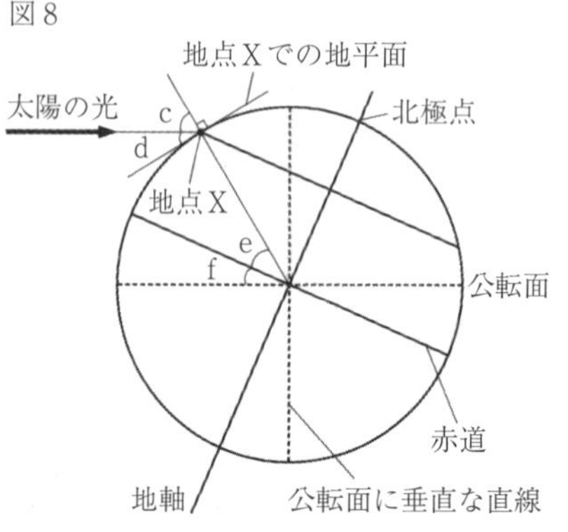

地点Xで冬至の日の南中時刻に，図7の装置Ⅰを用いて，黒く塗った試験管内の水温を測定したとき，10分後の水温が最も高くなる角aは，図8中の角[①]と等しく，角の大きさは[②]である。

①	**ア** c	**イ** d	**ウ** e	**エ** f
②	**ア** 23.4°	**イ** 31.0°	**ウ** 59.0°	**エ** 66.6°

4 消化酵素の働きを調べる実験について，次の各問に答えよ。

<**実験1**>を行ったところ，<**結果1**>のようになった。

<**実験1**>

(1) 図1のように，スポンジの上に載せたアルミニウムはくに試験管用のゴム栓を押し付けて型を取り，アルミニウムはくの容器を6個作った。

(2) (1)で作った6個の容器に1％デンプン溶液をそれぞれ2 cm^3ずつ入れ，容器A～Fとした。

(3) 容器Aと容器Bには水1 cm^3を，容器Cと容器Dには水で薄めた唾液1 cm^3を，容器Eと容器Fには消化酵素Xの溶液1 cm^3を，それぞれ加えた。容器A～Fを，図2のように，40℃の水を入れてふたをしたペトリ皿の上に10分間置いた。

(4) (3)で10分間置いた後，図3のように，容器A，容器C，容器Eにはヨウ素液を加え，それぞれの溶液の色を観察した。また，図4のように，容器B，容器D，容器Fにはベネジクト液を加えてから弱火にしたガスバーナーで加熱し，それぞれの溶液の色を観察した。

図1

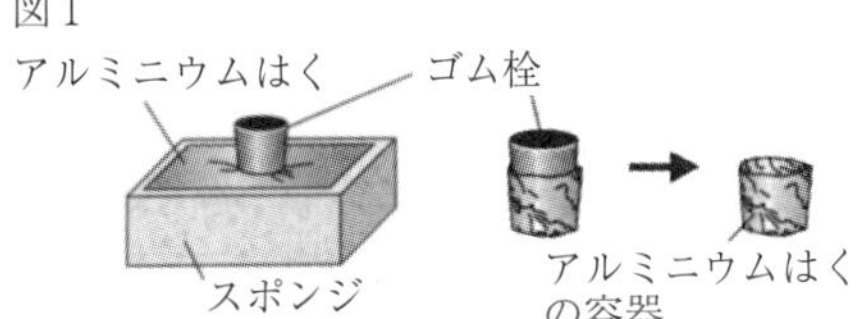

図2

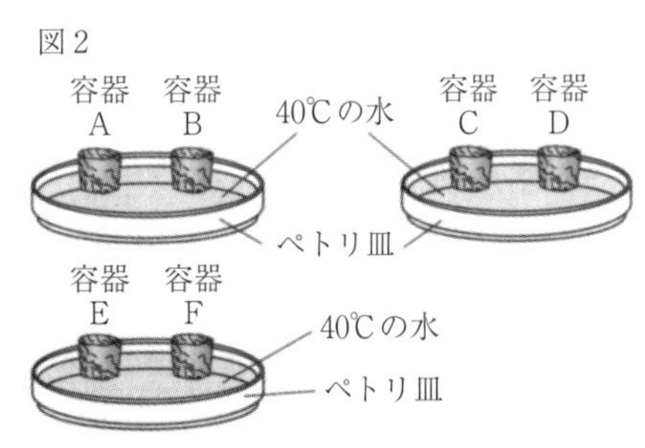

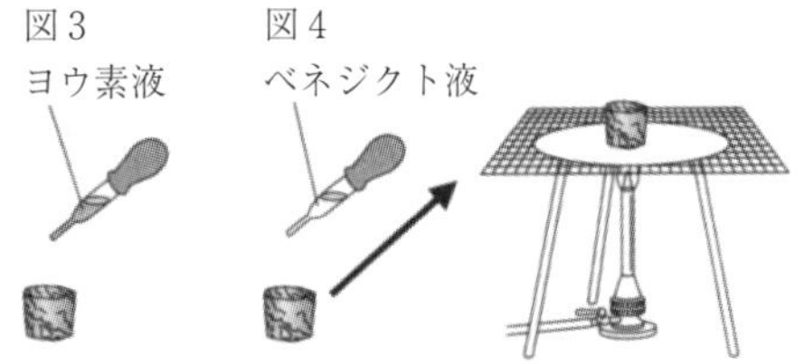

<**結果1**>

容器	1％デンプン溶液2 cm^3に加えた液体	加えた試薬	観察された溶液の色
A	水1 cm^3	ヨウ素液	青紫色
B		ベネジクト液	青色
C	水で薄めた唾液1 cm^3	ヨウ素液	茶褐色
D		ベネジクト液	赤褐色
E	消化酵素Xの溶液1 cm^3	ヨウ素液	青紫色
F		ベネジクト液	青色

次に，<**実験1**>と同じ消化酵素Xの溶液を用いて<**実験2**>を行ったところ，<**結果2**>のようになった。

<**実験2**>

(1) ペトリ皿を2枚用意し，それぞれのペトリ皿に60℃のゼラチン水溶液を入れ，冷やしてゼ

リー状にして，ペトリ皿GとHとした。ゼラチンの主成分はタンパク質であり，ゼリー状のゼラチンは分解されると溶けて液体になる性質がある。

(2) 図5のように，ペトリ皿Gには水をしみ込ませたろ紙を，ペトリ皿Hには消化酵素Xの溶液をしみ込ませたろ紙を，それぞれのゼラチンの上に載せ，24℃で15分間保った。

(3) (2)で15分間保った後，ペトリ皿GとHの変化の様子を観察した。

図5
ペトリ皿G　ペトリ皿H
ゼリー状のゼラチン
水をしみ込ませたろ紙
消化酵素Xの溶液をしみ込ませたろ紙

<結果2>

ペトリ皿	ろ紙にしみ込ませた液体	ろ紙を載せた部分の変化	ろ紙を載せた部分以外の変化
G	水	変化しなかった。	変化しなかった。
H	消化酵素Xの溶液	ゼラチンが溶けて液体になった。	変化しなかった。

次に，<**実験1**>と同じ消化酵素Xの溶液を用いて<**実験3**>を行ったところ，<**結果3**>のようになった。

<実験3>

(1) ペトリ皿に60℃のゼラチン水溶液を入れ，冷やしてゼリー状にして，ペトリ皿Ⅰとした。

(2) 図6のように，消化酵素Xの溶液を試験管に入れ80℃の水で10分間温めた後に24℃に戻し，加熱後の消化酵素Xの溶液とした。図7のように，ペトリ皿Ⅰには加熱後の消化酵素Xの溶液をしみ込ませたろ紙を，ゼラチンの上に載せ，24℃で15分間保った後，ペトリ皿Ⅰの変化の様子を観察した。

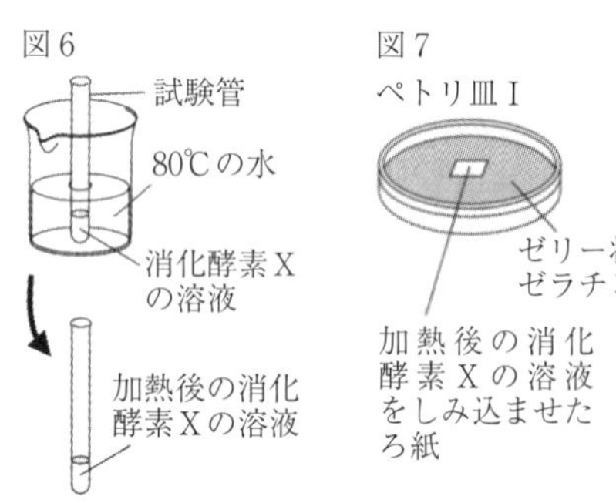

<結果3>

ろ紙を載せた部分も，ろ紙を載せた部分以外も変化はなかった。

〔問1〕 <**結果1**>から分かる，消化酵素の働きについて述べた次の文の ① ～ ③ にそれぞれ当てはまるものとして適切なのは，下の**ア**～**エ**のうちではどれか。

> ① の比較から，デンプンは ② の働きにより別の物質になったことが分かる。さらに， ③ の比較から， ② の働きによりできた別の物質は糖であることが分かる。

① **ア** 容器Aと容器C　**イ** 容器Aと容器E
ウ 容器Bと容器D　**エ** 容器Bと容器F

② **ア** 水　**イ** ヨウ素液
ウ 唾液　**エ** 消化酵素X

③ **ア** 容器Aと容器C　**イ** 容器Aと容器E
ウ 容器Bと容器D　**エ** 容器Bと容器F

〔問2〕 <**結果1**>と<**結果2**>から分かる，消化酵素Xと同じ働きをするヒトの消化酵素の名称と，＜**結果３**＞から分かる，加熱後の消化酵素Xの働きの様子とを組み合わせたものとして適切なのは，次の表の**ア**～**エ**のうちではどれか。

	消化酵素Xと同じ働きをするヒトの消化酵素の名称	加熱後の消化酵素Xの働きの様子
ア	アミラーゼ	タンパク質を分解する。
イ	アミラーゼ	タンパク質を分解しない。
ウ	ペプシン	タンパク質を分解する。
エ	ペプシン	タンパク質を分解しない。

〔問３〕 ヒトの体内における，デンプンとタンパク質の分解について述べた次の文の ① ～ ④ にそれぞれ当てはまるものとして適切なのは，下の**ア**～**エ**のうちではどれか。

> デンプンは， ① から分泌される消化液に含まれる消化酵素などの働きで，最終的に ② に分解され，タンパク質は， ③ から分泌される消化液に含まれる消化酵素などの働きで，最終的に ④ に分解される。

① **ア** 唾液腺・胆のう　**イ** 唾液腺・すい臓
　ウ 胃・胆のう　**エ** 胃・すい臓

② **ア** ブドウ糖　**イ** アミノ酸
　ウ 脂肪酸　**エ** モノグリセリド

③ **ア** 唾液腺・胆のう　**イ** 唾液腺・すい臓
　ウ 胃・胆のう　**エ** 胃・すい臓

④ **ア** ブドウ糖　**イ** アミノ酸
　ウ 脂肪酸　**エ** モノグリセリド

〔問４〕 ヒトの体内では，食物は消化酵素などの働きにより分解された後，多くの物質は小腸から吸収される。図８は小腸の内壁の様子を模式的に表したもので，約１mm の長さの微小な突起で覆われていることが分かる。分解された物質を吸収する上での小腸の内壁の構造上の利点について，微小な突起の名称に触れて，簡単に書け。

図８

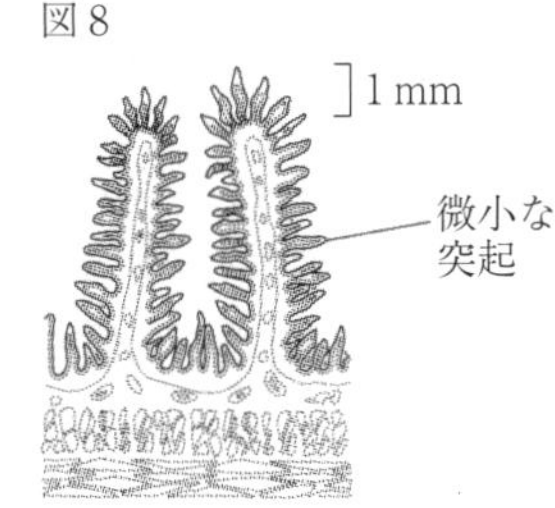

5 物質の性質を調べて区別する実験について，次の各問に答えよ。

４種類の白色の物質A～Dは，塩化ナトリウム，ショ糖(砂糖)，炭酸水素ナトリウム，ミョウバンのいずれかである。

＜**実験１**＞を行ったところ，＜**結果１**＞のようになった。

＜**実験１**＞

(1) 物質A～Dをそれぞれ別の燃焼さじに少量載せ，図１のように加熱し，物質の変化の様子を調べた。

(2) ＜**実験１**＞の(1)では，物質Bと物質Cは，燃えずに白色の物質が残り，区別がつかなかった。そのため，乾いた試験管を２本用意し，それぞれの試験管に物質B，物質Cを少量入れた。物質Bの入った試験管にガラス管がつながっているゴム栓をして，図２のように，試験管の口を少し下げ，スタンドに固定した。

図１

(3)　試験管を加熱し，加熱中の物質の変化を調べた。気体が発生した場合，発生した気体を水上置換法で集めた。

(4)　<**実験１**>の(2)の物質Ｂの入った試験管を物質Ｃの入った試験管に替え，<**実験１**>の(2)，(3)と同様の実験を行った。

図２

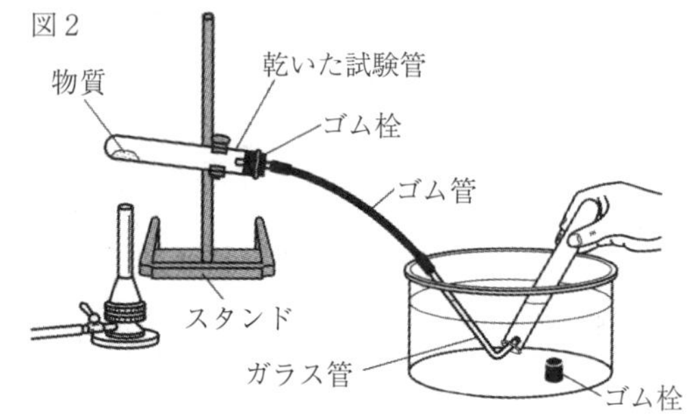

<**結果１**>

	物質Ａ	物質Ｂ	物質Ｃ	物質Ｄ
<**実験１**>の(1)で加熱した物質の変化	溶けた。	白色の物質が残った。	白色の物質が残った。	焦げて黒色の物質が残った。
<**実験１**>の(3)，(4)で加熱中の物質の変化	＼	気体が発生した。	変化しなかった。	＼

〔問１〕　<**実験１**>の(1)で，物質Ｄのように，加熱すると焦げて黒色に変化する物質について述べたものとして適切なのは，次のうちではどれか。

ア　ろうは無機物であり，炭素原子を含まない物質である。
イ　ろうは有機物であり，炭素原子を含む物質である。
ウ　活性炭は無機物であり，炭素原子を含まない物質である。
エ　活性炭は有機物であり，炭素原子を含む物質である。

〔問２〕　<**実験１**>の(3)で，物質Ｂを加熱したときに発生した気体について述べた次の文の［①］に当てはまるものとして適切なのは，下の**ア**～**エ**のうちではどれか。また，［②］に当てはまるものとして適切なのは，下の**ア**～**エ**のうちではどれか。

> 物質Ｂを加熱したときに発生した気体には［　①　］という性質があり，発生した気体と同じ気体を発生させるには，［　②　］という方法がある。

［①］　**ア**　物質を燃やす
　　イ　空気中で火をつけると音をたてて燃える
　　ウ　水に少し溶け，その水溶液は酸性を示す
　　エ　水に少し溶け，その水溶液はアルカリ性を示す

［②］　**ア**　石灰石に薄い塩酸を加える
　　イ　二酸化マンガンに薄い過酸化水素水を加える
　　ウ　亜鉛に薄い塩酸を加える
　　エ　塩化アンモニウムと水酸化カルシウムを混合して加熱する

次に，<**実験２**>を行ったところ，<**結果２**>のようになった。

<**実験２**>

(1)　20℃の精製水（蒸留水）100ｇを入れたビーカーを４個用意し，それぞれのビーカーに図３のように物質Ａ～Ｄを20ｇずつ入れ，ガラス棒でかき混ぜ，精製水（蒸留水）に溶けるかどうかを観察した。

図３

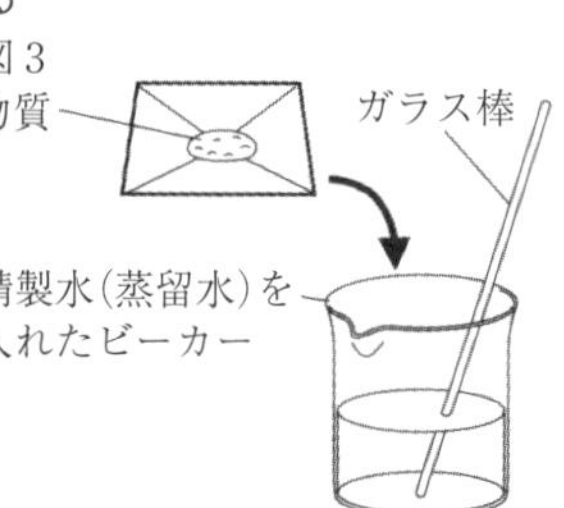

(2) 図4のように，ステンレス製の電極，電源装置，豆電球，電流計をつないで回路を作り，<**実験2**>の(1)のそれぞれのビーカーの中に，精製水(蒸留水)でよく洗った電極を入れ，電流が流れるかどうかを調べた。

(3) 塩化ナトリウム，ショ糖(砂糖)，炭酸水素ナトリウム，ミョウバンの水100gに対する溶解度を，図書館で調べた。

図4

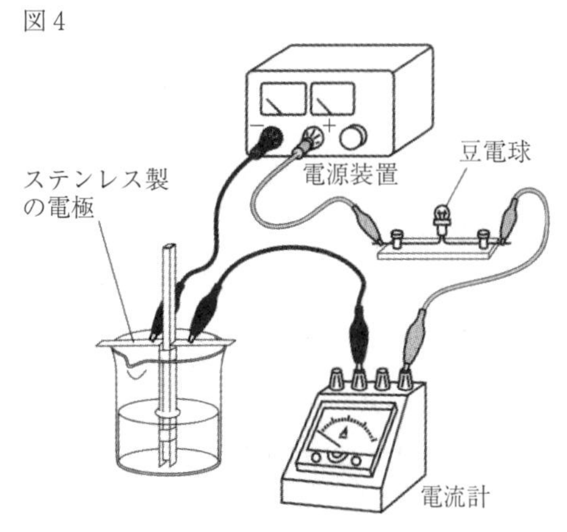

<**結果2**>

(1) <**実験2**>の(1)，(2)で調べた結果は，次の表のようになった。

	物質A	物質B	物質C	物質D
20℃の精製水(蒸留水)100gに溶けるかどうか	一部が溶けずに残った。	一部が溶けずに残った。	全て溶けた。	全て溶けた。
電流が流れるかどうか	流れた。	流れた。	流れた。	流れなかった。

(2) <**実験2**>の(3)で調べた結果は，次の表のようになった。

水の温度〔℃〕	塩化ナトリウムの質量〔g〕	ショ糖(砂糖)の質量〔g〕	炭酸水素ナトリウムの質量〔g〕	ミョウバンの質量〔g〕
0	35.6	179.2	6.9	5.7
20	35.8	203.9	9.6	11.4
40	36.3	238.1	12.7	23.8
60	37.1	287.3	16.4	57.4

〔問3〕 物質Cを水に溶かしたときの電離の様子を，化学式とイオン式を使って書け。

〔問4〕 <**結果2**>で，物質の一部が溶けずに残った水溶液を40℃まで加熱したとき，一方は全て溶けた。全て溶けた方の水溶液を水溶液Pとするとき，水溶液Pの溶質の名称を書け。また，40℃まで加熱した水溶液P120gを20℃に冷やしたとき，取り出すことができる結晶の質量〔g〕を求めよ。

6 電熱線に流れる電流とエネルギーの移り変わりを調べる実験について，次の各問に答えよ。

<**実験1**>を行ったところ，<**結果1**>のようになった。

<**実験1**>

(1) 電流計，電圧計，電気抵抗の大きさが異なる電熱線Aと電熱線B，スイッチ，導線，電源装置を用意した。

(2) 電熱線Aをスタンドに固定し，図1のように，回路を作った。

図1

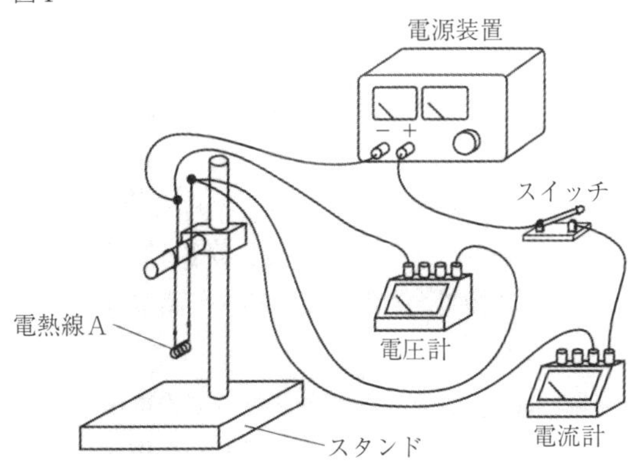

(3)　電源装置の電圧を1.0Vに設定した。

(4)　回路上のスイッチを入れ，回路に流れる電流の大きさ，電熱線の両端に加わる電圧の大きさを測定した。

(5)　電源装置の電圧を2.0V，3.0V，4.0V，5.0Vに変え，＜**実験１**＞の(4)と同様の実験を行った。

(6)　電熱線Aを電熱線Bに変え，＜**実験１**＞の(3)，(4)，(5)と同様の実験を行った。

＜**結果１**＞

	電源装置の電圧〔V〕	1.0	2.0	3.0	4.0	5.0
電熱線A	回路に流れる電流の大きさ〔A〕	0.17	0.33	0.50	0.67	0.83
	電熱線Aの両端に加わる電圧の大きさ〔V〕	1.0	2.0	3.0	4.0	5.0
電熱線B	回路に流れる電流の大きさ〔A〕	0.25	0.50	0.75	1.00	1.25
	電熱線Bの両端に加わる電圧の大きさ〔V〕	1.0	2.0	3.0	4.0	5.0

〔問１〕　＜**結果１**＞から，電熱線Aについて，電熱線Aの両端に加わる電圧の大きさと回路に流れる電流の大きさの関係を，解答用紙の方眼を入れた図に●を用いて記入し，グラフをかけ。また，電熱線Aの両端に加わる電圧の大きさが9.0Vのとき，回路に流れる電流の大きさは何Aか。

次に，＜**実験２**＞を行ったところ，＜**結果２**＞のようになった。

＜**実験２**＞

(1)　電流計，電圧計，＜**実験１**＞で使用した電熱線Aと電熱線B，200gの水が入った発泡ポリスチレンのコップ，温度計，ガラス棒，ストップウォッチ，スイッチ，導線，電源装置を用意した。

(2)　図２のように，電熱線Aと電熱線Bを直列に接続し，回路を作った。

(3)　電源装置の電圧を5.0Vに設定した。

(4)　回路上のスイッチを入れる前の水の温度を測定し，ストップウォッチのスタートボタンを押すと同時に回路上のスイッチを入れ，回路に流れる電流の大きさ，回路上の点aから点bまでの間に加わる電圧の大きさを測定した。

(5)　１分ごとにガラス棒で水をゆっくりかきまぜ，回路上のスイッチを入れてから５分後の水の温度を測定した。

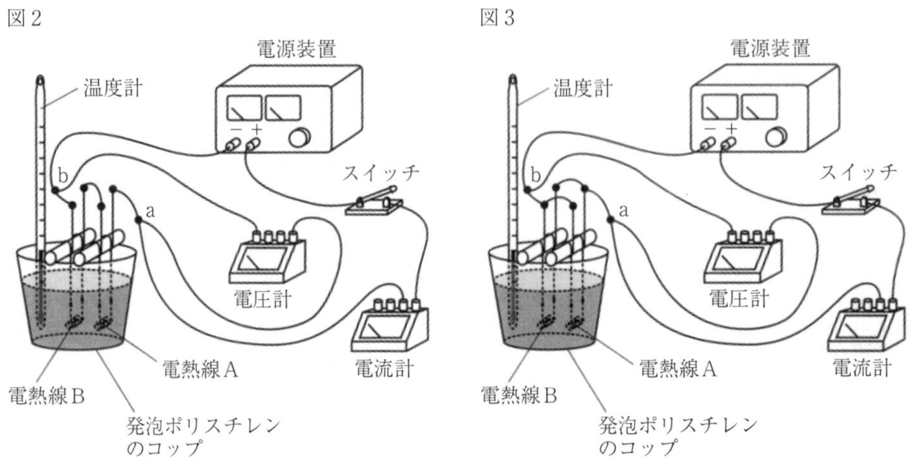

(6)　図３のように，電熱線Ａと電熱線Ｂを並列に接続し，回路を作り，＜**実験２**＞の(3)，(4)，(5)と同様の実験を行った。

＜**結果２**＞

	電熱線Ａと電熱線Ｂを直列に接続したとき	電熱線Ａと電熱線Ｂを並列に接続したとき
電源装置の電圧〔V〕	5.0	5.0
スイッチを入れる前の水の温度〔℃〕	20.0	20.0
回路に流れる電流の大きさ〔A〕	0.5	2.1
回路上の点ａから点ｂまでの間に加わる電圧の大きさ〔V〕	5.0	5.0
回路上のスイッチを入れてから５分後の水の温度〔℃〕	20.9	23.8

〔問２〕　＜**結果１**＞と＜**結果２**＞から，電熱線Ａと電熱線Ｂを直列に接続したときと並列に接続したときの回路において，直列に接続したときの電熱線Ｂに流れる電流の大きさと並列に接続したときの電熱線Ｂに流れる電流の大きさを最も簡単な整数の比で表したものとして適切なのは，次のうちではどれか。

ア　1：5　　**イ**　2：5　　**ウ**　5：21　　**エ**　10：21

〔問３〕　＜**結果２**＞から，電熱線Ａと電熱線Ｂを並列に接続し，回路上のスイッチを入れてから５分間電流を流したとき，電熱線Ａと電熱線Ｂの発熱量の和を＜**結果２**＞の電流の値を用いて求めたものとして適切なのは，次のうちではどれか。

ア　12.5 J　　**イ**　52.5 J　　**ウ**　750 J　　**エ**　3150 J

〔問４〕　＜**結果１**＞と＜**結果２**＞から，電熱線の性質とエネルギーの移り変わりの様子について述べたものとして適切なのは，次のうちではどれか。

ア　電熱線には電気抵抗の大きさが大きくなると電流が流れにくくなる性質があり，電気エネルギーを熱エネルギーに変換している。

イ　電熱線には電気抵抗の大きさが大きくなると電流が流れにくくなる性質があり，電気エネルギーを化学エネルギーに変換している。

ウ　電熱線には電気抵抗の大きさが小さくなると電流が流れにくくなる性質があり，熱エネルギーを電気エネルギーに変換している。

エ　電熱線には電気抵抗の大きさが小さくなると電流が流れにくくなる性質があり，熱エネルギーを化学エネルギーに変換している。

社会解答

1 〔問１〕 エ　〔問２〕 ウ
〔問３〕 イ

2 〔問１〕 略地図中のＡ～Ｄ…Ｃ
Ⅱのア～エ…ウ
〔問２〕 Ｐ…イ　Ｑ…ア　Ｒ…エ
Ｓ…ウ
〔問３〕 略地図中のＷ～Ｚ…Ｘ
ⅠとⅡの表のア～エ…ア

3 〔問１〕 Ａ…ウ　Ｂ…イ　Ｃ…ア
Ｄ…エ
〔問２〕 Ｐ…ア　Ｑ…ア　Ｒ…イ
Ｓ…イ
〔問３〕 理由　(例)内陸に建設されたのは，高波や津波などの影響を受けにくいからである。
効果　(例)東名高速道路と新東名高速道路の交通量の合計は増加したが，分散が図られたことで渋滞回数が減少した。

4 〔問１〕 ア→エ→ウ→イ
〔問２〕 Ⅰの略年表中のア～エ…イ
Ⅱの略地図中のＡ～Ｄ…Ｂ
〔問３〕 エ　〔問４〕 ウ

5 〔問１〕 ア　〔問２〕 ウ
〔問３〕 エ　〔問４〕 イ

6 〔問１〕 エ→ウ→ア→イ
〔問２〕 略地図中のＡ～Ｄ…Ｂ
ⅠとⅡのグラフのア～エ…ア
〔問３〕 (例)政府開発援助事業予算に占める，政府貸付の割合を増やすとともに，二国間政府開発援助贈与に占める，技術協力の割合を増やすことで，自助努力を後押しし，自立的発展を目指している。

1 〔三分野総合—小問集合問題〕

〔問１〕＜地図の読み取り＞地図上の撮影地点から矢印の方向を見ると，ほぼ正面に江の島が見えることから，イとエが当てはまる。さらに地図を確認すると，撮影地点から見て右手には砂浜があり，砂浜と江の島をつなぐ江ノ島大橋がある。このような風景が写っている写真はエである。

〔問２〕＜大仙古墳＞Ⅱは大仙古墳〔仁徳陵古墳〕についての説明である。大仙古墳は，５世紀につくられた日本最大の前方後円墳で，大阪府堺市にある。2019年には，大仙古墳と周辺の多数の古墳が「百舌鳥・古市古墳群」としてUNESCO〔国連教育科学文化機関〕の世界文化遺産に登録された。

〔問３〕＜安全保障理事会＞国際連合〔国連〕の安全保障理事会は，国際社会の平和と安全の維持を目的とする機関である。アメリカ，イギリス，フランス，ロシア，中国の５か国の常任理事国と，任期２年の10か国の非常任理事国で構成されている。安全保障理事会は国連の中でも強い権限を与えられており，平和を脅かすような事態が発生した際には，経済的・軍事的な制裁を行うことを決定できる。加盟国は，安全保障理事会の決定に従う義務がある。なお，国連難民高等弁務官事務所〔UNHCR〕は難民の保護や支援などの活動を行う機関，世界保健機関〔WHO〕は保健事業の指導や感染症対策などを行う機関，国際司法裁判所〔ICJ〕は加盟国間の紛争を解決するための裁判を行う機関である。

2 〔世界地理—世界の姿と諸地域〕

〔問１〕＜サンフランシスコの特徴と気候＞略地図中のＡ～Ｄ．サンベルトとはアメリカの北緯37度以南の地域を指すので，「サンベルトの北限付近」とは北緯37度付近である。北緯37度の緯線はアメリカの中央部を通るので，Ⅰの文章に当てはまるのはＣの都市だと考えられる。Ｃはサンフランシスコである。サンフランシスコを含むアメリカの太平洋沿岸地域は，夏季に乾燥して冬季に比較的降水量が多い，温帯の地中海性気候に属する。また，サンフランシスコの周辺では半導体や情報技術〔IT〕などに関連する産業が盛んであり，特にサンフランシスコ郊外のサンノゼ周辺は，これらの企業や研究所が集中していることからシリコンバレーと呼ばれている。　**Ⅱのア～エ．**地中海性気候に属するのは，地図中のＡ～ＤのうちＣとＤの都市である。また，Ⅱのグラフ中で地中海性気候に当てはまるのはアとウである。ＣとＤのうち，より北に位置するＤの方が年平均気温が低いと考えられることから，Ｃのグラフがウの気候を，Ｄのグラフがアの気候を表していると判断する。なお，ＡとＢの都市は，季節による気温の変化がはっきりしていて年降水量が多い温帯の温帯〔温暖〕湿潤気候に属しており，より北に位置するＡのグラフがエ，Ｂのグラフがイとなる。

〔問２〕＜国々の特徴＞Ｐはアルゼンチン，Ｑはマレーシア，Ｒは南アフリカ共和国，Ｓはドイツである。　ア．「熱帯地域」とあることから，赤道に近い地域に位置するマレーシアと判断する。マレー半島とインドネシアのスマトラ島の間に位置するマラッカ海峡は，太平洋とインド洋を結ぶ海上交通の要地であり，現在も年間数万隻の船舶が航行している。　イ．「パンパ」と呼ばれる草原地帯が広がるのは，アルゼンチンのラプラタ川流域である。アルゼンチンの西部にはアンデス山脈が南北に通り，隣国であるチリとの国境となっている。アンデス山脈は，現在も地殻変動が活発な環太平洋造山帯に属する。　ウ．自動車の生産・販売台数が非常に多いことや，「国土の北部は氷河に削られ」という記述から，ヨーロッパに位置するドイツと判断する。ドイツには，1930年代から建設が始まったアウトバーンと呼ばれる高速道路があり，一部区間を除いて速度無制限となっている。また，工業地帯の排出ガスなどを原因とする酸性雨の被害を受けた経験から，環境問題への取り組みが盛んである。　エ．「欧州との時差が少なく」という記述から，南アフリカ共和国と推測する。「豊富な地下資源」とあるように，南アフリカ共和国では，希少金属〔レアメタル〕を含むさまざまな鉱産資源が産出される。また，アフリカ最大の工業国であり，外国企業の進出も進んでいる。

〔問３〕＜タイの特徴と資料の読み取り＞略地図中のＷ～Ｚ．Ｗはメキシコ，Ｘはタイ，Ｙはスウェーデン，Ｚはイタリアである。まず，「雨季と乾季」がある気候は熱帯のサバナ気候であり，この気候が国内に分布する国はメキシコとタイである。次に，「国土の北部から南流し，首都を通り海に注ぐ河川」という記述に注目すると，タイの国土を北から南へ流れ，首都バンコクを通って海に注ぐチャオプラヤ川が当てはまり，Ⅲはタイについて述べた文章であると判断できる。チャオプラヤ川の流域は世界的な稲作地帯であり，文中の「穀物」は米である。　**ⅠとⅡの表のア～エ．**Ⅲの文章の後半部分の記述内容と，Ⅰ，Ⅱの表を照らし合わせて考える。まず，Ⅲの文中の「2016年には，製造業の進出日本企業数が1993年と比較し２倍以上に伸び」という記述をもとにⅠの表を見ると，これに当てはまるのはアとウである。さらに，「貿易相手国として中華人民共和国の重要性が高まった」とあり，2016年の貿易相手国の上位３位以内に中華人民共和国が含まれているのもアとウである。次に，Ⅲの文中の「(2016年の)この国と日本の貿易総額は1993年と比較し２倍以上に伸びており」という記述をもとにⅡの表を見ると，これに当てはまるのもアとウである。さらに，「(2016年の)電気機器の輸入額に占める割合も２割を上回る」とあり，これに当てはまるのはアである。以上から，アがタイとなる。これらに加えて，進出日本企業数が４か国中で最も多いこと，上位の貿易相手国にアジア諸国が多いことなども，アがタイであると判断するヒントとなる。なお，イはスウェーデン，ウはメキシコ，エはイタリアである。

３　**〔日本地理―日本の諸地域，地形図〕**

〔問１〕＜都道府県と県庁所在地の特徴＞Ａは宮城県，Ｂは福井県，Ｃは広島県，Ｄは鹿児島県である。

ア．広島県の瀬戸内海沿岸には瀬戸内工業地域が分布し，造船業や鉄鋼業などが立地している。また，この地域には山陽新幹線などの鉄道が東西方向に走っている。県庁所在地である広島市の中心部は，瀬戸内海に流れ込む太田川の三角州上に形成されている。　イ．福井県の若狭湾沿岸にはリアス海岸が見られ，また鯖江市では眼鏡産業が盛んである。現在，東京－金沢(石川県)間が開業している北陸新幹線は，2022年度末に金沢－敦賀(福井県)間が開業する予定であり，県庁所在地である福井市も経由する。福井市では，自宅から最寄り駅まで自動車で行き，鉄道などの公共交通機関に乗り換えて都心部の目的地に向かうというパークアンドライドと呼ばれる仕組みが整備されており，都心部の混雑解消に効果をあげている。　ウ．宮城県では，1982年に開通した東北新幹線などの鉄道が南北方向に走っており，西側には奥羽山脈が位置する。県庁所在地である仙台市は「杜(もり)の都」と呼ばれ，街路樹などによる緑豊かな町並みが見られる。　エ．鹿児島県には薩摩半島と大隅半島という２つの大きな半島がある。西側の薩摩半島には，県庁所在地の鹿児島市があり，大規模な石油備蓄基地が市の南部に位置する。鹿児島市は，噴火活動が活発な桜島の対岸に位置し，2004年に開通した九州新幹線の終点となる駅が置かれている。また，鹿児島県から宮崎県にかけて，火山噴出物が積もってできたシラス台地が分布している。

〔問２〕＜地形図の読み取り＞P．特にことわりのないかぎり，地形図上では北が上となる。ⅠとⅡの地形図では，西側に海があり，東へ行くにつれてゆるやかに標高が高くなっていることが等高線からわかる。これをふまえて庄内空港の西端付近と東端付近の標高を確認すると，西端付近には10mの等高線があり，東端付近には40mや50mの等高線が見られることがわかる。　**Q**．庄内空港ができる前の土地利用の様子をⅠの地形図で確認すると，畑(　∨　)や果樹園(　ｏ　)が広がっている。なお，水田(　ıı　)は，庄内空港よりも東の地域に見られる。　**R**．庄内空港の滑走路に相当するＹ－Ｚの長さは地形図上で約８cmである。この地形図の縮尺は２万５千分の１なので，実際の距離は，８cm×25000＝200000cm＝2000mとなる。　**S**．この地域は日本海沿岸に位置するため，冬に北西から季節風が吹く。したがって，海岸沿いに見られる針葉樹林(　Λ　)は，この北西風によって砂浜から運ばれる砂を防ぐ防砂林と考えられる。

〔問３〕＜高速道路と交通の変化＞理由．「自然災害に着目」という点を念頭に置きながらⅠとⅡの資料を確認する。東名高速道路で高波や津波による通行止めが発生していること(Ⅰ)，新東名高速道路が東名高速道路よりも内陸を通っていること(Ⅱ)から，海からの災害を避けるために新東名高速道路は内陸に建設されたと考えられる。　**効果**．Ⅲの資料で，東名高速道路と新東名高速道路の「平均交通量」と「10km以上の渋滞回数」をそれぞれ比較する。「平均交通量」については，開通前に比べて開通後の東名の平均交通量が減少していること，また開通後の東名と新東名の平均交通量を合計すると開通前の平均交通量を上回っていることが読み取れる。次に「10km以上の渋滞回数」については，開通前に比べて開通後は大きく減少している。以上から，開通後は開通前に比べて平均交通量の合計は増加したが，東名と新東名に分散されたことによって渋滞回数が減少したことがわかる。

4　**〔歴史─古代～現代の日本と世界〕**

〔問１〕＜年代整序＞年代の古い順に，ア(８世紀初め─律令制度の整備)，エ(８世紀半ば─聖武天皇の政治)，ウ(12世紀末─鎌倉幕府の成立)，イ(14世紀半ば─室町幕府の成立)となる。

〔問２〕＜東求堂同仁斎＞Ⅲの文章中の「慈照寺」は，京都の東山にある寺院で，一般には銀閣寺とも呼ばれている。もとは室町幕府第８代将軍の足利義政の別荘であり，敷地内にある銀閣や東求堂は義政が建てたものである。義政の頃には，寺院の部屋の様式を取り入れ，床の間などを備えた書院造と呼ばれる住宅様式が広まり，現在の和風建築の原型となった。東求堂の一室である同仁斎は，代表的な書院造である。義政が政治を行ったのは15世紀後半であり，Ⅰの年表中のイの時期にあたる。

〔問３〕＜江戸時代の政策と時期＞「天明」という元号や「浅間山が噴火」という言葉から，この文章は18世紀後半に起こった浅間山の大噴火について述べたものであるとわかる。同時期に天明のききん(1782年〔天明２年〕)が起こったこともあり，各地で百姓一揆や打ちこわしが相次いだため，このとき政治を行っていた田沼意次は老中を辞めさせられた。この後，18世紀末には松平定信が寛政の改革(1787～93年)を行っており，「４年後から10年後にかけて主に行われた政策」とは寛政の改革の政策を指す。ア～エのうち，寛政の改革で行われた政策はエである。なお，アは水野忠邦が19世紀半ばに行った天保の改革，イは徳川吉宗が18世紀前半に行った享保の改革，ウは田沼意次が行った政策の内容である。

〔問４〕＜1910～33年の出来事＞大正時代には文化の大衆化が進み，1925年には東京でラジオ放送が開始された。なお，国家総動員法が制定されたのは1938年，官営の八幡製鉄所が開業したのは1901年，廃藩置県が行われたのは1871年である。

5 〔公民―総合〕

〔問１〕＜内閣の仕事＞内閣の仕事は，日本国憲法第73条で規定されている。アに書かれた条約の締結のほか，法律の執行，予算の作成，政令の制定などがある。なお，イは国会が政治全般について調査する権限である国政調査権について規定した条文(第62条)である。ウは，国民の権利や義務を定めた条文の１つで，個人の尊重，幸福追求権，公共の福祉について規定している(第13条)。エは，地方自治の基本原則を定めた条文(第92条)である。

〔問２〕＜日本の議院内閣制とアメリカの大統領制＞議院内閣制をとる日本では，国民の選挙で選ばれた議員で構成される国会が国権の最高機関と位置づけられ，内閣は国会の信任に基づいて成立し，国会に対して連帯して責任を負う。衆議院で内閣不信任案が可決(または内閣信任案が否決)されて内閣が国会の信任を失った場合，内閣は10日以内に衆議院を解散するか，総辞職しなければならない(B…○)。一方，大統領制をとるアメリカでは，国民が行政の長である大統領と立法を行う議会の議員をそれぞれ選挙で選ぶ。そのため，大統領と議会は対等で互いに独立しており，大統領は議会に法律案を提出したり議会を解散したりすることはできない一方，議会が可決した法律案を拒否する権限を持つ(A…×)。

〔問３〕＜行政の役割＞社会資本とは，公園，道路や上下水道，図書館，学校などの公共的な施設や設備のことである。これらは国民の生活や産業の支えとなる重要なものであるが，利潤を目的とする民間企業だけでは提供が難しいものが多いため，行政によって整備されている。なお，ア～ウは社会保障制度に関する内容で，アは公的扶助，イは社会保険，ウは公衆衛生について述べたものである。

〔問４〕＜資料の読み取り＞Ⅱの文章の記述内容とⅠのグラフを照らし合わせて考える。「歳入総額に占める租税・印紙収入の割合の増加」に当てはまる時期はアとイであり，「公債金の割合が低下」に当てはまる時期はイである。なお，イの時期にあたる1980年代の後半には，土地や株の価格が実際の価値以上に上昇するバブル経済と呼ばれる好景気が到来し，経済成長率は６％台となった。また，この時期には電話や鉄道などの公営企業の民営化が行われ，消費税が初めて導入された。

6 〔三分野総合―国際社会を題材とした問題〕

〔問１〕＜年代整序＞年代の古い順に，エ(三国同盟の成立―1882年)，ウ(国際連盟の発足―1920年)，ア(ヨーロッパ共同体〔EC〕の発足―1967年)，イ(国連環境開発会議〔地球サミット〕の開催―1992年)となる。

〔問２〕**＜サウジアラビアの特徴と資料の読み取り＞略地図中のＡ～Ｄ．** Ａはフィリピン，Ｂはサウジアラビア，Ｃはコートジボワール，Ｄはポルトガルである。Ⅲの文章の石油輸出国機構〔OPEC〕に加盟しているという記述から，世界有数の石油産出国であるサウジアラビアと判断する。サウジアラビアの国旗は，緑色の下地にアラビア文字と剣が描かれたデザインとなっている。　**ⅠとⅡのグラフのア～エ．** Ⅲの文章の記述内容と，Ⅰ，Ⅱのグラフを照らし合わせて考える。まず，Ⅲの文中の「二度の石油危機を含む期間」とは，1973年(第一次石油危機)～1979年(第二次石油危機)である。この期間に「一人当たりの国内総生産が大幅に増加」し，その後「一時的に減少し，1990年以降は増加し続けた」国をⅠのグラフで確認すると，当てはまるのはアとなる。また，「1970年から2015年までの間に乳幼児死亡率は約10分の１に減少」した国をⅡのグラフで確認すると，やはりアが当てはまる。したがって，アがサウジアラビアである。なお，イはポルトガル，ウはフィリピン，エはコートジボワールである。

〔問３〕**＜日本のODAの変化＞**この問題で求められているのは，「1997年度と比較した2018年度の政府開発援助(ODA)の変化」について，①Ⅰ～Ⅲの資料を活用し，②政府開発援助事業予算(Ⅱの表)と二国間政府開発援助贈与(Ⅲの表)の内訳に着目して述べることである。これを念頭に置き，Ⅰ～Ⅲの資料からわかることを整理する。まずⅠを見ると，現在の日本は政府開発援助を行うにあたり，援助相手国の自助努力や自立的発展を重視していることがわかる。次にⅡを見ると，2018年度は1997年度と比べて，政府開発援助事業予算のうち政府貸付の割合が増え，贈与の割合が減っていることがわかる。次にⅢを見ると，2018年度は1997年度と比べて，二国間政府開発援助贈与のうち無償資金協力の割合が減り，技術協力の割合が増えていることがわかる。以上から，援助相手国の自助努力や自立的発展を促すという方針のもとで，単純に資金を提供する形態の援助を減らし，返済の必要がある貸付や技術援助を増やすという変化が生じていると考えられる。

理科解答

1 〔問1〕 イ 〔問2〕 ウ
〔問3〕 ア 〔問4〕 エ
〔問5〕 イ

2 〔問1〕 ウ 〔問2〕 イ
〔問3〕 ア 〔問4〕 エ

3 〔問1〕 ウ 〔問2〕 エ
〔問3〕 (例)太陽の光の当たる角度が地面に対して垂直に近いほど，同じ面積に受ける光の量が多いから。
〔問4〕 ①…ア ②…ウ

4 〔問1〕 ①…ア ②…ウ ③…ウ
〔問2〕 エ
〔問3〕 ①…イ ②…ア ③…エ ④…イ
〔問4〕 (例)柔毛で覆われていることで小腸の内側の壁の表面積が大きくなり，効率よく物質を吸収することができる点。

5 〔問1〕 イ 〔問2〕 ①…ウ ②…ア
〔問3〕 $NaCl \longrightarrow Na^{+}+Cl^{-}$
〔問4〕 溶質の名称…ミョウバン
結晶の質量…8.6g

6 〔問1〕

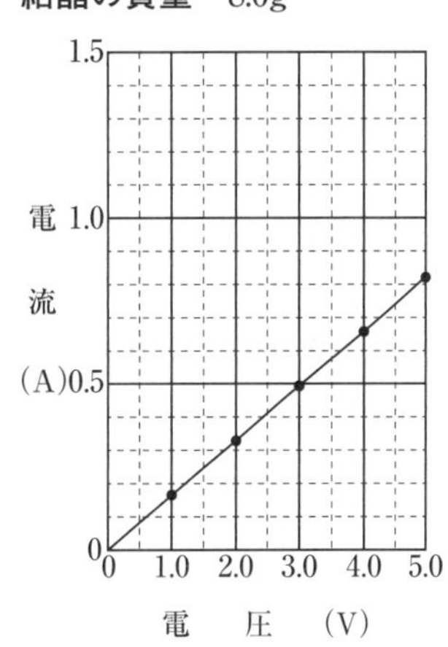

電流の大きさ…1.5A
〔問2〕 イ 〔問3〕 エ
〔問4〕 ア

1 〔小問集合〕

〔問1〕<有性生殖>有性生殖では，減数分裂によってつくられた生殖細胞が受精して受精卵ができる。生殖細胞に含まれる染色体の数は体細胞の半分なので，受精卵の染色体の数は親の体細胞の染色体の数と同じになる。また，受精卵は細胞分裂を繰り返して胚になる。

〔問2〕<塩酸の電気分解>薄い塩酸は塩化水素(HCl)の水溶液で，水溶液中には塩化水素が電離した水素イオン(H^{+})と塩化物イオン(Cl^{-})が存在している。そのため，薄い塩酸に電流を流すと，陽イオンであるH^{+}が陰極に引かれて水素(H_2)となって発生し，陰イオンであるCl^{-}が陽極に引かれて塩素(Cl_2)となって発生する。よって，気体Aは水素，気体Bは塩素である。また，この実験で発生する水素と塩素の体積は同じだが，水素が水に溶けにくいのに対し，塩素は水に溶けやすいので，集まる体積は水素の方が塩素より多くなる。

〔問3〕<仕事率>100gの物体にはたらく重力の大きさを1Nとするから，150gの物体にはたらく重力の大きさは$150 \div 100 = 1.5$(N)である。よって，持ち上げた力がした仕事の大きさは，〔仕事(J)〕=〔力の大きさ(N)〕×〔力の向きに動いた距離(m)〕より，$1.5 \times 1.6 = 2.4$(J)となるから，求める仕事率は，〔仕事率(W)〕=〔仕事(J)〕÷〔かかった時間(s)〕より，$2.4 \div 2 = 1.2$(W)となる。

〔問4〕<火成岩>図2より，観察した火成岩のつくりは，石基の中に斑晶が散らばった斑状組織だから，この火成岩は火山岩である。火山岩のうち，有色鉱物の割合が多い岩石は玄武岩である。また，黄緑色で不規則な形の鉱物はカンラン石である。なお，はんれい岩は深成岩だから，つくりは等粒状組織で，石英は無色鉱物である。

〔問5〕<酸化銀の分解>酸化銀(Ag_2O)を加熱すると，銀(Ag)と酸素(O_2)に分解される。酸化銀は銀原子と酸素原子が2：1の数の比で結びついているから，モデルでは●○●と表され，反応後の酸素は原子が2個結びついて酸素分子として存在しているから，モデルでは○○と表される。よって，ア〜エのうち，適切なのはイである。

2〔小問集合〕

〔問1〕＜空気中の水蒸気＞コップの表面に水滴がつき始めたときの温度は，空気中の水蒸気が凝結して水滴ができ始める温度で，これを露点という。露点での飽和水蒸気量は，実際に空気中に含まれる水蒸気量に等しい。表1より，教室の温度24℃での飽和水蒸気量は21.8g/m³，露点14℃での飽和水蒸気量は12.1g/m³だから，〔湿度(%)〕=〔空気1m³中に含まれる水蒸気量(g/m³)〕÷〔その気温での飽和水蒸気量(g/m³)〕×100より，測定時の教室の湿度は，12.1÷21.8×100＝55.50…となるから，約55.5%である。また，霧は，水蒸気を含んだ空気が冷やされて露点以下になり，水蒸気が凝結して水滴になって地表近くに浮かんだものである。

〔問2〕＜融点＞固体が溶けて液体に変化するときの温度を融点という。塩化カルシウムを入れていない試験管Aの中の水の融点を調べたのは，塩化カルシウムを入れた水溶液の融点が水の融点より低くなることを確かめるためである。なお，この実験のように，凍結防止剤を入れると，固体はより低い温度で液体に変わるので，雪が溶けやすくなる。

〔問3〕＜光の反射＞水面に映る像は，水面に対して物体と対称の位置にできる。このとき，水面で反射した光は像から直進してきたように見える。よって，ア〜エのうち，適切なのはアである。

〔問4〕＜水質調査＞見つけた生物のうち，水質階級Ⅰに属するのはカワゲラとヒラタカゲロウで，どちらも1点だから，合計で1+1＝2(点)，水質階級Ⅱに属するのはシマトビケラとカワニナで，それぞれ2点と1点だから，合計で2+1＝3(点)，水質階級Ⅲに属するのはシマイシビルで2点である。よって，最も点数の高い階級は3点のⅡなので，この地点の水質階級はⅡである。また，カワニナのように内臓が外とう膜で覆われている動物を軟体動物という。なお，節足動物はからだが外骨格で覆われ，からだやあしに節がある動物である。

3〔地球と宇宙〕

〔問1〕＜太陽の動き＞図3より，太陽は透明半球上を1時間で2.4cm動く。紙テープで日の入りの位置を表しているのは点Gだから，太陽が15時から点Gまでの9.6cmを動くのにかかる時間は，9.6÷2.4＝4(時間)となる。よって，日の入りの時刻は，15時の4時間後の19時である。

〔問2〕＜太陽の動き＞南半球では，太陽は東の空から昇り，北の空を通って西の空に沈む。また，北半球と南半球では季節が逆になるため，日本で夏のとき，南半球では冬になる。よって，夏至の日，南半球では太陽の南中高度は最も低くなるので，ア〜エのうち，この日の太陽の動きを表しているのはエである。なお，ウは南半球での冬至の日頃の太陽の動きを表している。

〔問3〕＜太陽の高度とエネルギー＞太陽の光が当たる角度が垂直に近いほど，同じ面積で比較したときの太陽から受ける光の量(エネルギー)が多くなる。よって，太陽の光が当たる角度が地面に対して垂直に近くなるのは，太陽の南中高度が高いときだから，このとき，地面が得るエネルギーが多くなり，地表が温まりやすくなる。

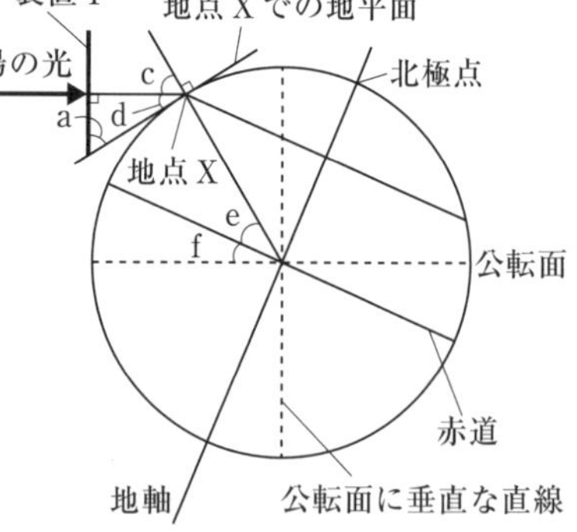

〔問4〕＜太陽の高度＞①10分後の水温が最も高くなるのは，右図のように，装置Ⅰに太陽の光が垂直に当たるときである。図より，角a＝90°－角d，角d＝90°－角cだから，角a＝90°－(90°－角c)＝角cとなる。　②図で，太陽の光と公転面が平行で，同位角が等しいから，角c＝角e

＋角ｆとなる。ここで，角ｅは地点Ｘの緯度に等しいので35.6°であり，角ｆは地軸の公転面に垂直な方向に対する傾きである23.4°に等しい。よって，角ｃ＝角ｅ＋角ｆ＝35.6°＋23.4°＝59.0°となる。

4〔動物の生活と生物の変遷〕

〔問１〕＜唾液のはたらき＞ヨウ素液は茶褐色で，デンプンによって青紫色に変わり，ベネジクト液は青色で，糖があると赤褐色の沈殿ができる。結果１で，デンプンがなくなっているのは，ヨウ素液が茶褐色のままで，青紫色に変化していない容器Ｃである。容器Ｃには唾液を加えたので，唾液を加えていない容器のうち，ヨウ素液を加えた容器Ａと比較することで，デンプンが唾液のはたらきで別の物質になったことがわかる。また，唾液のはたらきで糖ができたことは，ベネジクト液を加えた容器のうち，唾液を加えていない容器Ｂではベネジクト液が青色のままで糖がないのに対して，唾液を加えた容器Ｄでは赤褐色に変化して糖があることからわかる。

〔問２〕＜消化酵素＞まず，結果１より，消化酵素Ｘを加えた容器Ｅ，Ｆで，デンプンがそのまま残り糖はできていないので，消化酵素Ｘはデンプンを分解しないことがわかる。次に，結果２より，タンパク質を主成分とするゼラチンは，消化酵素Ｘを加えていない容器Ｇでは変化がなく，消化酵素Ｘを加えた容器Ｈでは溶けているので，消化酵素Ｘがタンパク質を分解したことがわかる。よって，消化酵素Ｘと同じはたらきをする消化酵素は，タンパク質を分解するペプシンである。また，結果３でゼラチンに変化がなかったことから，加熱後の消化酵素Ｘはタンパク質を分解しないことがわかる。なお，アミラーゼは，唾液に含まれる消化酵素で，デンプンを分解する。

〔問３〕＜養分の分解＞デンプンは，唾液腺から分泌される唾液中のアミラーゼ，すい臓から分泌されるすい液中のアミラーゼ，さらに小腸の壁にある消化酵素のはたらきによって，ブドウ糖にまで分解される。また，タンパク質は，胃から分泌される胃液中のペプシン，すい臓から分泌されるすい液中のトリプシン，さらに小腸の壁にある消化酵素のはたらきによって，アミノ酸にまで分解される。なお，脂肪は，胆汁のはたらきと，すい液中のリパーゼによって，脂肪酸とモノグリセリドにまで分解される。

〔問４〕＜柔毛＞小腸の内壁のひだの表面にある微小な突起を柔毛という。小腸の内壁に多数のひだと柔毛があることで，小腸の内壁の表面積が非常に大きくなり，養分を効率よく吸収できる。

5〔化学変化と原子・分子〕

〔問１〕＜有機物＞加熱すると焦げて黒色に変化する物質は有機物である。ろうは有機物で，炭素原子を含むので，燃やすと二酸化炭素が発生する。なお，活性炭の主な成分は炭素だが，活性炭は有機物ではなく無機物である。

〔問２〕＜炭酸水素ナトリウム＞結果１より，加熱して溶けた物質Ａはミョウバン，焦げて黒色の物質が残った物質Ｄはショ糖である。一方，燃えずに白色の物質が残った物質のうち，加熱しても変化がない物質Ｃは塩化ナトリウムで，気体が発生した物質Ｂは炭酸水素ナトリウムである。炭酸水素ナトリウムを加熱すると，炭酸ナトリウムと水，二酸化炭素に分解されるので，発生した気体は二酸化炭素である。二酸化炭素は水に少し溶け，その水溶液は酸性を示す。なお，①のアは酸素，イは水素の性質に当てはまる。また，②で，二酸化炭素が発生するのは，石灰石に薄い塩酸を加えるときである。なお，②のイでは酸素，ウでは水素，エではアンモニアが発生する。

〔問３〕＜塩化ナトリウム＞〔問２〕より，物質Ｃは塩化ナトリウム（$NaCl$）で，水に溶けるとナトリウムイオン（Na^+）と塩化物イオン（Cl^-）に電離する。電離の様子を式で表すときには，矢印の左側に電離前の物質の化学式を，右側に電離後の物質のイオン式を書き，矢印の左側と右側で原子の数が等しいことと，矢印の右側で＋の数と－の数が等しいことを確かめる。

〔問４〕＜溶解度と再結晶＞100gの水に物質を20g入れたとき，20℃では一部が溶け残り，40℃では全て溶けるのは，20℃での溶解度が20g未満で，40℃での溶解度が20g以上の物質である。よって，結果２の(2)の表より，水溶液Ｐの溶質はミョウバンである。また，40℃の水100gにミョウバンが20g溶けている水溶液Ｐ120gを，20℃まで冷やすと，(2)の表より，ミョウバンは20℃では11.4gまで溶けるので，溶けきれずに出てくる結晶の質量は，20－11.4＝8.6(g)となる。

6 〔電流とその利用〕

〔問１〕＜電流と電圧＞結果１より，電熱線Ａでの測定値を・などで記入しグラフをかくと，原点を通る直線になる。このグラフより，電流は電圧に比例することがわかる(オームの法則)。よって，結果１で，電熱線Ａに3.0Vの電圧を加えると0.50Aの電流が流れることから，9.0Vの電圧を加えるときに流れる電流の大きさは，$0.50\times\frac{9.0}{3.0}=1.5$(A)となる。

〔問２〕＜電流＞直列回路では，電流は回路のどの点でも同じだから，実験２で，直列に接続したときに電熱線Ｂに流れる電流は，結果２より0.5Aである。一方，並列回路では，電熱線に加わる電圧は電源の電圧に等しい。実験２で，並列に接続したときの電熱線Ｂに加わる電圧は5.0Vだから，結果１より，流れる電流は1.25Aとなる。よって，求める比は，0.5：1.25＝２：５である。

〔問３〕＜熱量＞結果２より，電熱線Ａ，Ｂを並列に接続したとき，加わる電圧は5.0V，回路に流れる電流は2.1Aである。よって，〔熱量(J)〕＝〔電力(W)〕×〔時間(s)〕＝(〔電圧(V)〕×〔電流(A)〕)×〔時間(s)〕より，求める発熱量の和は，5.0×2.1×(60×5)＝3150(J)となる。

〔問４〕＜抵抗，エネルギー＞オームの法則〔抵抗〕＝〔電圧〕÷〔電流〕より，結果１で，電熱線Ａの電気抵抗は3.0÷0.50＝6.0(Ω)，電熱線Ｂの電気抵抗は4.0÷1.00＝4.0(Ω)である。よって，同じ電圧を加えたとき，流れる電流は電気抵抗の大きい電熱線Ａの方が小さいから，電熱線の電気抵抗の大きさが大きくなると電流は流れにくくなることがわかる。また，結果２で，電熱線に電流を流すと熱が発生して水の温度が上昇していることから，電熱線は電気エネルギーを熱エネルギーに変換していることがわかる。

Memo

Memo

2025年度用　都立西高校

5年間スーパー過去問

入試水準と傾向をさぐり、合格への展望をひらく!

公立高校過去問シリーズ

■編集者　(株)声の教育社 編集部
■発行所　(株)声 の 教 育 社
〒162-0814 東京都新宿区新小川町8-15
☎03-5261-5061(代)
御不明な点は直接本社にお問い合わせ下さい。

2024年7月　第1刷発行

2025年度用

都立西高校

書き込み式
解答用紙集

お客様へ
●解答用紙は別冊になっていますので本体からていねいに抜き取ってご使用ください。 声の教育社

受検者平均点

年度	英語	数学	国語
2024	55.8	55.7	64.1
2023	51.7	55.0	50.9
2022	53.2	47.7	64.3
2021	39.5	45.5	56.3
2020	66.7	56.8	57.1

※各教科100点満点

2024年度　都立西高校　英語

解　答　用　紙（1）

<table>
<tr><td rowspan="3">1</td><td>〔問題A〕</td><td>〈対話文1〉</td><td></td><td>〈対話文2〉</td><td></td><td>〈対話文3〉</td><td></td></tr>
<tr><td rowspan="2">〔問題B〕</td><td>〈Question 1〉</td><td></td><td colspan="4"></td></tr>
<tr><td>〈Question 2〉</td><td colspan="5"></td></tr>
</table>

<table>
<tr><td rowspan="6">2</td><td>〔問1〕</td><td>(a)</td><td></td><td>(b)</td><td></td><td>(c)</td><td></td><td>(d)</td><td></td><td>(e)</td><td></td></tr>
<tr><td>〔問2〕</td><td colspan="3">1番目</td><td colspan="3">4番目</td><td colspan="3">7番目</td></tr>
<tr><td>〔問3〕</td><td>(A)</td><td></td><td>(B)</td><td></td></tr>
<tr><td rowspan="2">〔問4〕</td><td>(a)</td><td></td><td>(b)</td><td></td></tr>
<tr><td>(c)</td><td></td><td>(d)</td><td></td></tr>
</table>

<table>
<tr><td rowspan="5">3</td><td>〔問1〕</td><td></td></tr>
<tr><td>〔問2〕</td><td></td></tr>
<tr><td>〔問3〕</td><td></td><td>〔問4〕</td><td></td><td>〔問5〕</td><td></td></tr>
<tr><td>〔問6〕</td><td></td></tr>
<tr><td>〔問7〕</td><td>(A)</td><td></td><td>(B)</td><td></td></tr>
</table>

解　答　用　紙　(2)

4	〔問1〕		〔問2〕	
	〔問3〕		〔問4〕	
	〔問5〕			
	〔問6〕	1番目	3番目	5番目
	〔問7〕	(A)	(B)	
	〔問8〕	5語 40語 50語		

(注) この解答用紙は実物を縮小してあります。
B4用紙に135%拡大コピーすると、
ほぼ実物大で使用できます。
(タイトルと配点表は含みません)

配点		計
	1 各4点×5 2 問1，問2 各2点×6 問3 各4点×2 問4 各2点×4 3 問1～問6 各2点×6 問7 各4点×2 4 問1～問6 各2点×6 問7 各4点×2 問8 12点	100点

2024年度　都立西高校　数学
解　答　用　紙（1）

配点		計
	1 各5点×5 2 問1　7点　問2　10点　問3　8点 3 問1　(1)　7点　(2)　10点　問2　8点 4 問1　7点　問2　10点　問3　8点	100点

解 答 用 紙（2）

3		
〔問 1〕	(1)	BF：FE = ：
〔問 1〕	(2)	【 証 明 】
〔問 2〕		cm

4	
〔問 1〕	
〔問 2〕	【 途中の式や考え方など 】
〔問 3〕	

（注）この解答用紙は実物を縮小してあります。
B4用紙に137%拡大コピーすると、
ほぼ実物大で使用できます。
（タイトルと配点表は含みません）

四 〔問7〕

題名

200　100　20

五

〔問1〕

〔問2〕

〔問3〕

〔問4〕

〔問5〕

（注）この解答用紙は実物を縮小してあります。B4用紙に119%拡大コピーすると、ほぼ実物大で使用できます。（タイトルと配点表は含みません）

配点		計
	一，二　各２点×８ 三　問１，問２　各４点×２　問３　６点　問４～問６　各４点×３ 四　問１～問６　各４点×６　問７　14点 五　各４点×５	100点

二〇二四年度　都立西高校　国語　解答用紙

一

(1) 衷心

(2) 吹弾

(3) 潤(む)　む

(4) 弄(する)　する

二

(1) ショウサ

(2) シットウ

(3) マドオ

(4) テンガンキョウ

三

〔問1〕

〔問2〕

〔問3〕

60　15

〔問4〕

〔問5〕

〔問6〕

四

〔問1〕

〔問2〕

〔問3〕

〔問4〕

〔問5〕

〔問6〕

2024年度　東京都立高校　社会
解　答　用　紙

受　検　番　号						
⓪①②③④⑤⑥⑦⑧⑨	⓪①②③④⑤⑥⑦⑧⑨	⓪①②③④⑤⑥⑦⑧⑨	⓪①②③④⑤⑥⑦⑧⑨	⓪①②③④⑤⑥⑦⑧⑨	⓪①②③④⑤⑥⑦⑧⑨	⓪①②③④⑤⑥⑦⑧⑨

▭部分がマークシート方式により解答する問題です。

マーク上の注意事項

1　ＨＢ又はＢの鉛筆（シャープペンシルも可）を使って，◯の中を正確に塗りつぶすこと。

2　答えを直すときは，きれいに消して，消しくずを残さないこと。

3　決められた欄以外にマークしたり，記入したりしないこと。

良い例	悪い例
●	線　小さい　はみ出し　丸囲み　レ点　うすい

1		B	C	D	E
	〔問1〕	㋐㋑㋒㋓	㋐㋑㋒㋓	㋐㋑㋒㋓	㋐㋑㋒㋓
	〔問2〕	㋐　㋑　㋒　㋓			
	〔問3〕	㋐　㋑　㋒　㋓			

2					
〔問1〕	略地図中のA～D		Ⅱのア～エ		
	Ⓐ Ⓑ Ⓒ Ⓓ		㋐ ㋑ ㋒ ㋓		
〔問2〕	P	Q	R	S	
	㋐㋑㋒㋓	㋐㋑㋒㋓	㋐㋑㋒㋓	㋐㋑㋒㋓	
〔問3〕	略地図中のW～Z		ⅠとⅡの表のア～エ		
	Ⓦ Ⓧ Ⓨ Ⓩ		㋐ ㋑ ㋒ ㋓		

3				
〔問1〕	A	B	C	D
	㋐㋑㋒㋓	㋐㋑㋒㋓	㋐㋑㋒㋓	㋐㋑㋒㋓
〔問2〕	Ⅰのア～エ		略地図中のW～Z	
	㋐ ㋑ ㋒ ㋓		Ⓦ Ⓧ Ⓨ Ⓩ	
〔問3〕				

4				
〔問1〕	㋐㋑㋒㋓ →	㋐㋑㋒㋓ →	㋐㋑㋒㋓ →	㋐㋑㋒㋓
〔問2〕				
〔問3〕	A	B	C	D
	㋐㋑㋒㋓	㋐㋑㋒㋓	㋐㋑㋒㋓	㋐㋑㋒㋓
〔問4〕	A	B	C	D
	㋐㋑㋒㋓	㋐㋑㋒㋓	㋐㋑㋒㋓	㋐㋑㋒㋓

5		
〔問1〕	㋐　㋑　㋒　㋓	
〔問2〕	ⅠのA～D	ア～エ
	Ⓐ Ⓑ Ⓒ Ⓓ	㋐ ㋑ ㋒ ㋓
〔問3〕	㋐　㋑　㋒　㋓	
〔問4〕		

6				
〔問1〕	A	B	C	D
	㋐㋑㋒㋓	㋐㋑㋒㋓	㋐㋑㋒㋓	㋐㋑㋒㋓
〔問2〕	㋐　㋑　㋒　㋓			
〔問3〕	㋐　㋑　㋒　㋓			

（注）この解答用紙は実物を縮小してあります。A3用紙に161%拡大コピーすると，ほぼ実物大で使用できます。（タイトルと配点表は含みません）

配点

1（計15点）			2（計15点）			3（計15点）			4（計20点）				5（計20点）				6（計15点）		
問1	問2	問3	問1	問2	問3	問1	問2	問3	問1	問2	問3	問4	問1	問2	問3	問4	問1	問2	問3
5点	5点	5点	5点	5点	5点	5点	5点	5点	5点	5点	5点	5点	5点	5点	5点	5点	5点	5点	5点

2024年度　東京都立高校　理科

解答用紙

部分がマークシート方式により解答する問題です。

マーク上の注意事項

1　ＨＢ又はＢの鉛筆（シャープペンシルも可）を使って，〇の中を正確に塗りつぶすこと。

2　答えを直すときは，きれいに消して，消しくずを残さないこと。

3　決められた欄以外にマークしたり，記入したりしないこと。

良い例	悪い例
●	線　小さい　はみ出し　丸囲み　レ点　うすい

受　検　番　号
⓪①②③④⑤⑥⑦⑧⑨（7桁）

1

〔問1〕㋐ ㋑ ㋒ ㋓
〔問2〕㋐ ㋑ ㋒ ㋓
〔問3〕㋐ ㋑ ㋒ ㋓
〔問4〕㋐ ㋑ ㋒ ㋓
〔問5〕㋐ ㋑ ㋒ ㋓
〔問6〕㋐ ㋑ ㋒ ㋓

2

〔問1〕㋐ ㋑ ㋒ ㋓
〔問2〕㋐ ㋑ ㋒ ㋓
〔問3〕㋐ ㋑ ㋒ ㋓
〔問4〕㋐ ㋑ ㋒ ㋓

3

〔問1〕㋐ ㋑ ㋒ ㋓
〔問2〕　2時間ごとに記録した透明半球上の•印のそれぞれの間隔は，
〔問3〕㋐ ㋑ ㋒ ㋓
〔問4〕㋐ ㋑ ㋒ ㋓

4

〔問1〕㋐ ㋑ ㋒ ㋓
〔問2〕㋐ ㋑ ㋒ ㋓
〔問3〕㋐ ㋑ ㋒ ㋓

5

〔問1〕㋐ ㋑ ㋒ ㋓
〔問2〕㋐ ㋑ ㋒ ㋓
〔問3〕<資料>から，
〔問4〕㋐ ㋑ ㋒ ㋓

6

〔問1〕㋐ ㋑ ㋒ ㋓
〔問2〕① ㋐ ㋑ ㋒ ㋓　② ㋐ ㋑ ㋒ ㋓
〔問3〕㋐ ㋑ ㋒ ㋓
〔問4〕㋐ ㋑ ㋒ ㋓

（注）この解答用紙は実物を縮小してあります。Ａ３用紙に152％拡大コピーすると，ほぼ実物大で使用できます。（タイトルと配点表は含みません）

配点

1（計24点）						2（計16点）				3（計16点）				4（計12点）			5（計16点）				6（計16点）			
問1	問2	問3	問4	問5	問6	問1	問2	問3	問4	問1	問2	問3	問4	問1	問2	問3	問1	問2	問3	問4	問1	問2	問3	問4
4点	4点	4点	4点	4点	4点	4点	4点	4点	4点	4点	4点	4点	4点	4点	4点	4点	4点	4点	4点	4点	4点	4点	4点	4点

2023年度　都立西高校　英語
解　答　用　紙（1）

1							
	〔問題A〕	〈対話文1〉		〈対話文2〉		〈対話文3〉	
	〔問題B〕	〈Question 1〉					
		〈Question 2〉					

2											
	〔問1〕	(a)		(b)		(c)		(d)		(e)	
	〔問2〕	1番目		4番目		8番目					
	〔問3〕	(A)		(B)							
	〔問4〕	(a)		(b)							
		(c)		(d)							

3						
	〔問1〕		〔問2〕			
	〔問3〕					
	〔問4〕					
	〔問5〕					
	〔問6〕		〔問7〕	(A)		(B)

解 答 用 紙 （2）

4		
	〔問1〕	
	〔問2〕	1番目 / 4番目 / 8番目
	〔問3〕	〔問4〕
	〔問5〕	〔問6〕
	〔問7〕	(A) / (B)
	〔問8〕	5語 / 40語 / 50語

（注）この解答用紙は原本未入手のため、縮小率を掲載していません。

配点		計
	1 各4点×5 2 問1，問2 各2点×6 問3 各4点×2 問4 各2点×4 3 問1～問6 各2点×6 問7 各4点×2 4 問1～問6 各2点×6 問7 各4点×2 問8 12点	100点

2023年度　都立西高校　数学

解　答　用　紙（1）

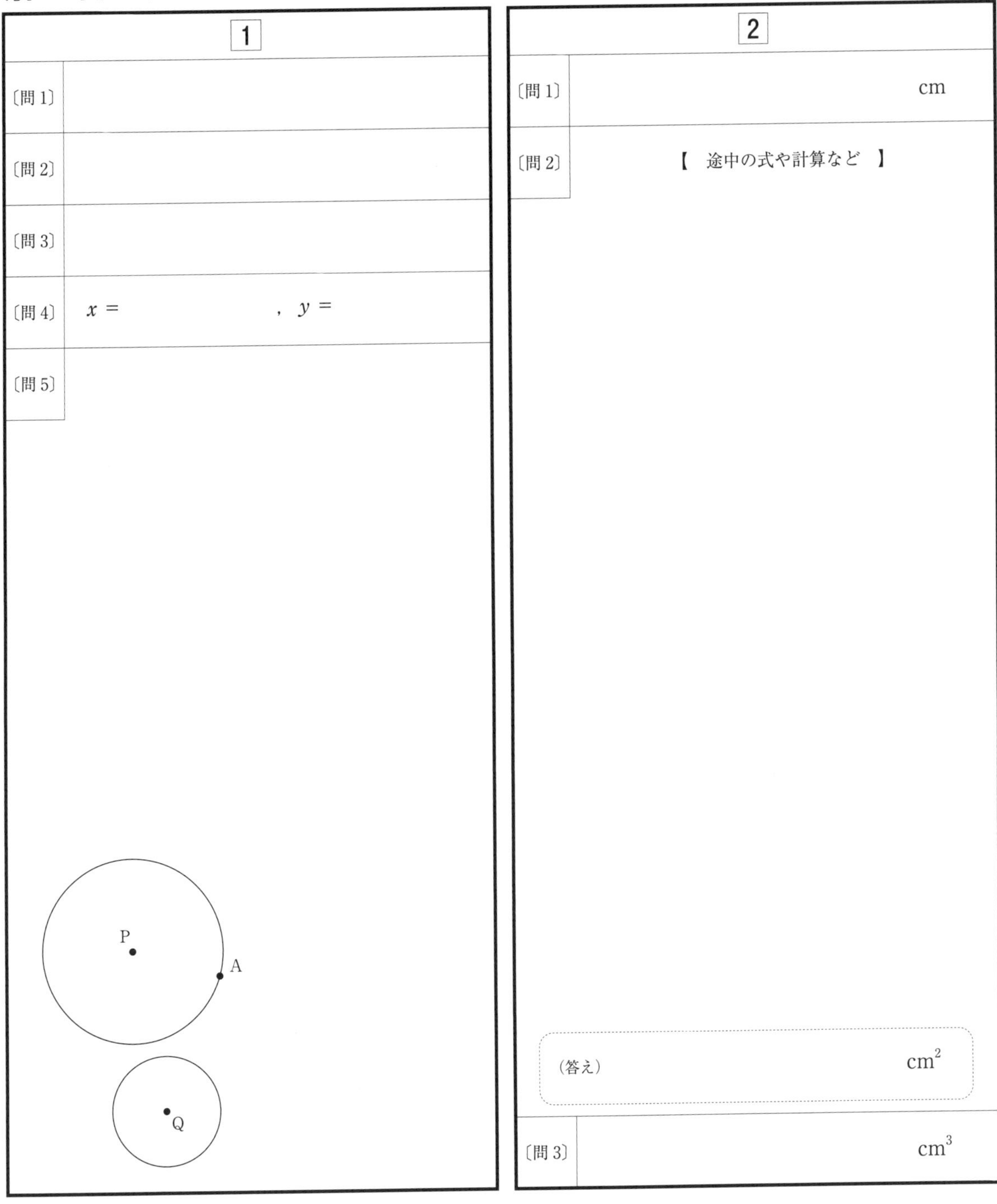

配点		計
	1 各5点×5 2 問1　7点　問2　10点　問3　8点 3 問1　7点　問2　8点　問3　10点 4 問1　7点　問2　10点　問3　8点	100点

解答用紙（2）

3

〔問 1〕	cm
〔問 2〕	cm^2
〔問 3〕	【 証　　明 】

4

〔問 1〕	
〔問 2〕	【　途中の式や考え方など　】 （答え）a ＝　　，b ＝　　，c ＝　　，d ＝
〔問 3〕	

（注）この解答用紙は原本未入手のため、縮小率を掲載していません。

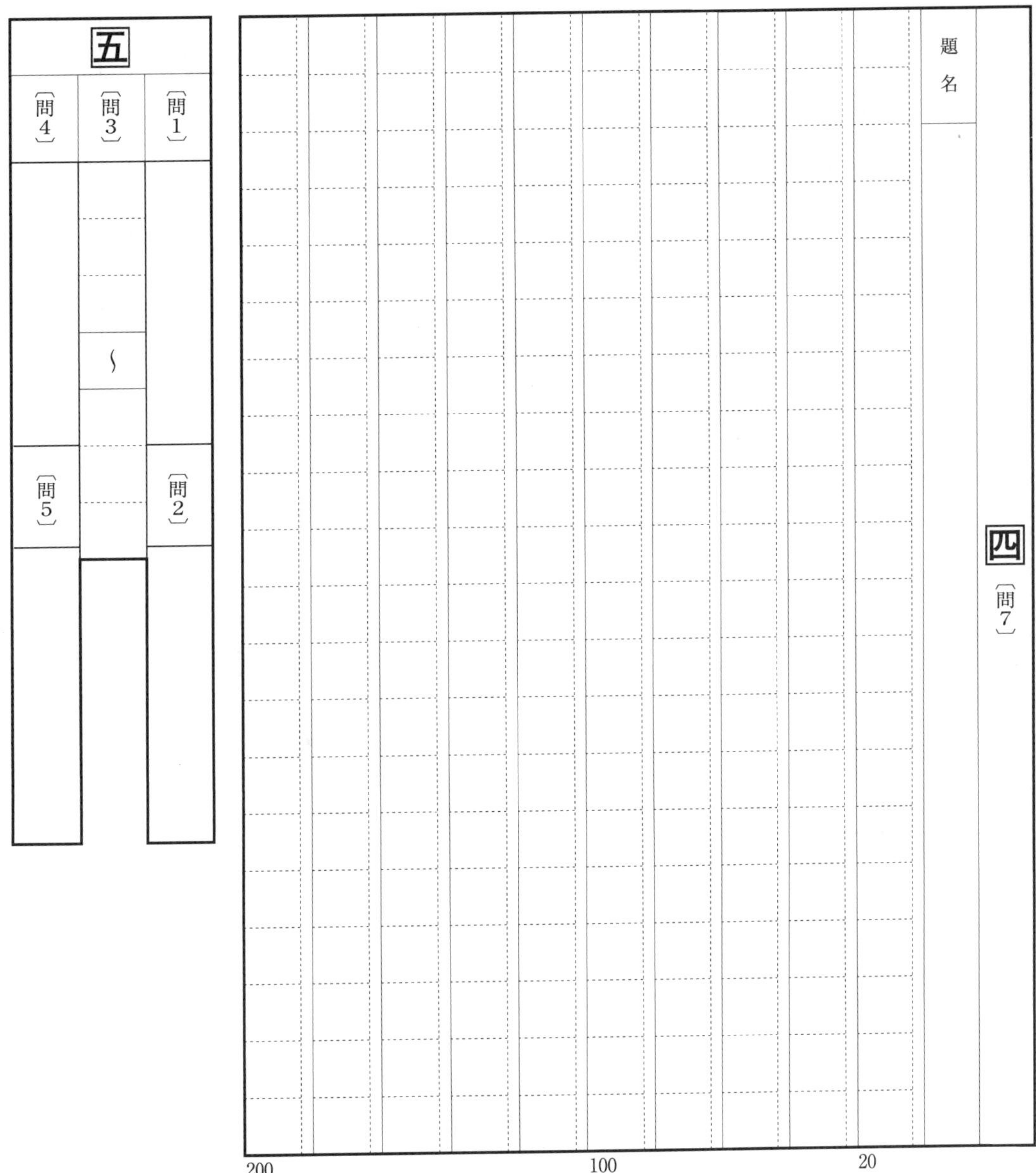

（注）この解答用紙は原本未入手のため、縮小率を掲載していません。

配点		計
	一，二　各２点×８ 三　問１，問２　各４点×２　問３　６点　問４～問６　各４点×３ 四　問１～問６　各４点×６　問７　14点 五　各４点×５	100点

二〇二三年度　都立西高校　国語　解答用紙

一

(1) 暫時
(2) 充塡
(3) 値千金
(4) 来(す)　す

二

(1) バクエイ
(2) ミズガシ
(3) ソウカ
(4) ジンゴ

三

〔問1〕
〔問2〕
〔問3〕 15 75 80
〔問4〕
〔問5〕
〔問6〕

四

〔問1〕
〔問2〕
〔問3〕
〔問4〕
〔問5〕
〔問6〕

2023年度　東京都立高校　社会
解　答　用　紙

受検番号						
⓪①②③④⑤⑥⑦⑧⑨	⓪①②③④⑤⑥⑦⑧⑨	⓪①②③④⑤⑥⑦⑧⑨	⓪①②③④⑤⑥⑦⑧⑨	⓪①②③④⑤⑥⑦⑧⑨	⓪①②③④⑤⑥⑦⑧⑨	⓪①②③④⑤⑥⑦⑧⑨

▭部分がマークシート方式により解答する問題です。

マーク上の注意事項

1　ＨＢ又はＢの鉛筆（シャープペンシルも可）を使って，◯の中を正確に塗りつぶすこと。

2　答えを直すときは，きれいに消して，消しくずを残さないこと。

3　決められた欄以外にマークしたり，記入したりしないこと。

良い例	悪い例
●	線　小さい　はみ出し　丸囲み　レ点　うすい

1

〔問1〕	㋐　㋑　㋒　㋓
〔問2〕	㋐　㋑　㋒　㋓
〔問3〕	㋐　㋑　㋒　㋓

2

〔問1〕	略地図中のA～D		IIのア～エ	
	Ⓐ Ⓑ Ⓒ Ⓓ		㋐ ㋑ ㋒ ㋓	
〔問2〕	W	X	Y	Z
	㋐㋑㋒㋓	㋐㋑㋒㋓	㋐㋑㋒㋓	㋐㋑㋒㋓
〔問3〕	㋐　㋑　㋒　㋓			

3

〔問1〕	A	B	C	D
	㋐㋑㋒㋓	㋐㋑㋒㋓	㋐㋑㋒㋓	㋐㋑㋒㋓
〔問2〕	㋐　㋑　㋒　㋓			
〔問3〕	〔(1)目的〕 〔(2)敷（ふ）設（せつ）状況及び設置状況〕			

4

〔問1〕	㋐㋑㋒㋓ → ㋐㋑㋒㋓ → ㋐㋑㋒㋓ → ㋐㋑㋒㋓			
〔問2〕	㋐　㋑　㋒　㋓			
〔問3〕	時期		略地図	
	㋐㋑㋒ → ㋐㋑㋒ → ㋐㋑㋒		㋐ ㋑ ㋒	
〔問4〕	A	B	C	D
	㋐㋑㋒㋓	㋐㋑㋒㋓	㋐㋑㋒㋓	㋐㋑㋒㋓

5

〔問1〕	㋐　㋑　㋒　㋓
〔問2〕	㋐　㋑　㋒　㋓
〔問3〕	㋐　㋑　㋒　㋓
〔問4〕	

6

〔問1〕	A	B	C	D
	㋐㋑㋒㋓	㋐㋑㋒㋓	㋐㋑㋒㋓	㋐㋑㋒㋓
〔問2〕	Iの略年表中のA～D		略地図中のW～Z	
	Ⓐ Ⓑ Ⓒ Ⓓ		Ⓦ Ⓧ Ⓨ Ⓩ	
〔問3〕	㋐　㋑　㋒　㋓			

（注）この解答用紙は実物を縮小してあります。A3用紙に154%拡大コピーすると，ほぼ実物大で使用できます。（タイトルと配点表は含みません）

配点

1（計15点）			2（計15点）			3（計15点）			4（計20点）				5（計20点）				6（計15点）		
問1	問2	問3	問1	問2	問3	問1	問2	問3	問1	問2	問3	問4	問1	問2	問3	問4	問1	問2	問3
5点	5点	5点	5点	5点	5点	5点	5点	5点	5点	5点	5点	5点	5点	5点	5点	5点	5点	5点	5点

2023年度　東京都立高校　理科
解　答　用　紙

□部分がマークシート方式により解答する問題です。

マーク上の注意事項

1　ＨＢ又はＢの鉛筆（シャープペンシルも可）を使って，
〇の中を正確に塗りつぶすこと。

2　答えを直すときは，きれいに消して，消しくずを残さないこと。

3　決められた欄以外にマークしたり，記入したりしないこと。

良い例	悪い例
●	線　小さい　はみ出し　丸囲み　レ点　うすい

受検番号						
0	0	0	0	0	0	0
1	1	1	1	1	1	1
2	2	2	2	2	2	2
3	3	3	3	3	3	3
4	4	4	4	4	4	4
5	5	5	5	5	5	5
6	6	6	6	6	6	6
7	7	7	7	7	7	7
8	8	8	8	8	8	8
9	9	9	9	9	9	9

1

〔問1〕	㋐ ㋑ ㋒ ㋓
〔問2〕	㋐ ㋑ ㋒ ㋓
〔問3〕	㋐ ㋑ ㋒ ㋓
〔問4〕	㋐ ㋑ ㋒ ㋓
〔問5〕	㋐ ㋑ ㋒ ㋓
〔問6〕	㋐ ㋑ ㋒ ㋓

2

〔問1〕	㋐ ㋑ ㋒ ㋓	
〔問2〕	①	②
	㋐ ㋑	㋐ ㋑
〔問3〕	㋐ ㋑ ㋒ ㋓	
〔問4〕	㋐ ㋑ ㋒ ㋓	

3

〔問1〕				
〔問2〕	①		②	
	㋐ ㋑		㋐ ㋑	
〔問3〕	①	②	③	④
	㋐ ㋑	㋐ ㋑	㋐ ㋑	㋐ ㋑
〔問4〕	㋐ ㋑ ㋒ ㋓			

4

〔問1〕	㋐ ㋑ ㋒ ㋓
〔問2〕	㋐ ㋑ ㋒ ㋓
〔問3〕	㋐ ㋑ ㋒ ㋓

5

〔問1〕	㋐ ㋑ ㋒ ㋓ ㋔	
〔問2〕	㋐ ㋑ ㋒ ㋓	
〔問3〕	㋐ ㋑ ㋒ ㋓	
〔問4〕	①	②
	㋐ ㋑ ㋒	㋐ ㋑ ㋒

6

〔問1〕	㋐ ㋑ ㋒ ㋓
〔問2〕	㋐ ㋑ ㋒ ㋓ ㋔ ㋕
〔問3〕	㋐ ㋑ ㋒ ㋓ ㋔
〔問4〕	㋐ ㋑ ㋒ ㋓

（注）この解答用紙は実物を縮小してあります。Ａ3用紙に152％拡大コピーすると，ほぼ実物大で使用できます。（タイトルと配点表は含みません）

配点

1（計24点）						2（計16点）				3（計16点）				4（計12点）			5（計16点）				6（計16点）			
問1	問2	問3	問4	問5	問6	問1	問2	問3	問4	問1	問2	問3	問4	問1	問2	問3	問1	問2	問3	問4	問1	問2	問3	問4
4点	4点	4点	4点	4点	4点	4点	4点	4点	4点	4点	4点	4点	4点	4点	4点	4点	4点	4点	4点	4点	4点	4点	4点	4点

2022年度　都立西高校　英語

解　答　用　紙　（1）

1							
〔問題A〕	〈対話文1〉		〈対話文2〉		〈対話文3〉		
〔問題B〕	〈Question 1〉						
	〈Question 2〉						

2										
〔問1〕	(a)		(b)		(c)		(d)		(e)	
〔問2〕	1番目		4番目		8番目					
〔問3〕										
〔問4〕	(a)		(b)							
	(c)		(d)							

3						
〔問1〕		〔問2〕		〔問3〕		
〔問4〕						
〔問5〕						
〔問6〕						
〔問7〕						
〔問8〕						

解答用紙（2）

4	〔問1〕		〔問2〕		〔問3〕	
	〔問4〕					
	〔問5〕					
	〔問6〕				〔問7〕	
	〔問8〕	5語 / 40語 / 50語				

（注）この解答用紙は原本未入手のため、縮小率を掲載していません。

配点		計
	1 各4点×5 2 問1，問2 各2点×6 問3 8点 問4 各2点×4 3 問1～問7 各2点×7 問8 8点 4 問1～問6 各2点×6 問7 8点 問8 10点	100点

2022年度　都立西高校　数学

解　答　用　紙（1）

1	
〔問 1〕	
〔問 2〕	
〔問 3〕	
〔問 4〕	通り
〔問 5〕	

A　P　B

2		
〔問 1〕		cm
〔問 2〕	(1)	【　途中の式や計算など　】 （答え）　$t=$
〔問 2〕	(2)	cm^2

配点		計
	1　各5点×5 2　問1　7点　問2　(1)　10点　(2)　8点 3　問1　7点　問2　8点　問3　10点 4　問1　(1)　7点　(2)　10点　問2　8点	100点

解　答　用　紙　(2)

3	
〔問 1〕	度
〔問 2〕	四角形 ABDH : △GCD = 　　　:
〔問 3〕	【 証　明 】

4		
〔問 1〕	(1)	通り
〔問 1〕	(2)	【 途中の式や計算など 】 (答え)　　分
〔問 2〕		$\leqq a \leqq$

(注) この解答用紙は原本未入手のため、縮小率を掲載していません。

五

〔問1〕

〔問3〕

〔問5〕

〔問2〕

〔問4〕

四

〔問7〕

題名

200　100　20

（注）この解答用紙は原本未入手のため、縮小率を掲載していません。

配点		計
	一，二　各２点×８ 三　問１，問２　各４点×２　問３　６点　問４～問６　各４点×３ 四　問１～問６　各４点×６　問７　14点 五　各４点×５	100点

二〇二二年度　都立西高校　国語　解答用紙

一

(1) 大仰

(2) 遣わす　わす

(3) 疾駆

(4) 泰然自若

二

(1) シュウソク

(2) ゴエイ

(3) サンサク

(4) ドウコウイキョク

三

〔問1〕

〔問2〕

〔問3〕

15

60

〔問4〕

〔問5〕

〔問6〕

四

〔問1〕

〔問2〕

〔問3〕

〔問4〕

〔問5〕

〔問6〕

2022年度　東京都立高校　社会
解　答　用　紙

受　検　番　号						
⓪①②③④⑤⑥⑦⑧⑨	⓪①②③④⑤⑥⑦⑧⑨	⓪①②③④⑤⑥⑦⑧⑨	⓪①②③④⑤⑥⑦⑧⑨	⓪①②③④⑤⑥⑦⑧⑨	⓪①②③④⑤⑥⑦⑧⑨	⓪①②③④⑤⑥⑦⑧⑨

▭部分がマークシート方式により解答する問題です。

マーク上の注意事項

1　ＨＢ又はＢの鉛筆（シャープペンシルも可）を使って，◯の中を正確に塗りつぶすこと。

2　答えを直すときは，きれいに消して，消しくずを残さないこと。

3　決められた欄以外にマークしたり，記入したりしないこと。

良い例	悪い例
●	線　小さい　はみ出し　丸囲み　レ点　うすい

1

〔問1〕	㋐ ㋑ ㋒ ㋓
〔問2〕	㋐ ㋑ ㋒ ㋓
〔問3〕	㋐ ㋑ ㋒ ㋓

2

〔問1〕	略地図中のA～D		Ⅱのア～エ	
	Ⓐ Ⓑ Ⓒ Ⓓ		㋐ ㋑ ㋒ ㋓	
〔問2〕	P	Q	R	S
	㋐㋑㋒㋓	㋐㋑㋒㋓	㋐㋑㋒㋓	㋐㋑㋒㋓
〔問3〕	略地図中のW～Z		ⅠとⅡの表のア～エ	
	Ⓦ Ⓧ Ⓨ Ⓩ		㋐ ㋑ ㋒ ㋓	

3

〔問1〕	A	B	C	D
	㋐㋑㋒㋓	㋐㋑㋒㋓	㋐㋑㋒㋓	㋐㋑㋒㋓
〔問2〕	Ⅰのア～エ		略地図中のW～Z	
	㋐ ㋑ ㋒ ㋓		Ⓦ Ⓧ Ⓨ Ⓩ	
〔問3〕	〔変化〕 〔要因〕			

4

〔問1〕	㋐㋑㋒㋓ → ㋐㋑㋒㋓ → ㋐㋑㋒㋓ → ㋐㋑㋒㋓
〔問2〕	㋐ ㋑ ㋒ ㋓
〔問3〕	㋐㋑㋒㋓ → ㋐㋑㋒㋓ → ㋐㋑㋒㋓ → ㋐㋑㋒㋓
〔問4〕	㋐ ㋑ ㋒ ㋓

5

〔問1〕	㋐ ㋑ ㋒ ㋓
〔問2〕	㋐ ㋑ ㋒ ㋓
〔問3〕	
〔問4〕	㋐ ㋑ ㋒ ㋓

6

〔問1〕	㋐㋑㋒㋓ → ㋐㋑㋒㋓ → ㋐㋑㋒㋓ → ㋐㋑㋒㋓	
〔問2〕	ⅠのA～D	ⅠのA～Dのア～ウ
	Ⓐ Ⓑ Ⓒ Ⓓ	㋐ ㋑ ㋒
〔問3〕	Ⓦ Ⓧ Ⓨ Ⓩ	

（注）この解答用紙は実物を縮小してあります。Ａ３用紙に154％拡大コピーすると，ほぼ実物大で使用できます。（タイトルと配点表は含みません）

配点

1（計15点）			2（計15点）			3（計15点）			4（計20点）				5（計20点）				6（計15点）		
問1	問2	問3	問1	問2	問3	問1	問2	問3	問1	問2	問3	問4	問1	問2	問3	問4	問1	問2	問3
5点	5点	5点	5点	5点	5点	5点	5点	5点	5点	5点	5点	5点	5点	5点	5点	5点	5点	5点	5点

2022年度　東京都立高校　理科
解　答　用　紙

受　検　番　号						
⓪	⓪	⓪	⓪	⓪	⓪	⓪
①	①	①	①	①	①	①
②	②	②	②	②	②	②
③	③	③	③	③	③	③
④	④	④	④	④	④	④
⑤	⑤	⑤	⑤	⑤	⑤	⑤
⑥	⑥	⑥	⑥	⑥	⑥	⑥
⑦	⑦	⑦	⑦	⑦	⑦	⑦
⑧	⑧	⑧	⑧	⑧	⑧	⑧
⑨	⑨	⑨	⑨	⑨	⑨	⑨

▭部分がマークシート方式により解答する問題です。

マーク上の注意事項

1　ＨＢ又はＢの鉛筆（シャープペンシルも可）を使って，◯の中を正確に塗りつぶすこと。

2　答えを直すときは，きれいに消して，消しくずを残さないこと。

3　決められた欄以外にマークしたり，記入したりしないこと。

良い例	悪い例
●	線　小さい　はみ出し　丸囲み　レ点　うすい

1	〔問 1〕	㋐　㋑　㋒　㋓
	〔問 2〕	㋐　㋑　㋒　㋓
	〔問 3〕	㋐　㋑　㋒　㋓
	〔問 4〕	㋐　㋑　㋒　㋓
	〔問 5〕	㋐　㋑　㋒　㋓

2	〔問 1〕	㋐　㋑　㋒　㋓
	〔問 2〕	㋐　㋑　㋒　㋓
	〔問 3〕	㋐　㋑　㋒　㋓
	〔問 4〕	㋐　㋑　㋒　㋓

3	〔問 1〕	㋐　㋑　㋒　㋓
	〔問 2〕	㋐　㋑　㋒　㋓
	〔問 3〕	㋐　㋑　㋒　㋓
	〔問 4〕	㋐　㋑　㋒　㋓

4	〔問 1〕	㋐　㋑　㋒　㋓
	〔問 2〕	㋐　㋑　㋒　㋓
	〔問 3〕	㋐　㋑　㋒　㋓
	〔問 4〕	㋐　㋑　㋒

5	〔問 1〕	㋐　㋑　㋒　㋓
	〔問 2〕	㋐　㋑　㋒　㋓　㋔　㋕
	〔問 3〕	<化学反応式> ＿＿＿＿（酸）＋＿＿＿＿（アルカリ）→ ＿＿＿＿（塩）＋＿＿＿＿
	〔問 4〕	㋐　㋑　㋒　㋓

6	〔問 1〕	㋐　㋑　㋒　㋓
	〔問 2〕	㋐　㋑　㋒　㋓
	〔問 3〕	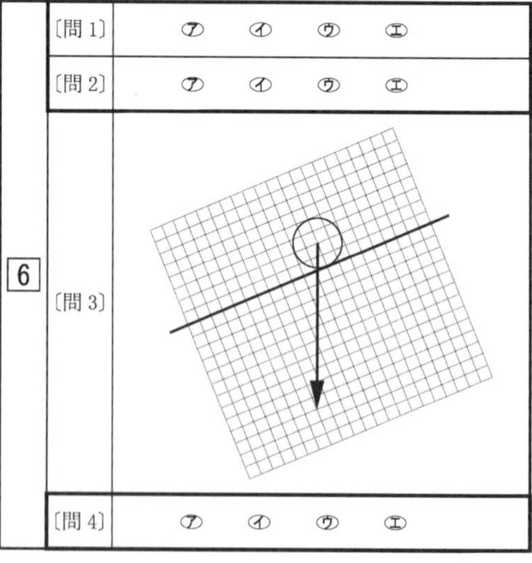
	〔問 4〕	㋐　㋑　㋒　㋓

（注）この解答用紙は実物を縮小してあります。A3用紙に152％拡大コピーすると、ほぼ実物大で使用できます。（タイトルと配点表は含みません）

配点

1（計20点）					2（計16点）				3（計16点）				4（計16点）				5（計16点）				6（計16点）			
問1	問2	問3	問4	問5	問1	問2	問3	問4	問1	問2	問3	問4	問1	問2	問3	問4	問1	問2	問3	問4	問1	問2	問3	問4
4点	4点	4点	4点	4点	4点	4点	4点	4点	4点	4点	4点	4点	4点	4点	4点	4点	4点	4点	4点	4点	4点	4点	4点	4点

2021年度　都立西高校　英語
解　答　用　紙（1）

1							
1	〔問題A〕	〈対話文1〉		〈対話文2〉		〈対話文3〉	
	〔問題B〕	〈Question 1〉					
		〈Question 2〉					

2											
2	〔問1〕	(a)		(b)		(c)		(d)		(e)	
	〔問2〕										
	〔問3〕										
	〔問4〕	(a)		(b)							
		(c)		(d)							

3						
3	〔問1〕		〔問2〕		〔問3〕	
	〔問4〕					
	〔問5〕					

解　答　用　紙　(2)

4	〔問１〕			
	〔問２〕		〔問３〕	
	〔問４〕		〔問５〕	
	〔問６〕	5語 … 40語 … 50語		

(注) この解答用紙は実物を縮小してあります。
B4用紙に135%拡大コピーすると、
ほぼ実物大で使用できます。
(タイトルと配点表は含みません)

配点		計
	1 各４点×５ 2 問１，問２　各２点×６　問３　８点　問４　各２点×４ 3 問１～問４　各４点×４　問５　８点 4 問１　４点　問２～問４　各２点×３　問５　８点　問６　10点	100点

2021年度　都立西高校　数学
解　答　用　紙（1）

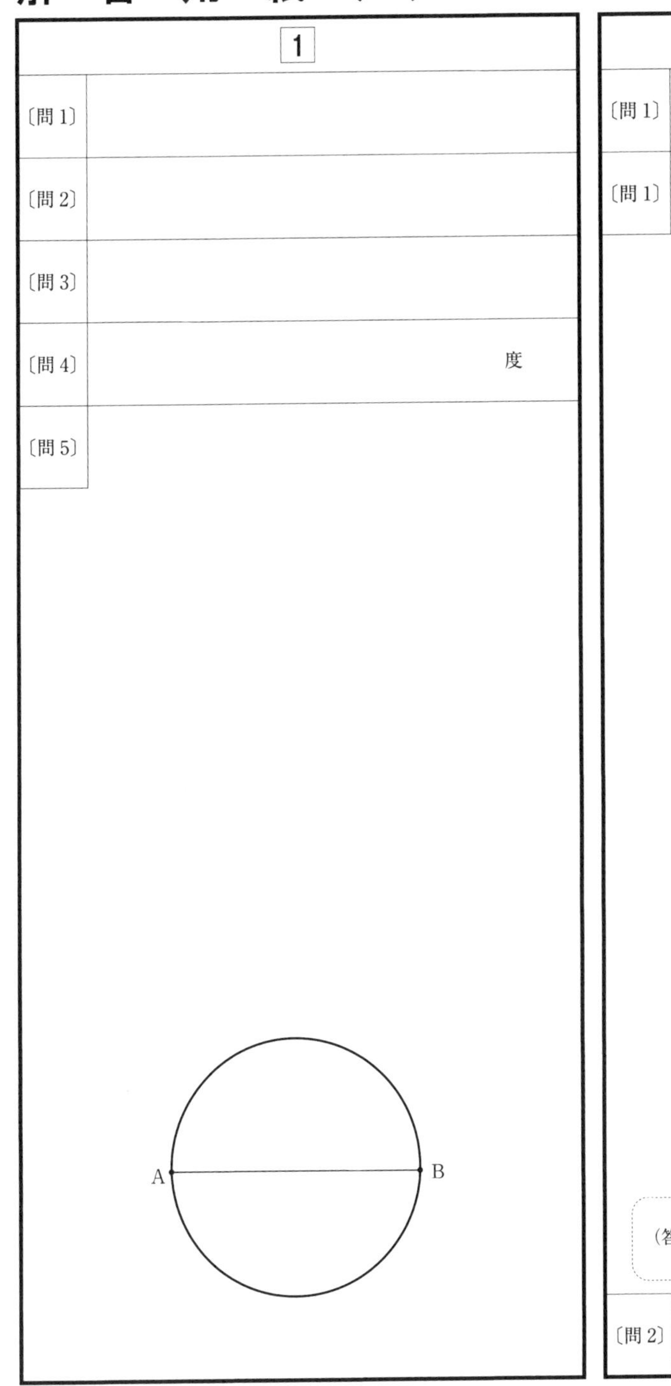

2

〔問 1〕	(1)	$t =$
〔問 1〕	(2)	【　途中の式や計算など　】

（答え）　D（　　　，　　　）

〔問 2〕	$y =$

配点		計
	1 各5点×5 2 問1 (1) 7点 (2) 10点 問2 8点 3 問1 7点 問2 10点 問3 8点 4 問1 7点 問2 10点 問3 8点	100点

解答用紙（2）

3	
〔問 1〕	度
〔問 2〕	【証　明】
〔問 3〕	HI : IF = (　　　) : (　　　)

4	
〔問 1〕	
〔問 2〕	【説　明】
〔問 3〕	組

（注）この解答用紙は実物を縮小してあります。
B4用紙に137%拡大コピーすると、
ほぼ実物大で使用できます。
（タイトルと配点表は含みません）

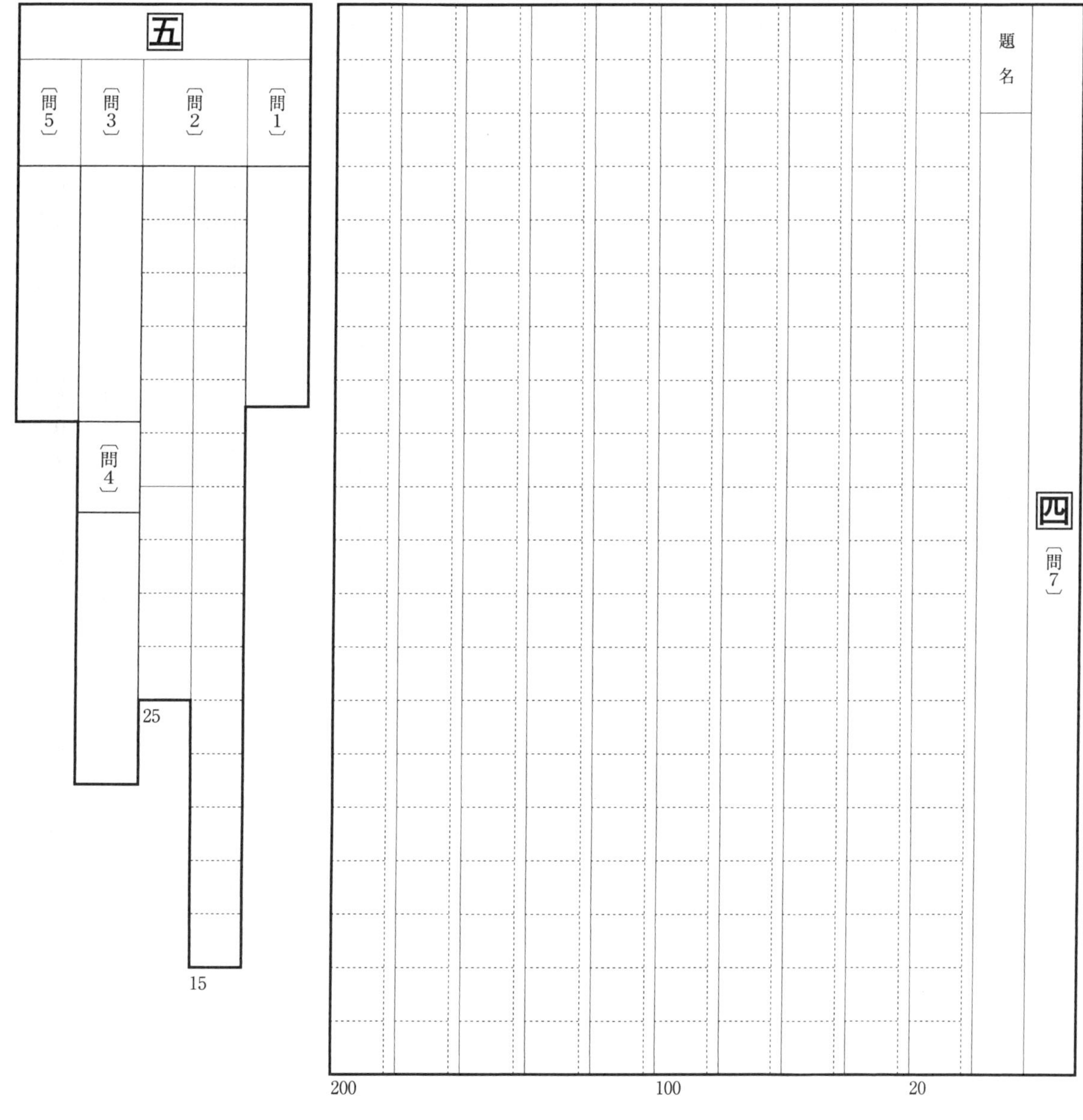

（注）この解答用紙は実物を縮小してあります。B4用紙に132%拡大コピーすると、ほぼ実物大で使用できます。（タイトルと配点表は含みません）

配点		計
	一，二　各２点×８ 三　問１～問４　各４点×４　問５　６点　問６　４点 四　問１～問６　各４点×６　問７　14点 五　各４点×５	100点

二〇二一年度　都立西高校　国語　解答用紙

一
(1) 堆積
(2) 掌握
(3) 自重
(4) 経世済民

二
(1) ジュウソウ
(2) チュウセキ
(3) イキナイ
(4) フエキリュウコウ

三
〔問1〕
〔問2〕
〔問3〕
〔問4〕
〔問5〕
15
60
〔問6〕

四
〔問1〕
〔問2〕
〔問3〕
〔問4〕
〔問5〕
〔問6〕

2021年度　東京都立高校　社会
解　答　用　紙

▭部分がマークシート方式により解答する問題です。

マーク上の注意事項

1　ＨＢ又はＢの鉛筆（シャープペンシルも可）を使って，〇の中を正確に塗りつぶすこと。

2　答えを直すときは，きれいに消して，消しくずを残さないこと。

3　決められた欄以外にマークしたり，記入したりしないこと。

良い例	悪い例
●	線　小さい　はみ出し　丸囲み　レ点　うすい

受検番号						
⓪①②③④⑤⑥⑦⑧⑨	⓪①②③④⑤⑥⑦⑧⑨	⓪①②③④⑤⑥⑦⑧⑨	⓪①②③④⑤⑥⑦⑧⑨	⓪①②③④⑤⑥⑦⑧⑨	⓪①②③④⑤⑥⑦⑧⑨	⓪①②③④⑤⑥⑦⑧⑨

1

〔問1〕	㋐ ㋑ ㋒ ㋓
〔問2〕	㋐ ㋑ ㋒ ㋓
〔問3〕	㋐ ㋑ ㋒ ㋓
〔問4〕	㋐ ㋑ ㋒ ㋓

2

〔問1〕	Ⅰのア～エ		Ⅱの表のア～エ	
	㋐ ㋑ ㋒ ㋓		㋐ ㋑ ㋒ ㋓	
〔問2〕	P	Q	R	S
	㋐㋑㋒㋓	㋐㋑㋒㋓	㋐㋑㋒㋓	㋐㋑㋒㋓
〔問3〕	ⅠとⅡの表のア～エ		略地図中のW～Z	
	㋐ ㋑ ㋒ ㋓		Ⓦ Ⓧ Ⓨ Ⓩ	

3

〔問1〕	A	B	C	D
	㋐㋑㋒㋓	㋐㋑㋒㋓	㋐㋑㋒㋓	㋐㋑㋒㋓
〔問2〕	W	X	Y	Z
	㋐㋑㋒㋓	㋐㋑㋒㋓	㋐㋑㋒㋓	㋐㋑㋒㋓
〔問3〕	〔地域の変容〕 〔要因〕			

4

〔問1〕	㋐㋑㋒㋓ → ㋐㋑㋒㋓ → ㋐㋑㋒㋓ → ㋐㋑㋒㋓			
〔問2〕	Ⅰの略年表中のア～エ		Ⅱの略地図中のA～D	
	㋐ ㋑ ㋒ ㋓		Ⓐ Ⓑ Ⓒ Ⓓ	
〔問3〕	㋐ ㋑ ㋒ ㋓			
〔問4〕	A	B	C	D
	㋐㋑㋒㋓	㋐㋑㋒㋓	㋐㋑㋒㋓	㋐㋑㋒㋓

5

〔問1〕	㋐ ㋑ ㋒ ㋓
〔問2〕	㋐ ㋑ ㋒ ㋓
〔問3〕	

6

〔問1〕	㋐㋑㋒㋓ → ㋐㋑㋒㋓ → ㋐㋑㋒㋓ → ㋐㋑㋒㋓			
〔問2〕	A	B	C	D
	㋐㋑㋒㋓	㋐㋑㋒㋓	㋐㋑㋒㋓	㋐㋑㋒㋓
〔問3〕	㋐ ㋑ ㋒ ㋓			

（注）この解答用紙は実物を縮小してあります。A3用紙に154％拡大コピーすると，ほぼ実物大で使用できます。（タイトルと配点表は含みません）

配点

1（計20点）				2（計15点）			3（計15点）			4（計20点）				5（計15点）			6（計15点）		
問1	問2	問3	問4	問1	問2	問3	問1	問2	問3	問1	問2	問3	問4	問1	問2	問3	問1	問2	問3
5点	5点	5点	5点	5点	5点	5点	5点	5点	5点	5点	5点	5点	5点	5点	5点	5点	5点	5点	5点

2021年度　東京都立高校　理科
解　答　用　紙

▭部分がマークシート方式により解答する問題です。

マーク上の注意事項

1　ＨＢ又はＢの鉛筆（シャープペンシルも可）を使って，◯の中を正確に塗りつぶすこと。

2　答えを直すときは，きれいに消して，消しくずを残さないこと。

3　決められた欄以外にマークしたり，記入したりしないこと。

良い例	悪い例
●	線　小さい　はみ出し　丸囲み　レ点　うすい

受検番号						
⓪①②③④⑤⑥⑦⑧⑨	⓪①②③④⑤⑥⑦⑧⑨	⓪①②③④⑤⑥⑦⑧⑨	⓪①②③④⑤⑥⑦⑧⑨	⓪①②③④⑤⑥⑦⑧⑨	⓪①②③④⑤⑥⑦⑧⑨	⓪①②③④⑤⑥⑦⑧⑨

1

〔問1〕	㋐　㋑　㋒　㋓	
〔問2〕	㋐　㋑　㋒　㋓	
〔問3〕	㋐　㋑　㋒　㋓	
〔問4〕	①	②
	㋐㋑㋒㋓	㋐㋑㋒㋓
〔問5〕	㋐　㋑　㋒　㋓	
〔問6〕	㋐　㋑　㋒　㋓	

2

〔問1〕	①	②
	㋐㋑㋒㋓	㋐㋑㋒㋓
〔問2〕	㋐　㋑　㋒　㋓	
〔問3〕	㋐　㋑　㋒　㋓	
〔問4〕	㋐　㋑　㋒　㋓	

3

〔問1〕	㋐　㋑　㋒　㋓		
〔問2〕	①	②	③
	㋐㋑㋒	㋐㋑㋒	㋐㋑㋒
〔問3〕	①	②	
	㋐㋑㋒㋓	㋐㋑㋒㋓	
〔問4〕	㋐㋑㋒㋓ → ㋐㋑㋒㋓ → ㋐㋑㋒㋓ → ㋐㋑㋒㋓		

4

〔問1〕	㋐　㋑　㋒　㋓	
〔問2〕	①	②
	㋐㋑㋒	㋐㋑㋒
〔問3〕	①	②
	㋐㋑㋒	㋐㋑㋒

5

〔問1〕	①	②
	㋐㋑㋒㋓	㋐㋑㋒
〔問2〕	①	②
	㋐㋑㋒㋓	㋐㋑㋒㋓
〔問3〕	㋐　㋑　㋒　㋓	
〔問4〕	%	

6

〔問1〕	㋐　㋑　㋒　㋓			
〔問2〕				
〔問3〕	㋐㋑㋒㋓ → ㋐㋑㋒㋓ → ㋐㋑㋒㋓ → ㋐㋑㋒㋓			
〔問4〕	①	②	③	④
	㋐㋑㋒	㋐㋑㋒	㋐㋑㋒	㋐㋑㋒

（注）この解答用紙は実物を縮小してあります。Ａ３用紙に152％拡大コピーすると、ほぼ実物大で使用できます。（タイトルと配点表は含みません）

配点

1（計24点）						2（計16点）				3（計16点）				4（計12点）			5（計16点）				6（計16点）			
問1	問2	問3	問4	問5	問6	問1	問2	問3	問4	問1	問2	問3	問4	問1	問2	問3	問1	問2	問3	問4	問1	問2	問3	問4
4点	4点	4点	4点	4点	4点	4点	4点	4点	4点	4点	4点	4点	4点	4点	4点	4点	4点	4点	4点	4点	4点	4点	4点	4点

2020年度　都立西高校　英語

解　答　用　紙　(1)

1	〔問題A〕	<対話文1>		<対話文2>		<対話文3>	
	〔問題B〕	<Question 1>					
		<Question 2>					

2							
	〔問1〕	(a)		(b)		(c)		(d)	
	〔問2〕						
	〔問3〕						
	〔問4〕	(a)		(b)			
		(c)		(d)			

3				
	〔問1〕			
	〔問2〕		〔問3〕	
	〔問4〕			
	〔問5〕			

解　答　用　紙（2）

4	〔問1〕			
	〔問2〕		〔問3〕	
	〔問4〕		〔問5〕	
	〔問6〕	5語 …… 40語 …… 50語		

（注）この解答用紙は実物を縮小してあります。
B4用紙に139％拡大コピーすると、
ほぼ実物大で使用できます。
（タイトルと配点表は含みません）

配点		計
	1　各4点×5 2　問1　各2点×4　問2　4点　問3　8点　問4　各2点×4 3　問1～問4　各4点×4　問5　8点 4　問1　4点　問2～問4　各2点×3　問5　8点　問6　10点	100点

2020年度　都立西高校　数学
解　答　用　紙（1）

1	
〔問 1〕	
〔問 2〕	
〔問 3〕	
〔問 4〕	$x=$　　　，　$y=$
〔問 5〕	D B

2	
〔問 1〕	$y=$
〔問 2〕	【　途中の式や計算など　】 （答え）
〔問 3〕	$a=$

配点		計
	1　各5点×5 2　問1　7点　問2　10点　問3　8点 3　問1　7点　問2　10点　問3　8点 4　問1　7点　問2　10点　問3　8点	100点

解　答　用　紙　(2)

3	
〔問 1〕	cm^2
〔問 2〕	【 証　明 】
〔問 3〕	cm^3

4	
〔問 1〕	
〔問 2〕	【 途中の式や計算など 】 （答え）　$d=$
〔問 3〕	$(e, g) = ($　　　,　　　$)$

(注) この解答用紙は実物を縮小してあります。
B4用紙に139%拡大コピーすると、
ほぼ実物大で使用できます。
(タイトルと配点表は含みません)

五

〔問1〕

〔問3〕

〔問5〕

〔問2〕

〔問4〕

場所

四

〔問7〕

題名

20

100

200

（注）この解答用紙は実物を縮小してあります。
B4用紙に115%拡大コピーすると、
ほぼ実物大で使用できます。
（タイトルと配点表は含みません）

配点		計
	一，二　各２点×８ 三　問１～問４　各４点×４　問５　６点　問６　４点 四　問１～問６　各４点×６　問７　14点 五　各４点×５	100点

二〇二〇年度　都立西高校　国語　解答用紙

一

(1) 割く　く

(2) 筆舌

(3) 鐘声

(4) 弊衣破帽

二

(1) タダ（ちに）　ちに

(2) シハイ

(3) ベンエキ

(4) ヒャッカソウメイ

三

〔問1〕

〔問2〕

〔問3〕

〔問4〕

〔問5〕

60　15

〔問6〕

四

〔問1〕

〔問2〕

〔問3〕

〔問4〕

〔問5〕

〔問6〕

2020年度　東京都立高校　社会
解　答　用　紙

受　検　番　号						
⓪	⓪	⓪	⓪	⓪	⓪	⓪
①	①	①	①	①	①	①
②	②	②	②	②	②	②
③	③	③	③	③	③	③
④	④	④	④	④	④	④
⑤	⑤	⑤	⑤	⑤	⑤	⑤
⑥	⑥	⑥	⑥	⑥	⑥	⑥
⑦	⑦	⑦	⑦	⑦	⑦	⑦
⑧	⑧	⑧	⑧	⑧	⑧	⑧
⑨	⑨	⑨	⑨	⑨	⑨	⑨

▭ 部分がマークシート方式により解答する問題です。

マーク上の注意事項

1　ＨＢ又はＢの鉛筆（シャープペンシルも可）を使って，〇の中を正確に塗りつぶすこと。

2　答えを直すときは，きれいに消して，消しくずを残さないこと。

3　決められた欄以外にマークしたり，記入したりしないこと。

良い例	悪い例
●	線　小さい　はみ出し　丸囲み　レ点　うすい

1		
	〔問1〕	㋐ ㋑ ㋒ ㋓
	〔問2〕	㋐ ㋑ ㋒ ㋓
	〔問3〕	㋐ ㋑ ㋒ ㋓

2					
〔問1〕	略地図中の**A～D**		Ⅱの**ア～エ**	
	Ⓐ Ⓑ Ⓒ Ⓓ		㋐ ㋑ ㋒ ㋓	
〔問2〕	P	Q	R	S
	㋐㋑㋒㋓	㋐㋑㋒㋓	㋐㋑㋒㋓	㋐㋑㋒㋓
〔問3〕	略地図中の**W～Z**		ⅠとⅡの表の**ア～エ**	
	Ⓦ Ⓧ Ⓨ Ⓩ		㋐ ㋑ ㋒ ㋓	

3				
〔問1〕	A	B	C	D
	㋐㋑㋒㋓	㋐㋑㋒㋓	㋐㋑㋒㋓	㋐㋑㋒㋓
〔問2〕	P	Q	R	S
	㋐ ㋑	㋐ ㋑	㋐ ㋑	㋐ ㋑
〔問3〕	〔建設された理由〕			
	〔建設された効果〕			

4		
〔問1〕	㋐㋑㋒㋓ → ㋐㋑㋒㋓ → ㋐㋑㋒㋓ → ㋐㋑㋒㋓	
〔問2〕	Ⅰの略年表中の**ア～エ**	Ⅱの略地図中の**A～D**
	㋐ ㋑ ㋒ ㋓	Ⓐ Ⓑ Ⓒ Ⓓ
〔問3〕	㋐ ㋑ ㋒ ㋓	
〔問4〕	㋐ ㋑ ㋒ ㋓	

5	
〔問1〕	㋐ ㋑ ㋒ ㋓
〔問2〕	㋐ ㋑ ㋒ ㋓
〔問3〕	㋐ ㋑ ㋒ ㋓
〔問4〕	㋐ ㋑ ㋒ ㋓

6		
〔問1〕	㋐㋑㋒㋓ → ㋐㋑㋒㋓ → ㋐㋑㋒㋓ → ㋐㋑㋒㋓	
〔問2〕	略地図中の**A～D**	ⅠとⅡのグラフの**ア～エ**
	Ⓐ Ⓑ Ⓒ Ⓓ	㋐ ㋑ ㋒ ㋓
〔問3〕		

（注）この解答用紙は実物を縮小してあります。A3用紙に154%拡大コピーすると，ほぼ実物大で使用できます。（タイトルと配点表は含みません）

配点

1（計15点）			2（計15点）			3（計15点）			4（計20点）				5（計20点）				6（計15点）		
問1	問2	問3	問1	問2	問3	問1	問2	問3	問1	問2	問3	問4	問1	問2	問3	問4	問1	問2	問3
5点	5点	5点	5点	5点	5点	5点	5点	5点	5点	5点	5点	5点	5点	5点	5点	5点	5点	5点	5点

2020年度　東京都立高校　理科
解　答　用　紙

▭部分がマークシート方式により解答する問題です。

マーク上の注意事項

1　ＨＢ又はＢの鉛筆（シャープペンシルも可）を使って，◯の中を正確に塗りつぶすこと。

2　答えを直すときは，きれいに消して，消しくずを残さないこと。

3　決められた欄以外にマークしたり，記入したりしないこと。

良い例	悪い例		
●	線	小さい	はみ出し
	丸囲み	レ点	うすい

受検番号						
⓪	⓪	⓪	⓪	⓪	⓪	⓪
①	①	①	①	①	①	①
②	②	②	②	②	②	②
③	③	③	③	③	③	③
④	④	④	④	④	④	④
⑤	⑤	⑤	⑤	⑤	⑤	⑤
⑥	⑥	⑥	⑥	⑥	⑥	⑥
⑦	⑦	⑦	⑦	⑦	⑦	⑦
⑧	⑧	⑧	⑧	⑧	⑧	⑧
⑨	⑨	⑨	⑨	⑨	⑨	⑨

1		
	〔問1〕	㋐　㋑　㋒　㋓
	〔問2〕	㋐　㋑　㋒　㋓
	〔問3〕	㋐　㋑　㋒　㋓
	〔問4〕	㋐　㋑　㋒　㋓
	〔問5〕	㋐　㋑　㋒　㋓

2		
	〔問1〕	㋐　㋑　㋒　㋓
	〔問2〕	㋐　㋑　㋒　㋓
	〔問3〕	㋐　㋑　㋒　㋓
	〔問4〕	㋐　㋑　㋒　㋓

3			
	〔問1〕	㋐　㋑　㋒　㋓	
	〔問2〕	㋐　㋑　㋒　㋓	
	〔問3〕	＊ 解答欄は次頁にあります。	
	〔問4〕	①	②
		㋐ ㋑ ㋒ ㋓	㋐ ㋑ ㋒ ㋓

4					
	〔問1〕	①	②	③	
		㋐㋑㋒㋓	㋐㋑㋒㋓	㋐㋑㋒㋓	
	〔問2〕	㋐　㋑　㋒　㋓			
	〔問3〕	①	②	③	④
		㋐㋑㋒㋓	㋐㋑㋒㋓	㋐㋑㋒㋓	㋐㋑㋒㋓
	〔問4〕	＊ 解答欄は次頁にあります。			

5			
	〔問1〕	㋐　㋑　㋒　㋓	
	〔問2〕	①	②
		㋐ ㋑ ㋒ ㋓	㋐ ㋑ ㋒ ㋓
	〔問3〕		
	〔問4〕	溶質の名称	
		結晶の質量	g

6			
	〔問1〕	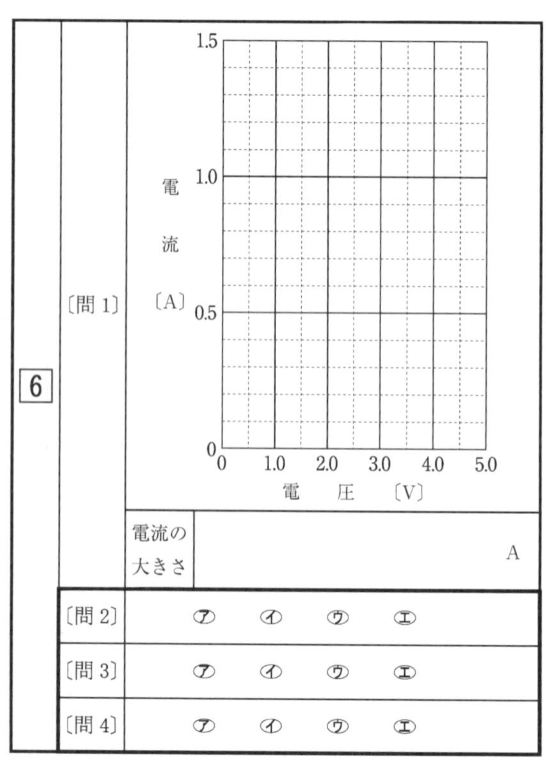	
		電流の大きさ	A
	〔問2〕	㋐　㋑　㋒　㋓	
	〔問3〕	㋐　㋑　㋒　㋓	
	〔問4〕	㋐　㋑　㋒　㋓	

2020年度　東京都立高校　理科
解　答　用　紙

受　検　番　号						

3	〔問 3〕	

4	〔問 4〕	

（注）この解答用紙は実物を縮小してあります。Ｂ４用紙に139%拡大コピーすると、ほぼ実物大で使用できます。（タイトルと配点表は含みません）

<table>
<tr><th rowspan="4">配点</th><th colspan="5">1（計20点）</th><th colspan="4">2（計16点）</th><th colspan="4">3（計16点）</th><th colspan="4">4（計16点）</th><th colspan="5">5（計16点）</th><th colspan="5">6（計16点）</th></tr>
<tr><td rowspan="2">問1</td><td rowspan="2">問2</td><td rowspan="2">問3</td><td rowspan="2">問4</td><td rowspan="2">問5</td><td rowspan="2">問1</td><td rowspan="2">問2</td><td rowspan="2">問3</td><td rowspan="2">問4</td><td rowspan="2">問1</td><td rowspan="2">問2</td><td rowspan="2">問3</td><td rowspan="2">問4</td><td rowspan="2">問1</td><td rowspan="2">問2</td><td rowspan="2">問3</td><td rowspan="2">問4</td><td rowspan="2">問1</td><td rowspan="2">問2</td><td rowspan="2">問3</td><td colspan="2">問4</td><td colspan="2">問1</td><td rowspan="2">問2</td><td rowspan="2">問3</td><td rowspan="2">問4</td></tr>
<tr><td>名称</td><td>質量</td><td>グラフ</td><td>電流</td></tr>
<tr><td>4点</td><td>4点</td><td>4点</td><td>4点</td><td>4点</td><td>4点</td><td>4点</td><td>4点</td><td>4点</td><td>4点</td><td>4点</td><td>4点</td><td>4点</td><td>4点</td><td>4点</td><td>4点</td><td>4点</td><td>4点</td><td>4点</td><td>4点</td><td>2点</td><td>2点</td><td>2点</td><td>2点</td><td>4点</td><td>4点</td><td>4点</td></tr>
</table>

Memo

Memo

Memo